En bonne forme

Seventh Edition

Simone Renaud Dietiker

formerly of San José State University

Dominique van Hooff

San José State University

Houghton Mifflin Company Boston New York

Director, World Languages: New Media and Modern Language Publishing: Beth Kramer
Development Editor: Cécile Strugnell
Project Editor: Florence Kilgo
Production/Design Coordinator: Lisa Jelly
Manufacturing Coordinator: Florence Cadran
Marketing Manager: José A. Mercado

Cover design: Minko T. Dimov, MinkoImages

Cover image: Jose Fuste Raga. The Stock Market

Credits for photos, maps, and text are found on page 534, which constitutes an extension of the copyright page.

Library of Congress Catalog Card Number: 00-133903
Student Text ISBN: 0-618-01241-9
Instructor's Edition ISBN: 0-618-01242-7

6 7 8 9 -DOC- 04 03

*P*reface

En bonne forme, Seventh Edition, is a complete intermediate program written in French; it is designed for students who have completed an introductory course at the university level or two to three years of French at the high school level. It will also be a useful reference text for those who wish to review their skills and to regain their fluency in French.

After thirty-some years, *En bonne forme* is still based on the conviction that a solid knowledge of French grammar is important. Each grammar topic is introduced by one or more excerpts of French or francophone literature; these reading selections **(Lectures)** are placed at the beginning of the chapter and serve to illustrate the grammar topic. The core of the chapter is the grammar section, **(Grammaire)** which consists of a thorough explanation of the topic with reinforcement exercises after each major step. **Suppléments de grammaire** are a selection of idiomatic expressions that appear in the **Lecture** or are related to the grammar topic. Each one is followed by a reinforcement exercise. The fourth major feature is the **Synthèse** section, containing contextualized activities, communicative activities in pairs and groups, a translation exercise, and topics for written compositions. In *En bonne forme* you are thus given ample opportunity to improve all four skills—reading, writing, listening, and especially speaking. A Workbook/Laboratory Manual rounds out the program.

Organization of the Text

En bonne forme contains twenty-three chapters, written in French, and a Preliminary Chapter in English. The **Preliminary Chapter** reviews introductory-level material and provides an overview of the basics of French grammar. In addition, it introduces the French grammatical terminology that is used throughout the rest of the text.

The twenty-two regular chapters are structured as follows:[1]

Vocabulaire

> Vocabulaire du (des) texte(s)
>
> Vocabulaire supplémentaire
>
> Français en couleurs

Lecture

> précédée de
>
>> Biographie
>>
>> Préparation à la lecture

---

[1] Chapter 23, *La phrase complexe,* is different; it contains only the grammar topic with reinforcement exercises.

suivie de
> Questions sur la lecture
>
> Questions personnelles

Leçon de grammaire avec exercices

Suppléments de grammaire avec exercices

Synthèse
> Applications
>
> Activités
>
> Traduction
>
> Rédactions

Vocabulaire   The **Vocabulaire du texte** is based on the chapter literary selection. This list contains high-frequency vocabulary appropriate for the intermediate level. This vocabulary is *actif*. It is recommended that you memorize it, since these words are important to understand the story and will appear in numerous exercises. The **Vocabulaire supplémentaire** presents additional words related to the topic of the reading and selected to help you answer the **Questions personnelles** or other open-ended activities in the chapter. It is a "passive" vocabulary, which does not need to be memorized, although we hope that you will use and retain some of the words. Low-frequency words are glossed in the margin of the text for recognition only. This division between active and passive vocabulary and glossing is meant to facilitate the assimilation of new vocabulary by giving you the chance to learn it *par petites doses*, instead of overwhelming you with long lists of new words.

Français en couleurs   In this section, entirely new, we introduce a "colorful" vocabulary, pertinent to the chapter theme. The words or phrases selected are examples of the language you might hear in the streets of a French town or in French movies, or read in magazines or on the Internet. These are rarely presented in textbooks. They include popular, colloquial French, slang, words from "francophone" countries: former African colonies, Canada, and most of all the special vocabulary of the teenagers, which is slowly but surely invading the French language. This section is presented in a box, there are no exercises, and you will not be tested on them. It is meant to inform, and make you realize how lively, versatile, poetic, "colorful" a language can become.

Lecture   The reading selections in *En bonne forme* consist of twenty-seven literary texts by twentieth-century writers from France, Canada, Black Africa, North Africa, and the Caribbean. They have been selected for their interest and for their wide variety of styles and genres. In addition, each provides many examples of the chapter grammar topic used in context before the topic itself is presented.

   We are particularly proud of the new selections this 7th edition contains. Writers from Côte d'Ivoire, Central Africa (Bernard Dadié), Sénégal (Mariama Bâ), writers from Algeria, born and raised in France, (Azouz Begag, Leïla Sebbar), bring fresh, new issues to the debates: racial prejudices, French colonialism, immigration and integration into the French society. Other texts, written by French writers (Suzanne Prou, Michel Ragon) introduce modern, actual concerns: bilingualism, intermarriage, xenophobia. One text by Joseph Joffo recalls the adventures of a young Jewish boy during the Second World War, and another by Nicolas Hulot, reporter, adventure freak, a frequent guest on the Discovery Channel, describes his reckless life as a teenager.

Preceding each selection is a short author biography and a section **Préparation à la lecture** that provides cultural and background information to enhance your understanding of the *lecture*. All **Préparations à la lecture** have been expanded to include more relevant information.

Selections are followed by two sets of questions. The first, **Questions sur la lecture,** focuses on the meaning of the story; the motives, actions, emotions, and feelings of the characters; and the intentions of the author. The **Questions personnelles** that follow are more challenging. Using the selection as a point of departure, you are invited to express your own opinions and to relate personal experiences to the selection's theme. Together, the **Questions sur la lecture** and the **Questions personnelles** stimulate lively classroom discussion and promote interaction and communication between you and your classmates.

Grammaire   Grammar explanations provide thorough coverage of all important grammar topics. These are often presented in **Tableaux-Résumés,** summary tables that will help you assimilate the rules. Wherever the grammar was too complicated, or when too many "exceptions" occurred, which is frequent in French, the rule has been simplified and you will learn the essential, basic explanation. Also, look for the "green marker," the bar in the margin that indicates the differences between the two languages. Exercises after each major step provide immediate reinforcement of that point.

Suppléments de grammaire   This section treats idiomatic expressions and lexical items or structures related to the grammar topic that are problematic for the English-speaking students. Each point is again followed by exercises that reinforce correct usage.

Synthèses   In this cumulative review section, activities reinforce the chapter material in new ways. These activities may be done orally or in writing. They include the following:

Applications   These exercises blend grammatical correctness with free expression. They apply several grammar points in one contextualized exercise and are often followed by open-ended questions that invite you to express personal opinions, using the structures you have just practiced.

Activités   This section is new. It strengthens your ability to communicate freely. You are asked to form a group of two or three and engage in discussions on selected topics, or to conduct a survey among your classmates, and give a report to the class. Several *jeux de rôle* (role-plays) are also suggested. The choice of topics ranges from the personal (food preferences, celebration of certain holidays, clothing fads) to the general (the environment, the use of computers). Thanks to the new reading selections, some sensitive issues are brought to attention (bilingualism, attitudes toward foreigners, colonialism). Additional vocabulary, chosen to facilitate exchanges, is often supplied.

Traduction   Translating the assigned sentences reinforces the assimilation of the chapter vocabulary, grammar, and **Suppléments de grammaire** material. The context of the *traductions* is closely related to the reading selection topic (*rétro-traductions*).

Rédactions   The *Rédactions* section is the culminating activity of the chapter. Here you can show that you have assimilated the chapter material and demonstrate that you are able to express yourself creatively in French. While the topics suggested are related to the chapter theme and/or the grammar topic, you are also encouraged to use your imagination and to think in French. Your instructor can also suggest *"mini-rédactions,"* topics for quick writing, messages of the "e-mail" type, which will make it fun to practice writing in French.

The book concludes with three appendices, a French-English glossary, and an index.

Appendix A includes regular and irregular verb conjugations, lists of verbs followed by an infinitive (with or without a conjunction), and verbs followed by the indicative or the subjunctive.

Appendix B includes grammatical structures that are rare or unusual.

Appendix C lists the vocabulary for numbers in French, the French names of U.S. states and Canadian provinces with the appropriate prepositions, and a chart showing how to change expressions of time in indirect speech.

A French-English glossary lists all active vocabulary from the section **Vocabulaire** and all words from the **Vocabulaire supplémentaire.**

Workbook/Laboratory Manual and Audio Program

Each chapter of the *Cahier de travail et de laboratoire* is divided into three parts. The first is completely aural. Using the audiocassettes or CDs, you listen to a reading of the chapter literary text, respond to questions about the text, complete a true-false exercise, and perform a series of quick grammatical transformations.

The second part practices both aural and writing skills. Each lesson covers one or more aspects of French pronunciation and enables you to practice methodically and accurately each sound in the French language. The first section, the **leçon de phonétique,** is one of the original features of the program and has met with continuous success. It is followed by an exercise on sound discrimination followed by either a dictation or the reading of a poem, and a comprehension activity. Make sure to go to the lab, or to acquire the cassettes or CDs, so that you can become familiarized with new voices, and train your ear to listen and understand.

The third part reinforces writing skills, with activities progressing from structured drills to contextualized activities to open-ended situations in which you describe illustrations or create dialogues.

An answer key for all mechanical exercises is available to you at the back of the workbook so that you can correct yourself as you work independently. The seventh edition of *En bonne forme* will continue to appeal to those who believe in the importance of a comprehensive grammar review and appreciate its pairing with contemporary literary works. The revisions have added opportunities for open-ended written and oral communication. We hope that the new readings with more up-to-date content, the *Français en couleurs,* and the communicative activities in the chapters will make French come alive for you. We believe that learning a new language should be fun and exciting and the Review Grammar should be an attractive challenging tool.

The authors would like to thank the following colleagues who reviewed the manuscript for this edition:

Julie Arnold, Alma College (Alma, MI)

Aime Avolonto, Concordia University (Montreal, QC, Canada)

Roland Bellugue, Cerritos College (Norwalk, CA)

Dorothy Betz, Georgetown University (Georgetown, VA)

Janis Black, Memorial University (St. John's, NF, Canada)

Elisabeth Le, University of Alberta (Edmonton, AB, Canada)

François Rouget, Queen's University (Kingston, ON, Canada)

Steve Walton, Portland State University (Portland, OR)

Susan Weiner, Yale University (New Haven, CT)

We also wish to thank the Houghton Mifflin staff, in particular Cécile Strugnell, Developmental Editor; Florence Kilgo, Project Editor; and Lisa Jelly, Production/Design Coordinator.

Simone Renaud Dietiker
Dominique van Hooff

Table des matières

Préface   v

Chapitre préliminaire   1

1 Le présent et l'impératif   15
Le symbole (de *Climbié*)   BERNARD DADIÉ   18
Page d'écriture   JACQUES PRÉVERT   20
Suppléments de grammaire   36
   depuis + le présent • **aller / s'en aller** • **on**

2 Le passé composé   41
Déjeuner du matin   JACQUES PRÉVERT   44
Une demande en mariage (de *Une si longue lettre*)   MARIAMA BÂ   45
Kabyle ou Arabe, c'est pareil? (de *Shérazade*)   LEÏLA SEBBAR   47
Suppléments de grammaire   57
   combien de temps + passé composé • **venir de** + infinitif • **sans** (*without*) • **quitter / s'en aller / partir / laisser / sortir** (*to leave*)

3 L'imparfait   62
Les fêtes en Indochine (de *La petite Tonkinoise*)   SUZANNE PROU   64
Suppléments de grammaire   75
   si + l'imparfait • **rappeler / se rappeler / se souvenir de** • **depuis quand** + imparfait

4 Le plus-que-parfait   80
Une humiliation mémorable (de *Le Gône du Chaâba*)   AZOUZ BEGAG   82
Suppléments de grammaire   90
   venir de à l'imparfait + infinitif • Expressions avec **avoir** • **revenir,** **retourner, rentrer** (*to come back, to return*)

5 Le passé simple   96
La saga de Daniel (de *La Maison de papier*)   FRANÇOISE MALLET-JORIS   99
Suppléments de grammaire   108
   Les verbes dérivés de **mener** et **porter: emmener, emporter** (*to take*) / **amener, apporter** (*to bring*) / **ramener, rapporter** (*to bring back*) • **servir / se servir** • **connaître / savoir**

6 Le nom et l'adjectif   114
Pharmacien ou médecin? (de *Rue Deschambault*)   GABRIELLE ROY   116
Suppléments de grammaire   135
   les adverbes en **-ment** • pluriels et singuliers

7 L'article   140
Un dîner vite prêt (de *Va voir Papa, Maman travaille*)   FRANÇOISE DORIN   143
Suppléments de grammaire   157
   Les prépositions **à, en, dans** • Les prépositions **à, en, dans** avec les noms géographiques • La préposition **de** avec les noms géographiques

8 Le comparatif et le superlatif   163
Un débrouillard (de *Les chemins de traverse*)   NICOLAS HULOT   166
Suppléments de grammaire   177
   L'identité, la différence, la proportion • La préférence • Les expressions **conduire / aller en voiture / marcher / aller à pied**

9   La négation   184
Jamais personne ou toujours quelqu'un?
(de *La cantatrice chauve*)   EUGÈNE
IONESCO   187
Suppléments de grammaire   198
   **quelqu'un, personne, quelque
   chose, rien + de +** adjectif • **ne ...
   que / seulement** (*only*) • **n'avoir
   qu'à / il n'y a qu'à** • **il s'agit de**
   (*it is about*) • Expressions avec
   rien

10   L'interrogation   205
Enquêtes-minute (de *Les choses*)
GEORGES PÉREC   208
Suppléments de grammaire   220
   **penser à / Que pensez-vous
   de ... ?** • Les dimensions • Les
   mesures • L'approximation

**11   Les pronoms
       personnels**   226
La lettre de Marius (de *Fanny*)   MARCEL
PAGNOL   228
Suppléments de grammaire   246
   Expressions idiomatiques avec les
   pronoms **en** et **y** • **faillir +**
   infinitif • Formules de lettres

12   Le verbe pronominal   252
Premier contact avec la télévision (de *La
goutte d'or*)   MICHEL TOURNIER   254
Au cinéma muet (de *Le premier homme*)
ALBERT CAMUS   257
Suppléments de grammaire   267
   tout • Expressions avec **coup**

13   L'infinitif   272
Le lever de Prunelle (de *Dix jours de rêve*)
NICOLE DE BURON   275
Suppléments de grammaire   290
   trop ... pour / assez ... pour •
   Prépositions et adverbes
   communs

14   Le futur   295
L'étoile jaune (de *Un sac de billes*)
JOSEPH JOFFO   297
Suppléments de grammaire   307
   donc / alors / aussi • **en / dans +**
   les expressions de temps • **Les
   citations** (*Quotations*) • **Bien
   sûr que... Peut-être que...**

15   Le conditionnel   313
Si j'étais à ta place... (de *Le bal du dodo*)
GENEVIÈVE DORMANN   316
Les rêves de ma mère (de *Le pont Marida*)
GEORGES LONDEIX   317
Suppléments de grammaire   328
   aimer mieux au conditionnel •
   faire mieux de (au conditionnel) +
   infinitif • **devoir**

16   Le subjonctif   335
Une visite à l'exposition coloniale (de *Ma
sœur aux yeux d'Asie*)   MICHEL
RAGON   337
Suppléments de grammaire   354
   il faut • Verbes à double
   construction

17   Le possessif   359
Le cadeau de mariage (de *La Table des
Matières*)   MICHELLE MAUROIS   361
Suppléments de grammaire   372
   Expressions idiomatiques avec le
   possessif • Les matières

18   Les pronoms relatifs   377
Une enfance bizarre (de *Si je mens*)
FRANÇOISE GIROUD   379
Suppléments de grammaire   391
   pendant / pour • **quelque,
   quelques, quelqu'un, quelques-
   uns, quelques-unes** • **chaque,
   chacun, chacune**

19 Les démonstratifs   397

Quelques conseils pour avoir de la chance (de Guide pratique de la chance)
JEAN-LUC CARADEAU ET CÉCILE DONNER   399

Suppléments de grammaire   408
manquer (*to miss, to lack*) • Verbes de mouvement

20 Le discours indirect   413

Un beau dimanche à la campagne (de Le petit Nicolas et les copains)   RENÉ GOSCINNY   415

Suppléments de grammaire   424
avoir l'air / sembler / paraître • **faire semblant / prétendre** • Prépositions et adverbes communs (*suite*)

21 Le passif   429

Esclaves d'Afrique (de Ségou)   MARYSE CONDÉ   431

Suppléments de grammaire   439
entendre dire que / entendre parler de / avoir des nouvelles de • **c'est pourquoi** • **il reste / il me reste**

22 Les participes   443

Une planète-sœur (de La planète des singes)   PIERRE BOULLE   445

Suppléments de grammaire   456
se mettre • **n'importe lequel, n'importe quel / n'importe qui, quoi, où, comment, quand**

23 La phrase complexe   462

Définitions • Conjonctions de temps • Conjonctions de cause • Conjonctions de conséquence • Conjonctions de condition • Conjonctions de but • Conjonctions d'opposition • Répétition d'une conjonction

Appendice A   484

Appendice B   509

Appendice C   512

Vocabulaire   515

Index   530

Acknowledgments   534

Chapitre préliminaire

As you begin your study of second-year French, two questions are undoubtedly running through your mind: How much do I remember of first-year French? How am I going to handle a grammar book written in French?

Do you feel you have forgotten everything? This preliminary chapter will help you remember a few, very basic points of grammar that a teacher of second-year French will expect you to know—for example, the articles (**le, la, les, un, une, des**), the verb **être** (**je suis, tu es,** etc.), the interrogative expression **est-ce que,** and so on. If a grammatical point seems familiar, but does not seem clear, do not panic. Look it up in the chapter where it is described. Cross-references are provided for this purpose. Such references appear throughout the book to enable you to view the interrelationships between different grammatical structures.

The other aim of this preliminary chapter is to present the French grammatical terms used in the book. We have translated these terms because we believe you should be familiar with them before you begin your work in Chapter 1.

French grammar is often pictured as a fearsome scarecrow, gesturing with the subjunctive in one hand and the irregular verbs in the other! *En bonne forme, 7th ed.,* will try to turn him into a cooperative fellow, to show you how varied and symmetrical the French language is.

THE SENTENCE AND ITS PARTS — LA PHRASE

When we speak or write, we use words (**les mots**) organized into a sentence (**une phrase**). A phrase is **un groupe de mots;** a clause is **une proposition.** You need not concern yourself with this structure until you study the complex sentence (**la phrase complexe**). Most of the time we speak or write in simple sentences (**des phrases simples**). What kinds of words do we use?

NOUNS — LES NOMS

Nouns are easy to recognize because they represent people (**des personnes**) or inanimate objects (**des choses**). The most important point to remember is that in French, nouns have gender. They are either feminine (**le féminin**) or masculine (**le masculin**). How does one learn and remember their gender? One usually does this by memorizing. One sometimes groups words according to their endings; for example, **-tion** and **-té** are almost always feminine (*la* **nation,** *la* **liberté**); **-ment** and **-eau** are usually masculine (*le* **département,** *le* **tableau**). Probably the easiest way to master the idea of gender is by learning nouns with their article: **le, un** for a masculine noun; **la, une** for a feminine noun.

Plurals are most commonly formed by the addition of **-s** to the singular; there are, however, a number of other ways to indicate plural (see pp. 125–126). In spoken language, since final **-s** is not pronounced, it is the article (**les, des**) that indicates the plural (*les* **parents,** *des* **familles**). Consequently, in French, nouns must be accompanied by an article or another determining word. The article is omitted only in very special cases.

ARTICLES — LES ARTICLES

There are three kinds of articles:

1 Definite articles (**les articles définis**): *the*

> | *masc.* **le** *fem.* **la** *pl.* **les** |

2 Indefinite articles (**les articles indéfinis**): *a, an, one, some*

> | *masc.* **un** *fem.* **une** *pl.* **des** |

3 Partitive articles (**les articles partitifs**): *some*

> | *masc.* **du** *fem.* **de la** |

The partitive article is used with certain verbs when one speaks about a *part* of something, a *piece* of something: *some* + singular noun (see p. 148).

> Je mange **du** pain.   Je bois **de** la limonade.

You should remember these three facts about French articles:

1 Agreement (**l'accord**): articles agree (**s'accordent**) with the nouns they modify in gender and number.

2 Elision (**l'élision**): the dropping of a letter occurs when **le** or **la** is followed by a word that begins with a vowel: **l'étudiant, l'histoire, de l'eau.**

3 Contraction (**la contraction**) of **le** or **les** occurs with the prepositions **à** and **de** (see p. 146).

> | de + le = du   à + le = au |
> | de + les = des   à + les = aux |

DETERMINING WORDS — LES DÉTERMINANTS

There are other kinds of determining words besides the article:

1 A possessive adjective (**un adjectif possessif**) (Chap. 17): *my, your,* etc.

masc. **mon**	*fem.* **ma**	*pl.* **mes**
votre	**votre**	**vos**

2 A demonstrative adjective (**un adjectif démonstratif**) (Chap. 19): *this, these*

masc. **ce**	*fem.* **cette**	*pl.* **ces**

3 An interrogative adjective (**un adjectif interrogatif**) (Chap. 10): *which?*

masc. **quel**	*fem.* **quelle**	*pl.* **quels, quelles**

Like the article, these words agree in gender and number with the nouns they modify.

ADJECTIVES — LES ADJECTIFS

The most common adjectives—**les qualificatifs**—describe the noun: **joli, beau, grand,** etc. The agreement between noun and adjective is the main issue confronting you as you study the adjective. Many adjectives are identical in their masculine and feminine forms; that is, both genders end in **-e: rapide, pratique, calme,** etc. For most adjectives, however, the feminine is indicated by the ending **-e,** while the masculine has no **-e.**

This final **-e** may or may not affect the pronunciation of the two genders.

fem. grand**e**	*masc.* grand	
aim**ée**	aim**é**	

The adjective also agrees in number with the noun. Usually this agreement is shown by the addition of an **-s,** which is silent (see p. 131).

> **les** étudiant**s** intelligent**s**

Where is the adjective placed? In French, most adjectives come *after* the noun.

> une robe **bleue**   un voyage **intéressant**

A few short common adjectives, however, are placed *before* the noun (see p. 132).

> un **bon** dîner   une **petite** maison

PRONOUNS — LES PRONOMS

The most common pronoun is the personal pronoun (**le pronom personnel**), a word that takes the place of a noun. Personal pronouns, in spite of their name, represent not only people; they also refer to things.

> **Il** or **elle** signifies *it*, as well as *he* or *she*.
> **Le** or **la** signifies *it*, as well as *him* or *her*.

Before you study the different forms of these pronouns, you should consider the function of the nouns they replace, because the pronouns have different forms for different functions (Chap. 11).

FUNCTIONS OF NOUNS AND PRONOUNS

1 Subject (**le sujet**). A noun or pronoun can be the subject of the verb.
    Le **professeur** parle.   **Il** parle.
Subject pronouns (**les pronoms sujets**) are as follows:

> **je, tu, il, elle, nous, vous, ils, elles**

2 Direct object (**l'objet direct**). A noun or pronoun can be a direct object.
    Vous visitez **le musée?**   Vous **le** visitez?
The noun is a direct object when it receives the action of the verb; in a sense, it completes the verb's meaning.

The direct object pronoun (**le pronom objet direct**) comes *before* the verb in French; in English it comes *after*.
    Je **le** visite.   *I visit **it**.*
Its forms are the following:

> **me, te**
> **le, la, les** (*like the articles*)
> **nous, vous** (*like the subject pronouns*)

3 Indirect object (**l'objet indirect**). A noun is the indirect object when the preposition (**la préposition**) **à** (*to*) stands between the verb and the noun object.
    Je parle **à Jeanne.**
The forms of the indirect object pronoun (**le pronom objet indirect**) are identical to those of the direct object, except in the third person singular and plural:

me, te, nous, vous	*to me, to you, to us, to you*
lui	*to him, to her*
leur	*to them*

This pronoun also comes *before* the verb.
    Il **me** parle.   Je **lui** montre la maison.

4 The object of a preposition (**l'objet d'une préposition**). A noun or a pronoun can be the object of a preposition: **de, chez, avec, sans,** etc.

Vous habitez **avec votre sœur?**   *Do you live **with your sister?***
Vous habitez **avec elle?**   *Do you live **with her?***

The pronoun as object of a preposition *follows* the verb and the preposition. It is called **pronom disjoint** or **pronom tonique;** its forms are as follows:

moi, toi	*me, you*
lui	*him*
eux	*them (masc. pl.)*
elle, nous, vous, elles	*her, us, you, them (fem. pl.)*
(like the subject pronouns)	

RELAX! Many students become confused by all the forms of the personal pronoun. Don't worry if you have forgotten some of them at the beginning of the year. You will have ample opportunity to learn and use all of them before you complete your course.

OTHER CATEGORIES OF PRONOUNS

1 Possessive pronouns (**les pronoms possessifs**) (Chap. 17)

> **le mien** (*mine*), **la vôtre** (*yours*), etc.

2 Relative pronouns (**les pronoms relatifs**) (Chap. 18)

The two most common relative pronouns are **qui** and **que. Qui** is the subject form for people and things. **Que** is the direct object form.

Voilà un livre **qui** paraît intéressant. (*sujet*)   *Here is a book **that** seems interesting.*
L'examen **que** vous voulez passer est bien difficile. (*objet direct*)   *The exam **that** you wish to take is really difficult.*

* Note: Qui is followed immediately by a verb: *qui* **paraît.** A subject (noun or pronoun) stands between **que** and the verb: *que* **vous** *voulez.*

3 Demonstrative pronouns (**les pronoms démonstratifs**) (Chap. 19)

> **celui-ci** (*this one*), **celle-là** (*that one*)

Two very common and useful expressions are **c'est** ... (*it is* . . .) and **ça** (*that*) (see p. 406).

4 Interrogative pronouns (**les pronoms interrogatifs**) (Chap. 10)

> **qui** (*who, whom*), **qu'est-ce qui** (*what*), **avec quoi** (*with what*), **lequel** (*which one*), etc.

5 Indefinite pronouns (**les pronoms indéfinis**) (see pp. 392–393)

> **quelque chose** (*something*) , **chacun** (*everyone*)

ADVERBS — LES ADVERBES

An adverb usually modifies a verb; sometimes it modifies an adjective or another adverb. Here are six common short adverbs:

assez	*enough*	**beaucoup**	*much, many*
bien	*well*	**plus**	*more*
très	*very*	**trop**	*too, too much, too many*

Many adverbs end in **-ment,** corresponding to *-ly* in English (see p. 135): **rapidement, complètement,** etc.

PREPOSITIONS — LES PRÉPOSITIONS

A preposition accompanies a noun or an infinitive. Here are a few common prepositions:

à	*at, to, in*	Nous sommes **à** l'université.
avec	*with*	Il voyage **avec** sa mère.
chez	*at the home (office) of*	Tu habites **chez** tes parents.
dans	*into, in*	Elle est **dans** la classe.
de	*from, of, about*	C'est la classe **de** français.
pour	*in order to, to*	Ils vont à la bibliothèque **pour** lire.

De is also used to express possession.

le livre **de** Marie   *Mary's book*

Choosing between **à** and **de** before an infinitive requires practice (see p. 282).

J'ai un exercice **à** écrire.   J'ai envie **de** dormir.

VERBS — LES VERBES

Unlike English, French verbs in their infinitive form are not preceded by a preposition.

être *to be*   **aller** *to go*

The endings of the infinitive identify the group to which the verb belongs. French verbs are divided into three groups of regular verbs: the first (**le premier groupe**) consists of verbs ending in **-er** (**parler, manger, danser**); the second (**le deuxième groupe**) includes verbs ending in **-ir** (**finir, choisir**) that possess the infix **-iss-** in the plural (**nous fin*iss*ons, vous fin*iss*ez, ils fin*iss*ent**). A third small group (**le troisième groupe**) contains the regular verbs ending in **-dre** (**vendre, attendre**). All other verbs are irregular. Their infinitives end in **-ir, -oir,** or **-re** (**dormir, pouvoir, mettre,** etc.), and their conjugation (**la conjugaison**) must be memorized.

When a verb is conjugated, the ending (**la terminaison**) changes according to the subject.

je	parle	**-e**
tu	parles	**-es**
il	parle	**-e**

When using verbs, you have to consider tense (**le temps**), the time of the verbal action. One speaks in the present (**le présent**), in the past (**le passé**), or in the future (**le futur**). In French there is one present tense, but there are two futures and several pasts!

The present tense is always a simple one-word form; the other tenses can be simple (**temps simple**) or compound (**temps composé**). **Le temps simple** means that the verb consists of one word: [je] **parle. Le temps composé** means that the verb is composed of two words: [j']**ai parlé.** The first word is called an auxiliary verb (**l'auxiliaire**); it is always a form of either **être** or **avoir.** The other word is the past participle (**le participe passé**).

Je **suis allée.**   J'**ai vu.**

Here are some facts you may remember about verbs from your first year:

1 The present tense of the verb **être** (*to be*)

je **suis**	nous **sommes**
tu **es**	vous **êtes**
il, elle **est**	ils, elles **sont**

2 The present tense of the verb **avoir** (*to have*)

j'**ai**	nous **avons**
tu **as**	vous **avez**
il, elle **a**	ils, elles **ont**

3 The present tense of the verb **aller** (*to go*)

je **vais**	nous **allons**
tu **vas**	vous **allez**
il, elle **va**	ils, elles **vont**

4 The forms and endings of the present tense of first-group verbs (those like **parler**)

-e	je **parle**	**-ons**	nous **parlons**
-es	tu **parles**	**-ez**	vous **parlez**
-e	il, elle **parle**	**-ent**	ils, elles **parlent**

✳ **Note:** The endings **-e, -es, -ent** are silent; **-ons, -ez** are pronounced and occur in practically all French verbs.

5 The past tense (**le passé composé**) of first-group verbs (Chap. 2)

This tense is usually formed with the verb **avoir** + the past participle of the conjugated verb, which always ends in **-é.**

j'ai parlé	nous **avons mangé**
tu **as regardé**	vous **avez aimé**
il, elle **a dîné**	ils, elles **ont étudié**

✳ **Note:** A few past tense verbs are formed with the verb **être** (Chap. 2).
je **suis allé**   il **est arrivé**

6 The gerund (**le gérondif**) is a widely used construction and an easy one to remember. It is made of **en** plus the **-ant** form of the verb: **en chantant, en parlant.** It means *while, by, in doing something.*
Laurent est tombé **en courant.**   *Laurent fell while running.*
The other forms and uses of participles (**les participes**) are explained in Chapter 22.

REFLEXIVE VERBS — LES VERBES PRONOMINAUX

There are many reflexive verbs; and in the infinitive form, they are always preceded by the reflexive pronoun **se** or **s'** (Chap. 12).
se regarder   **s'**aimer
In conjugating reflexive verbs, one has to remember to put *two* pronouns (the subject and the object) *before* the verb.

je me	**tu te**	**il se**	**elle se**
nous nous	**vous vous**	**ils se**	**elles se**

Je me lave.   *I wash myself.*
One important fact to remember about French reflexive verbs is that many of them do not have a reflexive meaning.
Il **se** regarde.   *He looks at himself.*
Nous **nous** aimons.   *We love each other.*
BUT:
Elle **se moque de moi.**   *She makes fun of me.*
Vous **vous en allez?**   *Are you leaving?*

PASSIVE VOICE — LE PASSIF

The passive construction is formed with the verb **être,** conjugated in different tenses, + the past participle (see p. 434).

Cette règle **est expliquée** à la page 200.   *This rule is explained on page 200.*

L'orchestre **a été dirigé** par un génie.   *The orchestra was conducted by a genius.*

MOOD — LE MODE

Mood is another important aspect of French verbs. Three moods are presented in this book—the indicative (**l'indicatif**), the imperative (**l'impératif**), and the subjunctive (**le subjonctif**). As in English, the mood most frequently used is the indicative. It implies facts (**les actions réelles**). The imperative is the mood used to give a command. The subjunctive, the third mood, is more frequently used in French than in English. It implies wishes, doubts; it also follows expressions of necessity (Chap. 16).

Je **veux que** vous **sachiez** tous ces verbes.   *I want you to know all these verbs.*

Il est possible qu'il **pleuve.**   *It is possible that it will rain.*

Il faut que vous **alliez** chez le docteur.   *You must go to the doctor.*

POSITIVE STATEMENTS, NEGATIVE STATEMENTS, QUESTIONS

There are three types of sentences:

1 A positive statement (**une phrase affirmative ou énonciative**)

Il fait beau.

2 A negative statement (**une phrase négative**)

Il ne fait pas beau.

3 A question (**une phrase interrogative**)

Est-ce qu'il fait beau?

NEGATION — LA NÉGATION

Negation in French always consists of two words. **Ne** is usually the first; the second varies.

ne ... pas	*not*
ne ... plus	*no more, no longer*
ne ... jamais	*never*
ne ... personne	*nobody*
ne ... rien	*nothing*

✱ **Remember:** The negative expression surrounds the verb (Chap. 9).

Il **ne** fait **pas** beau.   Elle **ne** mange **rien.**

INTERROGATION — L'INTERROGATION

To ask a question, one usually uses one of the following ways:

1 Raising the voice at the end of a sentence

Vous êtes allé à Paris.   Vous êtes allé à Paris?

2 Beginning the sentence with the expression **est-ce que**

> **Est-ce que** vous êtes allé à Paris?

The interrogative form of the verb, which consists of the inversion of the subject and the verb, can be simple:

> **Êtes-vous** prêt?   **Ont-ils** des enfants?

or complex:

> **Ses parents** lui **ont-ils acheté** une voiture?

This last form is usually avoided in everyday conversation.

OTHER INTERROGATIVE WORDS

Other words that indicate interrogation (**les mots interrogatifs**) are divided into adjectives, pronouns, and adverbs. Here are the most common ones:

1 The adjective **quel** (*which, what*) placed *before* a noun

> **Quel** temps fait-il?   De **quelle** femme parles-tu?

2 The pronoun **qui** (*who*) always refers to people.

> **Qui** parle?   **Avec qui** sort-elle?

3 The pronoun **qu'est-ce que** (*what*): **qu'est-ce que** + subject + verb

> **Qu'est-ce que** vous dites?   **Qu'est-ce que** vous faites?

4 The adverbs **quand** (*when*), **où** (*where*), **comment** (*how*), **pourquoi** (*why*), **combien** (*how much, how many*)

> **Quand** arrivent-ils?   **Pourquoi** pleurez-vous?

INDIRECT DISCOURSE — LE DISCOURS INDIRECT

Indirect discourse (**le discours indirect**) (Chap. 20) is reported dialogue: He says *that* . . . , I ask them *if* . . .

> Il dit **qu'**il est malade.   Je leur demande **si** le film est fini.

CONJUNCTIONS — LES CONJONCTIONS

A conjunction can be of two types: coordinating or subordinating.

1 Coordinating conjunctions (**les conjonctions de coordination**) connect words, phrases, or clauses. The principal coordinating conjunctions are **et** (*and*), **mais** (*but*), **ou** (*or*), **donc** (*so, therefore*). These conjunctions do not cause the subjunctive to be used in the sentence, although they may link two subjunctive verbs.

2 Subordinating conjunctions (**les conjonctions de subordination**) are used in complex sentences (sentences that contain a principal clause and one or more dependent clauses). Subordinating conjunctions are easily recognizable because they can be grouped into this simple list:

comme *as, since*   **quand** *when*   **si** *if*   **que** *that*

and any expressions including **que.**

parce que *because*   **pendant que** *while*   **pour que** *in order that*

The subjunctive is used after many of these conjunctions.

Elle lit **jusqu'à ce que** nous **arrivions.**

The last chapter of this book is devoted to the complex sentence (**la phrase complexe**) and the study of conjunctions—specifically, the use of the subjunctive with conjunctions and ways to avoid such constructions.

PREPOSITION OR CONJUNCTION?

In English, some words (*before*, *until*, etc.) can function as prepositions or as conjunctions. In French, however, a preposition and a conjunction are always different words.

before noon   **avant** = preposition
before I came   **avant que** = conjunction

A preposition is followed by a noun, a pronoun, or an infinitive.

pour *l'art*   **pour** *lui*   **pour** *dormir*

A conjunction is followed by a conjugated verb, never by a noun or an infinitive alone.

pour que *je dorme*

LEVEL OF LANGUAGE

Grammar usage is closely linked to the level of language. In this book you will find frequent references to the following:

1 Literary language (**langue littéraire**): the refined and elegant French of good writers.

2 Spoken language (**langue parlée**) contrasted with written language (**langue écrite**): expressions that are appropriate to speech but not to writing; or occasionally, the reverse—expressions used primarily in letters or papers.

3 Common language (**langue courante**): the idiom of everyday speech. These expressions are the most important ones to lively, idiomatic usage.

4 Familiar language (**langue familière**): expressions that are commonly used in speech, but that are in some cases on the borderline of vulgarity.

PRONUNCIATION

You should become familiar with the following symbols of the International Phonetic Alphabet, which will facilitate your understanding of the sounds explained in the lessons of the workbook and tape program that accompany *En Bonne Forme*.

Alphabet phonétique

voyelles		consonnes	
[i]	il, livre, stylo	[p]	porte, soupe
[e]	bébé, aller, papier, les, allez	[t]	table, thé
[ɛ]	fenêtre, père, lait, hôtel	[k]	comment, quatre, coin
[a]	madame, patte	[b]	bonjour, bonne
[ɑ]	pâte, classe	[d]	du, de
[ɔ]	porte, homme, donne	[g]	garçon, bague
[o]	pot, eau, pauvre	[f]	femme, photo
[u]	ou, vous	[s]	sa, classe, ça, nation, ce
[y]	du, tu, une	[ʃ]	chambre, chez
[ø]	deux, monsieur	[v]	voir, venir, wagon
[œ]	professeur, fleur	[z]	zéro, chaise, deuxième
[ə]	le, de, monsieur	[ʒ]	Georges, gym, jeune
[ɛ̃]	vin, main, bien	[l]	la, aller, livre
[ɑ̃]	France, content	[ʀ]	rouler, roue, vivre
[ɔ̃]	mon, non, oncle	[m]	manger, maman
[œ̃]	un, lundi	[n]	nous, tonne
		[ɲ]	magnifique, vigne
		[ŋ]	camping

semi-voyelles	
[j]	papier, crayon, fille
[w]	oui, soir
[ɥ]	huit, nuit

SILENT LETTERS

Many letters and groups of letters in French are written but not pronounced.

1 Final **-e** is not pronounced. One hears the sound (consonant or vowel) that precedes it.

    petit~~e~~   joli~~e~~

2 The **-es** ending on plural nouns and verbs is not pronounced.

    les pomm~~es~~   tu parl~~es~~

3 The **-ent** verb ending is also silent.

    elles chant~~ent~~   ils dorm~~ent~~

In nouns, adjectives, and adverbs, however, **-ent** is pronounced /ɑ̃/.

    un v**ent** viol**ent**   heureusem**ent**

4 Learn quickly how to differentiate between the sound produced by **e** (without accent) and the sounds of **-es, é, è, ê.**

le, premier   les, des, marché   crème, tête

5 Remember as a rule of thumb that most final consonants in French are not pronounced.

chat   des   drap   il perd

As exceptions, the four consonants C, R, F, L (as in CaReFuL) are usually sounded in final position.

sac   peur   œuf   bol

Note, however, that the **r** in the final group **-er** (in verb infinitives and in most nouns) is silent. The **-er** ending is pronounced /e/.

chanter, aller, prisonnier

6 The letters **m** and **n** in "nasal sounds" are not pronounced.

un bon vin blanc   dans le grand champ

LIAISON

Remember to link the last sound of a short word (article, pronoun, etc.) with the beginning vowel of the next word. This act is called *liaison*. The rules of this phenomenon are explained in detail in your workbook (Chap. 7).

les‿amis   des‿oranges   un petit‿ami

Never sound the **-t** in **et,** however.

André et / Alice…

STRESS — L'ACCENT

When reading in French, remember not to stress words the way you would in English. Put a light accent on the last syllable of an important word or on the last word of a group.

Il a mis son chapeau sur sa tête, et il est parti.

Listen to your teacher and to the speaker on your tape, and imitate them!

ABBREVIATIONS

The following abbreviations and symbols are used in the text:

adjectif	*adj.*	féminin	*f., fém.*
adverbe	*adv.*	futur	*fut.*
chapitre	*chap.*	littéralement	*litt.*
conditionnel	*cond.*	masculin	*m., masc.*
conjonction	*conj.*	objet	*obj.*
démonstratif	*dém.*	objet direct	*O.D.*
familier (ère)	*fam.*	object indirect	*O.I.*
participe	*part.*	subjonctif	*subj.*

pluriel	*pl.*	sujet	*suj.*
possessif	*poss.*	versus	*vs.*
préposition	*prép.*	=	équivalent de
présent	*prés.*	≠	contraire de
singulier	*s., sing.*	→	se change en

TESTING YOURSELF

A test on the facts described in this chapter is provided in the *Cahier de travail et de laboratoire*.

Bon Courage et Bonne Chance!

Le présent et l'impératif

Vocabulaire élémentaire

appeler to call
après-midi (*m.* ou *f.*) afternoon
arbre (*m.*) tree
chanson (*f.*) song
chercher to look for
chez at the house of
ciel (*m.*) sky
descendre to come down or to go down
eau (*f.*) water
élève (*m.* ou *f.*) student
entendre to hear
jouer to play

se lever to get up
mur (*m.*) wall
oiseau (*m.*) bird
penser to think
porter to carry
porteur (*m.*) carrier
savoir to know
soir (*m.*) evening
tête (*f.*) head
venir to come
voir to see
yeux (*m. pl.*) eyes

Vocabulaire des textes

au fond de at the bottom of
autour de around
avoir de la chance to be lucky
balayer to sweep
barrière (*f.*) fence
bavard(e) talkative
bruyant(e) noisy
cacher to hide
cauchemar (*m.*) nightmare
ça y est that's it
chacun(e) (*pron.*) every one
chaque (*adj.*) every
chahut (*m.*) rumpus
couché(e) lying
cour (*f.*) school yard
craie (*f.*) chalk
crier to shout
se débarrasser de to get rid of
s'écrouler to collapse
effrayé(e) scared
s'éloigner to move away
empêcher to prevent
se fâcher to get mad
faire le pitre to act as a clown, to fool around
falaise (*f.*) cliff

guetter to watch out for
lourd(e) heavy
mêlé(e) à mingled, mixed with
se mêler de to get involved in
moyen (*m.*) way
nettoyer to clean
obliger to force
peser to weigh
poche (*f.*) pocket
(être) pressé(e) to be in a hurry
redevenir to turn back into
rejoindre to join again, to go back to
remuer to shake
rentrer chez soi to return home
respirer to breathe
réussir to succeed
s'en aller to leave
sable (*m.*) sand
sortie (*f.*) time when school finishes
soupçonneux (-euse) suspicious
sourire to smile
sursauter to jump
tendre to hand out
tranquillement quietly
se trouver to be
vitre (*f.*) window

*V*ocabulaire supplémentaire

apprendre par cœur to memorize
bureau (*m.*) desk, office
calcul (*m.*) simple math
calcul (*m.*) **mental** sums
cancre (*m.*) bad student, dunce
cantine (*f.*) cafeteria
chahuter to create a rumpus
copier to crib
devoirs (*m. pl.*) homework
directeur (*m.*), **directrice** (*f.*) principal
emploi (*m.*) **du temps** schedule
être distrait(e), être dans la lune to be
   distracted

faire des compliments to congratulate
inspecteur (*m.*) supervisor
instituteur (*m.*), **institutrice** (*f.*)
   elementary school teacher
matière (*f.*) subject
note (*f.*) **bonne ou mauvaise** grade, good
   or bad
professeur (*m.*) high school, university
   teacher; professor
retenue (*f.*) detention
rêver to dream
taquiner to tease
tricher to cheat

Français en couleurs

Dans la langue des écoliers et des lycéens, «un dico» est un dictionnaire, «un bouquin», un livre. «Bouquiner», c'est lire.
   Un maître sévère ou méchant c'est «une vache» ou mieux encore «un sadam».
   Un élève qui copie est «un Xerox».
   En Afrique,[1] les enfants appellent le directeur de l'école «un dirécole». «Un intellectuel» (au Tchad), «un alphabète» (au Burkina Faso), c'est une personne qui sait lire et écrire; «un maître de langues», c'est un interprète, un traducteur. «Un cow-boy» est un garçon vif, intelligent. Tous les crayons ou les stylos sont des «bics» et le verbe «machiner» peut remplacer n'importe quel verbe. «Je pense dans ma tête» veut dire je réfléchis. «Un tome deux» au Cameroun, c'est un élève qui redouble (répète la même classe deux fois). «Un mercenaire» est un élève qui passe les examens à la place des autres en se faisant payer!
   Pour tous, Français ou Africains, les mots «truc, machin» peuvent désigner n'importe quel objet, si on oublie un mot.

---

[1] Ces termes sont présentés dans *Tu fais l'avion par terre, Dico franco-africain,* par Pascal Krop, ed. Lattès.

ℒe symbole

Bernard Dadié (1916–)   est né à Assinie, en Côte d'Ivoire, pays francophone d'Afrique Occidentale (voir la carte de l'Afrique francophone à la fin du livre). Il fait des études dans son pays et au Sénégal. A Dakar, il travaille plusieurs années, à l'Institut d'Afrique Noire. Il est emprisonné en 1950 à cause de ses idées politiques. Il représente la première génération d'écrivains africains de langue française. Auteur de contes, de romans, de nouvelles, de chroniques et de pièces de théâtre, il s'intéresse aux légendes africaines.

Préparation à la lecture

Depuis l'indépendance de la Côte d'Ivoire en 1960, la situation linguistique dans ce pays, comme dans beaucoup de nations d'Afrique, est très complexe. Le pays forme une mosaïque de peuples divers. On y parle plus de soixante langues nationales. Les plus connues sont l'agni, le baoulé, le dioula, le sénoufo, le bété, le n'zima. On s'exprime aussi dans d'autres langues africaines non ivoiriennes comme le wolof (Sénégal), le mooré (Burkina-Faso), le hausa (Niger). Le français, langue du colonisateur, reste la langue officielle, la langue de l'enseignement, et favorise l'unité du pays et la compréhension mutuelle. La plupart des Ivoiriens sont multilingues et la Côte d'Ivoire se présente comme un véritable microcosme linguistique qui reflète la diversité ethnique de ses habitants.

A l'époque coloniale, les écoles africaines fonctionnent sur le modèle des écoles françaises, et l'enseignement dispensé° aux enfants africains est le même que celui que reçoivent les enfants français. Ils passent le même nombre d'heures à l'école, rentrent chez eux à midi pour le déjeuner et retournent à l'école l'après-midi. Les élèves africains (ainsi que les Algériens et les Vietnamiens) étudient les mêmes matières et répètent: «Nos ancêtres les Gaulois…» Et surtout, dans les écoles de tous ces pays, interdiction de parler une autre langue que le français! Les garçons vont à une école séparée de l'école des filles. (De nos jours, en France et dans les écoles françaises à l'étranger, filles et garçons vont à la même école.)

«Le symbole» est extrait de *Climbié* (1956), un roman autobiographique publié quatre ans avant l'indépendance de la Côte d'Ivoire. Dans ce roman, Bernard Dadié nous raconte, à travers les aventures de son héros Climbié, ce qu'était la vie d'un enfant ivoirien dans la première moitié du vingtième siècle à l'époque de la colonisation. Climbié n'est en fait qu'un double de l'auteur qui nous confie ses luttes personnelles dans cette période où son pays est à la recherche d'une unité nouvelle.

enseignement…
teaching given

Dans ce roman, Dadié décrit un monde rempli d'injustices et d'iné-
galités qui se manifestent dès l'école primaire, où on interdit aux enfants
d'utiliser la langue de leurs ancêtres mais où on les oblige, sous peine de
punition, à adopter celle des colonisateurs.

*A*útour de Climbié, porteur du «Symbole», des élèves dahoméens[2]
mêlés à leurs camarades éburnéens,[3] chantent [...]

«Tu parles Agni,[4] je te donne le symbole.
Ah! Ah! Je te donne le symbole.
5 Tu parles Agni, je te donne le symbole,
Ah! Ah! Je te donne le symbole.»
[...]

«Tu parles Baoulé,[4] je te donne le symbole,
Ah! Ah! Je te donne le symbole.»

10 Debout sur le seuil,° le Directeur sourit.   **sur...** standing on the
[...]   door step

C'est la sortie de l'école. Et hors de l'enceinte scolaire,° chacun peut   **hors...** outside of the
parler son dialecte. Mais Climbié pour avoir parlé° N'zima,[4] dans l'école   school ground /
même, se trouve porteur du symbole. Il ne peut pas se fâcher, les élèves qui   **pour...** = parce qu'il
a parlé
15 le chahutent sont trop nombreux. Ses amis ne s'en mêlent pas, mais les plus
agressifs sont bien ceux à qui il l'a plusieurs fois refilé.° Alors il les regarde   **ceux à qui il l'a ...
refilé** those to whom
danser autour de lui, s'éloigner un à un, prendre chacun la route de la mai-   he has . . . given it
son. Ce petit cube pèse si lourd, si lourd, qu'il l'oblige à traîner le pas.° Les   **traîner...** drag his feet
enfants s'en vont par bandes joyeuses, bruyantes et querelleuses. [...]

20 Climbié rentre seul chez lui, abandonné par ses propres° amis, effrayé   own
par la présence du symbole qu'il a en poche,° parmi les billes et les toupies.°   **en poche** = dans sa
poche / **billes,
Ce midi-là,° il ne mange pas, tellement° il est pressé de se débarrasser   **toupies** marbles,
de ce petit cube... S'il n'y réussit pas[5] avant la sortie du soir, il restera° à   tops / **Ce...** At noon
nettoyer la cour, à balayer seul toutes les salles de classe. Et le symbole est   time / so much /
25 au fond de sa poche.   (*futur*) he will stay

Climbié marche, la tête pleine d'idées, cherchant le moyen de se
débarrasser au plus tôt de ce petit cube, si lourd parce qu'il est le symbole
même de l'enseignement dispensé. Le symbole! Vous ne savez pas ce que
c'est! Vous en avez de la chance![6] C'est un cauchemar! Il empêche de rire,

---

[2] **Dahoméens:** qui viennent du Dahomey (pays d'Afrique occidentale), appelé aujourd'hui le
Bénin
[3] **Eburnéens:** qui sont de la Côte d'Ivoire (on dit aussi Ivoiriens)
[4] **Agni, Baoulé** et **N'zima:** sont des dialectes locaux.
[5] **S'il n'y réussit pas** = If he does not succeed in doing it (i.e., in getting rid of it)
[6] **Vous en avez de la chance:** The word **en** is redundant.

de vivre dans l'école, car toujours on pense à lui. On ne cherche, on ne guette que le porteur du symbole. Où est-il? N'est-il pas chez celui-là? Chez cet autre? Le symbole semble être sous le pagne,° dans la poche de chaque élève. On se regarde avec des yeux soupçonneux. […]

Cet après-midi, Climbié fut° le premier élève à rejoindre l'école. Couché dans le sable, il feint° de dormir. Les autres viennent, un par un, groupe par groupe, bavards. Climbié est à l'affût° d'un délinquant.

Que dit celui-ci? Mais ça y est! Akroman […] vient de répondre° en N'zima à un de ses frères venu à la barrière. Climbié sans rien dire° se lève et lui tend le cube. L'autre sursaute. Climbié sourit et s'en va jouer aussi. Il respire enfin. ■

le pagne... loin cloth, skirt

(*passé simple*) was
pretends
à l'affût on the lookout
vient... just answered
sans... without saying anything

Questions sur la lecture

1. Quels dialectes parlent les camarades de Climbié?
2. Est-ce que les camarades de Climbié ont de la sympathie pour lui? Quelles actions indiquent leurs sentiments?
3. Que fait le Directeur? Comment interprétez-vous cette expression?
4. Le cube est-il vraiment lourd? Expliquez.
5. Pourquoi est-ce que Climbié ne mange pas, ce midi-là? Qu'est-ce qui le tracasse (*worries*)?
6. Qu'est-ce que Climbié doit faire, s'il ne se débarrasse pas du symbole?
7. Quels verbes indiquent que le cube empoisonne la vie de celui qui le porte?
8. Que fait Climbié pour trouver un "délinquant"? Comment Akroman est-il "pris"?
9. Pourquoi est-ce que Climbié "respire"?

Questions personnelles

1. Que pensez-vous de cette façon d'enseigner le français, à l'exclusion des autres dialectes?
2. Les enfants sont cruels entre eux, ils se taquinent, ils se chahutent. Est-ce typique de cette société ou bien connaissez-vous des exemples dans votre entourage?
3. Que pensez-vous de la punition par le "symbole"?

$\mathcal{P}$age d'écriture

Jacques Prévert (1900–1977)   est sans doute le poète du vingtième siècle le plus populaire de France. Dès l'âge de quinze ans Prévert quitte sa famille et vit de petits métiers (*jobs*). Il commence par écrire des pièces de théâtre. Au cinéma, Prévert collabore à des films qui sont maintenant des «classiques» (*Le crime de Monsieur Lange* de Jean Renoir en 1935, *Quai des brumes* de Marcel Carné en 1938 et *Les enfants du paradis* en 1943). Il devient célèbre en 1945 comme poète lorsqu'il publie *Paroles*. Le livre se vend à des millions d'exemplaires. Jacques Prévert a de nombreux amis parmi des chanteurs, comme Mouloudji, Yves Montand et Juliette Gréco, qui chantent plusieurs de ses poèmes.

Prévert est un grand poète de l'amour et de la tendresse. Il s'indigne devant le spectacle de la misère sociale, de la guerre, des enfants malheureux, des amoureux séparés.

Préparation à la lecture

Dans le poème «Page d'écriture», Prévert montre toute sa sympathie pour l'enfant rêveur, inattentif à la leçon d'un maître sans imagination. L'instituteur ne comprend rien au pouvoir magique de la poésie sur l'esprit créatif et libre de ses élèves. Aux contraintes d'un enseignement rigide dont Prévert se moque gentiment ici, il oppose le droit au rêve, à l'innocence, au paradis d'une enfance insouciante et heureuse.

*D*eux et deux quatre
quatre et quatre huit
huit et huit font seize…
Répétez! dit le maître
5   Deux et deux quatre
quatre et quatre huit
huit et huit font seize.
Mais voilà l'oiseau-lyre°
qui passe dans le ciel
10   l'enfant le voit
L'enfant l'entend
l'enfant l'appelle:
Sauve-moi
joue avec moi
15   oiseau!
Alors l'oiseau descend
et joue avec l'enfant
Deux et deux quatre…
Répétez! dit le maître
20   et l'enfant joue
l'oiseau joue avec lui…
Quatre et quatre huit

oiseau… lyrebird

huit et huit font seize
et seize et seize qu'est-ce qu'ils font?
25 Ils ne font rien seize et seize
et surtout pas trente-deux
de toute façon°   **de...** in any case
et ils s'en vont.
Et l'enfant a caché l'oiseau
30 dans son pupitre
et tous les enfants
entendent sa chanson
et tous les enfants
entendent la musique
35 et huit et huit à leur tour° s'en vont   **à...** too
et quatre et quatre et deux et deux
à leur tour fichent le camp°   **fichent...** = (*fam.*) s'en
et un et un ne font ni une ni deux°   vont
et un à un s'en vont également.   **ne font ni une ni deux**
40 Et l'oiseau lyre joue   = n'hésitent pas
et l'enfant chante
et le professeur crie:
Quand vous aurez fini de faire le pitre!°   **Quand...** When you
Mais tous les autres enfants   will have finished
45 écoutent la musique   acting as a clown!
et les murs de la classe   (understood: I will
s'écroulent tranquillement.   be happy)
Et les vitres redeviennent sable
l'encre redevient eau
50 les pupitres redeviennent arbres
la craie redevient falaise
le porte-plume redevient oiseau.   ▪

Questions sur la lecture

1. Quelle matière est-ce que le maître est en train d'enseigner?
2. Pourquoi l'enfant demande-t-il à l'oiseau de le sauver?
3. Que fait l'enfant au lieu de répéter la leçon de calcul?
4. Qu'est-ce qui arrive quand les enfants écoutent la musique?
5. Que représentent l'oiseau, la musique, la poésie par rapport aux objets de la salle de classe, au maître, au calcul?
6. Indiquez les métamorphoses, les transformations des objets de la classe.
7. Comment expliquez-vous le jeu de mots (*pun*) contenu dans la phrase: «Et le porte-plume redevient oiseau.»

Questions personnelles

1. Quelles matières scolaires vous intéressent? vous ennuient?
2. Etes-vous toujours attentifs en classe? Pourquoi ou pourquoi pas?
3. A quoi pensez-vous quand vous vous ennuyez? Où vous évadez-vous?

Le présent

Formes

Le système verbal français se compose de trois groupes de verbes réguliers et d'un grand nombre de verbes irréguliers. Au présent, les terminaisons suivantes sont identiques.

tu	**-s**	vous	**-ez**
nous	**-ons**	ils, elles	**-ent**

VERBES DU 1ᴱᴿ GROUPE: «PARLER» (*TO SPEAK*), «ÉTUDIER» (*TO STUDY*)

1 Les verbes du 1ᵉʳ groupe ont l'infinitif en **-er.** Voici les terminaisons du présent et la conjugaison des verbes **parler** et **étudier**.

-e	je **parle**	j'**étudie**	-ons	nous **parlons**	nous **étudions**
-es	tu **parles**	tu **étudies**	-ez	vous **parlez**	vous **étudiez**
-e	il, elle **parle**	il, elle **étudie**	-ent	ils, elles **parlent**	ils, elles **étudient**

Voici d'autres verbes de ce groupe: **donner** (*to give*), **chanter** (*to sing*), **continuer** (*to continue*).

❋ Remarques:

- Quatre-vingt-dix pour cent (90%) des verbes français sont des verbes du 1ᵉʳ groupe. Ils sont tous réguliers sauf **aller:**

je **vais**	nous **allons**
tu **vas**	vous **allez**
il, elle **va**	ils, elles **vont**

- Les terminaisons **-e, -es, -ent** ne s'entendent pas. C'est la consonne ou la voyelle qui précède qu'on entend: donne, chante, étudie, continuent.

2 Changements orthographiques

Dans certains verbes du 1er groupe, on remarque des changements orthographiques:

a. verbes en **-cer: c→ç** devant **-ons**

commencer (*to begin*)

je commen**c**e   MAIS: nous commen**ç**ons[7]

- *Autres verbes:* **annoncer** (*to announce*), **prononcer** (*to pronounce*), **remplacer** (*to replace*)

b. verbes en **-ger: g→ge** devant **-ons**

voyager (*to travel*)

je voya**g**e   MAIS: nous voya**ge**ons[8]

- *Autres verbes:* **manger** (*to eat*), **changer** (*to change*), **nager** (*to swim*)

c. verbes en **-yer: y→i** devant **-e, -es, -ent**

payer (*to pay*)

je pa**ie**   MAIS: nous pa**y**ons

ils pa**ient**   vous pa**y**ez

- *Autres verbes:* **employer** (*to employ*), **envoyer** (*to send*), **essayer** (*to try*)

d. verbes en **é** + consonne + **er: é→è** devant **-e, -es, -ent**

préférer (*to prefer*)

je préf**è**re   MAIS: nous préf**é**rons

ils préf**è**rent   vous préf**é**rez

- *Autres verbes:* **espérer** (*to hope*), **exagérer** (*to exaggerate*), **répéter** (*to repeat*)

Voir l'Appendice, page 502, pour le détail des conjugaisons.

e. certains verbes en **e** + consonne + **er: e→è** devant **-e, -es, -ent**

lever (*to lift up, raise*)

je l**è**ve   MAIS: nous l**e**vons

ils l**è**vent   vous l**e**vez

- *Autres verbes:* **acheter** (*to buy*), **enlever** (*to remove*), **geler** (*to freeze*), **peser** (*to weigh*)

f. certains verbes où on redouble la consonne:

verbes en **e** + **l** + **er: l→ll** devant **-e, -es, -ent**

appeler (*to call*)

j'appe**ll**e   MAIS: nous appe**l**ons

ils appe**ll**ent   vous appe**l**ez

verbes en **e** + **t** + **er: t→tt** devant **-e, -es, -ent**

jeter (*to throw*)

---

[7] La lettre **ç** (cé cédille) + **-ons** est prononcée /sɔ̃/.

[8] Le groupe **-geons** est prononcé /ʒɔ̃/.

je je**tte**   MAIS: nous je**tons**
ils je**ttent**   vous je**tez**

- *Autres verbes:* **épeler** (*to spell*), **rappeler** (*to call back, to recall*); **projeter** (*to plan*), **rejeter** (*to reject*)

EXERCICE

A. Mettez le verbe entre parenthèses au présent.

1. Les enfants (chanter) dans leur dialecte.
2. Tu (chahuter) en classe de maths?
3. Nous (obliger) nos amis à parler français.
4. Vous (être) pressés de retourner à l'école?
5. Les élèves (s'en aller) déjeuner à la maison à midi.
6. Le porteur du symbole (nettoyer) la salle de classe.
7. La directrice (ne pas balayer) la cour.
8. Je (aller) jouer au foot cet après-midi.
9. Le symbole (se trouver) dans la poche du délinquant.
10. Je (payer) cher une minute d'inattention.
11. Vous (préférer) l'enseignement à la française ou l'enseignement à l'américaine?
12. Le cube (changer) de poche tous les jours.
13. L'enfant (appeler) l'oiseau lyre qui (passer) dans le ciel.
14. Dans la classe de musique, nous (chanter) des chants africains.
15. Tu (ne pas manger) à la cantine, aujourd'hui?
16. Vous (sursauter) quand le maître vous (interroger).
17. Je (cacher) mon porte-plume dans mon pupitre.
18. Les écoliers (ne pas jouer) aux billes sur le sable de la cour.
19. Monsieur l'instituteur, vous (crier) quand les élèves (ne pas écouter)?
20. L'heure de la récréation (arriver) et (sauver) l'enfant.

VERBES DU 2ÈME GROUPE: «FINIR» (*TO FINISH*)

1 Les verbes du 2ème groupe ont leur infinitif en **-ir** et le groupe de lettres **-iss-** inséré dans les trois personnes du pluriel. Voici les terminaisons et la conjugaison du présent du verbe **finir**:

-is	je **finis**	**-issons**	nous **finissons**
-is	tu **finis**	**-issez**	vous **finissez**
-it	il, elle **finit**	**-issent**	ils, elles **finissent**

2 Ce groupe contient:

a. des verbes qui correspondent à des verbes anglais en *-ish*.
finir, punir, démolir, fleurir, polir, etc.

b. des verbes dérivés d'adjectifs.

blanchir (*to turn white, to bleach*)	**rougir** (*to turn red, to blush*)	**grandir** (*to grow*)
brunir (*to turn brown, to tan*)	**pâlir** (*to turn pale*)	**grossir** (*to gain weight*)
jaunir (*to turn yellow*)	**vieillir** (*to grow old*)	**maigrir** (*to lose weight*)

c. d'autres verbes comme **choisir** (*to choose*), **obéir** (*to obey*), **réfléchir** (*to reflect*), **remplir** (*to fill*).

✳ **Attention:** Tous les verbes en **-ir** et **-iss-** sont réguliers. Les autres verbes en **-ir** sont irréguliers (voir p. 27).

EXERCICE

B. Complétez les phrases avec un verbe de la liste suivante, conjugué au présent.

finir	pâlir	obéir	punir	vieillir
réfléchir	démolir	grandir	réussir	fleurir
grossir	jaunir	brunir	maigrir	choisir

1. Nous ne mangeons plus de gâteaux, nous _____.   2. L'accusé entend le verdict, il est condamné à vingt ans de prison, il _____.   3. «Tes chaussures sont trop petites! Tu _____.»   4. C'est le printemps, les jardins _____.   5. Le professeur dit aux étudiants: «Vous _____ avant d'écrire.»   6. Vous êtes un bon élève. Vous _____ à tous vos examens.   7. Je suis un bon citoyen, je _____ aux lois.   8. C'est l'automne, les feuilles _____.   9. Si on reste longtemps au soleil, on _____.   10. Elle attend un bébé, elle _____.   11. Mon grand-père a les cheveux blancs, il _____.   12. Les étudiants _____ l'examen avant l'heure.   13. Le directeur dit à l'instituteur: «Vous _____ les bavards, s'il vous plaît.»   14. Les bulldozers _____ la vieille maison pour faire place à un nouveau supermarché.   15. Il _____ un élève N'zima pour lui refiler le symbole.

VERBES DU 3ᵉᵐᵉ GROUPE: «VENDRE» (*TO SELL*)

Le 3ᵉᵐᵉ groupe contient un petit nombre de verbes réguliers. Leur infinitif est en **-dre**. Le **-d** (ou **-ds**) apparaît aux trois personnes du singulier et n'est pas prononcé. Le **-d** est prononcé aux trois personnes du pluriel. Voici les terminaisons et la conjugaison du présent du verbe **vendre:**

-ds	je **vends**	**-dons**	nous ven**dons**
-ds	tu **vends**	**-dez**	vous ven**dez**
-d	il, elle ven**d**	**-dent**	ils, elles ven**dent**

Voici d'autres verbes de ce groupe: **entendre** (*to hear*), **confondre** (*to confuse*), **rendre** (*to give back*), **attendre** (*to wait*), **perdre** (*to lose*), **répondre** (*to answer*).

✳ **Attention:** **Prendre** (*to take*) et ses dérivés **comprendre** (*to understand*) et **apprendre** (*to learn*) sont irréguliers (voir p. 27).

EXERCICE

C. Dans les phrases suivantes, mettez les verbes entre parenthèses au présent.

1. (Entendre)-vous vraiment des voix quand vous méditez?   2. Nous (confondre) les couleurs.   3. Tu (répondre) toujours aux questions par des questions.   4. Elle (attendre) l'inspiration pour écrire un poème.   5. Je (perdre) la notion du temps, quand je suis dans une chambre toute noire.   6. Cet antiquaire (vendre) des tableaux de grande valeur.   7. L'art ne (correspondre) pas toujours à la réalité.   8. Est-ce que ces couleurs (fondre) au soleil?   9. Le critique dit: «Vous (rendre) bien la personnalité du modèle dans ce portrait.»   10. De la Pyramide du Louvre, on (descendre) dans les ruines d'une forteresse médiévale.   11. L'acheteur (tendre) un chèque de mille euros pour payer l'œuvre d'art.   12. La beauté des sculptures de Rodin (surprendre) les visiteurs du musée.

VERBES IRRÉGULIERS

Tous les autres verbes de la langue française sont irréguliers.

1 Leur infinitif peut être en **-ir** (sans **-iss-**)   **dormir** (*to sleep*)

en **-oir**   **voir** (*to see*)

en **-re**   **mettre** (*to put, place*)

2 Voici les terminaisons et la conjugaison des verbes **dormir, voir** et **mettre:**

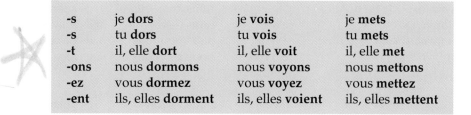

-s	je **dors**	je **vois**	je **mets**	
-s	tu **dors**	tu **vois**	tu **mets**	
-t	il, elle **dort**	il, elle **voit**	il, elle **met**	
-ons	nous **dormons**	nous **voyons**	nous **mettons**	
-ez	vous **dormez**	vous **voyez**	vous **mettez**	
-ent	ils, elles **dorment**	ils, elles **voient**	ils, elles **mettent**	

Remarquez les exceptions à ces terminaisons dans les tableaux des pages 28 à 29.

3 **avoir/être**

Voici les deux verbes irréguliers les plus importants:

avoir (*to have*)		être (*to be*)	
j'**ai**	nous **avons**	je **suis**	nous **sommes**
tu **as**	vous **avez**	tu **es**	vous **êtes**
il, elle **a**	ils, elles **ont**	il, elle **est**	ils, elles **sont**

4 Les verbes en **-ir** (sans **-iss-**)

courir (*to run*)	je cours	nous courons	
dormir (*to sleep*)	je dors	nous dormons	
mourir (*to die*)	je meurs	nous mourons	ils meurent
partir (*to leave*)	je pars	nous partons	
sortir (*to go out*)	je sors	nous sortons	
servir (*to serve*)	je sers	nous servons	
mentir (*to lie*)	je mens	nous mentons	
sentir (*to feel, to smell*)	je sens	nous sentons	
tenir (*to hold, to keep*)	je tiens	nous tenons	ils tiennent
venir (*to come*)	je viens	nous venons	ils viennent

✱ **Attention:** On conjugue les verbes **ouvrir** (*to open*), **couvrir** (*to cover*), **offrir** (*to offer*), **souffrir** (*to suffer*) avec les terminaisons du 1er groupe.

j'**ouvre**	tu **offres**	il, elle **souffre**
nous **couvrons**	vous **offrez**	ils, elles **souffrent**

5 Les verbes en **-oir**

apercevoir (*to see in the distance*)	j'aperçois	nous apercevons	ils aperçoivent
devoir (*to owe, must*)	je dois	nous devons	ils doivent
pouvoir (*to be able*)	je peux[9]	nous pouvons	ils peuvent
recevoir (*to receive*)	je reçois	nous recevons	ils reçoivent
falloir (*to be necessary*)	il faut		
pleuvoir (*to rain*)	il pleut		
voir (*to see*)	je vois	nous voyons	ils voient
savoir (*to know*)	je sais	nous savons	ils savent
valoir (*to be worth*)	je vaux[9]	nous valons	ils valent
	ça vaut		
vouloir (*to want*)	je veux[9]	nous voulons	ils veulent

✱ **Remarques:** Le verbe **valoir** (*to be worth*) est plus souvent employé à la 3ème personne du singulier qu'aux autres personnes. Les deux verbes **falloir** (*to be necessary*) et **pleuvoir** (*to rain*) s'emploient seulement à la 3ème personne du singulier.

---

[9] je peux, je vaux, je veux: on a **-x** à la place du **-s**.

6 Les verbes en **-re**

boire (*to drink*)	je bois	nous buvons		ils boivent
conduire (*to drive*)	je conduis	nous conduisons		
construire (*to build*)	je construis	nous construisons		
connaître (*to know*)	il connaît	nous connaissons		
convaincre (*to convince*)	je convaincs[10]	nous convainquons		
croire (*to believe*)	je crois	nous croyons		ils croient
dire (*to say*)	je dis	nous disons	vous dites[11]	ils disent
écrire (*to write*)	j'écris	nous écrivons		
faire (*to make, to do*)	je fais	nous faisons	vous faites[11]	ils font[12]
lire (*to read*)	je lis	nous lisons		
mettre (*to put*)	je mets	nous mettons		
plaire (*to please*)	je plais	nous plaisons		
	ça plaît			
prendre (*to take*)	je prends[13]	nous prenons		ils prennent
rire (*to laugh*)	je ris	nous rions		
suivre (*to follow*)	je suis	nous suivons		
vivre (*to live*)	je vis	nous vivons		

* Remarque: Les verbes en **-aindre (craindre,** *to fear*), **-eindre (peindre,** *to paint*) et **-oindre** (**joindre**) présentent les alternances suivantes:

> -ains, s, t/-aignons, ez, ent
> -eins, s, t/-eignons, ez, ent
> -oins, s, t/-oignons, ez, ent

Tu **crains** la visite de l'inspecteur; nous **craignons** ses remarques.
Vous **peignez** votre maison? —Oui, je la **peins** en rose, c'est plus gai.
Je me **joins,** nous nous **joignons** au groupe d'enfants.

---

[10] elle convainc: on a **-c** à la place du **-t.**
[11] vous di**tes,** vous fai**tes** (vous ê**tes**): on a **-tes** à la place de **-ez.**
[12] ils f**ont** (ils v**ont,** ils s**ont**): on a **-ont** à la place de **-ent.**
[13] il pren**d:** on a **-d** à la place du **-t.**

EXERCICES

D. Refaites les phrases en remplaçant les sujets des verbes par les sujets entre parenthèses.

1. François et Irène meurent de peur quand ils voient un film d'horreur. (je, tu, vous)
2. Le petit garçon ment et dit des bêtises. (nous, ils, tu)
3. Elle aperçoit l'institutrice, elle court vers elle (je, nous, elles).
4. J'écris des lettres et je reçois des réponses. (elle, ils, vous)
5. Ils dorment et ils font des rêves. (tu, elle, vous)
6. Je lis un livre, je prends des notes. (il, nous, ils)
7. Il sourit, il connaît la réponse (je, on, elles)
8. Tu sors dans le jardin, tu mets un manteau. (vous, ils, nous)
9. Nous ne conduisons pas quand nous buvons. (je, tu, elles)
10. Elle sait la leçon, elle veut répondre à la question. (il, vous, ils)
11. Ils poursuivent des études et ils doivent travailler dur. (je, nous, on)
12. Vous ne souffrez plus, vous partez en vacances. (tu, nous, il)
13. Il feint de dormir, il guette le délinquant. (je, tu, vous)
14. Elles viennent à l'école tous les jours, elles font des progrès (je, tu, vous)
15. Tu te joins à cette troupe de clowns, tu vas bien rire. (elle, nous, ils)

E. Combinez chaque phrase de la colonne de gauche avec une phrase de la colonne de droite et mettez les verbes entre parenthèses au présent.

Modèle: 1. Le petit garçon n'*arrive* pas à la maison à midi et demi.
            F. Sa maman l'*attend* dans la rue.

1. Le petit garçon (ne pas arriver) à la maison à midi et demi.
2. Les élèves (taquiner) le porteur de symbole.
3. Tu (ne pas manger)?
4. Les enfants (rentrer) chez eux après l'école.
5. C'(être) la sortie de l'école.
6. Vous (aller) répéter la leçon de calcul.
7. Le petit cube (peser) lourd.
8. Les parents (venir) se plaindre au directeur.

A. Ils (pouvoir) parler dans leur dialecte.
B. «Deux et deux (faire) quatre.»
C. L'enfant qui (avoir) le cube (pleurer).
D. Nous (courir) vers la barrière.
E. La punition leur (sembler) injuste.
F. Sa maman (l'attendre) dans la rue.
G. L'enfant qui a le symbole (traîner) le pas.
H. Le symbole t'(empêcher) de vivre.

7 La négation du verbe au présent

En français, on emploie deux mots, **ne ... pas,** qui entourent le verbe. Voici la formule:

$$\text{sujet} + \begin{matrix}\textbf{ne}\\\textbf{n'}\end{matrix} + \text{verbe} + \textbf{pas} + \text{complément}$$

Nous **ne** faisons **pas** la dictée.   Vous **n'**allez **pas** à la cantine.

8 Les verbes pronominaux

Les verbes pronominaux se composent surtout de verbes du 1er groupe et de verbes irréguliers. Ces verbes sont étudiés en détail au Chapitre 12. Voici la conjugaison de deux de ces verbes. Remarquez la place des pronoms.

se dépêcher (*to hurry*)	**se souvenir** (*to remember*)
je me dépêche	je me souviens
tu te dépêches	tu te souviens
il, elle se dépêche	il, elle se souvient
nous nous dépêchons	nous nous souvenons
vous vous dépêchez	vous vous souvenez
ils, elles se dépêchent	ils, elles se souviennent

A la forme négative, la négation entoure le verbe.

> Nous **ne** nous dépêchons **pas.**   Il **ne** se souvient **pas.**

* Remarque: Pour la différence de construction entre **se rappeler** et **se souvenir,** voir page 75.

EXERCICE

F. Dans les phrases suivantes, mettez le verbe entre parenthèses au présent.

1. L'enfant (se fâcher) quand son ami lui tend le symbole.
2. Le craie (ne pas se trouver) près du tableau.
3. Les enfants (s'éloigner) de la barrière.
4. Nous (s'en aller) en courant.
5. Vous (se débarrasser) de vos devoirs pour jouer?
6. Tu (se disputer) avec tes camarades?
7. Nous (s'écrouler) de fatigue après une journée à l'école.
8. Ils (se regarder) d'un air soupçonneux.
9. Il (ne pas se presser) de rentrer chez lui.
10. Les amis (se rejoindre) dans la cour de récréation.

Emplois

En anglais, il y a trois formes du présent: *regular present* (*Bernard goes to elementary school*), *present progressive* (*Bernard is going. . .*) et *emphatic present* (*Bernard does go. . .*). En français, il y a un seul présent: **Bernard va à l'école élémentaire.**

Comme en anglais, on emploie le présent en français:

1 pour exprimer une vérité générale.

> La Côte d'Ivoire **se trouve** en Afrique Occidentale.

2 pour exprimer une habitude.

Tous les jours, le soleil **se lève** à l'est et **se couche** à l'ouest.

✶ Remarque: Souvent, en anglais, c'est le futur qui exprime une habitude.

*Often, on Sundays, he **will stay** in bed all day and read a book.*   Souvent, le dimanche, il **reste** au lit toute la journée et **lit** un livre.

3 pour présenter une action qui a lieu au moment où on parle.

En ce moment, nous **expliquons** la leçon de grammaire.

4 pour exprimer un futur proche.

Nous **sortons** ce soir.   Ils **arrivent** lundi.

EXPRESSIONS UTILES

1 Les expressions suivantes accompagnent souvent un verbe au présent:

d'habitude	usually
en général	generally
en ce moment	at the present time
à l'heure qu'il est	at this very moment
à l'heure actuelle	
toute la journée	all day long
tous les jours	every day
le lundi, le mardi	on Mondays, on Tuesdays

D'habitude je reste à la maison le dimanche.   *Usually I stay home on Sundays.*

2 L'expression **être en train de** + **l'infinitif** signifie *to be doing something, to be in the process of doing something.*

Elle ne répond pas, elle **est en train de réfléchir.**

3 On forme des questions au présent avec les expressions courantes qui suivent:

est-ce que	*(simple question)*
comment	how
combien	how many, how much
quand	when
où	where
pourquoi	why

Est-ce que vous parlez Agni?
Quand vient l'inspecteur?
L'école élémentaire se trouve **où**?

✶ Remarque: Pour l'ordre des mots après les adverbes interrogatifs, voir page 219.

EXERCICE

G. Faites des phrases au présent.

1. Décrivez trois habitudes quotidiennes: Tous les jours, je…
2. Ecrivez trois vérités générales: La terre tourne autour du soleil…
3. Décrivez trois actions actuelles. Qu'est-ce que vous êtes en train de faire en ce moment?
4. Faites la liste de trois actions que vous allez faire demain, mais utilisez le présent: Demain, j'arrête de manger du chocolat…
5. Utilisez trois verbes au présent pour décrire ce que vous faites à la cafétéria.
6. Posez trois questions au présent à un(e) camarade sur sa routine matinale.

L'impératif

Formes

Répète!	**Finis!**	**Prends!**
Répétez!	**Finissez!**	**Prenez!**
Répétons!	**Finissons!**	**Prenons!**

1 On conjugue l'impératif comme le présent, mais le sujet (**tu, vous, nous**) n'est pas exprimé. Au singulier (**tu**), la forme est la même que la 1ère personne du présent (**je**), sans pronom sujet.

> Je répète: **Répète!**   Je finis: **Finis!**   Je prends: **Prends!**

2 Au singulier, forme polie, (**vous**) et au pluriel (**vous**), l'impératif est comme la 2ème personne du pluriel, sans pronom sujet.

> Vous répétez: **Répétez!**   Vous finissez: **Finissez!**

3 A la 1ère personne du pluriel (**nous**), la forme de l'impératif est la même que la 1ère personne du pluriel du présent, sans pronom sujet.

> Nous répétons: **Répétons.** (*Let's repeat.*)   Nous finissons: **Finissons!** (*Let's finish!*)

4 La négation **ne … pas** entoure le verbe à l'impératif.

> N'écrivez **pas!**   Ne répète **pas!**

5 A l'impératif du verbe pronominal, on emploie un pronom après le verbe (voir p. 260).

> Regarde-**toi!**   Souvenez-**vous!**   Dépêchons-**nous!**
> *Look at yourself!*   *Remember!*   *Let's hurry!*

A la forme négative, le pronom précède le verbe.

> **Ne te** perds **pas!**   **Ne vous** dépêchez **pas!**   **Ne nous** fâchons **pas!**
> *Don't get lost!*   *Do not hurry!*   *Let's not get angry!*

6 Impératifs irréguliers

aller	**Va!**	**Allons!**	**Allez!**
avoir	**Aie!**	**Ayons!**	**Ayez!**
être	**Sois!**	**Soyons!**	**Soyez!**
savoir	**Sache!**	**Sachons!**	**Sachez!**
vouloir			**Veuillez!**

N'**ayez** pas peur!   **Soyez** patiente!   **Sachez** que je ne plaisante pas!   **Veuillez** écouter!

✱ Remarques:

- L'impératif des verbes **avoir, être, savoir, vouloir** est semblable au subjonctif présent (voir p. 344).
- **Sachez** et **veuillez** ne sont pas employés dans la langue courante et familière.
- On ajoute un **s** à **va** dans: **Vas-y!**

Emplois

1 L'impératif sert à:

a. donner un ordre direct: **Sortez!**

b. exprimer une interdiction: **Ne fumez plus!**

c. présenter une suggestion: **Allons au cinéma!**

✱ Remarques: Il y a deux possibilités en français pour dire *Let us go.*

- On a l'impératif du verbe **aller,** à la forme **nous,** si on invite plusieurs personnes à participer à une action ensemble.

     Allons au cinéma.   *Let's go* to the movies!

- On emploie le verbe **laisser** à l'impératif, 2ème personne, avec l'infinitif du verbe **aller,** si on exprime une requête, une demande de permission.

     Laissez-nous aller au cinéma.   *Let us go* (allow us to go) to the movies.

2 Les impératifs suivants sont employés comme interjections: **Tiens, Allons, Voyons.**

a. Tiens indique l'étonnement.

     Tiens, il est déjà midi!   *Hey, it's already noon!*

b. Allons, Voyons expriment une exhortation.

     Allons, ne vous découragez pas.   *Come on, don't get discouraged.*
     Voyons, allez un peu plus vite!   *Come on, hurry up!*

c. **Allons-y!** veut dire *Let's go! Let's get started!*

3 L'impératif de **vouloir** est surtout employé dans la formule écrite: **Veuillez agréer l'assurance de ma considération distinguée.** En anglais on traduit cette formule par *Sincerely yours.*

EXERCICES

H. Que dit le professeur à ses élèves quand il entre en classe?

Modèle: ouvrir vos livres.
Ouvrez *vos livres!*

1. lire
2. écrire (*négatif*)
3. se lever
4. aller au tableau
5. être attentifs (-ives)
6. avoir de la patience
7. faire (*négatif*) les pitres
8. réfléchir avant de parler

I. Que dit un enfant à son copain?

Modèle: venir jouer avec moi.
Viens *jouer avec moi.*

1. regarder mes billes
2. ne pas copier
3. me donner ton crayon
4. sourire au maître
5. être poli
6. répéter ton poème
7. ne pas crier
8. écouter la chanson

J. Que dit le directeur à ses collègues?

Modèle: aller déjeuner au restaurant
Allons déjeuner *au restaurant!*

1. Mes amis, chercher un moyen d'inspirer nos élèves.
2. faire respecter la grammaire française.
3. ne pas ignorer les charmes de leurs dialectes.
4. les encourager quand ils réussissent.
5. ne pas punir ceux qui oublient leurs livres.
6. trouver un juste milieu.
7. récompenser les efforts.
8. donner des prix.

Suppléments de grammaire

1 ▶ **depuis** + le présent

a. On emploie le présent avec **depuis** et une expression de temps pour dire qu'une action a commencé dans le passé et continue encore dans le présent au moment où on parle.

Il est à l'hôpital **depuis** lundi.   *He has been in the hospital **since** Monday.*
Anne attend l'autobus **depuis** une heure.   *Anne has been waiting for the bus **for** an hour.*

La formule est:

> présent + **depuis** + expression de temps

Depuis a deux sens (*meanings*):

> *since* + date
> *for* + length of time

La traduction en anglais est *has / have been.* En français, le verbe est au présent.

b. On peut aussi employer les expressions suivantes pour indiquer *for + length of time.*

Il y a une heure qu'Anne attend l'autobus. ⎫
Voilà une heure qu'Anne attend l'autobus. ⎬ *Anne has been waiting for the*
Ça fait une heure qu'Anne attend l'autobus. ⎭ *bus **for one hour.***

Les questions qui correspondent à ces réponses ont deux formes. Si on veut connaître *la date précise,* on dit:

Depuis quand est-il à l'hôpital?   *How long has he been in the hospital?*
Depuis lundi.   *Since Monday.*

Si on veut connaître *la durée,* on dit:

Depuis combien de temps attend-elle?   *How long has she been waiting?*
Depuis une heure.   *For an hour.*

EXERCICE

K. Avec le vocabulaire suggéré, faites d'abord une question avec **Depuis quand** ou avec **Depuis combien de temps.** Ensuite, donnez la réponse à la question.

Modèle: Frédéric (étudier) le piano.   (l'âge de trois ans)
Depuis quand est-ce que Frédéric étudie le piano?
Frédéric étudie le piano depuis l'âge de trois ans.

1. Elle (suivre) des cours de danse.   (trois ans)
2. Nous (jouer) au tennis.   (dix heures du matin)
3. Tu (chercher) ton pull vert.   (trois jours)

4. Elles (dormir).   (dix minutes)
5. Vous (travailler) à cette banque.   (lundi)
6. Il (prendre) l'autobus pour rentrer à la maison.   (toujours)

2 aller / s'en aller

Voici la conjugaison de ces deux verbes:

je **vais**	nous **allons**	je **m'en vais**	nous **nous en allons**
tu **vas**	vous **allez**	tu **t'en vas**	vous **vous en allez**
il, elle **va**	ils, elles **vont**	il, elle **s'en va**	ils, elles **s'en vont**

a. On emploie **aller** avec le sens de *to go.*

> Vous **allez** à la cantine à midi?

b. On emploie **aller à** avec le sens de *to fit.*

> Ce tee-shirt **va** bien **à** ce garçon.

c. On emploie **aller** avec l'infinitif d'un autre verbe pour exprimer un futur proche (*to be going to*) (voir p. 303). **Aller** + aller est fréquent.

> Tu **vas faire** tes devoirs avant de jouer.
> Je **vais aller** en Europe cet été.

d. On emploie **s'en aller** pour dire *to leave, to go away* (voir p. 58).

> Ils préparent leur voyage. Ils **s'en vont** samedi.

EXERCICE

L. Complétez les phrases suivantes avec la forme correcte du verbe **aller** ou **s'en aller.**

1. Miriam _____ à l'école du village ivoirien.
2. Tu _____ penser à ton travail au lieu de regarder par la fenêtre?
3. Nous _____ . C'est la sortie de l'école.
4. Vous avez le symbole? Vous _____ nettoyer le tableau.
5. Ce jean est trop grand. Il ne vous _____ pas.
6. Tous les jours les deux petites filles _____ déjeuner à la cantine.

3 on

a. **On** remplace une personne indéfinie et signifie *one.*

> **On** doit parler français dans la cour de l'école.

b. **On** peut aussi remplacer **vous, ils, les gens** (*you, they, people*).

> En Côte d'Ivoire, **on** parle plusieurs dialectes.

c. Dans la conversation familière, **on** a le sens de **nous.**

Mon copain et moi, **on** répète nos tables de multiplication.

d. Le verbe est toujours à la troisième personne du singulier, mais on accorde l'adjectif et le participe passé avec la personne ou les personnes que **on** représente (voir p. 54).

Suzanne dit: **On** est bien content**es**, maman et moi.
Hier, **mon papa et moi, on** est all**és** au stade.

e. Souvent, **on** est utilisé à la place d'un passif (voir p. 438).

On vend des billes au magasin de jouets.

EXERCICE

M. Remplacez les expressions en italique par **on.** Attention: changez aussi la forme du verbe.

1. En France, *les gens prennent* le repas principal à midi.   2. Papa et moi, *nous nous levons* à sept heures.   3. *Une personne chante* quand il fait beau.   4. A cette école, *les enfants travaillent* beaucoup.   5. En Amérique, *les gens boivent* beaucoup de lait.
6. A la maison, *nous nous couchons* à dix heures.   7. *Vous achetez* des toupies dans un supermarché?   8. *Les gens ne mangent pas* d'escargots comme dessert.

Synthèse

APPLICATIONS

I. L'élève idéal et le cancre.   Avec l'aide du vocabulaire suivant, faites la description de l'élève idéal et du cancre.

rêver, être dans la lune, faire ses devoirs, étudier ses leçons, écouter le professeur, bavarder, chahuter, apprendre par cœur, répéter ses tables de multiplication, regarder par la fenêtre, oublier ses livres, recevoir des punitions, être en retenue, rester après l'école, avoir des bonnes / mauvaises notes

II. Rêves d'évasion.   Charles et Pauline s'ennuient dans la classe de maths. Ils rêvent. Mettez les verbes entre parenthèses au présent.

1. Les murs de la classe (s'écrouler).   2. Les deux enfants (s'en aller) en rêve dans un pays imaginaire où il (ne pas y avoir) d'école.   3. Ils (se trouver) sur une falaise et ils (regarder) les gens qui (s'amuser) sur le sable, au bord de l'eau.   4. Ils (se mêler) à un groupe d'enfants joyeux, ils (construire) des châteaux de sable, ils (courir), ils (crier).   5. L'après-midi, une maman (ouvrir) un grand sac et (sortir) une quantité de bonnes choses à manger.   6. Tous les enfants (se régaler) et Charles et Pauline (adorer) leurs amis.   7. Mais tout à coup ils (entendre) une voix qui (dire):   8. "Vous (ne pas faire) attention. Vous (rêver)?"

9. Charles et Pauline (sursauter).   10. Ils (retourner) à la réalité.   11. Ils (redevenir) deux petits écoliers.   12. Ils (dire) au maître: «Ne nous (punir, *impératif*) pas!» 13. Maintenant, nous (ouvrir) nos yeux, nos oreilles, et nous (écouter) la leçon.

III. A chaque pays ses habitudes.   Dites ce qu'on fait dans chaque pays.

1. En France on dépenser beaucoup d'argent pour manger / aimer le pain, les gâteaux, le beurre, le fromage / boire du vin aux repas / conduire vite / prendre des vacances en août / ne pas respecter le code de la route (*traffic rules*)   2. En Angleterre on prendre le thé plusieurs fois par jour / ne pas pouvoir sortir sans parapluie / adorer la reine et la famille royale / ne pas faire très bien la cuisine / aimer beaucoup les animaux / s'amuser à écouter de la musique rock   3. En Afrique, on manger du millet, des fruits exotiques / pouvoir souvent sortir sans parapluie / devoir se protéger du soleil aux heures chaudes / adorer danser et chanter / s'habiller parfois avec des pagnes, dans les villages / écouter les légendes que les griots[14] transmettre / porter des masques colorés pour des cérémonies religieuses / parler et comprendre plusieurs dialectes.
Et en Amérique, qu'est-ce qu'on fait?

ACTIVITÉS

1. **Sondage.**   Dans beaucoup de familles d'immigrés, aux Etats-Unis et au Canada, les parents parlent la langue de leur pays d'origine, mais les enfants ne comprennent pas cette langue, parce qu'ils apprennent et parlent l'anglais à l'école. Faut-il enseigner la langue d'origine de la famille aux enfants? Faites un sondage et donnez à la classe un rapport oral des réponses que vous obtenez.

2. **Débat.**   Dans certains états, aux Etats-Unis, on enseignait (*they used to teach*) dans la langue du pays d'origine des enfants, en même temps qu'ils apprenaient l'anglais (c'est l'éducation bilingue) pour faciliter la transition. Depuis quelque temps, on conseille d'enseigner tous les cours en anglais et de laisser les enfants se débrouiller (*manage by themselves*). Formez deux groupes, pour ou contre cette méthode, et organisez un débat.

3. **Travail à deux.**   Avec un (une) camarade, comparez l'expérience des enfants dans une école de style traditionnel ou français colonial, et dans une école américaine d'aujourd'hui. Faites deux listes pour comparer les horaires, l'éducation, la discipline, les jeux, les matières enseignées, l'atmosphère, etc. Quelle forme d'enseignement préférez-vous?

4. **Discussion.**   Dans tous les pays du monde, il y a des élèves qui se comportent mal (*misbehave*). Par exemple les auteurs de graffiti, les vandales, les élèves insolents qui sont souvent en retard (*late for school*), qui bavardent en classe ou ne font pas leurs devoirs. Quelles punitions vous paraissent justifiées dans chacun de ces cas? Discutez avec deux ou trois camarades.

---

[14] **griots:** Traveling poets-musicians, depositaries of oral culture, in Africa

TRADUCTION

1. The school principal, the teachers and the students are expecting the visit of a supervisor.
2. The school is cleaned thoroughly (*use* **on**).   3. The teachers are nervous.   4. The students, who are usually (**d'habitude**) noisy, joyous, seem scared.   5. It's a nightmare which changes the atmosphere of the school.   6. The students do not dare (**oser**) to have fun, to act up, to live normally.   7. Even the most talkative students are quiet.   8. Finally the supervisor arrives.
9. He observes the classes, listens to everybody (**tout le monde**).   10. He pays compliments to the teachers: the students do not speak in their dialects.   11. He admires the teachers' methods: the students know their multiplication tables.   12. They do not make a rumpus.
13. Finally the supervisor leaves.   14. Everyone breathes.

RÉDACTIONS

1. Racontez un rêve qui se passe à l'école: le maître ou la maîtresse vous donne des devoirs impossibles, ou vous pose des questions difficiles, vos camarades chahutent, etc. Mais tout se termine bien.
2. Imaginez que vous avez l'occasion de passer une année à l'étranger dans le pays de votre choix. Vous ne parlez pas très bien la langue. Quelles difficultés rencontrez-vous? Que faites-vous pour vous faire comprendre?

$\mathcal{L}$e passé composé

𝒱ocabulaire des textes

accueillir to welcome
aîné(e) older
allumer to light
aplomb (*m.*) nerve
assurance (*f.*) self-confidence
au dehors outside
châle (*m.*) shawl
chapeau (*m.*) hat
chambre (*f.*) bedroom
coiffure (*f.*) hair dressing
construire to build (to start)
convenir to suit
couper les cheveux (*m. pl.*) to cut hair
cuiller (cuillère) (*f.*) spoon
de nouveau again
deuil (*m.*) mourning
don (*m.*) gift
égrener son chapelet (*m.*) say the rosary
élever to raise
élire to elect, to choose
être (*m.*) human being
être avec to be in a relationship with
exaucer to answer (a prayer)
s'exercer to practice
faire signe to wave
faire un stage to go on a training course
fauteuil (*m.*) armchair
foi (*f.*) faith
fou (folle) crazy
foyer (*m.*) home
fumée (*f.*) smoke
hériter to inherit
lait (*m.*) milk
malheureux (-euse) unhappy
marrant(e) funny

monter to climb
se moquer de to make fun of
mort (*f.*) death
mort (*m.*), **morte** (*f.*) dead man, dead woman
naître to be born
noces (*f. pl.*) wedding ceremony
nouveau (*m.*) newcomer
pardonner to forgive
parole (*f.*) word
pareil (pareille) similar
passer quelqu'un (au téléphone) à quelqu'un to pass the phone to someone
pencher la tête (*f.*) to bend one's head
piété (*f.*) devotion
pleurer to cry
pleuvoir to rain
prière (*f.*) prayer
quarante forty
quarantième fortieth
quartier (*m.*) neighborhood
quitter to leave
quotidiennement daily
recevoir to receive, to welcome
recueillement (*m.*) respectful meditation
se recueillir to collect one's thoughts
rejoindre to join
reposer to put down
se reposer to rest
serrer (here) to hold tight
tasse (*f.*) cup
tourner to turn, toss, stir
tranquille quiet
voix (*f.*) voice

Vocabulaire supplémentaire

coup (*m.*) **de foudre** love at first sight
dispute (*f.*) fight
se disputer to have a fight
être amoureux (-euse) de quelqu'un to be in love with someone
faire la cour à quelqu'un to court, to woo someone
fiançailles (*f. pl.*) engagement
fiancé, fiancée fiancé, betrothed

lune (*f.*) **de miel** honeymoon
rompre to break off
rupture (*f.*) breaking off (of an engagement)
tomber amoureux (-euse) de quelqu'un to fall in love with someone
vivre d'amour et d'eau fraîche to live on love alone
voyage (*m.*) **de noces** honeymoon trip

Divers

décédé(e) deceased
défunt (*m.*), **défunte** (*f.*) deceased
imperméable (*m.*), **imper** (*m.*) raincoat
se joindre à un groupe to join a group
se marier avec to marry

marier quelqu'un to give someone in marriage
se passer de to do without
préjugé (*m.*) prejudice
veuf (*m.*), **veuve** (*f.*) widower, widow

Français en couleurs

Une des langues populaires favorites, c'est le verlan. Pour parler verlan, on prononce les mots «à l'envers» (from right to left). Ainsi, un copain devient «un painco», c'est bizarre devient «c'est zarbi», un truc, c'est «un keutru». T'es fou, c'est «t'es ouf». La prononciation change parfois un peu: une femme, c'est une «meuf». Un mot verlan important dans la société actuelle, c'est le mot «Beur»: un Arabe, un habitant du Maghreb qui vit en France. Le féminin, c'est «une beurette». Beur, beurette, qui ont été longtemps du vocabulaire acceptable, deviennent péjoratifs.

Dans la langue populaire de tous les jours on utilise aussi des mots arabes. Ainsi, «kif-kif» veut dire: la même chose. On dit «faire fissa» pour «aller vite», «pas bézèf» pour pas beaucoup. «Le bled», c'est la campagne, un village perdu.

On abrège également des expressions de tous les jours. Par exemple, à sept ou huit heures «du mat'», on prend «un p'tit déj'». Au café, on commande «un crème» pour un café avec de la crème, ou «un noir» pour un café noir. On prend «un pot», une boisson. Attention, «avoir du pot» c'est avoir de la chance. «Un pote», c'est un ami, un copain. On peut aller prendre un pot avec un pote!

L'expression «casser sa pipe» veut dire «mourir» en France, mais «manquer son coup», avoir une mauvaise expérience, au Canada.

Déjeuner du matin

Jacques Prévert   (voir: chapitre 1, page 20)

Préparation à la lecture

En France, le petit déjeuner est généralement très simple. On prend une tasse ou un bol de café noir, ou bien du café au lait préparé avec du lait chaud. Si on prend son petit déjeuner dans un café, on commande «un noir» ou «un crème».

Beaucoup de personnes ne prennent pas le temps de manger le matin. Mais quand on a le temps, alors, on mange une tranche° de pain grillé (on dit aussi un toast) avec du beurre ou de la confiture,° ou des biscottes.° Le dimanche, on va à la pâtisserie ou à la boulangerie acheter des croissants frais ou des brioches.° Les Français ne mangent pas de fruits et ne boivent pas de jus d'orange pour le petit déjeuner.

En revanche, les Français, les jeunes surtout, fument beaucoup, malgré la campagne antitabac; ils fument partout, dans les bureaux, au restaurant, dans la rue.

slice
jam / melba toast
rolls

Il a mis le café
Dans la tasse
Il a mis le lait
Dans la tasse de café
5 Il a mis le sucre
Dans le café au lait
Avec la petite cuiller
Il a tourné
Il a bu le café au lait
10 Et il a reposé la tasse
Sans me parler
Il a allumé
Une cigarette
Il a fait des ronds°
15 Avec la fumée
Il a mis les cendres°

Dans le cendrier°
Sans me parler
Sans me regarder
20 Il s'est levé
Il a mis
Son chapeau sur sa tête
Il a mis
Son manteau de pluie
25 Parce qu'il pleuvait
Et il est parti
Sous la pluie
Sans une parole
Sans me regarder
30 Et moi j'ai pris
Ma tête dans ma main
Et j'ai pleuré. ■

ashtray

a fait... made smoke rings

ashes

Questions sur la lecture

1. Combien de personnes est-ce qu'il y a dans cette scène? Qui sont ces personnes?

2. Quels gestes fait le personnage «il»? Décrivez et mimez ces gestes. Que révèlent ces gestes?
3. Quelle est la signification de la répétition de «sans me parler», «sans une parole»?
4. Qu'est-ce que l'action de «faire des ronds avec la fumée» indique?
5. Pourquoi est-ce que toutes les actions de «il» sont importantes?
6. Pourquoi est-ce que la personne qui parle pleure à la fin du poème?
7. Donnez un autre titre à ce poème.

Questions personnelles

1. Comment se passe votre petit déjeuner?
2. Est-ce que vous fumez? Pourquoi ou pourquoi pas?
3. Quand il pleut, comment est-ce que vous vous habillez? Portez-vous un parapluie ou un imperméable, ou les deux? Aimez-vous marcher sous la pluie?
4. Imaginez la conversation des deux personnages du poème avant cette scène.
5. L'homme revient. Il commence à parler. Que dit-il? Que répond-elle?

Une demande en mariage

Mariama Bâ (1929–1981)   est née à Dakar au Sénégal. Elle a été élevée par ses grands-parents dans un milieu musulman traditionnel. Son père était ministre de la santé en 1956 au Sénégal. Elle a enseigné comme institutrice pendant douze ans. Avec son mari, le député O. Diop, dont elle divorcera, elle a eu neuf enfants. En 1980, elle a obtenu le prix Noma pour son premier roman, *Une si longue lettre.* Elle est morte l'année suivante avant la parution de son second roman, *Le chant écarlate. Une si longue lettre* a eu un grand succès et a été traduit en douze langues. Ecrivain de talent et féministe, Mariama Bâ traite des thèmes de l'amitié, de l'amour et aussi de la polygamie et de l'exploitation des femmes africaines.

Préparation à la lecture

Dans *Une si longue lettre,* roman épistolaire et en partie autobiographique, Mariama Bâ donne la parole à Ramatoulaye, qui écrit à son amie Aïssatou pour lui confier les moments difficiles de sa vie. Son mari, Modou, l'a quittée et a pris une femme plus jeune. Ramatoulaye a choisi de ne pas divorcer et d'accepter la situation humiliante du concubinage. L'action de l'extrait qui suit se passe après la mort subite de Modou et au lendemain du quarantième jour de deuil que la tradition impose aux épouses. Tamsir, le frère de Modou, vient rendre visite à la veuve de son frère.

J'ai célébré hier, comme il se doit,° le quarantième jour de la mort de Modou. Je lui ai pardonné. Que Dieu exauce les prières que je formule° quotidiennement pour lui. J'ai célébré le quarantième jour dans le recueillement. Des initiés ont lu le Coran. Leurs voix ferventes sont montées vers le ciel. Il faut que Dieu t'accueille parmi ses élus, Modou Fall.

5

Après les actes de piété, Tamsir est venu s'asseoir dans ma chambre dans le fauteuil bleu où tu te plaisais.° En penchant sa tête au dehors, il a fait signe à Mawdo;[1] il a aussi fait signe à l'Imam de la Mosquée de son quartier. L'Imam et Mawdo l'ont rejoint. Tamsir parle cette fois.[…]

10 «Après ta «sortie» [*sous-entendu: du deuil*] je t'épouse. Tu me conviens comme femme… En général, c'est le petit frère qui hérite de l'épouse laissée par son aîné. Ici, c'est le contraire. Tu es ma chance. Je t'épouse»[…]

Quelle déclaration d'amour pleine de fatuité dans une maison que le deuil n'a pas encore quittée! Quelle assurance et quel aplomb tranquilles!

15 Je regarde Tamsir droit dans les yeux. Je regarde Mawdo. Je regarde l'Imam. Je serre mon châle noir. J'égrène mon chapelet. Cette fois, je parlerai:°

«—As-tu jamais eu de l'affection pour ton frère? Tu veux déjà construire un foyer neuf sur un cadavre chaud. Alors que° l'on prie pour Modou, tu penses à de futures noces…Tu oublies que j'ai un cœur, une

20 raison, que je ne suis pas un objet que l'on se passe° de main en main. Tu ignores ce que se marier signifie pour moi: C'est un acte de foi et d'amour, un don total de soi à l'être que l'on a choisi et qui vous a choisi.» ■

comme… as is expected

=fais

où… where you enjoyed sitting

(futur) I will talk

while

on… one hands on to someone else

Questions sur la lecture

1. Modou Fall n'a pas été un mari fidèle. Pourtant Ramatoulaye lui pardonne. Quelles actions montrent la générosité de sa femme et le respect qu'elle a pour son mari?
2. Que souhaite Ramatoulaye à son mari défunt?
3. Quel détail montre que Tamsir a déjà, dans sa tête, pris la place de Modou?
4. Quel type d'homme est Tamsir? Quels sont ses défauts (*faults*) aux yeux de Ramatoulaye?
5. Qu'est-ce que Tamsir a oublié dans sa déclaration et qu'est-ce que Ramatoulaye ne veut pas être?

---

[1] un ami de la famille, le mari d'Aïssatou

Questions personnelles

1. Quels détails dans la description de la période de deuil appartiennent à la religion musulmane, et lesquels sont communs à d'autres religions?
2. Que pensez-vous de l'attitude de Tamsir et de la réaction de sa belle-sœur?
3. Qu'est-ce que «se marier» signifie pour vous? Est-ce que ce doit être un choix mutuel ou un événement dicté par les traditions d'une religion, d'une culture?
4. Connaissez-vous d'autres exemples où l'autorité des traditions l'emporte sur le cœur?

Kabyle ou Arabe, c'est pareil?

Leïla Sebbar (1941—   ) est née en Algérie de père algérien et de mère française. Elle projette cette division sur les personnages de ses romans. Elle a écrit une trilogie romanesque dont le personnage central est la jeune Shérazade (référence humoristique à l'héroïne du conte oriental *Les mille et une nuits*). Les trois romans s'intitulent *Shérazade, 17 ans, brune, frisée et les yeux verts* (1982), *Les Carnets de Shérazade* (1985) et *Le Fou de Shérazade* (1991). Journaliste, professeur, écrivaine, elle étudie de près la société française où abondent des minorités diverses. Dans ses livres, elle se montre particulièrement sensible aux problèmes de l'émancipation des femmes dans les milieux émigrés maghrébins.

Préparation à la lecture

L'Algérie, un des pays du Maghreb (voir la carte à la fin du livre), a été conquise par la France en 1830 et est devenue un département français. Ses habitants se composaient de musulmans (Arabes, Berbères, dont les Kabyles)[2] et de «pieds-noirs». Les pieds-noirs sont des colons venus de France, d'Italie, d'Espagne et leurs enfants, nés en Algérie et qui n'ont plus de lien° avec l'Europe. Malgré° leur origine, leur religion et leurs coutumes différentes, toutes ces races coexistaient plus ou moins paisiblement.° Après une guerre longue et douloureuse, commencée en 1955, l'Algérie a obtenu son indépendance en 1962. Les habitants d'origine européenne ont dû quitter le pays et abandonner toutes leurs possessions. Beaucoup se sont

tie / In spite of
peacefully

---

[2] **Kabyle:** Berber from the province of Kabylie. Arabs and Berbers have been fighting for centuries.

installés dans le sud de la France et ont gardé une rancœur° tenace contre   grudge
les Arabes. De nos jours, des tensions existent encore entre pieds-noirs et
Maghrébins qui ont émigré en France, en particulier ceux qui ont vécu de
près les événements de la guerre d'Algérie.

    Dans l'extrait suivant, Shérazade, comme Leïla Shebbar, est une jeune
Algérienne qui vit à Paris et qui représente, avec Rachid et Krim, ceux et
celles qu'on appelle les beurs (en verlan, les Arabes) et les beurettes, ou les
Maghrébins de la deuxième génération, nés en France. Le conflit des généra-
tions est particulièrement aigu dans ce groupe social, car les enfants d'origine
maghrébine ne veulent pas se soumettre à cette tradition qui est si différente
de celle qui existe chez leurs camarades français. Certains ont quitté leur
famille pour vivre leur vie. Ils n'ont pas d'argent et «squattent» un appartement. La DASS[3] les aide à apprendre un métier° et à gagner leur vie.°   job
                                                         gagner... making a
living

—*T*u sais, dit Krim à Shérazade… il y a des nouveaux au squat, tu les as
pas vus[4] parce qu'ils dormaient. Ils ont l'assistance de la DASS et ils
font des stages, lui en soudure° ou chaudronnerie° je sais plus et elle dans   welding /
la coiffure. Ils ont dix-neuf ou vingt ans pas plus. Elle, elle cherche toujours   boilermaking

5 quelqu'un à qui couper les cheveux, pour s'exercer, mais personne ne
veut, même pas Rachid avec qui elle est en ce moment. Elle s'appelle Véro.
Rachid se moque d'elle parce qu'elle parle avec l'accent pied-noir.[5] Elle est
marrante, elle imite sa mère, une Oranaise d'origine espagnole qui a dû
quitter l'Algérie à l'indépendance. Véro dit que sa mère n'aime pas les

10 Arabes. Quand elle lui a téléphoné à Nice, pour lui dire qu'elle allait se
marier avec Rachid, sa mère s'est mise à pleurer: «Comment ma fille, t'ies°   **t'ies = tu n'es,**
pas folle, un Arabe, je t'ai pas élevée jusqu'ici pour te donner à un Arabe.»   contraction of "pied-
Véro lui a dit que Rachid est kabyle, c'est pas pareil, mais sa mère a con-   noir" accent
tinué… «Ma pauvre fille t'ies complètement folle, un Arabe et un Kabyle

15 c'est kif-kif du pareil au même,° tous la même sale race, c'est pas possible   **kif ... même** it's all the
de me faire ça, à moi, ta mère, écoute, ma fille.» Véro l'a pas écoutée elle   same
lui a dit «Je te passe Rachid» La mère a été obligée de lui dire bonjour
poliment. Rachid a parlé avec amabilité° à la mère de Véro qui lui a dit   **avec... = poliment**
«Vous êtes sûr que vous êtes un Arabe? Vous parlez comme un Français

20 de Paris.» Rachid lui a expliqué qu'il est né à Paris, mais que ses parents
sont kabyles. La mère lorsqu'elle a parlé de nouveau à Véro lui a dit encore «Ma fille, c'est un Arabe, il l'a dit lui-même, ta pauvre mère déjà si
malheureuse.» Véro lui a dit que si elle refusait de recevoir Rachid chez
elle, elle ne reverrait plus° jamais sa propre fille, elle, Véro, Véronique. ■   **ne...** (*cond.*) would
never see again

---

[3] **DASS Direction des Affaires Sanitaires et Sociales:** A government agency that helps adolescents in need of medical care, counseling, and jobs.
[4] **tu les as pas vus:** Dans la langue parlée, le *ne* de la négation est souvent omis.
[5] **l'accent pied-noir:** The "pieds-noirs" speak French with particular intonations and expressions.

Questions sur la lecture

1. Où vivent Krim, Shérazade, Véro et Rachid?
2. Qui leur donne de l'aide?
3. Quels stages font Rachid et Véro?
4. Pourquoi est-ce que Véro veut couper les cheveux à tout le monde?
5. Pourquoi est-ce que la mère de Véro a dû quitter l'Algérie?
6. Où est né Rachid? Dans quelle langue est-ce qu'il parle à la mère de Véro, au téléphone?
7. Que va faire Véro si sa mère refuse de recevoir Rachid?

Questions personnelles

1. A votre avis, que pense Rachid de la mère de Véro?
2. Pensez-vous que la mère de Véro a des raisons d'être «malheureuse»?
3. Quels avantages et quels inconvénients posent les mariages interraciaux?
4. Dans la vie actuelle, on accepte de plus en plus les mariages interraciaux. Comparez cette situation avec celle d'il y a vingt ans, cent ans. Que pensez-vous des mariages «arrangés»?
5. Les Etats-Unis et le Canada ont été des «melting-pots» et sont constitués de nations et de races différentes. Quelles nationalités, quelles races se sont mêlées pour former les «Américains», les «Canadiens»? Y a-t-il, dans l'avenir, d'autres mélanges possibles, avec les nouveaux immigrants?

Le passé composé

Formes

Le passé composé est un temps formé avec le présent de l'auxiliaire **avoir** ou **être** et le participe passé du verbe conjugué.

Il **a parlé** de son voyage.   Suzanne **est arrivée** par l'avion de six heures.

verbes avec **avoir**		*verbes avec* **être**	
j'**ai parlé**	nous **avons parlé**	je **suis arrivé(e)**	nous **sommes arrivés(ées)**
tu **as parlé**	vous **avez parlé**	tu **es arrivé(e)**	vous **êtes arrivé(e)(s)**
il **a parlé**	ils **ont parlé**	il **est arrivé**	ils **sont arrivés**
elle **a parlé**	elles **ont parlé**	elle **est arrivée**	elles **sont arrivées**

Le participe passé

1 Le participe passé se termine en **-é** pour tous les verbes du 1er groupe (**-er**).

parl**é**   chant**é**   aim**é**   arriv**é**

Les verbes qui ont des changements orthographiques au présent sont réguliers au passé composé. Leur participe passé est:

commenc**é**   voyag**é**   pay**é**   achet**é**   appel**é**   jet**é**   préfér**é**

2 Le participe passé se termine en **-i** pour les verbes du 2ème groupe (**-ir: -iss-**).

fin**i**   obé**i**   roug**i**   pâl**i**   grand**i**

3 Le participe passé se termine en **-u** pour les verbes du 3ème groupe (**-dre**).

entend**u**   vend**u**   répond**u**

EXERCICE

A. Récrivez les phrases suivantes au passé composé.

1. Nous réfléchissons avant de faire notre déclaration d'amour.   2. Ils ne finissent pas leur prière.   3. Vous vendez des châles africains?   4. Tamsir n'entend pas la prière de sa belle-sœur.   5. On attend l'arrivée de l'Imam.   6. Tu ne réponds pas à ma question.   7. Il rencontre des Kabyles pendant son voyage.   8. Jacques oublie d'aller au stage de coiffure.   9. Véronique paie très cher son chapelet italien.   10. Vous commencez vos préparatifs pour la noce.   11. Ils obligent leurs enfants à parler poliment au téléphone.   12. Tu quittes ta famille pour aller vivre dans un squat?   13. Mes amis choisissent une petite chapelle pour se marier.   14. Ramatoulaye élève ses neuf enfants sans l'aide de son mari.   15. Je regarde ma fille droit dans les yeux et je crie.   16. Nous célébrons les fêtes du Ramadan.

4 Les verbes irréguliers ont aussi des participes passés irréguliers.

a. avoir / être

avoir→ **eu**   être→ **été**

Voici la conjugaison complète de ces deux verbes; ils ont tous les deux l'auxiliaire **avoir** au passé composé.

avoir		être	
j'**ai eu**	nous **avons eu**	j'**ai été**	nous **avons été**
tu **as eu**	vous **avez eu**	tu **as été**	vous **avez été**
il, elle **a eu**	ils, elles **ont eu**	il, elle **a été**	ils, elles **ont été**

b. les verbes en -ir (sans **-iss-**)

ir → **u**

courir   **couru**   tenir   **tenu**   venir   **venu**

ir → i

dormir	**dormi**	sortir	**sorti**	mentir	**menti**
partir	**parti**	servir	**servi**	sentir	**senti**

ir → ert / ir → ort

couvrir	**couvert**	offrir	**offert**	mourir	**mort**
ouvrir	**ouvert**	souffrir	**souffert**		

✱ **Remarque:** Les verbes **venir, partir, sortir, mourir** sont conjugués avec l'auxiliaire **être** (voir p. 52).

c. Les verbes en **-oir**

oir → u

apercevoir	**aperçu**	devoir	**dû**	falloir	**fallu**
décevoir	**déçu**	vouloir	**voulu**	pleuvoir	**plu**
recevoir	**reçu**	savoir	**su**	valoir	**valu**
pouvoir	**pu**	voir	**vu**		

✱ **Attention:** Pour avoir le son /s/ dans **déçu** et **reçu,** il faut ajouter une cédille au **c** devant **u.**

d. Les verbes en **-re**

re → u

boire	**bu**	lire	**lu**	convaincre	**convaincu**
connaître	**connu**	plaire	**plu**	vivre	**vécu**
croire	**cru**				

re → ri

rire	**ri**	sourire (*to smile*)	**souri**	suivre	**suivi**

re → is

mettre	**mis**	prendre	**pris**
admettre (*to admit*)	**admis**	comprendre (*to understand*)	**compris**
permettre (*to permit*)	**permis**	surprendre (*to surprise*)	**surpris**
promettre (*to promise*)	**promis**		
remettre (*to put back*)	**remis**		

re → it

conduire	**conduit**	dire	**dit**
construire	**construit**	écrire	**écrit**
traduire (*to translate*)	**traduit**	décrire (*to describe*)	**décrit**
produire (*to produce*)	**produit**	faire	**fait**

✱ **Attention:** A la forme négative, la négation entoure l'auxiliaire (voir p. 191).

Il a compris.

Il **n'**a **pas** compris.

EXERCICE

B. Dans les phrases suivantes, mettez le verbe entre parenthèses au passé composé.

1. Il (pleuvoir). Ils (ouvrir) leur parapluie.
2. Tu (mentir). Tu (ne pas aller) au stage.
3. Vous (perdre) votre aplomb: vous (crier) des insultes au chauffeur de la voiture.
4. Je (ne pas recevoir) son invitation. Je (ne pas pouvoir) assister à son mariage.
5. Pendant son divorce, Ramatoulaye (vivre) chez son amie et (recevoir) beaucoup de marques d'amitié.
6. Rachid et Véro (construire) une maison en Algérie, mais la guerre la (détruire).
7. Quand Ramatoulaye (entendre) la déclaration d'amour de son beau-frère, son indignation (être) si violente qu'elle (ne pas dormir).
8. Vendredi, Leïla (obtenir) son permis de conduire. Samedi, elle (conduire) de Paris à Nice.
9. Tu (faire) des ronds avec la fumée? Tu (oublier) que je suis allergique?
10. Je (voir) mon vieux maître d'école à la mosquée et je (le reconnaître à peine). Il (vieillir beaucoup).
11. Son fiancé lui (promettre) de lui téléphoner tous les jours, mais elle (ne pas le croire).
12. A la noce, elles (boire) trop de champagne, et ensuite elles (être) malades.
13. On (traduire) mal ce roman écrit en dialecte africain, je (ne pas comprendre).
14. Elle (courir), elle (perdre) l'équilibre, elle (rire).
15. Vous (mettre) du temps à répondre à sa demande en mariage.

CHOIX DE L'AUXILIAIRE

1 **Avoir.** La majorité des verbes forment leur passé composé avec l'auxiliaire **avoir**.

2 **Etre.** Les verbes suivants forment toujours leur passé composé avec l'auxiliaire **être**.

aller	je **suis allé(e)**	**partir**	je **suis parti(e)**
arriver	je **suis arrivé[e)**	**(repartir)**	**(reparti[e])**
entrer	je **suis entré(e)**	**rester**	je **suis resté(e)**
naître	je **suis né(e)**	**venir**	je **suis venu(e)**
mourir	je **suis mort(e)**	**(devenir, revenir)**	**(devenu[e], revenu[e])**
		tomber	je **suis tombé(e)**

3 Les six verbes suivants changent de forme. Leur passé composé est formé avec **être** s'ils sont intransitifs (s'ils n'ont pas de complément d'objet direct); il est formé avec **avoir** s'ils sont transitifs (s'ils ont un complément d'objet direct). Remarquez le changement de sens.

descendre	Je **suis descendu(e)** à la cave.	*I went down to the cellar.*
	J'**ai descendu** l'escalier.	*I went down the stairs.*
	J'**ai descendu** ma valise.	*I took down my suitcase.*
monter	Je **suis monté(e)** au grenier.	*I went up to the attic.*
	J'**ai monté** l'escalier.	*I went up the stairs.*
	J'**ai monté** ma valise.	*I took up my suitcase.*
passer	Je **suis passé(e)** par Paris.	*I came by way of Paris.*
	J'**ai passé** trois jours à Paris.	*I spent three days in Paris.*

rentrer	Je **suis rentré(e)** à la maison.	*I returned home.*
	J'**ai rentré** mes plantes.	*I took my plants inside.*
retourner	Je **suis retourné(e)** en Chine.	*I went to China again.*
	J'**ai retourné** le bifteck.	*I turned over the steak.*
sortir	Je **suis sorti(e).**	*I went out.*
	J'**ai sorti** mon chien.	*I took my dog out.*

4 Tous les verbes pronominaux se conjuguent avec l'auxiliaire **être** (voir Chapitre 12, p. 261).

Je me promène.   Je me **suis** promené(e).
Il ne s'endort pas.   Il ne s'**est** pas endormi.

EXERCICE

C. Mettez les verbes des phrases suivantes au passé composé.

1. Jules sort avec Marion.   2. Ils passent de bonnes vacances.   3. Christian descend du bus.   4. Georges, tu reviens de Tombouctou?   5. Michelle sort un cube de sa poche.   6. Il passe tous les jours devant la statue de la Liberté.   7. Je descends mes bagages toute seule du troisième étage.   8. Le cuisinier retourne délicatement l'omelette.   9. Albert monte prendre un café avec Jean-Paul.   10. Les petites filles rentrent leur bicyclette au garage.   11. Maman monte mon petit déjeuner. 12. Vous rentrez à une heure du matin?   13. Roland va à la bibliothèque ce matin et il y retourne ce soir.   14. Franck boit trop de bière: il devient agressif.   15. Gérard arrive à San Francisco mardi. Il reste deux jours à l'hôtel Méridien. Il repart jeudi. 16. Alain se trompe de livre.   17. Grand-père s'endort dans son fauteuil.   18. La veuve n'accueille pas son beau-père avec amabilité.

Accord du participe passé

FORMES

Le participe passé s'accorde comme un adjectif (voir p. 131). Cet accord s'entend rarement. C'est généralement un changement orthographique.

1 Au masculin singulier, l'accord ne se voit pas.

arrivé, parti, vu, compris

2 Au masculin pluriel, on ajoute un **-s,** sauf s'il y en a déjà un.

arrivé**s**, parti**s**, vu**s**, compris

3 Au féminin singulier, on ajoute un **-e.**

arrivé**e**, parti**e**, vu**e**, compris**e**/kɔ̃pʀiz/[6]

---

[6] Même les Français ont des difficultés pour accorder les participes passés. Les accords les plus importants sont ceux qu'on entend.
La leçon? Je l'ai **apprise, comprise, refaite,** etc….

4 Au féminin pluriel, on ajoute **-es.**

      arriv**ées**, part**ies**, v**ues**, compri**ses** /kɔ̃pʀiz/[6]

RÈGLES DE L'ACCORD

1 Accord avec **être**

Quand l'auxiliaire est **être**, le participe passé s'accorde avec le sujet comme un adjectif.

      Il est **arrivé.** Elle est **sortie.** Nous sommes **entrés (entrées).** Je suis **venu(e).**

2 Accord avec **avoir**

Quand l'auxiliaire est **avoir,** il faut considérer l'objet direct du verbe.

  a. Si l'objet direct est placé après le verbe, il n'y a pas d'accord.

      Pauline a **acheté** ces fleurs au marché.

  b. Si l'objet direct est placé devant le verbe, le participe s'accorde avec cet objet direct.

      Est-ce que Robert est ici? Je ne **l'**ai pas **vu.**
      Voici des fruits magnifiques: nous **les** avons **cueillis** dans notre jardin.
      Où est ma montre? Je **l'**ai **perdue.**
      Regardez ces belles fleurs: je **les** ai **coupées** ce matin.

  c. L'objet direct qui demande un accord peut être:

    • **les, la** ou **l'** (*sing.*)

    • **quelle** + nom féminin singulier
      quels + nom masculin pluriel
      quelles + nom féminin pluriel

        Quelle robe est-ce qu'elle a **mise** pour le bal?
        Quels exercises est-ce que vous avez **faits?**
        Quelles fleurs est-ce qu'il a **achetées?**

    • **que**

        La prière **que** quelqu'un a **faite**…

* Attention: Il n'y a *jamais* d'accord avec **en.**

      Des fleurs? J'**en** ai **acheté.**

3 Les verbes pronominaux

  a. Pour la majorité des verbes pronominaux, le participe passé s'accorde aussi avec le sujet.

      Elle s'est assi**se.**
      Ils se sont aim**és.**
      Les deux amies se sont rencontr**ées.**

  b. Il n'y a pas d'accord pour quelques verbes courants:

se dire	ils ou elles se sont **dit** adieu	**se plaire**	ils ou elles se sont **plu**
s'écrire	ils ou elles se sont **écrit**	**se téléphoner**	ils ou elles se sont
se parler	ils ou elles se sont **parlé**		**téléphoné**

c. Les règles détaillées de l'accord du participe passé des verbes pronominaux sont expliquées au Chapitre 12, page 266.

Chapitre 12, page 266

EXERCICE

D. Dans les phrases suivantes, mettez les verbes en italique au passé composé. Attention à l'accord du participe passé!

1. Vous admirez mes fleurs? Je les *cueille* dans la prairie.   2. Est-ce que Dieu *exauce* les prières que vous *formulez?*   3. Jeanne d'Arc *entend* des voix: elle ne les *ignore* pas.
4. La jeune femme *se repose* dans sa chambre.   5. Krim *épouse* la jeune fille qu'il *choisit.*
6. Juliette *ouvre* la porte; sa mère la *ferme.*   7. Quelle déclaration d'amour il *fait* à sa cousine!   8. Les voix ferventes *montent* vers le ciel.   9. Ma sœur ne *comprend* pas la raison que je lui *donne.*   10. Les nouveaux *s'installent* dans l'appartement.   11. La mère et la fille *se téléphonent.*   12. Le veuf ne *se remarie* pas après son deuil.   13. Véro *s'exerce* à couper les cheveux de ses amis.   14. La petite Arabe n'*entre* pas dans l'église.
15. Quels quartiers *visitez*-vous quand vous *faites* un séjour à Paris?

Emplois

DIFFÉRENTES FONCTIONS DU PASSÉ COMPOSÉ

Le passé composé a trois sens en anglais:

Il a plu: *It rained, it did rain, it has rained.*

On emploie le passé composé:

1 pour exprimer une action isolée, unique, comme une sorte de point dans le temps.

Hier, je **suis allé** au marché.

2 pour exprimer plusieurs actions successives, toutes courtes et enchaînées.

Il **s'est levé,** il **a mis** son chapeau et il **est parti.**

3 pour exprimer une action qui a duré un certain temps, mais qui est terminée.

Elle **a habité** trois ans à Paris.

4 pour exprimer une action qui s'est répétée un certain nombre de fois, mais qui est terminée.

Nous **sommes allés** six fois au marché aux fleurs.

On peut représenter les fonctions du passé composé par les dessins suivants:

1. une action-point   •
2. plusieurs actions-points   • • •
3. une durée terminée   ⊢⎯⊣
4. une répétition terminée | • • • |

EXERCICE

E. Mettez les phrases suivantes au passé composé. Identifiez les actions ou les durées qu'elles représentent. Est-ce une action-point, une durée terminée, une répétition terminée?

Modèle: Nous allons trois fois à Paris. *Nous sommes allés… (répétition terminée)*

1. Je reste trois ans à Lyon.   2. Je vois Pierre à la bibliothèque.   3. Il a la grippe toute la semaine.   4. Un gangster entre dans la banque.   5. Il y a plusieurs accidents dans cette rue.   6. Elle se jette dans le fauteuil.   7. Tu arrives à Marseille en avion.   8. Il donne plusieurs coups de téléphone.   9. Elle dort deux heures dans le train.   10. Ils montent sur le bateau.   11. Le docteur arrive, examine le malade et appelle l'ambulance.   12. Le pauvre homme reste six mois à l'hôpital.

EXPRESSIONS ADVERBIALES AVEC LE PASSÉ COMPOSÉ

1 **Place de certains adverbes**
Les adverbes suivants se placent entre l'auxiliaire et le participe passé: **bien, mal, déjà, souvent, beaucoup, trop, assez.**

Il a **bien** travaillé.	*He worked **well**.*
J'ai **mal** dormi.	*I slept **badly**.*
Vous avez **déjà** fini?	*Have you **already** finished?*
Ils sont **souvent** allés en Europe.	*They **often** went to Europe.*
Mes parents ont **beaucoup** voyagé.	*My parents have traveled **a lot**.*
Tu as **trop** mangé.	*You ate **too much**.*
Ils ont **assez** couru.	*They have run **enough**.*

2 **Expressions adverbiales de temps**
Voici des adverbes et des expressions adverbiales qu'on emploie souvent dans des phrases au passé:

hier	yesterday
avant-hier	the day before yesterday
la semaine dernière } **la semaine passée**	last week
lundi (mardi) dernier	last Monday (Tuesday)
le mois dernier	last month
l'année dernière	last year
il y a trois (huit) jours	three (eight) days ago

EXERCICE

F. Mettez les phrases suivantes au passé composé. Placez l'adverbe dans les phrases.

Modèle: Elle chante (bien). *Elle a bien chanté.*

1. Tu finis ton stage (déjà).
2. Vous comprenez (bien).
3. Il parle au téléphone (trop).
4. Nous nous promenons dans ce parc (souvent).
5. La mère de Véro entend (mal).
6. Vous buvez (assez).
7. Elles lisent ce roman (déjà).
8. Tamsir ne pleure pas (beaucoup) à la mort de son frère.

Suppléments de grammaire

1 ▸ **combien de temps** + passé composé

On emploie cette expression avec le passé composé pour poser une question sur la durée d'une action terminée. On utilise aussi le passé composé dans la réponse.

Combien de temps est-ce que vous **avez dormi?**	*How long*	{ *did you sleep?* *have you slept?*
J'ai dormi neuf heures.	*I slept nine hours.*	
J'ai dormi pendant neuf heures.	*I slept for nine hours.*	

✳ Remarque: L'emploi de **pendant** n'est pas obligatoire (voir p. 391).

EXERCICE

G. Avec le vocabulaire suggéré, faites des questions et des réponses. Suivez le modèle.

Modèle: Paul / regarder la télé / toute la soirée
Combien de temps est-ce que Paul a regardé la télé?
Il a regardé la télé toute la soirée.

1. Jérôme / rester au cinéma / quatre heures
2. Jacqueline / se reposer dans le jardin / une heure
3. Vous / vivre en France / deux ans
4. La jeune fille / lire sa leçon / dix minutes
5. Ma sœur / voyager en Algérie / cinq mois
6. Christophe / faire de la recherche / plusieurs mois
7. Les cosmonautes / naviguer dans l'espace / cinq jours
8. Le pauvre homme / fumer / toute sa vie

2 ▸ **venir de** + infinitif

On emploie l'expression **venir de** au présent + l'infinitif du verbe pour indiquer qu'une action est arrivée récemment.

Il **vient de partir** au marché.   *He **has just left** for the market.*

✳ Attention: Le verbe **venir** est au présent, la formule a un sens passé.

EXERCICE

H. Répétez les phrases suivantes avec **venir de.** Suivez le modèle.

Modèle: Elle a fini ses commissions.
Elle *vient de finir* ses commissions.

1. L'avion est arrivé.   2. Nous sommes rentrés de voyage.   3. Le président a signé sa déclaration.   4. Les électeurs ont voté.   5. Tu as lu ce livre?   6. Elle a écrit sa rédaction.   7. J'ai bu mon café au lait.   8. Vous avez acheté une voiture?

▶ **sans** (*without*)

a. On emploie **sans** avec l'infinitif quand, en anglais, il y a la forme *-ing* du verbe.

Il est parti **sans** me **parler, sans** me **regarder.**   *He left **without speaking** to me,*
*   **without looking** at me.*

b. On emploie **sans** avec un nom sans article, si le nom est indéfini.

Elle est sortie **sans** chapeau.
Vous travaillez **sans** imagination.

c. On emploie un article avec le nom qui suit **sans** pour dire **sans un seul, sans une seule** (*without a single one*).

Il est parti **sans une parole.**
Nous avons travaillé toute l'année **sans un jour de vacances.**

EXERCICE

I. Traduisez les phrases suivantes en français.

1. She talks without crying.   2. Are you going out without a coat?   3. Don't leave without saying good-bye!   4. Repeat without stopping!   5. She recited the poem without a single mistake.

▶ **quitter / s'en aller / partir / laisser / sortir** (*to leave*)

a. On emploie **s'en aller**[7] et **partir** seuls ou avec un complément de lieu ou de temps pour traduire *to leave, to go away, to depart.*

Je **m'en vais.**   Tu **pars?**
Elle **s'en va** au marché.   Ils **partent** demain pour Paris.

---

[7] **S'en aller:** a deux formes au passé composé: *he left* se traduit par **il s'est en allé** ou **il s'en est allé.** Ces formes ne sont pas courantes. Il est plus simple de traduire *he left* par **il est parti.**

b. On emploie **quitter** avec un objet direct, représentant une personne ou un endroit, pour traduire *to leave*, et souvent *to leave forever*.

    Tu veux me **quitter?**   Elle **a quitté** la ville.

c. On emploie **laisser** avec un objet direct, personne ou chose, **pour traduire** *to leave behind, to forget*.

    J'**ai laissé** mes amis.   Tu **as laissé** tes livres au restaurant?

d. On emploie **sortir** pour traduire *to go out, to leave a room*.

    Tu **sors?**   Le professeur **est sorti** de la classe.

EXERCICE

J. Dans les phrases suivantes, mettez le verbe qui convient au temps nécessaire: **s'en aller, partir, laisser, quitter, sortir.**

1. Nous sommes entrés dans le musée à deux heures et nous _____ à six heures.
2. Mme Robert s'est sentie si malheureuse qu'elle _____ son mari.   3. J'ai perdu mon sac. —Tu l' _____ dans l'autobus?   4. Mes amis passent l'été en Europe. Ils _____ le 25 juin.   5. Quand vous êtes allés en vacances, vous _____ votre chien chez des amis?   6. Stéphanie n'a pas réussi à apprendre l'informatique; elle _____ son job.
7. Même l'hiver dernier, nous _____ tous les jours pour faire une petite promenade.
8. Restez encore quelques minutes. —Non, je _____ .

Synthèse

APPLICATIONS

I. **La famille Garcia.**   Racontez la vie et l'histoire dramatique de cette famille algérienne.

Les grands-parents de Manuel (venir) d'Espagne en 1920, et (s'installer) dans la grande ville d'Oran. Les parents de Manuel et Manuel lui-même (naître) dans ce pays. Ils ne jamais (avoir) de contact avec l'Espagne. Manuel (aller) à l'école française avec de jeunes musulmans qui (devenir) ses amis. Il (grandir) avec eux et (partager) leurs jeux et les fêtes de leurs familles. Il (apprendre) à les aimer comme ses frères. Quand la guerre de l'indépendance (éclater), il (se sentir) très malheureux. Il (ne pas comprendre) la violence, la rancœur. Il (voir) ses frères se battre entre eux et ses parents et lui (espérer) longtemps une réconciliation. Mais après des années de combat, les accords d'Evian (avoir) lieu et le Général de Gaulle (déclarer) l'indépendance de l'Algérie. (Il faut) reconnaître l'autonomie de ce pays et Manuel et sa famille (devoir) quitter l'Algérie. Ils (ne pas pouvoir) emporter leurs possessions, sauf une valise, et (partir). Ils (venir) dans le sud de la France et (recommencer) leur vie. Petit à petit, Manuel (s'habituer), mais il ne jamais (oublier) le beau pays où il (passer) son enfance.

II. Un voyage éclair.   Mme Vavite a fait un voyage rapide en Europe. Racontez son voyage.

1. *En Angleterre:*   rester deux jours / voir la tour de Londres / visiter Buckingham / boire du thé.
2. *En France:*   passer trois jours / monter à la tour Eiffel / prendre le train / s'arrêter à Marseille / repartir le lendemain.
3. *En Italie:*   traverser Pise / photographier la tour penchée / avoir une indigestion de pâtes à Florence.
4. *En Espagne:*   ne pas aller.
5. *En Suisse:*   admirer les montagnes / manger du fromage et du chocolat / acheter une montre.
6. *En Allemagne:*   arriver / perdre sa montre / acheter une Mercédès / s'écrouler de fatigue / rentrer aux Etats-Unis.

III. A votre tour.   Racontez les grandes lignes d'un voyage vécu ou imaginaire dans un autre pays.

IV. Un week-end catastrophique ou formidable?   Vous demandez à un ami qui n'a pas d'énergie ce qu'il a fait ce week-end. Il vous répond. Ecrivez ses réponses au passé composé en utilisant le vocabulaire suggéré.

—Qu'est-ce que tu as fait ce week-end?

pleuvoir	regarder un peu la télé	s'ennuyer
ne pas sortir	faire la sieste	être content quand lundi arriver
rester à la maison	ne pas s'amuser	

Ensuite vous posez la même question à un ami énergique. Il vous répond.

se lever tôt	sortir	déjeuner
prendre un petit déjeuner copieux	faire du jogging	téléphoner à un ami
	passer au supermarché	aller tous les deux au cinéma
ranger sa chambre	écrire une rédaction	étudier ses leçons

ACTIVITÉS

1. **Travail à deux.**   Discutez avec un (une) camarade ce que vous prenez, ce qu'on prend en France et aux Etats-Unis pour le petit déjeuner.

le chocolat	le pain grillé	le jus d'orange
le thé	la biscotte	le pamplemousse (*grapefruit*)
les céréales	la confiture	le croissant
les œufs (*eggs*)	le miel (*honey*)	la brioche
les crêpes américaines (*pancakes*)		

2. **Interview.**   Vous rencontrez un jeune «squatter». Il vous invite à visiter son appartement. Imaginez une conversation et jouez les rôles de deux ou trois occupants avec des camarades.

naissance (où)	les raisons pour lesquelles il (elle) vit dans un squat
quitter la maison des parents	moyens de gagner de l'argent

faire un stage avec la DASS   spécialité
avoir un copain, une copine   songer à se marier
signification du mariage   indépendance financière

3. **Discussion.**   Avec deux ou trois camarades, discutez le sujet suivant: A votre avis, quel est l'âge idéal pour se marier? Quelles qualités cherchez-vous chez votre futur(e) compagnon (compagne)? Quels sont les avantages et les inconvénients du concubinage, d'un mariage traditionnel, de l'union libre?

TRADUCTION

1. When Krim met Leïla, it was love at first sight.   2. He fell in love with her, and they got engaged.   3. They decided to get married after Krim's training course in hair dressing.
4. Krim is very sentimental and wanted to go to Algeria for their honeymoon because he was born in that country.   5. They prepared a huge wedding ceremony, but just before the event the president of the Republic of France died.   6. The wedding took place the day of the funeral.   7. The guests could not dance, because it was necessary to respect the mourning of the country.

8. They did go to Algeria.   9. Unfortunately it was very hot and dry during their vacation, and it did not rain.   10. They stayed at the house of Krim's uncle, who is a widower and spends his days at the mosque.   11. They all prayed for the rain to come (*faire venir*).
12. Finally God answered their prayers and it rained.

13. Now they have forgotten this unhappy beginning.

RÉDACTIONS

1. **Votre champion.**   Avez-vous un champion ou une championne favori(te)? Y a-t-il un chanteur ou une chanteuse, un acteur ou une actrice, un personnage de la vie moderne que vous admirez énormément? Racontez sa vie et ses exploits: Où est-il (elle) né(e)? Quelles sortes d'études a-t-il (elle) faites? A-t-il (elle) eu des débuts difficiles? Qu'est-ce qu'il (elle) a accompli ou inventé? Quels sont les moments importants de sa carrière? Pour quelles actions l'admirez-vous?

2. **Lettre de rupture.**   Au cours d'un stage, un jeune homme (ou une jeune fille) a fait la connaissance d'une autre personne pour qui il/elle a eu le coup de foudre. Il/Elle doit écrire une lettre de rupture à son/sa fiancé(e) pour expliquer comment les événements se sont passés et les raisons de leur séparation. Rédigez la lettre.

3

L'imparfait

Vocabulaire du texte

à mesure que as
avoir envie to desire, to feel like
avoir lieu to take place
bâton (*m.*) **d'encens** incense stick
bête (*f.*) animal
se boucher les oreilles to put one's fingers in one's ears
brûler to burn
cadeau (*m.*) present
cheminée (*f.*) fireplace
comblé(e) gratified, fulfilled
connaissance (*f.*) acquaintance
cortège (*m.*) parade
déballer to unwrap
découper to cut out
dînette (*f.*) doll's dish set
doré(e) golden
dressé(e) erected
étroit(e) narrow (limited)
évoquer to recall
feu (*m.*) fire
feu d'artifice fireworks
file (*f.*) line

finir en to end up as
gens (*m. pl.*) people, crowd
mener une vie to lead a life
se mettre à to begin
mince thin (slim)
monde (*m.*) world, group, crowd
passer un moment to spend some time
pétard (*m.*) firecracker
poupée (*f.*) doll
prendre garde to be aware of (to watch out)
rappeler to remind (to call to mind)
rassembler to gather
réjouissances (*f. pl.*) festivities
se rendre to go
ressembler à to look like, to sound like
saucisse (*f.*) sausage
seigneur (*m.*) lord
suivi(e) de followed by
tas (*m.*) heap, pile
vacarme (*m.*) loud noise
vêtu(e) de dressed in
zélé(e) zealous

Vocabulaire supplémentaire

âne (*m.*) donkey
bœuf (*m.*) ox
bûche (*f.*) **de Noël** yule log (dessert)
coutume (*f.*) tradition
crèche (*f.*) manger
défilé (*m.*) parade
dinde (*f.*) **farcie aux marrons** turkey stuffed with chestnuts
étable (*f.*) stable
fêter to celebrate

foie gras (*m.*) goose liver pâté
huître (*f.*) oyster
lapin (*m.*) rabbit
poisson (*m.*) fish
poule (*f.*) hen
réveillon (*m.*) Christmas Eve (New Year's Eve) dinner
santon (*m.*) ornamental figure
sapin (*m.*) **de Noël** Christmas tree

Français en couleurs

Comme tous les enfants du monde, les petits Français ont leur langue «bébé»: «un joujou», un jouet, «une toto», une auto, «un nounours» (de «ours»: bear), une peluche, «un dada», un cheval. «On fait risette» à sa «nounou» (on sourit à sa nourrice). La famille se compose de «pépé, mémé, tonton, tata» (grand-père, grand-mère, oncle, tante). On fait ou on reçoit «des bisous» (baisers), et le soir on fait dodo (on dort). Mais attention en Louisiane, «un bal fais dodo» est un bal où on danse tard le soir.

Au Canada, «un petit monstre» est un enfant turbulent. Pour désigner un enfant, on dit aussi un «môme ou un moutard», «un gamin». Parmi les ados (adolescents), pour s'amuser on organise «une boum» (une fête), «une zouk» dans les îles des Caraïbes, ou «on va en boîte» (dans une discothèque). En général on «s'éclate» ou on «prend son pied» (on s'amuse beaucoup).

Les fêtes en Indochine

Suzanne Prou (1920–1995)   est née à Grimaud, dans le sud de la France et a fait ses études à Aix-en-Provence. Elle écrit depuis l'âge de six ans. Ecrire pour elle est une passion. Les personnages principaux de ses romans sont des femmes indépendantes, parce qu'elle s'inspire de son milieu familial où les femmes dominent. Suzanne Prou a écrit de nombreux livres: *Les Patapharis* (1966), *La ville sur la mer* (1970), *La terrasse des Bernardini* (1973), *Les femmes de la pluie* (1978). Elle est aussi l'auteur de livres pour enfants: *Erika et le Prince Grognon* (1974) et *Caroline et les grandes personnes* (1978). Suzanne Prou présente un monde clos où pèse l'atmosphère quotidienne de la vie bourgeoise et provinciale.

Dans *La petite Tonkinoise* (1986), elle raconte son enfance de petite fille française élevée dans l'Indochine coloniale dominée par la culture française. Elle évoque les fêtes et les traditions des Français qui se mêlent aux traditions des Vietnamiens.

Le style de Suzanne Prou est intéressant parce qu'il reflète l'atmosphère lourde et précieuse de son milieu: elle emploie beaucoup de noms et d'adjectifs précis, pour faire des descriptions minutieuses. Souvent les adjectifs sont à une place inhabituelle (devant le nom, «nos enfantins désirs, de somptueux goûters», dans un style qui reflète le caractère distingué, affecté de la société française coloniale.

Préparation à la lecture

Parmi les fêtes et coutumes françaises, **Noël** est la fête la plus importante de l'année. La crèche représente la scène de la Nativité avec l'étable, la Vierge, Joseph et l'Enfant Jésus, l'âne et le bœuf. En Provence, on ajoute des santons, qui représentent les personnages du peuple venus assister à la naissance du Christ. Dans les maisons et dans les rues on dresse des sapins décorés de guirlandes et de boules de couleurs. Le 24 décembre, les familles se réunissent pour le réveillon. On prépare un repas spécial: foie gras, huîtres, dinde farcie aux marrons accompagnés d'un bon vin et de champagne. Au dessert, on mange la bûche de Noël. Le réveillon commence après la messe de minuit pour les catholiques, avant pour les autres. Les jeunes enfants vont se coucher tôt. Ils ne doivent pas voir le père Noël, qui passe pendant la nuit déposer les jouets devant la cheminée près de leurs chaussures.

    Le Nouvel An (1er janvier): On réveillonne le 31 décembre. Au douzième coup de minuit, tout le monde s'embrasse en se souhaitant «Bonne année». Les grands-parents offrent des «étrennes» (petite somme d'argent) à leurs petits-enfants.

    Pâques:° Les enfants cherchent les œufs en chocolat cachés dans les parcs et les jardins par les adultes. On mange aussi d'autres bonnes choses en chocolat, des poules remplies d'œufs, des lapins, des cloches et des poissons.   Easter

    Le 14 juillet: Les Français commémorent la Révolution française et plus précisément la prise de la Bastille en 1789. C'est la fête nationale. On va admirer les défilés militaires, la retraite aux flambeaux[1] et les feux d'artifices. On danse sur toutes les places des villes et des villages.

    Le Viêt-Nam est riche en traditions et coutumes, qui ont survécu à une longue période de colonisation. Le Viêt-Nam actuel était appelé le Tonkin en 1887, à l'époque où se forme l'Indochine Française. Cette dernière se composait de plusieurs provinces, dont le Tonkin, l'Annam, le Laos, le Cambodge, la Cochinchine. Après une guerre d'indépendance qui a commencé à la fin de la Seconde Guerre mondiale, la défaite de Dien Bien Phu en 1956 a marqué la fin de la présence française. Le pays a été divisé en deux: le Nord-Viêt-Nam, communiste, et le Sud-Viêt-Nam aidé par les Etats-Unis. Une nouvelle guerre, cette fois entre le Nord et le Sud, a duré jusqu'en 1973. Les accords de Paris ont unifié le pays sous le régime communiste. Des milliers de sud-vietnamiens se sont réfugiés en France, aux Etats-Unis ou dans d'autres pays du monde.

    Parmi ces traditions vietnamiennes qui ont subsisté, la plus importante est la célébration du Têt, c'est-à-dire le Nouvel An vietnamien. Il se célèbre du premier au septième jour du premier mois lunaire de notre calendrier, ce qui correspond à la fin du mois de janvier et au début du

---

[1] C'est un défilé qui a lieu la nuit: les gens portent des lampions (*lanterns*).

mois de février. Le Têt est une fête familiale qui dure une semaine. Pendant cette période on paie ses dettes, on évite les conflits, on achète de nouveaux vêtements et on répare sa maison. On mange des repas copieux et on fait exploser des pétards. Une coutume dit que si on a de la chance durant cette semaine de célébration on aura de la chance toute l'année.

A mesure que l'hiver avançait la température devenait plus fraîche. Vers l'époque de° Noël on allumait du feu dans les cheminées, non que ce fût bien nécessaire,° mais parce que cela rappelait la France, les traditions de la métropole.[2] Et le 24 décembre nous déposions, ma sœur et moi, nos souliers devant le tas de cendres chaudes. Nos parents se rendaient à la messe de minuit avec leurs amis et connaissances, réveillonnaient ensuite et buvaient du champagne. Au matin, Nicole et moi nous allions découvrir les cadeaux du Père Noël auquel ma sœur croyait encore. Nous étions des enfants comblées: poupées, dînettes, jeux divers[3] s'étalaient° autour de nos chaussures, et nous passions un moment de joie folle à déballer nos cadeaux … avec des exclamations et des rires. Une année je reçus° une bicyclette; c'était un objet dont j'avais le plus envie.[…] Ma sœur contemplait son tricycle[…]

[…] L'après-midi du 25 décembre nous allions voir l'arbre de Noël dressé dans la salle d'honneur de la caserne;° il y avait des chants, de la musique, et un grand Père Noël vêtu de rouge se promenait parmi nous en agitant° sa barbe blanche. Nous recevions encore des cadeaux.

C'était un temps de profusion. Toute° fête était prétexte pour offrir des présents, chacun de nos enfantins désirs était comblé. Après le premier de l'an nous attendions les poissons du premier avril[4] et les œufs de Pâques; on célébrait en grande pompe° chaque fête, chaque anniversaire, avec de somptueux goûters;[5] et les boys[6] participaient aux réjouissances en apportant des présents originaux: pour mes dix ans, je reçus un dragon en pâte de riz° rose et vert, orné de perles dorées[…]

Je crois que notre petit monde était composé de gens qui avaient mené° en France une vie un peu étroite: la solde° des jeunes officiers était mince; ils se retrouvaient infiniment plus riches qu'ils ne l'avaient jamais

Vers… Around the time of / **non…** not that it was really necessary

were spread

(*passé simple*) I received

la salle… reception hall of the military compound
en… while shaking =**Chaque** (Any)

en… lavishly

en… made out of rice cake

(*plus-que-parfait*) had led (a life) / soldier's salary

---

[2] **la métropole:** Under the French colonial empire, "la métropole" represented France, the colonized countries such as Vietnam, at the time part of "Indochine," were called "les colonies."

[3] Notez l'absence d'article dans une liste de mots. Voir p. 151.

[4] **Le 1er avril:** est le jour des farceurs (*jokers*). On peut raconter des histoires fantaisistes à ses amis pour plaisanter. Les enfants s'amusent à accrocher dans le dos des adultes des «poissons d'avril», poissons découpés dans du papier.

[5] **goûters:** here, children's birthday party. The **goûter** in France is a snack that children usually eat in the middle of the afternoon, often after coming back from school.

[6] **boys:** les serviteurs, domestiques indigènes

été,° [...] ils se retrouvaient seigneurs,° servis par des domestiques nombreux et zélés, courant de fête en fête[...]

30 Les indigènes[7] aussi avaient le sens de la fête. Je revois les matins de jour de l'an durant lesquels tous les boys réunis au bas du perron° lisaient à notre famille rassemblée un compliment écrit sur du papier découpé et fleuri; après quoi° ils allumaient une bande de pétards et tout le jardin se mettait à crépiter° si fort que je me bouchais les oreilles. Pour le 14 Juillet

35 il y avait une retraite aux flambeaux et un feu d'artifice, un cortège° de bêtes monstrueuses, animaux et dragons faits de papier huilé, violemment coloré, ondulait dans les rues de la ville au milieu des cris de liesse° et du bruit des pétards[...] Et même les enterrements indigènes ressemblaient à des manifestations de réjouissance: le corbillard° multicolore, décoré de

40 fleurs de papier, allait, suivi de femmes vêtues de blanc[...] On brûlait des bâtons d'encens, une odeur douce montait. Le cortège passait, coloré, bruyant, emplissant° la rue de son vacarme° qui évoquait si peu les tristes files° noires des enterrements de chez nous.

Le premier jour de l'année vietnamienne était aussi célébré longue-

45 ment; on le préparait plusieurs jours durant,° et alors il fallait prendre garde aux chats et aux chiens domestiques qui risquaient de finir en° saucisses[...] ■

	plus... richer than they had ever been / lords
	au... at the foot of the outside stairs
	après... after which
	to crackle
	parade
	= cris de joie
	hearse
	filling / racket
	lines
	plusieurs... for many days / **finir...** end up as

Questions sur la lecture

1. Où se passe l'histoire? A quelle époque? Qui sont les personnages du récit?
2. A quelle saison allumait-on du feu dans les cheminées? Pourquoi?
3. Comment les adultes célébraient-ils la fête de Noël?
4. Quels cadeaux recevaient les fillettes?
5. Quelles fêtes célébrait-on dans la famille de la narratrice?
6. Quelles fêtes ou quels événements étaient célébrés différemment par les indigènes?
7. Pourquoi fallait-il prendre garde aux chats et aux chiens le premier jour de l'année vietnamienne?

Questions personnelles

1. Comment fêtiez-vous le premier de l'An, Pâques, votre fête nationale, quand vous étiez enfant?
2. Quels cadeaux receviez-vous pour votre anniversaire, pour Pâques?
3. Avez-vous jamais reçu un cadeau original? Lequel? Quelle a été votre réaction?

---

[7] **Les indigènes:** Natives (of the colony)

4. Des fonctionnaires, ou des militaires français qui avaient mené une vie étroite en France, devenaient des «seigneurs» en Indochine. Pourquoi? Expliquez cette situation et dites ce que vous en pensez.

L'imparfait

Formes

L'imparfait est régulier pour tous les verbes excepté le verbe **être.** On forme l'imparfait avec la première personne du pluriel du présent. On enlève la terminaison **-ons** et on ajoute les terminaisons de l'imparfait: **-ais, -ais, -ait, -ions, -iez, -aient.**

1 Voici la conjugaison des verbes du 1er groupe:

parler	nous parlons	parl-
je **parlais**	nous **parlions**	
tu **parlais**	vous **parliez**	
il, elle **parlait**	ils, elles **parlaient**	

a. Les verbes en **-cer** et **-ger** ont les changements orthographiques suivants:

c → ç devant **a**

je commen**çais**	MAIS:	nous commen**cions**
tu commen**çais**		vous commen**ciez**
il, elle commen**çait**		
ils, elles commen**çaient**		

g → ge devant **a**

je voya**geais**	MAIS:	nous voya**gions**
tu voya**geais**		vous voya**giez**
il, elle voya**geait**		
ils, elles voya**geaient**		

b. Les verbes en **-ier** qui ont la racine en **i** conservent le **i** à toutes les personnes. Il y a deux **i (ii)** aux formes **nous** et **vous.**

j'étud**iais**	MAIS:	nous étud**iions**
tu étud**iais**		vous étud**iiez**
il, elle étud**iait**		
ils, elles étud**iaient**		

On conjugue sur ce modèle: **apprécier** (*to appreciate*), **oublier** (*to forget*), **pacifier** (*to pacify*), **remercier** (*to thank*), **télégraphier** (*to telegraph*), **vérifier** (*to check, ascertain*).

2 Voici la conjugaison des verbes du 2ème groupe.

finir	nous finissons	finiss-
je **finissais**	nous **finissions**	
tu **finissais**	vous **finissiez**	
il, elle **finissait**	ils, elles **finissaient**	

✳ Remarque: Il y a **-iss-** dans l'imparfait de tous les verbes du 2ème groupe.

3 Voici la conjugaison des verbes du 3ème groupe.

attendre	nous attendons	attend-
j'**attendais**	nous **attendions**	
tu **attendais**	vous **attendiez**	
il, elle **attendait**	ils, elles **attendaient**	

4 **avoir / être**

L'imparfait d'**avoir** est régulier. L'imparfait d'**être** est formé sur la racine **ét-;** les terminaisons sont régulières.

avoir		être	
j'**avais**	nous **avions**	j'**étais**	nous **étions**
tu **avais**	vous **aviez**	tu **étais**	vous **étiez**
il, elle **avait**	ils, elles **avaient**	il, elle **était**	ils, elles **étaient**

5 L'imparfait des verbes irréguliers se forme comme l'imparfait des verbes réguliers. Voici l'imparfait de quelques verbes irréguliers.

boire	buvons	je **buvais**	nous **buvions**
croire	croyons	je **croyais**	nous **croyions**
voir	voyons	je **voyais**	nous **voyions**
connaître	connaissons	je **connaissais**	nous **connaissions**
dire	disons	je **disais**	nous **disions**
faire	faisons	je **faisais**	nous **faisions**
lire	lisons	je **lisais**	nous **lisions**
rire	rions	je **riais**	nous **riions**
écrire	écrivons	j'**écrivais**	nous **écrivions**

✳ Remarques:

- La forme du présent et la forme de l'imparfait des verbes suivants se ressemblent pour **nous** et pour **vous**. A l'imparfait le son /j/ est un peu plus prononcé.

croire	croyons	**croyions**	croyez	**croyiez**
voir	voyons	**voyions**	voyez	**voyiez**
rire	rions	**riions**	riez	**riiez**

- La syllabe **fai-** dans l'imparfait de **faire** est prononcée /fə/.

  je **faisais** /fəzɛ/   nous **faisions** /fəzjɔ̃/

6 Verbes impersonnels

pleuvoir	il pleut	**il pleuvait**	**plaire**	ça plaît	**ça plaisait**
falloir	il faut	**il fallait**	**valoir**	ça vaut	**ça valait**

7 Verbes pronominaux

L'imparfait des verbes pronominaux se forme comme l'imparfait des verbes réguliers. Voici la conjugaison de **se laver.**

je **me lavais**	nous **nous lavions**
tu **te lavais**	vous **vous laviez**
il, elle **se lavait**	ils, elles **se lavaient**

EXERCICE

A. Dans les phrases suivantes, mettez le verbe qui manque à l'imparfait. Suivez le modèle.

Modèle: Maintenant Mme Prou fête Noël avec ses enfants; avant elle *fêtait* Noël avec ses parents.

1. Maintenant tu nages dans une piscine; est-ce que tu _____ dans le Mékong, en Indochine?
2. Aujourd'hui, nous réveillonnons avec nos amis; quand nous habitions au Viêt-Nam, nous _____ avec notre famille.
3. Aujourd'hui la France n'a plus d'empire colonial; autrefois elle _____ un vaste empire colonial.
4. Maintenant les Français célèbrent Halloween, fête anglo-saxonne; avant ces dernières années les Français ne _____ jamais Halloween.
5. Tu écoutes des CD; quand tu étais jeune, tu _____ des disques d'Elvis Presley.
6. Aujourd'hui vous décorez le sapin de Noël; quand vous étiez en Provence, vous _____ la crèche avec des santons.
7. Elle connaît les traditions de sa famille; quand elle était petite, elle ne _____ pas les traditions de sa famille.
8. De nos jours (*Today*) les enfants vont à l'école en voiture; pendant la guerre, ils _____ à pied.
9. Aujourd'hui, elle envoie ses vœux de bonne année par courrier électronique (*email*); quand elle n'avait pas d'ordinateur elle les _____ par la poste.

10. En ce moment, tu sors beaucoup avec tes copains; l'année dernière, tu _____ rarement.
11. Vous voyez les feux d'artifice de votre balcon? Dans votre ancienne maison, vous ne les _____ pas du tout.
12. Aujourd'hui, pour Pâques ma mère m'apporte des fleurs; quand j'étais petite, elle m' _____ des œufs en chocolat.
13. Maintenant la mère de Véro accueille Rachid avec joie; avant, elle l' _____ très mal.
14. Aujourd'hui tu finis de lire les explications de grammaire avant de faire les exercices; les autres années, tu _____ tes exercices avant de lire les explications. Quelle erreur!
15. De nos jours, la majorité des enfants naissent à l'hôpital; dans l'ancien temps ils _____ presque toujours dans la maison familiale.
16. La jeune femme déballe ses cadeaux calmement. Quand elle était petite, elle les _____ avec des exclamations et des cris de joie.
17. Maintenant on ne reçoit pas souvent des étrennes; quand ma grand-mère était petite, on _____ de l'argent pour le Nouvel An et une orange pour Noël.
18. Je ne crois plus au père Noël depuis longtemps; mais jusqu'à l'âge de dix ans, je _____ qu'il descendait dans les cheminées.

Emplois

DIFFÉRENTES FONCTIONS DE L'IMPARFAIT

Il y a trois formes en anglais pour traduire l'imparfait.

Je **pensais**   *I would think, I used to think, I was thinking*

* Remarque: On peut aussi traduire l'imparfait *I thought,* mais cette traduction contient l'idée de *I would think, I used to think* ou *I was thinking.*

1 On emploie l'imparfait pour raconter des souvenirs d'enfance, ou des actions habituelles qui se sont répétées dans une période de temps illimité (*without limits*).

Quand Suzanne **était** petite, elle **vivait** en Indochine: son père **était** militaire; il **avait** des domestiques. La famille **célébrait** les fêtes françaises et vietnamiennes.

Ces actions sont souvent accompagnées d'adverbes.

autrefois	formerly	**souvent**	often
à l'époque	in those days	**toujours**	always
le dimanche, le lundi	on Sundays, Mondays	**de temps en temps**	from time to time
tous les jours	every day	**quelquefois**	sometimes
parfois	sometimes	**généralement**	generally
rarement	rarely	**d'habitude**	usually

Parfois, quand l'hiver avançait, la température devenait plus fraîche. **A l'époque** de Noël, nous allumions souvent du feu dans la cheminée.

2 On emploie l'imparfait pour faire la description physique et morale d'une personne, ou pour décrire un lieu, une époque ou le temps.

> Laurent **avait** dix ans. Il n'**était** pas grand. Il **avait** les yeux bleus et les cheveux bruns. Il **portait** toujours des jeans. Il **souriait** souvent et **obéissait** généralement à son père.
>
> Hier, à la plage, il **faisait** un temps superbe: le soleil **brillait;** il n'y **avait** pas de vent; le ciel **était** clair et bleu.

3 Certains verbes sont plus fréquemment employés à l'imparfait qu'au passé composé parce qu'ils expriment un état mental ou physique. Ces verbes sont **être, avoir, penser, croire, savoir, espérer,** etc.

> J'**étais fatigué:** je **pensais** que j'allais mourir.
>
> Je **savais** que c'**était** la fin.

Quand ces verbes sont employés au passé composé, ils ont un sens différent; ils expriment un choc, un changement soudain, ou donnent l'idée que l'action est terminée.

> Quand j'ai lu la critique de ce film, j'**ai pensé** que c'était un bon film. Quand je suis allé le voir, j'**ai su** que c'était une erreur.

4 On emploie l'imparfait pour indiquer les actions progressives. Souvent deux actions ont lieu (*take place*) en même temps. Dans ce cas, on utilise des conjonctions.

pendant que while	**quand** **lorsque** } when	**tandis que** **alors que** } whereas

> Suzanne **déballait** ses cadeaux **pendant que** sa sœur **regardait** les feux d'artifice qui **avaient** lieu dans le jardin.
>
> Nous **écoutions** de la musique pendant que notre sœur **découpait** des poupées dans du papier.

EXERCICES

B. Refaites les phrases à l'imparfait, pour dire ce que ces personnes avaient l'habitude de faire dans le passé.

> **Modèle:** Suzanne habite en France. Quand elle était petite, elle (habiter) au Viêt-Nam.
> *Suzanne habite en France. Quand elle était petite, elle **habitait** au Viêt-Nam.*

1. Nous mangeons du caviar et des huîtres au réveillon. Autrefois nous (manger) de la dinde farcie aux marrons.
2. Mes grands-parents m'envoient une carte pour le jour de l'an. Quand j'étais enfant, ils (m'envoyer) des étrennes.
3. Maintenant que tu es grand, tu ne cours pas dans les rues pour aller voir la retraite aux flambeaux. Autrefois tu (courir).
4. Elle mène une existence trop étroite. Quand elle vivait à Paris, elle (mener) une vie plus amusante.
5. Ramatoulaye réfléchit longuement à ses responsabilités de mère de famille. Avant sa séparation, elle (ne pas réfléchir) autant.

6. Maintenant, vous faites des cadeaux originaux. Avant, vous (faire) des cadeaux sans imagination.

7. Elle ne prend pas garde à son régime. Quand elle était plus jeune, elle (prendre garde) à ne pas grossir.

8. Cette année, nous écrivons sur du papier à lettres fleuri. Autrefois, nous (écrire) sur du papier non décoré.

9. Le jeune officier vit dans une belle villa. En France il (vivre) dans une caserne.

10. Aujourd'hui il y a un enterrement: une foule triste remplit la rue. Hier il y (avoir) un défilé pour Mardi gras: une foule gaie et colorée (remplir) la même rue.

C. Mettez les phrases suivantes à l'imparfait.

1. En Indochine, il fait toujours chaud. Le soleil brille et le ciel est bleu. Il pleut parfois, à l'époque des moussons (*monsoon*). Quelquefois, la température devient plus fraîche et on allume du feu dans la cheminée: ce n'est pas une nécessité, mais cela rappelle la France.

2. Twang est un jeune Vietnamien. Il a les cheveux bruns et les yeux noirs. Il s'habille toujours selon la tradition: il porte une sorte de pyjama noir. Il va à l'école française et il parle français et vietnamien. Il aime jouer avec ses amis: ils nagent dans la rivière et ils vont regarder les défilés de dragons pour la fête du Têt.

D. Dans les phrases suivantes, mettez les verbes entre parenthèses au temps qui convient, passé composé ou imparfait.

1. Je (ne pas voir) la retraite aux flambeaux. Je (croire) qu'elle (avoir lieu) demain.

2. Quand le père de Suzanne (acheter) une dînette, il (ne pas penser) qu'elle (vouloir) une bicyclette.

3. Vous (brûler) de l'encens? Vous (penser) que je (ne pas être) allergique à la fumée?

4. Quand Nicole (entendre) les pétards, elle (croire) qu'elle (aller) mourir de peur.

5. On (savoir) que des Français (mener) une bonne vie en Indochine.

6. La petite fille (voir) que ses parents (déposer) des cadeaux dans ses chaussures.

LE PASSÉ COMPOSÉ ET L'IMPARFAIT ENSEMBLE

Dans un récit, on emploie le passé composé et l'imparfait alternativement. Voici des situations possibles.

1 Une action soudaine (*au passé composé*) est accompagnée par une description (*à l'imparfait*) ou par une action progressive.

J'**ai vu** le père Noël: il **portait** un sac plein de jouets.

Ma sœur et moi nous **sommes allées** découvrir nos cadeaux: ils se **trouvaient** autour de nos chaussures.

Le jeune boy **s'est arrêté:** le cortège de dragons **entrait** dans la rue.

✳ Remarque: Souvent il y a **qui, que** ou **parce que** entre les deux groupes de la phrase.

J'**ai vu** le père Noël *qui* **agitait** sa barbe blanche.

2 Une description, une habitude (*à l'imparfait*) est interrompue par une action soudaine (*au passé composé*).

> Hier, je **dormais** sur mon canapé: le Chat **a sauté** sur moi!
> J'**écrivais** tous mes devoirs avec un stylo; un jour j'**ai acheté** un ordinateur.

3 Le verbe qui suit la conjonction **que** après un verbe au passé (**je pensais que, il a cru que**) n'est jamais au passé composé.

> Nous avons vu sur le calendrier que la fête de Pâques **approchait**.
> Je savais que l'enfant **allait** se mettre à crier.

Tableau-résumé
Emplois du passé composé et de l'imparfait

Passé composé	Imparfait
1. Action-point •	Actions habituelles →
2. Plusieurs actions-points • • •	Actions progressives →
3. Durée limitée ⊢⊣	Description →
4. Répétition limitée |• • •|	Habitude →

Passé composé et imparfait ensemble

1. Action soudaine et description • →
2. Description et action soudaine → •
3. Habitude et action soudaine → •

EXERCICE

E. Dans les phrases suivantes, mettez les verbes au temps qui convient, imparfait ou passé composé.

1. Quand elle (être) petite, Nicole (découper) des bicyclettes dans le magazine que sa mère (recevoir) de France.
2. Quand je (rencontrer) Suzanne, je (voir) qu'elle (ressembler) à sa sœur.
3. La petite fille (demander) à sa grand-mère quand Pâques (aller) arriver.
4. Je (ne pas aller) au défilé du 14 juillet parce que je (ne pas avoir envie) de voir des soldats et des tanks.
5. Quand les parents d'Antoinette (vivre) en Indochine, ils (réveillonner) avec leurs amis pour Noël et pour le Nouvel An. Un jour, la guerre (commencer) et ils (cesser) de faire la fête.
6. Quand vous (ne pas avoir) d'argent, vous (ne pas acheter) beaucoup de cadeaux de Noël pour vos enfants parce que vous (vouloir) garder votre argent pour les anniversaires.
7. Quand j'(être) enfant, on ne me (faire) pas de cadeau pour Pâques. Mais une année je (trouver) une dizaine de poules en chocolat dans le jardin.

8. Mes amis provençaux (mettre) des santons dans leur crèche. Un jour, leur chien (sauter) dans la crèche et tout (casser).

9. Autrefois, les Français (ne pas fêter) Halloween. Mais il y a quelques années cette fête (commencer) à devenir populaire.

Suppléments de grammaire

 Si + l'imparfait

Si + l'imparfait dans une phrase interrogative signifie *What if …, suppose …, how about …?*

> **Si** nous **allions** au ciné ce soir?   *How about a movie tonight?*
> **Si** tu **te dépêchais** un peu?   *What if you hurried a bit?*

EXERCICE

F. Refaites les phrases suivantes avec **si** et l'imparfait.

> **Modèle:** On va au cinéma ce soir?
>   *Si* on **allait** *au cinéma ce soir?*

1. Nous achetons une nouvelle voiture?   2. Vous prenez un peu de repos?   3. Tu mets de l'argent à la banque?   4. On va voir grand-mère dimanche?   5. Je te raconte une histoire?

2 rappeler / se rappeler / se souvenir de

a. rappeler (*to recall, to remind someone of something, somebody*) a la construction suivante: Une chose, une personne **rappelle** + une chose, une personne (un nom ou un pronom objet direct) + à quelqu'un (nom ou pronom objet indirect).

> Le feu dans la cheminée **rappelle** la France aux militaires qui vivent en Indochine.
> *A fire in a fireplace reminds the servicemen who live in Indochina of France.*
> Cette petite fille me **rappelle** sa mère.
> *This little girl reminds me of her mother.*

b. se rappeler (*to remember*) est suivi d'un nom objet direct.

> L'auteur **se rappelle** son enfance aux colonies.

c. se souvenir (*to remember*) a le même sens que **se rappeler** mais est suivi de **de**.

> Elle **se souvient de** son enfance.

✱ **Remarques:**

- Pour l'emploi des pronoms personnels avec ces verbes, voir p. 242.

> Je me **rappelle** mon enfance: je me **la rappelle**.
> Je me **souviens de** mon enfance: je m'**en souviens**.

- **Rappeler, se rappeler, se souvenir** peuvent être suivis de **que** et d'une proposition.

   Rappelez-moi **que** j'ai un rendez-vous chez le dentiste!
   Je me **rappelle qu'**il faut acheter des cadeaux.
   Il **se souvient qu'**il y a un goûter d'anniversaire chez sa cousine.

EXERCICE

G. Dans les phrases suivantes, mettez le verbe qui convient, **rappeler, se rappeler** ou **se souvenir,** au temps indiqué.

   1. Le premier novembre, jour des Morts, est un jour qui nous _____ des souvenirs tristes. (*présent*)
   2. Les parents de Nicole _____ les fêtes qu'ils célébraient en France. (*imparfait*)
   3. Ma mère _____ toujours de mon anniversaire. (*présent*)
   4. Les boys _____ qu'il y avait un feu d'artifice. (*passé composé*)
   5. Vous ne _____ jamais qu'il ne faut pas fumer chez moi! (*présent*)

3 ▶ **depuis quand** + imparfait

On emploie **depuis quand** + *l'imparfait* pour indiquer qu'une action a commencé dans le passé et a continué jusqu'à une interruption.

   Depuis quand est-ce que le cortège **défilait** quand tu **as allumé** des pétards?
   How long had the parade been marching when you lit firecrackers?

Comme au présent, on utilise **depuis quand** pour dire *since when (date or precise time)* et **depuis combien de temps** pour dire *how long (for what length of time)* avec l'imparfait au sens d'action progressive (*had been cheating*). Le verbe qui suit **quand** est toujours au passé composé. La formule est:

> **Depuis quand**
> **Depuis combien de temps** } + imparfait, **quand** + passé composé

Dans la réponse on emploie l'imparfait + **depuis.**

   Le cortège **défilait depuis** vingt minutes **quand** j'ai allumé des pétards.
   The parade had been marching for twenty minutes when I lit firecrackers.

A la place de **depuis,** on peut aussi employer les expressions suivantes: **Il y avait … que** et **ça faisait … que.**

   Il y avait vingt minutes **que** le cortège **défilait** quand j'ai allumé des pétards.
   Ça faisait vingt minutes **que...**

EXERCICE

H. Faites des questions avec **depuis quand** et **depuis combien de temps** et des réponses avec **depuis, il y avait** ou **ça faisait.** Variez la forme des réponses.

Modèle: Ils / regarder la télé / tu / téléphoner / huit heures du soir
—***Depuis quand*** *est-ce qu'ils regardaient la télé quand tu as téléphoné?*
—*Ils regardaient la télé **depuis huit heures du soir** quand j'ai téléphoné.*

1. Rosalie / se promener dans la forêt / il / se mettre à pleuvoir / midi
2. Germaine / conduire sa nouvelle voiture / elle / avoir un accident / février
3. Nous / se parler / on / couper la communication / dix minutes
4. Les rois mages (*Wise Men*) / marcher / ils / apercevoir l'étoile de Bethléem / plusieurs jours
5. Les indigènes / défiler dans les rues d'Hanoï / la fête du Têt / se terminer / une semaine
6. Les Français / mener une bonne vie en Indochine / le mouvement pour l'indépendance commencer / cinquante ans

Synthèse

APPLICATIONS

I. Que faisiez-vous? Dimanche, je m'ennuyais; j'ai téléphoné à plusieurs personnes. Personne ne répondait. Dites ce que chaque personne faisait.

Modèle: Philippe (être) dans son jardin, (prendre) un bain de soleil, (écouter) de la musique.
*Philippe **était** dans son jardin, **prenait** un bain de soleil, **écoutait** de la musique.*

1. Georges (faire) du yoga, (ne pas répondre) au téléphone, (méditer).
2. Charles et sa petite amie (se trouver) à la bibliothèque, (réviser) leurs cours pour une composition, (ne pas s'amuser).
3. Mes cousins (réfléchir) à leurs problèmes de maths, (étudier) des théorèmes, (faire) des calculs.
4. Caroline (se sentir) déprimée, (ne vouloir) parler à personne, (pleurer) dans son lit.
5. Vous, Sophie et Juliette, vous (préparer) une fête pour l'anniversaire de votre maman, (nettoyer) la maison, (balayer) partout.
6. Toi, tu (participer) à un défilé, (admirer) le cortège, (allumer) des pétards.

Que faisaient d'autres personnes, au lieu de répondre au téléphone?

II. La vie aux colonies. Les enfants des Français qui vivaient aux colonies et les enfants des domestiques vietnamiens avaient des vies et des activités totalement différentes. Décrivez les activités de chacun avec les suggestions suivantes. Donnez aussi les activités communes aux deux.

mettre leurs souliers devant la cheminée
attendre le père Noël
prendre garde à leur chien ou à leur chat
se boucher les oreilles aux feux d'artifice
lire un compliment aux maîtres
offrir des présents aux enfants
préférer des gâteaux de pâte de riz

découper des fleurs en papier
chercher des œufs en
   chocolat dans le jardin
manger d'énormes goûters
participer à toutes les fêtes
allumer des pétards
se réunir pour fêter le Têt

obéir à leurs maîtres   aller à l'école française
recevoir des cadeaux originaux

III. L'enfance de nos grands-parents.   Votre grand-père ou votre grand-mère vivait peut-
être dans un autre état ou dans un autre pays. Racontez leur enfance.

vivre   danser
habiter   écouter les histoires qu'on lui raconte
aller à l'école à pied (en skis)   lire
travailler dans une ferme   ne pas avoir de voiture
   (dans un magasin)   jouer à des jeux de société, etc.
ne pas regarder la télé

ACTIVITÉS

1. **Sondage.** Faites un sondage parmi vos camarades pour savoir où ils habitent, avec qui.
   Interviewez trois camarades chacun. Demandez-leur de décrire cette maison ou cet
   appartement, de donner le nombre de pièces, de dire s'ils ont une pièce préférée et
   laquelle, de dire s'ils habitaient dans une maison différente quand ils étaient jeunes, de
   décrire cette maison.

une pièce	la salle à manger	le bureau (*study*)
le séjour, le living	(*dining room*)	le grenier (*attic*)
(*living room*)	la cuisine (*kitchen*)	la cave (*cellar*)
un meuble	la chambre (*bedroom*)	le sous-sol (*basement*), etc.
(*piece of furniture*)	la salle de bains (*bathroom*)	

   Ensemble, organisez les résultats pour la classe entière.

2. **Travail à deux ou trois.** Posez des questions à un ou deux de vos camarades, pour savoir
   combien de personnes vivaient dans leur famille quand ils étaient petits, s'il y avait des
   réunions familiales ou des fêtes, quelles activités ils avaient avec leurs parents, leurs frères
   ou leurs sœurs.

le beau-père (*father-in-law; stepfather*)	le grand-père	le neveu
la belle-mère (*mother-in-law; stepmother*)	la grand-mère	la nièce
le beau-frère	l'oncle	le cousin
la belle-sœur	la tante	la cousine

3. **Sondage.** Demandez à plusieurs camarades quels sont, à leur avis, les objets modernes qui
   ont transformé la vie de tous les jours. Suggestions: l'automobile / la voiture à cheval;
   l'avion / la diligence; le paquebot (*liner*) / le bateau à voiles; le balai / l'aspirateur. Tous
   ensemble, faites une liste des inventions mentionnées.

TRADUCTION

1. Often Suzanne Prou's granddaughter, Camille, was listening to her grandma who was
talking about her childhood in Indochina.   2. One day Camille felt like seeing a Vietnamese
parade.   3. She came to San Jose, where she has acquaintances, and where a big celebration of

the Têt, the Vietnamese New Year, takes place every year.   4. She went downtown (en ville).
5. There was a large crowd: men, women, children, in great number, walked or ran in the
streets of the city, followed by multicolored dragons, monstrous oiled paper animals.
6. Some children were lighting firecrackers or burning incense.   7. There was music, loud
noise, shouting.   8. Camille was holding her hands over her ears.   9. This celebration looked
very much like her grandmother's description.

RÉDACTIONS

1. **Souvenirs d'enfance.**   Quand vous étiez enfant, dans quel état ou pays viviez-vous? Quel
   était le climat de chaque saison? Quelles activités intéressantes aviez-vous à chaque
   saison? Alliez-vous au bord de la mer, à la piscine, dans une rivière ou dans un lac?
   Faisiez-vous du ski en hiver? Avez-vous déménagé? Avez-vous voyagé en Europe, dans
   un autre état, dans un autre pays?

2. **Noël.**   Noël est la fête préférée des enfants. Décrivez l'atmosphère dans votre famille à
   Noël, quand vous étiez enfant, les décorations, les coutumes, les activités. Alliez-vous à la
   messe de minuit? Faisiez-vous un réveillon ou un grand repas, le jour de Noël, avec des
   mets spéciaux? Receviez-vous des cadeaux originaux?

4

Le plus-que-parfait

Vocabulaire du texte

s'abattre to fall upon
au beau milieu right in the middle
au coin at the corner
avoir l'allure to look like
se baisser to bend down
bout (*m.*) bit
buffle (*m.*) buffalo
conduire en prison to lead to prison
désespoir (*m.*) despair
doigt (*m.*) finger
ficelle (*f.*) string
fier (fière) proud
fierté (*f.*) pride
fixer dans les yeux to stare at
frapper to hit
fumiste (*m.* ou *f.*) phoney
glisser to slip
grave serious
il était une fois once upon a time
ivre intoxicated
jubiler to gloat
lacet (*m.*) shoelace
lèvre (*f.*) lip
malhonnête dishonest
manie (*f.*) queer habit
mentir to lie

méprise (*f.*) error
mériter to deserve
mésaventure (*f.*) misfortune
minutieusement meticulously
morceau (*m.*) piece
n'importe quoi just anything
oser to dare
par terre on the ground
petit malin (*m.*) a crafty one
peu importe never mind, it does not
   matter
place (*f.*) (here) village square
plagier to plagiarize
portefeuille (*m.*) wallet
pouffer de rire to giggle
rendre (here) to hand out
retentir to ring
retourner to go back
se retrouver to find oneself
secouer to shake
sonnerie (*f.*) bell
soupçon (*m.*) suspicion
survenir to occur, to happen
tenter to try
traîner to lie about, to be left around
voler to rob

Vocabulaire supplémentaire

cambrioler to burglarize
coupable guilty
injustice (*f.*) injustice
juge (*m.* ou *f.*) judge
jugement (*m.*) sentence, verdict
peine (*f.*) penalty

poursuivre en justice to sue
procès (*m.*) lawsuit
vol (*m.*) **à l'étalage** shoplifting
vol (*m.*) **à la tire** pickpocketing
vol (*m.*) **à l'arraché** snatching
voleur (*m.*), **voleuse** (*f.*) thief

Divers

à toute allure (at) full speed
désespérer to despair
espoir (*m.*) hope
espérer to hope
honnêteté (*f.*) honesty

honteux (-euse) shameful
mensonge (*m.*) lie
menteur (-euse) liar
porte-monnaie coin purse

Français en couleurs

Les ados français ont plusieurs noms pour désigner leur lycée: «la boîte», «le bahut». Un étudiant est «un potache». «Il potasse», «il bosse» (*studies hard*) sur ses «bouquins», il est «calé» (*smart*) et reçoit «des méganotes» (*good grades*). Ou bien «il sèche les cours» (*skips classes*), et se fait «coller» aux examens (*flunks*) ou «se plante». Il peut être «le chouchou du prof» (*the teacher's pet*) ou «un fayot», «un lèche-bottes» (*boot-licker*). «Une colle» (*detention*) est une punition. «Une collante» est une convocation à un examen. «Un pion» est un surveillant. «Un rasboul» est un raciste.

L'organisation «Harlem Désir» qui lutte contre le racisme avait comme symbole une main noire avec la formule «Touche pas à mon pote».

Au Rwanda, «un cow-boy» est un garçon vif, intelligent, et au Cameroun «voir flash» c'est comprendre, se rappeler.

Une humiliation mémorable

Azouz Begag (1957–   )   est né à Lyon de parents algériens émigrés en France. Il écrit des romans. «Le Gône du Chaâba», son premier roman, est un récit autobiographique. Un «gône» c'est un enfant, dans le dialecte lyonnais. Le «Chaâba» c'est un bidonville, une ville dont les maisons sont faites de «bidons» (*tin*) aplatis, de planches, qui constituent les murs et les toits. Azouz a passé là une partie de son enfance et raconte sa vie d'enfant des rues, obligé de vivre à la fois avec les coutumes du pays de ses parents et avec les lois françaises. Enfant doué, il rencontre à l'école les préjugés raciaux de ses camarades et de ses maîtres. Un très beau film, portant le même titre, a été tiré de son roman (Christophe Ruggia, en 1998).

Préparation à la lecture

Autrefois, après l'école primaire qu'on terminait à l'âge de dix ou onze ans, le lycée offrait des études qui duraient sept ans, de la sixième (*sixth grade*) à la première (*eleventh grade*), plus une année terminale. Chaque année, les élèves suivaient des cours dans toutes les matières. On recevait des notes de zéro à vingt et on était classé (premier, deuxième, etc.) Les mauvais élèves devaient redoubler (répéter la même classe). Depuis 1968, date d'une grande révolution sociale, politique et culturelle en France, le système a changé. Les jeunes Français vont d'abord, de onze à quatorze ans, dans un collège d'enseignement général ou secondaire (CEG ou CES). Les cours du lycée commencent en seconde (*tenth grade*) et on peut alors choisir une spécialité (lettres, maths, sciences ou autre). Les enfants d'immigrés ont plus de difficultés à réussir que les enfants français «de souche» (*originally from France*) pour différentes raisons: ils vivent dans des conditions économiques différentes (logement moins confortable, pauvreté, promiscuité). Ils font face à la barrière de la langue, parce qu'ils ont appris le français comme langue étrangère. Les statistiques montrent que les enfants d'immigrés sont dans l'ensemble moins réceptifs à l'éducation, plus poussés à la délinquance et moins disposés à s'intégrer dans la société que leurs camarades français. S'ils réussissent, ils ont donc plus de mérite que les Français d'origine. Le texte «Une humiliation mémorable» nous donne l'exemple de deux types de professeur. Madame Valard est décrite comme une personne qui n'a pas de sympathie pour les Arabes, ou même les enfants en général. Elle insulte Azouz, ne lui fait pas confiance, l'humilie et le punit injustement, sans l'écouter. Monsieur Loubon, qui pourtant est un «pied-noir», comprend, encourage l'enfant, et favorise peut-être son succès scolaire et, plus tard, sa réussite en tant que romancier.

Cette humiliation, je ne peux pas l'oublier. Lorsque Mme Valard avait rendu la dissertation° que nous avions faite une semaine avant, à la maison, elle s'était arrêtée devant moi, m'avait fixé dans les yeux avec un rictus° au coin des lèvres, pour me cracher: = rédaction

     grin

5   —Vous n'êtes qu'un fumiste. Vous avez très mal copié Maupassant.[1] J'avais d'abord rougi, consterné par cette accusation, puis j'avais tenté de me défendre, tandis qu'autour de moi on pouffait de rire.

  —M'dame,° j'ai pas copié[2] Maupassant. Je ne savais pas qu'il avait écrit cette histoire. C'est le maître de mon ancienne° école qui m'a raconté   = Madame

     former

10 cette histoire, avais-je tenté naïvement de réagir.

---

[1] **Guy de Maupassant** (1850–1893): a écrit des contes, des nouvelles et des romans, *Une vie, Bel-Ami.*

[2] **J'ai pas copié:** Dans la langue familière, le «ne» de la négation est souvent absent.

—Et elle, trop heureuse d'avoir reconnu Guy de Maupassant, même plagié, m'avait couvert de honte° devant toute la classe en me criant:

—Et en plus vous mentez! Je vous avais mis un sur vingt pour le papier et l'encre, mais je vous mets zéro. C'est ce que vous méritez.

C'était pourtant M. Grand qui m'avait raconté la mésaventure survenue à un pauvre vieil homme, dans un village, il y avait de cela quelques dizaines d'années. Le bougre° avait une manie, celle de ramasser tous les petits bouts de n'importe quoi qui traînaient par terre, dans l'espoir d'en avoir tôt ou tard l'usage. Un matin, au beau milieu de la grand-place du village, il s'était baissé pour glaner° un morceau de ficelle par terre, peut-être pour en faire un lacet. Furtivement, il l'avait glissé dans sa poche, mais à cet instant précis, assis devant sa boutique, le boucher l'avait minutieusement observé. Le lendemain, une grave nouvelle secouait le village: le clerc,° en revenant du bourg° voisin, avait perdu son portefeuille et on disait que c'était probablement sur la grand-place. Le boucher avait tout vu et tout compris. A cause de la ficelle, le vieillard avait été conduit en prison.

En fait, la même méprise qui s'était abattue sur le vieux m'avait frappé par la main de Mme Valard. Je n'avais rien volé à M. Maupassant, mais j'avais été condamné sur des soupçons. Depuis ce jour, tous les élèves m'avaient considéré comme un petit malin, pour ne pas dire un malhonnête.

[…]

[*Au lycée, Azouz a un professeur, M. Loubon, qui est «pied-noir» et qui le comprend, l'encourage. Pourtant, ses notes de rédaction ne sont pas meilleures. Les Français écrivent toujours mieux que lui. Mais un jour, M. Loubon donne un sujet libre de rédaction à traiter à la maison. Azouz décide d'écrire une histoire sur le racisme.*]

Pendant plusieurs jours, je construisis mon roman. Il était une fois un enfant arabe. Lui et sa famille venaient juste d'arriver à Lyon. L'enfant ne s'était pas encore fait le moindre° ami dans le quartier et, le jour de la rentrée scolaire, il s'était retrouvé tout seul au milieu de dizaines de garçons et de filles qui se connaissaient tous, qui riaient et plaisantaient ensemble. Lorsque la sonnerie avait retenti, l'enfant avait regardé les écoliers entrer dans la cour et, après avoir hésité° un instant, avait décidé de retourner à la maison, auprès de sa mère.

Je fis lire° l'œuvre° à Zohra.[3] Elle corrigea les fautes de grammaire et se moqua gentiment de moi parce que la copie° avait l'allure d'un cri de désespoir que j'avais un peu exagéré.

[…]

---

[3] **Zohra:** la sœur d'Azouz

couvert… put to shame

The guy

to collect

lawyer's assistant / village

le moindre… the slightest

après avoir… after hesitating

je… I had her read / the work / paper, copy

[*Azouz est absent pendant quelques jours. Quand il revient au lycée, un co-pain lui dit:* «… *Le prof a rendu les rédacs*»[4]…]

—Et alors? lui dis-je.

—Eh ben, t'as eu dix-sept sur vingt. La meilleure note de la classe. Le prof nous a même lu ta rédaction. Il a dit qu'il la garderait° (*cond. prés.*) would keep comme exemple…

Par Allah! Allah Akbar![5] Je me sentais fier de mes doigts. J'étais enfin intelligent. La meilleure note de toute la classe, à moi, Azouz Begag, le seul Arabe de la classe. Devant tous les Français! J'étais ivre de fierté. J'allais dire à mon père que j'étais plus fort que tous les Français de la classe. Il allait jubiler.

Mais pourquoi le prof avait-il osé lire mon devoir à tous les autres? C'était uniquement pour lui que je l'avais écrit. […]

Peu importait. Je me sentais fort comme un buffle. ∎

Questions sur la lecture

1. Pourquoi Mme Valard pense-t-elle qu'Azouz est un fumiste?
2. Est-ce qu'Azouz a vraiment copié? Qu'est-ce qu'il ne savait pas quand il a écrit l'histoire de la ficelle? Qui lui avait raconté l'histoire?
3. Pourquoi est-ce que Mme Valard a donné un zéro à Azouz pour sa dissertation?
4. Quelle manie avait le vieil homme dans l'histoire de Maupassant?
5. De quoi l'a-t-on soupçonné? Pourquoi? Que lui est-il arrivé?
6. Dans la rédaction d'Azouz sur le racisme, pourquoi est-ce que l'enfant arabe est retourné auprès de sa mère?
7. Que représente la note 17/20?
8. Pourquoi est-ce que le père d'Azouz va jubiler?

Questions personnelles

1. Avez-vous jamais plagié un écrivain, volontairement ou inconsciemment? Dans quelles circonstances? Sinon, connaissez-vous des exemples de plagiat, de personnes qui ont copié? Que pensez-vous du plagiat?
2. Avez-vous jamais été injustement accusé(e) de copier ou de voler? Racontez les circonstances.
3. Avez-vous jamais éprouvé un sentiment de fierté pour un devoir bien fait, une action spéciale? Racontez.

---

[4] **les rédacs:** rédactions
[5] **Par Allah! Allah Akbar:** Les musulmans jurent (*swear*) par Allah, leur dieu, comme les chrétiens disent: Mon Dieu!

Le plus-que-parfait

Formes

1 Le plus-que-parfait est formé avec l'imparfait de l'auxiliaire **avoir** ou **être** et le participe passé.

Devant ses accusations, j'**avais tenté** de me défendre.
Il **s'était baissé** pour ramasser un morceau de ficelle.

verbes avec **avoir**	verbes avec **être**	verbes pronominaux
j'**avais donné**	j'**étais parti(e)**	je m'**étais promené(e)**
tu **avais pris**	tu **étais venu(e)**	tu t'**étais trompé(e)**
il **avait fait**	il **était entré**	il **s'était assis**
elle **avait vu**	elle **était arrivée**	elle **s'était regardée**
nous **avions choisi**	nous **étions sortis(ies)**	nous **nous étions perdus(ues)**
vous **aviez écouté**	vous **étiez descendu(e)(s)**	vous **vous étiez regardé(e)(s)**
ils **avaient reçu**	ils **étaient montés**	ils **s'étaient mariés**
elles **avaient chanté**	elles **étaient rentrées**	elles **s'étaient amusées**

2 Le choix de l'auxiliaire et l'accord du participe passé suivent les mêmes règles qu'au passé composé (voir p. 52 et p. 53).

3 Le verbe pronominal se conjugue avec l'auxiliaire **être** à l'imparfait.

La même méprise **s'était abattue** sur le vieil homme de l'histoire et sur Azouz.

4 Ne confondez pas un plus-que-parfait conjugué avec **être** et l'imparfait du verbe **être** accompagné d'un participe passé adjectif.

Elle **était restée** après l'école parce qu'elle **était punie.**

5 A la forme négative, **ne … pas** entoure l'auxiliaire.

L'enfant **n'** avait **pas** copié le sujet de la rédaction.

EXERCICES

A. Dans les phrases suivantes, mettez les verbes dans les groupes entre parenthèses au plus-que-parfait.

Modèle: On a conduit le vieillard en prison. (Le boucher a tout vu et tout compris.)
*Le boucher **avait** tout **vu** et tout **compris.***

1. Mme Valard a donné un zéro à Azouz. (Il a plagié Maupassant.)
2. L'enfant a écrit une rédaction. (Son maître lui a raconté l'histoire.)
3. L'écolier est rentré chez lui. (Personne ne lui a parlé.)

4. Zohra est arrivée en retard. (Elle n'a pas entendu son réveil sonner.)
5. L'agent de police a arrêté le jeune homme. (Il a volé le portefeuille du directeur.)
6. La vieille dame s'est baissée. (Elle a vu un bout de ficelle par terre.)
7. L'instituteur est retourné chez le docteur. (Il ne s'est pas senti bien pendant la classe.)
8. Le père de l'enfant arabe a jubilé. (Son fils a reçu la meilleure note de la classe.)
9. Le prof m'a donné une punition. (J'ai pouffé de rire pendant la classe.)
10. Le juge a condamné le délinquant. (On l'a soupçonné de vol à l'étalage.)

B. Dans les phrases suivantes, mettez les verbes entre parenthèses au plus-que parfait.

1. Jean et Suzanne ont divorcé la semaine dernière: ils (se marier) il y a un mois!
2. Le café vous a paru amer (*bitter*): vous (ne pas mettre) assez de sucre.
3. Il a rougi parce qu'on lui (faire honte).
4. Maupassant a écrit l'histoire de la ficelle qui (survenir) à un paysan de son village.
5. Il n'avait pas souvent l'usage de tous les petits bouts de n'importe quoi qu'il (ramasser).
6. Le pauvre homme a glissé dans sa poche le billet de cent francs qu'il (trouver) par terre.
7. Le prof m'a mis un zéro parce que je (ne rien comprendre).
8. Le vieux monsieur est d'abord allé chez le boucher. Sa femme lui (donner) une longue liste de commissions.
9. Il va maintenant au lycée. Il a perdu l'ami qu'il (se faire) à l'école élémentaire.
10. Ma sœur s'est moquée de moi parce que j'(exagérer) le désespoir de l'enfant dans ma rédaction.

Emplois

Le plus-que-parfait correspond au *past perfect* en anglais: *he had made; she had said.*
> D'abord j'**avais rougi** parce que je **m'étais senti** coupable.
> *First I blushed because I had felt guilty.*

On emploie le plus-que-parfait pour indiquer qu'une action a lieu avant une action principale déjà passée.

(action principale)   **(action passée avant)**
Paul **est rentré** à 9 heures; il **était parti** à 7 heures.

                (action principale)   **(action passée avant)**
Gabrielle et son mari **sont allés** vivre dans la province d'Alberta; ils **s'étaient mariés** au Québec.

* Remarque: Le français est plus strict que l'anglais. En anglais on peut dire:
Paul returned at nine o'clock; he left at seven.

Voici des modèles de phrases où l'emploi du plus-que-parfait est fréquent.

1 Dans deux phrases juxtaposées (placées l'une à côté de l'autre).
> M. Loubon comprenait bien Azouz: il **avait habité** en Algérie.
> Francine était heureuse: elle **avait épousé** un prof de lycée.

2 Après un pronom relatif (**qui, que,** etc.).

> Il a rapporté à la police le portefeuille **qu'il avait trouvé.**
> La prof a mis un zéro à la rédaction **que nous avions copiée.**

3 Après la conjonction **parce que.**

> L'enfant était consterné **parce que les élèves s'étaient moqués** de lui.

4 Après **que** ou **si** dans un discours indirect (voir p. 423).

> Le prof a demandé aux élèves **si** quelqu'un **avait trouvé** son livre.

5 Après la conjonction **si** dans un système conditionnel (voir p. 324).

> **Si j'avais copié,** j'aurais certainement mérité une punition.

6 Après les conjonctions de temps.

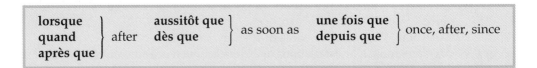

lorsque quand après que	after	aussitôt que dès que	as soon as	une fois que depuis que	once, after, since

> **Aussitôt qu'il avait appris** la nouvelle, il **s'était** senti fort comme un buffle.
> **Une fois que** Pauline **avait fini** ses devoirs, elle se promenait sur la place du village.

✱ Attention: Le verbe qui suit la conjonction de temps est au plus-que-parfait; le verbe principal est au plus-que-parfait ou à l'imparfait, jamais au passé composé.

EXERCICE

C. Dans les phrases suivantes, mettez les verbes entre parenthèses au plus-que-parfait.

1. Aussitôt qu'elle (arriver) au bureau de police, Régine (demander) si on (trouver) le voleur qui (entrer) dans sa maison et (prendre) son appareil photo, sa caméra (*movie camera*) et sa machine à écrire.
2. Serge a eu une vie ennuyeuse et un travail sans avenir. Il (ne pas s'intéresser) aux études.
3. Une fois que les enfants (s'amuser) dans le parc, (courir) et (jouer), on leur donnait un goûter.
4. Le professeur a répété ses explications trois fois: les étudiants (ne pas avoir l'air) de comprendre les deux premières fois.
5. Quand ma voiture est tombée en panne, j'ai compris que je (avoir raison) de prendre une bonne assurance.

6. L'inspecteur était fatigué; il (interroger) le prisonnier pendant deux heures sans succès.

7. Quand Robert (corriger) vingt dissertations, il se sentait déprimé.

Choix des temps du passé dans un récit

1 *Le passé composé*, seul dans une phrase, est employé:

   a. pour exprimer une action soudaine ou une série d'actions successives.

   > Le prof **est entré, s'est assis, a commencé** à parler.

   b. pour exprimer une action qui a duré, mais qui s'est terminée.

   > Zohra **a attendu** une heure chez le boucher.

   c. pour exprimer une action qui s'est répétée plusieurs fois, mais qui s'est terminée.

   > J'**ai lu** trois fois ce conte de Maupassant.

2 *L'imparfait*, seul dans une phrase, est employé:

   a. pour décrire un décor, une atmosphère, une personne ou un animal.

   > Il **faisait** chaud, le soleil **brillait;** il n'y **avait** pas de vent.
   > C'**était** un enfant arabe: il **avait** la peau brune, des yeux noirs, et ses cheveux **étaient** frisés.

   b. pour décrire une habitude, sans limite de temps (*actions habituelles*).

   > Tous les jours, avant d'entrer en classe, les enfants **riaient** et **plaisantaient** dans la cour.

   c. pour indiquer des actions qui sont en train de se faire (*progressives*).

   > Le boucher **observait** la rue pendant qu'il **servait** les clients.

3 *Le plus-que-parfait* est rarement employé seul dans une phrase.

4 *Passé composé, imparfait et plus-que-parfait* ensemble:
On peut avoir une succession des trois temps du passé: passé composé, imparfait, plus-que-parfait. Chaque temps exprime un aspect particulier de l'action passée.

   a. Le passé composé a une valeur d'action soudaine ou d'action achevée.

   b. L'imparfait a une valeur de description, d'habitude, d'action progressive.

   c. Le plus-que-parfait a une valeur d'action passée avant l'action principale.

   > J'**ai rencontré** M. Grand au supermarché; il **était** content de me voir. Il n'**avait** pas **oublié** que j'**avais été** son élève à l'école élémentaire.

5 Adverbes et expressions de temps suivis du plus-que-parfait.

Les expressions suivantes sont souvent employées avec le plus-que-parfait:

avant	before	**la semaine d'avant** ⎫	the week before
avant-hier	the day before yesterday	**la semaine précédente** ⎭	
		le week-end d'avant	the preceding weekend
avant-hier soir	the night before last		
la veille ⎫	the day before	**le mois précédent**	last month
le jour d'avant ⎭			

Mon père a retrouvé son portefeuille: **la semaine précédente** il l'**avait perdu** à la poste.

Azouz a décidé d'écrire une dissertation sur le racisme: **le mois précédent,** la maîtresse **avait écrit** sur sa copie «Fumiste»!

EXERCICE

D. L'évêque bienfaiteur. Dans l'histoire suivante, mettez les verbes entre parenthèses au temps qui convient, imparfait, passé composé ou plus-que-parfait.

Victor Hugo est un des grands écrivains français qui (défendre) le peuple contre les injustices sociales de son époque. Dans la saga des *Misérables,* il (raconter) les aventures d'un homme du peuple, Jean Valjean, qui (voler) un pain parce qu'il (avoir) faim. Un juge injuste le (condamner) à vingt ans de bagne (*hard labor*). A sa libération, Jean Valjean (ne pas pouvoir) trouver de travail et il (ne pas posséder) d'argent. Il (se rendre) chez l'évêque de Digne, Monseigneur Bienvenu, qui lui (offrir) l'hospitalité. L'évêque (être) un homme plein de compassion et de charité. Il (savoir) combien Jean Valjean (souffrir) et il (comprendre) qu'il (devoir) lui donner une chance. Mais le jour de son départ, Jean Valjean, désespéré, (décider) de voler son hôte. Il (voler) des chandeliers de valeur que l'évêque lui (montrer). Plus tard, la police (arrêter) Jean Valjean et le (accuser) d'avoir volé l'évêque. Les policiers (vouloir) le conduire en prison mais l'évêque leur (répondre) que ce (être) une méprise et que les chandeliers (être) des cadeaux qu'il (faire) à Jean Valjean. Jean Valjean (être) très surpris et touché par la générosité de l'évêque. Jusqu'alors (*until then*), personne ne le (traiter) bien. Il (décider) de devenir honnête pour le reste de sa vie.

Suppléments de grammaire

1 venir de à l'imparfait + infinitif

L'expression **venir de** à l'imparfait accompagnée d'un infinitif est une autre façon d'exprimer le plus-que-parfait récent: *I had just done, he had just left.*

Azouz et sa famille **venaient d'**arriver à Lyon.　　Azouz and his family **had just arrived** in Lyon.

EXERCICES

E. Refaites les phrases suivantes en utilisant l'expression **venir de** à l'imparfait suivie de **l'infinitif du verbe en italique.**

> **Modèle:** Elle *était rentrée.*
> Elle **venait de** rentrer.

1. Le prof de français *avait rendu* les rédactions.
2. J'*avais construit* un magnifique château de cartes quand mon petit frère est entré…
3. La sonnerie *avait retenti* quand l'enfant a décidé de rentrer chez lui.
4. Aïcha et Zohra *avaient fini* de lire le roman de Maupassant quand elles ont vu le film *Bel-Ami.*

F. Traduisez les phrases suivantes.

1. A hurricane (**un ouragan**) had just fallen upon the village when we arrived.
2. The little girl had just bent over to pick up something lying on the floor when the boy pushed her.
3. I had just lost 1,000 euros at the lottery when I received your present.
4. We had just returned home when the telephone rang.

2 ▶ Expressions avec **avoir**

Certaines expressions idiomatiques sont formées avec le verbe **avoir** et un nom sans article. Voici une liste d'expressions avec **avoir** qui sont fréquentes.

avoir besoin de	to need	**avoir l'intention de**	to intend
		avoir mauvais	to have a bad
avoir bon caractère	to have a good	**caractère**	disposition
	disposition	**avoir mauvaise mine**	to look sick
avoir bonne mine	to look healthy	**avoir peur**	to be afraid
avoir chaud	to be hot	**avoir raison**	to be right
avoir envie de	to feel like	**avoir soif**	to be thirsty
avoir faim	to be hungry	**avoir sommeil**	to be sleepy
avoir froid	to be cold	**avoir tort**	to be wrong
avoir l'air	to look, seem, appear	**avoir (dix, quinze) ans**	to be (ten, fifteen) years old

✱ Remarques:

- Presque toutes ces expressions s'emploient seulement avec un nom de personne comme sujet. A la place d'**avoir chaud, froid, raison, tort,** si le sujet est un objet inanimé, une chose, on dit:

  La soupe **est chaude.**
  La glace **est froide.**
  Cette phrase **est juste, exacte, fausse, incorrecte.**

- **Avoir besoin de, avoir l'air** peuvent aussi avoir un nom de chose comme sujet.

    Cette **maison a besoin d'**un nouveau toit.

    Votre **bifteck a l'air** excellent.

- Il n'y a pas d'article devant le mot qui suit **avoir,** excepté dans les expressions **avoir l'air** et **avoir l'intention.**

Elle **a eu peur.**	*She **got scared.***
Il **a eu l'air** content.	*He **looked** happy.*
Nous **avions l'intention** de vous écrire, mais…	*We **meant** to write to you but…*

EXERCICES

G. Mettez l'expression avec **avoir** qui convient dans les phrases suivantes.

1. Je ne peux pas garder les yeux ouverts: _____.   2. Tu trembles parce que tu _____ ou parce que tu _____?   3. Quand on marche vite sous le soleil, bientôt on _____ et on _____.   4. Il n'a rien mangé depuis hier: il _____.   5. Le prof est irritable. Il _____ de vacances.   6. Quand je lui ai dit que sa rédaction était excellente, il _____ content.   7. Tu bois du café? Tu _____. C'est mauvais pour le cœur.   8. Elle était pâle et maigre. Elle _____ malade.   9. Ce jeune homme n'a pas beaucoup d'amis; oui, il est toujours de mauvaise humeur et il _____.   10. Mes voisins ne sont pas gentils avec leurs animaux. J' _____ de les dénoncer à la Société protectrice des animaux.   11. Le voleur était propre et bien habillé. Il n' _____ pas _____ malhonnête.

H. Traduisez les phrases suivantes.

1. My grandson is fifteen years old.   2. Do you need a computer?   3. She does not have a good disposition.   4. You look healthy.   5. Your father is right.

3 ▸ revenir, retourner, rentrer (to come back, to return)

a. Le verbe **revenir** signifie *to come back, to return* quand l'action s'oppose à **partir, aller.**

   Elle est partie en ville à 10 heures et elle **est revenue** à 11 heures.

   Chaque année, les oiseaux migrateurs vont dans le sud en hiver et **reviennent** dans le nord au printemps.

b. Le verbe **retourner** signifie *to go back again, to return to* quand l'action s'oppose à **aller une fois** ou **rester.**

   Je suis allée une fois en Grèce et j'aimerais y **retourner.**

   L'enfant n'est pas resté à l'école: il est **retourné** chez lui.

c. Le verbe **rentrer** signifie **revenir, retourner à la maison** (*to go, to return home*)

   Quand est-ce qu'ils **rentrent** de vacances?

EXERCICE

I. Dans les phrases suivantes, mettez le verbe qui convient. (Il y a parfois deux solutions.)

> **Modèle:** Tous les ans, la fête de Noël _____ à la même date.
> *Tous les ans, la fête de Noël **revient** à la même date.*

1. Mes grands-parents aiment passer leurs vacances en Corse: Ils y _____ tous les étés.
2. Quand j'étais enfant, je _____ de l'école tous les jours à quatre heures et demie. Mes parents _____ du travail plus tard.
3. Quand sa mère était à l'hôpital, il est allé la voir une fois et il n'est plus _____.
4. Pierre _____ de France: il a rapporté des tas de fromages!
5. Si tu _____ avant moi, commence à préparer le dîner, s'il te plaît.
6. Après son humiliation, Azouz ne voulait plus _____ dans la classe de Mme Valard.
7. Chaque fois que je _____ au Maroc, où j'ai vécu, je suis enchantée par la beauté de ce pays.
8. Vous partez déjà? Quand _____ -vous nous voir?

Synthèse

APPLICATIONS

I. Zohra rentre en Algérie.   Zohra est venue vivre en France quelque temps, mais un jour a décidé de rentrer en Algérie. Mettez les verbes entre parenthèses au plus-que-parfait.

Quand j'ai rencontré Zohra, elle venait d'arriver en France. Jusqu'alors elle (vivre) dans un petit village en Algérie. Elle (voyager) très peu. Elle (aller) à l'école du village et elle (apprendre) seulement l'arabe. Elle (quitter) sa famille et (venir) vivre en France. D'abord elle (habiter) dans un bidonville, puis elle (trouver) du travail comme domestique dans une famille de professeurs qui la (traiter) bien. Mais elle (avoir) des difficultés avec la langue, elle (ne pas s'habituer) au climat et elle (se sentir) triste loin de sa famille, de son village. Elle (décider) de rentrer. Elle (devoir) attendre d'avoir assez d'argent pour payer son billet d'avion.

II. Changement d'attitude.   Gilbert, qui était mauvais élève le trimestre dernier, est maintenant devenu bon élève. Expliquez pourquoi en mettant au plus-que-parfait les verbes qui sont au présent.

Le trimestre dernier, Gilbert a reçu des mauvaises notes. Pourquoi?

Il s'amuse en classe. Il ne fait pas attention. Il oublie ses livres à la maison. Il pouffe de rire constamment en classe. Il chahute avec ses camarades. Il copie ses rédactions. Il raconte des histoires au maître pour expliquer son absence.

Mais pendant le trimestre qui vient de finir, il a reçu des bonnes notes. Pourquoi? Il écoute les explications du professeur. Il répond aux questions. Il ne plagie pas. Il décide de bien travailler. Il ne regarde pas la télé tous les soirs. Il se met à être sérieux.

III. Une bonne raison.   Combinez chaque phrase de la colonne de gauche avec une phrase de la colonne de droite et mettez le deuxième verbe au plus-que-parfait. La phrase de la colonne de droite est une explication logique de la phrase de gauche.

> **Modèle:** Tu as eu mal à l'estomac?   manger trop de gâteau au chocolat!
> *Tu **avais mangé** trop de gâteau au chocolat!*

1. Elle a mal dormi.
2. Je suis arrivé en retard au bureau.
3. Nous avons perdu le match de foot.
4. Le vieux monsieur est allé en prison.
5. Tu as eu mal à la tête toute la matinée.
6. Il a raté son examen.
7. Trois camarades ont reçu une colle.

A. chahuter en classe
B. boire trop de café
C. oublier de mettre son réveil
D. lire la nuit avec un mauvais éclairage
E. l'équipe adverse avoir plus d'entraînement
F. voler à l'étalage
G. ne pas étudier sérieusement

IV. Un jeune homme étourdi.   Dans le récit suivant, mettez les verbes entre parenthèses au temps qui convient pour chaque action: passé composé, imparfait, plus-que-parfait.

Un jour, Jean-François (décider) _____ d'aller faire du ski pendant le week-end. Il (emprunter) _____ la voiture de sa cousine. Il (partir) _____ tôt le samedi matin et (arriver) _____ à midi à la montagne. Il (faire) _____ du ski tout l'après-midi. Quand il (s'arrêter) _____, il (aller) _____ dîner et (trouver) _____ un motel pour dormir. Le lendemain, quand il (se réveiller) _____, il (s'apercevoir) _____ qu'il (neiger) _____ toute la nuit. Il (écouter) _____ la radio: on (annoncer) _____ que les routes (être) _____ bloquées. Toute la journée, il (neiger) _____. Jean-François (rester) _____ au motel. Mais il (ne pas avoir) _____ assez d'argent pour passer une autre nuit au motel et il (ne pas posséder) _____ de carte de crédit. De plus, il (ne pas avoir) _____ de chaînes pour la voiture. Il (téléphoner) _____ à sa mère: elle (être) _____ furieuse parce que Jean-François (partir) _____ sans la prévenir (*inform*). Après plusieurs coups de téléphone, la mère de Jean-François (trouver) _____ un ami qui (connaître) _____ des gens dans cette station (*resort*). Les Cholet (inviter) _____ Jean-François à rester dans leur chalet (*cabin*). Ils lui (prêter) _____ de l'argent pour acheter des chaînes et de l'essence pour la voiture. Enfin, le lundi, il (s'arrêter) _____ de neiger. Jean-François (pouvoir) _____ partir et il (rentrer) _____ chez lui. Quand il (rendre) _____ la voiture à sa cousine, elle (éclater) _____ de rire: elle-même (aller) _____ faire du ski la semaine précédente et (acheter) _____ des chaînes qui (se trouver) _____ dans le coffre (*trunk*) de la voiture. Jean-François (se sentir) _____ stupide parce qu'il (ne pas penser) _____ à regarder dans le coffre.

ACTIVITÉS

1. **Jeu de rôle.**   Jouez avec un (une) camarade une scène d'interview avec l'écrivain Azouz Begag. Le journaliste pose des questions à Monsieur Begag sur sa vie, ses expériences d'enfant arabe dans une école française, son succès de romancier.

lieu et date de naissance / les parents / vie familiale / école élémentaire / lycée / camarades de classe / expériences difficiles ou plaisantes / maîtres ou professeurs qui l'ont aidé ou découragé / choix de la profession de romancier / projets d'avenir / cinéma / autre livre

2. **Discussion.**   Discutez avec deux ou trois camarades des difficultés d'adaptation, des appréhensions qu'on peut avoir dans une situation nouvelle, une école nouvelle, un pays étranger. Parlez chacun d'expériences que vous avez vécues.

rougir quand on vous parle / s'isoler / rester dans un coin / attendre qu'on vous parle / rire / plaisanter avec vos nouveaux camarades / se mêler aux conversations / faire le pitre

3. **Jeu de rôle.**   Jouez une scène avec deux camarades. On vous a injustement accusé. Vous comparaissez devant le juge. Un étudiant joue le rôle du juge, l'autre de l'accusé, un autre est un témoin (*witness*).

vol à l'étalage / vol à la tire / se retrouver comparaître devant le juge / accuser / se défendre / nier / dénoncer / admettre / condamner / un alibi / mentir / être innocent / faire de la prison / payer une amende.

TRADUCTION

1. Rachid had always wanted to write a great novel.   2. For many years he had tried to imitate the great French novelists, like Maupassant, Zola.   3. But always his teachers had given him bad grades for his essays, because he made too many spelling mistakes.   4. One day, one of his teachers had arrived in class and had given back the last essay he had written: this time Rachid had written the best essay in the whole class.   5. The teacher had shown his surprise and asked Rachid why suddenly he had not made any spelling mistakes.   6. Had Rachid become overnight (**du jour au lendemain**) a genius in spelling?   7. Rachid had blushed and tried to defend himself.   8. But he had not wanted to be considered a liar, or a phony.   9. So he had confessed that his father had paid a tutor (professeur particulier) to help him.   10. The tutor had corrected his mistakes.   11. So the teacher had changed Rachid's grade and put him to shame.   12. But since then, Rachid decided that he did not need to learn spelling.   13. He became a great French novelist and the computer corrects his spelling.

RÉDACTIONS

1. Plagier, c'est une façon malhonnête de copier, pour en tirer de l'argent. Mais on peut apprendre beaucoup en imitant un grand écrivain ou un grand peintre. Développez ces idées et donnez des exemples pour illustrer les deux points de vue.

2. Dans la littérature française, le cas le plus célèbre d'injustice est celui du *Comte de Monte Cristo*, dans le roman d'Alexandre Dumas. Si vous la connaissez, racontez son histoire. Sinon, connaissez-vous des cas d'injustice célèbres, de personnes condamnées sur des soupçons et ensuite réhabilitées, ou qui se sont vengées? Racontez un de ces cas.

5

Le passé simple

Vocabulaire du texte

à cinq (dix) ans at five (ten) years of age
à demi = à moitié halfway
à plat ventre lying on one's stomach
allonger to become (or make) longer
avoir du succès to be successful
bague (*f.*) ring
baignoire (*f.*) bathtub
collectionner to collect
constater to observe
se corriger to rectify one's errors
couché(e) lying down
du reste besides
éducatif (-tive) educational
en liberté free
essai (*m.*) attempt
étonnamment surprisingly
faire de l'auto-stop to hitchhike
faire des courses to run errands
faire des sciences économiques to study
  economics
figurant (*m.*) (movie) extra
hindou(e) Hindu

hurler to scream
ingénument naively
intervenir to intervene
jouer à to play (a game)
jouer de to play (an instrument)
manifester to show, to demonstrate
mode (*f.*) fashion
objet (*m.*) **perfectionné** gadget
période (*f.*) length of time
plier to fold
plonger to submerge, to dive
porter to carry
poussière (*f.*) dust
raser to shave off
servir de to act as, to be used as
sujet (*m.*) topic
tout(e) habillé(e) fully clothed
tribu (*f.*) tribe
ventre (*m.*) stomach
vestiaire (*m.*) coatroom, locker room
wagon (*m.*) train car

Vocabulaire supplémentaire

Les appareils électroniques

baladeur (*m.*) Walkman
calculette (*f.*) calculator
caméscope (*m.*) video camera
chaîne (hi-fi) (*f.*) stereo
courriel (*m.*)/ **mel** (*m.*) e-mail
diapo (de diapositive) (*f.*) slide
disque compact ou disque laser (*m.*)
  compact disc
électrophone (*m.*) record player
en ligne on line
enregistrer to record
internaute (*m. ou f.*) Web surfer

lecteur (*m.*) **de cassettes (de CD)** cassette
  (CD) player
logiciel (*m.*) software
magnétophone (*m.*) audiotape recorder
naviguer to surf (the Web)
ordinateur (*m.*) computer
portable (*m.*) cell phone
serveur (*m.*) server
service (*m.*) **en ligne** online service
site (*m.*) **web** (*m.*) Web site
tourne-disque (*m.*) record player
web (*m.*), **toile** (*f.*) Web

Le bébé

berceau (*m.*) cradle
couche (*f.*) diaper
lit (*m.*) d'enfant crib

poussette (*f.*) stroller
voiture (*f.*) d'enfant baby buggy

La guerre et la paix (war and peace)

bataille (*f.*) battle
bouleversé(e) upset
déclarer la guerre to declare war
dévaster to ravage
éclater to break out
épée (*f.*) sword
s'engager to enlist
fêter to celebrate
menacer to threaten

se mettre en garde to take one's guard
récolte (*f.*) crop, harvest
se réconcilier to reconcile
reconstruire to rebuild
se réunir to unite
soldat (*m.*) soldier
tuer to kill
vaillamment valiantly
vaincre to vanquish

Divers

animal (*m.*) en captivité animal in a zoo

indien, indienne Indian

Français en couleurs

En langue ado, «un mec», c'est un homme, «un TTBM», c'est «un très très beau mec». «Une nana», c'est une femme (on dit aussi «une meuf»), une femme qui est trop plate (*flat-chested*) c'est «un fax»! «Une BCBG», c'est une fille bon chic bon genre (du genre respectable), mais c'est «un boudin» (*blood sausage*) si elle n'est pas belle!

Les parents sont «les biomanes» et bien sûr ils sont «ringards» (*old-fashioned*), «débiles» ou «vioques» (vieux).

Quelqu'un qui s'habille bien est «stylé» (*elegant*) ou «overlooké». Il ou elle «soigne son look». Une personne peut être «moche» (*ugly*), «minable» (*hopeless, pathetic*), ou «chic, cool»! Comme aux Etats-Unis, on écoute «du rap», «du rock», «du punk». Si une musique vous plaît, vous dites «ça me pulpe», sinon, «ça me gave».

Quand rien ne va bien, on dit «C'est galère!», mais si tout va bien, «C'est Byzance», «C'est caviar!»

La saga de Daniel

Françoise Mallet-Joris (1930-), romancière d'origine belge, a commencé à écrire très jeune et a publié plusieurs romans: *Le rempart des Béguines, La chambre rouge, L'empire céleste.* Elle a reçu le prix Femina, un prix littéraire important. Elle a dirigé la collection «Nouvelles» pour les Editions Julliard. Dans *La maison de papier,* elle parle de sa propre famille, de l'atmosphère un peu bohême de sa maison et des rapports° souvent amusants entre elle, son mari Jacques et leurs enfants.

relationships

Préparation à la lecture

La mode «yéyé» est née dans les années 60; elle doit son nom à la chanson des Beatles—«She loves you, yeh, yeh, yeh!»—d'où les Français ont tiré l'expression «yéyé». Cette mode consistait à porter les cheveux longs, à s'habiller d'une façon un peu décontractée° comme les Beatles. Mais bien avant ces chanteurs, certains jeunes intellectuels français élevaient leurs enfants d'une façon peu traditionnelle: comme des «hippies», ils emmenaient leurs enfants au café, au concert de jazz, au dancing.

relaxed

   A notre époque beaucoup de jeunes couples ne prennent plus la peine de se marier et vivent ensemble en union libre, en «concubinage», c'est-à-dire vivent en couple, sans être mariés. L'Assemblée nationale a voté, le 13 octobre 1999, le PACS ou Pacte civil de solidarité. Cette loi reconnaît la légalité de certains couples non-mariés, de sexe différent ou de même sexe, et leur permet d'obtenir certains droits et privilèges sociaux. Elle touche près de cinq millions de personnes dans la société française. Les législateurs français s'occupent de cette nouvelle mode, car la séparation sans divorce peut créer des situations parfois dramatiques pour l'épouse et les enfants laissés seuls sans ressources. On trouve aussi fréquemment des familles «recomposées» où chaque parent a des enfants d'un autre mariage.

   Le bac (baccalauréat) est l'examen général établi pour toute la France, que doivent passer tous les adolescents français à la fin de la dernière année du lycée (la terminale) avant d'aller à l'université. Créé par Napoléon en 1808, il a évolué et est devenu un examen très compliqué. Il y a trois catégories: le bac général, le bac professionnel, le bac technologique. Chacun comprend neuf séries, plus les épreuves° de spécialité: par exemple, on offre des épreuves pour 45 langues vivantes et dix langues régionales! En 1945, on compte 4 pour cent seulement de réussite dans une classe d'âge (un groupe d'adolescents qui ont le même âge), mais en 1998 le pourcentage a atteint 76,7 pour cent. On parle de le simplifier, mais il reste le cauchemar des adolescents français.

tests

Le métro parisien, construit au début du siècle, est un modèle de transport urbain que beaucoup de grandes villes étrangères ont imité. Il est d'un usage très facile, très rapide aux heures de pointe° et plus pratique que la voiture, l'autobus ou un taxi dans les rues superencombrées° de la capitale. Autrefois sombres et malodorantes, les stations sont maintenant modernisées, décorées. On y joue de la musique de chambre, on peut assister dans les couloirs à de courtes scènes de théâtre ou de mimes. En plus, on peut quelquefois y voir des expositions d'art.

   rush hour
   jammed

Quand Daniel naquit,° j'avais dix-huit ans. J'achetai une quantité d'objets perfectionnés: baignoire pliante, chauffe-biberon à thermostat,° stérilisateur.° Je ne sus jamais très bien m'en° servir... J'emmenais parfois Daniel dans les cafés; on l'y° regardait avec surprise: ce n'était pas encore la mode. Il fut un bébé précurseur,° un bébé hippie avant la lettre.° Quand j'allais danser, il dormait dans la pièce qui servait de vestiaire.

   was born (*v.* **naître**)

   bottle warmer / sterilizer / **en = de ces objets** / **y = dans les cafés** / **bébé**... a baby forerunner / **avant**... ahead of his time

   A cinq ans il manifesta un précoce instinct de protection en criant dans le métro d'une voix suraiguë:[1] *Laissez passer ma maman.* A huit ans il faisait des courses et son dîner tout seul, quand il estimait° que je rentrais trop tard le soir... A neuf ans, nous eûmes quelques conflits. Il refusa d'aller à l'école, de se laver, et de manger du poisson. Un jour, je le plongeai tout habillé dans une baignoire, un autre jour Jacques le porta sur son dos à l'école: il hurla tout le long du chemin. Ces essais éducatifs n'eurent° aucun succès. Du reste, il se corrigea tout seul. Nous décidâmes de ne plus intervenir. A dix ans, au lycée, ayant reçu° pour sujet de rédaction *Un beau souvenir*, il écrivit ingénument: «Le plus beau souvenir de ma vie, c'est le mariage de mes parents.»

   thought

   had (*v.* **avoir**)

   ayant... having received

   A quinze ans, il eut une période yéyé. Nous collectionnâmes les 45 tours...° Il joua de la clarinette. Il but un peu.[2] A dix-sept ans il fut° bouddhiste. Il joua du tuba. Ses cheveux allongèrent. A dix-huit ans, il passa son bac. Un peu avant, il avait été couvert de bijoux comme un prince hindou ou un figurant de cinéma, une bague à chaque doigt...

   45 r.p.m. records / became

   Les bijoux disparurent. Il joua du saxophone, de la guitare. Il fit 4.000 kilomètres[3] en auto-stop, connut les tribus du désert de Mauritanie,[4] vit un éléphant en liberté, voyagea couché à plat ventre sur un wagon, à demi asphyxié par la poussière. Il constata que Dakar ressemble étonnamment à Knokke-le-Zoute [Belgique]. Il revint pratiquement sans chaussures...mais doté d'°un immense prestige auprès de° ses frères et

   endowed with / in the eyes of

---

[1] **suraiguë:** in a shrill voice (The dieresis over the **e** indicates that, in the feminine form, the **u** is pronounced /y/.)

[2] **Il but...:** He drank some alcoholic beverages.

[3] **4 000 kms:** environ 2 500 *miles*

[4] **Mauritanie:** country in western Africa that is mostly desert

sœurs. Il rasa ses cheveux et fit des sciences économiques. Voilà la saga de
30 Daniel. ■

Questions sur la lecture

1. Quel âge avait Françoise Mallet-Joris quand son bébé est né? Est-ce
   qu'elle était mariée? Comment le savez-vous?
2. Pourquoi est-ce que Françoise Mallet-Joris ne s'est jamais servie des
   objets perfectionnés qu'elle avait achetés?
3. Où allait-elle souvent? Où emmenait-elle son bébé?
4. Que faisait Daniel tout seul quand sa mère rentrait tard? Pourquoi
   est-ce que l'enfant est devenu très tôt indépendant, autonome?
5. Comment est-ce que les parents ont réagi quand il a refusé d'obéir?
   Comment pouvez-vous décrire leurs essais éducatifs? Est-ce qu'ils
   étaient des parents autoritaires ou laxistes?
6. Quel est «le plus beau souvenir» de Daniel? Pourquoi a-t-il choisi cet
   événement pour sa rédaction?
7. Est-ce que Daniel aimait la musique? Comment le savez-vous?
8. Décrivez l'apparence physique (vêtements, cheveux, bijoux) de
   Daniel. A qui est-ce qu'il ressemblait?
9. Où et comment est-ce que Daniel voyagea? Pourquoi est-ce qu'il voyagea de cette façon?
10. Qu'est-ce qu'il perdit et pourquoi est-ce qu'il eut du prestige auprès
    de ses frères et sœurs?
11. A son retour de voyage, est-ce que Daniel a changé? Quelle a été sa
    nouvelle attitude?

Questions personnelles

1. Que pensez-vous de la mère de Daniel? Est-ce qu'on peut l'appeler
   une «bonne mère» ou bien est-ce qu'elle pensait trop à ses distractions
   personnelles? Quelle excuse peut-on lui donner?
2. Que pensez-vous du père de Daniel?
3. Que pensez-vous de la situation qui conduit un enfant à préparer ses
   repas? Prépariez-vous vos repas quand vous aviez huit ans?
4. Faites-vous de l'auto-stop? En avez-vous fait? Pourquoi ou pourquoi
   pas? Quels sont les avantages et les inconvénients de cette façon de
   voyager?

Le passé simple

Dans la langue écrite seulement, et dans un style littéraire, on emploie un autre temps pour le
passé: **le passé simple.**

Formes

VERBES RÉGULIERS

Le passé simple est formé sur le radical du verbe. Pour trouver le radical, on supprime la terminaison de l'infinitif **-er, -ir, -re** et on ajoute les terminaisons du passé simple, qui sont régulières.

Retenez surtout les formes de la troisième personne: **il** donn**a, ils** fin**irent,** etc. Ces personnes sont employées plus souvent que les autres.

1 Verbes du 1er groupe

		donner	*radical:*	donn
-ai	je **donnai**	-âmes	nous **donnâmes**	
-as	tu **donnas**	-âtes	vous **donnâtes**	
-a	il, elle **donna**	-èrent	ils, elles **donnèrent**	

✱ Remarques:

- Il y a un **-a** à toutes les personnes, sauf à la troisième personne du pluriel.
- Les verbes en **-ger** ont leur passé simple en **-gea:** il voya**gea** (MAIS: **ils** voya**gèrent**). Les verbes en **-cer** ont leur passé simple en **-ça:** il commen**ça** (MAIS: ils commen**cèrent**). (Voir l'appendice, p. 502.)

2 Verbes du 2ème groupe

		finir	*radical:*	fin
-is	je **finis**	-îmes	nous **finîmes**	
-is	tu **finis**	-îtes	vous **finîtes**	
-it	il, elle **finit**	-irent	ils, elles **finirent**	

✱ Remarques:

- Il y a un **-i** à toutes les personnes.
- Les trois personnes du singulier du passé simple sont identiques au présent. C'est le sens de la phrase qui indique le temps.

3 Verbes du 3ème groupe

		entendre	*radical:*	entend
-is	j'**entendis**	-îmes	nous **entendîmes**	
-is	tu **entendis**	-îtes	vous **entendîtes**	
-it	il, elle **entendit**	-irent	ils, elles **entendirent**	

✱ Remarque: Il y a un **-i** à toutes les personnes.

EXERCICE

A. Dans les phrases suivantes, trouvez l'infinitif des verbes en italique et conjuguez-les au passé composé.

1. A la naissance de Daniel, j'*achetai* beaucoup de gadgets inutiles qui *restèrent* dans un placard.
2. Mes parents *préférèrent* me donner une machine à laver.
3. Mon copain et moi nous *continuâmes* à aller danser, à vivre comme des adolescents, mais mes parents nous *persuadèrent* de changer de style.
4. Daniel *grandit* facilement, mais *refusa* toujours de manger du poisson.
5. Un jour, je le *plongeai* tout habillé dans la baignoire et il *cria* pendant des heures.
6. Nous *vendîmes* les gadgets et nous *collectionnâmes* les disques de rock.
7. A dix-sept ans Daniel *alla* en Inde, *voyagea* en auto-stop, *perdit* son passeport et *maigrit* beaucoup.
8. Il *rentra* de voyage, *finit* ses études au lycée et *commença* une licence en sciences économiques.
9. Ses frères et sœurs l'*admirèrent* énormément mais ne l'*imitèrent* pas.
10. Pendant la guerre, les soldats français *attendirent* longtemps la réaction de l'armée ennemie.
11. Marie *s'engagea* dans la Résistance.
12. Les armées alliées *ne perdirent pas* la bataille.
13. Les armées ennemies *ne démolirent pas* la ville historique, mais ils *bombardèrent* la cathédrale gothique.
14. Pourquoi le conflit *grossit*-il rapidement?
15. Finalement l'Allemagne et la France *se réconcilièrent*, six pays d'Europe de l'Ouest *se réunirent* et ils *formèrent* l'Europe.
16. Après la guerre, les pays d'Europe *perdirent* leurs colonies et ils *reconstruisirent* leur économie dévastée.

VERBES IRRÉGULIERS

1 **avoir** et **être**
Voici la conjugaison du passé simple des verbes **avoir** et **être.**

	avoir		*être*
j'**eus**	nous **eûmes**	je **fus**	nous **fûmes**
tu **eus**	vous **eûtes**	tu **fus**	vous **fûtes**
il, elle **eut**	ils, elles **eurent**	il, elle **fut**	ils, elles **furent**

2 D'autres verbes irréguliers
On peut classer ces verbes en trois catégories.

a. La première catégorie se compose de verbes qui ont un passé simple identique au participe passé (pour le son) et qui ont un **-i** à toutes les personnes.

	participe passé	passé simple	
dire	dit	il **dit**	ils **dirent**
dormir	dormi	il **dormit**	ils **dormirent**
mentir	menti	il **mentit**	ils **mentirent**
mettre[5]	mis	il **mit**	ils **mirent**
partir	parti	il **partit**	ils **partirent**
prendre[6]	pris	il **prit**	ils **prirent**
rire	ri	il **rit**	ils **rirent**
sentir	senti	il **sentit**	ils **sentirent**
sortir	sorti	il **sortit**	ils **sortirent**
sourire	souri	il **sourit**	ils **sourirent**

b. La deuxième catégorie se compose de verbes qui ont un passé simple identique au participe passé (pour le son) et qui ont un **-u** à toutes les personnes.

	participe passé	passé simple	
boire	bu	il **but**	ils **burent**
connaître[7]	connu	il **connut**	ils **connurent**
courir	couru	il **courut**	ils **coururent**
croire	cru	il **crut**	ils **crurent**
devoir	dû	il **dut**	ils **durent**
falloir	fallu	il **fallut**	
lire	lu	il **lut**	ils **lurent**
plaire	plu	il **plut**	ils **plurent**
pleuvoir	plu	il **plut**	
pouvoir	pu	il **put**	ils **purent**
recevoir[8]	reçu	il **reçut**	ils **reçurent**
savoir	su	il **sut**	ils **surent**
valoir	valu	il **valut**	ils **valurent**
vivre	vécu	il **vécut**	ils **vécurent**
vouloir	voulu	il **voulut**	ils **voulurent**

c. La troisième catégorie se compose de verbes qui ont un passé simple formé sur un radical différent du participe passé. La majorité de ces verbes contient un **-i** à toutes les personnes, un verbe contient un **-u** et deux verbes contiennent **-in**.

---

[5] Autres verbes conjugués ainsi: **promettre, permettre, remettre.**
[6] Autres verbes conjugués ainsi: **apprendre, comprendre, surprendre.**
[7] Autres verbes conjugués ainsi: **reconnaître, paraître.**
[8] Autres verbes conjugués ainsi: **apercevoir, décevoir.**

	participe passé		passé simple	
conduire[9]	conduit	MAIS:	il **conduisit**	ils **conduisirent**
convaincre	convaincu	MAIS:	il **convainquit**	ils **convainquirent**
couvrir	couvert	MAIS:	il **couvrit**	ils **couvrirent**
écrire[10]	écrit	MAIS:	il **écrivit**	ils **écrivirent**
faire	fait	MAIS:	il **fit**	ils **firent**
naître	né	MAIS:	il **naquit**	ils **naquirent**
offrir	offert	MAIS:	il **offrit**	ils **offrirent**
ouvrir	ouvert	MAIS:	il **ouvrit**	ils **ouvrirent**
souffrir	souffert	MAIS:	il **souffrit**	ils **souffrirent**
voir	vu	MAIS:	il **vit**	ils **virent**
mourir	mort	MAIS:	il **mourut**	ils **moururent**
tenir[11]	tenu	MAIS:	il **tint**	ils **tinrent**
venir[12]	venu	MAIS:	il **vint**	ils **vinrent**

EXERCICES

B. Dans les phrases suivantes, trouvez l'infinitif des verbes en italique et mettez-les au passé composé. Françoise Mallet-Joris raconte:

1. Daniel *naquit* plusieurs années avant mon mariage.
2. Je ne *sus* jamais très bien me servir du stérilisateur.
3. Les grands-parents de Daniel *furent* horrifiés de mes méthodes d'éducation.
4. Daniel et moi *eûmes* des conflits.
5. Il *fit* des colères terribles et *devint* un enfant très indépendant.
6. Son père et moi *décidâmes* de ne plus intervenir.
7. A quinze ans il *eut* une période yéyé.
8. Il *but* un peu.
9. Il *se couvrit* de bijoux indiens.
10. Il *disparut* pour un long voyage en Inde.
11. Il *revint* à la maison.
12. Il *s'inscrivit* à l'université.
13. Nous *vécûmes* alors dans l'harmonie.

---

[9] Autres verbes conjugués ainsi: **construire, produire, traduire.**
[10] Autres verbes conjugués ainsi: **décrire, prescrire, transcrire.**
[11] Autres verbes conjugués ainsi: **contenir, obtenir, retenir.**
[12] Autres verbes conjugués ainsi: **devenir, parvenir, revenir.**

C. Dans les phrases suivantes, mettez les verbes entre parenthèses au passé simple.

1. Quand j'(apprendre) la nouvelle que mon oncle préféré se trouvait dans un camp de prisonniers, je (être) bouleversée et je (comprendre) ce qu'était la guerre.
2. Quand d'Artagnan (apercevoir) les hommes du cardinal, il (descendre) de son cheval, (tirer) son épée et (se mettre) en garde. Mais les hommes du cardinal étaient nombreux et d'Artagnan (être) vite débordé [*overwhelmed*]. Ses amis Athos, Aramis et Porthos (arriver), (courir) vers lui et (se joindre) à lui. Ils (se battre) tous vaillamment et (vaincre) leurs ennemis. Ainsi (commencer) une longue amitié entre les trois Mousquetaires, qui en réalité (être) toujours quatre et (devenir) inséparables.
3. Quand Roméo (voir) Juliette allongée sur le tombeau, il (croire) qu'elle était morte. Il (savoir) qu'il ne pouvait pas supporter cette douleur. Il (se tuer). Juliette (se réveiller), (vouloir) rejoindre son amant et (boire) le poison. Ils (se trouver) réunis dans la mort.

Emplois ▰▰▰▰

1 Le passé simple est le temps de la narration historique ou littéraire, employé surtout dans la langue écrite.

En 1535 le navigateur français Jacques Cartier **explora** le fleuve Saint-Laurent. Il **crut** trouver une route vers l'Orient, mais **s'arrêta** à cause des rapides qu'il **nomma** les rapides Lachine.	*In 1535 the French navigator Jacques Cartier **explored** the St. Lawrence River. He **thought** he had found a route to the Orient, but stopped because of the rapids that he **named** the Lachine Rapids.*

✱ **Remarque:**   Le passé simple est très rarement utilisé dans le langage parlé, mais quelquefois, un conférencier (*lecturer*) ou un homme d'état qui parle dans un style littéraire l'utilise dans un discours.

Aujourd'hui, je vais vous parler d'un écrivain qui **vécut** au dix-septième siècle et qui **fit** beaucoup parler de lui.

2 Le passé simple a exactement la même valeur que le passé composé.

a. Il a la valeur d'action soudaine, de durée limitée, de répétition limitée.

Daniel **naquit** en 1950.	Daniel **est né** en 1950.
La mode yéyé **dura** seulement cinq ans.	La mode yéyé **a duré** seulement cinq ans.
Ses parents **firent** plusieurs voyages.	Ses parents **ont fait** plusieurs voyages.

b. Il s'emploie en relation avec un imparfait ou un plus-que-parfait.

Quand les Etats-Unis **déclarèrent** la guerre à l'Allemagne en 1941, les pays d'Europe **avaient combattu** seuls pendant deux ans. La guerre **avait commencé** pour eux en 1939. Le monde entier **souffrait** des conséquences de cette guerre quand elle **se termina** enfin en 1945.

3 Dans le même récit, on peut utiliser ces deux temps, avec des effets différents. Le passé composé sert à rapporter (*recall*) un dialogue, à écrire une lettre familière, à décrire des actions qui se sont passées récemment, ou des actions anciennes qui ont un résultat présent visible. Le passé simple donne au récit un caractère littéraire, soigné: c'est le temps des actions historiques, lointaines, sans rapport avec le présent.

Action historique, sans rapport avec le présent.

Pendant son règne, Napoléon **fit** construire l'Arc de Triomphe.

Action ancienne, qui a un résultat présent, visible.

Pendant la visite de l'Arc de Triomphe, le guide nous a dit que c'est Napoléon qui **l'a fait** construire.

Tableau-résumé Le passé composé et le passé simple	
passé composé	**passé simple**
un dialogue écrit	un récit de caractère littéraire
une lettre familière	une narration soignée
des actions récentes	des actions historiques

EXERCICES

D. Dans le passage suivant, mettez au passé composé les verbes qui sont au passé simple.

Napoléon *naquit* en Corse en 1769. Il *alla* à l'Ecole Militaire et *devint* général à 26 ans. Il *fit* beaucoup de guerres et *conquit* de nombreux pays. Il *se maria* avec Joséphine et *se couronna* lui-même empereur en 1804. Quand il *vit* que Joséphine et lui ne pouvaient pas avoir d'enfant, il *obtint* un divorce, puis, *épousa* Marie-Louise en 1810. Ils *eurent* un fils, qui *devint* le roi de Rome.

E. Dans le passage suivant, mettez au passé simple les verbes qui sont au passé composé.

Napoléon *est devenu* le héros de beaucoup de jeunes Français de son époque. De tous temps les experts *ont admiré* ses plans de batailles. Il *a ravagé* l'Europe par ses guerres de conquête. Il *a mis* les membres de sa famille à la tête de plusieurs pays d'Europe. Il *a créé* le Code civil et *a fait* passer des lois qui existent encore. Il *a fondé* les lycées d'Etat. Une coalition des pays d'Europe *l'a vaincu* et il *est parti* en exil à l'île de Sainte-Hélène, où il *est mort* en 1821.

F. Remplacez les noms par les verbes de la liste suivante et écrivez au passé simple l'histoire de la vie de Guy de Maupassant.

commencer	célébrer	se détériorer	entrer	être
tenter de se	mourir	être	obtenir un emploi	féliciter
suicider	écrire	vivre	rendre visite	envahir
faire des études	créer	devenir fou	publier	rencontrer

Modèle: 1850: **naissance** de Guy de Maupassant au château de Miromesnil en Normandie.
*1850: Guy de Maupassant **naquit** au château de Miromesnil en Normandie.*

1863–1868: **Etudes** au collège d'Yvetot, bon **élève.**
1869: **Entrée** au lycée de Rouen. **Visite** à Flaubert, l'ami de sa mère.
1870: **Célébration** de ses vingt ans. **Début** de la guerre franco-prussienne. **Invasion** des Prussiens en France, jusqu'en Normandie.
1872: **Emploi** au ministère de la Marine à Paris. **Vie** à Paris pendant plusieurs années.
1875: **Création** de sa première œuvre.
1880: **Rencontre** d'Emile Zola, le chef de l'école naturaliste. **Publication** de son chef-d'œuvre, *Boule de Suif,* récit satirique sur la guerre franco-prussienne. **Félicitations** de Gustave Flaubert.
1880–1890: **Publications** de nombreux romans.
1890–1893: **Détérioration** de la santé de Guy de Maupassant. **Tentative de suicide. Folie** de Guy de Maupassant.
1893: **Mort** de Guy de Maupassant à l'âge de 43 ans.

Suppléments de grammaire

1 Les verbes dérivés de **mener** et **porter: emmener, emporter** (*to take*) / **amener, apporter** (*to bring*) / **ramener, rapporter** (*to bring back*)

a. On **emmène, amène, ramène** une personne, un animal.

Le matin, Jacques **emmenait** son fils à l'école, le soir il le **ramenait** à la maison.
—Paul, venez dîner ce soir! **Amenez** votre petite amie!

b. On **emporte, apporte, rapporte** un objet inanimé.

—Suzanne, tu vas en vacances à Hawaii? **Emporte** ton bikini, et **rapporte**-moi un collier de fleurs!
—Gérard, viens dîner ce soir. —J'**apporte** quelque chose?—Si tu veux, **apporte** une bouteille de vin!

✳ Attention: **Porter** signifie *to carry* ou *to wear.* **Mener** signifie *to lead.*

EXERCICES

G. Complétez les phrases avec un des verbes suivants: **emmener, amener, ramener; emporter, apporter, rapporter.**

1. Quand il est allé en Mauritanie, Daniel _____ des vêtements légers. Il (ne pas) _____ son petit frère avec lui. Il _____ des tissus africains pour sa mère et _____ un jeune Mauritanien qui voulait faire des études à Paris.
2. Quand Françoise va au parc avec son bébé, elle _____ des jouets, un goûter, un biberon. Elle _____ sa petite fille de cinq ans à l'école et la _____ le soir à la maison.
3. Est-ce que vos parents vous _____ dans les cafés quand vous étiez enfant?

H. Faites des phrases complètes avec les groupes de mots entre parenthèses et un des verbes étudiés.

> **Modèle:** Je vais au stade pour voir un match. (une chaise pliante, mon petit frère)
> *J'emporte une chaise pliante, j'emmène mon petit frère.*

1. Vous allez à la plage. (des lunettes de soleil, un parasol, de la crème solaire, votre petite amie, les enfants de votre sœur, un ballon, un Frisbee)
2. C'est l'anniversaire de votre meilleur(e) ami(e). Que faites-vous pour lui (elle)? (cinéma, fleurs, champagne, restaurant)
3. Vous êtes invité(e) à ma surprise-partie. Qui est-ce que vous amenez? Qu'est-ce que vous apportez? (votre petit(e) ami(e), votre chien (non!), une bouteille de coca, des CD)
4. Vous êtes allé(e) en vacances dans une île tropicale. Qu'est-ce que vous avez rapporté? (un ananas, un collier de fleurs, des coquillages)

2 ▶ servir / se servir

Le verbe **servir** a plusieurs constructions et des sens différents.

a. Servir peut être suivi d'un nom objet direct: *to serve, to wait on.*
   Ma mère **sert** le dîner.   L'esclave **sert** son maître.

b. Servir à peut être suivi d'un infinitif: *to be used for.*
   A quoi ça **sert?**   *What can it **be used for**?*
   Ce couteau **sert à** couper le pain.   *This knife **is used for** cutting bread.*

c. Servir de peut être suivi d'un nom: *to be used as.*
   Mon salon **sert de** chambre d'amis.
   Le bureau **sert de** chaise au professeur.

d. Se servir employé seul signifie *to help oneself.*
   Servez-vous!
     On ne **se sert** pas avec les doigts.

e. Se servir de suivi d'un nom signifie **employer, utiliser.**
   Pour écrire, elle **se sert d'**un vieux stylo.

EXERCICE

I. Dans les phrases suivantes, employez la forme correcte du verbe **servir,** à l'affirmatif ou au négatif.

1. On mangeait avec les doigts; on ne _____ fourchette.   2. Ce shampooing _____ faire onduler les cheveux.   3. Cette femme _____ son mari et ses enfants comme une bonne (*maid*).   4. Il s'est assis à table, puis il _____ le premier.   5. Puis-je _____ votre dictionnaire?   6. Sa table de cuisine lui _____ bureau.   7. Quand elle donne un dîner, cette dame _____ toujours la première. Ensuite, elle _____ ses amis. Ce n'est pas très poli, n'est-ce pas?   8. Tous les jours, cette mère de famille conduit ses enfants à l'école, au cours de danse, chez le dentiste, au match de foot (*soccer game*). Sa

voiture _____ taxi et elle, la mère, _____ chauffeur!   9. Est-ce que je peux _____
votre machine à écrire? La mienne (*Mine*) est cassée.   10. Mon rasoir me _____ me
raser la barbe, pas à te raser les jambes!   11. La duchesse a plusieurs bonnes qui la
_____.   12. Je _____ mes doigts pour manger, sauf en pique-nique.   13. Tout est
sur la table. _____ (*Help yourself*)!   14. On n'a pas encore inventé la machine qui
_____ faire les devoirs pendant qu'on dort.   15. Cette pièce _____ vestiaire quand
je réunis mes amis pour dîner.

3 connaître / savoir

Le verbe **connaître** signifie *to know, to be acquainted with, to be familiar with*; il est toujours
suivi par un nom ou un pronom.

Il **connaît** bien **la France.**	*He **knows** France well.*
Connaissez-vous **ce monsieur?**	*Do you **know** this gentleman?*
Je ne **connais personne.**	*I don't **know** anybody.*

Le verbe **savoir** signifie *to know something, to know how (if, when, where)*. On utilise **savoir** avec:

a. un infinitif.

Elle ne **sait** pas **se servir** de ce gadget.	*She doesn't **know how to use** this gadget.*
	(She never learned how to.)
Savez-vous **plonger?**	*Do you **know how to dive?***
	(Did you learn how to?)

b. une conjonction (**comment, si, quand, où,** etc.) + un verbe conjugué.

Sais-tu **si** Denis et Gaby vont se marier?	Je ne **sais** pas **quand** ils arrivent.

c. un nom ou un pronom pour signifier *to know after learning* ou *to know as a science,
a language.*

Cet élève ne **savait** pas sa **leçon.**	**Sait**-il le **latin?**
Il ne **la savait** pas.	**Le sait**-il?

EXERCICE

J. Complétez les phrases suivantes, avec le verbe **savoir** ou le verbe **connaître** au temps
indiqué entre parenthèses. (**p.s.** = passé simple; **imp.** = imparfait; **p.c.** = passé
composé; **prés.** = présent; **inf.** = infinitif)

1. Françoise _____ (**p.s.**) Philippe dans un dancing.   2. Quand elle le vit, elle _____
(**p.s.**) qu'elle allait l'aimer toute sa vie.   3. Ils se marièrent et _____ (**p.s.**) des moments de bonheur extraordinaires.   4. Philippe, qui _____ (**imp.**) bien les Etats-Unis,
emmena sa femme dans ce pays.   5. Françoise, elle, ne _____ (**imp.**) personne et
bientôt, elle s'ennuya.   6. Elle _____ (**imp.**) que si elle restait à la maison, ce serait
terrible pour son mariage.   7. Elle ne _____ (**imp.**) pas la langue, elle ne _____
(**imp.**) pas quoi faire de toute la journée.   8. Enfin, elle alla à des cours du soir, apprit
l'anglais, finit par _____ (**inf.**) d'autres personnes.   9. Maintenant elle _____ (**prés.**)

qu'elle a vaincu cette époque difficile.   10. Elle désire partager son expérience avec d'autres femmes. Comme elle _____ (**prés.**) bien écrire, elle va raconter sa vie dans un livre.   11. Dans une soirée, elle _____ (**p.c.**) un éditeur qui lui a déjà offert un contrat. 12. Qui _____ (**prés**)? Elle va peut-être devenir célèbre, et tout le monde voudra la _____ (**inf.**).

Synthèse

APPLICATIONS

I. Un peu d'histoire.   Dans les phrases suivantes, mettez les verbes entre parenthèses au passé simple. Ensuite, identifiez le ou les personnage(s) historique(s) que les phrases décrivent.

   1. Ils (quitter) _____ leurs îles, (naviguer) _____ sur des bateaux fragiles et (aborder [*to land*]) _____ dans d'autres îles plus au nord, qui sont maintenant des paradis pour touristes. _____
     (a) les Athéniens   (b) les Polynésiens   (c) les Esquimaux

   2. Ils (envahir) _____ la Gaule, (vaincre) _____ le chef gaulois Vercingétorix, (construire) _____ des routes, des villes, des ponts (*bridges*), (installer) _____ en France une civilisation riche et active dont on trouve encore des traces. _____
     (a) les Romains   (b) les Huns   (c) les Celtes

   3. Cette jeune femme (réunir) _____ les habitants de Lutèce que les Huns menaçaient, (prier) _____ avec eux, et, dit-on, (protéger) _____ la ville de l'invasion. Les Parisiens la (choisir) _____ comme patronne de la ville de Paris et (construire) _____ pour elle une statue sur un des ponts de la Seine. _____
     (a) Catherine Deneuve   (b) La reine Margot   (c) Sainte Geneviève

   4. Cette jeune femme (entendre) _____ des voix, (partir) _____ trouver le roi, (lever) _____ une armée, (défendre) _____ Orléans contre les Anglais, (être) _____ capturée et (mourir) _____ sur un bûcher (*stake*). _____
     (a) Marie-Antoinette   (b) Marie Curie   (c) Jeanne d'Arc

   5. Ce roi de France (avoir) _____ un règne très long, (être) _____ célèbre pour le nombre de ses maîtresses et de ses enfants illégitimes, (faire) _____ construire Versailles et (vider) _____ les caisses (*coffers*) de l'Etat par ses guerres. Il (prononcer) _____ la phrase célèbre: «L'Etat, c'est moi!» _____
     (a) Napoléon   (b) Charlemagne   (c) Louis XIV

II. Hommes célèbres.   Dans les phrases suivantes, mettez les verbes entre parenthèses au passé simple. Ensuite, identifiez le personnage historique que les phrases décrivent.

   (a) Scott   (c) Pasteur   (e) Jules Verne
   (b) Bell   (d) Newton   (f) Darwin

   1. Il (naître) _____ en Ecosse, il (émigrer) _____ au Canada et (devenir) _____ un citoyen américain. Il (inventer) _____ le téléphone. _____

2. Cet explorateur (explorer) _____ et (visiter) _____ l'Amérique du Sud, les îles Galapagos. Il (chercher) _____ et (trouver) _____ des fossiles et ses idées sur l'évolution (se former) _____ à la suite de ses recherches. _____

3. Cet homme (avoir) _____ l'idée de l'attraction terrestre (*gravity*) quand une pomme lui (tomber) _____ sur la tête. _____

4. Ce grand savant français (faire) _____ des études de chimie. Il (découvrir) _____ que certaines maladies étaient causées par des bactéries. Il (avoir) _____ l'idée de faire bouillir l'eau, le lait pour tuer les microbes. Il (créer) _____ un vaccin contre la rage (*rabies*), qui (sauver) _____ beaucoup de gens d'une mort affreuse. _____

5. Cet autre explorateur (partir) _____ avec un groupe d'hommes et de chiens, (souffrir) _____ à cause du froid intense, et (planter) _____ le drapeau britannique au pôle Sud. _____

6. Cet écrivain (rêver [*to dream*]) _____ de science-fiction avant les autres, (écrire) _____ des livres sur des voyages dans la Lune et au centre de la Terre, et (devenir) _____ l'auteur favori des grands et des petits. _____

III. Une injustice célèbre: l'Affaire Dreyfus.   Dans l'histoire suivante, mettez les verbes au temps qui convient, passé simple, imparfait, plus-que-parfait.

L'Affaire Dreyfus (commencer) en 1894. Auparavant, la France (perdre) la guerre contre la Prusse en 1870 et les autorités françaises (penser) qu'il y (avoir) trahison. En effet, on (s'apercevoir) que quelqu'un (voler) des documents militaires confidentiels. On (accuser) faussement d'espionnage le capitaine Dreyfus, officier juif, et les autorités le (envoyer) en prison à l'île du Diable. Il y (avoir) en France à cette époque de très forts sentiments anti-sémites. Avant son départ, on (dégrader) publiquement Alfred Dreyfus qui (protester) de son innocence. Le capitaine et sa famille (être) désespérés. Mais, Emile Zola, écrivain célèbre, (rester) convaincu que le capitaine Dreyfus (ne pas commettre) le crime dont on le (accuser) et il (décider) de le défendre dans la presse. Emile Zola (écrire) en 1898 une lettre adressée publiquement dans le journal l'Aurore au Président de la République, Félix Faure, intitulée «J'accuse… !» Dans l'article, il (dénoncer) l'incompétence des juges et il (proclamer) l'innocence de Dreyfus. Zola (comprendre) que l'on (utiliser) le capitaine Dreyfus comme «bouc émissaire» (*scapegoat*). Grâce à (*Thanks to*) l'influence d'Emile Zola et de quelques autres hommes honnêtes, le gouvernement (ordonner) la révision du juge-ment de Dreyfus. On (découvrir) que le capitaine (être) innocent et, finalement, on le (libérer) en 1906 et on le (réhabiliter) dans ses fonctions militaires.

ACTIVITÉS

1. **Sondage.**   Posez des questions à cinq camarades sur les sujets suivants, concernant les façons d'être élevé. Partagez vos résultats avec la classe.

attitude stricte ou permissive / emmener son enfant quand on sort le soir / forcer un enfant à manger ce qu'il n'aime pas, à aller à l'école / laisser l'enfant être indépendant / changements entre les années cinquante et la vie actuelle

2. **Discussion.**   Faites avec deux ou trois camarades une liste des modes en faveur chez les adolescents: façons de s'habiller, musiques, distractions. Lesquelles vous paraissent ridicules, «ringardes» (*old-fashioned*), choquantes, dangereuses?

pantalons larges   tee-shirt géant   boucles d'oreilles
tatouage   piercing   cheveux teints

3. **Discussion.**   Formez deux groupes et discutez des avantages de l'ordinateur. Qui parmi vous est l'internaute le plus habile? Pourquoi utilisez-vous les ressources de la toile? Sinon, pourquoi pas?

TRADUCTION

1. When Jacqueline was born, her father was eighteen.   2. Jacqueline's mother left them and went to live with a desert tribe.   3. Marcel, Jacqueline's father, decided to raise (**élever**) the little girl by himself.   4. He used to take her to bars, and when he went dancing at some friends' place, she slept in the bathtub.   5. At eight years old, Jacqueline used to shop and cook her own dinner when her father came home too late.   6. She played the piano, the guitar, the tuba, and collected 45 r.p.m. records.   7. She travelled in Africa, hitchhiked.   8. Lying on her stomach on top of a train car, she went to Dakar.   9. Her hair grew long.   10. She shaved her hair and married an African prince.

RÉDACTIONS

1. **Mes ancêtres.**   Avez-vous jamais pensé au voyage que vos ancêtres firent pour arriver dans le pays où vous vivez maintenant? Imaginez ce voyage, soit par bateau venant d'un pays d'Europe, d'Asie, d'Amérique du Sud ou du Mexique, soit par charrette à travers les plaines et les montagnes. Faites des recherches, inventez, et racontez cette histoire fabuleuse.

2. **Biographie.**   Ecrivez la biographie de votre héros favori ou de votre héroïne favorite historique. Où est-ce qu'il (ou elle) naquit? Où passa-t-il son enfance? Où vécut-il? Quels furent les événements marquants de son enfance? Ecrivit-il un livre? Fut-il mêlé à des moments historiques intéressants? Est-ce qu'il se battit pour le progrès? Eut-il une grande histoire d'amour? Quand et dans quelles circonstances mourut-il? Employez les temps du passé qui conviennent pour une biographie historique.

6

Le nom et l'adjectif

Vocabulaire du texte

à droite to the right
à gauche to the left
à la fin finally
à la main in one's hand
s'appliquer to apply oneself
atteindre to reach
bas(se) low
bocal (*m.*) jar
bonhomme (*m.*) old fellow
bouger to move
bout (*m.*) **de papier** scrap of paper
cassé(e) broken
client (*m.*), **cliente** (*f.*) customer
clochette (*f.*) small bell
cloison (*f.*) partition
comptoir (*m.*) counter
côté (*m.*) side
de fait in fact
donner sur to lead to
effectivement in effect, in fact
effrayé(e) frightened
enlever to take off
en noir dressed in black
ensemble together
exécuter to make up, to perform

faire signe (à) to signal (to)
haut(e) high
là there
lorsque = quand when
lunettes (*f. pl.*) (eye)glasses
mêler to mix
mieux better
mur (*m.*) wall
ordonnance (*f.*) prescription
paquet (*m.*) package
passer to pass, to go by
porter les yeux sur to glance at
poste (*m.*) station, position
poudre (*f.*) powder
propre own
rayon (*m.*) shelf
reconnaître to recognize
renseigner to give information
séché(e) dried
sursauter to jump
tinter to jingle
se tourner vers to turn to
tramway (*m.*) streetcar
visage (*m.*) face

Vocabulaire supplémentaire

La maladie—la visite chez le médecin

aller chez le médecin to go to the doctor
avoir de la fièvre to have a fever
avoir des frissons to shiver
avoir mal à la gorge to have a sore throat
avoir mal à la tête to have a headache
avoir mal au cœur to feel nauseated
avoir mal au dos to have a backache
avoir mal au ventre to have a stomachache
bilan (*m.*) **de santé** checkup

comprimé (*m.*) pill
cachet (*m.*) pill
étagère (*f.*) shelf
faire des analyses to run tests
faire une cure to have a treatment, to take the waters at a spa
goutte (*f.*) drop
grippe (*f.*) flu
maison (*f.*) **de repos, de santé** convalescent home

médicament (*m.*) medicine
passer une radio to have an X-ray
pastilles (*f. pl.*) cough drops
prescrire to prescribe
rhume (*m.*) cold
salle (*f.*) **d'attente** waiting room
se sentir fiévreux to feel feverish

se sentir mal to feel bad
température (*f.*) temperature
tension (*f.*) high blood pressure
thermomètre (*m.*) thermometer
tousser to cough
toux (*f.*) cough

Français en couleurs

Quand on se fait mal, on crie «Aïe!» ou bien «Ouille! Ouille! Ouille!» Cette expression indique aussi dans la langue quotidienne que quelque chose ne va pas, va attirer des ennuis. Un «bobo», dans le langage enfantin, c'est une petite blessure; mais les adultes emploient aussi ce mot. Si on est très malade on va voir «le toubib» (mot arabe passé dans la langue courante) et si c'est grave on peut finir «à l'hosto» (l'hôpital).

Si on est très fatigué, «on est sur les genoux», «sur les rotules», «on est atomisé», «on n'est pas dans son assiette», «on est crevé». «Crever» s'emploie pour «mourir» en parlant des animaux et veut dire aussi *to blow a tire.* «Avoir la crève», c'est avoir un gros rhume, une mauvaise grippe.

«Un coup de pompe», c'est un moment de fatigue passagère.

«C'est douleur, c'est l'enfer», décrivent des situations extrêmes, pénibles.

Mais si on est en bonne santé, alors, «on a la pêche», «on est en pleine forme, en bonne forme».

Notez qu'en Afrique, «la pharmacie», c'est le bistrot.

𝒫harmacien ou médecin?

Gabrielle Roy (1909–1983) est née au Manitoba. C'est dans cette province du Canada qu'elle a passé son enfance et a pris un poste d'institutrice, avant de devenir écrivaine. Dans ses livres, *Rue Deschambault, La petite poule d'eau,* etc., elle mêle les souvenirs personnels et la description de personnages humbles et courageux, surtout des femmes au caractère énergique et aventureux. Dans cet extrait de «Les déserteuses» (*Rue Deschambault*), elle raconte un voyage que sa mère et elle ont fait, un jour, du Manitoba à Montréal. Elles arrivent dans la grande ville et vont rendre visite à un cousin que la mère n'a pas vu depuis trente ou trente-cinq ans.

Préparation à la lecture

Autrefois les pharmaciens préparaient leurs médicaments avec des poudres et des herbes séchées. L'arsenic, le séné,° la belladone étaient des plantes utilisées en pharmacie. De nos jours, on trouve tellement de produits pharmaceutiques tout préparés que le pharmacien fabrique rarement un médicament: il dose ou compte les comprimés. En France, en plus des médicaments, dans les pharmacies, on vend des produits de beauté, des produits diététiques et de régime. Le pharmacien donne aussi souvent des conseils pour des problèmes médicaux bénins.

    Beaucoup de médecins généralistes° font encore des visites à domicile. Si un patient (un client) peut marcher, ou se déplacer, il va à la consultation, sur rendez-vous ou bien à l'heure indiquée sur la plaque extérieure placée à la porte du bâtiment. Un docteur a souvent son cabinet de consultation dans une partie de sa maison. Le cabinet° et le cabinet de consultation° sont souvent la même pièce.

> senna
>
> family practioners
>
> office
> examining room

ℕous avons trouvé l'adresse du docteur Nault dans l'indicateur du téléphone.[1] Nous avons demandé à une dizaine de personnes quel tramway prendre; quelqu'un nous a bien renseignées à la fin, et nous sommes parties vers la maison du cousin…

5   La nuit venait. J'avais le cœur effrayé° de la métropole du Canada. Car c'est grand, Montréal, on ne peut pas dire le contraire!

    Le docteur Nault habitait rue Rachel; nous avons marché et puis nous sommes entrées dans une pharmacie d'allure ancienne;° les rayons étaient remplis de grands bocaux de verre pleins d'herbes séchées, de poudres,

10 sur lesquels était écrit: arsenic, séné, belladone… J'étais en train de lire tous ces mots, quand j'ai entendu bouger derrière un haut comptoir. Là se tenait° un petit homme en noir, avec une barbe noire, des yeux très noirs, la tête couverte d'une calotte.° Maman lui ayant demandé:° «Etes-vous le docteur Nault?» le bonhomme répondit:

15   —Lui-même,° en personne.

    —En ce cas, me reconnaissez-vous? demanda maman. Le bonhomme répondit sans hésiter:

    —Pas du tout. Est-ce que je suis supposé vous connaître?

    A ce moment, une clochette tinta de l'autre côté d'une cloison, à peu

20 de distance.° Le docteur Nault enleva sa calotte. Il nous dit:

> **J'avais…** I was
> frightened
>
> **d'allure…** old-looking
>
> was sitting or standing
> skull cap / **Maman…**
> After mother asked
> him / Himself
>
> **à peu…** not far away

---

[1] **l'indicateur du téléphone:** In France, **l'annuaire** or **le Bottin** are more common words for *telephone directory.*

—Excusez-moi: une cliente en médecine…

Il ouvrit une petite porte dans le mur qui faisait communiquer° la pharmacie avec ce qui nous parut être un cabinet de médecin. Nous aperçûmes une cliente qui entrait effectivement dans le cabinet de consultation mais par une porte donnant sur la rue.

faisait… connected

Dix minutes passèrent; nous vîmes la cliente sortir comme elle était entrée et tenant à la main un bout de papier où elle devait chercher une adresse, car elle portait les yeux sur le papier au numéro de la maison. Arrivée à la porte voisine qui était celle de la pharmacie, elle entra. Au même moment,° le docteur Nault revenait par la petite porte que j'ai dite,[2] dans le mur. Il remit sa calotte; il était à son poste de pharmacien lorsque la cliente atteignit le comptoir, et il lui prit des mains le papier qu'il venait de lui donner dans le cabinet de consultation. Nous avons compris, maman et moi, que c'était sa propre ordonnance que le docteur Nault, redevenu pharmacien, allait exécuter. De fait, il s'appliqua à lire tout ce qui s'y° trouvait écrit, ensuite à mêler ensemble et à broyer° des pincées° de poudre qu'il prit à gauche, à droite, par en haut,° dans tous ses bocaux. Maman me faisait signe de ne pas rire. Quand sa cliente eut pris[3] son petit paquet et qu'elle eut payé,[3] le docteur Nault se tourna vers nous, tout intrigué.

Au… At the same time

in it / grind
pinches / **par…** from
the top

—Samuel, dit alors maman, ne te rappelles-tu pas la douzaine d'œufs cassés?

Le bonhomme sursauta et mit des lunettes pour mieux nous voir.

—Qui est-ce que t'es, toi?°…

—Eh oui, dit maman, qui l'aida beaucoup à ce qui me semble.° Je suis ta cousine Eveline. ▪

Qui… ? Who are you?
(*Canadian*)

l'aida… helped him a
lot in my opinion

Questions sur la lecture

1. Comment la mère et la fille ont-elles trouvé la maison du docteur Nault? Pourquoi est-ce que ce n'était pas facile?
2. Pourquoi est-ce que le docteur Nault n'a pas reconnu sa cousine?
3. Décrivez le docteur Nault et ses occupations journalières.
4. Qu'est-ce qu'on trouve dans cette pharmacie?
5. Qu'est-ce qu'il y a derrière le mur de la pharmacie?
6. Qu'est-ce que le docteur Nault enlève et remet sur sa tête? Cet objet symbolise une transformation. Laquelle? Que devient le pharmacien quand il enlève sa calotte?
7. Qu'est-ce qu'il y a sur le bout de papier que tient la cliente? Que fait le docteur Nault quand la cliente lui donne le papier?
8. Pourquoi est-ce que la petite fille a envie de rire?

---

[2] **petite porte … dite:** The past participle agrees with **que,** a direct object that represents **porte,** a feminine noun (see p. 383).

[3] **eut pris, eut payé:** (*passé antérieur*) had taken, had paid (see Appendice B).

9. Qu'est-ce que la douzaine d'œufs cassés évoque, probablement? Quelle réaction a le bonhomme? Se souvient-il?
10. Pourquoi est-ce que la petite fille pense que sa maman a beaucoup aidé le docteur Nault à se rappeler?

Questions personnelles

1. Etes-vous en bonne santé? Etes-vous quelquefois malade? Que faites-vous quand vous avez un rhume, une grippe?
2. Quand vous allez dans un «drugstore» aux Etats-Unis ou au Canada, qu'est-ce que vous achetez? Achetez-vous des produits qu'on ne trouve pas dans une pharmacie française? Nommez ces produits.
3. Le docteur Nault porte une calotte pour indiquer qu'il est pharmacien. Dans la vie, autour de vous, que portent certaines personnes pour représenter leur fonction (agent de police, facteur, garçon de café, serveuse, etc.)? Croyez-vous que le costume, l'uniforme sont importants?

Le nom

Le genre des noms de personnes

Un nom de personne a un genre, masculin ou féminin, déterminé par le sexe.

un garçon   **une** fille
un homme   **une** femme

1 Pour certains noms masculins terminés par un **-e,** on change simplement l'article pour obtenir un nom féminin.

un artiste   **une** artiste   **un** pianiste   **une** pianiste
un camarade   **une** camarade   **un** secrétaire   **une** secrétaire

2 On ajoute souvent un **-e** au nom masculin pour obtenir un nom féminin.

un ami   **une** amie   **un** gérant   **une** gérante (*manager*)
un employé   **une** employée   **un** avocat   **une** avocate

* Exception: **un** enfant   **une** enfant (sans **-e**)

Placé après une voyelle, ce **-e** n'est pas prononcé. Placé après une consonne, il n'est pas prononcé, mais la consonne qui précède est prononcée, parfois redoublée. Remarquez les changements orthographiques dans le tableau suivant:

-er → -ère	un boulanger	une boulangère (*baker*)
	un infirmier	une infirmière (*nurse*)
-on → -onne	un patron	une patronne (*owner, boss, manager*)
		(*cont.*)

-ien → -ienne	un mécanicien	une mécanicienne (*mechanic*)
	un informaticien	une informaticienne (*computer scientist, technician*)
-an → -anne	un paysan	une paysanne (*peasant*)

3 Les noms masculins en **-eur** ont leur féminin en **-euse**.

un coiff**eur**   une coiff**euse**   un vend**eur**   une vend**euse**

4 Les noms masculins en **-teur** ont leur féminin en **-trice**.

un ac**teur**   une ac**trice**   le direc**teur**   la direc**trice**
un institu**teur**   une institu**trice**

✳ **Exceptions:** le chan**teur**   la chan**teuse**   le men**teur**   la men**teuse** (*liar*)

5 Certains noms masculins ont leur féminin en **-esse**. Il y a beaucoup de noms apparentés (*cognates*) dans cette catégorie.

le prince   la princ**esse**   le duc   la duch**esse**   le dieu   la dé**esse**
le comte   la comt**esse**   le tigre   la tigr**esse**

6 Certains noms sont toujours masculins, même pour désigner une femme.

un bébé   un peintre   un mannequin (*model*)
un médecin   un ingénieur (*engineer*)   un professeur
un chef   un docteur

✳ **Remarques:**

- Si on veut préciser, on dit une **femme peintre,** une **femme architecte.**
- Les jeunes Français disent «**la prof**» pour une **femme professeur.**
- Les mots **écrivaine** (*writer*) et **auteure** (*author*) ont été récemment créés et deviennent populaires.
- Certains noms de profession masculins deviennent féminins si on ajoute l'article **la: la ministre, la juge, la guide.** Il existe un féminin familier pour **le docteur: la doctoresse,** mais les femmes médecins préfèrent qu'on les appelle **Madame le docteur.**

7 Certains noms sont toujours féminins, même pour désigner un homme.

une personne   une vedette (*movie star*)   une victime

8 Certains noms ont un mot spécial pour le féminin.

le mâle   la femelle   le roi   la reine
le garçon   la fille   le garçon (*waiter*)   la serveuse (*waitress*)
un homme   une femme   un monsieur (*gentleman*)   une dame (*lady*)

9 **La famille.** Remarquez les noms des membres d'une famille.

le mari   la femme   le neveu   la nièce
l'époux   l'épouse   le grand-père   la grand-mère
le père   la mère   le petit-fils (*grandson*)   la petite-fille

le fils   la fille   le parrain (*godfather*)   la marraine (*godmother*)
le frère   la sœur   le jumeau (*twin*)   la jumelle
l'oncle   la tante

10 Les noms d'animaux suivent les mêmes règles.

le chien   la chienne   le chat   la chatte

Il y a parfois un nom spécial pour le féminin.

le coq (*rooster*)   la poule (*hen*)
le taureau (*bull*)   la vache (*cow*)
le cheval (*horse*)   la jument (*mare*)

Quand l'animal a seulement un nom d'espèce, on ajoute **mâle** ou **femelle.**

une souris (*mouse*) **mâle**   un poisson **femelle**

11 Les prénoms français ont des formes masculines et des formes féminines qui suivent les règles précédentes.

Dominique   Dominique   Christian   Christiane
René   Renée   Jean   Jeanne
André   Andrée   Julien   Julienne
Simon   Simone   Jules   Juliette

EXERCICES

A. Complétez les phrases avec le nom du genre opposé au nom en italique.

1. M. Dupont est *infirmier*. Sa femme aussi est _____.
2. Les Renault sont *le patron* et _____ du café de la Gare.
3. Préférez-vous *une avocate* ou _____ pour vous défendre?
4. Au musée il y a *un guide* et _____.
5. Johnny Halliday est *un chanteur* connu en France. Son ex-épouse, Sylvie Vartan, est _____ connue aux Etats-Unis.
6. Mme Merle est *informaticienne*. Son mari n'est pas _____.
7. *Le marquis* et _____ de Carrabas sont en voyage.
8. Qui voulez-vous voir dans ce cabinet: *le docteur* Henri Malraux ou sa femme, _____ Suzanne Malraux?
9. Pour leur mariage, mes amis ont engagé *un musicien* et _____.
10. Connaissez-vous *le duc* et _____ de Belfort?
11. Gabrielle est *une amie* fidèle. Mais le frère de Gabrielle n'est pas _____ fidèle.
12. Ma mère est *une personne* remarquable. Mon père aussi est _____ remarquable.

B. Complétez les phrases suivantes avec un nom du genre opposé du nom en italique.

Modèle: J'ai un *frère* et deux _____.
J'ai un *frère* et deux **sœurs.**

1. Mon _____ et ma *tante* viennent dîner.   2. Avez-vous vu le film *Cousin,* _____?
3. Lassie est un *chien*. Non, c'est une _____.   4. Comment dit-on quand, au restaurant, le *garçon* est une _____?—On dit: «Mademoiselle, s'il vous plaît.»

5. Le *boulanger* fait le pain et la _____ est derrière le comptoir.   6. Mon *prof* de philo est un *homme,* et ma _____ de latin est une _____.   7. Allez-vous chez un *coiffeur* ou une _____?   8. Le docteur Nault n'est pas *instituteur,* mais Gabrielle Roy fut _____. 9. La *sœur jumelle* de *Simone* s'appelle *Pierrette,* et le _____ de S_____ s'appelle P_____.   10. Dans cette ferme il y a un *cheval* et une _____, un *taureau* et des _____, des *poules* et un _____, un *chat* et une _____.

C. Quelle est l'activité ou la profession des personnes suivantes?

1. Caroline de Monaco, c'est _____.
2. Michael Jackson, c'est _____.
3. Gabrielle Roy, c'est _____.
4. Julia Roberts, c'est _____.

5. Picasso, c'est _____.
6. Céline Dion, c'est _____.
7. Tom Cruise, c'est _____.
8. Elizabeth II, c'est _____.

Le genre des noms de choses

1 Pour les noms de choses, quelquefois la terminaison permet d'identifier le genre du nom. Le tableau suivant présente certaines terminaisons courantes du masculin ou du féminin, avec des exceptions.

Masculin	Exceptions courantes	Féminin	Exceptions courantes
-able		**-ade**	
le sable (*sand*)	la table	la promenade (*walk*)	
		la limonade	
-age			
le garage	la plage		
	la cage		
	la page		
	l'image		
-ail		**-aille**	
le travail		la trouvaille	
		(*interesting finding*)	
-aire		**-aine**	
le dictionnaire	la grammaire	la douzaine	
-al		**-ance**	
le journal		la connaissance	
		la correspondance	
-ant		**-ence**	
le restaurant		la science	le silence
-eau		**-ée**	
le manteau	l'eau	une allée	le lycée
le tableau	la peau (*skin*)	une idée	le musée

Masculin	Exceptions courantes	Féminin	Exceptions courantes
		-eur	
		la longueur	le bonheur
		la largeur	l'honneur
		la hauteur	le malheur
		(*mots abstraits formés sur des adjectifs*)	
-c, -r, -g		**-esse**	
le banc		la promesse	
le bar			
le rang			
-euil		**-ice**	
le fauteuil		la justice	un artifice
		la police	le supplice
		-ie	
		la boucherie	le génie
		la folie	un incendie
			le parapluie
-et		**-ette**	
le jardinet		la cigarette	le squelette
		-ique	
		la politique	
-ier		**-té**	
le cahier		la liberté	l'été
		-ion	
		la réunion	un avion
		la télévision	le camion
			un million
-isme		**-tion**	
le communisme		la conversation	
-ment		**-tude**	
un appartement		la certitude	
le gouvernement			
		-ture	
		la nature	
-oir		**-oire**	
le devoir		une histoire	le laboratoire
			le répertoire
-a, -o, -ou		**-on**	
le cinéma		la leçon	le poisson
le piano		la maison	le soupçon
le trou			

2 Certaines catégories de noms ont le même genre. Les noms d'arbres (**le peuplier, l'oranger**) sont masculins, et aussi les noms de métaux et de couleurs (**l'or, l'argent, le bleu**), les noms de langues (**le français**), les noms de jours et de saisons (**le jeudi, le printemps**). Les noms de sciences (**la physique, la chimie**) sont féminins.

3 Deux mots—**après-midi, interview**—sont masculins ou féminins. On a le choix: **un après-midi** ou **une après-midi, un interview** ou **une interview.**

4 Quelques mots ont deux genres et ont un sens différent au masculin et au féminin.

le crêpe (*crepe fabric*)	la crêpe (*pancake*)
le livre (*book*)	la livre (*pound*)
le manche (*handle*)	la manche (*sleeve*)
le mort (*dead man*)	la mort (*death*)
le poêle (*heating stove*)	la poêle (*frying pan*)
le poste (*job*)	la poste (*post office*)
le tour (*tour*)	la tour (*tower*)

5 Les noms de pays ont un genre: **le Maroc, la Belgique.** voir page 149 et l'appendice C.

EXERCICES

D. Dans les phrases suivantes, mettez l'article qui convient (**le, la, l', un, une**) devant les noms entre parenthèses.

1. Quelle saison préférez-vous? (printemps, automne ou hiver?)
2. Nous étudions (géographie, espagnol, leçon).
3. Calculez (longueur, hauteur, temps).
4. C'est [un, une] (invention, histoire, malheur) extraordinaire.
5. Mettez les fleurs sur (comptoir, table, buffet).
6. (lycée, pharmacie, laboratoire) sont dans la même rue.
7. Elle se pose des questions sur (amour, vieillesse, mort).
8. J'entends [un, une] (oiseau, clochette, camion).
9. J'aime (mer, sable, plage, eau, soleil).
10. Mettez (paquet, salade, gâteau) sur la table.
11. (château de Versailles, tour Eiffel, musée du Louvre) sont des sites magnifiques.
12. La constitution promet (justice, liberté, égalité) pour tous.
13. C'est [un, une] (après-midi, jeudi, quinzaine) superbe.
14. Il y a [un, une] (image, dictionnaire, cahier) sur le bureau.
15. Elle étudie (catéchisme, grammaire, politique).
16. Il y a [un, une] (parapluie, mannequin, squelette) dans le placard?
17. Son frère a [un, une] (garage, maison, appartement).
18. Sophie exécute [un, une] (ordonnance, pas de danse, morceau de musique).
19. Je fais signe à [un, une] (tramway, bonhomme, cliente).
20. Dans cette pièce il faut [un, une] (cloison, étagère, rayon).

E. Dans les phrases suivantes, mettez l'article qui convient (un, une, le, la, du) devant le nom.

1. _____ crêpe de cette robe est très délicat.
2. Pour la Chandeleur on fait des crêpes: on prend _____ manche de _____ poêle dans une main et on fait sauter _____ crêpe en l'air.
3. Pendant _____ tour du château, les touristes visitent _____ tour.
4. Gabriel vient d'obtenir _____ poste à _____ poste: il trie (*sorts out*) le courrier.

Le pluriel des noms

1 Pour former le pluriel de la plupart des noms on ajoute **-s** au singulier.

✴ Remarques:

- Les noms terminés en **-s, -x** ou **-z** ne changent pas: le **pas**, les **pas**; le **nez**, les **nez**; la **voix**, les **voix**.
- Certains noms d'origine anglaise ont leur pluriel en **-s** ou **-es**: un match, des matchs *ou* des match**es**; un sandwich, des sandwich**s** *ou* des sandwich**es**. *Mais* on dit des toast**s**, des sport**s**.

2 Voici un tableau des terminaisons d'autres pluriels particuliers.

Terminaisons	Singulier	Pluriel	Exceptions communes
-ail → -ails	le chandail (*sweater*) le détail	les chandails les détails	les travaux (*works*) les vitraux (*stained-glass windows*)
-al → -aux	le cheval le journal	les chevaux les journaux	les bals les festivals les récitals
-au → -aux	le tuyau (*hose, pipe*)	les tuyaux	les landaus (*baby carriages*)
-eau → -eaux	le château le manteau	les châteaux les manteaux	
-eu → -eux	le jeu (*game*) le neveu	les jeux les neveux	les pneus (*tires*)
-ou → -ous	le clou (*nail*) le sou (*cent*)	les clous les sous	les bijoux (*jewels*)[4] les cailloux (*stones*) les choux (*cabbages*) les genoux (*knees*) les hiboux (*owls*) les joujoux (*toys*) les poux (*lice*)

[4] Seuls ces sept noms en **-ou** ont leur pluriel en **-oux**.

3 Quelques noms courants ont un pluriel irrégulier.

un monsieur	des messieurs	un bonhomme	des bonshommes
madame	mesdames	un jeune homme	des jeunes gens
mademoiselle	mesdemoiselles		

4 Les noms propres ne prennent pas de **-s**.

les Dupont   les Renaud

5 Dans les noms composés qui sont formés avec des noms et des adjectifs, les noms et les adjectifs s'accordent en nombre.

les grand**s**-parent**s**   les petit**s**-enfant**s**

✱ Remarque: Le pluriel de grand-mère est grand-mère**s** ou grand**s**-mère**s**.

6 Quand les noms composés sont formés avec des verbes, les verbes sont invariables; le nom qui suit reste au singulier si son emploi est généralement au singulier.

les gratte-ciel (*skyscrapers*)   les lave-vaisselle (*dishwashers*)

7 Quand les noms composés sont formés avec des mots invariables (préposition, nom toujours singulier), ces mots restent invariables.

les après-midi   les hors-d'œuvre

8 La prononciation des pluriels suivants est irrégulière.

un œuf   des œufs /ø/   un bœuf   des bœufs /bø/   un œil   des yeux /jø/

EXERCICES

F. Complétez les phrases suivantes en mettant au pluriel les noms donnés en italique.

1. Elle achète un *chapeau.* On achète des _____ au marché.
2. Vous avez un *cheval*? Oui, nous possédons plusieurs _____.
3. Il oublie ce *détail.* Ces _____ sont très importants.
4. J'ai un *pneu* crevé (*flat*). Mes _____ sont usés.
5. Avez-vous un *sou*? Oui, j'ai des _____.
6. *Monsieur* et *madame.* _____ et _____.
7. «J'ai mal à l'*œil*», dit-il. Il a toujours mal aux _____.
8. Sais-tu ta *leçon*? Je sais toujours mes _____.
9. Ce jeune *homme* est sérieux; ces jeunes _____ aussi sont sérieux.
10. Ma *grand-mère* est gentille; les _____ sont toujours gentilles.
11. Cléopâtre avait un *nez* remarquable. Connaissez-vous des _____ remarquables?
12. Mon *travail* est plus difficile que tes _____.
13. Elle a un *caillou* blanc et quatre _____ noirs.
14. Le Monopoly est un *jeu* de société. Il déteste les _____ de société.
15. Le fer est un *minéral*; notre corps utilise des _____.
16. Cendrillon n'allait jamais au *bal.* Finalement, elle est allée à trois _____.

G. Complétez les phrases suivantes en mettant au singulier les noms donnés en italique.

1. Il y avait des *clous* sur la route. J'ai marché sur un _____ .
2. Au cimetière, les *croix* sont différentes. J'ai vu une _____ bretonne.
3. En France, il y a beaucoup de *festivals* de théâtre en été. Je préfère le _____ d'Avignon.
4. La chanson dit: «Savez-vous planter les *choux*?» Beaucoup de personnes n'aiment pas le _____ .
5. On sert les *hors-d'œuvre* au début d'un repas. La salade de tomates est un _____ .
6. Les *printemps* sont souvent pluvieux en France. Cette année, le _____ a été superbe.
7. Marie adore ses *neveux*. Son _____ favori habite à la Martinique.
8. Robert Desnos a écrit un poème qui parle de *hiboux.* Le _____ est un oiseau qui dort le jour et chasse la nuit.

H. Trouvez dans la liste suivante le nom qui convient pour compléter les phrases suivantes; mettez-le au pluriel ou au singulier selon le cas et répondez oralement aux questions.

un bijou	un lave-vaisselle	un oiseau
un château	un manteau	un porte-monnaie
un général	un match	un sandwich
un gratte-ciel	un métal	un vitrail
un journal		

1. Il achète le _____ , il le lit tous les jours. A quoi servent les _____ ?
2. L'aigle (*eagle*) est un _____ . Connaissez-vous d'autres _____ ?
3. On trouve des _____ magnifiques dans la cathédrale de Notre-Dame de Paris. En général que représente-t-on sur un _____ ?
4. Ils ne lavent plus eux-mêmes les plats et les assiettes, ils ont acheté un _____ . Quels sont les avantages des _____ ?
5. Le _____ Eisenhower fut aussi Président. Connaissez-vous d'autres _____ ?
6. Elle ne regarde jamais les _____ de football. Et vous, y a-t-il un _____ que vous aimez regarder?
7. La reine Elizabeth d'Angleterre possède des _____ magnifiques. Et vous, avez-vous un _____ préféré?
8. Nous faisons un pique-nique. Je prépare les _____ . Que peut-on mettre dans un _____ ?
9. Le long de la Loire, on trouve beaucoup de _____ . Qui vivait dans les _____ ? Connaissez-vous un _____ ?
10. Le fer (*iron*) et le cuivre (*copper*) sont des _____ communs. Connaissez-vous un _____ rare? un _____ cher? un _____ utile?
11. L'Empire State Building est un _____ connu. Où se trouve ce _____ ? A quoi servent les _____ ?
12. J'ai perdu mon _____ . Je n'ai plus de sous. Dans quel magasin trouve-t-on des _____ ?
13. L'hiver, elle aime ce _____ confortable. A quoi servent les _____ ?

L'adjectif

Le féminin des adjectifs ▰▰▰

1 Un grand nombre d'adjectifs sont semblables au féminin et au masculin; ils se **terminent** avec un **-e.**

> jeune   rapide   facile   ordinaire   magnifique

2 Pour beaucoup d'adjectifs dont le masculin n'a pas de **-e** final, on ajoute un **-e** pour former le féminin.

> grand   grand**e**   bleu   bleu**e**
> vert   ver**te**   général   général**e**

3 D'autres adjectifs changent d'orthographe ou de terminaison au féminin. Certains changements sont identiques aux changements des noms.

Terminaisons				Exceptions communes	
masculin *féminin*	*masculin*	*féminin*		*masculin* *féminin*	
-er → -ère	cher	chère (*expensive, dear*)			
-ier → -ière	-dernier	dernière (*last*)			
-eur → -euse	travailleur (*hard-working*)	travailleuse		meilleur	meilleure
				supérieur	supérieure
				inférieur	inférieure
				intérieur	intérieure
-teur → -teuse	menteur	menteuse			
→ -trice	créateur	créatrice			
-en → -enne	européen	européenne			
-ien → -ienne	canadien	canadienne			
-on → -onne	bon	bonne			
-el → -elle	naturel	naturelle			
-eil → -eille	pareil	pareille			
-et → -ette	coquet	coquette		complet	complète
				secret	secrète
-f → -ve	neuf (*brand-new*)	neuve			
	bref (*concise*)	brève			
	actif	active			
	sportif	sportive			
-x → -se	amoureux	amoureuse		doux	douce
	heureux (*happy*)	heureuse		faux	fausse
	jaloux (*jealous*)	jalouse			(*false*)

4 Les cinq adjectifs suivants sont tout à fait irréguliers au féminin, et ils ont aussi une deuxième forme au masculin devant un mot qui commence par une voyelle ou un **h** muet.

masculin	féminin	masculin (deuxième forme)
beau	belle	bel
fou (*crazy*)	folle	fol
mou (*soft*)	molle	mol
nouveau	nouvelle	nouvel
vieux	vieille	vieil

un **beau** bateau   une **belle** pomme   un **bel** homme

5 Voici d'autres féminins irréguliers à retenir:

masculin	féminin	
blanc	blanche	(*white*)
favori	favorite	(*favorite*)
frais	fraîche	(*fresh, cool*)
grec	grecque	(*Greek*)
long	longue	(*long*)
public	publique	(*public*)
sec	sèche	(*dry*)
turc	turque	(*Turkish*)

EXERCICES

I. Utilisez chacun des adjectifs proposés dans trois phrases à la forme affirmative ou négative:

Modèle: La Joconde (*Mona Lisa*) de Léonard de Vinci est une peinture _____ (mystérieux/mineur/célèbre).

*La Joconde de Léonard de Vinci est une peinture **mystérieuse**. La Joconde n'est pas une peinture **mineure**. La Joconde est une peinture **célèbre**.*

1. *Les Misérables* de Victor Hugo est une œuvre _____ (français / intéressant / existentialiste).
2. La tour Eiffel est une construction _____ (laid / belge / impressionnant).
3. La crème au chocolat est une crème _____ (délicieux / apprécié / salé).
4. La fusée Ariane est une fusée (rapide / cher / performant).
5. Ma chambre est une pièce _____ (clair / coquet / bien rangé).
6. Le Président actuel des Etats-Unis est une personne _____ (dynamique / actif / cultivé).
7. Québec est une ville _____ (ancien, ravissant, suisse).
8. Le brie est un fromage avec une pâte _____ (mou / blanc / épicé).

J. Donnez le féminin des adjectifs dans les groupes suivants.

1. un corsage blanc, une robe _____
2. un beau château, une _____ maison
3. un vent frais, une brise _____
4. un projet fou, une pensée _____
5. un jardin public, une place _____

6. un nouveau chapeau, une _____ blouse
7. un acteur favori, une actrice _____
8. un vieil homme, une _____ femme

Le pluriel des adjectifs

1 Le pluriel des adjectifs se forme comme le pluriel des noms. On ajoute généralement un **-s** au masculin et au féminin.

2 Voici un tableau d'autres terminaisons communes au masculin pluriel.

Terminaisons	Singulier	Pluriel	Exceptions	
-s → -s	gros	gros		
-x → -x	faux	faux		
	vieux	vieux		
-eau → -eaux	nouveau (*new*)	nouveaux		
-eu → -eux	hébreu	hébreux	bleu	bleus
-al → -aux	spécial	spéciaux	final	finals
	général	généraux	fatal	fatals
	idéal	idéaux		

EXERCICE

K. Dans les phrases suivantes, mettez au singulier le groupe nom-adjectif qui est au pluriel.

1. En France, les *journaux provinciaux* sont très importants. «Le Courrier de l'Ouest» est un _____.
2. Certaines décisions sont quelquefois des *choix heureux.* Votre décision de vous marier est un _____.
3. Les *voix douces* des enfants me charment, la _____ de votre fille en particulier.
4. Quand on a la fièvre, le docteur recommande de prendre des *boissons fraîches.* Voici une _____.
5. Je n'aime pas les *jeunes gens jaloux.* Guillaume est un _____.
6. Pour devenir docteur, il faut avoir des *connaissances spéciales.* L'anatomie est une _____.
7. Cet auteur écrit des *livres confus.* Sa grammaire française est un _____.
8. Elle a les *yeux bleus.* Son frère a un _____ et un _____ vert.

L'accord des adjectifs

1 L'adjectif s'accorde en genre et en nombre avec le nom qu'il modifie.

un garçon intelligen**t**   des garçons intelligen**ts**
une fille intelligen**te**   des filles intelligen**tes**
une mère et une fille intelligen**tes**

✱ Remarques:

- Après **c'est,** l'adjectif ne s'accorde pas.

  C'est **intéressant,** cette histoire.   C'est **grand,** Montréal!

- Après **quelqu'un de, quelque chose de, personne de, rien de,** l'adjectif ne s'accorde pas.

  Mme Loiseau est **quelqu'un d'important.**

2 Si l'adjectif modifie deux ou plusieurs noms singuliers de genres différents, l'adjectif est toujours au masculin pluriel.

un père et une fille intelligen**ts**

3 Les adjectifs de couleurs communs s'accordent en genre et en nombre.

masculin	féminin	masculin pluriel	féminin pluriel
bleu	bleue	bleus	bleues
vert	verte	verts	vertes
gris	grise	gris	grises
blanc	blanche	blancs	blanches
noir	noire	noirs	noires

4 Les adjectifs suivants ne s'accordent pas.

a. Les adjectifs qui sont aussi des noms de plantes ou de fruits

orange   **cerise** (*cherry*)   **marron** (*chestnut*)   **fuchsia**   **lavande**
les murs **orange**   des robes **cerise**   une blouse **marron**

b. Les adjectifs formés de deux mots

bleu marine (*navy blue*)   **vert foncé** (*dark green*)   **rose clair** (*light pink*)
des yeux **bleu clair**   une robe **vert foncé**

✱ Remarque: Un adjectif de couleur devient un nom de couleur si on l'emploie avec un article masculin.

le bleu (*the color blue*)   **le vert** (*the color green*)

5 Voici des adjectifs pour décrire la couleur des cheveux.

brun / brune (*dark hair*)   **roux / rousse** (*red hair*)   **blond / blonde**
châtain (*chestnut brown*)

❋ **Remarques:**

- **Châtain** (*chestnut brown*) ne s'accorde pas.
- **Une brune, une blonde, une rousse** = *a brunette, a blond, a redhead.*
- Si on emploie un article, l'adjectif devient un nom de personne. **Un grand brun, un petit blond** = *a tall brown-haired man, a short blond*

6 Les adjectifs **chic** et **snob** ont une seule forme au singulier et au pluriel. (**Snob** s'accorde au pluriel quand c'est un nom.)

> Mon frère porte toujours une cravate **chic** quand il sort.
> Ces femmes sont **chic** et pas **snob**.
> Les **snobs** vivent dans les quartiers **chic**.

EXERCICES

L. Complétez les phrases suivantes en mettant le groupe de mots entre parenthèses au pluriel.

1. (travail forcé) Les criminels sont condamnés aux _____ .
2. (examen final) Ce semestre, j'ai plusieurs _____ .
3. (beau nez grec) Va au musée d'Héraklion, tu verras des quantités de _____ .
4. (caillou bleu) L'aquarium est rempli de _____ .
5. (vieux rail) Sur la ligne du TGV, on ne met pas de _____ .
6. (genou propre) Quand l'enfant joue dans la terre rouge, il n'a plus les _____ .
7. (joli tableau) Dans son salon, ma tante met de _____ aux murs.
8. (nouveau pas) Elle apprend les _____ d'une danse.

M. Complétez les phrases suivantes avec la forme correcte de l'adjectif entre parenthèses.

1. Il a pris des décisions (final).
2. Claire s'achète des robes (chic).
3. Robert porte des cravates (orange).
4. Le professeur dit quelque chose d'(intéressant).
5. Nous n'aimons pas les garçons (snob).
6. Les jeunes filles (roux) ont la peau (clair).
7. Ce ne sont pas des travaux (spécial).
8. Jacqueline s'est fait teindre les cheveux. Maintenant, ils sont (châtain).
9. Nos voisins ont une fille et un fils (sportif).
10. Ce jour-là, Renée portait une robe (bleu clair) et des chaussures (marron).

La place des adjectifs

1 Les adjectifs se placent généralement *après* le nom.

> un voyage **extraordinaire**   une ordonnance **simple**

Dans la langue écrite surtout, certains adjectifs peuvent être placés avant le nom pour produire un effet spécial, emphatique.

Ils ont fait un **excellent** voyage.   C'est une **splendide** pharmacie.

2 On place *avant* le nom les adjectifs courts et courants suivants:

autre	gentil	haut	long	nouveau	vieux
bon	grand	jeune	mauvais	petit	vilain
beau	gros	joli	meilleur	premier	vrai

une **autre** nuit   une **jolie** fille
un **bon** vin   le **premier** jour

＊ Attention: **Haut, long, faux** et **vrai** peuvent se placer avant ou après le nom.

une **longue** histoire   une robe **longue**   un **faux** numéro   une réponse **fausse**

3 Si un nom est déterminé par deux adjectifs, un qui se place avant, l'autre qui se place après, on met chacun à sa place.

une **petite** maison **blanche**   un **joli** chapeau **français**

Si les deux adjectifs se placent après, ils peuvent être simplement juxtaposés ou séparés par **et.**

un film **italien sensationnel**   un manteau **chaud et élégant**

Si les deux adjectifs précèdent le nom, l'ordre est généralement fixe, pour certains adjectifs communs.

un **joli petit** chien   son **premier grand** bal
un **beau grand** garçon   un **bon gros** chien

Mais on peut aussi placer les deux adjectifs après le nom, avec **et.**

une princesse **jeune et jolie**   un monsieur **vieux et gentil**

4 Certains adjectifs changent de place et de sens. Comparez les groupes suivants:

	avant le nom	après le nom
ancien	*former*	*ancient*
	une **ancienne** pharmacie	une horloge **ancienne**
brave	*fine, good*	*brave*
	un **brave** garçon	un soldat **brave**
certain	*particular*	*sure*
	un **certain** docteur Nault	une preuve **certaine**
cher	*dear*	*expensive*
	mon **cher** ami	un bijou **cher**
dernier	*final*	*previous*
	son **dernier** voyage	la semaine **dernière**
		(cont.)

	avant le nom	**après le nom**
grand	*famous*	*tall*
	un **grand** compositeur	un homme **grand**
même	*same*	*very*
	la **même** robe	ce jour **même**
pauvre	*unfortunate*	*penniless*
	ma **pauvre** amie	des amis **pauvres**
propre	*own*	*clean*
	sa **propre** ordonnance	des cheveux **propres**
sale	*nasty*	*dirty*
	une **sale** histoire	des mains **sales**
seul	*only*	*single, lonely*
	un **seul** jour	un ami **seul**

EXERCICES

N. Complétez les phrases suivantes en utilisant tous les adjectifs proposés dans la même phrase. Attention à la place et à l'accord des adjectifs.

Modèle: Ce jardin est (agréable, public, grand).
*Ce **grand** jardin **public** est **agréable.***

1. Le bocal est (gros, fragile, blanc).
2. Léopold Senghor est un écrivain (grand, célèbre, sénégalais).
3. Ce parking est (souterrain, autre, gratuit).
4. Elle a une perruque [*wig*] (roux, long, raide).
5. C'est un homme (beau, élégant).
6. C'est de la crème (frais, supérieur).
7. C'est une voiture (cher, beau).
8. Vous avez un garçon (gentil, petit).
9. Regardez les ballons (gros, orange)!
10. Je n'ai pas lu cette comédie (mauvais, italien).
11. Tu as une robe (joli, mexicain).
12. Allons à ce restaurant (français, bon)!
13. C'est ma blouse (marron, premier).
14. La pharmacie a des étagères (peint, nombreux).
15. Ce sont des pastilles (efficace, nouveau).
16. Les clientes du médecin sont des dames (vieux, québécois).

O. Complétez les phrases suivantes en répétant le nom en italique avec un des adjectifs de la liste suivante. Certains adjectifs peuvent être employés plus d'une fois.

ancien   brave   cher   dernier   pauvre   propre   sale

1. Le docteur remplit son *ordonnance* personnelle. Il remplit sa _____.
2. La *pharmacie* n'est pas neuve. C'est une _____.
3. Ce *millionnaire* a des chagrins d'amour et beaucoup de malheurs dans sa vie. C'est un _____.
4. Votre *voiture* coûte plus de 20 000 dollars? C'est une _____.
5. Cet *homme* a des qualités: il est gentil, généreux. C'est un _____.
6. Après ce *repas*, c'est fini, il n'y en a plus: c'est le _____.
7. Vous n'avez pas donné de bain à votre *chien* depuis des mois: vous avez un _____.
8. Cette pièce, qui était autrefois une *salle de bains*, est maintenant un placard: c'est une _____.
9. J'ai des *cousins* qui n'ont pas du tout d'argent. Ce sont des _____.
10. Cette *affaire* est très difficile, pleine de complications: c'est une _____.
11. Un médecin se lave les *mains* avant d'examiner son malade. Il doit avoir les _____.
12. La *semaine* qui a précédé, j'ai eu trois examens. Quel travail j'ai eu, la _____.

Suppléments de grammaire

LES ADVERBES EN -MENT

1 Un grand nombre d'adverbes de manière sont formés d'adjectifs + le suffixe **-ment: rapidement, honnêtement.** Ils correspondent aux adverbes qui se terminent en *-ly* en anglais: *rapidly, honestly.*

✳ Remarques:

- On ajoute **-ment** au féminin de l'adjectif: **naïvement, effectivement.**
- Les adjectifs terminés par une voyelle perdent le **-e** du féminin: **vraiment, joliment.**
- Les adjectifs en **-ent** et **-ant** ont des adverbes en **-emment** et **-amment** (la prononciation est /amã/): étonnant → **étonnamment.**
- Certains adverbes ont une terminaison en **-ément: énormément, précisément.**

✳ Attention: N'ajoutez pas **-ment** à l'adverbe **vite:** vous parlez **rapidement** = vous parlez **vite.**

2 L'adverbe n'est jamais placé entre le sujet et le verbe comme en anglais. Il est placé après le verbe ou devant l'adjectif.

Je le vois **rarement.**   *I **rarely** see him.*
Ce n'est pas **vraiment** beau.   *It is not **really** beautiful.*

EXERCICE

P. Formez des adverbes en **-ment** avec les adjectifs indiqués entre parenthèses et placez-les dans les phrases.

1. Ne parlez pas (nerveux, grossier, sec).
2. Il faut raisonner (intelligent, patient, précis).
3. Ils se sont parlé (simple, nerveux, récent).
4. Elle marche (gracieux, lourd, mou).
5. Ils s'aiment (passionné, fou, jaloux).
6. Tu travailles (courant, silencieux, brave).
7. Tu me blesses (horrible, cruel, énorme).

PLURIELS ET SINGULIERS

1 Certains mots français sont toujours employés au pluriel.

les fiançailles (*betrothal*)   les mathématiques (*math*)
les mœurs (*mores, habits*)   les environs (*surroundings*)
les frais (*expenses*)

2 Certains mots français généralement employés au pluriel changent de sens quand ils sont employés au singulier.

les vacances (*vacation*)   la vacance (*vacancy*)
les devoirs (*homework*)   le devoir (*duty*)
les ciseaux (*scissors*)   le ciseau (*chisel*)

3 Certains mots français au pluriel correspondent à des mots anglais singuliers.

les renseignements (*information*)
les gens (*people*)
les nouilles (*pasta*)
les échecs (*chess*)

4 Certains mots français singuliers correspondent à des mots anglais pluriels.

la vaisselle (*dishes*)
le mode d'emploi (*directions*)

EXERCICE

Q. Dans les phrases suivantes, mettez le mot qui convient, au singulier ou au pluriel. Choisissez un mot de la liste ci-dessous.

les vacances / la vacance / les devoirs / le devoir / les renseignements / les gens / les échecs / les environs / la vaisselle / le mode d'emploi

1. Pendant _____ (*his vacation*), Georges a travaillé dans un grand magasin, parce qu'il y avait _____ (*a vacancy*) au département «chaussures».
2. Le _____ (*duty*) d'un écolier, c'est d'abord de faire _____ (*homework*).

3. Robert ne sait pas lire _____ (*instructions*) sur le lave-vaisselle, alors il ne fait pas _____ (*dishes*).
4. Tu ne joues pas au bridge? Non, mais je joue _____ (*chess*).
5. Avez-vous _____ (*information*) sur ce village, la campagne et _____ (*the surroundings*)?

Synthèse

APPLICATIONS

I. Les qualités et les défauts.   Trouvez dans la liste suivante un groupe de trois qualités ou défauts qui décrivent la personne ou la chose présentée dans chaque phrase. Attention: certaines phrases peuvent être négatives.

élégant, coûteux, extravagant
léger, délicieux, gras
original, plein d'action, ennuyeux
intelligent, loyal, jaloux
amoureux, passionné, déprimé
travailleur, étourdi, brillant

économique, pas cher, luxueux
affectueux, égoïste, fidèle
optimiste, organisé, paresseux
belliqueux, libéral, malhonnête
immense, menacé de destruction, mystérieux

Modèle: Cette étudiante réussit à ses examens: elle est _____, _____, _____.
Elle est travailleuse, elle n'est pas étourdie, elle est brillante.

1. Les films de Steven Spielberg sont _____, _____, _____.
2. Marie vient de se fiancer: elle est _____, _____, _____.
3. Cette jeune femme est un cadre (*manager*) parfait: elle est _____, _____, _____.
4. Jules et Jim sont des maris excellents: ils sont _____, _____, _____.
5. Claire aussi est une épouse idéale: elle est _____, _____, _____.
6. La cuisine nouvelle est _____, _____, _____.
7. La forêt d'Amazonie est _____, _____, _____.
8. Ces hommes politiques sont _____, _____, _____.
9. Cette actrice s'achète des vêtements _____, _____, _____.
10. Il cherche une voiture _____, _____, _____.

II. Nouvelles conditions de vie.   Vous venez d'arriver dans une nouvelle université. Vous vous renseignez sur les qualités de votre nouvel environnement. Formulez des questions avec le vocabulaire ci-dessous. Ajoutez d'autres adjectifs.

Modèle: *Est-ce que tu connais un restaurant **sympa**?*
*Est-ce que la bibliothèque est **calme**?*

un coiffeur (une coiffeuse)
un dentiste
la piscine
le prof de philo

travailleur
amusant
instructif
intéressant

compatissant
doux
grand
bon

la bibliothèque   appétissant   exotique
des restaurants   propre   gentil
les cours de maths
la cité universitaire
le resto U

III. La valise perdue.   Vous avez perdu votre valise. Vous la cherchez. Vous allez aux
«objets trouvés». Faites la description de son contenu. Voici des suggestions.

Modèle: *Dans ma valise il y avait **des chaussures noires, un jean neuf,** etc.*

un jean   un appareil photo   des livres
des tee-shirts   une trousse de toilette   une peluche
des sous-vêtements   (*toiletries kit*)   (*stuffed animal*)
des chaussettes   un maillot de bain   des sandales
un carnet d'adresses   une serviette de bain   un sweat[5]

grand   petit   neuf   usagé   vieux   long   court
bleu   vert   rouge   mexicain

ACTIVITÉS

1. **Travail à deux.**   Vous aidez un (une) camarade à composer une lettre à placer dans la
rubrique «Courrier du cœur» pour trouver la personne de ses rêves, le compagnon ou la
compagne idéal(e): vous décrivez votre ami(e) avec des adjectifs flatteurs et vous décrivez
la personne qu'il (elle) désire rencontrer.
Exemple: Jeune homme, beau, athlétique, brillant désire rencontrer la compagne idéale:
elle est jolie, intelligente, sportive, douce, patiente.

2. **Jeu de rôle.**   Formez un groupe de trois ou quatre élèves. Jouez les rôles de malades dans
la salle d'attente d'un médecin. Vous parlez avec les autres personnes qui attendent leur
tour. Chacun décrit les symptômes de sa maladie et le traitement prescrit par le docteur.

3. **Sondage.**   Demandez à trois ou quatre camarades comment on peut se soigner avec des
remèdes non-traditionnels et lesquels ils connaissent? Partagez votre liste avec les autres
étudiants de la classe.

le repos (*rest*)   les remèdes de bonnes femmes   la thalassothérapie
faire une cure   (*old remedies*)   (*seawater spa*)
des conseils   le bouillon de poule (*chicken soup*) l'homéopathie
suivre un régime   la méthode Coué (*denial method*)   l'acuponcture
la relaxation   le massage   l'aromathérapie

---

[5] prononcé «sweet».

TRADUCTION

1. I went to visit an old cousin who is a former pharmacist. He is now retired.   2. I had not seen him for (**depuis**) twenty years.   3. At first, I could not find the house. Finally someone gave me the information and I found it.   4. I rang the bell and my cousin opened the door. 5. I saw a little man dressed in gray, with a gray beard and light blue eyes.   6. I recognized him immediately and I said: "Hello! My name is Josephine!"   7. He answered: "Do I know you?"   8. I said: "Of course! I used to be your favorite cousin."   9. "Josephine? But you used to be young, fat, not pretty. Now you are old, but pretty and elegant. What happened (**arriver**)?"   10. I answered: "The miracles of modern medicine!"

RÉDACTIONS

1. **Visite chez le médecin.**   Avez-vous été malade récemment? Racontez vos symptômes et votre visite chez le médecin. Comment est-ce que vous vous êtes guéri(e)?
2. **Votre famille.**   De combien de personnes se compose votre famille? Décrivez chaque personne avec un ou plusieurs adjectifs.

> **Modèle:** Ma grand-mère n'est pas vieille. Elle est petite et sportive. Elle a les cheveux gris, etc.

7

L'article

ocabulaire du texte

s'affairer to fuss
agacer to irritate
aîné (*m.*), **aînée** (*f.*) the oldest
allongé(e) stretched out
s'apercevoir to realize
bac (*m.*) **à glaçons** ice-cube tray
casserole (*f.*) pan
cérémonieusement formally
charger to load
compotier (*m.*) fruit-salad bowl
cresson (*m.*) watercress
décapsuleur (*m.*) bottle opener
découpé(e) cut in pieces
délicieux (délicieuse) delightful,
  charming
détendu(e) relaxed
disposé(e) arranged
dresser le couvert to set the table
éloge (*m.*) praise
émission (*f.*) program
envahir to invade
éplucher to peel
étonnement (*m.*) surprise
évidemment of course
évier (*m.*) kitchen sink
gentiment nicely
geste (*m.*) gesture
glaçon (*m.*) ice cube
incroyablement incredibly
s'inquiéter to worry
invité (*m.*), **invitée** (*f.*) guest

laisser tout en plan to drop everything
léger (légère) light
lèvres (*f. pl.*) lips
malgré in spite of
se mordre les lèvres to bite one's lip
natal(e) native
nez (*m.*) nose
ouvre-boîte (*m.*) can opener
paresseux (-euse) lazy
pêle-mêle helter-skelter
plat (*m.*) platter
plateau (*m.*) tray
poulet (*m.*) chicken
presque almost
prévenir to anticipate
radieux (radieuse) beaming
réclamation (*f.*) complaint
réclamer to call for
résultats (*m. pl.*) **sportifs** sportscast
réveiller quelqu'un to wake somebody up
saladier (*m.*) salad bowl
secouer to shake
son (*m.*) sound
subir le charme to fall under the spell
subitement suddenly
sûrement surely
table (*f.*) **roulante** tea cart
terrine (*f.*) pâté
tire-bouchon (*m.*) corkscrew
victuailles (*f. pl.*) food

ocabulaire supplémentaire

La batterie de cuisine
(pots and pans)

cocotte minute (*f.*) pressure cooker
four (*m.*) **à micro-ondes** microwave oven

poêle (*f.*) frying pan
soupière (*f.*) soup tureen

La salade

ail (*m.*) garlic
bouteille (*f.*) bottle
cuiller (*f.*) **en bois** wooden spoon
fines herbes (*f. pl*) herbs
huile (*f.*) oil
moutarde (*f.*) mustard

persil (*m.*) parsley
salade verte green salad
salade composée mixed vegetable salad
vinaigre (*m.*) vinegar
vinaigrette (*f.*) salad dressing

Au restaurant

addition (*f.*) bill
canard (*m.*) duck
carte (*f.*) **des vins** wine list
entrée (*f.*) dish between first course and
   main dish

hors-d'œuvre (*m.*) first course
glace (*f.*) ice or ice cream
plat (*m.*) **du jour** today's special
plat (*m.*) **principal** main course
produit (*m.*) **bio** organic produce

Divers

débarrasser la table to clear the table
faire des cérémonies to act formally

sans cérémonie informally
repas (*m.*) meal

Français en couleurs

«Bouffer» dans la langue populaire, c'est manger. «La bouffe, la boustifaille» (ce dernier mot est un peu vulgaire), c'est la nourriture. «Se faire une petite bouffe», c'est préparer un repas sympa entre copains.

«Un gueuleton» est un grand repas de fête où on mange beaucoup. «Tout pour la gueule» est la devise des amateurs de bonne «bouffe». Le mot «gueule» est correct pour parler d'un animal, comme dans l'expression «la gueule du lion», mais insultant pour parler d'une personne: «il a une sale gueule». «Les gourmands» sont des personnes qui ne peuvent pas résister aux bonnes choses. «Les gourmets» sont ceux qui apprécient les plats raffinés. Les «goinfres» «mangent comme des cochons (*pigs*)». «On se goinfre», «on s'empiffre» (*one stuffs one's face*). «Casser la croûte» veut dire *to have a snack*.

Quand «on trinque» (*to clink glasses for a toast*) on dit «tchin, tchin!» ou «A la tienne! A la vôtre!» Au figuré, «trinquer» veut dire *to take the rap*.

Si on boit trop, le lendemain on a «la gueule de bois» (*hangover*). Les deux expressions suivantes sont utilisées en Afrique: un «poulet bicyclette» est un poulet de ferme, élevé au grand air et non dans une usine, et «un cadavre» est un poulet congelé.

Un dîner vite prêt

Françoise Dorin (1928–) est la fille du chansonnier° René
Dorin. Elle a été comédienne et a composé des paroles de chansons avant
d'écrire des pièces et des romans. Elle présente des personnages qui ont des
difficultés à accepter la tyrannie de la vie moderne. Dans cet extrait du livre
Va voir Papa, Maman travaille, elle décrit le dilemme suivant: «Maman travaille et gagne plus d'argent que Papa. Maman va-t-elle divorcer ou sacri-
fier sa carrière pour garder sa famille intacte?» Serge, le mari, a amené des
invités, Frédéric et Ketty, pour le dîner. Agnès, sa femme, est très fatiguée:
elle a gardé son petit garçon, Jérôme, toute la journée et son travail est en
retard; elle n'est pas très enthousiaste pour préparer un dîner improvisé.

stand-up comedian,
songwriter

Préparation à la lecture

En France, les hommes font souvent le marché, mais Françoise Dorin n'a
pas une bonne opinion d'eux: elle trouve qu'ils achètent trop de choses.
Dans l'extrait suivant, les provisions que Serge et son ami Frédéric ont
faites sont trop abondantes pour un dîner. Serge et son ami montrent leur
bonne volonté et sortent tout pour préparer l'apéritif (boisson qu'on prend
avant le repas, pour ouvrir l'appétit), mais ils sont interrompus par l'annonce des résultats sportifs à la télévision. Ils laissent tout tomber. C'est
vrai que pour beaucoup d'hommes, c'est une heure sacrée.

  Jeanne d'Arc est une héroïne de l'histoire de France, qui, au Moyen
Age, pendant la guerre de Cent Ans, entendit des voix: les saints lui or-
donnaient de sauver la France, et de lutter contre l'invasion des Anglais.
Comme Jeanne d'Arc, les deux hommes sont captivés par l'annonce de
l'émission sportive, comme si c'était un message divin.

  La quatrième personne de cette histoire est Ketty, une jeune femme,
née à la Martinique, une île des Antilles françaises.° On appelle cette région un D.O.M. (département d'outre-mer). Comme sa voisine, la Guade-
loupe, et comme Tahiti en Polynésie française, elle est connue pour son climat tropical, ses plages blanches, sa mer turquoise, et aussi l'accent
mélodieux de ses habitants. C'est Ketty qui annonce, quand le dîner est
prêt, que «ces messieurs sont servis». Elle parodie ainsi la formule traditionnelle, annoncée par la bonne ou le maître d'hôtel, dans un dîner «chic»:
«Madame est servie».°

Antilles... French West
Indies

Madame... Dinner is
served.

D'une phrase, Serge prévient toutes les objections de sa femme:—Ne
t'inquiète pas, dit-il, ils ont tout apporté. Il y a un énorme paquet sur
le balcon. Je vais te l'apporter dans la cuisine parce qu'il est trop lourd.

Effectivement, il est lourd: deux bouteilles de champagne, deux
de beaujolais,[1] un poulet, une terrine, de la salade, un ananas, des bocaux
de légumes, des fromages, des tartes. Le marché fait par un homme. Trois
fois plus qu'il n'en faut. Agnès est anéantie.° Les trois autres radieux. La   stunned
cuisine, envahie.[2] Les deux garçons sortent tout, pêle-mêle: tire-bouchon,
bac à glaçons, ouvre-boîtes, casseroles, plats, verres, décapsuleur... puis
subitement s'immobilisent et réclament le silence. Deux Jeanne d'Arc à
l'affût° du message divin. Le leur,° c'est l'annonce à la télévision de l'émis-   à... awaiting / **Le...**
sion consacrée aux résultats sportifs. Ils laissent, bien entendu, tout   Theirs = Their
en plan.   message

Agnès, le nez sur son évier,° commence à éplucher la salade. Du cres-   le nez... bent over the
son, évidemment: ce qu'il y a de plus long!° Elle se mord les lèvres pour ne   sink / **ce...** what
pas pleurer. Dans son dos, Ketty s'affaire en pépiant° joyeusement. Elle   takes the longest /
ponctue ses phrases de petits rires agaçants° mais son accent est délicieux,   **en...** chirping /
sa voix mélodieuse et Agnès, malgré elle, en subit le charme. Ketty parle   irritating
de tout, de rien, de sa Martinique natale, de la grande maison toute
blanche, de sa plage qui était «absolument fabuleuse», où le sable était
presque blanc, la mer presque turquoise.

—Il faudrait que vous veniez,° Agnès! Oh! oui, quelle bonne idée!   **Il...** You ought to come
Venez cet été chez moi, vous voulez?

Agnès ne répond pas. Au son émollient° de la voix de Ketty, elle y°   soft, soothing / there
était déjà partie sur cette plage. Elle y était déjà allongée au soleil, calme,
détendue, heureuse. Ketty insiste gentiment.

—Vous venez avec Serge, bien entendu! dit-elle.

Agnès se réveille.

—Oui, bien sûr, Ketty, avec Serge. Nous aimerions° sûrement beau-   **Nous...** (*cond. présent*)
coup.   We would love it

Et puis sans transition,° très vite, Agnès annonce qu'elle a fini de laver   **sans...** abruptly
la salade, qu'il va falloir la secouer, dans la baignoire, ou mieux sur le bal-
con, pour ne pas réveiller Jérôme, et ensuite s'occuper de tout le reste.°   **tout...** everything else

—Quoi, tout le reste? demande Ketty.

Agnès se retourne et s'aperçoit avec surprise que le désordre a
disparu: la vinaigrette attend dans le saladier, le poulet découpé est
dans son plat, les fromages disposés sur le plateau, l'ananas épluché
dans le compotier. Tout est impeccable. Ketty rit de l'étonnement
d'Agnès et, tout en chargeant° les victuailles sur la table roulante avec   **tout...** while loading
des gestes incroyablement précis, elle lui explique qu'elle sait s'occuper
de tout dans une maison car elle était l'aînée de huit frères, tous aussi
beaux les uns que les autres,° et tous aussi paresseux... Il y avait d'abord   **tous...** all equally
                                                                                        handsome

---

[1] **beaujolais:** red wine from Burgundy
[2] Contemporary French writers or journalists have a tendency to end groups of words with
a period before the sentence is grammatically completed. This procedure isolates a part of
the sentence and emphasizes one idea at a time, imitating the way some people speak.

Rodolphe qui... puis Paul qui... Elle n'en est qu'au quatrième frère°
quand, ayant fini° de dresser le couvert avec Agnès, elle s'interrompt
pour annoncer cérémonieusement à Serge et à Frédéric que «ces
messieurs sont servis». ■

Elle... She has just
begun talking about
the fourth brother /
ayant... (*participe
parfait actif* **de finir**)
having finished

Questions sur la lecture

1. Pourquoi est-ce qu'Agnès n'est pas très enthousiaste pour préparer le
   dîner?
2. Que contient le paquet? Reconstituez le menu du repas. Qu'est-ce
   qu'Agnès a à préparer?
3. Les deux invités et le mari sont radieux: qu'est-ce qu'ils font dans la
   cuisine? Que vont-ils faire avec les glaçons, le tire-bouchon, le décapsuleur, le plat, les verres et le reste?
4. Pourquoi est-ce que les deux garçons s'arrêtent brusquement d'aider
   Agnès et Ketty? Pourquoi Françoise Dorin mentionne-t-elle Jeanne
   d'Arc? Quel message reçoivent les deux hommes?
5. Pourquoi est-ce qu'Agnès a envie de pleurer?
6. De quel pays vient Ketty? Décrivez ce pays. Comment est-ce qu'elle
   parle?
7. A quoi rêve Agnès quand Ketty l'invite à venir chez elle?
8. Pourquoi faut-il secouer la salade sur le balcon ou dans la baignoire?
   Qui est Jérôme? Que fait-il?
9. Qu'est-ce que Ketty a fait pendant qu'Agnès lavait la salade?
10. Pourquoi est-ce que Ketty sait s'occuper de tout dans une maison?

Questions personnelles

1. Est-ce que votre père, ou votre frère, ou un homme dans votre famille
   font quelquefois le marché? Savent-ils ce qu'il faut acheter?
2. Que pensez-vous du comportement de Serge et de son ami? Expliquez
   la réaction d'Agnès.
3. Que pensez-vous des dîners improvisés, des surprises-parties?
   Pourquoi est-il prudent de faire quelquefois des projets en avance
   pour organiser un repas?
4. Les Français rêvent de vacances à la Martinique. Où est-ce que vous
   rêvez de passer vos vacances? Dans quel pays? Quels sont le climat, la
   végétation de ce pays de rêve?

L'article

Formes

Il y a trois sortes d'articles en français: l'article défini, l'article indéfini et l'article partitif.

	masc.	fém.	pl.
article défini	le (l')	la (l')	les
contracté + **de**	du (de l')	de la (de l')	des
contracté + **à**	au (à l')	à la (à l')	aux
article indéfini	un	une	des
article partitif	du (de l')	de la (de l')	

1 L'article défini = **le, la, l', les** (*the*)

   a. **Le** est masculin singulier, **la** est féminin singulier, **l'** précède un nom singulier qui commence par une voyelle ou un **h** muet, **les** est pluriel pour les deux genres.

	masc.	fém.		masc.	fém.
sing.	**le** dîner	**la** maison	*pl.*	**les** glaçons	**les** salades
	l'animal	**l'**idée		**les** ananas	**les** émissions
	l'homme	**l'**héroïne			

   b. Les articles **le** et **les** se contractent avec la préposition **à** (*to, at, in*) et avec la préposition **de** (*of, from, about*).

> **à + le = au**   **de + le = du**
> **à + les = aux**   **de + les = des**

   A la, à l', de la, de l' ne sont pas contractés.

> Vous parlez **au** professeur, **à la** secrétaire, **à l'**ambassadeur.
> Vous parlez **du** beau temps, **des** saisons et **de la** pluie.

2 L'article indéfini = **un, une** (*a, an, one*), **des** (*any, some, several*)

	masc.	fém.		masc.	fém.
sing.	**un** livre	**une** page	*pl.*	**des** verres	**des** nouvelles
	un enfant	**une** amie		**des** ouvre-boîtes	**des** annonces

* Remarques:

- On prononce **les** /lez/, **aux** /oz/, **des** /dez/ devant une voyelle ou un **h** muet.[3]

    les enfants   **aux** amis   **aux** hôtels   **des** hommes

- On prononce **les** /le/, **aux** /o/, **des** /de/ devant une consonne ou un **h** aspiré.[4]

    les / casseroles   **aux** / hiboux   **des** / héros

3 L'article partitif = **du, de la, de l'** (*some, any*)

a. **Du** est la forme du masculin singulier, **de la** la forme du féminin singulier, **de l'** la forme du masculin et du féminin devant un nom singulier qui commence par une voyelle ou un **h** muet.

masc.	fém.
du travail	**de la** patience
de l'argent	**de l'**huile

b. Il existe une forme rare pour le pluriel: **des.**

   des épinards, **des** pâtes

Emplois généraux

On emploie presque toujours un de ces trois articles devant un nom, et on répète l'article devant chaque nom.

L'ARTICLE DÉFINI

En anglais, souvent il n'y a pas d'article. En français on emploie l'article défini si le nom est déterminé par un possesseur (avec la préposition **de**) ou si le nom est un nom d'espèce, un nom abstrait, un nom qui désigne un groupe en général ou un nom mentionné plus tôt dans la phrase.

   Qui a pris **le** livre **de** Marie-Josée? (*possesseur*)
   Les insectes ne vivent pas longtemps. (*nom d'espèce*)
   L'ambition et **la** modestie sont souvent contradictoires. (*noms abstraits*)
   Les grandes personnes ne comprennent pas toujours **les** enfants. (*groupes généraux*)

---

[3] **H:** is never pronounced. It is a remnant of Latin orthography.

[4] **H:** aspiré indicates that no liaison or no elision takes place between the article and the noun. In dictionaries, words with **h aspiré** are preceded by an asterisk (***héros**). This grammar pronunciation rule is being slowly eliminated by the French Academy, which now "tolerates" the liaison between certain nouns and articles: **les** haricots /lezaʀiko/ as compared with **les** / **haricots** /leaʀiko/.

L'ARTICLE INDÉFINI

Au singulier, l'article indéfini correspond à *a, an, one* en anglais.
Au pluriel, souvent en anglais il n'y a pas d'article. En français on emploie **des** avec des noms qu'on peut compter, pour donner aux noms un sens de nombre indéterminé.

Vous avez **des** enfants?	*You have children? (any children)*
Ils ont **des** problèmes?	*They have problems? (some problems)*

L'ARTICLE PARTITIF

On emploie l'article partitif avec des noms qui ne peuvent pas être comptés mais qui peuvent être mesurés, fractionnés. En anglais, souvent il n'y a pas d'article, mais on peut mettre *some* ou *any* devant le nom singulier.

Je mange **du** pain avec **de la** marmelade et je bois **de** l'eau.	*I eat bread with marmalade and I drink water.*
Voulez-vous **du** cresson?	*Do you want **some** watercress?*
Vous avez **de** l'argent pour acheter ce gâteau?	*Do you have **any** money to buy this cake?*

✷ **Attention:** Il ne faut pas confondre:

du (**de** + **le** = *of the*)	le livre **du** professeur
du (*some*)	Je mange **du** pain.
des (**de** + **les** = *of the*)	les livres **des** élèves
des (pluriel de **un, une** = *some*)	Je mange **des** pommes. (objets qu'on peut compter)
des (pluriel de **du, de la** = *some*)	Je mange **des** épinards. (objets qu'on ne peut pas compter)

EXERCICES

A. Complétez les phrases suivantes avec un des mots de la liste et l'article qui convient.

ananas   laitue   poulet   bouteille de champagne   yaourts   œufs

Modèle: J'ai acheté _____; _____ est meilleur marché que le bifteck.
*J'ai acheté **du poulet; le poulet** est meilleur marché que le bifteck.*

1. J'ai acheté _____; avec _____ j'ai fait une omelette.
2. J'ai acheté _____; pour assaisonner _____ j'ai préparé une vinaigrette.
3. J'ai acheté _____; _____ bulgares sont les meilleurs.
4. J'ai acheté _____ parce que c'était l'anniversaire de mes parents; j'ai mis _____ au réfrigérateur.
5. J'ai acheté _____; _____ est un fruit exotique.

B. Dites à qui vous parlez ou écrivez. Utilisez la préposition **à,** contractée ou non, avec l'article défini.

1. Je parle _____ professeur, _____ vendeuse, _____ coiffeur, _____ étudiants, _____ pharmacien, _____ personne qui téléphone, _____ enfants.

2. J'écris _____ mère de Julia, _____ directeur, _____ actrice, _____ cousin de mes parents, _____ danseuse, _____ petites filles de ma sœur.

C. Dites de quoi Ketty a parlé. Utilisez la préposition **de,** contractée ou non, avec l'article défini.

Elle a parlé _____ pays où elle est née, _____ plage, _____ mer, _____ sable blanc, _____ dîners qu'elle préparait, _____ frères qu'elle a à la Martinique, _____ enfants de son frère aîné, _____ maison où elle habitait quand elle était jeune.

D. Mettez l'article partitif qui convient.

Au marché, j'ai acheté _____ pain, _____ salade, _____ eau minérale, _____ sucre, _____ farine, _____ beurre, _____ margarine, _____ bière, _____ crème fraîche, _____ huile, _____ vinaigre, _____ fromage, _____ viande, _____ poisson, _____ pâtes; heureusement j'avais _____ argent pour payer.

E. Complétez les phrases avec l'article qui convient.

Modèle: Serge ouvre le paquet; il sort **le** poulet, **la** salade, **les** fruits.
*Ce soir ils vont manger **du** poulet, **de la** salade, **des** fruits.*

1. Ketty épluche les fruits pour faire une salade; elle épluche l'ananas, les oranges, un melon, les pommes; elle lave les fraises. Dans le compotier, elle met _____ ananas, _____ oranges, _____ melon, _____ pommes, _____ fraises.
2. Sur la table je vois le poulet, les légumes en bocaux, la salade, les fromages, les tartes, la terrine, le vin rouge que tu as achetés. Le menu de notre dîner c'est: _____ poulet, _____ légumes, _____ salade, _____ fromage, _____ tartes, _____ terrine, _____ vin rouge.
3. Je prépare une vinaigrette: l'huile, le vinaigre, la moutarde, l'ail (*garlic*), les herbes, le sel et le poivre sont les ingrédients d'une bonne vinaigrette. Je mets _____ huile, _____ vinaigre, _____ moutarde, _____ ail, _____ herbes, _____ sel, _____ poivre dans ma vinaigrette.

Emplois particuliers

EMPLOIS SPÉCIAUX DE L'ARTICLE DÉFINI

On emploie l'article défini dans les cas suivants:

1 devant un nom de personne précédé de sa profession, de sa fonction ou d'un adjectif.

le docteur Nault   **le** président Chirac
la petite Gabrielle   **le** prince Charles

2 devant un nom géographique: les noms de continents ou de régions, de pays, d'états ou de provinces, de fleuves, de montagnes, d'îles.

l'Asie	**la** France	**la** Seine	**la** Corse
l'Amérique du Nord, du Sud	**le** Manitoba	**le** mont Blanc	**la** Martinique
le Midi	**le** Tennessee	**les** Alpes	

✻ Remarque: L'article n'est pas employé devant ce nom de pays: Israël, et ces noms d'îles: Tahiti, Haïti, Hawaï (voir p. 159).

3 pour indiquer la date, ou un jour habituel ou la partie du jour.

> **le** premier avril, **le** 24 janvier
> **Le** lundi, elle va au supermarché.   (*On Mondays*)
> **Le** soir, les étudiants vont à la bibliothèque.   (*At night*)

✻ Remarque: Il n'y a pas d'article dans la date précédée du jour, ou si on parle d'un jour précis.

> dimanche, 2 février
> Ils arrivent lundi (*this Monday*).

4 avec les verbes **aimer, adorer, détester, préférer.**

> Elle aime **la** salade et elle déteste **les** escargots.

5 dans les expressions de mesure, de poids (*weight*) ou de vitesse.

> J'ai payé ces tomates cinq francs **la** livre.   (*five francs a pound*)
> Elle ne gagne pas six dollars de l'heure.   (*six dollars an hour*)
> Le TGV roule à 260 kilomètres à l'heure.   (*260 kilometers per hour*)

6 avec les parties du corps, à la place de l'adjectif possessif (voir p. 367).

> Serge a **les** yeux bleus et **les** cheveux bruns.
> Agnès, **le** nez sur son évier, épluche la salade.

7 avec les langues et les matières d'enseignement.

> Marc est très intelligent: il étudie **le** japonais, **la** biologie et **l'**histoire européenne en même temps.

L'ABSENCE D'ARTICLE

Dans certains cas, on supprime complètement l'article:

1 dans un proverbe ou un dicton.

> Noblesse oblige.
> Pierre qui roule n'amasse pas mousse. (*A rolling stone gathers no moss.*)

2 devant un titre, une adresse, une inscription.

> Grammaire française   6, rue Paradis   Maison à vendre.

3 avec certaines prépositions.
> **en**

> Nous sommes **en** France.   Elle va **en** classe.   Il est **en** bonne santé.

> **avec, sans, comme** et **sous** (si le nom qui suit est abstrait ou indéterminé)

> Les Indiens luttaient **sans** fusils (*guns*), mais **avec** courage.
> Il travaille **comme** secrétaire.
> L'actrice était **sous** contrat avec la MGM.
> **Comme** boisson, prenez du Coca.

4 dans beaucoup d'expressions idiomatiques comme **avoir faim, avoir soif,** etc.

    faire peur *to scare*   **faire attention** *to pay attention*   **perdre patience** *to lose patience*

5 dans une énumération, pour la vivacité de l'expression.

    Vieillards, hommes, femmes, enfants, tous voulaient le voir.
    Ils sortent tout: tire-bouchon, bac à glaçons, ouvre-boîtes.

6 après **de** entre deux noms, si le deuxième nom est indéterminé.

    la classe **de** français   un livre **de** poche

7 avec le verbe **parler** et un nom de langue.

    Il **parle** français, elle **parle** chinois.

EXERCICE

F. Mettez l'article qui convient, ou mettez un X s'il ne faut pas d'article.

1. _____ docteur Nault a un papier à _____ main.   2. _____ premier janvier est _____ date importante.   3. Je vais aller _____ marché _____ samedi.   4. Elle a perdu _____ courage.   5. Aimez-vous _____ classe de français?   6. Tu parles _____ chinois?   7. Sur _____ monuments publics, en _____ France, on lit: _____ Liberté, _____ Egalité, _____ Fraternité.   8. On fait du ski dans _____ Alpes.   9. _____ mont Blanc est la plus haute montagne d'Europe.   10. Il est sorti sans _____ chapeau, sans _____ parole.   11. Que prenez-vous comme _____ dessert?   12. Ils se sont levés et ont pris _____ congé.   13. Oh! vous m'avez fait _____ peur.   14. _____ petite Gabrielle a écrit ce livre toute seule.   15. J'aime _____ froid mais je déteste _____ pluie.   16. Il a eu _____ accident parce qu'il roulait à 150 kilomètres à _____ heure.   17. J'ai trouvé des oranges à deux francs _____ kilo.   18. Elle a tout perdu dans l'incendie: _____ maison, _____ meubles, _____ papiers personnels, _____ souvenirs, _____ vêtements, _____ photos, etc.   19. _____ président Lincoln est un des grands hommes de _____ histoire américaine.   20. Où habitez-vous?—J'habite _____ rue de Paris.

TRANSFORMATION DE L'ARTICLE EN «DE»

On met **de** à la place de **un, une, des, du, de la, de l'** dans les cas suivants:

1 dans une phrase négative.

    Vous avez une piscine?   —Non, je n'ai **pas de** piscine.
    Tu manges des champignons?   —Non, **jamais de** champignons.
    Cette grosse dame mange du pain?   —Non, elle ne mange **plus de** pain.

✳ Exception: On garde l'article avec **ce n'est pas, ce ne sont pas** et **pas un** qui signifie *not one single.*

    Ce **n'est pas du** beurre, c'est de la margarine.
    Je n'ai **pas un** sou.

✻ Attention: Si la négation est partielle, on garde l'article complet.

> Je **n'ai pas de l'**argent pour le   (J'ai de l'argent, mais pas pour…)
> dépenser à la roulette.
>
> Il **n'a pas une** maison très pratique.   (Il a une maison, mais elle n'est pas pratique.)

2 avec une expression de quantité. Voici les principales expressions de quantité.

    a. Certaines sont des *adverbes*.

beaucoup de	*much, many*	**trop de**	*too much, too many*
assez de	*enough*	**peu de**	*little, few*
un peu de	*a few, a little*	**tant de**	*so much, so many*
tellement de	*so much, so many*	**autant de**	*as much, as many*
plus de	*more*	**moins de**	*less, fewer*

> Il y avait **trop de** sel dans la soupe.
> Les Français boivent **beaucoup de** vin.

    b. Certaines sont des *noms*.

un bol de	*a bowl of*	**un kilo de**	*a kilo of*
une bouteille de	*a bottle of*	**une tasse de**	*a cup of*
une livre de	*a pound of*	**une tranche de**	*a slice of*
un verre de	*a glass of*	**une boîte de**	*a box (can) of*
un litre de	*a liter of*	**une douzaine de**	*a dozen of*

> J'achète **une bouteille de** vin et **une boîte de** gâteaux salés.

    c. Certaines sont des *adjectifs*.

plein(e) de, rempli(e) de	*full of, filled with*
couvert(e) de	*covered with*
entouré(e) de	*surrounded by*
garni(e) de, décoré(e) de, orné(e) de	*decorated with*

> Les rayons sont **remplis de** bocaux.
> La ville est **couverte de** neige.

Mais si le nom qui suit un adjectif de quantité est accompagné d'un adjectif descriptif, on garde l'article indéfini.

> La ville est **couverte d'***une* neige épaisse.

3 On garde **de** + l'article entier (**du, de la, de l', des**) dans les expressions suivantes: **bien...** (*much, many*), **encore...** (*some more*), **la moitié...** (*half*), **la plupart...** (*most*).

Marie a **bien de la** chance, mais sa sœur, Jeanne, a **bien des** soucis.	*Marie has **much** luck, but her sister, Jeanne, has **many** worries.*
Elle veut **encore du** café, **de la** crème.	*She wants **more** coffee, **more** cream.*
Il avait tellement soif qu'il a bu **la moitié de la** bouteille d'eau minérale.	*He was so thirsty that he drank **half of the** bottle of mineral water.*

✳ Remarques:

- **Encore un** signifie *one more*.

    Je n'ai vraiment plus faim!—Oh! **encore un** petit gâteau? (*One more cookie?*)

- On emploie toujours **la plupart des** avec un nom pluriel et un verbe pluriel, sauf dans l'expression **la plupart du temps.**

La plupart des Américains mangent trop quand ils vont en France.	***Most** Americans eat too much when they go to France.*
La plupart du temps il fait très froid en hiver en Nouvelle-Angleterre.	***Most of the** time it's very cold during the winter in New England.*

- Avec un nom singulier, *most (of)* se traduit par **la plus grande partie de.**

La plus grande partie de la population a voté.	***Most** of the population voted.*

4 On met **de** à la place de **des** devant un adjectif pluriel qui précède un nom.

des roses rouges	MAIS: **de** jolies roses
des fraises fraîches	MAIS: **de** belles fraises

Cette règle est un peu archaïque; elle appartient à la langue élégante, écrite ou parlée. Plus familièrement, on peut dire **des.**

    des jolies roses   **des** belles fraises

✳ Remarques:

- Si l'adjectif est long et commence par une voyelle ou un **h** muet, l'emploi de **d'** est obligatoire; **des** est impossible.

    Il prend **d'excellentes** photos avec son appareil.
    Quand je bois trop, je fais **d'horribles** rêves.

- On garde **des** devant les noms composés comme *des* **grand(s)-mères,** *des* **après-midi,** ou devant des groupes «fixes» considérés comme des noms composés (*des* **petits pois,** *des* **jeunes gens**); mais à la forme négative on emploie **de.**

    pas de grand(s)-mères   **plus de** petits pois

- On a toujours **d'** devant **autres,** pluriel de **un autre, une autre.**

    Nous avons un sujet et **d'autres** choses à discuter.

EXERCICES

G. Mettez l'article qui convient, **un, une, du, de la,** ou **de.**

1. Aimez-vous le foie gras?—Non, je ne mange jamais _____ foie gras.
2. Ce n'est pas _____ vin, c'est _____ vinaigre.
3. Puisque je suis au régime, je ne prends pas _____ glace.
4. Robert se sent très seul; il n'a pas _____ ami.
5. Il n'a pas _____ grand appartement.
6. Pouvez-vous ouvrir cette bouteille? Je n'ai pas _____ décapsuleur.

H. Dans les phrases suivantes, mettez l'expression de quantité qui convient et changez l'article, si c'est nécessaire.

Modèle: Vous buvez du café.   (une tasse)
*Vous buvez **une tasse de** café.*

1. Dans le paquet, il y avait du champagne.   (deux bouteilles)
2. Ils ont mangé des fruits.   (un compotier)
3. Au marché, nous avons acheté des légumes frais.   (des bocaux)
4. A la fin du repas, on sert des fromages.   (un plateau)
5. Le matin, je vous recommande de boire du jus de fruits.   (un verre)
6. Ils réclament du silence pour écouter les résultats sportifs.   (un peu)
7. Il y a des gâteaux salés pour l'apéritif.   (une boîte)
8. Ces enfants devraient manger des bonbons.   (moins)

I. Refaites les phrases suivantes en introduisant l'expression de quantité ou l'adjectif entre parenthèses et en faisant les changements nécessaires.

1. Elle a pris de la terrine.   (encore)
2. Les Français boivent du vin à leurs repas.   (la plupart)
3. Jérôme a mangé les fruits.   (la moitié)
4. Avez-vous acheté des bouteilles de vin?   (autres)
5. Elle a reçu des notes à son examen.   (excellentes)
6. J'ai acheté des oranges au marché.   (grosses)
7. Ils ont des soucis avec leur chien.   (bien)
8. Avez-vous rencontré des gens au bal?   (jeunes)

EMPLOI DE L'ARTICLE INDÉFINI AVEC LES NOMS DE NATIONALITÉ, DE RELIGION, DE PROFESSION

1 A la 3ème personne, on a deux constructions avec le verbe **être** et les noms de nationalité, de religion, de profession:

> le sujet + **être** + le nom sans article

Ketty est martiniquaise.[5]   Elle est martiniquaise.
Ses cousins sont guadeloupéens.   Ils sont guadeloupéens.

> **c'est**
> **ce sont** } + l'article indéfini + le nom

C'est **une** Martiniquaise.   Ce sont **des** Guadeloupéens.

✳ Remarques:

- Si l'adjectif **bon** ou **mauvais** qualifie le nom, les constructions sont les mêmes.

  Mme Leroy est bonne catholique. (*pas d'article*)
  Elle est bonne catholique. (*pas d'article*)
  C'est **une** bonne catholique. (*un article*)

- Si l'adjectif est autre que **bon** ou **mauvais,** seule la construction avec l'article indéfini est possible.

  Mme Diva est **une** chanteuse extraordinaire.   C'est **une** chanteuse extraordinaire.

2 Pour les autres personnes (**je, tu, nous, vous**), on a le choix.

  Je suis étudiant. Je suis **un** étudiant.
  Je suis bon étudiant. Je suis **un** bon étudiant.

Je suis étudiant répond à la question: **Qu'est-ce que vous faites?**
Je suis un étudiant répond à la question: **Qui êtes-vous?**

✳ Remarque: Le verbe **devenir** suit la même règle que **être:**

  Il est devenu avocat.

EXERCICES

J. Mettez l'article qui convient, ou mettez un X s'il ne faut pas d'article.

1. Mark Twain est _____ américain.   2. C'est _____ écrivain américain.   3. Jean-Paul était _____ mauvais élève. Il est devenu _____ philosophe.   4. M. Collard est _____ pianiste. C'est _____ pianiste célèbre.   5. Est-ce que tu es _____ bon élève?   6. Camille Claudel était _____ sculpteur. C'était _____ femme sculpteur.   7. Elle était _____ amie de Rodin.   8. Debussy était _____ musicien.   9. M. Nault était à la fois _____ médecin et _____ pharmacien.   10. Ketty est _____ martiniquaise. C'est _____ jeune Martiniquaise qui parle avec un accent charmant.   11. Gabrielle Roy était _____ écrivaine canadienne.   12. Avez-vous entendu parler du docteur Schweitzer? C'était _____ docteur qui soignait les lépreux en Afrique.

---

[5] En français, on ne met pas de majuscule parce que le mot est un adjectif.

K. Dites en français:

1. She is a dancer.   2. She is a remarkable dancer.   3. You are English?   4. No, we are Spanish.   5. My sister is a Protestant.   6. She is a very strict Protestant.   7. I am a good Frenchman.   8. He is a teacher.   9. He is a bad teacher.   10. He is an excellent teacher.   11. They are Jewish (**juif**).   12. She is a Jew from Israel.

EMPLOI DE L'ARTICLE AVEC «SE SERVIR DE» / «AVOIR BESOIN DE» / «AVOIR ENVIE DE»

L'emploi de l'article avec les noms qui suivent ces expressions est semblable (*similar*) en français et en anglais.

1 de, d': Le nom qui suit représente une quantité indéterminée (*noncountable noun*). (En anglais: *some,* ou pas d'article.)

Je **me sers de** beurre pour faire mon gâteau.	*I use butter to make my cake.*
J'ai **besoin d'**argent, de courage.	*I need (**some**) money, (**some**) courage.*
J'ai **envie de** silence.	*I would like to have silence.*

2 d'un, d'une: Le nom qui suit représente un seul objet non-identifié. (En anglais: *a, an.*)

Je **me sers d'un** décapsuleur.	*I'm using **a** bottle opener.*
J'ai **besoin d'un** ouvre-boîtes.	*I need **a** can opener.*
J'ai **envie d'un** Coca.	*I feel like (having) **a** Coke.*

3 du, de la, de l', des: Le nom qui suit est un objet identifié. (En anglais: *the.*)

Je **me sers de la** table roulante.	*I'm using **the** tea cart.*
J'ai **besoin du** dictionnaire.	*I need **the** dictionary.*
J'ai **envie des** derniers gâteaux secs.	*I want **the** last cookies.*

EXERCICE

L. Finissez les phrases suivantes. Employez **de, d', d'un, d'une, du, de la, de l'** ou **des.**

1. Pour faire du pain, un boulanger se sert…

   la farine, l'eau, le sel, des machines, un four (*oven*), l'énergie

2. Pour faire la cuisine, ma mère se sert…

   les légumes, la viande, l'huile, le beurre, les casseroles, un four à micro-ondes, une cuisinière à gaz

3. M. Horowitz est un pianiste célèbre; il avait souvent besoin…

   un nouveau piano, un manager, le travail régulier, une salle de concert

4. De quoi avez-vous envie quand il pleut, quand il fait froid? J'ai envie…

   le soleil, la chaleur, les vacances, un bon feu de cheminée

5. De quoi est-ce qu'on a envie quand on voyage au Sahara? On a envie…

   l'eau fraîche, l'ombre, une sieste au bord d'une piscine, un grand verre de Coca

Suppléments de grammaire

LES PRÉPOSITIONS «À», «EN», «DANS»

1 La préposition **à** signifie *at* ou *to*.

Elle est **à** la maison.   *She's **at** home.*
Elle va **au** magasin.   *She's going **to** the store.*

2 **En** signifie *in* ou *to* et s'emploie toujours sans article. **Dans** signifie **à l'intérieur de** (*inside, within*) et s'emploie toujours avec un article.

Nous sommes **en** classe.   *We're **in** class.*
Nous allons **en** classe.   *We're going **to** class.*
On ne fume pas **dans la** classe.   *Smoking is forbidden **in** the classroom.*
Nous sommes **en** ville aujourd'hui et   *We're **in** town today and we're returning*
  nous retournons **en** ville demain.   ***to** town tomorrow.*
Nous nous promenons **dans la** ville.   *We're strolling **in** the city.*

LES PRÉPOSITIONS «À», «EN», «DANS» AVEC LES NOMS GÉOGRAPHIQUES

1 Les noms de villes

a. On emploie **à** sans article devant les noms de ville.

à Paris   à Montréal

b. On emploie **au, à la** devant un nom de ville avec un article.

Le Havre   **au** Havre
Le Bourget   **au** Bourget
La Nouvelle-Orléans   **à La** Nouvelle-Orléans

c. On emploie **dans** devant le nom de ville seul avec le sens de **à l'intérieur de** ou si un article et un adjectif précèdent le nom de ville.

Je me suis promené **dans** Paris. J'habite **dans le vieux** Paris.

2 Les noms de pays

Le choix de la préposition devant les noms de pays dépend du genre du nom (si le nom est masculin ou féminin.

a. On emploie **en** (sans article) avec les noms de pays féminins.

en France   **en** Italie

✳ **Remarque:** Les noms de pays terminés par un **-e** sont tous féminins, sauf **le Mexique.**

b. On emploie **en** (sans article) avec les noms de pays masculins à voyelle initiale.

en Iran   **en** Afghanistan

c. On emploie **au** avec les noms de pays masculins à consonne initiale.

> **au** Maroc   **au** Japon   **au** Portugal   **au** Chili

d. On emploie **aux** avec les noms de pays pluriels.

> **aux** Etats-Unis   **aux** Pays-Bas

▌3▶ Les noms de provinces françaises

a. On emploie **en** devant les noms de provinces féminins, ou les noms de provinces masculins à voyelle initiale.

> **en** Normandie   **en** Bretagne   **en** Anjou

b. On emploie **au** ou **dans le** devant les noms de provinces masculins à consonne initiale.

> **au** Berry   **dans le** Poitou

▌4▶ Les noms d'états américains et de provinces canadiennes

a. On emploie **en** devant les noms d'états américains ou provinces canadiennes féminisés:

> **la** Virginie   **en** Virginie
> **la** Californie   **en** Californie
> **la** Colombie britannique **en** Colombie britannique

ou **masculinisés** à voyelle initiale.[6] Voir l'Appendice C.

> **l'**Oregon   **en** Oregon
> **l'**Arizona   **en** Arizona

b. On emploie **au** devant les noms d'états ou de provinces masculinisés à consonne initiale.

> **le** Nevada   **au** Nevada
> **le** Wisconsin   **au** Wisconsin
> **le** Québec   **au** Québec

c. On emploie **dans l'état de** si le nom de l'état est aussi un nom de ville.

> **dans l'état** de New York

✳ Remarque: On peut dire **dans l'état de** avec tous les états américains, et **dans la province de** avec toutes les provinces canadiennes.

> **en** Californie *ou* **dans l'état de** Californie
> **au** Québec *ou* **dans la province de** Québec

---

[6] Les états américains en **-ia** sont francisés et féminisés en **-ie**. On dit aussi **la Louisiane.** Les noms d'origine étrangère ou indienne en **-a** gardent le **-a** en français et restent masculins: **le Montana, le Nevada, le Manitoba,** etc.

5 ▶ Les noms d'îles

a. Certaines îles sont considérées comme des noms de villes et ne prennent pas d'article. La préposition est **à.**

    à Cuba   **à** Tahiti

b. Certaines îles sont considérées comme des noms de pays féminins et sont précédés de l'article: **la Corse, la Sicile.** La préposition est **en.**

    en Corse   **en** Sicile

c. Certaines îles prennent la préposition **à** devant l'article **la.**

    à la Martinique   **à la** Guadeloupe

EXERCICE

M. Où trouve-t-on les monuments ou les sites suivants? Choisissez la réponse correcte dans la liste donnée et ajoutez la préposition qui convient.

Bretagne	Normandie	Martinique	Pérou	Arizona
Chine	Salzbourg	Honolulu	Mexique	Hollande
Maroc	Portugal	Italie	Ecosse	Japon
Provence	Corse	Québec	Canada	Iran
Angleterre	Espagne	Venise		

1. La ville de Casablanca
2. La tour penchée de Pise
3. Le monstre du Loch Ness
4. Les pyramides de la Lune et du Soleil
5. Les champs de tulipes et les moulins à vent
6. La Grande Muraille
7. La maison où Mozart est né
8. Le mont Fuji
9. La rivière Saint-Laurent
10. La tour de Londres
11. La ville de Lisbonne
12. Les ruines de Persépolis
13. Le château de Combourg
14. La ville natale de Marcel Pagnol
15. Le Grand Canyon
16. Le château Frontenac
17. La ville natale de Napoléon
18. La montagne Pelée
19. Le Machu Picchu
20. La montagne «Diamond Head»

LA PRÉPOSITION «DE» AVEC LES NOMS GÉOGRAPHIQUES

La préposition **de** signifie *from* quand on l'emploie avec un nom géographique.

1 ▶ Si on utilise **à** ou **en** pour dire *in* ou *to,* on utilise **de** ou **d'** pour dire *from.*

Il va…	Il revient…
à Paris	**de** Paris
à la Guadeloupe	**de la** Guadeloupe
en Italie	**d'**Italie
en Israël	**d'**Israël

2 Si on utilise **au** pour dire *in* ou *to*, on utilise **du** pour dire *from*.

Il va…   Il revient…
    au Texas   **du** Texas
    au Mexique   **du** Mexique

3 Si on utilise **aux** pour dire *in* ou *to,* on utilise **des** pour dire *from*.

Il va…   Il revient…
    aux Etats-Unis   **des** Etats-Unis
    aux îles Hawaï   **des** îles Hawaï

EXERCICE

N. D'où viennent ces personnes? Choisissez la réponse correcte dans la liste donnée et ajoutez la préposition qui convient.

Londres	Sicile	Sénégal	Argentine	Grèce
Russie	Egypte	La Nouvelle-Orléans	Texas	Danemark
Lybie	Viêt-Nam	Normandie	Israël	Arkansas
Tibet	Lorraine	Suisse	Maroc	Chili

1. Noureïev
2. Sadate
3. Hô Chi Minh
4. Le président Allende
5. Evita Perón
6. Platon
7. Golda Meir
8. Kadhafi
9. Guillaume Tell
10. Bill Clinton
11. Hans Christian Andersen
12. George Bush
13. La Mafia
14. Mariama Bâ
15. Flaubert
16. Jeanne d'Arc
17. Le roi Mohammed
18. Louis Armstrong
19. La reine Elizabeth II
20. Le dalaï lama

Synthèse

APPLICATIONS

I. Menus. Dans les phrases suivantes, mettez l'article qui convient, ou mettez un X s'il ne faut pas d'article.

1. Dans la salade, nous mettons toujours _____ vinaigrette. Marie fait _____ vinaigrette délicieuse. _____ vinaigrette est sur la table.
2. Au marché, j'achète _____ gros canard. Le samedi, nous mangeons toujours _____ canard. Le chat a mangé _____ canard!
3. Comme _____ dessert, nous prenons _____ fraises. N'oublie pas d'acheter _____ fraises! _____ fraises poussent au printemps.
4. Vous allez faire votre marché pour _____ repas d'anniversaire. Qu'est-ce que vous achetez? Qu'est-ce que vous préparez? Votre repas doit inclure _____ hors-d'œuvre, _____ plat principal, _____ salade, _____ dessert.

II. Chez le docteur.   Vous avez mal au ventre. Le docteur vous demande ce que vous avez mangé la veille.

1. J'ai mangé… (côtes de porc, pommes de terre frites, terrine de canard, pâté, fromages [trois sortes], choux à la crème).
2. Le docteur vous ordonne un petit régime (*diet*). Ne mangez plus… (le beurre, le chocolat). Mangez moins… (la viande, le sucre, le sel)
3. Mangez plus… (les légumes, les fruits)
4. Buvez, ne buvez pas… (le vin, les jus de fruits, l'eau minérale, le lait)

III. Recettes de cuisine.   Dans les recettes suivantes, mettez l'article qui convient, ou mettez un X s'il ne faut pas d'article.

1. **La bouillabaisse.**   Pour faire une bouillabaisse, il faut _____ poissons, _____ oignons, _____ poireaux (*leeks*), _____ huile d'olive, _____ tomates, _____ basilic (*basil*), _____ ail, _____ pommes de terre, _____ sel, _____ poivre, _____ eau, _____ thym (*m.*).
2. **Un pot-au-feu.**   Vous avez acheté au marché deux kilos _____ viande _____ bœuf, et _____ légumes suivants: _____ carottes, _____ navets (*turnips*), _____ poireaux, _____ céleri (*m.*), _____ oignons et _____ bouquet de fines herbes: _____ thym, _____ laurier (*m.*), _____ persil (*m.*). Vous mettez _____ viande, _____ oignon et _____ bouquet dans _____ eau froide. Vous faites bouillir pendant deux heures. Vous ajoutez ensuite _____ légumes. Vous laissez bouillir encore pendant une heure. Vous séparez _____ légumes cuits _____ (*from the*) bouillon et vous servez _____ viande et _____ légumes avec _____ pommes de terre cuites à _____ vapeur (*f.*) (*steamed*). Servez ce plat avec _____ moutarde (*f.*) de Dijon.

IV. Inventaire.   Vous avez aidé votre père à nettoyer le garage ou votre grand-mère à ranger son grenier (*attic*). Dites ce que vous avez trouvé, et employez l'article qui convient.

Il était plein… Il y avait beaucoup / peu… Nous avons trouvé… Nous avons jeté… Nous avons gardé…

Suggestions:

vieux vêtements	jouets	journaux	chaise de bébé
vieille bicyclette	phono	radio	pendule
poussière	bouteilles	photos	meubles

ACTIVITÉS

1. **Jeu de rôle.**   Choisissez un(e) partenaire. Vous projetez un voyage avec une ami(e). Vous allez dans une agence de voyage et vous vous adressez à l'employé (votre partenaire), qui essaie de vous vanter les différentes qualités de certains pays.

choix du pays	raisons de votre choix
faire du sport	visiter des monuments
apprécier les arts et la gastronomie	apprendre une langue
	se reposer

2. **Discussion.** Formez deux groupes de deux ou trois camarades. Un groupe préfère la cuisine traditionnelle américaine et l'autre, la cuisine ethnique. Vous comparez vos goûts.

le hamburger	le poulet-maïs	la glace
la pizza	les côtes de porc au	la tarte aux pommes
les escargots	barbecue	le poisson cru (*raw fish*)
les cuisses de grenouille	les anguilles (*eels*)	les huîtres
(*frog legs*)		

3. **Jeu de rôle.** Choisissez un(e) partenaire. L'un(e) de vous joue le rôle d'un(e) Français(e) récemment arrivé(e) aux Etats-Unis qui s'étonne des habitudes alimentaires américaines et canadiennes. Son partenaire lui explique les façons de manger et les préférences des habitants de ce continent.

petit déjeuner	apéritifs
menu type d'un repas de midi,	goûters
du soir, d'un repas de fête	sandwichs
boissons favorites	

TRADUCTION

1. I am a Frenchman. I am a real Frenchman. Most Frenchmen do the shopping.   2. But I don't do the shopping because I am lazy.   3. Last Tuesday we needed bread, wine, meat, butter, vegetables.   4. Pauline, my wife, was busy (**occupée**): she was organizing the kitchen and everything was in disorder.   5. I was watching a sports program on television.   6. So (**Alors**) I had no excuse. I had (*passé composé de* **devoir**) to go to the market.   7. Pauline had made a list. I bought most of the things that were on the list.   8. I bought beautiful tomatoes, a dozen eggs, ten pounds of potatoes, red apples at 35 cents a pound, and roses for Pauline at the flower market.   9. I came home and Pauline said: "You forgot the yogurt, you did not buy enough wine, the eggs are not fresh, we have too many potatoes, and where is the milk?   10. I don't need spinach! You did not buy half of the things . . ."

RÉDACTIONS

1. **Recettes favorites.** Quelles sont vos deux recettes favorites? Ecrivez une recette pour une personne qui ne compte pas les calories et une recette pour une personne qui a besoin de se mettre au régime.

2. **Un repas mémorable.** Racontez un repas mémorable pour une occasion spéciale ou dans un restaurant ethnique.

$\mathcal{L}$e comparatif et le superlatif

Vocabulaire du texte

amplificateur (*m.*) amplifier
argent (*m.*) **de poche** allowance
aubaine (*f.*) godsend, opportunity
aube (*f.*) dawn
bande (*f.*) gang
ça ne suffit plus it's no longer enough
clé (*f.*) key
convivialité (*f.*) social interaction
débris (*m. pl.*) rubbish
se débrouiller to manage, to muddle
   through
découverte (*f.*) discovery
démentir une rumeur to deny a rumor
dormir à la belle étoile to sleep outside
s'éclairer to brighten
écolo (*m.*) = **écologiste**
économies (*f. pl.*) savings
galet (*m.*) pebble
jurer to swear
marin (*m.*) sailor
matelas (*m.*) here, beach mat
mécano (*m.*) mechanic

méconnu(e) not well known
mob (*f.*) **mobylette** moped
moniteur (*m.*), **monitrice** (*f.*) instructor
moyen (*m.*) **de promotion** way to move
   forward
munir to provide
parasol (*m.*) beach umbrella
passer à portée de quelqu'un to come
   near somebody
passer son permis to obtain one's driver's
   license
pester to curse
piéton (*m.*) **piétonne** (*f.*) pedestrian
plagiste (*m. ou f.*) beach attendant
voile (*f.*) sailboarding
ratisser to rake
réengager to rehire
réjouissant(e) entertaining
résidence (*f.*) apartment building
saletés (*f. pl.*) junk, rubbish
vacancier (*m.*), **vacancière** (*f.*) vacationer
valorisant(e) prestigious

Vocabulaire supplémentaire

accélérateur (*m.*) accelerator
accélérer to accelerate
casque (*m.*) helmet
clignotant (*m.*) blinker
contravention (*f.*) ticket
déraper to skid
doubler to pass
emboutir to crash into
faire le plein to fill up
frein (*m.*) brake
freiner to put on the brakes
guidon (*m.*) handlebar
klaxon (*m.*) honk

motard (*m.*) motocycle driver or cop
panne (*f.*) breakdown
phare (*m.*) headlight
pneus (*m. pl.*) tires
pot (*m.*) **d'échappement** exhaust pipe
ralentir to slow down
réservoir (*m.*) **à essence** gas tank
roue (*f.*) **de secours** spare tire
selle (*f.*) seat
station-service (*f.*) gas station
tableau (*m.*) **de bord** dashboard
vitesse (*f.*) speed
vitesses (*f. pl.*) gears

Divers

convive (*m.* ou *f.*) guest (at a meal)
convivial(e) user-friendly
débrouillard(e) resourceful
être matinal(e) to be an early riser
faire des économies to save money
ombrelle (*f.*) parasol

planche (*f.*) sailboard
rateau (*m.*) rake
rouspéter to grouch, to grumble
rouspéteur (-euse) grumpy
vélo (*m.*) de santé exercise bike
VTT (vélo tout terrain) mountain bike

Français en couleurs

Les Français parlent plus de leur «bagnole» que de leur voiture. On dit aussi «une tire». Au Canada, on dit «un char», et «un citron» pour une voiture qui ne marche pas. Si on a un accident, on dit: «il m'a (il m'est) rentré dedans» (il m'a embouti) et «j'ai bousillé ma bagnole» (*I wrecked my car*). Bien sûr, «les flics, les poulets» (*the cops*) sont là pour vous «épingler» (*to catch you*), vous «coller une contravention» («un ticket», au Canada). «Un chauffeur du dimanche» est un mauvais conducteur.

Les mots «super, hyper» renforcent n'importe quel adjectif et même un nom: «c'est hypercool, superbien, c'est une supernana».

Ajoutez «vachement» devant un adjectif, et vous aurez un superlatif: «Il est vachement sympa». Même effet si vous ajoutez «un max» après un verbe: «il bosse un max» veut dire il travaille beaucoup. Ajoutez «d'enfer» après un nom et vous aurez un autre genre de superlatif: «C'est un boulot d'enfer».

Le verbe «gueuler» (crier) est vulgaire, mais de plus en plus utilisé dans la langue courante. «On engueule quelqu'un» (*one bawls someone out*). Le mot «dégueulasse» (*disgusting*), vulgaire mais passé dans la conversation courante, est souvent contracté en «dégueu», ou «dègue».

Les mots «paumé» (perdu, incapable, stupide) et «viré» (renvoyé de son travail) sont aussi des mots d'argot devenus courants.

Une personne qui aime les sports dangereux est «un casse-cou» et quelqu'un qui «bronze idiot» reste au soleil sans rien faire.

Un débrouillard

Nicolas Hulot (1956–) est né dans une petite ville près de Lille, dans une famille assez bourgeoise. Enfant, il passe de nombreuses vacances en Bretagne, près de la mer. Très tôt, il se montre «casse-cou».° *break-neck / daredevil* Après la séparation de ses parents, il vit avec sa mère à Nice. Nice est une grande ville dans le sud de la France, sur la Côte d'Azur, au bord de la baie des Anges. On y célèbre en février un grand carnaval, pour Mardi gras, et les enfants gagnent de l'argent en vendant des confetti. Avec l'argent qu'il a ainsi gagné, Nicolas s'achète une mob, ensuite une moto, et parcourt la *traveled* France puis le monde pour faire du photo-reportage. Il devient ensuite reporter à la radio, puis à la télévision. Du tremblement de terre° au **tremblement...** *earthquake* Guatemala, de la guerre en Rhodésie, il rapporte des récits et des images qui montrent qu'il n'a pas peur du danger: c'est un cascadeur° qui *stuntman* essaie toutes les machines qui vont vite. Il fait des courses de moto, de hors-bord,° il vole en ULM,° se fait parachuter au pôle Nord pour un reportage, descend les rapides du Zambèze en canot, affronte les troupeaux d'éléphants et d'hippopotames. Dans son livre *Les chemins de traverse,*° il raconte sa vie et ses expériences avec humour, vigueur et tendresse. Le danger lui a appris à respecter la force de la nature et à apprécier des moments exceptionnels qu'il décrit avec émotion et poésie. Son message est: «Il faut vivre chaque seconde comme si c'était la dernière.»

speedboat / **ULM** *(=***Ultra Léger Motorisé***) Ultralight /* **chemins...** *backroads*

Préparation à la lecture

Une «mob», c'est le rêve de tous les jeunes Français de sa génération. La «deuche» (Deux-Chevaux Citroën) a été le symbole d'une autre génération. On décrit une mob, puis une moto (motocyclette) par la puissance° *power* de son moteur,° le nombre de ses cylindres: cinquante centimètres cubes *engine* (50cc), ou 125cc, 250cc, 450cc. Plus il y a de cylindres, plus la moto va vite. Dans le langage des experts, la mob est une «malheureuse petite cylindrée», la Honda 450 une «grosse cylindrée», un «gros cube».

La bicyclette (on dit aussi le vélo) est encore très populaire en France. Le Tour de France cycliste est, tous les ans, un grand événement sportif qui passionne les foules. Mais les jeunes préfèrent de plus en plus des moyens de locomotion motorisés: le cyclomoteur (aussi appelé solex), sorte de bicyclette avec un moteur de moins de 50 cc, qu'ils peuvent conduire sans permis à partir de quatorze ans; le vélomoteur (de 50 à 125 cc), pour lequel ils doivent avoir plus de seize ans. Mais ils rêvent tous de posséder une moto de plus de 125 cc, qu'ils sont autorisés à conduire à partir de seize ans avec un permis spécial moto. Le port du casque est obligatoire.

Les «gros cubes» représentent actuellement 20 pour cent du marché des motocyclettes. Mais l'utilisation de la moto est en déclin depuis quelques années (crise économique, chômage des jeunes, prix des assurances). La clientèle des motards vieillit aussi. Depuis dix ans, l'âge moyen est passé de 20 à 27 ans. Parmi les motos neuves, 94 pour cent sont étrangères. Honda, Yamaha et Suzuki (trois marques japonaises) représentent 62 pour cent du marché des motos en France actuellement.

Le scooter, à la mode dans les années 50 est devenu plus populaire auprès des adolescents depuis le début des années 90. Il est moins cher que la moto, d'utilisation et d'entretien plus facile. On voir maintenant des «trottinettes»° dans les rues. scooters

Nice offre aussi cette aubaine méconnue, les confetti. Le célébrissime[1] carnaval a été mon mécène.° Le paquet de confetti représente la plus réjouissante plus-value[2] qui soit… C'est beaucoup plus que de l'argent de poche … c'est un moyen de promotion, la clé d'un changement de statut social, une découverte. patron

5 Grâce aux confetti, ma condition change, ma vie s'éclaire, je ne suis plus piéton, j'ai une «mob». Ces malheureux cinquante centimètres cubes de cylindrée multiplient mon espace vital, qui devient extensible à l'infini. Je n'exagère pas: la liberté de mouvement est l'une des plus essentielles.

10 Comme la «deuche», la mob a marqué une génération.

La mob est un facteur de convivialité, surtout dans les années 60. Les bandes se réunissent, joyeux «angels»[3] de cette baie des Anges pas toujours angélique…

C'est le temps des quatre cents coups …[4] avec les ados de la résidence

15 de la baie des Anges. Je fais mes devoirs par devoir, pour rassurer ma mère, mais … j'entends les pétarades° … les mécanos certifient, jurent, crachent[5] que «ça va plus vite»… backfires

… Une mob … ça ne suffit plus dès qu'on a seize ans, puis dix-huit et la possibilité de passer son permis. Les confetti non plus.

20 Pour acquérir la moto, si possible la plus rapide dans ma catégorie financière, je fais le larbin.° C'est le prix de la liberté… je… I do subservient
jobs

Si bien que j'ai réellement dormi sur le sable.

---

[1] **célébrissime:** signifie très célèbre; comme «richissime», cet adjectif est formé comme le superlatif en italien.

[2] **la plus réjouissante plus-value:** the most entertaining source of benefits

[3] **«angels»:** Comme aux Etats-Unis, on appelle les motocyclistes «Hell's Angels». Notez le jeu de mot (*pun*) avec la baie des Anges et angélique.

[4] **les quatre cents coups:** expression familière utilisée aussi par François Truffaut dans *Les quatre cents coups* (1959), film autobiographique dans lequel l'auteur raconte les difficultés de son adolescence, vol, rébellion, fugue.

[5] **certifient:** ils commencent toutes leurs phrases par «Je t'assure»; **jurent** (*they swear*), **crachent** (*they spit*), à la façon «macho»

Celui de ma plage niçoise qui ressemble davantage à des galets qu'à celui des Salines de Martinique…[6] Je dors à la belle étoile puisque je commence ma journée à cinq heures du matin.

Profession: plagiste. Ça veut dire ratisser les déchets à l'aube, papiers toujours très gras, débris, mégots;° je deviens écolo avant la diffusion du mot, pestant contre les saletés, inimaginables, que les vacanciers multiplient. Disposer les matelas… Planter les parasols. Servir à boire. Apporter les glaces. Rendre de menus services en espérant … le pourboire… La routine.

Résultat du premier été: une superbe Honda 250 cc d'autant plus excitante qu'elle est plus puissante que celles des copains, condamnés aux 125 cc. Le rêve…

Il n'y a rien de plus conquérant° qu'une 250 cc?

Si, une 450 Honda qui passe à portée de mes économies inexistantes. Alors je me débrouille, très vite comme toujours… Promotion non méritée, certes: moniteur de voile… J'avais trop envie de ma Honda 450 pour démentir cette rumeur qui veut que tout ce qui vit en Bretagne, même à temps partiel, est marin…[7]

Je me retrouve sur un ponton à Juan-les-Pins,[8] armé d'un mégaphone… Un moniteur de voile, c'est plus valorisant qu'un plagiste… Muni de cet amplificateur rustique … je gueule des ordres contradictoires à de gros Allemands ou Hollandais dociles.

Mes élèves étaient encore plus paumés° que moi, ce qui n'est pas peu dire. Viré° normalement à la fin de l'été … je me fais réengager sur la plage niçoise. Les bouillons de mes touristes me paient mon gros cube…[9] ∎

cigarette butts

here, powerful

(argot) ignorant, lost
(argot) Dismissed

Questions sur la lecture

1. Quel rapport y a-t-il entre les confetti et la «mob» de Nicolas?
2. Combien de motos a-t-il achetées? Quelle était la plus puissante? La moins chère?
3. Qui sont les amis de Nicolas, dans les années soixante? Comment sont-ils? Que font-ils quand ils sont ensemble?
4. Pourquoi l'acquisition d'une mob puis d'une moto était-elle si importante pour lui et les jeunes de sa génération?
5. Quels petits boulots l'auteur a-t-il faits dans sa jeunesse? Pourquoi avait-il besoin de faire des petits boulots?

---

[6] **ma plage niçoise…:** La plage de Nice est faite de galets, la plage des Salines à la Martinique est faite de sable fin.

[7] **tout ce qui…:** People from Brittany have the reputation of liking the sea or being good sailors.

[8] **Juan-les-Pins:** a famous resort on the Côte d'Azur

[9] **Les bouillons…:** The money to pay for my motorcycle comes from my clients, the tourists who almost drown. **prendre un bouillon** to almost drown

6. Décrivez le travail d'un plagiste. Pourquoi Nicolas Hulot dit-il: «je deviens écolo avant la diffusion du mot»?

7. Quel est le travail d'un moniteur de voile? Commentez la phrase: «Les bouillons de mes touristes me paient mon gros cube».

Questions personnelles

1. Etes-vous d'accord avec Nicolas Hulot quand il dit que: «La liberté de mouvement est l'une des plus essentielles»? Quelle est votre liberté la plus essentielle?

2. Quels autres petits boulots peut-on faire quand on est adolescent pour gagner de l'argent? Qu'est-ce qu'un adolescent peut désirer acheter avec ses économies?

3. Quel est votre moyen de transport actuel: une mob, une moto, une voiture, l'autobus? Comparez-le avec le moyen de transport qui vous semble idéal.

4. Que font les adolescents qui font les quatre cents coups? Donnez des exemples.

5. Avez-vous fait les quatre cents coups quand vous étiez plus jeunes? Ou étiez-vous un adolescent sage? Expliquez.

Le comparatif et le superlatif

La comparaison

La comparaison peut exprimer l'égalité (**aussi … que, autant … que**), la supériorité (**plus … que**) ou l'infériorité (**moins … que**).

L'ÉGALITÉ

Aussi … que (*as … as*) / **autant … que** (*as much as, as many … as*)

1 On exprime la comparaison d'égalité par **aussi … que** placé autour d'un adjectif ou d'un adverbe. L'adjectif s'accorde avec le nom qu'il qualifie.

> La plage de Malibu est **aussi** belle **que** la plage de Cannes.
> *Malibu beach is **as** beautiful **as** the beach of Cannes.*

> Ta moto roule **aussi** lentement **qu'**une Deuche.
> *Your bike goes **as** slowly **as** a "Deuche."*

2 On emploie **autant que** (pas séparés) après un verbe et **autant de … que** autour d'un nom.

> Vous exagérez **autant qu'**un Marseillais.
> *You exaggerate **as much as** a person from Marseille.*

> Nicolas a vendu **autant de** confetti **que** son frère.
> *Nicolas sold **as many** confetti **as** his brother.*

* Remarques:

- Le deuxième mot de la comparaison est toujours **que.**

- Le pronom qui suit **que** est le pronom disjoint: **moi, toi, lui, elle, nous, vous, eux, elles** (voir p. 239). Le verbe n'est pas répété.

  J'ai **autant d'**argent de poche **que** toi.
  *I have **as much** pocket money **as** you.*

  Suzanne est **aussi** angélique **qu'**elle.
  *Suzanne is **as** angelic **as** she.*

- Avec un verbe de forme composée, on peut placer **autant** après le participe passé ou entre l'auxiliaire et le participe passé.

  Le moniteur a travaillé **autant que** vous.   Le moniteur a **autant** travaillé **que** vous.

- Les deux formules **aussi ... que** et **autant ... que** peuvent devenir **si ... que** et **tant ... que** après une négation. On a le choix.

  Monique n'est pas **aussi** docile **que** sa sœur.   Monique n'est pas **si** docile **que** sa sœur.
  Je ne jure pas **autant que** ce mécano.   Je ne jure pas **tant que** ce mécano.

Voici un tableau des constructions d'égalité.

$$
\left.
\begin{array}{l}
\textbf{aussi} \\
\textbf{pas si}
\end{array}
\right\} + \textit{adjectif} \text{ ou } \textit{adverbe} + \textbf{que}
$$

$$
\textit{verbe} + \left\{
\begin{array}{l}
\textbf{autant que} \\
\textbf{pas tant que}
\end{array}
\right.
$$

$$
\left.
\begin{array}{l}
\textbf{autant de} \\
\textbf{pas tant de}
\end{array}
\right\} + \textit{nom} + \textbf{que}
$$

LA SUPÉRIORITÉ / L'INFÉRIORITÉ

Plus ... que (*more . . . than*) / **moins ... que** (*less . . . than*)[10]

1 On exprime la comparaison de supériorité ou d'infériorité par **plus ... que** ou **moins ... que** placés autour d'un adjectif ou d'un adverbe.

  La Honda 450 est **plus** rapide **qu'**une voiture ordinaire.
  Elle démarre **plus** rapidement **qu'**une mob.
  Pierre est **moins** débrouillard **que** Nicolas.
  Il rouspète **moins** souvent **que** son frère.

2 On emploie **plus que, moins que** (pas séparés) après un verbe.

  Le plagiste travaille **plus que** le marchand de glaces.
  Le moniteur dort **moins que** le vacancier.

---

[10] Notez que **plus ... que** traduit la formule anglaise *adjective in **er** (**faster**)* ou ***more** + adjective (**more intelligent**).*

3 On emploie **plus de … (que)**, **moins de … (que)** autour d'un nom. Il n'y a pas d'article devant le nom.

> Un piéton a **plus de** plaisir **qu'**un motocycliste.
> Est-ce que les planchistes rencontrent **moins de** dangers **que** les alpinistes?

4 On emploie **plus de, moins de,** sans **que** devant un nombre ou un nom de quantité.

> Elle met **moins d'**une heure pour aller de Cannes à Nice.

Voici un tableau des constructions avec **plus** et **moins.**

$$verbe + \begin{cases} \left.\begin{array}{l} \textbf{plus} \\ \textbf{moins} \end{array}\right\} + adjectif \text{ ou } adverbe + \textbf{que} \\[2ex] \left.\begin{array}{l} \textbf{plus que} \\ \textbf{moins que} \end{array}\right\} + nom \text{ ou } pronom \\[2ex] \left.\begin{array}{l} \textbf{plus de} \\ \textbf{moins de} \end{array}\right\} + nom + \textbf{que (de)} \\[2ex] \left.\begin{array}{l} \textbf{plus de} \\ \textbf{moins de} \end{array}\right\} + nombre \end{cases}$$

✴ Remarques

- Dans une expression précédée d'un nombre, la supériorité s'exprime par **de plus que, de plus;** l'infériorité par **de moins que, de moins.**

  > Mon frère a deux ans **de plus que** moi.   *My brother is two years **older** than I.*
  > J'ai gagné cent euros **de moins.**   *I earned a hundred euros **less.***

- Le mot **davantage** peut remplacer **plus,** généralement quand il est placé à la fin d'une phrase ou d'une proposition. **Davantage … que** s'emploie quelquefois à la place de **plus … que**

  > Il faut travailler **davantage.**
  > Nicolas travaille **davantage** quand il a besoin d'argent.
  > Le sable de la plage de Nice ressemble **davantage** à des galets **qu'**au sable de la
  >   plage des Salines à la Martinique.

- On peut renforcer **plus** et **moins** par un adverbe, **bien** ou **beaucoup: bien plus, bien moins, beaucoup plus, beaucoup moins.**

  > Les mobs sont **bien plus** nombreuses en France qu'aux Etats-Unis.
  > Elles sont aussi **beaucoup** moins chères.

- On répète **de** après **que: plus de …, moins de … que de…**

  > Les parents de Nicolas ont eu **plus de** soucis **que de** satisfactions avec leur fils.

5 **meilleur**
L'adjectif **bon** a un comparatif irrégulier.

	masc.	fém.
sing.	meilleur	meilleure
pl.	meilleurs	meilleures

✴ Attention: Pour indiquer l'égalité et l'infériorité on emploie **aussi bon** et **moins bon.**

La mob est-elle **meilleure** pour la santé **que** le vélo? Est-elle **aussi bonne?**
Non, elle est **moins bonne** pour la santé.

6 **mieux**
L'adverbe **bien** a un comparatif irrégulier: **mieux.**

Victoire nage **mieux que** Frédérique.

Pour indiquer l'égalité et l'infériorité, on emploie **aussi bien** et **moins bien.**

Sylvie skie **aussi bien que** Justine, mais elle nage **moins bien que** Caroline.

7 **moindre / plus petit**
L'adjectif **petit** a un comparatif irrégulier, **moindre,** et un comparatif régulier, **plus petit.**
On emploie **moindre** dans des situations abstraites; on emploie **plus petit** dans des situations concrètes.

La gymnastique a une **moindre** importance en France **qu'**aux Etats-Unis. (*abstrait*)
Une deuche est **plus petite qu'**une Cadillac. (*concret*)

Pour indiquer l'égalité et l'infériorité on emploie **aussi petit** et **moins petit.**

8 **pire / plus mauvais**
L'adjectif **mauvais** a un comparatif irrégulier, **pire,** et un comparatif régulier, **plus mauvais.**

Ma situation sociale l'an dernier était **pire que** cette année.
Le sel est-il **plus mauvais** pour la santé **que** le sucre?

On emploie de préférence **pire** pour les situations abstraites et **plus mauvais** pour les situations concrètes, mais souvent les deux expressions sont interchangeables.

Le sel est-il **pire que** le sucre pour la santé?

Pour indiquer l'égalité et l'infériorité, on emploie **aussi mauvais** et **moins mauvais.**

✴ Remarque: **Pire** est souvent le contraire de **mieux.**

—Est-ce que c'est **mieux** d'être riche et malheureux ou pauvre et heureux?
—C'est **pire** d'être riche et malheureux.

Voici un tableau des constructions de **bon, bien, mauvais** et **petit**.

	Supériorité	Egalité	Infériorité
bon	meilleur	aussi bon	moins bon
bien	mieux	aussi bien	moins bien
mauvais	pire / plus mauvais	aussi mauvais	moins mauvais
petit	moindre / plus petit	aussi petit	moins petit

EXERCICES

A. Faites des phrases exprimant l'égalité avec le vocabulaire donné en suivant les modèles.

Modèle: J'ai … de l'argent de poche / Paul
*J'ai **autant** d'argent de poche **que** Paul.*

J'ai …

1. des devoirs / Julia
2. de l'essence / Rosalie
3. de la chance / vous
4. des copains / mon frère

Modèle: Tu es … intelligent / je
*Tu es **aussi** intelligent **que** moi.*

Tu es …

5. travailleur / ta sœur
6. souriant / Pauline
7. ambitieux / ton frère
8. poli / touriste

Modèle: Elle conduit … vite / vous
*Elle conduit **aussi** vite **que** vous.*

Elle conduit …

9. prudemment / tu
10. follement / il
11. bien / je
12. lentement / ils

Modèle: il travaille / je
*Il travaille **autant que** moi.*

13. vous avez mangé / il
14. il ne dort pas / elle
15. je ne buvais pas / tu
16. nous n'avons pas couru / ils

B. Faites des phrases exprimant l'égalité avec le vocabulaire donné.

Modèles: Les femmes conduisent / bien / les hommes.
*Les femmes conduisent **aussi bien que** les hommes.*

Rémi a fait des économies / son frère
*Rémi a fait **autant** d'économies **que** son frère.*

1. Est-ce que les Américains conduisent / vite / les Français?
2. Les motos italiennes sont / populaires / les motos japonaises?
3. Cette plage contient / déchets / une poubelle.
4. Je me sens / tranquille / dans ma deuche / une voiture de course.
5. Je crois que l'ULM / dangereux / le patin à roulettes.
6. Vous avez / espace vital / nous?
7. La France exporte / voitures / l'Allemagne.
8. Nicolas a vendu / confetti / son copain.

C. Faites des phrases exprimant la supériorité ou l'infériorité avec le vocabulaire indiqué.

> **Modèle:** Les voitures américaines sont / grandes / les voitures françaises.
> *Les voitures américaines sont **plus grandes que** les voitures françaises.*

1. Le carnaval de Nice / célèbre / le carnaval de La Nouvelle-Orléans?
2. Nicolas conduit à / 100 km à l'heure sur sa nouvelle moto.
3. Les autoroutes sont / nombreuses aux Etats-Unis / en Europe.
4. Les petits boulots d'été sont / variés en Auvergne / sur la Côte d'Azur.
5. Un mécano jure / souvent / un plagiste.
6. Cette résidence mesure / 500 mètres de long.
7. Il y a / papiers gras sur la plage de Nice / sur la plage de Waikiki.
8. Ce moniteur n'est pas populaire: il gagne / 100 euros de pourboire par semaine.
9. Pour t'acheter ta moto, il faut que tu travailles / deux heures par jour.
10. Un cyclomoteur a / cylindres / une Honda 450.

D. Faites des phrases exprimant des comparaisons avec le vocabulaire donné.

> **Modèle:** Le vin français / être bon / le vin chinois.
> *Le vin français est **meilleur que** le vin chinois.*

1. Aux Etats-Unis / les conditions de vie sont-elles/ bonnes / en France?
2. Une Harley-Davidson roule / bien / une Honda.
3. Cet amplificateur fonctionne / bien / un mégaphone.
4. Les galets, c'est / un bon lit / le sable/ pour dormir.
5. Ce parasol nous abrite / bien / une ombrelle.
6. La glace faite avec de l'eau est / bonne/ la glace faite avec des œufs et du lait.

E. Faites des phrases exprimant des comparaisons.

> **Modèle:** La France / petit / le Texas.
> *La France est **plus petite que** le Texas.*

1. Les grains de sable / être petits / des confetti.
2. Dormir à la belle étoile / être mauvais / en été / en hiver.
3. Un tricycle / être petit / une mob.
4. Laissez tomber les détails de / petit / importance.
5. L'inaction / être mauvais / l'exercice pour la santé.

Le superlatif

Le superlatif est formé ainsi:

> l'article défini + l'adverbe de comparaison + l'adjectif
> **le, la, les**   **plus, moins**

le **plus** beau   la **moins** belle
les **moins** riches   les **plus** grandes

1 Si l'adjectif précède le nom, l'ordre des mots reste le même.

> Est-ce que Versailles est **le plus beau** château de France?

2 Si l'adjectif est placé après le nom, il faut répéter l'article défini devant l'adjectif.

> **Les** motos *les* **plus rapides** sont aussi *les* **plus chères.**

3 L'adjectif possessif peut remplacer l'article qui précède le nom, mais on garde l'article devant l'adjectif qui suit le nom.

> Elle a mis **son plus beau** maillot de bain.
> Je vais vous montrer mes photos de cascades **les plus réussies.**

4 Le complément du superlatif est toujours introduit par la prépositon **de** (*in, of*). **De** se contracte avec **le** et avec **les: du, des.**

> C'est le plus grand château **de** France.
> Miss America est la plus belle fille **des** Etats-Unis, mais pas **du** monde.

5 Le superlatif peut aussi affecter (*apply to*) un verbe et un nom. Dans ce cas, on emploie **le plus** ou **le moins** avec un verbe et **le plus de** ou **le moins de** avec un nom. Cette construction se trouve le plus souvent avec l'expression d'insistance **c'est … qui, c'est à … que.**

> C'est Jacqueline qui mange **le plus.**   *It's Jacqueline who eats **the most.***
> C'est Pierre qui a **le plus de** courage.   *It's Pierre who has **the most** courage.*
> C'est à Robert que nous avons donné **le**   *It's Robert to whom we gave **the least***
>   **moins d'**argent.   *amount of money.*

6 **le meilleur**
L'adjectif **bon** a un superlatif irrégulier.

	masc.	fém.
sing.	**meilleur**	**meilleure**
pl.	**meilleurs**	**meilleures**

Les meilleures voitures viennent-elles du Japon?

7 **le mieux**

Le superlatif de l'adverbe **bien** est **le mieux, la mieux.** Le contraire est **le moins bien.**

> C'est elle qui travaille **le mieux.**   C'est elle qui est **la mieux préparée.**
> Pierre est l'étudiant qui comprend **le moins bien.**

8 **le plus petit / le moindre**

L'adjectif **petit** a deux superlatifs: **le plus petit, le moindre.** On emploie **le plus petit** dans des situations concrètes et **le moindre** dans des situations abstraites.

> Georges est **le plus petit** des trois frères.   (*concret*)
> Je n'ai pas **la moindre** idée de ce qui se passe.   (*abstrait*)

9 **le plus mauvais / le pire**

L'adjectif **mauvais** a deux superlatifs: **le plus mauvais, le pire.** On emploie **le plus mauvais** dans des situations concrètes et **le pire** dans des situations abstraites.

> Vous n'êtes pas **le plus mauvais** élève.   (*concret*)
> Dans **les pires** circonstances, elle garde son calme.   (*abstrait*)

10 On appelle superlatif absolu un adjectif ou un adverbe modifié par **très, bien, remarquablement, extrêmement.**

> Vous êtes **très** fatigué.   Il conduit **extrêmement** vite.

✳ Attention: Certains adjectifs ne sont jamais utilisés avec ces adverbes.

excellent	merveilleux
extraordinaire	sensationnel
formidable	terrible
magnifique	

Mais on peut employer **tout à fait, vraiment** avec **extraordinaire** et **sensationnel.** On peut aussi ajouter les préfixes **archi-, extra-, hyper-, super-, ultra-,** devant un adjectif.

> Son père est **archi-conservateur.**   Du sable **extra-fin.**   C'est un enfant **hyper-nerveux.**

✳ Remarque: Dans la conversation les préfixes **extra-** et **super-** sont devenus des adjectifs avec le sens de: **extraordinaire** ou **excellent.**

> Ce gâteau est **extra.**   J'ai vu un film **super.**

11 Voici des expressions idiomatiques:

de mal en pis	worse and worse
de mieux en mieux	better and better
faire de son mieux	to do one's best
faute de mieux	for lack of a better thing
le pire	the worse
le plus vite possible	as fast as possible
tant mieux	so much the better
tant pis	so much the worse (too bad)

✳ Remarque: On emploie parfois le subjonctif après le superlatif. Voir p. 390.

> C'est la fête **la plus** réjouissante **qui soit.**

EXERCICES

F. Faites des phrases au superlatif avec le vocabulaire donné. (Attention à la contraction de **de** avec l'article.)

1. Le fromage français est / bon / le monde.
2. Est-ce que les Américains construisent les voitures / rapides / l'industrie automobile?
3. Les vêtements / élégants / France / sont fabriqués à Paris.
4. Los Angeles est / grande ville / les États-Unis.
5. Est-ce que le Manitoba est / province froide / le Canada?
6. Le poulet est / produit cher / le supermarché.
7. Quel est le monument / vieux / le Québec?
8. C'est à Robert que j'ai écrit / des lettres.
9. Est-ce le blé ou le maïs qui est la culture / importante / la Saskatchewan?
10. Ce marchand vend les fruits / bon / le marché.

G. Traduisez les phrases suivantes.

1. Philippe is the one who speaks the best.   2. Francine is the one who sings the best.
3. What time is it? —I don't have the slightest idea.   4. Answer this letter ASAP.
5. I like Madonna's songs. They are super!   6. Robert does not lend his most expensive books.   7. Hurry up! —I am doing my best.   8. I am extremely tired.
9. She is getting better and better. All the better!

H. Refaites ces phrases au superlatif avec un adverbe ou avec un préfixe comme **archi-, super-, hyper-, ultra-** ou **extra-**.

1. Les nobles étaient *royalistes*.   2. Vous êtes *gentils*.   3. Nous sommes *prudents* quand nous conduisons.   4. Il y a un exercice de diction française qui dit: «Les chaussettes de l'archiduchesse sont-elles *sèches…* »   5. Cet enfant est surdoué, *intelligent*.   6. Nous ne mangeons que du beurre *fin*.

Suppléments de grammaire

L'IDENTITÉ, LA DIFFÉRENCE, LA PROPORTION

▶1 **le même … que / la même … que** (*the same as*)

L'article change. L'adjectif s'accorde.

> Ils ont **la même** moto et **les mêmes** problèmes **que** nous.

▶2 **comme** (*like / as*)

Comme est suivi d'un nom ou d'une proposition entière.

> Elle mange **comme** un oiseau.
> Vous allez faire **comme** je vous l'ai dit.

Voici quelques expressions courantes et imagées avec **comme:**

ennuyeux **comme** la pluie   fort **comme** un Turc / un bœuf
heureux **comme** un poisson dans l'eau   libre **comme** l'air
maigre **comme** un clou (*nail*)   malade **comme** un chien
sage **comme** une image   têtu (*stuborn*) **comme** une mule

[handwritten: use when sick for bonus points]

On dit aussi:

aimer quelqu'un **comme** un frère, une sœur
se ressembler **comme** deux gouttes d'eau
traiter quelqu'un **comme** un chien

▶ 3 **différent de** (*different from*)

L'adjectif **différent** s'accorde; le mot qui suit est toujours **de, du, de la** ou **des.**

> Cette émission n'est pas **différente des** autres.

▶ 4 **de plus en plus** (*more and more*) / **de moins en moins** (*less and less*)

Ces expressions précèdent l'adjectif.

> Cette leçon devient **de plus en plus** difficile et **de moins en moins** claire.

▶ 5 **plus ... plus** (*the more . . . the more*) / **moins ... moins** (*the less . . . the less*) / **plus ... moins** (*the more . . . the less*) / **moins ... plus** (*the less . . . the more*)

On emploie **plus, moins** sans article au début de la phrase.

> **Plus** elle mange, **plus** elle a faim.   **Moins** vous travaillez, **moins** vous gagnez.

On met le nom après le verbe, avec la préposition **de;** il n'y a pas d'article.

> **Plus** on a d'enfants, **plus** on a de soucis.

▶ 6 **d'autant plus (moins) ... que**

Cette expression signifie *all the more ... when*

> J'ai **d'autant plus** peur sur une planche à voile **que** le vent souffle fort.
> *I am **all the more** scared on a sailboard **when** the wind is strong.*

EXERCICES

I. Faites des phrases avec les expressions comparatives suivantes (**le, la, les même(s) ... que, différent(e) ... de, comme**) et les phrases suggérées. Suivez le modèle.

Modèle: Camille a acheté / les sandales / moi
*Camille a acheté **les mêmes** sandales **que** moi.*

1. Nicolas est né / à l'heure / son cousin.   2. Le prix d'une deuche / le prix d'une Honda 450.   3. En France, les ados n'ont pas / les distractions / aux Etats-Unis.
4. Les touristes se conduisent / des cochons.   5. Mes vacances à la montagne / mes vacances au bord de la mer.   6. Le vent en Bretagne / le vent à Cannes.   7. Ce cours est ennuyeux / la pluie.   8. Sur ma moto je me sens libre / l'air.

J. Modifiez les phrases suivantes avec les expressions **de plus en plus** ou **de moins en moins**.

1. Les motos deviennent rapides et dangereuses.
2. Grâce à la vente des confetti, Nicolas sera riche.
3. A cause du phénomène «El Niño», l'océan Pacifique devient froid.
4. Parce qu'il a beaucoup de travail, le plagiste est <u>matinal.</u>

a morning person

K. Modifiez les phrases suivantes avec **plus … plus, moins … moins, plus … moins, moins … plus**.

1. On voyage vers le sud. Le climat est chaud.
2. Les touristes jettent des saletés sur la plage. Les écolos sont contents.
3. Le moniteur de voile gueule. Les planchistes tombent dans l'eau.
4. Tu vas vite pour faire tes devoirs. Il faut attendre pour aller voir tes copains.

LA PRÉFÉRENCE

▶1 plutôt / plutôt que / plutôt que de

a. Plutôt signifie *rather.*

Cette jeune fille a une imagination **plutôt** romanesque (*romantic*).

b. Plutôt que, plutôt que de signifient *rather than.* On emploie **plutôt que** devant un nom; on emploie **plutôt que de** devant un infinitif. Souvent on combine **préférer** avec **plutôt que** et **plutôt que de.**

Nous allons acheter une voiture américaine **plutôt qu'**une voiture étrangère.
Cette année ils sont restés aux Etats-Unis **plutôt que de** voyager en Europe.
Nous préférons acheter une voiture américaine **plutôt qu'**une voiture étrangère.

▶2 aimer mieux

Aimer mieux signifie **préférer.**

J'**aime mieux** les pays chauds que les pays froids.
Si **aimer mieux** est suivi d'un verbe à l'infinitif, la deuxième partie de la comparaison commence par … **que de** ou … **plutôt que de.**

Catherine **aime mieux se reposer** le dimanche **que d'**aller faire du sport.
Elle **aime mieux se reposer** le dimanche **plutôt que d'**aller faire du sport.

EXERCICES

L. Refaites les phrases suivantes avec **plutôt que** ou **plutôt que de** et les groupes entre parenthèses.

1. Nicole s'achète une voiture d'occasion. (faire des économies pour une voiture neuve)
2. Nous mangeons de la viande. (du poisson)

3. Ils choisissent de travailler sur un ordinateur. (une machine à écrire)
4. Elle fera de la planche à Juan-les-Pins. (en Bretagne)
5. J'écoute de la musique classique. (du jazz)

M. Faites des phrases avec le vocabulaire suggéré en employant la formule **aimer mieux … que de** ou **aimer mieux … plutôt que de.**

1. Pauline / faire les quatre cents coups / se concentrer sur ses études.
2. Malik / aller voir ses copains / faire ses devoirs.
3. Nous / payer en liquide (*cash*) / accumuler des dettes sur nos cartes de crédit.
4. Ces jeunes gens / conduire une voiture de sport / être piétons.
5. Marguerite / lire un bon livre / sortir avec un garçon ennuyeux.

LES EXPRESSIONS «CONDUIRE / ALLER EN VOITURE / MARCHER / ALLER À PIED»

1 Le verbe *to drive* se dit **conduire** si le verbe est modifié par un adverbe de manière, un complément de lieu ou un objet direct.

> Les Français **conduisent** vite.
> En été, on **conduit** sur des routes encombrées.
> Elle **conduit** sa petite Citroën.

2 Le verbe *to drive* se dit **aller en voiture** si le verbe est accompagné d'un complément de destination.

> Ils **vont** à Paris **en voiture.**

3 Le verbe *to walk* se dit **marcher** avec un adverbe ou un complément de lieu et **aller à pied** avec un complément de destination.

> Tu **marches** lentement.   MAIS: Je **vais à pied** à l'université.
> Nous **marchons** dans la forêt.

EXERCICE

N. Faites des phrases avec le verbe qui convient.

She drives …

1. un camion
2. trop vite
3. du nord au sud de la France
4. une Peugeot
5. au supermarché tous les jours
6. ses enfants à l'école

You walk …

7. à l'école
8. dans le parc pour te reposer
9. au bureau de tabac
10. lentement
11. avec ton chien
12. sur la plage

Synthèse

APPLICATIONS

I. Vivre en France ou aux Etats-Unis? Vous avez la possibilité de choisir si vous allez vivre aux Etats-Unis ou en France. Comparez les avantages de la vie dans chaque pays. Puis donnez votre opinion.

Modèle: Je me demande si / la vie est agréable
*Je me demande si la vie est **plus agréable** aux Etats-Unis **qu'**en France.*
*Je trouve que la vie est **plus agréable** en France.*

Je me demande si …   Je trouve que…

1. les gens sont accueillants, simples
2. les gens conduisent vite
3. on mange bien
4. il y a de la variété dans les menus
5. il y a des marchés en plein air
6. les vêtements sont chers
7. les écoles sont strictes
8. il y a des universités
9. on a construit des bibliothèques
10. les problèmes politiques sont nombreux
11. il y a du chômage
12. on sait bien s'amuser

II. Avec qui se marier? Françoise a trois amoureux. Elle veut se marier. Lequel de ses amoureux va-t-elle choisir? Elle pense à eux et les compare. Utilisez **très / énormément; plus / moins; aussi / autant** dans les phrases suivantes.

Modèle: jaloux: Serge / Jean-Luc / Gilbert
*Serge est **très** jaloux. Jean-Luc est **moins** (**plus**) jaloux que Gilbert.*

1. travailleur
2. beau
3. fidèle
4. fait bien la cuisine
5. aime les enfants
6. est en bonne santé
7. a de l'ambition
8. me rendra heureuse

III. Mme Grossous est immensément riche. Elle n'achète que ce qui est de qualité supérieure. Faites des phrases en suivant le modèle.

Modèle: Elle porte des diamants / les bijoux chers.
*Elle porte des diamants parce que ce sont les bijoux **les plus chers.***

1. Elle mange du caviar / la nourriture / rare.
2. Elle porte des robes de chez Yves Saint Laurent / les vêtements / chic.
3. Elle conduit une Rolls / la voiture / élégante.
4. Elle voyage en Concorde / l'avion rapide / confortable.
5. Elle habite sur la Côte d'Azur / la région / recherchée par les gens riches.
6. Elle a un château / le type d'habitation / luxueux.
7. Elle s'embête à mourir / elle est la personne / intelligente / le monde.

IV. Enquête. Vous voulez connaître les goûts d'un(e) ami(e). Vous lui posez des questions en suivant le modèle et vous écrivez ses réponses.

Modèle: livre / bon / lire

—*Quel est le meilleur livre que tu as lu?* —*Le meilleur livre que j'ai lu, c'est …*

1. film / original / effrayant / voir
2. être / la nourriture / délicieux / manger
3. la mode / excentrique / connaître
4. la boisson / rafraîchissant / aimer boire
5. la philosophie / trouver / dynamique
6. l'injustice / révoltant / exister
7. la personne / intelligent / rencontrer
8. le souhait (*wish*) / ardent / faire

V. Un jeune homme impatient.   Complétez le texte suivant avec un mot ou une expression du vocabulaire indiqué.

faire mieux	conduire	emboutir	doubler
la plus mauvaise	un permis de conduire	extrêmement tôt	tomber en panne
le feu rouge	démarrer	un mécano	un motard
accélérer	faire le plein	la pire	freiner
à toute allure	la limite de vitesse	redémarrer	le moteur
une contravention	matinal	clignotant	doubler

Jean-Paul est parti un matin _____ sur sa moto. Il n'était pas bien réveillé parce qu'il n'est pas _____. Il a eu du mal à _____ parce que le _____ de sa moto était froid et parce qu'il utilise de l'essence de _____ qualité. Il avait grand peur de _____. En entrant sur la route nationale, il a oublié de mettre son _____ et une voiture qui roulait _____ l'a presqu' _____. En colère et pressé, Jean-Paul a _____ et a essayé de _____ la voiture. Mais un _____ qui passait par là l'a vu, l'a arrêté et lui a donné _____, parce qu'il n'avait pas respecté la _____. Heureusement, Jean-Paul avait son _____ dans sa poche.

ACTIVITÉS

1. **Sondage.**   Interrogez quatre ou cinq camarades au sujet des petits boulots qu'ils ont faits pendant leur vie. Créez des questions que vous leur poserez en utilisant des comparatifs et des superlatifs: boulots intéressants, fatigants, humiliants, faciles, durs physiquement, pourboire, exploitation. Comparez vos résultats à ceux de vos camarades.
2. **Discussion.**   Organisez avec deux ou trois camarades une discussion sur le sujet suivant: Le monde est atteint d'une nouvelle maladie, la «championnite». Il faut, pour se sentir bien, exceller dans un domaine de sa vie personnelle: sports, carrière, études, talents artistiques, exceller, être le (la) meilleur(e), gagner le plus d'argent, avoir sa photo dans un magazine, paraître à la télé.
3. **Travail en groupe.**   Formez deux groupes de deux ou trois camarades chacun. Un groupe explique les dangers qui menacent la vie des adolescents. L'autre groupe compare ces dangers avec les joies et les avantages de l'adolescence.

Dangers: la vitesse, l'alcool, la drogue, l'absence de maturité ou de jugement
Joies: l'absence de responsabilité, la puissance, l'insouciance (*happy-go-lucky attitude*), la santé

TRADUCTION

1. JEAN-PIERRE: Nicolas, have you seen the new 250 cc at the Honda shop? Isn't it the most beautiful machine in the world?
2. NICOLAS: Yes. I saw it, and I have been dreaming about it (**en**). But my savings are lower than last year, and I need to find more jobs, if I want to buy it.
3. JEAN-PIERRE: Same thing for me. Freedom of movement is super important, but small jobs are rarer than sand on the beach of Nice . . .
4. NICOLAS: You are so right. Last summer, I was a beach attendant, and I can tell you I raked more junk than a garbage collector (**un éboueur**). Vacationers are the dirtiest creatures on the planet . . .
5. JEAN-PIERRE: I worked at a McDo. I prefer to serve drinks, or ice creams to teenagers than to be the servant of tourists. But the tips were less than 10 euros a day . . .
6. NICOLAS: We could also work again as swimming instructors, like we did two summers ago, but the sea is more polluted than last year, and I would rather not get up at dawn . . .
7. SOPHIE: Hey, you guys! You look really depressed. You want to hear the coolest news? I found a job at Ali's garage. He has the best collection of used motorcycles. He is teaching me how to repair them, and at the end of the summer, I will have my own Honda 450 cc . . .

RÉDACTIONS

1. Quelle est votre opinion au sujet de la pollution et de la bataille que les écologistes livrent pour préserver notre planète? Que faites-vous personnellement pour recycler et contribuer à la préservation de l'environnement?
   gaz d'échappement des voitures / produits bio / pesticides / covoiturage (*carpooling*) / réchauffement de l'atmosphère
2. Expliquez la devise (*motto*) de Nicolas Hulot: «Il faut vivre chaque seconde comme si c'était la dernière.» Etes-vous d'accord? Avez-vous une ou plusieurs devises personnelles intéressantes qui vous inspirent dans votre vie?

9

La négation

Vocabulaire du texte

affaires (*f. pl.*) things, business
allez-y! shoot!
allumette (*f.*) match
à mon tour for my part
assurer to insure
avertir to warn, notify
bricole (*f.*) trifle, small matter
bien entendu of course
briller to shine
brûler to burn
ça ne marche pas it does not work
ça ne vous regarde pas it's none of your business
casque (*m.*) helmet
cave (*f.*) cellar
confondre une chose avec une autre to take something for something else
confus(e) not knowing what's going on
de quoi s'agit-il? what is it about?
des fois sometimes
désolé(e) sorry
se disputer to argue

s'énerver to get excited
en somme in brief
éteindre to extinguish, put out
étrange odd
fâché(e) angry
faire de la peine (à qqn) to hurt (someone's feelings)
grenier (*m.*) attic
incendie (*m.*) fire, blaze
inondation (*f.*) flood
mettre (deux personnes) d'accord to get (two people) to agree
pompier (*m.*) firefighter
pour rire for a joke
prétendre to claim
rapporter to be profitable
rendre service to do a favor
regarder to be somebody's business
sentir le roussi (le brûlé) to smell something burning
tous les deux both
tout de suite just now

Vocabulaire supplémentaire

L'incendie

A l'aide! Help!
Au feu! Fire!
Au secours! Help!
bouche (*f.*) **d'incendie** fire hydrant
briquet (*m.*) cigarette lighter
brûlure (*f.*) burn
détecteur (*m.*) **de fumée** smoke detector
échelle (*f.*) ladder

enfumer to fill with smoke
extincteur (*m.*) extinguisher
flamme (*f.*) flame
police (*f.*) **d'assurance** insurance policy
pyromane (*m.* ou *f.*) pyromaniac
sauver to save
sirène (*f.*) alarm
tuyau (*m.*) hose
voiture (*f.*) **de pompiers** fire engine

Divers

à l'étranger abroad
allons-y let's go
bricoler to do odd jobs
bricoleur (-euse) handyman, -woman
confus(e) embarrassed (person); muddled, confused (story)
donner congé to fire
étranger (*m.*), étrangère (*f.*) foreigner

faire semblant to pretend
les deux premiers the first two
limoger to fire
mettre à la porte to fire
ne plus savoir où on en est to be confused
ne pas comprendre to be confused
renvoyer to fire

Français en couleurs

Souvent une phrase négative a plus de force qu'une phrase positive. C'est pour cette raison que dans la langue courante on dit plus souvent: «c'est pas mal» ou «ça va pas mal», que «c'est très bien; ça va bien». «C'est pas grave» veut dire: «Tout est parfait». L'expression «C'est pas évident» est utilisée pour dire «c'est une chose difficile à accomplir, à envisager». On dit «c'est débile; c'est dément», pour critiquer une action ou un événement. Une personne qui reste inactive, ne travaille pas, «légumise». «Il est nul, elle est nulle» (stupide, inintelligent). «C'est un zéro». D'une personne qui n'est pas fréquentable, ou qui n'a pas d'éducation on dit «c'est un plouc», «il, elle craint», «il, elle est craignos».

Au Canada une femme de mauvaise réputation est «une mangeuse de gomme». Au Cameroun, une personne maladroite est «un Ivoirien,» jeu de mot sur «habitant de la côte d'Ivoire» et «I(l) voit rien».

«Destroy» est le mot favori des ados pour dire cassé (*broken*), pourri, en mauvais état. On dira, par exemple, «Ta mob, tu l'as achetée destroy?»

Enfin, le summum du mépris (*utmost scorn*) est contenu dans l'expression «ça va pas la tête?»

Jamais personne ou toujours quelqu'un?

Eugène Ionesco (1912–1994)   est né en Roumanie d'un père roumain et d'une mère française. Il passe une partie de sa jeunesse entre la France et son pays natal qu'il quitte définitivement avec la menace du fascisme. Il s'installe à Paris et se consacre au théâtre. Ses pièces font scandale, en partie parce que Ionesco défie les conventions du théâtre traditionnel. Il refuse le théâtre engagé[1] et accepte pour seules règles celles de son univers imaginaire. Dans ses «anti-pièces» Ionesco montre ce paradoxe que le langage ne facilite pas la communication mais qu'il est au contraire la cause d'une incommunicabilité inquiétante. Ionesco est un des grands initiateurs du nouveau théâtre d'avant-garde et, en particulier, du théâtre de l'absurde. Il était membre de l'Académie française.[2]

Préparation à la lecture

En général, l'absurde désigne ce qui est contraire à la raison et au sens commun. Le théâtre de l'absurde est représenté dans les années cinquante par trois grands écrivains: Eugène Ionesco, Samuel Beckett et Jean Genet. Le théâtre de l'absurde défie toute logique traditionnelle. L'action est parfois inexistante ou incohérente, les personnages n'ont pas de profondeur psychologique. Ils demeurent souvent anonymes et peuvent se substituer l'un à l'autre. Ils parlent d'un ton moqueur, même sur les thèmes les plus sérieux comme la mort ou la violence. Le langage aussi est parfois incohérent. Il se caractérise par des lapsus (*slips of the tongue*) ou des lieux communs (*trite remarks*). Cette méthode choque la sensibilité du lecteur et du spectateur par son humour noir, son aspect cocasse (*comical*) et burlesque (*ludicrous*). Les auteurs du théâtre absurde traduisent ainsi les angoisses et les révoltes de la condition humaine.

   Le passage ci-dessous est un extrait de *La cantatrice chauve*. C'est une des premières pièces à succès de Ionesco—écrite en 1950—qui lui a été inspirée par les phrases absurdes d'un manuel scolaire de conversation anglaise. Avec humour, l'auteur met en scène des personnages interchangeables comme les Smith et les Martin, ou ambigus comme Marie et

---

[1] Use of theater to convey a political, moral, or philosophical message

[2] Founded in 1634. Elected members provide sanctioned opinions regarding the rules of the French language (grammar, syntax, pronunciation, etc.) and publish a dictionary. They also give, every year, a literary prize for the best novel.

le pompier, ou même absents comme la mystérieuse cantatrice chauve. Tout en conservant leur sérieux, les personnages conversent logiquement mais échangent des paroles banales ou vides de sens.

Dans l'extrait suivant, M. et Mme Martin sont en visite chez M. et Mme Smith. On sonne à la porte. M. et Mme Smith se disputent. M. Smith affirme: «Quand on sonne à la porte, c'est qu'il y a quelqu'un.» «Non, répond Mme Smith, l'expérience nous apprend que lorsqu'on sonne à la porte, il n'y a jamais personne.» Finalement M. Smith va ouvrir la porte et le capitaine des pompiers entre.

Scène VIII

LES MÊMES,[3] LE CAPITAINE DES POMPIERS

LE POMPIER (*il a, bien entendu, un énorme casque qui brille et un uniforme*): Bonjour, Mesdames et Messieurs. (*Les gens sont encore un peu étonnés. Mme Smith, fâchée, tourne la tête et ne répond pas à son salut.*) Bonjour, Madame Smith, vous avez l'air fâché.

5 Mme SMITH: Oh!

M. SMITH: C'est que,° voyez-vous… ma femme est un peu humiliée de ne pas avoir eu raison.

        C'est… It's because

M. MARTIN: Il y a eu, Monsieur le Capitaine des Pompiers, une controverse entre Madame et Monsieur Smith.

10 Mme SMITH (*à M. Martin*): Ça ne vous regarde pas! (*à M. Smith*) Je te prie de ne pas mêler les étrangers à nos querelles familiales.

M. SMITH: Oh, chérie, ce n'est pas bien grave.

LE POMPIER: Enfin, de quoi s'agit-il?

Mme SMITH: Mon mari prétendait…

15 M. SMITH: Non, c'est toi qui prétendais.

M. MARTIN: Oui, c'est elle.

Mme MARTIN: Non, c'est lui.

LE POMPIER: Ne vous énervez pas. Racontez-moi ça, Madame Smith.

Mme SMITH: Eh bien, voilà… On se disputait parce que mon mari disait
20 que lorsqu'on entend sonner à la porte, il y a toujours quelqu'un.

M. MARTIN: La chose est plausible.

Mme SMITH: Et moi, je disais que chaque fois que l'on sonne, c'est qu'il n'y a personne.

Mme MARTIN: La chose peut paraître étrange.

25 Mme SMITH: Mais elle est prouvée, non point° par des démonstrations théoriques, mais par des faits.

        not

M. SMITH: C'est faux, puisque le pompier est là. Il a sonné, j'ai ouvert, il était là.

---

[3] **Les mêmes:** les mêmes personnages que dans la scène précédente—M. et Mme Smith, M. et Mme Martin.

Mme MARTIN: Quand?

30 M. MARTIN: Mais tout de suite.

Mme SMITH: Oui, mais ce n'est qu'après avoir entendu sonner une quatrième fois que l'on a trouvé quelqu'un.[4] Et la quatrième fois ne compte pas.

Mme MARTIN: Toujours. Il n'y a que les trois premières qui comptent.

35 M. SMITH: Monsieur le Capitaine, laissez-moi vous poser, à mon tour, quelques questions.

LE POMPIER: Allez-y.

M. SMITH: Quand j'ai ouvert et que° je vous ai vu, c'était bien vous qui aviez sonné?

when

40 LE POMPIER: Oui, c'était moi.

M. SMITH: Mais quand on a ouvert, on ne vous a pas vu.

LE POMPIER: C'est parce que je me suis caché… pour rire.

Mme SMITH: Ne riez pas, Monsieur le Capitaine. L'affaire est trop triste.

M. MARTIN: En somme, nous ne savons toujours pas si, lorsqu'on sonne à

45 la porte, il y a quelqu'un ou non!

MME SMITH: Jamais personne.

M. SMITH: Toujours quelqu'un.

LE POMPIER: Je vais vous mettre d'accord. Vous avez un peu raison tous les deux. Lorsqu'on sonne à la porte, des fois il y a quelqu'un,

50 d'autres fois il n'y a personne.

M. MARTIN: Ça me paraît logique.

Mme SMITH: Et qu'est-ce qu'il y a pour votre service,° Monsieur le Capitaine?

Et… How can I help you?

LE POMPIER: Eh bien, voilà. Est-ce qu'il y a le feu chez vous?

55 Mme SMITH: Pourquoi nous demandez-vous ça?

LE POMPIER: C'est parce que… excusez-moi, j'ai l'ordre d'éteindre tous les incendies dans la ville.

Mme MARTIN: Tous?

LE POMPIER: Oui, tous.

60 Mme SMITH (*confuse*): Je ne sais pas… je ne crois pas, voulez-vous que j'aille° voir?

que… (*subj. prés.* **d'aller**) / sniffling

M. SMITH (*reniflant*°): Il ne doit rien y avoir. Ça ne sent pas le roussi.

LE POMPIER (*désolé*): Rien du tout? Vous n'auriez pas° un petit feu de cheminée, quelque chose qui brûle dans le grenier ou dans la cave?

Vous… (*cond. prés.* **d'avoir**) You would not have

65 Un petit début d'incendie, au moins?

---

[4] **ce n'est … quelqu'un:** It's only after hearing the bell ring a fourth time that we found somebody.

Mme SMITH: Ecoutez, je ne veux pas vous faire de la peine, mais je pense qu'il n'y a rien chez nous pour le moment. Je vous promets de vous avertir dès qu'il y aura quelque chose.°

LE POMPIER: N'y manquez pas,° vous me rendriez service.°

70 Mme SMITH: C'est promis.

LE POMPIER (*aux époux Martin*): Et chez vous, ça ne brûle pas non plus?

Mme MARTIN: Non, malheureusement.

M. MARTIN (*au Pompier*): Les affaires vont plutôt mal,° en ce moment!

LE POMPIER: Très mal. Il n'y a presque rien, quelques bricoles, une

75 cheminée, une grange.° Rien de sérieux. Ça ne rapporte pas.

M. SMITH: Rien ne va. C'est partout pareil. Le commerce, l'agriculture, cette année c'est comme pour le feu,° ça ne marche pas.

M. MARTIN: Pas de blé,° pas de feu.

LE POMPIER: Pas d'inondation non plus.

80 Mme SMITH: Mais il y a du sucre. ■

dès... as soon as something happens / N'y... Be sure to do so / vous... (*cond. prés.* de rendre) you would be doing me a favor / Les affaires... Things are going rather badly
barn

c'est... it's like with the fire / wheat

Questions sur la lecture

1. Qui sont les personnages de cette scène? Pourquoi est-ce que Mme Smith est fâchée?
2. Résumez le sujet de la querelle. Que disait M. Smith? Que disait Mme Smith?
3. Pourquoi est-ce qu'on n'a pas vu le pompier quand on a ouvert la porte?
4. Quelle est l'explication du pompier, pour mettre M. Smith et Mme Smith d'accord?
5. Quel ordre a le pompier? Comment sait-on qu'il n'y a pas le feu chez M. Smith?
6. Les affaires vont plutôt mal pour le pompier. Qu'est-ce qui ne marche pas? De quoi se plaint-il? Est-ce que la comparaison avec le monde des affaires est logique?
7. De quelle catastrophe est-ce que le pompier s'occupe?

Questions personnelles

1. Comment un incendie peut-il se produire? Avez-vous jamais, par accident, causé un incendie? Si oui, comment le feu a-t-il pris et comment l'avez-vous éteint? Sinon, quelles précautions prenez-vous pour éviter un incendie?
2. Est-ce que vous vous disputez quelquefois avec vos amis ou votre famille, seulement pour le plaisir de vous disputer? Sur des sujets sérieux (la politique, la religion), ou sur des sujets moins sérieux? Est-ce que vous vous fâchez pendant la discussion ou non?
3. Trouvez des exemples de phrases stéréotypées qu'on emploie dans une conversation banale.

La négation

La négation en français est généralement en deux parties—**ne** et un autre mot. Dans la langue écrite, il faut employer **ne** dans tous les cas. Dans la conversation, **ne** est souvent omis.

> Il **ne** fume **pas,** il **ne** boit **jamais,** il **n'**a **aucun** vice.
> J'aime **pas** ça. Il a **jamais** fumé.

Formes

Voici la liste des expressions négatives les plus courantes.

ne ... pas, ne ... point	négation simple
ne ... personne	négation de **quelqu'un, tous**
ne ... rien	négation de **quelque chose, tout**
ne ... jamais	négation de **quelquefois, toujours** (*always*)
ne ... plus	négation de **encore, toujours** (*still*)
ne ... pas encore	négation de **déjà**
ne ... aucun	
ne ... pas un	négation de **un,** ou **tous les**
ne ... nul	
ne ... guère	négation de **beaucoup, très**
ne ... ni ... ni	négation de **et ... et, ou ... ou**

Emplois

1 **ne ... pas / ne ... point** (*not*)

  a. Ces deux négations ont le même sens. **Ne ... pas** est l'expression la plus courante. **Ne ... point** est employée dans la langue littéraire.

  b. La négation **ne ... pas** entoure le verbe à la forme simple. A un temps composé, la négation entoure l'auxiliaire. Le participe passé est placé après **pas.**

  > Je **ne** comprends **pas.**   Je **n'**ai **pas** compris.

  A l'infinitif **ne** et **pas** ne sont pas séparés.

  > Il est désolé de **ne pas** comprendre.
  > Vous êtes vexé de **ne pas** avoir compris.

✶ Remarque: Dans la langue littéraire on peut dire: de **n'**avoir **pas** compris.

  c. Dans la langue littéraire on emploie **ne** sans **pas,** avec les verbes suivants: **oser, savoir, cesser, pouvoir.**

  > Je **ne sais** s'ils viendront.   Il **ne cesse** de pleuvoir.
  > Elle **n'ose** parler.   Vous **ne pouvez** comprendre.

d. Dans la langue familière on trouve **pas** sans **ne.**

> J'ai **pas** faim.   Ils ont **pas** compris.

✳ **Remarque:**   Quand il y a des pronoms objets, **ne** précède tous ces pronoms.

> Je **ne** leur en ai pas parlé.

2 **ne ... personne** (*nobody, anybody*)

a. **Personne** est la négation de **quelqu'un, tout le monde. Personne** a plusieurs fonctions.

> | *Sujet* | **Personne** n'a entendu sonner. |
> | *Objet direct* | Nous n'entendons **personne.** |
> | *Objet indirect* | Elle ne parle **à personne.** |
> | *Objet de prép.* | Tu ne sors **avec personne.** |

b. A un temps composé, **personne** est placé après le participe passé.

> Vous **n'**avez rencontré **personne.**

A l'infinitif **ne** et **personne** sont séparés.

> Je suis triste de **ne** voir **personne.**

c. **Personne,** sans **ne,** peut être employé dans une réponse elliptique, après la préposition **sans,** et dans la langue familière.

> Qui a téléphoné?—**Personne.**
> Elle va au café seule, **sans personne.**
> J'ai vu **personne.**

✳ **Attention!**   On ne combine pas **pas** et **personne.**

3 **ne ... rien** (*nothing, anything*)

a. **Rien** est la négation de **quelque chose, tout. Rien** a plusieurs fonctions:

> | *Sujet* | **Rien** ne l'intéresse. |
> | *Objet direct* | Elle ne mange **rien.** |
> | *Objet de prép.* | Vous ne pensez **à rien.** |

b. Aux temps composés, **ne ... rien** entoure l'auxiliaire. Le participe passé se place après **rien.**

> Vous **n'**avez **rien** compris.

A l'infinitif, **ne** et **rien** ne sont pas séparés.

> Je suis humilié de **ne rien** comprendre.

c. **Rien,** sans **ne,** peut être employé dans une réponse elliptique et après la préposition **sans,** et dans la langue familière.

> Qu'est-ce que vous avez dit? —**Rien!**
> Il est sorti **sans rien** dire.
> Tu comprends **rien.**

d. Quand **rien** est suivi d'un adjectif, au passé on a le choix entre deux constructions:

> Je **n'**ai **rien** vu **d'**intéressant.   Je **n'**ai vu **rien d'**intéressant.

✱ **Attention!**   On ne combine pas **pas** et **rien**.

4 ne ... jamais (*never*)

a. **Jamais** est la négation de **quelquefois, une fois, toujours** (*always*), **souvent. Jamais** est un adverbe (il n'est ni sujet, ni objet).

b. **Ne ... jamais** entoure le verbe aux temps simples, l'auxiliaire aux temps composés.

> Il **ne** fume **jamais.**   Il **n'**a **jamais** fumé.

A l'infinitif, **ne** et **jamais** ne sont pas séparés.

> Je suis content de **ne jamais** tomber en panne.

c. **Jamais,** sans **ne,** peut se trouver dans une réponse elliptique, après la préposition **sans,** et dans la langue familière.

> Le policier vous a rendu service? —**Jamais.**
> Le pyromane a allumé plusieurs incendies **sans jamais** se faire prendre.
> Tu te trompes **jamais?**

Jamais, sans **ne,** a le sens positif de *ever.*

> Avez-vous **jamais** vu une si jolie femme?

d. Si **jamais** commence la phrase, on emploie **ne** devant le verbe. Il n'y a pas d'inversion du sujet et du verbe comme en anglais.

> **Jamais** la conversation **n'**avait été plus absurde.

5 ne ... plus (*no more, no longer*)

a. **Ne ... plus** est la négation de **encore, toujours** (*still*).

> Je **ne** vois **plus** de flammes.   La forêt **ne** brûle **plus.**

b. **Ne ... plus** entoure le verbe aux temps simples, et l'auxiliaire aux temps composés.

> Ton casque **ne** brille **plus.**   Vous **n'**avez **plus** senti vos brûlures?

A l'infinitif, **ne** et **plus** ne sont pas séparés.

> Claude est heureux de **ne plus** fumer.

✱ **Remarques:**

- La négation de **aussi** est **non plus ne ... pas.**

  > Elle **aussi** conduit vite.   Elle **non plus ne** conduit **pas** vite.

- **Moi non plus (ni moi non plus)** signifie *Neither do I.*

  > —Je ne comprends pas le théâtre absurde.
  > —**Moi non plus.**

6 **ne … pas encore** (*not yet*)

   a. C'est la négation de **déjà.**

       Il **n'**a **pas encore** l'âge de conduire.

   b. **Ne … pas encore** entoure le verbe aux temps simples; aux temps composés on place **pas encore** entre l'auxiliaire et le participe passé.

       Il **n'**a **pas encore** appris à conduire.

      A l'infinitif, **ne pas encore** ne sont pas séparés.

       Je suis surpris de **ne pas encore** avoir reçu sa lettre.

   c. On emploie **pas encore,** sans **ne,** dans une réponse elliptique et dans la langue familière.

       Tu es prêt? —**Pas encore.**
       Vous comprenez **pas encore?**

7 **ne … aucun(e), ne … pas un** (*not one, not one single*)

   a. Ces expressions sont la négation de **un, des, les, tous les, quelques, plusieurs.**

   b. Ces deux expressions entourent le verbe aux temps simples. Aux temps composés, **aucun** est placé après le participe. **Pas** et **un** sont séparés et entourent le participe passé. Avec **aucun,** on n'emploie pas d'article.

       Elle **n'**a **aucun** ami.   Elle **n'**a **pas un** seul ami.
       Je **n'**ai vu **aucune** bonne pièce de théâtre.   Je **n'**ai **pas** vu **une** bonne pièce de théâtre.

   c. **Aucun** peut être adjectif ou pronom. Son féminin est **aucune.** Si **aucun** est pronom, il est accompagné de **en,** sauf s'il est sujet.

       Il **n'**y a **aucune** raison de se faire du souci. (*adj.*)
       Il **n'**y **en** a **aucune.** (*pronom objet, avec* **en**)
       Aucun de mes amis **ne** me comprend. (*pronom sujet, sans* **en**)
       Aucun ne me comprend. (*pronom sujet, sans* **en**)

   d. On emploie **aucun** seul dans une réponse elliptique, avec la préposition **sans,** et dans la langue familière.

       Tu as des devoirs à faire?—**Aucun.**   L'avion a atterri **sans aucun** problème.
       Il trouve **aucun** travail.

8 **ne … nul / nulle** (*fém.*) (*not one, not one single*)

   a. Cette expression est surtout employée dans la langue littéraire, un peu pompeuse, comme pronom ou adjectif.

       Nul n'est prophète en son pays.   Je **n'**ai **nulle** envie de vous voir.

b. Dans la langue courante, **nul** apparaît dans l'expression **ne … nulle part,** contraire de **quelque part, partout.** A un temps composé, **nulle part** est placé après le participe passé.

> J'ai cherché mon portefeuille et je **ne** l'ai trouvé **nulle part.**

9 **ne … guère** (*not … too, not … much* or *many*)
C'est la négation de **très, beaucoup.** C'est une expression de langue littéraire et on peut la remplacer par **pas très, pas beaucoup.**

> Elle **n'**est **guère** patiente avec ses enfants.   Vous **n'**avez **guère** de courage.

Dans la langue courante, on emploie souvent la négation **ne … pas … grand-chose,** qui signifie **pas beaucoup de choses.**

> Elle **ne** mange **pas grand-chose.**   Je n'ai **pas** compris **grand-chose.**
> Il **ne** pensait **pas** à **grand-chose.**   Tu **n'**as **pas** besoin de **grand-chose.**

✳ Remarque: **Pas grand-chose** est l'objet direct du verbe. On emploie cette expression avec un verbe qui a un objet direct **(manger, entendre, comprendre, voir),** un objet indirect **(penser à)** ou un objet de préposition **(avoir besoin de).**

10 **ne … ni … ni** (*neither … nor*)

a. C'est la négation de **ou … ou, et … et.** On peut trouver cette expression avec:

Des sujets	**Ni** Pierre **ni** Paul **ne** lui parlent.
Des objets directs	Il **n'**aime **ni** les oranges **ni** les bananes.
Des objets indirects	Il **ne** parle **ni** à Pierre **ni** à Paul.

b. L'article partitif disparaît après **ni.**

> Il boit **du** thé et **du** café.   Il **ne** boit **ni** thé **ni** café.

c. L'article défini reste après **ni.**

> Il aime **le** thé et **le** café.   Il **n'**aime **ni le** thé **ni le** café.

Tableau-résumé:
Place des mots négatifs les plus courants

aux temps simples	aux temps composés	à l'infinitif
		Je suis désolé(e):
je **ne** vois **pas**	je n'ai **pas** vu	de **ne pas** voir
je **ne** voyais **rien**	je n'avais **rien** vu	de **ne rien** voir
je **ne** vois **jamais**	je n'ai **jamais** vu	de **ne jamais** voir

(cont.)

aux temps simples	aux temps composés	à l'infinitif
je **ne** vois **plus**	je n'ai **plus** vu	de **ne plus** voir
je **ne** voyais **personne**	je n'avais vu **personne**	de **ne** voir **personne**
je **ne** vois **aucun**…	je n'ai vu **aucun**…	de **ne** voir **aucun**…
je **ne** vois **rien** de…	je n'ai vu **rien** de…	de **ne** voir **rien** de…
	je n'ai **rien** vu de…	de **ne rien** voir de…

EXERCICES

A. Refaites les phrases suivantes en mettant les mots en italique à la forme négative.

1. Rachel et sa mère se disputent *toujours*.
2. Vous confondez *tout*.
3. Le pompier *a éteint* l'incendie chez les Martin.
4. Elles rencontrent *quelqu'un* à l'exposition de peinture.
5. Mon ami est sorti sans emporter *quelque chose*.
6. Qui vous a prévenue? —*Quelqu'un*.
7. Nous nous sommes revus *une fois*.
8. Je suis content *d'avoir pris* cette assurance contre l'incendie.
9. Vous avez entendu? —*Oui, tout*.
10. Il est *déjà* arrivé.
11. Elle veut *encore* du chocolat.
12. Nous avons tort de *toujours* nous énerver.
13. *Vous aussi* vous avez entendu sonner?
14. Ils ont *beaucoup de* vieilles choses dans leur grenier.
15. Il y a eu *une seule* inondation.

B. Vous êtes très déprimé(e); vous voyez tout en noir. Répondez à vos amis en employant la négation entre parenthèses.

1. Avez-vous des amis?   (aucun)
2. Allez-vous quelque part ce week-end?   (nulle part)
3. Etes-vous pressé de partir?   (guère)
4. Ecrivez-vous à votre famille?   (jamais)
5. Faites-vous un voyage en Italie ou en Espagne cet été?   (ni … ni)
6. Voyez-vous quelque chose d'intéressant dans ce livre?   (pas grand-chose)
7. Fumez-vous?   (ne plus)
8. Avez-vous consulté un psychiatre?   (pas encore)
9. Une thérapie peut peut-être vous soulager?   (aucun)
10. Etes-vous sûr de comprendre?   (rien)
11. Pouvons-nous vous aider?   (guère)
12. Avez-vous des enfants, des relations dans la région?   (ni … ni)
13. Sortez-vous?   (plus)
14. Lisez-vous le journal?   (ne aucun)

NÉGATIONS COMBINÉES

Voici les combinaisons possibles entre **personne, rien, jamais, aucun, plus.**

rien personne	**Ne** dites **rien à personne.** *Don't say anything to anybody.*
~~rien personne~~	**Ne** dites **rien à personne.** *Don't say anything to anybody.*
jamais personne	Il **ne** voit **jamais personne.** *He never sees anybody.*
jamais rien	Il **ne** mange **jamais rien.** *He never eats anything.*
plus rien	Je **ne** dis **plus rien.** *I no longer say anything.*
plus personne	Je **ne** vois **plus personne.** *I don't see anyone anymore.*
jamais aucun	Il **n'**a **jamais aucun** ami. *He never has a friend.*
jamais plus ✱plus jamais	Je **ne** vous vois **jamais plus.** Je **ne** vous vois **plus jamais.** *I never see you anymore.*
jamais plus rien	Elle **ne** dit **jamais plus rien.** *She doesn't say anything anymore.*
jamais plus personne	Je **ne** vois **jamais plus personne.** *I no longer see anyone.*
jamais plus aucun	Je **ne** vois **jamais plus aucun** ami. *I no longer see any friends.*
jamais plus rien … personne	Je **ne** vais **jamais plus rien** dire **à personne.** *I shall never say anything to anyone again.* Je **ne** vais **jamais plus rien** faire **avec personne.** *I shall no longer do anything with anyone.*

(handwritten: use this form in p.c. not jamais plus)

EXERCICE

C. Refaites les phrases suivantes avec le vocabulaire et les négations suggérées.

1. M. Begag est une personne très discrète. Il / dire / rien / personne.
2. Comme les chameaux (*camels*) qui traversent le désert, elle / boire / rien / jamais.
3. Tu es vraiment perdu. Tu / comprendre / plus / rien.
4. La guerre a séparé les deux amis. Ils / se voir / jamais / plus.
5. Autrefois, tu m'aidais à faire le ménage. Maintenant tu / faire / jamais / plus / rien.
6. Christine a changé d'attitude. Elle / téléphoner / jamais / personne / plus.

7. Arrêtez de parler! Vous / écouter / jamais / personne.
8. Ces parents ont eu de la chance avec leurs enfants. Ils / avoir des problèmes / jamais / aucun.
9. Josette a perdu tout ce qu'elle avait. Elle / donner / jamais / plus / rien / personne.
10. Gabriel a appris qu'il était diabétique. Après cela, il / manger un bonbon / jamais / plus / aucun.

Suppléments de grammaire

1 quelqu'un, personne, quelque chose, rien + de + adjectif

Quand ces quatre expressions sont employées avec un adjectif, il faut avoir **de** entre l'expression et l'adjectif. L'adjectif est toujours à la forme masculine.

C'est **quelqu'un de gentil.** Vous dites **quelque chose de vrai.**
Je n'ai rencontré **personne d'intéressant.** Elle n'a acheté **rien de cher.**

* Remarque: Quand une personne, une chose sont employées comme noms, on n'ajoute pas **de,** et l'adjectif est à la forme féminine.

Voilà une personne intéressan**te.**   Elle achète des choses chè**res.**

EXERCICES

D. Répétez chaque adjectif avec **quelqu'un de, personne de, une personne.**

1. sportif   3. charmant   5. intelligent
2. courageux   4. fort   6. chic

E. Répétez chaque adjectif avec **quelque chose de, une chose, rien de.**

1. positif   2. important   3. gris   4. évident   5. douteux 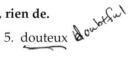 *doubtful*

2 ne ... que / seulement (*only*)

Ne ... que n'est pas une négation. C'est une expression de restriction. Elle entoure le verbe simple ou le verbe composé. On garde l'article complet.

Je **ne** bois **que** de l'eau.   Je **n'**ai lu **qu'**une page.

a. *Only* se traduit par **ne ... que** ou **seulement** dans les cas suivants:

quand il modifie un nom objet direct.

*I like **only** milk.*   Je **n'**aime **que** le lait.
                          J'aime **seulement** le lait.

quand il modifie un objet indirect.

*He talks **only** to Pierre.*   Il **ne** parle **qu'**à Pierre.
                                 Il parle **seulement** à Pierre.

quand il modifie un objet de préposition.

> *She sleeps **only** with tranquilizers.*   Elle **ne** dort **qu'**avec des tranquillisants.
> Elle dort **seulement** avec des tranquillisants.

quand il modifie un infinitif objet avec **à** ou **de**.

> *He thinks **only** of having fun.*   Il **ne** pense **qu'**à s'amuser.
> Il pense **seulement** à s'amuser.

> *I ask you **only** to read this.*   Je **ne** vous demande **que** de lire cela.
> Je vous demande **seulement** de lire cela.

quand il modifie un groupe de mots qui commence par une conjonction autre que la conjonction **que**.

> *She sings **only** if one begs her to.*   Elle **ne** chante **que** si on la supplie.
> Elle chante **seulement** si on la supplie.

b. *Only* se traduit par **seulement** dans les cas suivants (**ne ... que** est impossible):

si la conjonction qui suit est **que**.

> *I need you **only** to talk to me.*   J'ai **seulement** besoin que tu me parles.

avec un sujet sans verbe dans une phrase elliptique.

> Qui a compris?—**Seulement** Pierre.

c. *Only* se traduit par **seul (seule)** avec un sujet dans une phrase complète. **Seul** peut être placé avant ou après le nom.

> **Seul** Gérard (*ou* Gérard **seul**) a compris.   **Seule** Jeanne (*ou* Jeanne **seule**) est venue.

EXERCICE

F. Faites des phrases avec le vocabulaire suggéré, et les groupes restrictifs: **ne ... que, seulement** ou **seul.**

> **Modèle:** Le docteur lui défend de boire de l'alcool. Il / boire / l'eau.
> *Il **ne** boit **que** de l'eau.*

1. Julie déteste presque tous les légumes. Elle / manger / des carottes.
2. Nous ignorons les langues africaines. Nous / parler / français.
3. Véronique déteste les bars enfumés (*smoky bars*). Elle / danser / quand le bal est en plein air.
4. Mes grands-parents souffrent de la chaleur. Ils / se promener / le soir.
5. Des étrangers ne peuvent pas comprendre. Des amis / pouvoir écrire une telle lettre.
6. Mes cousins ne prennent pas l'apéritif pendant la semaine. Ils / prendre l'apéritif / le dimanche.
7. Ce chien est très timide. Il / obéir / à son maître.
8. Le patron a mis tous les employés à la porte?—Non, Jacques.

9. Aucun pays européen n'avait les moyens d'aider la France et l'Angleterre à gagner la guerre. Les Américains / pouvoir les aider.
10. Je vous demande peu de choses. Je vous demande / de me rendre ce service.
11. Ces personnes ont eu de la chance. Elles / perdre / des choses sans valeur dans l'incendie.
12. Les vrais amateurs de cigare n'allument pas leur cigare avec un briquet. Ils / allumer un cigare / avec une allumette.

3 ▸ n'avoir qu'à / il n'y a qu'à

L'expression **n'avoir qu'à** + un infinitif s'emploie avec un sujet personnel.

Tu **n'as qu'à** demander à Agnès.   *All you need to do is ask Agnès.*

Avec un sujet impersonnel, **il n'y a qu'à** signifie *the only* (ou *the best*) *thing to do is …*

Il n'y a qu'à appeler la police.   *The only* (ou *The best*) *thing to do is to call the police.*

Dans la conversation familière, **tu n'as qu'à** est souvent contracté et prononcé **t'as qu'à** /taka/; **il n'y a qu'à** est contracté et prononcé **y a qu'à** /jaka/.

EXERCICE

G. Dites avec l'expression **n'avoir qu'à** ou **il n'y a qu'à** ce que ces personnes devraient faire (*ought to do*). Suivez le modèle.

Modèle: Tu as faim? (manger)
*Tu **n'as qu'à** manger.*

1. Vous avez soif?   (boire un grand verre d'eau)
2. Ces étudiants sont fatigués de prendre l'autobus?   (aller à bicyclette)
3. Ils toussent.   (arrêter de fumer)
4. Cette jeune fille se trouve trop grosse?   (manger moins de gâteaux)
5. Tu veux me parler demain?   (téléphoner de bonne heure)
6. Il y a un incendie?   (appeler les pompiers)
7. Le directeur n'est pas content de sa secrétaire.   (la renvoyer)

4 ▸ il s'agit de (*it is about*)

a. Cette expression est toujours impersonnelle. Si en anglais on a un nom sujet pour *is about*, en français il faut utiliser **dans** + le nom devant le verbe impersonnel.

Dans cette histoire, **il s'agit d'**un pompier qui éteint un incendie.   *This story is about a firefighter who extinguishes a fire.*

✳ **Attention!** Il est incorrect de dire ~~Cette histoire s'agit…~~

b. La question se formule ainsi: **De quoi s'agit-il?** (*What is it about?*)

5 Expressions avec **rien**

Ça ne fait rien.⎫ **Ce n'est rien.**⎭	*It does not matter.*
C'est tout ou rien.	*It's all or nothing.*
C'est trois fois rien.	*It's of no importance.*
(Je vous remercie.) —De rien!	*Don't mention it!*
Rien à faire!	*Nothing doing! Nothing can be done about it!*
Bon(ne) à rien	*Good-for-nothing*

EXERCICE

H. Dites en français:

1. This scene is about two couples who are arguing.   2. What is this novel about?
3. It is about war and peace.   4. This book is about travels in Europe.   5. It does not matter.   6. It's of no importance.

Synthèse

APPLICATIONS

I. Tout va mal.   Certains jours, tout va mal. Utilisez des négations dans les phrases suivantes.

Modèle: Je me suis levée tôt.
  *Je **ne** me suis **pas** levée tôt.*

1. J'avais faim. Je voulais manger quelque chose.
2. Il y avait encore du café. Il y avait du lait et des céréales.
3. J'avais envie d'aller au marché.
4. Il faisait beau.
5. Quelqu'un m'a téléphoné pour sortir.
6. J'ai toujours envie de travailler le dimanche.
7. Tout marchait bien.

Continuez à dire, avec des négations, ce qui n'allait pas (voiture, démarrer, essence, supermarché ouvert, etc.).

II. Excuses.   Une de vos amies vous écrit une lettre avec des excuses exagérées. Commencez les phrases par: **Je suis désolée, je suis navrée.**

Modèle: Je ne t'ai pas vu(e) hier.
  *Je suis désolée de **ne pas** t'avoir vu(e) hier.*

1. Je ne t'ai pas parlé.   2. Je n'ai reçu aucun message de toi.   3. Je n'ai rien compris à nos projets.   4. Je n'ai pas encore rencontré tes parents.   5. Je n'ai vu personne.   6. Je ne suis pas allée à notre rendez-vous.   7. Je ne te vois plus.   8. Je n'ai jamais eu de chance.

A votre tour, dites pourquoi vous êtes désolé(e).

III. Que fait, que pense Mme Smith?   Combinez chaque phrase de la colonne de gauche avec une phrase de la colonne de droite en suivant le modèle:

Modèle: Mme Smith est étonnée   Elle ne trouve personne à la porte.
Mme Smith est étonnée de **ne** *trouver* **personne** *à la porte.*

1. Mme Smith est humiliée   Aucun visiteur n'a sonné à la porte.
2. Elle prie son mari   Elle ne fume plus jamais.
3. Elle demande au pompier   Elle ne se trompe jamais.
4. Elle décide   Il ne mêle pas les étrangers à leurs disputes.
5. Elle a entendu   Il ne touche à rien.
6. Elle est sûre   Elle n'a pas eu raison.

IV. Restrictions et interdictions.   Dites ce que ces personnes ne font pas et les restrictions qu'elles sont obligées d'observer.

Modèle: Patrick est végétarien. (manger de la viande, manger des légumes)
Patrick est végétarien; il **ne** *mange* **pas** *de viande, il* **ne** *mange* **que** *des légumes.*

1. Marie a de l'asthme.   (fumer; respirer à la montagne)
2. Emile déteste le froid.   (vouloir vivre à Paris; être heureux à la Martinique)
3. Pendant la guerre, les Français   (pouvoir acheter ce qu'ils voulaient; manger des rutabagas).
4. Avant un examen nous   (sortir; dormir cinq heures par nuit).
5. Ce millionnaire est difficile.   (prendre le train; voyager dans son avion personnel)
6. Jeanine est amoureuse.   (dormir; penser à son petit ami)

Quelles restrictions et interdictions avez-vous dans votre vie (allergies; restrictions imposées par vos parents, etc.)?

V. Autre façon de parler.   Expliquez la personnalité de Franck, en employant le verbe entre parenthèses et une négation.

Modèle: Franck est courageux.   (avoir peur)
Franck est courageux; il n'a peur de rien.

1. Franck est timide.   (parler à)   ~~je parle à personne~~
2. Il ne lit pas beaucoup.   (s'intéresser à)   ~~il ne s'intéresse à personne~~
3. Il reste toujours chez lui.   (avoir envie de sortir)   ~~Il n'a jamais envie. (aucun)~~
4. Il est égoïste.   (donner quelque chose à)   ~~Il ne donne jamais rien à personne~~
5. Au milieu d'un groupe de jeunes gens, il est silencieux.   (avoir quelque chose à dire)   ~~Il n'a rien~~
6. Le soir, il est souvent seul.   (connaître quelqu'un avec qui sortir)   ~~Il ne connaît personne~~
7. Il ne sort pas le week-end.   (assister à des boums, à des événements sportifs)   ~~Il n'assiste ni à des boums ni à ...~~
8. Il est plutôt menteur.   (dire toujours la vérité)   ~~Il ne dit jamais~~
9. Je lui conseille d'aller voir un psychiatre.   (désirer changer)

ACTIVITÉS

1. **Travail à deux.** Comparez avec un(e) camarade ce que vous pouvez ou ne pouvez pas faire dans votre famille. Utilisez des expressions négatives comme **moi non plus, aucun, personne, rien, jamais,** etc.

   sortir tous les soirs   ne sortir que le samedi soir
   rentrer à n'importe quelle heure   regarder la télé quand ça vous plaît
   mettre le volume de votre stéréo très fort

2. **Sondage.** Préparez un questionnaire sur les interdictions et les permissions qui existent en France, aux Etats-Unis et au Canada sur les points suivants: marcher sur les pelouses dans les parcs ou les jardins publics, conduire avant l'âge de 18 ans, boire du vin avant 21 ans, cueillir des fleurs sauvages, amener son chien dans un restaurant.

   Demandez à vos camarades ce qu'ils pensent de ces interdictions et permissions. Partagez vos résultats avec la classe.

3. **Travail en groupe.** Avec deux ou trois camarades, parlez de l'avenir de l'environnement, de ce qu'on fait ou non pour sauver la planète Terre de la pollution et de la destruction.

   recycler   déchets   préservation des espèces rares
   effet de serre   pureté de l'air   trou dans la couche d'ozone
   monoxyde de carbone   destruction des forêts

4. **Jeu de rôle.** Vous jouez le rôle d'un reporter qui voyage pour observer les catastrophes naturelles. Deux camarades vous interviewent sur ce que vous avez vu et vécu lors d'une de ces catastrophes: inondation, tremblement de terre, éruption volcanique, tornade.

   partie du monde   circonstances   réactions de la population
   services d'entraide   secours   panique

TRADUCTION

1. Mme MARTIN: Our neighbors' children are having a fight again.
2. M. MARTIN: I don't hear anything.
3. Mme MARTIN: I hear them. I think they are in the attic.
4. M. MARTIN: No, I don't think [so]. I think they are in the cellar.
5. Mme MARTIN: Their parents are never home … There is never anybody to watch (**surveiller**) them.
6. M. MARTIN: The Joneses are not very rich. They don't have enough money to pay for a baby-sitter (**un[e] baby-sitter**).
7. Mme MARTIN: I smell something [*it smells of something*] burning. I am sure they have been playing with matches.
8. M. MARTIN: You are imagining things. I don't smell anything. It must be your roast burning in the oven.

9. Mme MARTIN: Look! Don't you see the smoke rising from the roof?
10. M. MARTIN: No! It looks more like a cloud.
11. Mme MARTIN: We must notify the firefighters right away!
12. M. MARTIN: It's nothing serious and this is none of your business.
13. Mme MARTIN: I hear someone ringing the doorbell.
14. M. MARTIN: (*goes and opens the door*). It's the firefighters. They are coming to extinguish the fire that is burning in our kitchen!

RÉDACTIONS

1. **Optimiste ou négatif?**   Imaginez un dialogue entre deux amis qui discutent de leurs études, de leur vie familiale, de leurs distractions, de leurs projets d'avenir. L'un est très optimiste et positif: il s'intéresse à tout, étudie plusieurs sujets, a de bons rapports avec sa famille, pratique plusieurs sports, espère voyager dans le monde, se marier, avoir une famille à lui. L'autre est pessimiste et négatif: il n'a aucun intérêt à ses études, il ne finit rien de ce qu'il commence, il est fâché avec sa famille, il est hypocondriaque et pas sportif, refuse de voyager, etc.

2. **Théâtre absurde.**   En vous inspirant du texte de Ionesco, écrivez une petite scène «absurde» dans laquelle le dialogue est incohérent, mais garde une apparence logique et où les personnages disent des choses banales, des lieux communs sur un ton moqueur.

L'interrogation

Vocabulaire du texte

administrer un questionnaire to conduct a survey
alcoolisé(e) alcoholic (*drink*)
aspirateur (*m.*) vacuum cleaner
boisson (*f.*) drink, beverage
briquet (*m.*) cigarette lighter
cadre (*m.*) executive
conserves (*f. pl.*) canned goods
consister à to consist of
déchirer to tear
en boîte(s) canned
engrais (*m.*) fertilizer
en sachet(s) powdered
-express (*suffixe*) quick
faire confiance à to trust
faire tenir (*les cheveux*) to hold a set, the curl (*of one's hair*)
jardinage (*m.*) gardening
lessive (*f.*) laundry, wash; detergent
linge (*m.*) linens; laundry
loisir (*m.*) leisure time, activity
machine (*f.*) **à laver** washing machine
matelas (*m.*) mattress
métier (*m.*) job
-minute (*suffixe*) quick
mousser to foam
moutarde (*f.*) mustard
onctueux (onctueuse) oily and smooth
ongles (*m. pl.*) nails (*of fingers, toes*)
papeterie (*f.*) stationery, stationery store
parfum (*m.*) perfume; flavor
pâtes (*f. pl.*) noodles; pasta
pressé(e) in a hurry
prêt(e) ready
purée (de pommes de terre) (*f.*) mashed potatoes
repassage (*m.*) ironing
retraite (*f.*) retirement
rideau (*m.*) drape, curtain
salir to make dirty
sécher to dry
selon according to
sirop (*m.*) syrup
sous-vêtements (*m. pl.*) underwear
teindre to dye
tousser to cough
tout(e) fait(e) instant, ready-to-use
transports (*m. pl.*) **en commun** public transportation
vieux (*m. pl.*) old people
voiture (*f.*) **d'enfant** baby carriage

Vocabulaire supplémentaire

La publicité

abonnement (*m.*) subscription
affiche (*f.*) poster
agence (*f.*) **publicitaire** advertising agency
brochure (*f.*) pamphlet
campagne (*f.*) **publicitaire** advertising campaign
catalogue (*m.*) catalogue
couplet (*m.*) **publicitaire** jingle
dépliant (*m.*) leaflet
échantillon (*m.*) sample
goût (*m.*) taste
lancer un produit to launch a product
mode (*f.*) fashion
panneau (*m.*) billboard
petites annonces (*f. pl.*) classified ads
promotion (*f.*) special offer
prospectus (*m.*) handout leaflet
publicitaire (*m.*), **publiciste** (*m. ou f.*) adperson

réclame (*f.*) special offer
slogan (*m.*) slogan
spécimen (*m.*) complimentary copy or item

spot (*m.*) **publicitaire** short advertising message
vanter un produit to praise, speak highly of a product

Divers

brillantine (*f.*) brilliantine
fer (*m.*) **à repasser** iron
laque (*f.*) hair spray
lave-vaisselle (*m.*) dishwasher
luge (*f.*) sled
mousse (*f.*) foam, mousse
planche (*f.*) **à repasser** ironing board

repasser to iron
séchoir (*m.*) **à linge, sèche-linge** (*m.*) clothes dryer
séchoir (*m.*) **à cheveux, sèche-cheveux** (*m.*) hair dryer
traîneau (*m.*) sled

Français en couleurs

Pour indiquer l'intérêt qu'on porte à la conversation, sans s'engager ou y participer activement, on peut demander «Ah bon?» ou s'exclamer «Ah bon!» Par exemple, à une déclaration comme: «Tu sais, je vais au Mexique, cet été», on répondra: «Ah, bon?»

En affaires, «le boss», c'est le patron. «Un baratin» est un discours habile et trompeur pour convaincre quelqu'un d'acheter quelque chose. A un baratineur qui baratine on peut dire: «Arrête ton baratin!» (*Cut the chat*). On dit aussi «faire du boniment».

«Charrier», c'est exagérer, se moquer de quelqu'un. Exemple: «Tu as encore oublié de me rapporter mes bouquins? Tu charries!» «Rouler» quelqu'un, c'est le tromper. On dit aussi «rouler quelqu'un dans la farine» (*flour*).

«Se faire arnaquer», c'est se faire escroquer (*to be swindled, to be had*). «Une occase» est une bonne affaire. Une entreprise qui réussit «fait un malheur» ou «un tabac». Quand tout va bien, on dit «ça baigne» et on peut ajouter «dans l'huile». «Un battant» est un ambitieux, qui fait tout pour réussir, et un objet «top-niveau», c'est ce qu'on fait de mieux (*top of the line*).

En français canadien «l'affaire est ketchup» veut dire «l'affaire arrive à propos» (*it's well timed*).

Enquêtes-minute

Georges Pérec (1936–1982)   est né à Paris. Il a fait de bonnes études à Paris et en Tunisie. Il s'intéresse beaucoup aux questions de technique littéraire. Son premier livre, *Les choses,* qu'il décrit comme «une histoire des années soixante», obtient le prix Théophraste-Renaudot en 1965. Georges Pérec a aussi travaillé comme documentaliste au C.N.R.S. (Centre national de la recherche scientifique). Après le succès de son premier roman, Pérec publie d'autres œuvres qui toutes présentent, d'une manière ou d'une autre, un aspect d'un problème de l'écriture. *Un homme qui dort,* qui paraît en 1967, est écrit à la deuxième personne du singulier. Dans *La disparition* en 1969, il supprime la lettre «e» dans le texte. En 1970, il devient un membre important du groupe OULIPO (Ouvroir de littérature potentielle) dont les membres cherchent à réhabiliter l'artifice littéraire en imposant des contraintes aux textes créés (par exemple supprimer une lettre de l'alphabet comme dans *La disparition*). Certains voient dans les œuvres de Georges Pérec le travail d'un technicien, d'un mathématicien de l'écriture plutôt que d'un auteur. Dans son œuvre principale, *La vie mode d'emploi* (1978), pour laquelle il reçoit le Prix Médicis, Georges Pérec décrit tous les objets d'un immeuble, des caves aux greniers, mais aussi tous ses habitants, présents et passés, et toutes leurs aventures.

Dans cet extrait de «Les Choses», les deux personnages, Jérôme et Sylvie, ne peuvent pas échapper° aux tentations et aux exigences° de la société de consommation. Petit à petit, les choses envahissent leur vie, surtout les objets de consommation courante.° Remarquez comme Georges Pérec aime faire de longues listes d'objets et des inventaires.

avoid / demands

daily

Préparation à la lecture

En France, les classes des écoles élémentaires se terminent généralement à 11 h 30 le matin et à 4 h 30 l'après-midi. Beaucoup de parents viennent attendre leurs enfants à la sortie de l'école pour les ramener à la maison. C'est à ce moment que les enquêteurs peuvent rencontrer les parents et leur poser des questions pour faire leurs sondages. Ils vont aussi dans les HLM, habitations à loyer modéré, c'est-à-dire à bon marché. Ce sont généralement des immeubles destinés à la classe populaire, des groupes d'appartements de construction peu élégante où vivent des familles qui ont beaucoup d'enfants, des immigrés, et des couples qui ont des ressources limitées.

Les sondages portent sur des produits destinés à rendre la vie plus simple et la cuisine plus rapide: la purée toute faite, les produits en sachets, en boîtes, en tube. La cuisine devient ainsi très facile; on fait un geste (ajouter un peu d'eau ou ouvrir une boîte de conserve) et hop! voilà le dîner prêt!

Jérôme avait vingt-quatre ans, Sylvie en avait vingt-deux. Ils étaient tous deux psychosociologues. Ce travail, qui n'était pas exactement un métier, ni même une profession, consistait à interviewer des gens, selon diverses techniques, sur des sujets variés. Il s'agissait, la plupart du temps,
5 d'aller dans les jardins publics, à la sortie des écoles, ou dans les HLM de banlieue, demander à des mères de famille si elles avaient remarqué quelque publicité récente, et ce qu'elles en pensaient. Ces sondages-express, appelés testings ou enquêtes-minute, étaient payés cent francs. Ils passèrent quelques mois à administrer des questionnaires. Puis il se
10 trouva° un directeur d'agence qui, pressé par le temps, leur fit confiance: ils partirent en province, un magnétophone sous le bras.

    Et pendant quatre ans, peut-être plus, ils explorèrent, interviewèrent, analysèrent. Pourquoi les aspirateurs-traîneaux° se vendent-ils si mal? Que pense-t-on, dans les milieux de modeste extraction,° de la chicorée?[1]
15 Aime-t-on la purée toute faite, et pourquoi? Parce qu'elle est légère? Parce qu'elle est onctueuse? Parce qu'elle est si facile à faire: un geste et hop? Trouve-t-on vraiment que les voitures d'enfant sont chères? N'est-on pas toujours prêt à faire un sacrifice pour le confort des petits? Comment votera la Française? Aime-t-on le fromage en tube? Est-on pour ou contre
20 les transports en commun? A quoi fait-on d'abord attention en mangeant un yaourt: à la couleur? à la consistance? au goût? au parfum naturel? Lisez-vous beaucoup, un peu, pas du tout? Allez-vous au restaurant? Que pense-t-on, franchement, de la retraite des vieux? Que pense la jeunesse? Que pensent les cadres? Que pense la femme de trente ans? Que pensez-
25 vous des vacances? Où passez-vous vos vacances? Aimez-vous les plats surgelés? Combien pensez-vous que ça coûte, un briquet comme ça? Quelles qualités demandez-vous à votre matelas? Pouvez-vous me décrire un homme qui aime les pâtes? Que pensez-vous de votre machine à laver? Est-ce que vous en êtes satisfaite? Est-ce qu'elle ne mousse pas trop? Est-
30 ce qu'elle lave bien? Est-ce qu'elle déchire le linge? Est-ce qu'elle sèche le linge? Est-ce que vous préféreriez° une machine à laver qui sécherait° votre linge aussi?

    Il y eut la lessive, le linge qui sèche, le repassage. Le gaz, l'électricité, le téléphone. Les enfants. Les vêtements et les sous-vêtements. La
35 moutarde. Les soupes en sachets, les soupes en boîtes. Les cheveux: comment les laver, comment les teindre, comment les faire tenir, comment les faire briller. Les étudiants, les ongles, les sirops pour la toux, les machines

Directeur

il...there happened to be

Jérôme et Sylvie

canister vacuum cleaners / **les milieux**...in the lower classes

(*cond. prés.* **de préférer**) would prefer / (*cond. prés.* **de sécher**) would dry

---

[1] **la chicorée:** plante dont on fait griller les racines pour la mélanger au café. Elle donne au café un goût amer (*bitter*) que beaucoup de Français apprécient.

à écrire, les engrais, les tracteurs, les loisirs, les cadeaux, la papeterie, le
blanc,° la politique, les autoroutes, les boissons alcoolisées, les eaux   (here) linen
minérales, les fromages et les conserves, les lampes et les rideaux, les assurances, le jardinage.

40

Rien de ce qui était humain ne leur fut étranger.   ■

Questions sur la lecture

1. Quel âge avait Jérôme? Quel âge avait Sylvie?
2. Quel travail faisaient-ils?
3. En quoi consistait ce travail?
4. A quel type de public posaient-ils des questions?
5. Qui leur fit confiance et pourquoi?
6. Combien de temps passèrent-ils à administrer des questionnaires?
7. Que demandaient-ils aux mères de famille?
8. En général, à quels domaines appartenaient les questions?

Questions personnelles

1. Pensez-vous que certaines questions de ces sondages peuvent
   s'adresser à un public américain ou canadien? Lesquelles? Quelles
   questions de ces sondages vous paraissent typiquement françaises et
   plutôt bizarres pour un public américain ou canadien?
2. Quelles questions de ces sondages vous semblent dater? Essayez de
   trouver des sujets de sondages plus appropriés à la vie de notre époque.
3. Aimez-vous répondre à des interviews? Pourquoi ou pourquoi pas?

L'interrogation

Généralités

Il y a plusieurs points à considérer quand on pose une question.

1 Une question peut porter sur l'action exprimée par le verbe ou bien sur le sujet, sur l'objet
direct ou sur les circonstances de l'action.

Vient-elle?	La question concerne l'action de **venir.**
Qui est venu?	La question concerne le sujet.
Que dit-elle?	La question concerne l'objet de **dire.**
Où allez-vous?	La question concerne l'endroit où on va.

2 Dans une question, on a quelquefois un mot interrogatif; ce mot peut être un pronom, un adjectif ou un adverbe.

> **Qui** est venu? (*pronom*)
> **Quelle** heure est-il? (*adjectif*)
> **Pourquoi** pleures-tu? (*adverbe*)

3 L'inversion de l'ordre des mots (sujet et verbe) caractérise une phrase interrogative. Il y a deux sortes d'inversions.

a. L'inversion peut être simple.

> *du nom:*   Où travaille ton père?   (*verbe + nom sujet*)
> *du pronom:*   Comment voyagez-vous?   (*verbe + pronom sujet*)

b. L'inversion peut être double:[2] nom sujet + verbe + pronom sujet.

> Ses **parents** travaillent-**ils** tous les deux?   **Sylvie** pose-t-**elle** beaucoup de questions?

L'interrogation sur le verbe

LA VOIX

On change l'intonation de la phrase. L'ordre des mots ne change pas. On ajoute un point d'interrogation. La réponse attendue est affirmative ou négative.

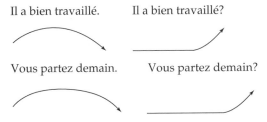

Il a bien travaillé.   Il a bien travaillé?

Vous partez demain.   Vous partez demain?

EST-CE QUE

On commence une phrase par **est-ce que.** L'ordre des mots ne change pas. On ajoute un point d'interrogation. L'intonation suit le schéma suivant.

Vous avez compris.   **Est-ce que** vous avez compris?

---

[2] *Double* signifie qu'il y a deux sujets: le nom et le pronom qui répète le nom.

L'INVERSION

1 Le sujet est un pronom. On a l'inversion simple.

Pour tous les temps simples, on place le pronom sujet après le verbe, avec un trait d'union (*hyphen*). L'intonation est montante.

Etes-**vous** content?   Viendront-**ils?**

a. Pour tous les temps composés, on place le pronom sujet après l'auxiliaire. Le participe passé est placé après le pronom.

Sont-**ils** partis?   Avez-**vous** voyagé?

b. A la forme négative, **ne ... pas (ne ... plus, ne ... jamais)** entourent le verbe au temps simple et l'auxiliaire du verbe composé.

N'êtes-vous **pas** content?   **Ne** sont-ils **jamais** sortis?

2 Le sujet est un nom. On a l'inversion double.

a. Aux temps simples, le nom sujet reste placé devant le verbe, et il est répété par un pronom après le verbe.

Ce jeune homme court-**il** tous les jours?

b. Aux temps composés, le nom sujet reste placé devant l'auxiliaire, et il est répété par un pronom placé entre l'auxiliaire et le participe passé.

Le courrier est-**il** arrivé?

✴ Remarques:

- Si le verbe se termine par une voyelle ou un **e** muet, on met un **-t-** (euphonique) devant **il** ou **elle.**

    Parle-**t**-il anglais?   Sera-**t**-elle à l'heure?   A-**t**-il eu peur?

- Pour les verbes pronominaux, le pronom réfléchi reste placé devant le verbe simple ou l'auxiliaire. (Voir page 260.)

    Se souvient-il?   **S'**est-il souvenu?   Votre ami **s'**est-il perdu?

- A la première personne du singulier du présent, quatre verbes seulement sont employés avec l'inversion: **avoir, être, pouvoir, savoir.**

    avoir **ai-je**   pouvoir **puis-je**   être **suis-je**   savoir **sais-je**

- Pour les autres verbes, on utilise **est-ce que.**

- **N'est-ce pas?** sert à demander une approbation. C'est la traduction de: *do you? doesn't he? did he? have they?* etc.

✴ Remarque: Quand l'interrogation porte sur le verbe et quand la question est affirmative, la réponse ne peut être que **oui** on **non.** Si la question est négative, **Oui** est remplacé par **Si!**

    N'avez-vous pas peur de la pollution? —**Si!**

EXERCICE

> **A.** Mettez les phrases suivantes à la forme interrogative avec l'inversion du sujet.
>
> 1. Les mères de famille ont remarqué les publicités récentes. 2. Ils étaient tous deux psychosociologues. 3. Ce travail n'était pas vraiment lucratif. 4. On aime le fromage en tube. 5. Vous aimeriez, Madame, manger tous les jours de la soupe en boîte. 6. Une personne active n'est pas toujours prête à prendre sa retraite. 7. Les yaourts sont bons pour la santé. 8. Le directeur les a bien payés.

L'interrogation par mot interrogatif

L'ADJECTIF INTERROGATIF: «QUEL», «QUELLE», «QUELS», «QUELLES»

L'adjectif interrogatif est toujours accompagné d'un nom; il s'accorde en genre et en nombre avec ce nom. Quand il y a une préposition, la préposition précède le groupe.

> **Quelles** fleurs préférez-vous?   A **quel** étudiant parlez-vous?
> **Quel** étudiant n'a pas compris?

L'adjectif interrogatif et le nom sont parfois séparés par **être**.

> **Quels** sont **les meilleurs yaourts?**

PRONOMS INTERROGATIFS D'IDENTITÉ

On pose une question sur l'identité d'une personne ou d'une chose. Les pronoms sont différents selon leur fonction grammaticale (sujet, objet ou objet d'une préposition). On a des formes courtes et des formes longues.

1 Formes courtes

	personnes	choses
sujet	qui	—
objet direct	qui	que
objet de prép.	à qui	à quoi
	de qui	de quoi
	avec qui	avec quoi

> **a.** Personnes—**qui.** Quand on pose une question sur l'identité d'une personne, on a le pronom interrogatif **qui** dans tous les cas.
>
> > **Qui** a fait une enquête?—**Pierre** a fait une enquête. (*sujet*)
> > **Qui** avez-vous vu?—J'ai vu **Pierre.** (*objet direct*)
> > **De qui** parlez-vous?—Je parle **de Pierre.** (*objet de prép.*)

b. Choses—**que, quoi.** Quand on pose une question sur l'identité d'une chose, il n'y a pas de forme courte pour le sujet. L'objet direct est **que.** L'objet de la préposition est **quoi.**

> **Que** faites-vous?—Je fais **des sondages.** (*objet direct*)
> **Avec quoi** écrivez-vous?—J'écris **avec un stylo.** (*objet de prép.*)
> **De quoi** parlez-vous?—Je parle **de la publicité.** (*objet de prép.*)

2 Emploi des formes courtes

a. Si **de** est une partie de l'article partitif (**de l', de la** ou **du**), le nom est un objet direct partitif et répond à la question **que.**

> Je bois **de** l'eau.   **Que** buvez-vous?

b. Pour l'objet de la préposition, la préposition est toujours le premier mot de la phrase interrogative.

> **Avez quoi …?   Chez qui …?**

c. Après **qui** et **quoi,** l'inversion est simple pour le pronom sujet, double pour le nom sujet.

> De qui parlez-**vous?**   Avec quoi **cet enfant** écrit-**il?**

d. Après **que,** on a l'inversion simple du nom sujet.

> Que fait **Marie?**   Que dit **le professeur?**

e. *Whose … is?* peut se traduire de deux façons. Quand on exprime la parenté ou les relations entre personnes, on emploie **de qui** + être.

> *Whose brother is he?*   **De qui est**-il le frère?

Quand on exprime la possession d'une chose, on emploie **à qui** + être.

> *Whose book is this?*   **A qui est** ce livre?

3 Formes longues

	personnes	**choses**
sujet	qui est-ce qui	qu'est-ce qui
objet direct	qui est-ce que	qu'est-ce que
objet de prép.	à qui est-ce que	à quoi est-ce que
	de qui est-ce que	de quoi est-ce que

a. Personnes—**qui est-ce qui, qui est-ce que.** On ajoute **est-ce qui** après **qui** (la forme courte du sujet), **est-ce que** après **qui** (la forme courte de l'objet direct et de l'objet de préposition).

> **Qui est-ce qui** a téléphoné?
> **Qui est-ce que** vous avez vu?
> **Avec qui est-ce que** Marie a parlé?

b. Choses—**qu'est-ce qui, qu'est-ce que.** On ajoute **est-ce qui** après **que (qu')** pour obtenir la forme longue du sujet.

> **Qu'est-ce qui** arrive?—Un accident.

On ajoute **est-ce que** après **que** (la forme courte de l'objet direct) et après **quoi** (la forme courte de l'objet de préposition).

> **Qu'est-ce que** vous voyez?—Le ciel.
> **De quoi est-ce qu'**ils ont parlé?—De la température.

4 Emplois des formes longues

a. Il n'y a jamais d'inversion avec les pronoms à formes longues.

b. **Qu'est-ce qui** est la seule forme de pronom sujet pour les choses.

Tableau-résumé:
Pronoms interrogatifs d'identité

	personnes	choses
sujet	*who*	*what*
	Qui vient? **Qui est-ce qui** vient?	**Qu'est-ce qui** se passe?
objet direct	*whom*	*what*
	Qui voyez-vous? **Qui est-ce que** vous voyez?	**Que** voyez-vous? **Qu'est-ce que** vous voyez?
objet de prép.	*with whom*	*with what*
	Avec qui parlez-vous? **Avec qui est-ce que** vous parlez?	**Avec quoi** mangez-vous? **Avec quoi est-ce que** vous mangez?

EXERCICES

B. Mettez la forme correcte de l'adjectif interrogatif dans les phrases suivantes.

1. _Quelles_ qualités demandez-vous à un matelas?
2. _Quelle_ autoroute prend-on pour sortir de Paris?
3. _Quel_ tracteur est-ce que ce fermier va choisir?
4. _Quelle_ est la différence entre ces deux shampooings?
5. _Quels_ livres avez-vous lus récemment?
6. A _quelles_ papeteries achetez-vous votre papier à lettres?
7. De _quel_ magnétophone se servent-ils?
8. _Quels_ loisirs est-ce qu'on recommande aux retraités?

C. Posez des questions sur les groupes de mots en italique.

> **Modèle:** Ils mangent *de la moutarde en tube.*
> *Que mangent-ils?*

1. Sylvie va faire *une enquête.*   2. *Jérôme* préférerait une machine à laver.   3. Elle a envie *d'un aspirateur-traîneau.*   4. Quand il mange du yaourt, il fait attention *au parfum.*   5. Vous aimez *les soupes en boîtes.*   6. Ils ont administré un questionnaire *aux mères de famille.*   7. Nous faisons la purée *avec des pommes de terre.*   8. Tu penses *à la retraite des vieux.*   9. Mireille promène *son bébé* dans une voiture d'enfant.   10. Le directeur a allumé son cigare *avec un briquet.*

D. Mettez dans l'espace vide le pronom interrogatif, forme longue, qui convient. Le groupe entre parenthèses vous indique la fonction du pronom.

> **Modèle:** _____ vous lisez? (un roman policier)
> *Qu'est-ce que vous lisez?*

1. _____ on soigne la grippe?   (avec de l'aspirine, du repos, des jus de fruits)
2. _____ vous fait tousser?   (la fumée)
3. _____ Jérôme pose des questions?   (aux mères à la sortie des écoles)
4. _____ cette machine sèche?   (le linge)
5. _____ achète des plats surgelés?   (les gens qui n'aiment pas faire la cuisine)
6. _____ Sylvie a interrogé?   (ses camarades de bureau)
7. _____ se sert de ces produits?   (surtout les habitants de la campagne)
8. _____ le médecin vous a défendu de boire?   (des boissons alcoolisées)

E. Mettez dans l'espace vide le pronom interrogatif qui convient, forme longue ou courte.

> **Modèle:** _____ a téléphoné?   (Pierre)
> *Qui a téléphoné?*

1. _____ vous aimez?   (les gens intelligents)
2. _____ il recevait?   (des colles)
3. _____ fait-il confiance?   (au directeur)
4. _____ fait votre père?   (il est sociologue)
5. _____ s'occupait son frère?   (d'électronique)
6. _____ votre mère s'occupe?   (de ses vieux parents)
7. _____ on fait des sacrifices?   (pour ses enfants)
8. _____ aviez-vous besoin?   (de plus de loisirs)

PRONOMS INTERROGATIFS DE CHOIX

Pour choisir une personne, une chose dans un groupe, on emploie le pronom **lequel, laquelle** (*which one?*).

> Vous avez lu tous les poèmes de Victor Hugo: **lequel** préférez-vous?

1 On accorde le pronom avec le nom qu'il représente.

	masc.	fém.
sing.	lequel	laquelle
pl.	lesquels	lesquelles

Ils ont quatre fils; **lesquels** sont mariés?

Voici des oranges: **laquelle** voulez-vous manger?

Je vais lui acheter des fleurs: **lesquelles** coûtent le moins cher?

2 On contracte les prépositions **de** et **à** avec **le** et **les** de **lequel, lesquels, lesquelles**. Le résultat est **duquel, desquels, desquelles; auquel, auxquels, auxquelles**.

✳ Attention: **De laquelle** et **à laquelle** ne sont pas contractés.

Ils parlent des champions russes: **desquels** parlent-ils?

Tu penses à un ancien amour: **auquel** penses-tu?

Vous parlez à une amie: **à laquelle** parlez-vous?

3 On fait l'inversion après **lequel, laquelle,** etc., quand ils sont objets directs ou objets de préposition. Pour éviter l'inversion, on peut employer **est-ce que**.

Je lui ai offert deux autos: **laquelle** conduit-elle?

laquelle est-ce qu'elle conduit?

EXERCICES

F. Mettez la forme correcte de **lequel** dans les espaces vides.

1. _____ de vos enfants est le plus affectueux?   2. Parmi toutes les marques de <u>lessive</u>, _____ achetez-vous?   3. Moi, j'aime les sous-vêtements confortables. Et vous, _____ portez-vous?   4. De tous les sirops pour la toux, _____ est-ce que votre docteur recommande?   5. Voilà de jolies lampes. _____ allez-vous acheter?   6. Ils ont contacté plusieurs compagnies d'assurance. _____ offre le meilleur contrat?   7. Vous vous êtes trompé de route? _____ cherchez-vous?   8. _____ de ces parfums vient de Paris?

G. Dans les phrases suivantes mettez la forme correcte de **lequel (de laquelle, duquel, desquels, desquelles, à laquelle, auquel, auxquels, auxquelles)**. Ajoutez «est-ce que» si c'est nécessaire.

1. On produit des <u>centaines</u> d'engrais. _____ se sert cet <u>agriculteur</u>?   2. Vous avez plusieurs oncles. _____ vous pensez le plus souvent?   3. _____ de ces soupes en sachets a-t-on envie?   4. _____ de ces mères de famille les enquêteurs ont-ils parlé?   5. Elle écrit à tous ses enfants. _____ ne reçoit-elle jamais de nouvelles?   6. Parmi les transports en commun, _____ a-t-on le plus besoin?   7. Beaucoup de catastrophes nous menacent; _____ avez-vous surtout peur?   8. Voici deux plats de pâtes; _____ tu as ajouté du beurre?

COMMENT TRADUIRE *WHICH* OU *WHAT*?

Parce que *which* ou *what* peuvent se traduire différemment en français, il faut les analyser correctement. Est-ce que *which* ou *what* sont adjectifs ou pronoms, sujets, objets directs, etc.? Comparez les phrases suivantes:

What *is going on?* **Qu'est-ce qui** se passe?	*(pronom sujet)*
What *are you doing tonight?* **Qu'est-ce que** vous faites ce soir?	*(pronom objet direct)*
What *time is it?* **Quelle** heure est-il?	*(adjectif)*
What *is the difference?* **Quelle** est la différence?	*(adjectif)*
Which *book did you read?* **Quel** livre avez-vous lu?	*(adjectif)*
Which *one do you prefer?* **Lequel** préférez-vous?	*(pronom de choix)*

QUESTIONS IDIOMATIQUES

Il y a plusieurs questions formées avec **qu'est-ce que** ou **que**.

1 **Qu'est-ce que c'est que … ?**
Quand on pose une question sur un mot qu'on ne comprend pas ou pour obtenir une définition, on emploie **Qu'est-ce que c'est que**.

> **Qu'est-ce que c'est que** l'existentialisme?

2 **Que + avoir / Qu'est-ce que + avoir**
Que (ou **qu'est-ce que**) + **avoir** traduit l'expression *What is the matter with . . . ?*

> **Qu'est-ce que tu as?** ⎫
> **Qu'avez-vous?** ⎬   *What is the matter with you?*
> **Qu'est-ce qu'il y a?**   *What is the matter?*

3 **Que + devenir / Qu'est-ce que + devenir**
Que (ou **qu'est-ce que**) + **devenir** se traduit de la façon suivante:

Présent **Qu'est-ce que** vous devenez?	⎰ **What** *are you (have you been) up to?* ⎱ **What**'s *becoming of you?*
Passé **Qu'est** devenue sa mère?	**What** *has become of his mother?*
Futur **Que** deviendras-tu?	**What** *will become of you?*

▌ *** Remarque:**   Le nom ou le pronom qui est l'objet de *to become of* en anglais est le sujet du verbe **devenir** en français.

EXERCICE

H. Complétez les phrases suivantes avec un équivalent du mot anglais *what*.

1. _Qu'est-ce qui_ fait briller vos cheveux?
2. _Que_ dites-vous?
3. _Qu'est-ce qui_ pousse dans votre jardin?
4. _Quelle_ est la différence entre ces deux lessives?
5. _Qu'est-ce qu'_ il y a?
6. _Qu'_ avez-vous?
7. _Qu'_ est devenu cet ancien président?
8. _Quels_ films avez-vous vus récemment?
9. _Qu'est-ce que_ c'est qu'un briquet?
10. _Quelle_ heure est-il?
11. _Quelle_ sorte de pâtes achetez-vous?
12. _Qu'est-ce qui_ vous ennuie?

LES ADVERBES INTERROGATIFS

Les adverbes interrogatifs sont **où, quand, comment, combien, pourquoi.**

1 Avec **où, quand, comment, combien,** si la phrase est composée simplement d'un verbe et d'un sujet, on a l'inversion simple du nom: adverbe + verbe + nom sujet.

Où sont mes papiers?   **Comment** dorment les chevaux?

Quand commence le film?   **Combien** gagne ton frère?

2 Avec **pourquoi** on ne peut pas avoir l'inversion simple du nom; il faut employer l'inversion double. On peut avoir l'inversion simple du pronom.

Pourquoi vos **enfants** crient-**ils?**   **Pourquoi** pleure-t-**il?**

3 Si **où, quand, comment, combien** et **pourquoi** commencent une phrase du type «nom sujet + verbe + objet direct», il faut employer l'inversion double mais jamais l'inversion simple.

Où le **professeur** a-t-**il** mis ses papiers?

Pourquoi les **enfants** mâchent-**ils** du chewing-gum?

Avec tous ces adverbes interrogatifs la forme longue est toujours possible.

Comment est-ce que vous avez enregistré cette conversation?

* Remarque: Dans la conversation, très souvent le mot interrogatif (excepté **qui** sujet, **qu'est-ce qui** et **qu'est-ce que**) se place à la fin de la phrase.

Vous êtes resté **combien de temps?**   Ils partent **quand?**

Il est parti **à quelle heure?**   Ça coûte **combien?**

Cet instrument, ça sert **à quoi?**

EXERCICE

I. Faites des questions avec l'adverbe et le vocabulaire donnés. N'employez pas **est-ce que**. Mettez les phrases au temps indiqué.

1. Comment / lancer un produit / on / ?   (présent)
2. Quand Jérôme / administrer un questionnaire / aux fermiers?   (passé composé)
3. Où / se trouver / le prospectus?   (imparfait)
4. Combien / coûter / les abonnements?   (présent)
5. Pourquoi / le vendeur / ne pas vous donner un échantillon?   (passé composé)
6. Quand / commencer / la campagne publicitaire?   (passé composé)
7. Comment / Sylvie / faire marcher son caméscope?   (présent)
8. Pourquoi / les centres commerciaux / ne pas lancer ce produit?   (plus-que-parfait)

Suppléments de grammaire

1 ▶ penser à / Que pensez-vous de ...?

L'expression **penser à** signifie *to think of, about*.

Je **pense à** mes amis, à mes vacances, à mon travail.

La phrase interrogative **Que pensez-vous de ... ?** signifie **Quelle est votre opinion sur ce sujet?** La réponse à cette question est: **Je pense** *que...*

Que pensez-vous *des* aspirateurs-traîneaux?   —Je **pense** *qu'*ils sont très pratiques.

EXERCICE

J. Traduisez les phrases suivantes.

1. What are you thinking about?
2. I am thinking about the lost dog.
3. What do you think of this survey?
4. I think it is interesting.

2 ▶ Les dimensions

Voici plusieurs façons d'exprimer les dimensions.

a. La longueur et la largeur

Question: **Combien** mesure cette pièce?
          Quelles sont les dimensions de cette pièce?
Réponse: Cette pièce a (*ou* fait) six mètres **de long,** trois mètres **de large** et quatre mètres **de haut.**
          Cette pièce a (*ou* fait) six mètres **de longueur,** trois mètres **de largeur** et quatre mètres **de hauteur.**

b. La profondeur et l'épaisseur

Question: **Quelle** est la profondeur de cette rivière?
          Quelle est l'épaisseur de ce mur?

Réponse: Cette rivière **a une profondeur de** deux mètres.

Cette rivière **est profonde de** deux mètres.

Ce mur **a une épaisseur de** cinquante centimètres.

Ce mur **est épais de** cinquante centimètres.

c. La distance

Question: Paris, **c'est à quelle distance de** Marseille?

Paris, **c'est à combien** (de kilomètres) **de** Marseille?

Quelle est la distance de Paris à Marseille?

Combien y a-t-il de Paris à Marseille?

Il y a combien de Paris à Marseille?

Réponse: Paris, **c'est à** 800 kilomètres de Marseille.

Il y a 800 kilomètres de Paris à Marseille.

P. est à 800 km. de Marseille.

EXERCICES

K. Donnez les dimensions (questions et réponses) de votre chambre, de la salle de classe, des fenêtres et des portes de la classe, de votre livre de français, de votre voiture. Si vous ne connaissez pas la dimension exacte, devinez.

L. Donnez la distance de votre ville à la capitale de l'état voisin ou la province voisine, de Paris à Londres (400 km), de Paris à New York (3 500 km), de Paris à Montréal (4 000 km), de Paris à Ottawa (4 500 km).

3 Les mesures

a. Voici quelques mesures du système métrique:

> 1 mètre = environ 1 *yard* (exactement 1 *yard* + 3.3 *inches*)
> 1 mètre = 100 centimètres; 1 centimètre = 0.39 *inch*
> 1 kilomètre = 1 000 mètres = 0.6213 *mile*
> 1 kilo(gramme) = 1 000 grammes = 2.2 *pounds*

b. On mesure:

la taille	*height; waist*
la taille de son bras	*arm*
la taille de sa cuisse	*thigh*
la taille de ses mollets	*calf*
son tour de poitrine	*chest*
son tour de hanche	*hips*
son tour de cou	*neck*
son tour de tête	*head (hat) size*

c. On parle de **taille** pour les vêtements, de **pointure** pour les chaussures et les gants.

EXERCICE

M. Combien mesurez-vous? Combien pesez-vous? Consultez le tableau ci-dessous. Quelle taille de vêtements portez-vous quand vous achetez un pantalon? un manteau? des chaussures? une chemise? Quelle est la taille idéale pour un homme? pour une femme?

Table de comparaison des tailles

Femmes

Robes, chemisiers (blouses) *et tricots* (sweaters)

F	36	38	40	42	44
E.U.	8	10	12	14	16

Bas (hose) *et collants* (pantyhose)

F	1	2	3	4	5
E.U.	$8\frac{1}{2}$	9	$9\frac{1}{2}$	10	$10\frac{1}{2}$

Chaussures (shoes)

F	35	36	37	38	39
E.U.	5	6	7	8	9

Hommes

Chemises (shirts)

F.	36	37	38	39	40	41
E.U.	14	14.5	15	15.5	16	16.5

Tricots (sweaters)

F	36	38	40	42	44	46
E.U.	46	48	51	54	56	59

Costumes (suits)

F	36	38	40	42	44	46
E.U.	35	36	37	38	39	40

Chaussures (shoes)

F	39	40	41	42	43	44
E.U.	6	7	7.5	8.5	9	10

4 ▶ L'approximation

On exprime l'approximation de deux façons:

a. par la terminaison **-aine** après certains nombres

une huitaine (de jours)	*about eight* (days); *about a week*
une dizaine (d'années)	*about ten* (years)
une quinzaine	*about fifteen; about two weeks*
une vingtaine	*about twenty*

une trentaine	*about thirty*
une quarantaine	*about forty*
une cinquantaine	*about fifty*
une soixantaine	*about sixty*
une centaine	*about one hundred*

* Attention: Une douzaine d'œufs signifie exactement douze.

(handwritten annotation: about only words that these expressions)

b. avec les expressions suivantes:

environ	*about, around*
un peu moins de	*a little less than*
un peu plus de	*a little more than*
près de, dans les	*around, approximately*

Elle a **environ** cinquante ans.	*She is **about** fifty years old.*
Cela coûte **dans les** mille francs.	*It costs **around** 1,000 francs.*

EXERCICE

N. Utilisez des expressions d'approximation dans les phrases suivantes.

1. Mon père a quarante ans.   2. Nous resterons à Paris huit jours.   3. Il y avait cent personnes à cette réunion.   4. Il y a vingt kilomètres de Paris à Versailles.   5. Douze œufs coûtent vingt francs.   6. Elle a habité quinze ans en Afrique.

Synthèse

APPLICATIONS

I. Un petit curieux.   Sylvie est sortie hier soir avec un jeune homme particulièrement intéressant. Un de ses amis lui pose des questions indiscrètes. D'après les réponses suivantes écrivez les questions de ce petit curieux.

1. C'est Jérôme qui m'a présentée à ce jeune homme. *(handwritten: Qui est-ce qui t'a présenté)*
2. Il est né à Dakar.
3. Il fait des études de médecine.
4. Ses parents lui paient ses études.
5. Oui, il travaille aussi dans un restaurant.
6. Il fait du vélo et du tennis.
7. Il est passé me chercher hier soir vers sept heures.
8. Nous sommes allés manger au restaurant et ensuite nous sommes allés au cinéma.
9. Non, nous avons pris le métro.
10. Il m'a raccompagnée vers onze heures.
11. Oui, s'il me retéléphone.
12. Cela ne te regarde pas. Tu es trop curieux.

II. Stage à l'étranger.   Vous faites partie d'un groupe d'étudiants qui va passer un mois dans une ville de France pour suivre des cours à l'université. Vous posez des questions à votre accompagnateur (accompagnatrice) (*group leader*) sur les points suivants:

1. *Vos cours:* l'endroit où ils ont lieu; le nombre d'heures de cours par semaine; le sujet des cours; les enquêtes;[3] etc.
2. *Le professeur:* son âge, sa personnalité, sa méthode d'enseignement, son apparence physique.
3. *Le logement:* l'endroit où il se trouve, ce qu'il y a dans votre chambre, la personne qui s'occupe du ménage, le prix du loyer, payer le téléphone, l'eau, l'électricité, le chauffage.
4. *Les repas:* l'endroit où on les prend, la qualité, ce qu'on mange, les heures, qui les prépare.
5. *La ville:* ses dimensions et sa population, les monuments historiques qui sont dans le voisinage, la vie économique.

A votre tour, trouvez cinq questions sur des sujets variés (distractions, sports, cinés, discos, musées, etc.).

III. Une enquête sur un accident.   Il y a eu un accident dans la rue. Un agent de police pose des questions aux témoins pour savoir:

1. l'heure de l'accident.
2. qui est responsable.
3. quel conducteur est coupable d'inattention.
4. si quelqu'un a vu toute la scène.
5. ce que les personnes présentes ont vu.

Continuez l'enquête et utilisez votre imagination.

IV. Préparatifs d'enquête.   Avant leur départ en province, Jérôme et Sylvie posent des questions au directeur de l'agence. Aidez-les à préparer leur questionnaire. Ils veulent être sûrs:

1. de ce qu'il faut qu'ils demandent aux mères de famille.
2. dans quelles villes ils doivent aller.
3. combien de temps ils doivent rester dans chaque endroit.

Continuez et écrivez au moins neuf questions.

ACTIVITÉS

1. **Travail à deux.**   Avec un(e) camarade créez une brochure ou un dépliant pour faire la publicité d'un objet de votre choix: disque compact, produit alimentaire, revue, etc.
2. **Sondage.**   Demandez à vos camarades quelles sont les questions qu'il faut poser à une personne qu'on désire bien connaître. Choisissez les dix plus importantes et présentez-les à vos camarades.

---

[3] **enquêtes:** In some French-language courses abroad, students are required to conduct interviews with the merchants in the town or city where they are living.

3. **Jeu de rôle.**   Vous jouez le rôle d'un coiffeur ou d'une coiffeuse et vous conseillez un client (une cliente): veut-il (elle) se faire couper les cheveux, se faire teindre, friser, défriser, etc.?

le salon de coiffure (*beauty shop*)	la coiffure (*hairstyle*)
les cheveux longs, courts, frisés (*curly*), raides (*straight*)	pousser (*to grow*)
une mise en plis (*set*)	une permanente (*perm*)
la décoloration (*rinse*)	la teinture (*color*)
un shampooing (*shampoo*)	le bigoudi (*roller*)

TRADUCTION

Miss Etoile, I am Caroline, from the magazine *Rock Chic*. Would you please answer some questions for our readers?

1. First of all, at what time do you wake up?
2. Never before noon.
3. What do you eat for breakfast: cereal, toasts?
4. I eat cereal and I drink juice.
5. What brand of cereal, and what kinds of juice?
6. I do not want to advertise them.
7. Are you for or against diets?
8. I do not need to go on a diet (**suivre un régime**); I exercise enough when I sing and dance.
9. Do you dye your hair?
10. My hair has its natural color, green and purple, as you can see.
11. Who is your hairdresser?
12. That is a secret.
13. What are your plans for the near future (**avenir**)?
14. To sing, to dance, to dance, to sing.
15. What do you think of Madonna?
16. Who is *she* (**elle, celle-là**)?
17. Are you in love at the moment? If so, whom do you love? What's his name? Isn't it your hairdresser?
18. That is none of your business. I must go. I am in a hurry.

RÉDACTIONS

1. **Questionnaire.**   Ecrivez le questionnaire de l'enquête de Jérôme et Sylvie, en vous inspirant du vocabulaire du dernier paragraphe du texte, page 209: *Il y eut la lessive …*

   Modèle: De quelle marque de lessive vous servez-vous? Pourquoi cette lessive vous semble-t-elle meilleure? etc.

2. **Vos lectures.**   Faites une liste de questions pour conduire une enquête sur les goûts de lecture de vos camarades, les livres, les revues qu'ils préfèrent. Combien préfèrent les livres de science-fiction? les romans? les policiers (*detective stories*)? les biographies? les bandes dessinées (*comic strips*)? Combien ne lisent pas souvent, à part les livres scolaires, et préfèrent d'autres activités et lesquelles?

11
Les pronoms personnels

Vocabulaire du texte

à bord on board
ainsi que as well as
au bout de at the end of
au moment où at the time when
se blesser to injure oneself
cale (*f.*) ship's hold
cœur (*m.*) heart
école (*f.*) **communale** public school
empêcher to prevent
équipage (*m.*) crew
exprès specially; on purpose
faire plaisir à to please
fantôme (*m.*) ghost
folie (*f.*) craziness
fou (folle) crazy
garder to keep
imbécile (*m.* ou *f.*) dummy (*stupid person*)
matelot (*m.*) sailor
mettre en quarantaine to (put in) quarantine

peine (*f.*) sorrow, grief
peste (*f.*) plague
plus loin further
plus tard later
plus tôt sooner
pont (*m.*) deck of a ship
pourtant yet
préserver to protect
puisque since
ravi(e) delighted
remuer to move
se faire du mauvais sang to worry
se rendre compte (de) to realize
squelette (*m.*) skeleton
tous les jours every day
toute la journée all day long
tout va bien everything is fine
tristesse (*f.*) sadness
voilier (*m.*) sailing ship; sailboat

Je suis ravi(e) de faire votre confiance

Vocabulaire supplémentaire

Le courrier—la poste

aux bons soins de care of (c/o)
boîte (*f.*) **postale** P.O. box
bureau (*m.*) **de poste** post office
cabine (*f.*) booth
carte (*f.*) **postale** postcard
ci-joint herewith, enclosed
code (*m.*) **postal** zip code
colis (*m.*) parcel
coller to stick
courrier (*m.*) mail

destinataire (*m.* ou *f.*) addressee
enveloppe (*f.*) envelope
expéditeur (*m.*), **expéditrice** (*f.*) sender
facteur (*m.*), **factrice** (*f.*) mail carrier
faire suivre forward
mandat (*m.*) money order
poste (*f.*) **restante** general delivery
poster to post, to mail
postier (*m.*) **postière** (*f.*) post office worker

Les sentiments (feelings)

avoir de la peine to be sad
avoir de la peine à faire une chose to have a hard time doing something
avoir du chagrin to be grieved, distressed
avoir le cafard to feel gloomy, to have the blues
avoir le cœur gros to be very sad
déprimé(e) depressed

être à fond de cale to hit bottom
être au septième ciel to be in seventh heaven
être aux anges to be ecstatic
faire exprès to do on purpose
joyeux (joyeuse) happy
se mettre en colère to get mad

Français en couleurs

En français familier, on dit «un cuistot» pour un cuisinier.

En argot, pleurer, c'est «chialer».

En langue ado, «tchatcher», c'est parler avec quelqu'un, avoir une conversation.

Quand on est triste, «on a le cafard», «on déprime».

Dans les cas extrêmes, «on craque» (*can't take it any longer*), «on flippe», «on débloque», «on pète les plombs» (*one blows the fuses*). On parle «d'angoisse, de panique».

L'expression «Bonjour, l'angoisse!» signifie c'est très, très ennuyeux. Quelque chose qui «vous gonfle, vous plombe» est aussi une chose très ennuyeuse, qui vous dérange, vous fatigue.

L'expression «virer séropo» (*literally, to become HIV positive!*) veut dire avoir une réaction très violente, se fâcher très fort, comme dans «Mon biomane, si je me plante au bac, il vire séropo!»

A Marseille, quand on raconte trop d'histoires inventées, déformées, des «galéjades», «on galèje», et un «fada» est un homme un peu fou, idiot.

La lettre de Marius

Marcel Pagnol (1895–1974)   est né à Aubagne, près de Marseille. Tout petit, assis au fond de la classe de son père instituteur, quand sa mère allait faire des courses, il a appris à lire tout seul. Il a écrit des pièces de théâtre (*Topaze, Marius, Fanny, César*), des scénarios de films, des souvenirs d'enfance (*Le château de ma mère, La gloire de mon père*), et il a dirigé ses propres films (*Regain, Manon des sources, La fille du puisatier*).

Il est devenu membre de l'Académie française. Les thèmes de ses livres et de ses films sont simples. Pagnol peint une certaine image de la Provence, son passé folklorique, parfois plutôt idyllique. Les personnages de ses livres, de ses pièces et de ses films viennent presque tous de milieux modestes et se caractérisent par leur bon sens, leur humour, leur attachement profond aux traditions et à la famille. Leurs vies sont faites de plaisirs simples et de souffrances humaines, parfois tragiques. Pagnol est conscient de la gravité de l'existence, de l'injustice sociale. Mais les personnages de Pagnol sont souvent trop simples pour comprendre tout à fait l'horreur de leur condition. Ils acceptent leur destin avec une résignation bon enfant. Très jeune, Pagnol était fasciné par le pouvoir des mots et par leur sonorité. Il décrit avec vérité et tendresse les <u>tics</u>, les <u>coutumes</u>, la ~quirks, customs~ spontanéité du langage de ses compatriotes, leurs réparties pleines d'humour et de «blagues» (*jokes*). Il a créé le mythe du bon Méridional.

Préparation à la lecture

Dans la trilogie *Marius, Fanny, César*, Pagnol met en scène un groupe de personnages qui vivent près du «vieux port», à Marseille. César est propriétaire du bar «La Marine». Son fils Marius est garçon de café, mais rêve d'aventure et après une idylle avec Fanny, la fille d'une marchande de fruits de mer sur le port, s'est embarqué sur un <u>voilier</u>, vers l'Orient. César ~sail boat~ vient de recevoir une lettre de Marius, qui ne sait pas que Fanny, qui l'aime, est enceinte. Fanny a dû se marier avec un homme plus âgé, Panisse, pour avoir un enfant légitime. Ni Marius ni César ne sont très instruits. Marius emploie des formules compliquées, comme les gens qui n'ont pas l'habitude d'écrire. César ne sait pas lire. C'est Fanny qui lui lit la lettre.

FANNY (*elle lit*): «Mon cher papa, pardonne-moi, mon cher papa, la peine que j'ai pu te faire: je sais bien comme tu dois être triste depuis que je suis parti, et je pense à toi tous les soirs… »

CÉSAR (*il parle au chapeau de paille*[1]): Bon. Il pense à moi tous les soirs, mais
5   moi, grand imbécile, je pense à toi toute la journée! Enfin,° continue.   Anyway

FANNY: «Pour dire de t'expliquer toute la chose et de quelle façon j'avais cette envie, je ne saurais pas te l'écrire.[2] Mais tu n'as qu'à demander à Fanny: elle a connu toute ma folie.»

CÉSAR (*il parle au chapeau*): Folie, c'est le mot. Ça me fait plaisir de voir
10   que tu te rends compte!

---

[1] **il parle au chapeau de paille:** To hide his emotion, César talks to Marius's straw hat, which is hanging in a corner.

[2] **Pour dire … l'écrire:** I don't know how to begin to explain the whole affair and how I got this desire (to go away).

FANNY: «Maintenant, laisse-moi te raconter ma vie… Quand je suis parti
    on m'avait mis aide-cuisinier.°»

> **on…** they had appointed me cook's helper / **il…** (*fut.*) there will be only

CÉSAR: Aide-cuisinier! Ils ont dû bien manger sur ce bateau! Au bout
    d'un mois il n'y aura plus que° des squelettes à bord. Ça va être le
15   bateau-fantôme…

FANNY: «Mais au bout de quelques jours, ils m'ont remplacé par un autre
    homme de l'équipage qui s'était blessé à la jambe en tombant dans la
    cale, et moi, j'ai pris sa place sur le pont.»

CÉSAR: Bon. Maintenant, attention, ça va devenir terrible!

20 FANNY: «Je ne t'ai pas écrit plus tôt parce que, en arrivant à Port-Saïd,[3]
    nous avons eu de gros ennuis. Comme un matelot de bord était mort
    d'une sale maladie, les autorités ont cru que peut-être c'était la peste,
    et on nous a mis en quarantaine.»

CÉSAR (*exorbité°*): La Peste! Tu entends, la peste! Coquin de sort!° La

> (eyes) bulging / I'll be damned! (*expression provençale*) / **Et…** When I think that / the mumps

25   peste sur son bateau! Et dire que° quand un de ses camarades de
    l'école communale attrapait les oreillons,° je gardais M. Marius à la
    maison pendant un mois, pour le préserver! Et maintenant il s'en va
    nager dans la peste! De la peste jusqu'au cou!

FANNY: Mais il ne l'a pas eue, lui, puisqu'il vous écrit.

30 CÉSAR: Il ne l'a pas eue, mais il a bien failli l'avoir!° Continue, il y a

> **il…** he almost got it

    quelque chose pour toi un peu plus loin…°

> **un peu…** a little further / (*fut.*) **will find** / **de…** in the same condition

FANNY: «Enfin, tout ça va très bien et j'espère que ma lettre te trouvera°
    de même,° ainsi que Fanny.»

CÉSAR (*affectueux*): Ainsi que Fanny! Tu vois qu'il pense toujours à toi.

35 FANNY: «Donne-moi un peu des nouvelles de sa santé et de son mariage
    avec ce brave homme de Panisse. Elle sera° sûrement très heureuse
    avec lui, dis-le-lui bien° de ma part.»

> (*fut.* **de être**) will be
>
> **dis…** be sure to tell her that

CÉSAR: Tu vois, dis-le-lui bien de ma part. Tu vois, il pense à toi.

FANNY: «Ecris-moi à mon nom: bord de la *Malaisie*. A Aden.[4] Nous y
40   serons° le 15 septembre. Je t'embrasse de tout cœur. Ton fils Marius.»

> (*fut.* **de être**) will be

CÉSAR (*avec émotion*): Ton fils, Marius.

FANNY: En dessous,° il y a: «Ne te fais pas de mauvais sang, je suis
    heureux comme un poisson dans l'eau.»

> **En…** Underneath

CÉSAR: Eh! oui, il est heureux… Il nous a laissés tous les deux et pourtant

45   il est ravi… (*Fanny pleure. César se rapproche d'elle.*) Que veux-tu,° ma

> **Que…** What do you expect / **il…** that's how he is

    petite Fanny, il est comme ça…° et puis, il faut se rendre compte
    qu'il ne doit pas avoir beaucoup de temps pour écrire, et puis sur un
    bateau, c'est difficile; ça remue tout le temps, tu comprends…
    Evidemment, il aurait pu° mettre quelque chose de plus affectueux

> **il…** (*cond. passé* de **pouvoir**) he could have

    pour moi—et surtout pour toi… Mais peut-être que juste au moment
50   où il allait écrire une longue phrase exprès pour toi, une phrase bien

---

[3] **Port-Saïd:** an Egyptian port on the Mediterranean
[4] **bord de … Aden:** aboard the *Malaisie* (the name of the ship) in Aden, a port in the Red Sea

sentimentale, peut-être qu'à ce moment-là, on est venu l'appeler pour mesurer l'océanographique?[5] Moi, c'est comme ça que je me l'explique... Et puis, c'est la première lettre... Il y en aura d'autres! Té,° maintenant nous allons lui répondre. ■

Té (provençal) = Tiens

55

Questions sur la lecture

1. Comment est-ce que Marius a fait de la peine à son père?
2. Marius dit à son père: «... je pense à toi tous les soirs.» César dit: «... mais moi, grand imbécile, je pense à toi toute la journée.» Quelle est la différence? Qu'est-ce que la phrase de César exprime?
3. Marius était aide-cuisinier. Quelle opinion a César sur les talents de cuisinier de son fils?
4. Pourquoi est-ce que le bateau a été mis en quarantaine?
5. Quelles inquiétudes a César? Quel type de père était César quand Marius était enfant? Comment le savez-vous?
6. Les gens du Midi, particulièrement de Marseille, ont la réputation d'exagérer. En ce qui concerne la peste, comment est-ce que César exagère?
7. La lettre de Marius n'est pas très affectueuse. De qui est-ce que Marius parle surtout? Comment expliquez-vous cela?
8. Pourquoi est-ce que Fanny pleure?
9. Quelles excuses est-ce que César donne à son fils pour expliquer pourquoi il n'a pas parlé plus affectueusement de Fanny?
10. Que vont faire César et Fanny?

Questions personnelles

1. Que pensez-vous de Marius? Il dit qu'il est «heureux comme un poisson dans l'eau». Est-il sincère? A-t-il des regrets? A votre avis, pourquoi a-t-il abandonné Fanny?
2. Que pensez-vous du chagrin de Fanny? Quelles raisons a-t-elle d'avoir de la peine?
3. Est-ce que c'est difficile d'écrire des lettres? Aimez-vous écrire des lettres? Sinon, pourquoi pas? Quel plaisir reçoit-on, fait-on, quand on échange des lettres?
4. Quelle est votre réaction quand vous avez de la peine: est-ce que vous vous mettez en colère, pleurez, riez, parlez fort, chantez?
5. Avez-vous tendance à exagérer? Connaissez-vous des personnes qui exagèrent? Pouvez-vous raconter une histoire «marseillaise»?

---

[5] **mesurer...:** mesurer la profondeur de l'océan. César, comme beaucoup de personnes qui n'ont pas d'instruction, est impressionné par les mots qu'il ne comprend pas. Son emploi de l'adjectif «océanographique», un mot long, à la place du nom «océan», simple et court, produit un effet comique.

Les pronoms personnels

Formes

Le pronom personnel remplace un nom de personne ou un nom de chose.

> Jean voit **le professeur.**   Il **le** voit.
> Vous aimez **les oranges?**   Vous **les** aimez?

La forme du pronom est déterminée par la fonction du nom qu'il remplace.

Sujet:	**Les étudiants** sont étonnés.	**Ils** sont étonnés.
Objet direct:	Tu comprends **la question?**	Tu **la** comprends?
Objet indirect (*prép.* **à**):	Vous parlez **à Robert.**	Vous **lui** parlez.
Objet de prép:	Elle habite **chez ses parents.**	Elle habite **chez eux.**

sujet	objet direct	objet indirect	objet de préposition (pronoms disjoints ou toniques)	pronoms-adverbes
je	me, m'	me, m'	moi	y
tu	te, t'	te, t'	toi	en
il	le, l'	lui	lui	
elle	la, l'	lui	elle	
nous	nous	nous	nous	
vous	vous	vous	vous	
ils	les	leur	eux	
elles	les	leur	elles	
on	se, s'	se, s'	soi	

✳ Remarques:
- Les pronoms **y** et **en,** qui sont à l'origine des adverbes de lieu, ont des emplois spéciaux.
- Pour le pronom réfléchi **se, s',** voir page 259.
- Pour le pronom réfléchi **soi,** voir page 393.

Emplois

LES PRONOMS SUJETS

Les pronoms sujets sont **je, tu, il, elle, nous, vous, ils, elles, on.**

1 **Il** représente une personne masculine, un animal mâle ou une chose masculine.

> **Panisse** écrit une lettre.   **Il** écrit une lettre.
> **Le bateau** quitte le port.   **Il** quitte le port.

2 **Ils** est employé pour le masculin pluriel.

    Les matelots sont occupés.   **Ils** sont occupés.

    Les ports se trouvent sur la Méditerranée.   **Ils** se trouvent sur la Méditerranée.

3 **Elle** représente une personne féminine, un animal femelle ou une chose féminine.

    La jeune fille est indépendante.   **Elle** est indépendante.

    La peste est terrible.   **Elle** est terrible.

4 **Elles** est employé pour le féminin pluriel.

    Les femmes des matelots s'ennuient.   **Elles** s'ennuient.

    Les nouvelles sont bonnes.   **Elles** sont bonnes.

5 Pour **on,** voir page 37.

LES PRONOMS OBJETS DIRECTS

Les pronoms objets directs sont **me, m'; te, t'; le, l'; la, l'; nous; vous; les.** Ils se placent *devant* le verbe.

1 **Le** (*him, it*) remplace un nom objet direct masculin, qui représente une personne, un animal ou une chose, déterminé par un article défini.

La (*her, it*) remplace un nom objet direct féminin, qui représente une personne, un animal ou une chose, déterminé par un article défini.

L' est l'élision de **le** ou **la** devant un verbe qui commence par une voyelle ou un **h** muet.

    Je vois **le tableau.**   Je **le** vois, je l'admire.

    Il préfère **la musique.**   Il **la** préfère, il l'aime.

Les (*them*) est la forme du pluriel pour le masculin et pour le féminin.

    Marius aime **les voyages.**   Il **les** aime.

    César lit **les lettres.**   Il **les** lit.

✳ Remarques:

- A la place de l'article défini, le mot qui précède le nom peut être un adjectif possessif ou un adjectif démonstratif.

    Elle étudie **ses** leçons.   Elle **les** étudie.

    Tu aimes **ce** livre?   Tu l'aimes?

- **Le** remplace aussi toute une proposition (*clause*) ou un adjectif.

    Je vais dire **que tu as lu la lettre.**   Je vais **le** dire.

    Tu es **heureux?**   Tu l'es?

- Le pronom peut remplacer un seul nom ou un groupe de mots (*phrase*) qui représente une seule personne ou un seul objet.

    Je rencontre **le moniteur.**   Je **le** rencontre.

    Je rencontre **le moniteur du cours de voile.**   Je **le** rencontre.

    Il a perdu **ses clés.**   Il **les** a perdues.

    Il a perdu **les clés de la voiture de Jacques.**   Il **les** a perdues.

- Le pronom objet direct suivi de **voici** ou **voilà** interprète:

  Here I am! There they are!   **Me** *voici!* **Les** *voilà!*

- L'ordre des mots à la forme négative est le suivant:

sujet + **ne** + pronom + verbe + **pas**

  Je **ne** les aime **pas.**   Vous **ne** l'avez **pas** vu?

2 Certains verbes qui se construisent avec une préposition en anglais ont un *objet direct* en français.

to look at:	**regarder**	Je regarde **la mer.**
		Je **la** regarde.
to look for:	**chercher**	Tu cherches **tes clés?**
		Tu **les** cherches?
to listen to:	**écouter**	Vous écoutez **le concert.**
		Vous **l'**écoutez.
to wait for:	**attendre**	Elle **m'**attend.
to ask for:	**demander**	Nous demandons **l'heure.**
		Nous **la** demandons.

EXERCICE

A. Refaites les phrases suivantes. Employez un pronom objet direct à la place des mots en italique. Attention à l'accord du participe passé.

Modèle: Je regarde *le voilier / tu / mes enfants.*
    Je **le** regarde.   Je **te** regarde.   Je **les** regarde.

1. Elle lit *la lettre / les cartes / le journal.*
2. Fanny a connu *Marius / je / nous.*
3. Ils ont remplacé *le matelot blessé / la directrice / les voyageurs.*
4. Je ne comprends pas *ce problème / cette histoire / ces enfants.*
5. Il a perdu *sa clé / son chien / ses notes de cours.*
6. Elles prenaient *l'avion / le bateau / la route.*
7. Il attend *ses lettres / tu / vous.*
8. Les matelots lavent *le pont / la cuisine / les cabines.*
9. Je cherche *l'ouvre-boîtes / les verres bleus / la casserole.*
10. Nous regardons *l'émission sportive / le documentaire / les danseurs.*

LES PRONOMS OBJETS INDIRECTS ET «Y»

On a un objet indirect si le verbe a la construction suivante: verbe + **à** + nom. Les pronoms objets indirects sont **me, m', te, t', lui, nous, vous, leur** et **y.** Ils se placent *devant* le verbe.

1 Tous ces pronoms objets indirects, sauf **y**, remplacent seulement des noms de personnes ou d'animaux qui ont la fonction d'objet indirect.

a. Lui (*to him, to her*) remplace un nom masculin ou féminin singulier.

Vous obéissez **à votre père?**	Vous **lui** obéissez?
Je parle **à Francine.**	Je **lui** parle.

b. Leur (*to them*) remplace un nom masculin ou féminin pluriel.

Tu réponds **à tes parents.**	Tu **leur** réponds.
Elle n'écrit pas **à ses amies.**	Elle ne **leur** écrit pas.

Voici d'autres verbes qui sont construits avec un objet indirect.

appartenir à (*to belong*)	Ce livre **m'appartient.**	*This book **belongs to me.***
demander à (*to ask*)	Tu demandes à ta mère quelle heure il est.	*You ask your mother what time it is.*
	Tu **lui demandes** quelle heure il est.	*You **ask her** what time it is.*
dire à (*to tell*)	Elle dit à Jean-Paul de venir.	*She tells Jean-Paul to come.*
	Elle **lui dit** de venir.	*She **tells him** to come.*
écrire à (*to write*)	Tu écris à tes cousines.	*You write to your cousins.*
	Tu **leur écris.**	*You **write to them.***
obéir à (*to obey*)	Il obéit à ses parents.	*He obeys his parents.*
	Il **leur obéit.**	*He **obeys them.***
plaire à (*to please*)	Mon cadeau **vous plaît?**	*My present **pleases you?***
répondre à (*to answer*)	Je réponds au professeur.	*I answer the professor.*
	Je **lui réponds.**	*I **answer him** (**or her**).*
ressembler à (*to look like*)	Ton frère **te ressemble.**	*Your brother **looks like you.***
téléphoner à (*to telephone*)	Elle téléphone à sa tante.	*She telephones her aunt.*
	Elle **lui téléphone.**	*She **telephones her.***

2 Souvent le verbe a deux objets: l'objet direct qui représente une chose, l'objet indirect qui représente une personne.

Marius écrit **une lettre à son père.**
Vous envoyez **un télégramme à vos parents.**

Voici d'autres verbes qui sont construits avec un objet direct et un objet indirect.

acheter (*to buy*)	Nous achetons une voiture à notre fils.	*We buy a car for our son.*
	Nous **lui achetons** une voiture.	*We buy him a car.*
demander (*to ask*)	Je demande l'heure à la vendeuse.	*I ask the salesperson what time it is.*
	Je **lui demande** l'heure.	*I ask her the time.*
donner (*to give*)	Je donne le journal à mon voisin.	*I give my neighbor the newspaper.*
	Je **lui donne** le journal.	*I give him the newspaper.*
emprunter (*to borrow*)	Elle a emprunté mille francs à sa sœur.	*She borrowed one thousand francs from her sister.*
	Elle **lui a emprunté** mille francs.	*She borrowed one thousand francs from her.*
expliquer (*to explain*)	Le professeur de ski explique sa méthode aux enfants.	*The ski instructor explains his method to the children.*
	Le professeur de ski **leur explique** sa méthode.	*The ski instructor explains his method to them.*
prêter (*to lend*)	Tu prêtes ta voiture à ta sœur?	*You lend your car to your sister?*
	Tu **lui prêtes** ta voiture?	*You lend her your car?*
raconter (*to tell*)	Elle **me raconte** sa vie.	*She tells me her life story.*
rendre (*to give back, to return*)	Je rends à Pierre l'argent qu'il m'a prêté.	*I give back to Pierre the money he lent me.*
	Je **lui rends** l'argent qu'il m'a prêté.	*I give him back the money he lent me.*
vendre (*to sell*)	Il a vendu sa moto à son cousin.	*He sold his motorcycle to his cousin.*
	Il **lui a vendu** sa moto.	*He sold him his motorcycle.*

Pour l'emploi de deux pronoms ensemble, voir page 242.

3 **Y** est souvent adverbe, mais peut aussi être pronom objet indirect.

   a. Comme adverbe, **y** remplace des noms de lieu avec **à, sur, dans, chez,** etc.

      Le bateau de Marius est **à Aden.**   Il **y** est.
      Vous restez **chez vous** ce soir?   —Oui, j'**y** reste.

   b. Comme pronom, **y** s'emploie pour remplacer des objets indirects qui représentent une chose, un objet inanimé.

On répond **à une question.**   On **y** répond.
Les matelots obéissent **au règlement.**   Ils **y** obéissent.

✱ Attention: Quelques verbes suivis de **à** ont une construction spéciale. Ils n'utilisent pas le pronom objet indirect, mais le pronom disjoint (voir p. 238).

EXERCICE

B. Refaites les phrases suivantes en remplaçant l'expression en italique par un pronom objet indirect ou **y.**

Modèles: J'écris une lettre *à ma mère / à ton frère / (tu)*
*Je **lui** écris une lettre.*
*Je **lui** écris une lettre.*
*Je **t'**écris une lettre.*

1. Marius fait de la peine *à sa sœur / à son père / (je)*
2. Il envoie un paquet *à ses parents / (vous) / (tu)*
3. Fanny lit la lettre *à César / (nous) / à son amie Maria*
4. Les cadeaux font plaisir *aux enfants / (nous) / (je)*
5. Le jeune homme ne raconte pas ses voyages *à son père / à sa cousine / (je)*
6. Vous répondez *à la question / au gendarme / à ma lettre*
7. Tu ne désobéis pas *à tes parents / au règlement / à tes principes*

LES PRONOMS DISJOINTS

Les pronoms disjoints sont **moi, toi, lui, elle, nous, vous, eux, elles.** On utilise ces pronoms seulement pour remplacer les noms de personnes ou d'animaux.

1 L'emploi le plus courant des pronoms disjoints est après une préposition; le groupe préposition + pronom disjoint est placé *après* le verbe.

Est-ce que ça vous intéresse de travailler   Est-ce que ça vous intéresse de travailler
pour ces gens?   **pour eux?**
Caroline est venue **chez moi.**

2 Avec certains verbes qui sont suivis de la préposition **à** + nom de personne, on ne peut pas employer les pronoms objets indirects devant le verbe. On répète la préposition **à** après le verbe et on emploie les pronoms disjoints.

Il pense **à moi, à toi, à vous.**
Je pense **à mon frère.**   Je pense **à lui.**
Elle s'adresse **à ses parents.**   Elle s'adresse **à eux.**
Je m'intéresse **à Christine.**   Je m'intéresse **à elle.**

✱ Attention: Si le nom représente une chose ou un objet inanimé, on emploie **y.**

Je fais attention **à ma santé.**   J'**y** fais attention.

Voici des verbes qui ont cette construction:

aller à	to go to	s'adresser à	to address oneself to
courir à	to run to	s'habituer à	to get used to
être à	to belong to	s'intéresser à	to be interested in
être habitué à	to be used to	se fier à	to trust
faire attention à	to pay attention to	songer à	to dream, to think about
penser à	to think of	tenir à	to value
rêver à	to dream of	venir à	to come to

Tableau-Résumé

verbes	noms de personnes		noms de choses
	pronom objet indirect		
obéir à, répondre à, etc.	me, te, lui nous, vous, leur	*+ verbe*	**y** *+ verbe*
penser à, tenir à, etc.	*pronom disjoint* moi, toi		**y** *+ verbe*
	verbe + à +	lui, elle nous, vous eux, elles	

3 On emploie aussi les pronoms disjoints pour renforcer les pronoms sujets. On place le pronom disjoint au début de la phrase, devant le pronom sujet ou à la fin de la phrase.

> **Moi,** je ris, et **lui,** il pleure.
> Tu vas partir en vacances, **toi?**
> **Lui et moi,** nous sommes de grands amis.

Le pronom sujet disparaît et le pronom disjoint a la fonction de sujet dans les cas suivants:

a. avec plusieurs sujets

> **Lui et moi** avons fait un voyage ensemble.

b. dans l'expression **c'est ... qui**

> **C'est lui** qui fait la cuisine, **c'est moi** qui fais la vaisselle.

c. dans une réponse elliptique, sans verbe, et avec les adverbes **aussi** et **non plus**

> Qui a parlé?   —**Moi, pas elle.**
> J'ai le mal de mer.   —**Moi aussi.**
> Elle n'a plus faim.   —**Lui non plus.**

d. avec **ni ... ni**

> **Ni lui ni elle** ne parlent français.

e. dans une comparaison (voir p. 170)

> Vous parlez **plus** fort **que lui.**

4 On emploie les pronoms disjoints pour insister sur les pronoms objets directs ou indirects. On peut employer l'expression d'insistance **c'est ... que.** Pour insister sur l'objet indirect, on répète **à** devant le pronom objet disjoint.

Objet direct	Objet indirect
Personne ne **m'**aime, **moi.**	Je te parle, **à toi,** pas **à elle.**
C'est **toi** que je regarde.	C'est **à lui** que je pense.
Qui cherches-tu? **Eux,** pas **elles.**	A qui téléphones-tu? **A lui.**
Je ne trouve ni **lui,** ni **elle.**	Il n'obéit ni **à vous,** ni **à moi.**

✱ Remarque: Il existe une autre forme de pronom disjoint: **soi.** Ce pronom s'emploie quand le sujet du verbe est un pronom indéfini, comme **on, chacun** (*each one*). Pour renforcer le sujet, on emploie la forme **soi-même; soi** s'emploie aussi après une préposition, ou dans une comparaison.

> On peut le faire **soi-même.**
> On est bien **chez soi.** Chacun **pour soi.**
> On a souvent besoin d'un **plus petit que soi.**

EXERCICES

C. Refaites les phrases suivantes avec des pronoms disjoints, à la place des expressions en italique.

1. Il vient s'asseoir à côté *de Nicole* / *de Pierre* / *de* (*je*).
2. Ils se disputent à propos *des enfants* / *de* (*vous*) / *de* (*nous*).
3. Nous n'habitons plus *chez nos parents* / *chez* (*nous*) / *chez Mme Voisin.*
4. Il ne peut pas vivre *sans Marie* / *sans Julie et Pauline* / *sans* (*tu*).
5. Quand vous courez, restez *derrière* (*je*) / *derrière Robert* / *derrière les autres coureurs.*
6. Françoise s'est sacrifiée *pour sa mère* / *pour ses parents* / *pour* (*tu*).

D. Incorporez les pronoms suggérés dans les phrases suivantes.

Modèles: Tu parles / je /.   Elle pense / je /.
   *Tu **me** parles.*   *Elle pense **à moi.***

1. Je m'adresse / tu /. Je téléphone / tu /.
2. Je prête mon auto / ils /. J'écris / ils /. Je me fie / ils /.
3. Son fiancé tient / elle /. Il écrit / elle /. Il pense / elle /. Il téléphone / elle / tous les jours.
4. Cette bicyclette est / je /. Cette bicyclette appartient / je /. Julia a prêté cette bicyclette / je /.

5. Votre enfant ressemble / vous /. Votre enfant tient / vous /. Votre enfant répond / vous / gentiment.
6. Le professeur s'intéresse / tu /. Le professeur ne parle pas / nous /. Le professeur / dit d'aller au tableau / nous /.

E. Refaites les phrases suivantes en remplaçant le groupe en italique par un pronom indirect, un pronom disjoint ou **y.**

Modèle: Daniel pense *à son voyage.*
Il **y** *pense.*

1. Je parle *à Michelle.*
2. Ma cousine tient beaucoup *à ses grands-parents.*
3. Le commandant du bateau réfléchit *au problème.*
4. Marcel ne s'intéresse pas *aux mathématiques.*
5. Est-ce que vous vous fiez *à cette personne?*
6. Votre tableau ressemble *à un dessin de Picasso.*
7. Je prête mon voilier *à mes amis.*
8. Elle ne s'habitue pas *à ses nouveaux voisins.*
9. Ce château appartient *à la princesse.*
10. César pense *à son fils* tous les jours.

F. Dans les phrases suivantes, mettez le pronom qui convient dans l'espace vide. Dans certaines phrases le pronom anglais vous indique la personne.

1. _____, j'écris à mon père tous les jours; et _____, est-ce que tu écris à ton père aussi souvent que _____?
2. Les enfants n'ont pas de soucis, _____. _____ s'amusent pendant que les parents travaillent. _____, je trouve ça normal. Et _____, qu'en pensez _____?
3. C'est _____ qui étudions le plus. —Pas du tout. Ni (*you*) _____ ni (*he*) _____ n'étudiez autant que (*I*) _____.
4. Ces femmes sont fatiguées de rester à la maison, _____. Elles désirent accompagner leurs maris, qui, _____, font des voyages, sortent, jouent au tennis.
5. Tu fais des économies, _____? —Oui, j'en fais. Ma sœur, _____, n'en fait pas. Elle est plus dépensière que _____ (*I*).
6. Tu es fatigué? —(*I*) _____ aussi.
7. Nous n'avons pas d'argent. (*They*) _____ non plus.
8. Ma chère Isabelle, c'est _____ que j'aime, c'est à _____ que je pense quand je suis en voyage, c'est _____ qui me rends heureux, c'est _____ qui avons de la chance.
9. Cet enfant est terrible. Il ne respecte ni son père ni sa mère; il n'obéit ni à _____ ni à _____.

LE PRONOM «EN»

En est le pronom qui remplace **de** + nom de chose ou **de** + infinitif. **En** précède immédiatement les verbes.

J'ai besoin **de chaussures.**	*I need some shoes.*
J'**en** ai besoin.	*I need some.*
J'ai l'intention **de voyager.**	*I intend to travel.*
J'**en** ai l'intention.	*I intend to do so.*

✱ Remarque: **En** remplace **du** ou **des** + nom: (1) article partitif, (2) article indéfini pluriel ou (3) article contracté.

(1) Tu veux **du café?**	Tu **en** veux?
(2) Elle achète **des pommes.**	Elle **en** achète.
(3) Il se sert **du tire-bouchon.**	Il s'**en** sert.

1 On emploie **en** après les verbes suivis de **de.** Voici une liste de verbes courants:

s'approcher de	to approach	**profiter de**	to take advantage of
se passer de	to do without	**se souvenir de**	to remember
se servir de	to use	**prendre soin de**	to take care of
parler de	to talk about	**s'occuper de**	to deal with

On emploie aussi **en** avec les expressions formées avec **avoir,** et avec **être** suivi d'un adjectif.

● **Avoir**

avoir besoin de	**avoir l'habitude de** (*to be used to*)
avoir peur de	**avoir l'intention de** (*to intend to*)
avoir envie de	

J'ai besoin **de vanille** pour cette recette.	*I need vanilla for this recipe.*
J'**en** ai besoin.	*I need some.*

● **Etre**

être heureux de	**être triste de**	**être ravi de** (*to be delighted about*)

Elle était triste **de son départ.**	*She was sad about his departure.*
Elle **en** était triste.	*She was sad about it.*
Nous sommes heureux **de parler** français.	*We're happy to speak French.*
Nous **en** sommes heureux.	*We're happy about it.*

2 Quand ces verbes et ces expressions sont suivis d'un nom de *personne,* on a le choix de pronom: **de lui, d'elle, d'eux, d'elles** ou **en.** Si le nom représente une personne précise, on emploie le *pronom disjoint.* Si le nom est indéterminé (*indefinite*), on emploie **en.**

Je me souviens **de Marie.**	Je me souviens **d'elle.**
On a toujours besoin **d'amis.**	On **en** a toujours besoin.

3 **En** remplace **de** + nom après une expression de quantité comme **beaucoup de, assez de, trop de.** On répète l'expression de quantité après le verbe.

Tu as acheté **beaucoup de fruits.**   Tu **en** as acheté **beaucoup.**
Il boit **trop de lait.**   Il **en** boit **trop.**

En remplace aussi un nom qui suit un adjectif de quantité (**plusieurs, certains**) ou un nombre, sans **de.** Dans ce cas, on répète **plusieurs, certains** et on répète le nombre.

Il a écrit **plusieurs poèmes.**   Il **en** a écrit **plusieurs.**
Vous avez **une voiture?**   Vous **en** avez **une?**
Il prend **trois morceaux** de sucre.   Il **en** prend **trois.**

A la forme négative, **un** et **une** disparaissent. Les autres nombres sont répétés. Comparez ces phrases positives et négatives:

Ils ont acheté **un bateau.**   Ils **en** ont acheté **un.**
                                  Ils **n'en** ont pas acheté.

Nous commandons **cinq Cocas.**   Nous **en** commandons **cinq.**
                                    Nous **n'en** commandons **pas cinq.**

EXERCICE

G. Refaites les phrases suivantes avec **de lui, d'elle, d'eux, d'elles** ou **en** à la place du groupe en italique.

Modèle: Tu as mangé trois *gâteaux.*
              Tu en as mangé trois.

1. Maurice a fait *de la peine* à son père.
2. Ce matelot attrapait beaucoup *de maladies.*
3. Ce jeune homme n'a pas besoin *de ses parents.*
4. Vous trouvez toujours mille *excuses.*
5. Tu as pris *des vitamines?*
6. Je ne me souviens pas *de cet écrivain.*
7. Célia s'occupe *de vieilles personnes.*
8. Il faut quatre sortes *de poissons* pour faire une bouillabaisse.
9. Pendant leurs vacances, ils ont fait plusieurs *excursions.*
10. J'ai peur *des moustiques.*

LES PRONOMS ENSEMBLE

L'ordre habituel de tous les pronoms *devant* le verbe est le suivant:

sujet (ne)	me	le	lui	y	en	*verbe* (pas)
	te	la	leur			
	nous	les				
	vous					

Voici les combinaisons possibles.

objet indirect	objet direct	
me te nous vous	le + la les	Il **me le** dit. Je **te la** donne. Nous **vous les** envoyons.
le la les	lui + leur	Je **le lui** explique. Il **la leur** donne. Nous **les leur** envoyons.

objet indirect		
m' t' nous vous lui leur	+ en	Il **m'en** donne. Elle **vous en** envoie. Je **lui en** parle. Il **leur en** apprend.

objet direct		
m' t' nous vous l' les	+ y	Vous **m'y** invitez. Ils **nous y** envoient. Elle **les y** expédie.
y	+ en	Il **y en** a. (On appelle cette règle *the donkey's rule,* à cause du son «hi-han».)

✱ **Remarque:**   Les combinaisons **me, te, nous, vous** (*obj. dir.*) avec **lui, leur** (*obj. ind.*) sont impossibles. Avec le verbe **présenter** (une personne à une autre personne), on peut dire:

Je **vous la** présente.   (**vous** = *obj. ind.*)

mais il faut dire:

Il **me** présente **à eux.**   Présentez-**nous à elle.**

EXERCICES

H. Refaites les phrases suivantes avec des pronoms personnels à la place des groupes en italique.

Modèle: Fanny lit *la lettre à César.*
Elle **la lui** lit.

1. Je donne *mon numéro de téléphone à Jacques.*   2. Le professeur *m'*explique *la difficulté.*
3. Elle ne dit pas *la vérité (truth) à sa mère.*   4. Vous donnez *votre adresse à des inconnus?*
5. Il rend *ses livres à Marianne.*   6. Le touriste demande *la clé au réceptionniste de l'hôtel.*
7. Le garçon apporte *l'addition aux clients.*   8. La serveuse *nous* apporte *le plateau de fromage.*   9. Votre père *vous* prête *sa voiture?*   10. Nous *te* demandons *ce service.*

I. Refaites les phrases suivantes avec des pronoms personnels + **y** à la place des groupes en italique. Faites l'accord du participe passé si nécessaire.

Modèle: J'expédie *les paquets en Amérique.*
Je **les y** expédie.

1. Ces parents envoient *leur fils au meilleur collège.*   2. Nous invitons *nos cousins à notre mariage.*   3. Je n'ai pas vu *Georges à la bibliothèque.*   4. Tu as rencontré *ces gens au Club Med!*   5. Tu ajoutes *assez de sel dans la soupe.*   6. Vous mettez *un peu de curry dans la salade?*
7. On trouve *de bonnes affaires dans ce magasin.*   8. J'ai mis *les lettres à la boîte aux lettres.*

J. Refaites les phrases suivantes avec des pronoms personnels + **en** à la place des groupes en italique.

Modèle: Vous envoyez *des nouvelles à vos parents?*
Vous **leur en** envoyez?

1. Tu *m'*achètes *une voiture* pour mon anniversaire?   2. Ces personnes riches donnent *des vêtements aux pauvres.*   3. J'emprunte *un peu d'argent à ma tante.*   4. Elle envoyait *des paquets de provisions aux prisonniers.*   5. Il ne sert pas *de vin à ses invités.*   6. Le garçon apporte *de la soupe au client.*   7. Mes parents ne *m'*ont pas donné *de cadeau* pour mon anniversaire.   8. Il *nous* a montré *des photos de son voyage à Aden.*

L'ORDRE DES PRONOMS À L'IMPÉRATIF

1 A l'impératif affirmatif, les pronoms suivent le verbe comme en anglais. On met un trait d'union entre les pronoms.

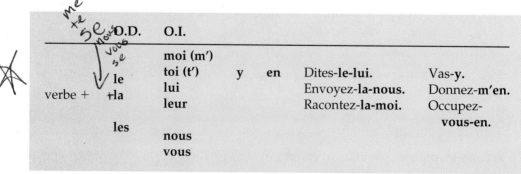

	D.D.	O.I.				
		moi (m')				
	le	toi (t')	y	en	Dites-**le-lui.**	Vas-**y.**
verbe +	+la	lui			Envoyez-**la-nous.**	Donnez-**m'en.**
		leur			Racontez-**la-moi.**	Occupez-
	les					**vous-en.**
		nous				
		vous				

* Remarques:

- Les pronoms **me** et **te** deviennent **moi** et **toi,** sauf quand ils sont suivis de **en: m'en, t'en.**
- On utilise rarement la combinaison *O.D.* + **y** pour des raisons de sonorité (*sound*). On utilise **là** ou **cela** à la place de **y.**

Mettez-les **là.**	*Put them **there.***
Assieds-toi **là.**	*Sit **there.***
Intéresse-toi **à cela.**	*Get interested **in that.***
Habitue-toi **à cela.**	*Get used **to that.***

2 Pour l'impératif négatif, il faut suivre l'ordre habituel des pronoms comme dans le présent négatif et supprimer le pronom sujet.

Vous **ne** lui en donnez **pas.**   **Ne** lui en donnez **pas.**

L'ORDRE DES PRONOMS OBJETS AVEC L'INFINITIF

3 Si le verbe est suivi d'un infinitif, le pronom objet de l'infinitif se place entre le verbe principal et l'infinitif, excepté avec les verbes **faire, laisser** et les verbes de perception (voir p. 286).

Je vais lire **cette histoire.**	Je vais **la** lire.
Je veux voir **ce film.**	Je veux **le** voir.
Je peux manger **du poisson.**	Je peux **en** manger.

<u>MAIS:</u>

Tu fais sortir **les chiens.**   Tu **les** fais sortir.

any faire

EXERCICES

K. Refaites les phrases suivantes avec des pronoms à la place des groupes en italique. Puis mettez ces phrases à l'impératif affirmatif, et à l'impératif négatif.

Modèle: Tu *me* donnes *le livre.*   *Tu **me le** donnes.*
Donne-**le-moi.**   *Ne **me le** donne pas.*

1. Vous *m'*achetez *un cadeau.*   2. Tu *lui* expliques *la leçon.*   3. Nous envoyons *des chocolats à Michelle.*   4. Tu lis *la lettre à ta grand-mère.*   5. Vous rendez *les affaires à votre frère.*   6. Vous *me* faites *de la monnaie* (*change*).   7. Tu mets *tes pieds sur la pelouse.*
8. Nous préparons *une surprise à nos parents.*

L. Refaites les phrases suivantes avec des pronoms personnels à la place des groupes en italique.

Modèle: Je vais *vous* montrer *mes films.*
*Je vais **vous les** montrer.*

1. Le professeur de piano va féliciter *la petite fille.*   2. Est-ce que vous savez jouer *du violon?* 3. Elle va apprendre *le latin.*   4. Elle a peur de manger *des pâtisseries.*

5. Il voudrait acheter *un bateau*.   6. Vous voulez inviter *la jeune fille américaine?*
7. Tu peux *me* donner *cette permission*.   8. Nous n'avons pas oublié de téléphoner
à Dominique.   9. Nous allons faire *un voyage*.   10. Je ne peux pas *te* prêter *d'argent*.

Suppléments de grammaire

1 ▸ Expressions idiomatiques avec les pronoms **en** et **y**

En et **y** apparaissent dans plusieurs expressions idiomatiques courantes.

a. en

en être (*to be at a point in a story, in a book*)

   Où **en sommes-nous?**

en avoir assez (ou **marre**) (*to be fed up [with]*)

   J'**en ai assez** de cette situation.

en vouloir à quelqu'un (*to bear a grudge*)

   J'**en veux à** mon professeur, je lui **en veux.**

s'en aller (*to go away*)

   On s'**en va?**

s'en ficher (*not to care*)

   Elle **s'en fiche.**   *She couldn't care less.*

ne pas s'en faire (*not to worry*) = ne s'inquieter pas

   Elle **ne s'en fait pas.**   *She doesn't worry.*

b. y

y être (*to be ready*)

   Vous **y êtes?**

   Ça **y est.**   *That's it.*

y en avoir

   Il **y en a.**   *There is (are) some.*

y aller (*to go ahead*)

   On **y va?**

   Allons-y.   *Let's go.*

s'y connaître (*to know about something, to be an expert*)

   Je **m'y connais.**

s'y faire (*to get used to something*)

   Cette situation? Je **m'y fais.**

s'y prendre (*to go about something*)

   Il répare sa voiture. Il sait **s'y prendre.**

EXERCICE

M. Choisissez dans la liste suivante l'expression idiomatique qui correspond aux définitions suivantes ou aux situations suggérées.

Je vous en veux.	Tu t'en fiches.	J'en ai marre.
Elle s'y connaît.	Tu t'y fais.	Allons-y!
Il en a assez.	Tu t'y prends bien.	Elle ne s'en fait pas.

1. Je suis en train de lire un livre très long, *La vie de Mathusalem.* Je ne vais pas le finir.
2. Tu es très habile à réparer ta maison.
3. Josette vend des tableaux. Elle a une connaissance très étendue de la peinture.
4. Je suis fâché. Vous ne m'avez pas écrit pendant vos vacances. Je ne veux plus vous parler.
5. Tu as l'air indifférent. Tu ne te fais pas de soucis.
6. Il est fatigué de travailler tous les dimanches.
7. Tu t'habitues à ton travail?
8. Nous partons!

2 **faillir** + infinitif

On l'utilise de cette façon: on conjugue le verbe **faillir** au passé composé, puis on ajoute l'infinitif du verbe principal. Cette expression signifie **presque.**

Elle **a failli tomber.**	Elle **est** *presque* **tombée.**
J'**ai failli répondre.**	J'ai *presque* **répondu.**
Vous **avez failli avoir** un accident.	Vous **avez** *presque* **eu** un accident.

EXERCICE

N. Refaites les phrases suivantes avec le verbe **faillir.**

1. Ils ont presque tout perdu dans un incendie.   2. Elle a presque fait le tour du monde.   3. Les Allemands ont presque gagné la Seconde Guerre mondiale.   4. Le champion est presque arrivé le dernier au marathon!   5. La tornade a presque touché la ville.

3 Formules de lettres

a. Au commencement d'une lettre, on emploie les formules suivantes:

• pour une personne connue

    Cher Monsieur,   Chère Madame,   Chère Mademoiselle,

✦ On ne dit jamais «Cher Monsieur Dupont» avec le nom de la personne. *for superiors; friends by name*

• pour une personne inconnue et dans une lettre d'affaires

    Monsieur,   Madame,

On ne dit pas «cher». On peut aussi indiquer le titre.

    Monsieur le Ministre,   Madame la Présidente,

b. A la fin d'une lettre on emploie des formules différentes suivant (*according to*) les degrés d'affection:

- amour violent

    Mon amour, je t'embrasse passionnément.   Ma chérie, je te serre contre mon cœur.

    On ne dit jamais «~~Amour~~»!

- ami(e) intime

    Je t'embrasse affectueusement.   Baisers affectueux.   Bises.   Bisous.

- ami(e) moins intime

    Pensées amicales.   Pensées affectueuses.   Amicalement.

- ami(e) beaucoup moins intime

    Bien cordialement.   Bien sincèrement.   Amical souvenir.

- dans une lettre d'affaires

    Si vous ne connaissez pas la personne:

    Avec mes sentiments distingués.
    Avec ma considération distinguée.

    Si vous connaissez la personne:

    Avec mes meilleurs sentiments.
    (Avec) mes cordiales salutations.

- dans une lettre officielle

    Veuillez agréer, cher Monsieur (chère Madame)
    (*jamais le nom de la personne*), l'assurance   } = *Sincerely yours,*
    de mes sentiments distingués.

Synthèse

APPLICATIONS

I. Un beau voyage.   Vous rentrez de voyage. Une amie est impatiente de savoir ce que vous avez fait. Elle vous pose des questions. Vous répondez avec des pronoms.

> **Modèle:** Tu vas **me** raconter **ton voyage?**
>   *Oui, je vais **te le** raconter.*

1. Tu as pris le bateau?
2. Tu n'as pas pris l'avion?
3. Tu as visité beaucoup de pays?
4. Tu as acheté des souvenirs?
5. Tu m'as rapporté un cadeau?
6. Tu vas mettre ces masques africains sur tes murs?
7. Tu as rapporté ces objets d'art?
8. Tu as pris des photos?
9. Tu as rencontré des personnes intéressantes?
10. Tu as noté leur adresse?
11. Tu vas revoir ces personnes?
12. Tu vas retourner dans ces pays?

II. Un enfant modèle.   Quelles sont les qualités de cet enfant? Répétez les phrases suivantes avec des pronoms à la place des groupes en italique. Suivez le modèle.

> **Modèle:** Cet enfant n'a pas *de problèmes*.
> *Il n'**en** a pas.*

1. Il n'a pas eu *toutes les maladies infantiles*.   2. Il obéit *à ses parents*. Il accepte *leur autorité*.
3. Il n'a pas besoin de voir *un conseiller financier*.   4. Il ne se moque jamais *de ses parents*.
5. Il respecte *ses parents;* il respecte *sa grand-mère*.   6. Il fait attention *à ce qu'on lui dit*.
7. Il fait *ses devoirs*.   8. Il ne fait pas *de peine à sa mère*.   9. Est-ce que cet enfant est *réel*?
10. Je ne crois pas *qu'il existe*.

III. Un enfant capricieux.   Donnez les réponses de l'enfant aux suggestions qu'on lui fait: il dit oui, puis il dit non. Employez des pronoms et des impératifs.

> **Modèle:** Voilà **du pain**. —Oui, donne … / Non, …
> *Oui, donne m'**en**. Non, ne m'**en** donne pas.*

1. Tu veux de l'eau? —Oui, apporte … / Non, …
2. Préfères-tu un Coca? —Oui, donne … / Non, …
3. Si nous allions au cinéma? —D'accord, … / Non, …
4. Tu as envie de regarder un film à la télé? —Oui, … / Non, …
5. Veux-tu aller faire du shopping? —Oui, … / Non, …
6. Je vais te montrer mes photos. —Oui, … / Non, …

IV. Un bon médecin. Que fait-il?   Employez des pronoms à la place des groupes en italique.

1. Il ordonne *du repos à un malade surmené* (*overworked*).   2. Il envoie *une mère fatiguée à la campagne*.   3. Il prescrit *des calmants à un nerveux*.   4. Il envoie *une personne déprimée chez le meilleur psychologue de la ville*.   5. Il recommande *un régime à une personne trop grosse*.
6. Il donne *des fortifiants* (*vitamin supplements*) *à une personne sans énergie*.   7. Il défend *à un cardiaque* de boire *de l'alcool*.   8. Il félicite *le jeune sportif qui n'a pas de problèmes de santé*.

V. De bons conseils.   Vous donnez des conseils à un ami qui prépare son voyage. Refaites les phrases avec des pronoms à la place des groupes en italique.

1. Tu dois prendre *ton billet*.   2. Tu dois réserver *ta place*.   3. Tu vas faire *ta valise*.
4. Tu vas emporter *des vêtements pratiques*?   5. Tu veux mettre *ton chat à l'hôtel pour chats*?   6. Tu veux fermer *le compteur d'électricité* (*electric meter*)?   7. Tu peux me prêter *ta voiture*.   8. Tu peux me laisser *les clés de ton appartement*.

VI. Identification.   Refaites les phrases suivantes en remplaçant les pronoms par des noms ou des expressions.

1. Je la lui ai donnée.
2. Il n'en avait pas acheté.
3. Allons-y.
4. Vous en aviez discuté avec elle.
5. Y êtes-vous allé?
6. Tu n'es pas plus malin qu'eux.
7. Il n'y en a pas.
8. Tu en avais visité beaucoup avec elles.
9. Je vais le lui dire.
10. Racontez-la-nous.

ACTIVITÉS

1. **Enquête.**   Faites une enquête auprès de vos camarades sur la popularité des voyages en bateau: en a-t-on fait un ou rêve-t-on d'en faire un, et sur quelle sorte de bateau? Quels plaisirs et quels désavantages y a-t-il à voyager sur mer? Faites un rapport à la classe sur vos résultats.

   un voilier / une course / des régates / un cargo (*freighter*) / un paquebot (*liner*) / une croisière / une cabine / faire naufrage / une bouée de sauvetage / un canot

2. **Jeu de rôle.**   Avec un(e) camarade, vous jouez le rôle d'un agent de voyage et de son (sa) client(e) qui n'a jamais pris l'avion et veut faire un voyage en Europe. Créez un dialogue: le (la) client(e) demande des renseignements et l'agent répond à ses questions sur les conditions du voyage.

   une ligne aérienne: prendre son billet, réserver sa place

   une agence de voyage: un charter, le passeport, les devises (*foreign currency*), les chèques de voyage (*traveler's checks*)

   le douanier, la douanière: passer la douane (*customs*)

   le départ: la carte d'embarquement (*boarding pass*), l'hôtesse de l'air, le steward, attacher sa ceinture, éteindre sa cigarette, le plateau-repas (*meal served on tray*), décoller (*to take off*), atterrir (*to land*), la piste d'envol (*runway*)

3. **Sondage.**   Demandez à cinq camarades quelle est la profession de leurs parents, et quelles sont les activités principales de cette profession. Sont-ils contents de leur activité professionnelle et sinon, pourquoi pas?

accountant **comptable**	foreman **contremaître**
architect **architecte**	housewife **femme au foyer**
businessman, businesswoman	insurance agent **agent d'assurances**
homme d'affaires, femme d'affaires	lawyer **avocat, avocate**
cashier **caissier, caissière**	librarian **bibliothécaire**
civil servant **fonctionnaire**	mail carrier **facteur, factrice**
computer programmer **programmeur,**	manager **gérant, gérante**
programmeuse	mechanic **mécanicien, mécanicienne**
contractor **entrepreneur, entrepreneuse**	nurse **infirmier, infirmière**
cook **cuisinier, cuisinière**	postal worker **postier, postière**
decorator **décorateur, décoratrice**	full-time **à plein temps, à**
director **directeur, directrice**	**temps complet**
editor **rédacteur, rédactrice**	on shift **à temps posté**
employee **employé, employée**	part-time **à mi-temps, à temps partiel**
farmer **cultivateur, cultivatrice;**	
agriculteur, agricultrice	

TRADUCTION

1. ANNE: Sylvie, I feel like having a picnic at the beach. I really feel like it. Let's pack (**préparer**) some food and go [there].
2. SYLVIE: No, I don't feel like it. I don't like to eat sand with my sandwiches or find any in my glass. *Il n'y a guère du vent aujourd'hui; en réalité, il n'y a rien, et si tu es*
3. ANNE: There is hardly any wind today; in fact, there is none at all, and if you are careful [about it], it is possible to eat without finding sand in your food. *c'est possible à manger sans se trouver la sable dans sa nourriture*
4. SYLVIE: All right, then, let's go. What are we going to take? We need plates, forks, knives, a tablecloth *D'accord alors, allons-y. Qu'est-ce que nous emportons? Nous avons besoin des ...fores*
5. ANNE: We don't need all that; for a picnic, we have fingers, let's use them. Let's take cheese, fruits, cookies. Let's take a lot of them.
6. SYLVIE: And for drinks, wine! I am putting a bottle in our basket (**panier**). And ice cubes? I always use them in …
7. ANNE: You are getting on my nerves (**agacer**). Are you doing it on purpose? I see Thierry who is waving at me (**faire signe**). Thierry, I feel like having a picnic . . .

RÉDACTIONS

1. **Lettre d'affaires.**   Vous voulez devenir steward ou hôtesse de l'air pour une compagnie aérienne française. Vous écrivez une demande de poste.
2. **Lettre d'excuses.**   Vous avez oublié de souhaiter son anniversaire à votre grand-mère. Vous lui écrivez pour vous excuser et vous faire pardonner de lui avoir fait de la peine.
3. **Lettre d'amour.**   Vous êtes loin de votre petit ami (ou de votre petite amie) et vous ne pouvez pas lui téléphoner. Vous lui écrivez pour exprimer vos sentiments sur votre solitude, votre manque, votre anxiété, et votre inquiétude en ce qui concerne sa fidélité.

12 Le verbe pronominal

se méfier de = distrust ~~danger league~~

être aux anges = be in heaven (7th)
les publicités = advertisements

Vocabulaire des textes

à épisodes serial
abrité(e) sheltered
actualités (*f. pl.*) news
s'assombrir to turn darker
banc (*m.*) bench
blessé(e) wounded
bombe (*f.*) **lacrymogène** tear gas
boucher to block
bouclier (*m.*) shield
chute (*f.*) fall
clignotement (*m.*) flickering
couteau (*m.*) knife
dentifrice (*m.*) toothpaste
se disperser to scatter
écarter to push away
éclater to explode
écran (*m.*) screen
élégante (*f.*) stylish woman
embrassade (*f.*) hugging and kissing
en gros plan close-up
en surimpression superimposed
s'en tirer to get out of a difficult situation
s'engager to enter
être en vue to appear
fiévreux (-euse) feverish
fusée (*f.*) rocket

guichet (*m.*) ticket office
hebdomadaire weekly
herbes (*f. pl.*) weeds, grass
lancer to throw
liane (*f.*) creeper (plant)
manifester to demonstrate
muet (muette) silent
musclé(e) muscled
osseux (-euse) bony
parcourir to run through
pierre (*f.*) stone
pont (*m.*) bridge
prairie (*f.*) meadow
se précipiter vers to run to
se présenter to come forward
provenir to come from
radieux (-euse) radiant, beaming
rassembler to gather
récepteur (*m.*) (television) set
réserver to have in store
séance (*f.*) show
siège (*m.*) seat
se taire to keep quiet
torrentueux (-euse) torrential
tranche (*f.*) slice
trancher to cut

(p.c.) faillir = almost did

Vocabulaire supplémentaire

la télévision, la radio

chaîne (*f.*) channel
documentaire (*m.*) documentary
doubler to dub
dramatique (*f.*) television play
écouteur (*m.*) earphone
émission (*f.*) program
en direct live
feuilleton (*m.*) serial, soap opera
jeu (*m.*) **télévisé** television game
journal (*m.*) **télévisé** television news

météo (*f.*) weather report
petit écran (*m.*) television screen
présentateur (*m.*), **présentatrice** (*f.*)
  presenter, newscaster
reportage (*m.*) report, coverage
série (*f.*) serial
téléfilm (*m.*) television movie
téléspectateur (*m.*), **téléspectatrice** (*f.*) TV
  viewer
court métrage (*m.*) short movie, one-reeler

dessin (*m.*) **animé** cartoon
film (*m.*) **d'épouvante** horror movie

film (*m.*) **de science-fiction** sci-fi movie

le cinéma

film (*m.*) **policier** mystery
long métrage (*m.*) long movie
maquilleur (-euse) makeup artist
metteur (*m.*) **en scène** director
producteur (*m.*), **productrice** (*f.*) producer
scénariste (*m.* ou *f.*) scriptwriter

scripte (*f.*) continuity girl
suspense (*m.*) suspense
sous-titres (*m. pl.*) subtitles
travelling (*m.*) tracking
western (*m.*) western

Divers

assureur (*m.*) insurance agent
clignoter to flicker

manifestation (*f.*) = **manif** demonstration

Français en couleurs

En langage populaire, on regarde «la téloche» et on va au «cinoche». «On se paye une toile» («la toile» est l'écran). Un mauvais film est «un navet» (*a turnip!*). Un mauvais spectacle en général est «un four».

Un spectacle gratuit est «à l'œil». Si on veut entrer au ciné sans payer on essaie de «resquiller» (*to sneak in or to cut in*). On est «un resquilleur» ou «une resquilleuse».

Si on n'est pas content, «on râle, on rouspète» (*to grump*). On est «un râleur, une râleuse, un rouspéteur, une rouspéteuse».

Dans une manif, il faut «faire gaffe» (faire attention). Quelquefois on se fait «tabasser» ou on se fait «passer à tabac» (*one is beaten up*) et on finit «au bloc», c'est-à-dire en prison.

On dit populairement «se laver les crocs» pour se laver les dents et les enfants ont des «quenottes», c'est-à-dire des petits dents.

Premier contact avec la télévision

Michel Tournier (1924–) est né à Paris. Ses parents étaient tous les deux germanophiles, comme il le sera lui-même plus tard. Il a fait de nombreux voyages en Allemagne dans sa jeunesse et les manifestations fascistes de l'Allemagne d'Hitler ont marqué son imagination. Michel

Tournier a eu plusieurs passions dans sa vie: la philosophie, puis la photographie, l'univers des médias (radio et télévision), puis finalement la littérature où l'on retrouve toutes ses passions. Son premier roman, *Vendredi ou les limbes du Pacifique* (1967) a obtenu un très grand succès, ainsi que son deuxième roman, *Le roi des Aulnes* en 1970. Il a aussi écrit un essai autobiographique, *Le vent Paraclet*, en 1977 et des contes pour enfant, *Vendredi ou la vie sauvage, Pierrot ou les secrets de la nuit, Barbedor*. A l'origine de la création littéraire des récits de Tournier se trouvent presque toujours des mythes (comme celui de Robinson dans *Vendredi ou les limbes du Pacifique*) qu'il réinterprète dans un contexte moderne. Ses œuvres racontent des histoires simples ou inquiétantes qui transmettent une connaissance du monde parfois poétique, mais souvent philosophique et morale. Dans *La goutte d'or* (1986), Michel Tournier raconte la vie des immigrés qui s'installent dans un quartier populaire de Paris qui porte le même nom que le titre du livre.

Préparation à la lecture

De 1848 à 1962 l'Algérie forme trois départements français. De 1954 à 1962 la population s'est révoltée contre la domination française. Une guerre, jamais officiellement déclarée, a déchiré le pays. A la suite de ces événements, beaucoup de musulmans ont émigré en France, et des manifestations ont eu lieu, surtout à Paris, dans le Quartier latin. Ce quartier, qui se trouve sur la rive gauche, est célèbre depuis le Moyen Age pour ses nombreuses écoles (dont la Sorbonne, la Faculté de Droit, la Faculté de Médecine). Il est le centre d'une grande activité intellectuelle et souvent d'une agitation politique antigouvernementale.

    Les C.R.S., sigle° pour «compagnie républicaine de sécurité», sont   acronym
l'équivalent de la «National Guard» aux Etats-Unis. Ils sont souvent critiqués pour la violence de leurs interventions. Dans l'extrait suivant, un groupe d'immigrants algériens voient pour la première fois la télévision française, sur le bateau qui les emmène vers la «Terre Promise»[1]—le pays où ils espèrent trouver du travail, et une meilleure qualité de vie.

$\mathscr{L}$e lendemain, il pouvait être midi quand un cri parcourut le bateau et rassembla les passagers dans la salle de restaurant: la télé! Sur trois récepteurs, une image sautait, disparaissait, revenait dans un clignotement fiévreux. La première image provenant directement de France! 5 Une foule d'immigrés inquiète et attentive, des visages osseux, des yeux sombres attendent ce premier message de la Terre Promise. L'écran

---

[1] **la Terre Promise:** Pour les immigrés qui ont eu une vie difficile dans leur pays, la France représente, comme la terre de Canaan, promise par Dieu aux Hébreux, un endroit où la vie sera heureuse et facile.

palpite,° s'éteint et se rallume, un paysage, une silhouette, un visage on-   quivers
dulent, puis se stabilisent. On voit un couple marcher dans une prairie. Ils
sont jeunes, beaux, amoureux. Ils se sourient. Deux enfants radieux se pré-
10 cipitent vers eux en écartant les herbes et les fleurs. Longue embrassade,
bonheur. Soudain l'image s'immobilise. Un homme grave à lunettes apparaît en surimpression. Il tient à la main à hauteur de son visage un contrat d'assurance-vie. Ensuite on voit une jolie maison provençale. Devant
la piscine, toute une famille prend son petit déjeuner en riant. Le bonheur.
15 Cette fois, c'est grâce à la poudre à laver Soleil. Il pleut. Une élégante
marche, abritée sous son parapluie. En passant devant la glace d'un magasin, elle se trouve si chic qu'elle se sourit. Comme ses dents brillent.
Le bonheur. Il faut utiliser le dentifrice Briodent. Le petit écran s'as-
sombrit. Plus rien. Les hommes et les femmes du bateau qui voyagent en
20 classe économique se regardent. C'est donc cela la France? Ils échangent
leurs impressions. Mais tout le monde se tait, car l'image reparaît. Une
voix explique que, contre les étudiants qui manifestaient au Quartier
Latin, les CRS ont fait usage de bombes lacrymogènes. Les policiers
casqués, masqués et munis de boucliers en plexiglas ressemblent à des
25 samouraïs japonais du Moyen-Age. Les étudiants leur lancent des pierres,
puis se dispersent en courant. Des fusées éclatent parmi eux. On voit en
gros plan le visage inondé de sang d'une très jeune fille. L'écran s'éteint à
nouveau.
     Deux heures plus tard, les côtes de France étaient en vue. ■

Questions sur la lecture

1. Qui sont les passagers du bateau et où vont-ils?
2. Que représentent les trois premières images que montre la télé? Quel
   est le caractère commun de ces trois scènes?
3. Quels sont les produits que ces publicités veulent faire vendre?
4. Quelle dernière image paraît à la fin du programme? Où se passe la
   manifestation?
5. A quoi ressemblent les CRS? Pourquoi sont-ils ainsi vêtus? Comment
   se comportent-ils?
6. Que voit-on apparaître deux heures après?

Questions personnelles

1. Les images de publicité qui représentent un univers de perfection sont
   fréquentes. Trouvez deux ou trois autres exemples qui apparaissent
   sur les écrans au cours des émissions que vous regardez.
2. Qu'exprime la dernière image? Quel contraste y a-t-il entre les trois
   images de publicité et la dernière image? Comment l'expliquez-vous?
3. A votre avis, quelles réflexions peuvent échanger les immigrants?

Au cinéma muet

Albert Camus (1913–1960) est né à Mondovi, aujourd'hui Deraan, en Algérie. Son père est mort à la guerre de 14–18. Elevé par sa grand-mère parce que sa mère devait travailler, il a vécu son enfance dans un quartier populaire d'Alger, où les pieds-noirs et les musulmans vivent côte à côte et forment des liens d'amitié. Il n'a jamais oublié le soleil, la mer, la misère, les injustices entre les classes et les races, et ses amis d'Algérie, pour lesquels il s'est toujours battu. Très jeune homme, il a été atteint de tuberculose et a passé de longs mois dans des sanatoriums ou isolé à la campagne. Installé en France pendant la Seconde Guerre mondiale, il devient très vite célèbre après la parution de *L'étranger,* un des livres les plus importants du siècle. Il écrit des essais (*Le mythe de Sisyphe, L'homme révolté*), des nouvelles (*L'hôte*), des articles dans le journal *Combat*, des romans (*La peste, La chute*) et des pièces de théâtre (*Les justes, Caligula*). Il reçoit le prix Nobel de littérature en 1957. Le pessimisme est à la base de sa philosophie, car Camus est convaincu de l'absurdité de l'existence dans un monde sans Dieu (*L'étranger*). On l'a souvent qualifié «d'existentialiste», appellation qu'il refuse. C'est un humaniste, un écrivain déchiré par les haines et la violence qui existent dans son pays et dans le monde, mais qui trouve un sens à la vie dans l'engagement et dans le lien fraternel qui unit les hommes (*La peste*). Quand il est mort, à l'âge de 47 ans, dans un accident de voiture, il portait avec lui le manuscrit du *Premier homme,* un livre autobiographique, qui n'a été publié qu'en 1994.

Préparation à la lecture

Dans le passage suivant extrait du *Premier homme,* Jacques, qui représente le jeune Albert, se rappelle les bons moments de son enfance, quand il allait au cinéma (encore muet) avec sa grand-mère.

Autrefois, les écoliers avaient la journée du jeudi libre. De nos jours, c'est le mercredi qui est libre, parfois seulement l'après-midi.

A l'époque où Camus grandissait en Algérie, les enfants d'origine européenne et les musulmans vivaient en harmonie. Camus parle de «spectateurs arabes et français» pour distinguer les deux communautés. Mais en réalité tous étaient de nationalité française. (Ce détail aurait peut-être été corrigé, si Camus avait pu revoir son manuscrit.)

Les séances de cinéma réservaient d'autres plaisirs à l'enfant… La cérémonie avait lieu aussi le dimanche après-midi et parfois le jeudi. Le cinéma de quartier se trouvait à quelques pas de la maison…

steps

Jacques escortait sa grand-mère, qui, pour l'occasion, avait lissé° ses | **avait...** had smoothed down
cheveux blancs et fermé son éternelle robe noire d'une broche d'argent.
Elle écartait gravement le petit peuple hurlant° qui bouchait l'entrée et se | **le petit...** the screaming kids
présentait à l'unique guichet pour prendre des «réservés». A vrai dire, il
n'y avait le choix qu'entre ces «réservés» qui étaient de mauvais fauteuils
de bois dont le siège se rabattait° avec bruit et les bancs où s'engouffraient° | **se...** folded down / **s'engouffraient...** rushed in
en se disputant les places les enfants à qui on n'ouvrait une porte latérale
qu'au dernier moment...
Le cinéma projetait alors des films muets, des actualités d'abord, un
court film comique, le grand film et pour finir un film à épisodes, à raison
d'°un bref épisode par semaine. La grand-mère aimait particulièrement | **à...** at the rate of
ces films en tranches dont chaque épisode se terminait en suspense. Par
exemple, le héros musclé portant dans ses bras la jeune fille blonde et
blessée s'engageait sur un pont de lianes au-dessus d'un cañon torrentueux. Et la dernière image de l'épisode hebdomadaire montrait une
main tatouée qui, armée d'un couteau primitif, tranchait les lianes du pon-
ton. Le héros continuait de cheminer° superbement malgré les avertisse- | to walk (litt.) / **avertissements...** loud warnings / **s'en...** (*cond. prés.*) would get out of the predicament / (*subj. plus-que-parfait*) = **reviennent** (litt.)
ments vociférés° des spectateurs des «bancs». La question alors n'était pas
de savoir si le couple s'en tirerait° ... mais seulement de savoir comment
il s'en tirerait, ce qui expliquait que tant de spectateurs, arabes et français,
revinssent° la semaine d'après pour voir les amoureux arrêtés dans leur
chute mortelle par un arbre providentiel. ■

Questions sur la lecture

1. Qui allait au cinéma avec Jacques? Décrivez cette personne.
2. Quels jours avaient lieu les séances de cinéma? Où se trouvait le cinéma?
3. Quelle était la différence entre les «réservés» et les autres places? Qui venait surtout au cinéma?
4. Que voyait-on d'abord avant la projection du grand film?
5. Pourquoi est-ce que la grand-mère aimait particulièrement le film à épisodes?
6. Que voulaient dire les spectateurs au héros par leurs «avertissements vociférés»?

Questions personnelles

1. Allez-vous souvent au cinéma? Qui vous accompagne? Quelle impor- tance a le cinéma dans votre vie?
2. Quand vous étiez jeunes, quels films alliez-vous voir? De quelles manières le cinéma a-t-il changé depuis votre enfance (films, rafraîchissements, public, etc.)?
3. Quels genres de films préférez-vous? La science-fiction, les films d'aventures, policiers, les drames psychologiques, les documentaires,

les comédies? Quels films détestez-vous? Pourquoi? Quels sont vos acteurs ou actrices favoris? Aimez-vous les films étrangers en version originale? Pourquoi ou pourquoi pas?

Le verbe pronominal

Formes

1 On appelle un verbe *pronominal* parce qu'il est conjugué avec deux pronoms: le pronom sujet et un pronom qui répète le sujet (le pronom réfléchi).

    a. A la première personne (**je, nous**) et à la deuxième personne (**tu, vous**) on a toujours les deux pronoms: sujet + objet.

je **me** lave	tu **te** dépêches
nous **nous** levons	vous **vous** aimez

    b. A la troisième personne, le sujet peut être un nom ou un pronom (**il, elle, ils, elles, on**); le pronom répété est toujours **se.**

Jean **se** présente.	Il **se** présente.
Antoinette **s'**engage.	Elle **s'**engage.
Les enfants **se** disputent.	Ils **se** disputent.
Les amies **se** téléphonent.	Elles **se** téléphonent.
Les gens **se** souviennent.	On **se** souvient.

2 A l'infinitif, le pronom est **se** quand on donne simplement l'infinitif du verbe.

    Conjuguez le verbe **s'***aimer* au présent.

Si l'infinitif du verbe pronominal suit un verbe conjugué, le pronom qui accompagne l'infinitif correspond au sujet.

Je ne peux pas **me** rappeler.	Nous allons **nous** rencontrer?
Tu vas **te** dépêcher?	Vous voulez **vous** marier.
Il essaie de **se** lever.	Ils décident de **se** séparer.

EXERCICE

A. Mettez les verbes entre parenthèses au présent.

1. Les enfants (se disperser). 2. Vous (se calmer). 3. Nous (se précipiter) vers la maison. 4. Elle (s'en aller). 5. Tu (se lever). 6. Ils (s'en tirer). 7. Je (se rendre compte) de ces choses. 8. La nouvelle (se répandre). 9. Vous (se taire). 10. Le ciel (s'assombrir). 11. Je veux (s'asseoir).

Place des pronoms aux temps simples

1 A la forme négative, **ne** est placé entre les deux pronoms.

> Je **ne** me rappelle **pas.**   Nous **ne** nous promenons **pas.**

2 A l'impératif négatif, le pronom sujet est supprimé.

> **Ne** te fatigue **pas.**   **Ne** nous battons **pas.**   **Ne** vous inquiétez **pas.**

3 A l'impératif affirmatif, le pronom réfléchi est placé après le verbe. A la deuxième personne du singulier, ce pronom est **toi** (forme tonique ou disjointe).

> Dépêchons-**nous.**   Amusez-**vous.**   Rappelle-**toi.**

4 Si le verbe pronominal est accompagné d'un autre pronom, le pronom réfléchi est placé avant l'autre pronom.

> Je **m'**achète **ces chaussures.**   Je **me les** achète.
> Il **s'**intéresse **à la musique.**   Il **s'y** intéresse.

A l'impératif affirmatif, l'ordre est le suivant:

$$\left.\begin{array}{l}\textbf{le}\\\textbf{la}\\\textbf{les}\end{array}\right\} + \text{pronoms réfléchis} \qquad \text{pronoms réfléchis} + \left\{\begin{array}{l}\textbf{y}\\\textbf{en}\end{array}\right.$$

> Brossez-vous **les dents.**   Brossez-**les-vous.**
> Achète-toi **des vêtements chauds.**   Achète-**t'en.**

5 Forme interrogative
On place le pronom sujet après le verbe. Le pronom répété est le premier mot du groupe. La formule est:

> pronom répété + verbe au temps simple + pronom sujet

> **Te** regardes-tu?   **Se** lavera-t-il?   **Vous** amusez-vous?

✳ Remarque: Il n'y a pas de forme interrogative à la première personne du singulier du présent. On emploie **est-ce que.**

6 Forme interrogative-négative
La négation entoure tout le groupe. La formule est:

> **ne** + pronom répété + verbe au temps simple + pronom sujet + **pas**

> **Ne** te fatigues-tu **pas?**   **Ne** vous aimiez-vous **pas?**

EXERCICES

B. Mettez les phrases suivantes à l'impératif affirmatif, puis à l'impératif négatif. Remplacez les noms par des pronoms.

> **Modèle:** Tu t'amuses.   *Amuse-toi.*   *Ne t'amuse pas.*

1. Tu t'habilles.   2. Nous nous reposons.   3. Vous vous dépêchez.   4. Tu t'inquiètes.   5. Nous nous promenons.   6. Vous vous asseyez.   7. Tu t'achètes une assurance-vie.   8. Vous vous coupez les cheveux.   9. Nous nous racontons nos aventures.   10. Tu te rappelles ce documentaire.

C. Mettez les phrases suivantes à la forme négative, à la forme interrogative, puis à la forme interrogative-négative.

> **Modèle:** Ils se souviennent.   *Se souviennent-ils?*
> Ils ne se souviennent pas.   *Ne se souviennent-ils pas?*

1. Vous vous entendez.
2. Nous nous aimons.
3. Elles se parlent.
4. Tu te rappelles.
5. Elle s'amuse.
6. Il se repose.
7. Vous vous rendez compte.
8. Nous nous embrassons.
9. Tu te présentes.
10. Elle se trompe.

Place des pronoms aux temps composés

1 Forme affirmative
Au passé composé et aux autres temps composés, l'auxiliaire est toujours **être.**

> Je me **suis** promené. (*passé composé*)   Tu t'**étais** regardé. (*plus-que-parfait*)

2 Forme négative
Ne se place entre les deux pronoms, **pas** après l'auxiliaire. La formule est:

> sujet + **ne** + pronom répété + auxiliaire + **pas** + participe passé

> Je **ne** me suis **pas** lavé.   Tu **ne** t'étais **pas** rasé.

3 Forme interrogative
Le pronom sujet se place immédiatement après l'auxiliaire. Le premier mot est le pronom répété, le dernier est le participe passé. La formule est:

> pronom répété + auxiliaire + pronom sujet + participe passé

T'es-tu amusé?   **Vous** étiez-**vous** perdus?

4 Forme négative-interrogative
La négation entoure le groupe pronom + auxiliaire. La formule est:

> **ne** + $\dfrac{\text{pronom}}{\text{répété}}$ + auxiliaire + $\dfrac{\text{pronom}}{\text{sujet}}$ + **pas** + $\dfrac{\text{participe}}{\text{passé}}$

Ne vous êtes-vous **pas** ennuyés?   **Ne** s'étaient-ils **pas** connus?

EXERCICE

D. Refaites les phrases suivantes au passé composé, au passé composé négatif, **au passé composé interrogatif**, puis au passé composé interrogatif-négatif.

Modèle: Tu t'amuses.   *Tu t'es amusé.*   *Tu ne t'es pas amusé.*
              T'es-tu amusé?   *Ne t'es-tu pas amusé?*

1. Vous vous aimez.
2. Ils se reconnaissent.
3. Elle s'explique.
4. Il se met en colère.

Sens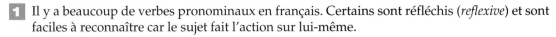

1 Il y a beaucoup de verbes pronominaux en français. Certains sont réfléchis (*reflexive*) et sont faciles à reconnaître car le sujet fait l'action sur lui-même.

Vous **vous** lavez.   *You wash **yourself.***
Tu **te** parles quand tu es seule?   *Do you talk to **yourself** when you're alone?*

Voici des verbes réfléchis communs; ces verbes gardent le même sens que les verbes non réfléchis.

couper	to cut	**se couper**	to cut oneself
raser	to shave	**se raser**	to shave oneself
lever	to raise	**se lever**	to get up, to rise
coucher	to put to bed	**se coucher**	to go to bed
habiller	to dress	**s'habiller**	to get dressed
déshabiller	to undress	**se déshabiller**	to get undressed

* Remarque: On emploie l'article défini devant les parties du corps quand on utilise les verbes réfléchis comme **se laver, se brosser** (*to brush*) (voir p. 367).

Laurent s'est brossé **les** dents, puis il s'est lavé **la** figure.

*Laurent brushed **his** teeth, then he washed **his** face.*

2 Certains des verbes pronominaux sont réciproques (*reciprocal*): deux sujets font une action l'un sur l'autre (*on each other*) ou plusieurs sujets font une action sur d'autres personnes. Les pronoms se traduisent *each other, one another.*

Ils **s'aiment.**   *They **love each other.***

Est-ce que vous **vous connaissez?**   *Do you **know each other?***

Ma cousine et moi nous ne **nous téléphonons** plus.   *My cousin and I no longer **telephone each other.***

Voici des verbes réciproques communs; beaucoup de ces verbes gardent le même sens que les verbes non réciproques. Les verbes réciproques sont toujours au pluriel.

aimer	to love	**s'aimer**	to love each other
battre	to beat	**se battre**	to have a fight
écrire	to write	**s'écrire**	to write each other
embrasser	to kiss	**s'embrasser**	to kiss each other
marier	to marry off someone	**se marier**	to get married
quitter	to leave	**se quitter**	to leave each other
rencontrer	to meet	**se rencontrer**	to meet each other
téléphoner	to telephone	**se téléphoner**	to telephone each other
voir	to see	**se voir**	to see each other

✷ Remarque: **On se = Nous nous.**

L'année dernière **on se** voyait tous les jours.   *Last year **we** saw **each other** every day.*

3 La majorité des verbes pronominaux n'ont ni sens réfléchi ni sens réciproque.

a. Certains ont le sens passif (voir p. 438).

Ce journal **ne se vend pas** ici.   *This paper **is not sold** here.*

Cela **ne se fait pas.**   *That **is not done.***

Voici des verbes pronominaux de ce type:

s'accorder	**s'appeler**	**se comprendre**
se conjuguer	**se dire**	**s'employer**
se faire	**se manger**	**se placer**
se traduire	**se trouver**	**se voir**

✷ Remarque: Ces verbes sont souvent employés au présent.

b. Quelques verbes pronominaux existent aussi sous la forme non-pronominale et ils ont un sens différent.

Je **passe** devant le magasin.   *I **walk** by the store.*

Qu'est-ce qui **se passe?**   *What **is happening?***

J'**entends** la musique.   *I **hear** the music.*

Ils ne **s'entendent** pas.   *They don't **get along.***

Voici des verbes pronominaux de ce type:

aller	to go	s'en aller	to go away, to depart
attendre	to wait	s'attendre à	to expect
apercevoir	to see vaguely	s'apercevoir	to realize
demander	to ask	se demander	to wonder
douter	to doubt	se douter	to suspect
entendre	to hear	s'entendre	to get along
passer	to go by	se passer	to happen
servir	to serve	se servir de	to use
tromper	to deceive	se tromper	to be mistaken

(to cheat on someone)

c. Quelques verbes pronominaux n'existent pas sous la forme simple; ils n'existent que sous la forme pronominale.

L'oiseau **s'envole.**   *The bird **flies away.***

Le voleur **s'enfuit.**   *The thief **runs away.***

Voici des verbes pronominaux de ce type:

se dépêcher	to hurry	s'enfuir	to run away
s'envoler	to fly away	s'évanouir	to faint
se méfier	to distrust	se moquer	to make fun
se souvenir	to remember	se taire	to keep silent

✳ Remarque: Les verbes **se rappeler** et **se souvenir** ont le même sens. **Se rappeler** est suivi de l'objet direct. **Se souvenir** est suivi de **de** + nom.

Tu te rappelles **la correction?**   Tu te **la** rappelles?

Je me souviens **de l'histoire.**   Je m'**en** souviens.

EXERCICES

E. Dans les phrases suivantes, mettez les verbes entre parenthèses au temps qui convient. Dites s'ils ont un sens réfléchi ou réciproque.

1. Tous les matins je (se réveiller, se lever, se préparer).
2. Hier soir, Jean-Paul (se déshabiller, ne pas se laver, se coucher).
3. Josée et Michel (s'aimer, s'embrasser beaucoup, se téléphoner tous les jours).
4. Quand nous étions jeunes, nous (s'acheter des bonbons et des gâteaux, se promettre de suivre un régime, ne pas se laver les dents tous les jours!).

5. Vous (s'écrire tous les jours, se rencontrer régulièrement, se parler souvent).
6. Nous (se rencontrer dans un bal, se voir plusieurs fois, se marier au bout d'un mois!).
7. Marie-Claire (se maquiller, s'habiller élégamment, se plaire).

F. Complétez les phrases suivantes avec un des verbes de la liste, verbe simple ou verbe pronominal. Attention au temps!

> **Modèle:** Aller / s'en aller: Je _____ à Paris; je _____ pour un mois.
> *Je **vais** à Paris; je **m'en vais** pour un mois.*

entendre / s'entendre   douter / se douter   rappeler / se rappeler
tromper / se tromper   demander / se demander   trouver / se trouver
passer / se passer   attendre / s'attendre   manger / se manger
servir / se servir   apercevoir / s'apercevoir

1. Tu _____ la musique? Tu _____ bien avec tes parents?
2. Nous _____ l'autobus depuis une heure. Nous ne _____ (imparfait) pas à un si long retard.
3. Tout _____ , tout lasse, tout casse! Cette histoire _____ en Algérie.
4. Les naufragés _____ (passé composé) un bateau. Ils _____ (passé composé) qu'ils n'allaient pas mourir!

    Shipwrecked survivors

5. Marie _____ (imparfait) quelle heure il était. Elle _____ (passé composé) l'heure à un passant.
6. Est-ce que les frites _____ avec les doigts? —Non, chez moi, on ne _____ pas les frites avec les doigts.
7. Je suis venu vous voir lundi au lieu de mardi. Je _____ (passé composé) de jour! Cet homme est infidèle: il _____ sa femme.
8. Est-ce que vous _____ (passé composé) le médicament que vous cherchiez? —Non, ce médicament ne _____ pas en pharmacie.
9. Ma mère sait que je lui raconte des histoires. Elle _____ que je mens. Maintenant elle _____ de ma sincérité.
10. Mes amis ne _____ pas de leur salle à manger en été. Ils _____ leurs repas dans le jardin.
11. (*Au téléphone*) Je suis pressé, je vous _____ dans dix minutes. (*Plus tard*) Je ne _____ (passé composé) pas que je dois téléphoner à mon ami.

G. Remplacez les groupes en italique par un verbe pronominal au temps qui convient.

1. L'oiseau *a pris son vol.* Il _____ .
2. Claudine a appris la mauvaise nouvelle et elle *a perdu conscience.* Elle _____ .
3. *Allez un peu plus vite!* _____ !
4. Les étudiants *arrêtent de parler.* Ils _____ .
5. Je *n'ai pas confiance* en cet homme. Je _____ de lui.
6. Mon frère *fait* toujours *des plaisanteries* (*jokes*) à mon sujet. Il _____ de moi.
7. Le voleur a ouvert la porte de la prison et il *a pris la fuite.* Il _____ .
8. *J'ai une bonne mémoire.* Je _____ de toute mon enfance.

Accord du participe passé

1 Pour les verbes réfléchis ou réciproques, on suit la règle de l'accord avec l'auxiliaire **avoir** (voir p. 54). Le participe passé s'accorde avec l'objet direct placé avant le verbe.

a. Quand **se** (**me, te, nous, vous**) est objet direct, il y a un accord avec ce pronom, qui représente aussi le sujet.

> Elle **s'**est vu**e**.   Nous **nous** sommes aim**és.**

b. Quand **se** (**me, te, nous, vous**) est objet indirect, il n'y a pas d'accord.

> Ils **se** sont téléphon**é**.   Vous **vous** êtes parl**é**.
> Elle **s'**est achet**é** des chapeaux bizarres.   Nous **nous** sommes lav**é** les mains.

✱ **Remarque:** Le pronom réfléchi des verbes suivants est toujours objet indirect: au participe passé il n'y a pas d'accord avec le sujet.

> s'acheter   se donner   s'offrir   se plaire   se sourire
> se dire   s'écrire   se parler   se promettre   se téléphoner

c. Quand **se** (**me, te, nous, vous**) est objet indirect et quand le verbe a un objet direct placé devant lui, le participe passé s'accorde avec cet objet direct.

>   O.I.   O.D.
> Bernard **s'**est acheté **une voiture** de sport.
> MAIS:
>   O.D. O.I.
> Tu as vu **la voiture** de sport **qu'**il **s'**est achet**ée?**

2 Pour les verbes qui n'ont ni le sens réfléchi ni le sens réciproque, on accorde le participe passé avec le sujet.

> Les **tableaux** de Picasso se sont **vendus** pour des millions.
> **La grand-mère** s'est **souvenue** du dernier épisode du film.
> **Vous** ne vous êtes **aperçus** de rien?

EXERCICES

H. Mettez les phrases suivantes au passé composé.

1. Elle se lave les cheveux.   2. Vous vous téléphonez?   3. Ils se voient, ils se disent bonjour, ils se parlent, ils se souviennent, ils se plaisent et ils se marient.   4. Marie-France, tu te brosses les dents?   5. Les deux jeunes gens se sourient.   6. Elles se promettent de s'écrire.

I. Mettez les phrases suivantes au passé composé. Faites attention à l'accord du participe passé.

1. Les deux amies se connaissent pendant un voyage, se revoient à Paris, puis se disputent et se fâchent.

2. Mes frères et moi, nous allons à la plage en été: nous nous allongeons au soleil, nous nous promenons au bord de la mer, nous nous baignons, nous nous amusons.

3. La grand-mère s'ennuie à la soirée: elle s'impatiente, elle s'énerve, elle se sent furieuse d'avoir accepté l'invitation.   *sentir*

J. Mettez les verbes entre parenthèses dans les phrases suivantes au passé composé et accordez le participe passé si c'est nécessaire.

1. Il ne m'a pas montré la nouvelle télé qu'(il s'achète).
2. Marius et Fanny n'ont pas oublié les promesses qu'(ils se font).
3. La bague que (tu m'offres) doit coûter cher.
4. Ils vont regretter les injures (*insults*) qu'(ils se disent).
5. (Elle s'offre) des places réservées.
6. Elle a donné aux pauvres tous les vêtements qu'(elle s'achète).
7. Les petites filles (se tiennent) la main.
8. Les lettres que (nous nous envoyons) ne sont pas arrivées.

Suppléments de grammaire

1 ▶ tout

a. Tout (*adjectif*) signifie *all, the whole.* Ses formes sont:

	masc.	fém.
sing.	tout	toute
pl.	tous	toutes

Il s'emploie devant le nom et un déterminant.

tout l'or	**toute** la famille
tous mes amis	**toutes** ces pièces

* Remarques:

- **Tout,** avec un nom singulier sans déterminant, signifie *any, every, each.*

  tout homme   **toute** jeune fille

- **Tout ce qui, tout ce que** signifient *everything* (voir p. 389).

b. Tout (toute, tous, toutes) peut être pronom. Dans ce cas, le **-s** de **tous** est prononcé /tus/.

Il a fait les exercices de la page 8. —Quoi, **tous?**

On place le pronom entre l'auxiliaire et le participe passé, au temps composé.

Il a **tout** mangé. Je les ai **tous** vus.

c. Tout peut être adverbe. Il signifie **très**.

> L'immigrant est **tout** étonné.

Il est invariable au masculin, mais il s'accorde au féminin.[2]

> Les **tout** petits enfants.   Elle est **toute** petite.
> La maison est **toute** entourée d'arbres.

d. Expressions idiomatiques avec **tout**.

tout à fait	*completely*	à toute allure	*at full speed*
tout de suite	*right away*	tout à l'heure	*in a moment; a moment ago*
tout à coup	*suddenly*	en tout cas	*in any case*

EXERCICES

K. Répétez avec la forme correcte de **tout**. Le professeur dit à ses élèves:

1. Finissez la lecture.   2. Faites vos devoirs.   3. Gilles, efface le tableau.
4. Rangeons les bureaux.   5. Josiane, rapporte les livres à la bibliothèque.   6. Mettez la salle de classe en ordre.   7. Ne restez pas dehors pendant la récréation.   8. Ne parlez pas pendant l'étude.

L. Complétez les phrases suivantes avec la forme correcte de **tout**.

1. Il comprend *toute la leçon*. Il l'a _____ comprise.   2. Vous embrassez *tous vos amis?* —Oui, _____.   3. Dans la maison, elle fait _____ elle-même.   4. J'ai lu *toutes ces nouvelles*. _____ m'intéressent.

M. Répétez avec **tout** adverbe.

1. Ils sont heureux.   2. Elles sont contentes.   3. Vous êtes bronzé.   4. Elle est énervée.   5. Tu es fatigué.   6. Tu es blanche.   7. Le ciel est bleu.   8. La mer est verte.

2 Expressions avec **coup**

Le mot **coup** entre dans la composition de beaucoup d'expressions courantes; en voici quelques-unes:

d'un seul coup	*all at once*	un coup de tête	*action on impulse*
tout à coup	*suddenly*	un coup de fil	*a phone call*
un coup d'œil	*a glance, a peek*	se donner un coup	*to comb one's*
un coup de main	*a [helping] hand*	de peigne	*hair quickly*

---

[2] Une règle ancienne spécifiait que **tout** adverbe ne s'accordait pas devant une voyelle ou un **h** muet, au féminin. Dans un effort de simplification de l'orthographe de la langue française, un arrêt ministériel du 17 juillet 1977 a rendu cette règle périmée (*obsolete*).

boire un coup (*fam.*)	*to have a drink*	un coup de foudre	*love at first sight*
un coup de soleil	*sunburn*	avoir un coup de	*to be taken by . . .*
un coup de tonnerre	*thunderclap*	cœur pour…	

EXERCICE

N. Traduisez les phrases suivantes. Utilisez une expression avec **coup**.

1. He gave me a phone call.   2. All of a sudden, I heard a clap of thunder.   3. You are red: you have a sunburn.   4. The child glanced at the screen.   5. Let's have a drink.   6. They met and got married the same day: it was love at first sight.   7. This package is heavy: come and help me.   8. In the morning, I comb my hair quickly.

Synthèse

APPLICATIONS

I. Au cinéma sur un paquebot.   Mettez les verbes du texte suivant au temps et au mode qui conviennent.

Les passagers (se rassembler) dans la salle de cinéma du bateau. Ils (se demander) quel film ils vont voir. Les enfants (ne pas se taire). Une mère leur dit: "(vous se calmer), (s'asseoir: vous) sur ces bancs et (se tenir tranquilles: vous)." Enfin l'écran (s'allumer), puis (s'éteindre). Les spectateurs (s'impatienter). Enfin l'image (se stabiliser). Un film long métrage commence. Il est en anglais et sous-titré. Les enfants (s'énerver) et (se disputer). Un spectateur dit: «La barbe! je (s'ennuyer). Je (s'en aller). Allons (se promener) sur le pont. Je (se plaindre: futur) au capitaine!»

II. Action appropriée.   Dites ce que ces personnes font dans les situations indiquées.

Modèle: Christine est fatiguée: (s'asseoir / se reposer / se détendre)
Christine est fatiguée: elle s'assied, elle se repose, elle se détend.

1. Jules et Jim sont des ennemis: (se haïr / se disputer / se battre / mais se réconcilier / s'embrasser).
2. Vous arrivez à la plage: (se déshabiller / se mettre en maillot de bain / s'allonger / se couvrir de crème solaire).
3. Nous avons faim: (se précipiter vers le frigidaire / se gaver [*to stuff oneself*] de chips / se faire une omelette).
4. Tu vas faire des courses dans un magasin de vêtements: (se regarder dans les glaces / se trouver chic / s'acheter plusieurs jeans / se laisser convaincre par la vendeuse).

III. Une histoire d'amour.   Où est-ce que les deux amoureux se sont rencontrés? Qu'est-ce qu'ils se sont dit quand ils se sont vus? (se parler / se donner rendez-vous / se promener / se plaire / se jurer qu'ils allaient s'aimer toujours / se fiancer / se marier / se disputer / se séparer / se revoir / se réconcilier)

IV. Où est-ce que ça se passe?   Faites des phrases avec le vocabulaire suggéré pour dire où se passent les activités des diverses personnes. Variez les temps.

Modèle: *Je me baigne à la piscine.*

Je	se promener	devant les exercices
Nicole	se brosser les dents	dans un magasin
nous	se faire un sandwich	dans la salle de bains
mes camarades de classe	se faire couper les cheveux	dans la forêt
Cédric	s'amuser	chez le coiffeur
les conducteurs	s'ennuyer	dans la cuisine
tu	s'acheter un pull	sur l'autoroute
vous	s'impatienter	au concert
les deux amies	se sentir frustré	à la surprise-partie

ACTIVITÉS

1. **Débat.**   Formez deux groupes: un groupe aime les publicités à la télé et l'autre préfère les chaînes qui offrent des programmes sans interruption. Discutez vos préférences.

   montrer toute la pub   interrompre le film
   répétition de la même pub   publicité stupide, amusante
   renseignements sur les produits
      de consommation

2. **Jeu de rôle.**   Un étudiant joue le rôle d'un immigrant tout récemment arrivé aux Etats-Unis d'un pays du tiers monde. Un autre joue le rôle d'un Américain un peu blasé qui lui explique l'usage des objets électroniques modernes ou des gadgets qui n'existent pas dans son pays.

   télévision   micro-ondes   portable   ordinateur
   lecteur de CD   aspirateur   magnétoscope   lave-vaisselle

3. **Sondage.**   Posez des questions à quatre ou cinq camarades pour savoir quel genre de films ils vont voir et faites une liste de leurs films préférés. Ensuite faites un rapport à la classe sur les goûts et les choix de vos camarades.

TRADUCTION

1. When the screen of the television set goes dark, the passengers exchange their impressions: 2. Ali says: "Is France really like that? Are we going to look like these people, if we buy life insurance? Are we going to start running in fields full of flowers, smile at each other, hug and kiss?"   3. Rachid replies: "I am going to use Soleil laundry soap and voilà: I turn into (**se transformer en**) the owner of a pretty provençal house."   4. Aïcha continues: "Since I have been brushing my teeth with Briodent, I feel more chic, more elegant…"   5. They all make fun of the French television commercials.   6. But Fatima adds: "We must realize that the news tells us what is really going on: we saw the CRS.   7. They ran to the students and beat them when they were demonstrating.   8. We must distrust the silly images of the commercials, and expect, maybe, a more difficult reality.   9. Let's hope we are going to get along with the French."   10. They all relax, encourage each other.

RÉDACTIONS

1. **Expérience personnelle.**   De quels épisodes de votre enfance vous souvenez-vous particulièrement? A quoi vous intéressiez-vous? De quoi vous occupiez-vous? Dans quelles circonstances vous êtes-vous amusé, ou ennuyé? Vous êtes-vous blessé une fois, ou vous êtes-vous fait mal? Vous sentiez-vous heureux ou malheureux, généralement? Vous entendiez-vous mieux avec les enfants plus jeunes ou plus âgés?

2. **Suite.**   Imaginez un autre épisode pour le film que Jacques et sa grand-mère ont vu. Comment les héros s'en sont-ils tirés? Comment sont-ils descendus de l'arbre… jusqu'au prochain «suspense»?

13

L'infinitif

Vocabulaire du texte

arracher to pull from, to grab
associé (*m.*), **associée** (*f.*) business partner
au hasard at random
autocollant (*m.*) sticker
avis (*m.*) opinion
avoir l'esprit clair to have a clear mind
banlieue (*f.*) suburb
baskets (*f.* ou *m. pl.*) high-tops
bien-aimé(e) beloved
bloc (*m.*) notepad
bougie (*f.*) candle
cahier (*m.*) **de textes** assignment notebook
cartable (*m.*) school bag
chaussette (*f.*) sock
cocon (*m.*) cocoon
colle (*f.*) punishment; glue
coller to stick
commode (*f.*) chest of drawers
congélateur (*m.*) freezer
contenu (*m.*) contents
se coucher to set (sun); to go to bed (person)
coussin (*m.*) pillow
craquer to give up, to crack up
d'autant plus all the more
dégoûter to make (someone) tired of, to disgust
déposer to put down
désordre (*m.*) mess
entasser to stuff
esprit (*m.*) mind
femme (*f.*) **de ménage** cleaning lady, housekeeper
hautement highly

illisible unreadable
interdire to forbid
jupe (*f.*) skirt
se lever to get up; to rise (sun)
le **linge** (*m.*) clothes —more of laundry
malgré in spite of
maquillage (*m.*) makeup
méprisé(e) scorned
musette (*f.*) army bag
oubli (*m.*) omission
panier (*m.*) **à linge** clothes hamper
pavillon (*m.*) **de banlieue** suburban house
porter une mention to have something inscribed
propre clean
pull (*m.*) sweater
psycho-pédiatre (*m.* ou *f.*) child psychologist
quasi nearly
quotidiennement daily
ramasser to pick up
récompense (*f.*) reward
recouvrir to cover totally
se refuser à to refuse absolutely
rentrer to put back in
se reporter to refer
restes (*m. pl.*) leftovers
salière (*f.*) salt shaker
se soucier de to worry about
spectacle (*m.*) show
suspendre to hang
tant que as long as; while
tiroir (*m.*) drawer
veille (*f.*) **au soir** the evening before

ocabulaire supplémentaire

Les dangers qui menacent les jeunes—l'alcool—la cigarette—la drogue

brigade (*f.*) **des stupéfiants** drug squad
campagne (*f.*) **anti-tabac** anti-smoking campaign
dépendance (*f.*) addiction
se droguer to take drugs
intoxiqué(e) drug addicted
ivre intoxicated
ivresse (*f.*) drunkenness, intoxication
ne plus pouvoir se passer de to be addicted to

revendeur (*m.*), **revendeuse** (*f.*) peddler, pusher
sida (*m.*) AIDS
stupéfiant (*m.*) drug, narcotic
stupéfiant(e) (*adj.*) astounding
toxicomane (*m.* ou *f.*) drug addict
trafiquant (*m.*), **trafiquante** (*f.*) runner (drug)
usage (*m.*) **de la drogue** drug taking

Divers

poivrier (*m.*) pepper shaker
sucrier (*m.*) sugar bowl
tout de suite right away

Français en couleurs

Il y a beaucoup de mots pour décrire le désordre, dans la langue courante: «la pagaille», «le souk» (un mot arabe), «le bordel» (mot vulgaire mais très employé par tout le monde!). Dans le domaine vestimentaire, on fait «du lèche-vitrines» (*window shopping*), on soigne son «look», on est «looké», «sapé» (bien habillé) et parfois «overlooké», c'est-à-dire trop bien habillé pour la circonstance, le contraire étant «sapé basic». La mode des vêtements change vite chez les ados, mais les «pattes d'éph'» (*bell bottoms*) ou «les futes» restent en faveur, ainsi que «les santiags» (*kind of sandals*) et les «nike», prononcé [najk], pour les chaussures. «C'est vintage», prononcé «vinetèdge», veut dire c'est authentique.

Quand on ne porte pas de vêtements, on est «à poil» (attention, «Au poil» veut dire Bravo!). Pour montrer son admiration, on dit: «Chapeau!»

Pour dire qu'on n'est «pas bien dans sa peau, pas à l'aise dans sa vie», on dit: «on marche à côté de ses pompes» (*literally, one walks next to one's shoes*) ou «on est mal dans ses baskets».

La plupart des mots dans le domaine du sport viennent de l'anglais, et on peut dire «le fitness» ou, en plus français, «la gonflette», qui vient de gonfler (*to blow*). On peut alors porter «un justaucorps string fluo» (*fluorescent bodysuit*).

Dans le domaine de la drogue, «on se dope» (on prend de la drogue), on est «accro» (*addicted*), «on se défonce» (*one gets high, stoned*).

$\mathcal{L}$e lever de Prunelle

Nicole de Buron (1937-   )   est née à Paris. Certains de ses romans ont eu beaucoup de succès et ont été adapté en feuilletons pour la télévision. La plus célèbre et la plus ancienne adaptation est *Les saintes chéries* (de 1964 à 1967). Une autre plus récente a pour titre *Qui c'est, ce garçon?* (1985). Il s'agit d'une chronique maternelle racontée avec un humour irrésistible. Nicole de Buron y raconte la relation d'une mère avec sa fille de seize ans, qui vit avec son premier amour. Ce roman a aussi été adapté pour la télévision. Les thèmes principaux des romans de Nicole de Buron sont les femmes (de tous les âges), leurs travers (*shortcomings*) décrits avec tendresse et humour, leurs relations avec les hommes et leurs enfants et leurs problèmes au quotidien, la peur de vieillir, d'être trompée (*T'as tout pour être heureuse*, 1996).

Préparation à la lecture

Ce passage est extrait du livre *Dix jours de rêve*, dans lequel Nicole de Buron raconte l'expérience d'une mère de famille qui, fatiguée des corvées ménagères et surtout de la vie quotidienne avec une adolescente égoïste, désordonnée et ingrate, décide de partir en vacances, seule, sur une île tropicale où elle va passer, pense-t-elle, dix jours de rêve. La description du comportement et des habitudes irritantes de l'ado, Prunelle, précède celle des préparatifs de la mère.

Nicole de Buron écrit dans un style journalistique, et emploie des phrases incomplètes et des ellipses (voir p. 276). Elle utilise les mots **vous, votre** à la place de **elle, son, sa,** pour désigner les actions et les pensées de la mère de Prunelle. Les lecteurs peuvent ainsi se mettre à la place du personnage de la mère et ressentir de façon plus précise ses soucis, ses angoisses, ses déceptions (*disappointments*). Nous assistons d'abord au «lever» de Prunelle. On utilise d'ordinaire les expressions «le lever» ou «le coucher» pour parler du soleil, ou de la cérémonie qui entourait le roi Louis XIV (le Roi-Soleil) quand il se levait et se couchait. Prunelle est ainsi comparée à une étoile, une princesse.

Les adolescentes françaises portent des jeans, de préférence délavés,° faded et des sweat-shirts portant des mentions. On ne dit pas «vêtements», on dit «fringues». Les futes,° les baskets sont à la mode. On ne prend pas le temps leggings de faire sa toilette le matin, de ramasser ou de ranger ses affaires qui «gisent[1]» par terre, de plier ou de suspendre ses vêtements dans l'armoire

---

[1]**gisent:** are lying like the dead (from the verb **gésir,** which is used mainly in the expression **ci-gît… :** here lies . . .)

(qui n'a pas de porte), parce que c'est plus pratique. On porte ses livres et ses cahiers dans une musette.

C'est l'heure du lever de votre enfant bien-aimée, élevée dans le cocon de luxe de votre charmant pavillon de banlieue…

Prunelle se lève, hagarde, et, sans se soucier de la moindre toilette, saute dans un jean et un immense sweat-shirt noir portant la mention

5 *J'aime dormir en classe* qu'elle arrache propres de l'armoire. En même temps que deux jupes et trois pulls qui tombent par terre. Et y restent. Ses vêtements d'hier gisent, eux, sous le lavabo. Prunelle chérie se refuse à porter les mêmes «fringues» deux jours de suite, malgré vos protestations. Elle remet un jean identiquement délavé et un sweat-shirt également trop

10 grand (mais, hier, mauve électrique et portant la mention *Née pour ne rien faire*).

Vous décidez régulièrement de *ne pas* ranger les affaires de Prunelle. Et d'interdire à la femme de ménage de le faire. D'éminents° psychopédia-tres vous ont assuré que c'était le seul moyen de dégoûter votre adoles-   distinguished

15 cente de son propre désordre. On voit bien qu'ils n'ont jamais rencontré Prunelle. En quarante-huit heures, le spectacle devient grandiose. Pan-talons dits «futes», chaussettes sales, pots de yaourts vides, coussins (por-tant la mention *Love*), produits de maquillage de toutes sortes, votre salière (?), restes de bougies, livres de classe et cahiers, robe indienne, baskets dé-

20 pareillés° recouvrent le sol. Les tiroirs, tous ouverts, laissent échapper leur   unmatched contenu. L'armoire sans porte fait comprendre que plier et suspendre sont des activités magnifiquement méprisées par votre petite chérie.

Au bout d'un moment, la femme de ménage craque (le chien lui-même, frappé d'effroi,° refuse d'entrer dans la pièce). En cachette, elle net-   **frappé…** panic-stricken

25 toie et remet tout en place. Superbe, Prunelle ne s'aperçoit de rien.

Ce matin, en marmonnant,° elle ramasse au hasard cahiers et livres de   **en…** mumbling classe qu'elle jette dans une musette kaki recouverte d'autocollants: «Je vais craquer» … «Dur-Dur» … «C'est la panique!»[2]

Vous n'avez jamais pu obtenir de votre adolescente adorée qu'elle

30 prépare son «cartable» (comme vous dites dans votre jargon maternel) la veille au soir, tandis qu'elle a l'esprit assez clair — en principe — pour se reporter° à un cahier de textes — quasi illisible. Non. Votre Prunelle   **se…** to refer préfère entasser dans la fameuse musette — alors qu'elle dort encore de-bout — tout ce qui lui tombe sous la main, c'est-à-dire n'importe quoi, y

35 compris° votre salière (?). Et se voir infliger presque quotidiennement une   **y…** including colle pour oubli° d'un cahier, d'un livre, ou d'un devoir. Vous n'avez   **pour…** for forgetting jamais osé demander au psychologue de l'école à quoi correspondait cette roulette scolaire quotidienne.

---

[2]**Je vais … panique!:** "I'm cracking up!"… "Life's a drag."… "Panic has set in!"

La mère de famille décide de partir en vacances seule. Elle établit pour elle-même 40 *une liste de choses à faire et colle des papiers de recommandations pour sa famille partout dans la maison.*

Avant de partir, vous devez absolument:

- Etablir de longues notes pour Suzanne (votre associée).

- Emplir° chez vous le réfrigérateur, le congélateur et les placards à 45 pleins bords.°

  = **remplir**
  à... to the brim

Puis vous collez des papiers:

- Dans la salle de bains: «Merci de ne pas jeter le linge par terre, comme d'habitude, mais de le mettre dans le panier... »

- Dans la chambre de Prunelle: «Merci de porter tes jeans au moins 50 deux jours de suite et de ne pas les enfouir° ensuite sous ton lit ou derrière ta commode. Merci de les déposer dans le panier à linge de la salle de bains (voir salle de bains).»

  bury

- A côté du téléphone: «Merci de bien vouloir noter sur ce bloc les appels téléphoniques pour moi. Récompense.»

- Sur le frigidaire: «Ne pas oublier de rentrer le lait, le beurre, le 55 jambon.»

- Sur le placard à provisions: «Pour le chien, tant que la première boîte de pâtée n'est pas terminée, ne pas ouvrir toutes les autres.» ■

Questions sur la lecture

1. Où habitent Prunelle et sa famille? Quel type de maison occupent-elles?
2. Est-ce que Prunelle fait sa toilette le matin? Est-ce typique? Quels vêtements est-ce qu'elle porte? Quel commentaire pouvez-vous faire sur les inscriptions des sweat-shirts?
3. Qu'est-ce qu'il y a par terre, sur le tapis? Pourquoi est-ce qu'il y a tout ce désordre? Est-ce typique?
4. Que conseille le psy? Quel est le meilleur moyen de dégoûter les adolescents du désordre?
5. Parmi les objets qui recouvrent le sol de la chambre de la jeune fille, lesquels sont inhabituels?
6. Quelles activités méprise Prunelle?
7. Que fait la femme de ménage et quel est le résultat de ses efforts? Pourquoi est-ce que le chien refuse d'entrer dans la chambre?
8. Pourquoi est-ce que Prunelle reçoit des colles? Que veut dire l'auteur lorsqu'elle parle de «roulette scolaire»?
9. Quel souci principal a cette mère de famille quand elle colle des petits papiers dans la salle de bains, dans la chambre de Prunelle?
10. Pourquoi est-ce que la mère promet une récompense?

Questions personnelles

1. Etes-vous ordonné(e) ou désordonné(e)? Rangez-vous votre chambre régulièrement? Qu'est-ce qu'il y a dans votre chambre?
2. Portez-vous des tee-shirts avec des inscriptions? Lesquelles? D'où viennent ces tee-shirts? de vacances? d'un concert?
3. Vous reconnaissez-vous dans la description de Prunelle? Reconnaissez-vous une jeune sœur, un jeune frère? Les «ados» français vous paraissent-ils différents des ados américains ou canadiens, ou semblables? Vos parents se plaignent-ils de vous? De quoi se plaignent-ils?
4. Que pensez-vous des conseils du psy? Quel autre conseil pouvez-vous donner à cette mère de famille?

L'infinitif

Formes

En français, contrairement à l'anglais, quand on donne l'infinitif d'un verbe, on n'emploie pas de préposition: **aller** (*to go*), **venir** (*to come*).

L'INFINITIF: PRÉSENT / PASSÉ

L'infinitif a deux temps.

le présent:	**manger**	**boire**	**aller**	**venir**
le passé:	**avoir mangé**	**avoir bu**	**être allé**	**être venu**

1 L'infinitif présent est caractérisé par sa terminaison.

-er	pour les verbes du 1er groupe	**donner**
-ir	pour les verbes du 2ème groupe	**finir**
	et pour certains verbes irréguliers	**dormir**
-re	pour les verbes du 3ème groupe	**vendre**
	et pour certains verbes irréguliers	**dire**
-oir	pour certains verbes irréguliers	**pouvoir**

2 L'infinitif passé se forme avec l'auxiliaire **avoir** ou **être** à l'infinitif: le participe passé suit les mêmes règles d'accord qu'au passé composé (voir p. 54).

> Je suis content **d'avoir vu** cette pièce.
> Ces gens sont sympathiques: je suis ravi de *les* **avoir rencontrés.**

3 L'infinitif présent d'un verbe pronominal contient un pronom personnel qui se décline. On met ce pronom devant l'infinitif (voir p. 259).

je vais **me reposer**	nous allons **nous reposer**
tu vas **te reposer**	vous allez **vous reposer**
il va **se reposer**	ils vont **se reposer**
elle va **se reposer**	elles vont **se reposer**

4 L'infinitif passé d'un verbe pronominal contient aussi le pronom personnel. Le participe s'accorde avec le pronom (voir p. 54).

Après **m'être reposé(e), je** travaille.

Après **t'être reposé(e), tu** travailles.

Après **s'être reposé, il** travaille.

Après **s'être reposée, elle** travaille.

Après **nous être reposés(es), nous** travaillons.

Après **vous être reposé(e)(s), vous** travaillez.

Après **s'être reposés, ils** travaillent.

Après **s'être reposées, elles** travaillent.

L'INFINITIF NÉGATIF

1 Les négations suivantes ne sont pas séparées devant l'infinitif présent ou l'infinitif passé: **ne pas, ne plus, ne jamais, ne rien, ne pas encore.**

Sur le sweat-shirt de Prunelle, on lit: «Née pour **ne rien** faire».

Cette maman est sûre de **ne jamais** avoir tort.

Ils ont honte de **ne rien** avoir acheté[3] pour l'anniversaire de leurs amis.

2 Les négations de **ne … personne, ne … aucun** entourent l'infinitif présent ou l'infinitif passé.

Les enfants sont surpris de **ne** voir **personne,** de **n'**entendre **aucun** bruit.

Ce promeneur est ravi de **n'**avoir rencontré **personne** dans le parc.

EXERCICES

A. Refaites les phrases suivantes avec le verbe **refuser de** au temps qui convient et l'infinitif présent, en suivant le modèle.

Modèle: Je passe mes vacances à Paris.

*Je **refuse de passer** mes vacances à Paris.*

1. Elle range ses affaires.   2. Tu suspendais ton jean dans l'armoire.   3. Je me levais à six heures.   4. Nous avons dormi sous la tente.   5. Azouz était le dernier en classe. 6. Les enfants avaient fermé la porte du congélateur.   7. La mère établit des listes de choses à faire.   8. Prunelle ouvrit une seule boîte de pâtée pour le chien.   9. Vous avez une femme de ménage?   10. Elle s'est dépêchée pour arriver à l'heure.

---

[3] **N'avoir rien acheté** est possible, mais littéraire.

B. Refaites les phrases suivantes avec **être content de** et l'infinitif passé, en suivant le modèle.

> **Modèle:** Je passe mes vacances à Paris.
> *Je **suis content d'avoir passé** mes vacances à Paris.*

1. Je vois un psy.   2. Elle écoute les conseils de sa mère.   3. Vous avez l'esprit clair pour prendre cette décision.   4. Nous allons passer des vacances dans une île tropicale.   5. Tu prends ta musette au lieu de ton cartable.   6. Ils se sont aperçus de leur erreur.   7. Elle ne craquait pas.   8. Nous nous téléphonions.   9. Il fut le gagnant de la course de motos.   10. Ils se rencontrèrent.

C. Refaites les phrases suivantes. Mettez les infinitifs à la forme négative avec la négation indiquée entre parenthèses.

> **Modèle:** Claire préfère sortir avec Guy. (pas)
> *Claire préfère **ne pas** sortir avec Guy.*

1. Patrick est triste d'aller au mariage de sa cousine.   (pas)
2. Tu es sûr d'avoir vu ce film?   (jamais)
3. Paulette est fière de faire une faute à ses exercices.   (aucun)
4. Raoul essaie d'oublier quelque chose pour ses cours.   (rien)
5. Les pompiers décident d'éteindre l'incendie.   (pas)
6. Je décide de me promener seule.   (plus)
7. Ces deux amies promettent de se disputer.   (jamais)
8. Vous vous plaignez d'avoir raison?   (pas)
9. Mes amis regrettent d'avoir parlé à quelqu'un pendant la soirée.   (personne)
10. Je regrette de vous avoir écrit.   (pas encore)

Emplois

On utilise l'infinitif plus souvent en français qu'en anglais. Souvent, l'infinitif en français est traduit par le *gerund* en anglais.

> Elle met son manteau avant de **sortir.**   *She puts on her coat before **going out**.*

L'INFINITIF SEUL

1 Employé seul (sans préposition), l'infinitif peut être sujet ou objet direct.

> *Sujet*
> **Se lever** tôt, c'est pénible.   *Getting up early is painful.*
> **Ranger** ma chambre, ça me fatigue!   *Straightening up my room makes me tired.*
>
> *Objet*
> Nous aimons **marcher** sur la plage en hiver.   *We like **walking** (or **to walk**) along the beach in winter.*

✷ Remarque: On utilise **c'est** ou **ça** pour renforcer le sujet.

2 On utilise l'infinitif, à la place de l'impératif, dans les recettes de cuisine, les prescriptions pharmaceutiques, les modes d'emploi d'un appareil, les recommandations (*suggestions*).

> **Faire sauter** les oignons et **ajouter** du vin blanc.
> **Agiter** ce médicament avant l'emploi.
> **Ne pas oublier** de rentrer le lait dans le frigidaire.

3 On utilise l'infinitif seul, comme objet direct, après un certain nombre de verbes courants: des verbes de mouvement, des verbes de volonté et de nécessité, des verbes d'opinion et de préférence. Si l'infinitif a un objet qui est un pronom personnel, ce pronom se place devant l'infinitif.

a. Verbes de mouvement

aller	**descendre**	**monter**	**sortir**
courir	**entrer**	**partir**	**venir**

Gérard **est parti** voir sa mère.   Il **est parti la** voir.
Gisèle **sort chercher** des allumettes.   Elle **sort en** chercher.

b. Verbes de volonté et de nécessité

désirer	**espérer**	**il faut**
devoir	**vouloir**	**il vaut mieux**

Voulez-vous partager ce morceau de gâteau?   **Voulez**-vous **le** partager?
Il vaut mieux ne pas aller au cinéma ce soir.   **Il vaut mieux** ne pas **y** aller.

c. Verbes d'opinion et de préférence

aimer	**croire**	**oser**	**préférer**
aimer mieux	**détester**	**penser**	**savoir**

Nous **aimons mieux** rester chez nous.   Nous **aimons mieux y** rester.
Gabrielle **déteste** écrire des lettres.   Gabrielle **déteste en** écrire.

EXERCICES

D. Refaites les phrases suivantes avec un infinitif sujet, en suivant le modèle.

Modèle: On voyage / enrichir l'esprit.
Voyager, ça enrichit l'esprit.

1. On mange du chocolat / ça fait grossir.   2. On va à un restaurant italien / ça vous fait plaisir?   3. On travaille à mi-temps / c'est possible.   4. On trouve le meilleur candidat / ce n'est pas facile.   5. Ils restent debout trop longtemps / ça les fatigue.   6. On attend un ami qui est en retard / c'est irritant.   7. Vous écoutez des cassettes / ça vous amuse.   8. On lit ce gros livre en un jour / ce n'est pas possible.   9. Nous attachons notre ceinture de sécurité / c'est obligatoire.   10. Tu rencontres Marius / ça te plairait?

E. Combinez les groupes suivants en mettant le deuxième verbe à l'infinitif.

Modèle: Vous voulez / vous conduisez votre fille à l'école?
*Vous voulez **conduire** votre fille à l'école?*

1. J'aime / je plie et je suspends mes vêtements.
2. Tu préfères / tu te lèves tard?
3. Ils pensent / ils partent en vacances demain.
4. Elle n'ose pas / elle discute avec sa mère.
5. Nous aimons mieux / nous nous servons d'une musette.
6. Ses parents doivent / ils achètent un micro-ordinateur.
7. Ses cousins espèrent / ils vont à la Martinique cet hiver.
8. Ils partent / ils font un voyage au Népal.
9. Antoinette a couru / elle a embrassé sa grand-mère.
10. Montez / prenez un verre avec nous.
11. Il vaut mieux / ne te décourage pas.
12. Savez-vous / vous vous servez d'une machine à photocopier?

L'INFINITIF PRÉCÉDÉ DE «À» OU DE «DE (D')»

Certains verbes sont suivis de la préposition **à**, d'autres verbes sont suivis de la préposition **de**. Il n'y a pas de règle pour déterminer l'emploi de **à** ou de **de**. Consultez l'appendice ou le dictionnaire.

1 L'infinitif peut être précédé d'un verbe + **à**. Le verbe principal peut indiquer un effort, une direction, une aspiration. Voici quelques verbes courants (voir l'Appendice A pour une liste plus longue).

aider à	to help	**servir à**	to be of use in, for
apprendre à	to learn how to	**songer à**	to think about
réussir à	to succeed in	**tenir à**	to insist on
chercher à	to seek to, to try to	**s'amuser à**	to have fun
se mettre à	to begin	**se préparer à**	to get ready to

2 L'infinitif peut être précédé d'un verbe + **de.** Un grand nombre de verbes pronominaux se trouvent dans ce groupe. Voici quelques verbes courants (voir l'Appendice A pour une liste plus longue).

avoir envie de	to want	**promettre de**	to promise to
avoir honte de	to be ashamed of	**refuser de**	to refuse to
avoir peur de	to be afraid of	**s'arrêter de**	to stop
être obligé de	to be required to	**se contenter de**	to be content with
essayer de	to try to	**se dépêcher de**	to hurry to
finir de	to finish	**s'excuser de**	to apologize for
oublier de	to forget to		

3 Certains verbes ont les deux constructions et changent de sens.

se décider à	**décider de**
(*to make up one's mind to*)	(*to decide to*)
Il avait peur, mais il **s'est décidé** à plonger.	Nous avons **décidé d'**acheter une maison.
demander à	**demander** (à quelqu'un) **de**
(*to ask permission to*)	(*to ask [someone] to*)
Il **demande à** sortir.	Il **vous demande de** sortir.

✳ Remarque: Les verbes **commencer** et **finir** ont deux constructions, avec **à** ou **de** et avec **par.** Leur sens change.

Il **commence à** pleuvoir.	J'ai **commencé par** faire mes maths.
*It's **starting** to rain.*	*I **started with** my math homework.*
Elle **a fini de** pleurer.	Elle **a fini par** comprendre.
*She is **through** crying.*	*She **finally** understood.*

4 Si l'infinitif a un objet direct ou indirect qui est un pronom, ce pronom est placé entre la préposition et l'infinitif.

Il a peur de parler **au professeur.**	Il a peur de **lui** parler.
Nous avons réussi à finir nos **devoirs.**	Nous avons réussi à **les** finir.
J'ai oublié d'acheter **du pain.**	J'ai oublié d'**en** acheter.

✳ Remarque: Dans ce cas, on ne contracte jamais **à le, de le, à les, de les** parce que **le, les** sont des *pronoms.*

5 L'infinitif qui suit le verbe **être** et un adjectif peut être précédé de **à** ou de **de.**

a. à Le sujet du verbe **être** est un nom (ou un pronom qui remplace ce nom), ou **ce** qui remplace une phrase, une idée déjà exprimée. Dans ce cas, l'infinitif ne peut pas avoir d'objet direct: il a un *sens passif.* On emploie **à.**

La leçon est **difficile à comprendre.**	Elle est **difficile à comprendre.**
*The lesson is **difficult to understand.***	*It is **difficult to understand.***
Marie ne s'est jamais mariée.	C'est **difficile à comprendre.**
Marie has never gotten married.	*It's **difficult to understand** (why).*

> sujet   + **être** + adjectif + **à** + infinitif
> (nom, pronom ou **ce**)

b. de   Le sujet du verbe **être** n'est jamais un nom. Le sujet est **il** impersonnel ou **ce** (**ce** est plus fréquent que **il** [voir p. 407]). Dans ce cas, l'infinitif peut avoir un objet direct: il a un *sens actif*. L'infinitif seul (ou l'infinitif + son objet direct) est le véritable sujet du verbe **être**. On emploie **de**.

C'est important de se reposer.	*It's important to rest.*
Il est (C'est) difficile de dormir le jour.	*It's difficult to sleep during the day.*
Il est (C'est) difficile de comprendre cette leçon.	*It's difficult to understand this lesson.*
Il est important d'étudier vos verbes.	*It's important to study your verbs.*

> sujet   + **être** + adjectif + **de** + infinitif
> (**il** impersonnel ou **ce**)

6 L'infinitif qui suit un nom peut être précédé de **à** ou de **de**.

a. à   On emploie **à** si en anglais la construction signifie *something that must be done to the preceding noun.*

une maison **à peindre**	*a house to paint*
un livre **à lire**	*a book to read*
une chanson **à chanter**	*a song to sing*
un film **à voir**	*a film to see*

b. de   On emploie **de** si l'équivalent en anglais est *of* + la forme *-ing* du verbe.

la pensée **de revenir**	*the thought of coming back*
la façon **de parler**	*the manner of speaking*
l'idée **de partir**	*the idea of going*
la nécessité **de lire**	*the necessity of reading*

On trouve souvent **de** avec les expressions de temps.

le temps **de travailler**	*the time to work*
le moment **de partir**	*the time to go*
l'heure **de dormir**	*the time to sleep*

L'INFINITIF AVEC D'AUTRES PRÉPOSITIONS

On emploie l'infinitif après les autres prépositions courantes. Souvent on utilise la forme *-ing* du verbe anglais pour traduire l'infinitif.

avant de		*before*	
sans	dormir	*without*	*sleeping*
au lieu de		*instead of*	

Pour dormir, il prend des pilules.	***In order to sleep,*** *he takes pills.*
Sans dire un mot, elle est sortie.	***Without saying*** *a word, she left.*

✳ Remarques:

- **Après** est suivi uniquement de l'infinitif passé.

  Après avoir bien **dîné,** ils ont fumé un cigare.   *After having dined well, they smoked cigars.*

  Après être partis, ils ont regretté ne pas être restés.   *After they left, they were sorry they had not stayed.*

- La préposition **en** est suivie de la forme verbale en **-ant.** C'est le gérondif (voir p. 452). **En** n'est jamais suivi de l'infinitif.

  Il chante toujours **en travaill*ant*.**   *He always sings **while working.***

EXERCICES

F. Refaites les phrases suivantes avec les verbes indiqués. Suivez le modèle.

> **Modèle:** Tu **vas faire** la sieste.   Il **refuse**
>   Il **refuse de faire** la sieste.

1. J'aime dormir tard le dimanche matin.
   Essayez / Elle ne réussit pas / Tu n'es pas obligé / Je tiens
2. Vous pouvez attraper une colle.
   Elle ne cherche pas / Tu n'as pas honte / Vous risquez / Je refuse / Nous ne tenons pas
3. Je ne sais pas me servir d'un ordinateur.
   Avez-vous essayé? / Tu as appris / Nous nous amusons / Je décide / Il songe
4. Il faut vous acheter des fringues.
   Elle se décide / Nous oublions / Je promets / Il va m'aider / Ils ne tiennent pas
5. Je suis obligé de travailler dans un restaurant.
   Elle s'est arrêtée / Tu t'es mis / Vous refusez / Il a décidé / Je préfère

G. Dans les phrases suivantes, mettez la préposition qui convient: **à** ou **de.**

1. J'ai une maison _____ vendre.   2. Je n'aime pas sa façon _____ parler.   3. Avez-vous le temps _____ lire?   4. Ce livre est difficile _____ lire.   5. C'est impossible _____ lire quand il y a du bruit.   6. L'arabe et le chinois sont des langues difficiles _____ apprendre.   7. Ce n'est pas agréable _____ travailler dans une maison bruyante.   8. Tu n'es pas facile _____ convaincre.   9. C'est toujours pénible _____ entendre le bruit des voitures.   10. Le macramé? Ce n'est pas difficile _____ faire.   11. Il suffit _____ savoir faire des nœuds (*knots*).   12. Vos dessins sont très jolis _____ regarder, mais trop chers _____ acheter.   13. C'est bon _____ boire quand on a soif.   14. Ce n'est pas recommandé _____ boire avant de conduire.   15. La bière fraîche est bonne _____ boire.   16. Avez-vous le temps _____ regarder la télévision?   17. Non, d'ailleurs il n'y a pas beaucoup d'émissions intéressantes _____ regarder.   18. Dans cet immeuble, il y a trois appartements _____ louer.   19. C'est difficile _____ louer quelque chose quand on ne connaît pas le quartier.   20. Je n'ai pas encore eu l'occasion _____ voir *Mourir d'aimer*. C'est un film _____ voir.

H. Dans les phrases suivantes, mettez la préposition qui convient dans l'espace vide.

1. Camille va au café après son travail _____ rentrer chez lui.　(pour, sans, <u>au lieu de</u>)
2. Josyane a écrit sa composition _____ faire de fautes.　(avant de, <u>sans</u>, pour)
3. Les enfants se lavent les mains _____ se mettre à table.　(après, au lieu de, <u>avant de</u>)
4. Jacques fait du jogging _____ rester en bonne santé.　(au lieu de, sans, <u>pour</u>)
5. Ils quittent le restaurant _____ avoir payé l'addition. (pour, en, <u>après</u>)

«FAIRE» + INFINITIF

Cette construction signifie *to have something done, to make or to force someone to do something.*

> Ses parents **font construire** une maison.
> Le fermier **fait travailler** ses enfants.

Le nom qui suit l'infinitif peut être l'objet direct (on construit **une maison**) ou le sujet de l'infinitif (**les enfants** travaillent).

1 Dans cette construction, l'infinitif suit immédiatement le verbe **faire.** Les pronoms qui remplacent l'objet direct ou le sujet de l'infinitif ont la forme du pronom personnel objet direct et se placent devant le verbe **faire.**

> **La maison?** Ses parents **la** font construire à la campagne.
> **Les enfants?** Le fermier **les** fait travailler.

✳ Attention!

- A l'impératif, les pronoms se placent entre **faire** et l'infinitif.

  > Faites-**la** construire. Fais-**les** travailler.

- Le pronom personnel de la première personne et de la deuxième personne du singulier est le pronom disjoint.

  > Tu **me** fais rire. Fais-**moi** rire!
  > Tu **te** fais couper les cheveux. Fais-**toi** couper les cheveux!

2 Quelquefois, l'infinitif a un nom sujet et un nom objet direct. Dans ce cas, l'infinitif suit immédiatement le verbe **faire.** L'objet direct est placé après l'infinitif. Le sujet de l'infinitif devient «complément d'agent» accompagné de **à** ou de **par.**

> **Les enfants** (manger) des carottes.
> **Le secrétaire** (taper) le livre.

Françoise fait manger des carottes **à ses enfants.**	*Françoise makes **her children** eat carrots.*
La romancière fait taper son livre **par son secrétaire.**	*The novelist has **her secretary** type her book.*

La construction avec **à** signifie: Françoise a *l'autorité, le pouvoir* de faire manger des carottes à ses enfants.

La construction avec **par** signifie: Le secrétaire tape le roman pour la romancière, *à sa place.*

3 Les pronoms **lui** et **leur** remplacent **à** + nom ou **par** + nom. Ils précèdent le verbe **faire.** On peut aussi avoir les pronoms **me, te, nous, vous** comme agents.

> Françoise **leur** fait manger des carottes.
> La romancière **lui** fait taper son roman.
> Il **me** fait ramasser toutes ses affaires.

Dans le cas où on a plusieurs pronoms, l'ordre des pronoms est normal (voir p. 242).

> Françoise **leur en** fait manger.
> La romancière **le lui** fait taper.
> Il **me les** fait ramasser.

Constructions possibles de **faire** avec l'infinitif:

$$\textbf{faire} + \text{infinitif} + \text{OD} + \begin{matrix} \textbf{à} \\ \textbf{au} \\ \textbf{aux} \\ \textbf{par} \end{matrix} + \text{nom de l'agent}$$

✳ Remarques:

- Si l'infinitif après **faire** est un verbe pronominal, **se** peut être supprimé.

  > Je **fais (se) promener** les chiens.

- Les groupes **faire faire** (*to have someone do*) ou **se faire faire** (*to have something done for yourself*) sont fréquents.

  > Je **fais faire** mon ménage par une femme de ménage.
  > Elle **s'est fait faire** une perruque avec ses propres cheveux.

- Au passé composé, le participe passé **fait,** suivi d'un infinitif, ne s'accorde jamais.

  > Je les ai **fait** entrer.

EXERCICES

I. Faites deux phrases avec les groupes suivants et le verbe **faire.** Suivez les modèles.

Modèles: Le professeur / les étudiants travaillent.
*Le professeur **fait travailler les étudiants.***
*Il **les fait travailler.***

faire suive = to forward

Ses cousins / on a réparé leur voiture.
*Ses cousins **ont fait réparer leur voiture.***
*Ils **l'ont fait réparer.***

1. La pluie / les touristes sont partis.
2. Mon associé / mon courrier ne suit pas.
3. Le clown / les enfants riaient.
4. La tempête / on a fermé les écoles.
5. Le psy / la mère de famille est sortie.

J. Combinez les groupes suivants avec le verbe **faire,** en suivant le modèle. (Attention au temps!)

> **Modèle:** Le froid / tu trembles.
> *Le froid **te fait trembler.***

   1. Ce film / elles ont pleuré.
   2. Le jogging / vous avez maigri.
   3. Le pain français / je grossissais.
   4. Leurs récits de voyage / vous aviez rêvé.
   5. Cette mauvaise expérience / je réfléchis.

K. Refaites les phrases suivantes avec des pronoms, d'abord à l'impératif affirmatif, puis à l'impératif négatif.

> **Modèle:** Tu fais rire la petite fille.
> ***Fais-la** rire.*
> *Ne **la fais** pas rire.*

1. Nous faisons cuire les haricots.   2. Tu fais sauter les oignons.   3. Vous faites laver votre voiture.   4. Nous faisons chauffer le beurre.   5. Vous faites brûler ma côtelette. 6. Nous faisons obéir nos enfants.

L. Combinez les groupes suivants d'abord avec **faire** et la formule **à** + agent ou **par** + agent, puis en utilisant des pronoms. Suivez le modèle.

> **Modèle:** Le patron / la secrétaire tape son courrier.
> *Le patron fait taper son courrier **par la secrétaire.***
> *Il **le lui** fait taper.*

   1. La tante / le bébé prend un bain.
   2. La vieille dame / la bonne ne lave pas la vaisselle.
   3. Cette maman / ses enfants mangent des épinards.
   4. Ce monsieur / un domestique repasser ses jeans.
   5. Ma sœur / la meilleure vétérinaire soigne son chien.

«LAISSER» + INFINITIF, VERBE DE PERCEPTION + INFINITIF

1 Le verbe **laisser** et les verbes de perception comme **regarder, entendre, écouter, sentir** ont aussi une construction avec l'infinitif, mais cette construction est moins stricte que la construction infinitive avec le verbe **faire.** Après **laisser, regarder,** etc., on peut placer le nom sujet de l'infinitif *avant* ou *après* le verbe, si l'infinitif n'a pas de complément.

> Je laisse **le chien** sortir.   *ou*   Je laisse sortir **le chien.**
> Tu regardes **les enfants** jouer.   *ou*   Tu regardes jouer **les enfants.**

✱ **Attention:** Si l'infinitif a un complément, l'ordre des mots est normal.

> **laisser** + sujet de l'infinitif + infinitif + complément
> *ou*
> verbe de perception

Je laisse les enfants jouer **au parc.**

2 Quand les noms sont remplacés par des pronoms, ces pronoms sont placés avant **laisser** (ou le verbe de perception). Quand il y a deux pronoms, on peut aussi utiliser **lui, leur** comme dans la construction avec **faire.**

Je laisse **le chien** sortir. ⎫
Je laisse sortir **le chien.** ⎭ Je **le** laisse sortir.

Je laisse le **chien** manger ma **côtelette.** ⎰ Je **le** laisse **la** manger.
                                             ou
                                             Je **la lui** laisse manger.

3 Pour les formes négatives et impératives, ces verbes ont la même construction que **faire.**

Il **n'a pas** laissé jouer les enfants.

✱ **Remarque:** Au passé composé, le participe passé (**laissé, entendu, regardé**) suivi d'un infinitif ne s'accorde pas.[4]

Comparez: Il les a laiss**és** seuls.
Il les a laiss**é** regarder la télé.

EXERCICES

M. Faites des phrases en suivant le modèle avec les groupes suggérés.

Modèle: Je laisse / les voitures passent.
*Je **laisse passer** les voitures.*
*Je **laisse** les voitures **passer.***

1. Christiane ne laisse pas / sa fille vit dans le désordre.
2. Il a senti / la colère montait.
3. Je regarde / le soleil se lève.
4. Nous regardons / les touristes descendent du car.
5. Tu ne laisses pas / le chien dort avec toi?

N. Faites des phrases avec les verbes suggérés; ensuite remplacez les noms par des pronoms.

Modèle: Elle laisse / son mari va au marché.
*Elle **laisse son mari aller** au marché.*
*Elle **le laisse aller** au marché.*

---

[4] Nouvelle règle de l'arrêt ministériel du 17 juillet 1977 pour la simplification de la langue française.

1. Elles ont entendu / les enfants crient dans le jardin.
2. Tu as vu / les ballerines font des pirouettes?
3. Vous laissez / je lis la lettre de votre mère.
4. Nous écoutons / M. Rubinstein joue cette sonate.

Suppléments de grammaire

1 trop ... pour / assez ... pour

a. L'expression **trop ... pour** signifie *too (much) to.* On emploie **trop** avec un verbe, un adjectif ou un adverbe. On emploie **trop de** avec un nom.

Il a **trop bu pour** pouvoir conduire.	He *drank too much to* be able to drive.
Elle **est trop malade pour** venir en classe.	She is *too sick to come to class.*
Vous **êtes parti trop tard pour** arriver à l'heure.	You left *too late to arrive on time.*
Il a **trop de travail pour** sortir.	He has *too much work to* go out.

b. L'expression **assez ... pour** signifie *enough to.* On emploie **assez** avec un verbe, un adjectif ou un adverbe. On emploie **assez de** avec un nom.

Vous avez **assez travaillé pour** pouvoir vous reposer.	You have *worked enough to* (be able to) rest.
Prunelle n'a pas l'esprit **assez clair pour** emporter tous ses livres.	Prunelle does not have a mind *clear enough to* take all her books.
Il ne court pas **assez vite pour** gagner la course.	He's not running *fast enough to* win the race.
Ils ont **assez d'argent pour** faire un voyage en Europe.	They have *enough money to* take a trip to Europe.

EXERCICE

O. Faites des phrases avec **trop ... pour** et **assez ... pour** et le vocabulaire indiqué.

trop ... pour

1. Jacques est paresseux / il range sa chambre.
2. Le chien a peur / il rentre au salon.
3. Il fait chaud / rester au soleil.
4. J'ai des devoirs / je sors ce soir.

assez ... pour

5. Je n'ai pas d'appétit / je mange tout le gâteau.
6. Cette jeune fille a du talent / elle joue dans une pièce.
7. La femme de ménage n'est pas payée / elle fait ce travail.
8. Le psy a du temps / il reçoit la mère de Prunelle.

▶ Prépositions et adverbes communs

Pour remplacer une préposition et un nom, on peut employer un adverbe qui correspond à la préposition.

Le chat monte **sur** la table.   Il monte **dessus.**

Quand il fait froid, nous préférons être **dans** la maison. **Hors de** la maison, on gèle (*freeze*).   Nous préférons être **dedans. Dehors,** on gèle.

Voici une liste des prépositions communes et des adverbes correspondants.

prépositions		adverbes
sur	on	**dessus**
au-dessus de	above	**au-dessus**
sous	under	**dessous**
au-dessous de	underneath	**au-dessous**
dans	in, inside of	**dedans**
hors de	out of, outside of	**dehors**

EXERCICE

P. Dans les phrases suivantes mettez la préposition ou l'adverbe qui convient: **sous, dessous, dessus, sur, au-dessus de, au-dessus, hors de, dehors,** etc.

1. Mets tes paquets _____ cette chaise. Mais le chat est couché _____! 2. _____ la table, il y a un tapis. Mets ton sac _____. 3. Les enfants africains sont impatients d'aller _____. Ils peuvent parler leur dialecte _____ l'enceinte scolaire. 4. L'enfant est malade; il doit rester _____ sa chambre; il n'aime pas rester _____. 5. Mon appartement est situé _____ une boulangerie: les odeurs montent. _____, il y a une terrasse. 6. La solution des mots croisés est _____ la grille (*grid*). Quand vous cherchez les réponses, ne regardez pas _____.

Synthèse

APPLICATIONS

I. Conseils du psy. La mère de Prunelle va chez le psy pour lui parler de sa fille. Ecrivez leur conversation. Combinez un verbe de la colonne de gauche avec un verbe de la colonne de droite.

Modèle: La mère dit: Ma fille   oublier de   elle prend ses livres
*La mère dit: Ma fille **oublie de prendre** ses livres.*

1. La mère dit: Ma fille   négliger de   elle lit des B. D. (bandes dessinées)
                                se plaire à   elle mange des yaourts dans sa chambre
                                se mettre à   elle écoute de la musique rap
                                s'amuser à   elle ramasse ses affaires

2. Le psy répond: Demandez à votre fille   elle sort tous les soirs
                     Promettez-lui   elle lit des livres intéressants
                     Obligez-la   elle va à un concert de musique
                                                  classique
                     Invitez-la   elle fait son cartable la veille
                     Défendez-lui   vous l'envoyez en vacances si elle n'a
                                                  pas de colle

II. La meilleure chose à faire.   Que conseillez-vous à ces personnes qui ont des problèmes? Faites des phrases en suivant le modèle.

> **Modèle:** un athlète qui prend des dopants   (arrêter / se droguer)
> *Arrêtez de vous droguer!*

1. un monsieur de cinquante ans qui est trop gros   (essayer / maigrir)
2. une dame qui a de l'asthme   (éviter / fumer)
3. une jeune fille qui va passer un examen   (ne pas oublier / prendre des vitamines)
4. quelqu'un qui va prendre l'avion   (se dépêcher / aller à l'aéroport)
5. un ami qui ne trouve pas de travail   (continuer / chercher)
6. quelqu'un qui se plaint tout le temps   (cesser / se plaindre)

A votre tour, avez-vous des conseils à donner à quelqu'un de votre entourage? (à vos parents, à votre prof, à votre psy)

III. Tout seul ou avec l'aide d'un spécialiste?   Certaines personnes savent tout faire; d'autres se font aider par des spécialistes.

> **Modèle:** Daniel révise (*tunes*) sa voiture lui-même; moi / un mécanicien
> *Moi, je fais réviser ma voiture par un mécanicien.*

1. Robert plante des fleurs; vous / un jardinier
2. Marie-Claire nettoie sa maison; Chantal / une femme de ménage
3. Ma mère faisait ses robes; moi / une couturière
4. Vous repeignez votre maison; nous / un peintre
5. Suzie coupe les cheveux de ses enfants; Gabrielle / un coiffeur

Faites-vous faire certaines choses par quelqu'un d'autre? (vos devoirs, vos repas, le ménage dans votre chambre, etc.)

IV. Parents trop tolérants.   Certains parents laissent leurs enfants faire ce qu'ils veulent. Refaites les phrases en suivant le modèle.

> **Modèle:** Ils laissent / Leurs enfants sortent tous les soirs.
> *Ils **les laissent sortir** tous les soirs.*

Ils laissent…

1. Leurs enfants mangent dans leur chambre.
2. Ils empruntent leur voiture.
3. Ils amènent leurs copains à toute heure à la maison.
4. Ils mettent du désordre dans toute la maison.
5. Ils font du bruit toute la nuit.
6. Ils vident le réfrigérateur.
7. Ils se servent du téléphone à toute heure.

Que laissez-vous d'autres personnes faire? (votre sœur ou votre frère, un ou un(e) ami(e), votre chien, etc.)

ACTIVITÉS

1. **Enquête.**   Demandez à deux ou trois camarades quel sport il (elle) pratique et pourquoi il (elle) a choisi ce sport. Quel plaisir particulier est-ce qu'il (elle) éprouve? Fait-il de la compétition ou est-il simplement amateur? Présentez les résultats à la classe.

   le tennis: une raquette et des balles, un court, un filet (*net*), taper sur la balle

   le ski: la neige, une station (*resort*), un remonte-pente (*lift*), des skis, des bâtons (*poles*)

   le bateau à voile: faire du bateau à voile, une voile (*sail*)

   la planche à voile (*windsurfing*): une planche (*board*)

   le foot (*soccer*): un ballon (*ball*), donner un coup de pied (*to kick*), donner un coup de tête (*to kick with the head*), un goal ou un but (*goal*), un goal ou un gardien de but (*goalie*), un match (*game*), un arbitre (*umpire*), marquer un but

   le basket (*basketball*): un ballon (*ball*), le panier (*basket*)

   la bicyclette: le Tour de France, un vélo de course (*racing bike*), un vélo tout terrain (*mountain bike*)

2. **Jeu de rôle.**   Deux étudiants jouent une scène: l'un est un grand couturier qui vient examiner la garde-robe de l'autre et l'aide à choisir les vêtements appropriés pour certaines activités sociales.

   les vêtements de femme: des sous-vêtements (*m.*) (*underwear*), une robe (*dress*), une jupe (*skirt*), un chemisier, un pull, un sweater, un tricot, une veste (*jacket*), un manteau (*coat*), un imper (*raincoat*), un anorak (*ski jacket*), un tee-shirt, un short, un maillot de bain, une chemise de nuit, un pyjama, une robe de chambre, une robe du soir, un survêtement (*sweat suit*), des chaussures (*f.*) à talons hauts, des chaussures à talons plats, des chaussures de tennis, des baskets (*f.*)

   les vêtements d'homme: une chemise (*shirt*), un blouson (*windbreaker*), un pantalon, des chaussettes (*f.*) (*socks*), un costume (*suit*), une cravate (*tie*), un veston (*suit or sport jacket*), un gilet (*vest*), un smoking (*tuxedo*), un habit, un polo (*knit shirt*), des chaussures de tennis, des baskets, une ceinture (*belt*), un chapeau, des bretelles (*suspenders*)

   être habillé de (*to be dressed in*), «habillé» (*dressed elegantly*), la tenue de ville, la tenue de soirée, s'habiller «décontracté»

3. **Débat.**   Faut-il laisser les ados faire tout ce qu'ils veulent ou faut-il avoir certains règlements dans une famille? Formez deux groupes: l'un est pour la liberté totale, l'autre pour le respect des lois familiales.

vêtements   voiture   nourriture   aider à faire le ménage
sorties le soir   volume de la stéréo   ordre/désordre dans sa propre chambre

TRADUCTION

1. During her mother's absence, Prunelle decided to give her a surprise.   2. She began by picking up all the clothes that lay on the floor; she folded them and hung them in the armoire.   3. She tidied the drawers of her dresser and spent a long time finding all her shoes and socks.   4. In the kitchen, she did not forget to put the milk, the butter, and the ham back in the refrigerator after eating.   5. She tried to remember to look into her assignment notebook before packing her bag and to take the right **(bon)** books with her to school. 6. When her mother came back, she was delighted and gave Prunelle several rewards. Easy to understand!

RÉDACTIONS

1. **Recommandations.**   Vous allez prêter votre chambre (ou votre appartement) à un ami (une amie) pendant votre absence. Vous mettez des petits papiers partout pour lui recommander de faire attention à vos objets personnels. Ecrivez au moins quinze petits papiers que vous allez coller sur le frigidaire, sur votre stéréo, dans la salle de bains, sur votre lit, sur votre ordinateur, etc.
2. **Changement d'attitude.**   Un jour Prunelle, rencontre un jeune homme et tombe amoureuse. Ils vont se marier. Prunelle devient une nouvelle personne: elle range sa chambre, suspend ses vêtements et demande à sa mère des conseils pour tenir sa maison propre. Racontez ces changements.

$\mathcal{L}$e futur

𝒱ocabulaire du texte

accrocher to hang
à présent now
à voix basse softly
au fait by the way
avaler to swallow
avoir du mal à to have a hard time
avis (*m.*) notice
avouer to confess
billes (*f. pl.*) marbles
blouse (*f.*) hairdresser coat
boutonnière (*f.*) buttonhole of the lapel
chaleur (*f.*) heat
chuchoter to whisper
coudre - to sew
cousu sewn
déchiré torn
descentes (*f. pl.*) here, raids
dé (*m.*) thimble
enflé(e) swollen
en plein(e) in the middle of
épingler to nick, (litt.) to pin
fil (*m.*) thread

escape
fuir to run away
floraison (*f.*) flowering
hocher la tête to nod
ils ne m'ont pas eu they did not catch me
loi (*f.*) **raciale** racial law
mâcher to chew
négligent(e) casual
passer la ligne to cross the border
paume (*f.*) palm of the hand
point (*m.*) stitch
portemanteau (*m.*) coat hanger
prendre un ton de voix to speak in a certain way
prévenir to warn
récupérer to recover *(health, dog ears)*
régler ses affaires to settle one's business
se secouer to shake oneself
soucieux (-euse) worried
sous (*m. pl.*) money (fam.)
tablier (*m.*) pinafore, apron

𝒱ocabulaire supplémentaire

L'occupation

dénoncer to give away
dénonciateur (*m.*), **dénonciatrice** (*f.*) informer
s'évader to escape
exode (*m.*) exodus
fusiller to shoot (execution) *to execute?*
maquis (*m.*) (litt.) bush underground
maquisard(e) member of the underground
occupant (*m.*) occupying forces

prendre le maquis to go underground
rafle (*f.*) police roundup
ravitaillement (*m.*) fresh supplies
renseignements (*m. pl.*) information
réseau (*m.*) network
résistance (*f.*) resistance
restrictions (*f. pl.*) rationing
saboter to sabotage

Divers

à mon avis in my opinion
à ton tour your turn
à voix haute aloud
chacun son tour each one in his turn
coudre to sew

se faire épingler to be caught
ils m'ont eu I have been had
j'ai été eu I have been had
passer un bon moment to have a good time

Français en couleurs

On dit souvent «un frangin» pour un frère, «une frangine» pour une sœur. «Un beauf», contraction de beau-frère, c'est un Français d'âge mûr, un petit bourgeois rétro (*reactionary*). «Reprendre, retirer ses billes» veut dire se retirer d'une affaire. On parle d'un «stylo à bille» (*ballpoint pen*), et on dit «une drôle de bille» pour une drôle de tête!

On a vingt, trente «berges» ou «balais» (pour «ans»). Un «coucou» n'est pas seulement une fleur, c'est aussi une sorte d'oiseau, un petit avion pas très solide, ou une sorte de pendule de bois (*cuckoo-clock*). L'expression «Coucou!» veut dire *Peekaboo*.

Pendant la Seconde Guerre mondiale, les Allemands étaient «les Boches» (attention, ce terme est devenu très insultant, au même titre que «youpins» pour désigner les Juifs), «les collabos» étaient les Français qui collaboraient avec l'ennemi, les «FFI», les résistants. La zone «nono», c'était la zone non-occupée, la zone libre sans occupation allemande. «La planque» c'est une cachette, et «se planquer» veut dire parfois éviter de prendre part à l'action (*un planqué*).

Quand «on se débrouille» on adopte «le système D» (habileté à se sortir des difficultés, quelquefois avec des moyens pas très honnêtes). On fait «du marché noir» pour trouver au prix fort des produits alimentaires rationnés ou rares. Aujourd'hui, travailler «au noir» veut dire travailler sans déclarer ses gains.

L'étoile jaune

Joseph Joffo (1931–   )   est né à Paris dans le XVIIIe arrondissement. Son père était un émigré russe qui avait échappé aux persécutions du tsar contre les Juifs et qui était devenu propriétaire d'un salon de coiffure à Paris. Les événements, pendant la Seconde Guerre mondiale, obligent Joseph à interrompre ses études. Il obtient son certificat d'études après la guerre et travaille comme coiffeur comme son père et ses frères. C'est en 1971, après un accident de ski qui l'oblige à s'immobiliser, qu'il va commencer à écrire ses souvenirs d'enfance, en particulier sa fuite avec son frère Maurice à travers la France occupée pour échapper aux persécutions nazies. Ses mémoires sont publiés sous le titre de *Un sac de billes,* qui paraît en 1973 et qui devient un grand succès littéraire, traduit en dix-huit langues et dont on fait un film. Après le succès de son premier roman, Joseph Joffo continue à publier jusqu'à nos jours de nombreux romans populaires, comme *Anna et son orchestre* (1975), *Baby-foot* (1977), *La vieille dame de Djerba* (1979), *Tendre été* (1981), *Simon et l'enfant* (1985), *Abraham Lévy, curé de campagne* (1988).

Préparation à la lecture

Dans l'extrait suivant qui se situe au début du roman, Joseph, son frère
Maurice et leurs parents vivent d'abord tranquillement dans un quartier
d'émigrés au nord de Paris. Deux frères aînés, Henri et Albert, sont eux aussi
coiffeurs, et résident à Menton sur la Côte d'Azur. La France est divisée
en deux: une zone occupée et une zone non occupée (la zone libre) où les
Juifs sont encore en sécurité. A Paris, occupé par les Allemands, les persécutions contre les Juifs ont commencé: les Allemands ont fait un recensement
des Juifs dans chaque quartier. Le père de Joseph a dû placer un avis sur la
porte de sa boutique: «Coiffeur juif». Plusieurs fois les soldats allemands
sont venus faire une «descente» dans le magasin. A l'école, Joseph et
Maurice, qui ont respectivement dix et douze ans, découvrent le racisme de
leurs camarades de la veille, on les insulte et ils se battent pour défendre leur
honneur.

Le passage se situe au moment où tous les Juifs sont obligés de porter
une étoile jaune sur leur veston ou leur manteau et où le père décide d'envoyer ses deux jeunes garçons rejoindre leurs frères à Menton pour les
protéger. Malgré la gravité et le tragique de la situation, l'auteur nous
raconte ces événements avec humour et spontanéité.

𝔐 aman est assise sur la chaise derrière la table. Elle a un dé, du fil
noir et ses mains tremblent. Elle sourit avec les lèvres seulement.
[…] Maurice est immobile. Du plat de la paume° il lisse sur son re-
vers° gauche l'étoile jaune cousue à gros points:

du... with the flat part of his hand / lapel

JUIF

5 Maurice me regarde.
—Pleure pas, tu vas l'avoir aussi ta médaille.
Bien sûr que je vais l'avoir, tout le quartier va l'avoir. Ce matin lorsque les
gens sortiront ce sera le printemps en plein hiver, une floraison spontanée:
10 chacun a son gros coucou° étalé à la boutonnière.

cowslip (flower)

Quand on a ça, il n'y a plus grand-chose à faire: on n'entre plus dans
les cinémas, ni dans les trains, peut-être qu'on n'aura plus le droit de jouer
aux billes non plus, peut-être aussi qu'on n'aura plus le droit d'aller à l'é-
cole. Ça serait pas mal° comme loi raciale, ça.

Ça... (*cond. prés.* **de être**) it would be swell

15 [*Maurice et Joseph partent peu après pour l'école communale avec leur étoile
jaune cousue sur leur veston. Leurs camarades de la veille les traitent de
«youpins»° et commencent à se battre avec eux. Après l'école, les deux frères retournent chez eux. Ils ne peuvent pas cacher qu'ils sont blessés.*]

yids

Papa accroche sa blouse au portemanteau derrière la porte de la cui-
20 sine. Nous ne mangeons plus dans la salle à manger pour économiser la
chaleur. Avant de s'asseoir à table, il nous passe en inspection. Mon oreille

enflée, mon tablier déchiré, le genou de Maurice et son œil qui tourne doucement au violet-mauve.

Il plonge sa cuillère dans les nouilles, se secoue et s'extirpe un sourire° qui a du mal à arriver jusqu'à ses lèvres.

smiles painfully

Il mâche, avale avec difficulté et regarde ma mère dont les mains tremblent de chaque côté de l'assiette.

—Pas d'école cet après-midi, décrète-t-il.

Maurice et moi en° laissons tomber nos cuillères. Je récupère le premier.

en because of this news

—C'est vrai? Mais mon cartable?

Papa a un geste négligent.

—J'irai le reprendre, ne t'en occupe pas. Cet après-midi vous êtes libres, mais rentrez avant la nuit, j'ai quelque chose à vous dire.

[*Plus tard, le père de Joseph parle à ses deux fils.*]

—Oui, les garçons, vous allez partir, aujourd'hui, c'est votre tour… Vous avez vu que les Allemands sont de plus en plus durs avec nous. Il y a eu le recensement, l'avis sur la boutique, les descentes dans le magasin, aujourd'hui l'étoile jaune, demain nous serons arrêtés. Alors il faut fuir.

Je sursautai.

—Mais toi, toi et maman?

—Henri et Albert sont en zone libre. Vous partez ce soir. Votre mère et moi réglons quelques affaires et nous partirons à notre tour.

Il eut un rire léger° et se pencha pour poser une main sur chacune de nos épaules. —Ne vous en faites pas, les Russes ne m'ont pas eu à sept ans, ce n'est pas les nazis qui m'épingleront à cinquante berges…°

eut… gave a laugh

berges (slang) years

A présent, dit mon père, vous allez bien vous rappeler ce que je vais vous dire. Vous partez ce soir, vous prendrez le métro jusqu'à la gare d'Austerlitz et là vous achèterez un billet pour Dax. Et là il vous faudra passer la ligne. Bien sûr, vous n'aurez pas de papiers pour passer, il faudra vous débrouiller. Tout près de Dax, vous irez dans un village qui s'appelle Hagetmau, là il y a des gens qui font passer la ligne. Une fois de l'autre côté, vous êtes sauvés. Vous êtes en France libre. Vos frères sont à Menton, je vous montrerai sur la carte tout à l'heure où ça se trouve, c'est tout près de la frontière italienne. Vous les retrouverez.

La voix de Maurice s'élève.

—Mais pour prendre le train?

—N'aie pas peur. Je vais vous donner des sous, vous ferez attention de ne pas les perdre ni de vous faire voler. Vous aurez chacun cinq mille francs.

Cinq mille francs! Quelle fortune!

Papa n'a pas fini, au ton qu'il prend je sais que c'est le plus important qui va venir.

—Enfin, dit-il, il faut que vous sachiez° une chose. Vous êtes juifs, mais ne l'avouez jamais. Vous entendez: JAMAIS… A votre meilleur ami, vous ne le direz pas, vous ne le chuchoterez même pas à voix basse, vous nierez toujours. Vous m'entendez bien: toujours… ∎

(*subj. prés.* **de savoir**)
you must know

Questions sur la lecture

1. A quelle époque se passe cette histoire et dans quel endroit?
2. Qui sont les membres de cette famille et quelle est leur occupation?
3. Que coud la mère sur le veston des enfants? Pourquoi? A quoi ressemble cet objet?
4. Qu'est-ce que les camarades de Joseph et Maurice ont dit aux enfants juifs et que s'est-il passé ensuite?
5. De quelles manières les Allemands persécutaient-ils les Juifs?
6. Qui sont Henri et Albert? Où sont-ils?
7. Que décident les parents? Quel itinéraire les enfants devront-ils suivre?
8. Quelle somme d'argent recevront-ils de leur père?
9. Qu'est-ce que leur père leur demande de toujours nier? Pourquoi?
10. Pourquoi les parents ne partiront-ils pas avec les enfants? Quand partiront-ils?

Questions personnelles

1. Joseph pleure parce qu'il n'a pas encore «sa médaille». Quels autres détails montrent que Joseph est un très jeune enfant et qu'il ne comprend pas la gravité de la situation?
2. Quels détails montrent que la mère est bouleversée (*upset*)?
3. Quelle attitude a le père pour ne pas faire peur aux enfants, pour cacher son émotion et rester ferme? Que pensez-vous de cette attitude?

Le futur simple

Formes

1 La majorité des futurs ont une formation régulière. On prend l'infinitif du verbe et on ajoute les terminaisons **-ai, -as, -a, -ons, -ez, -ont** qui sont identiques au verbe **avoir** (excepté **avons** et **avez**).

finir	**-ai**	je **finirai**
dormir	**-as**	tu **dormiras**
chanter	**-a**	il **chantera**
choisir	**-ons**	nous **choisirons**
sortir	**-ez**	vous **sortirez**
commencer	**-ont**	ils **commenceront**

2 Pour les verbes en **-dre** et **-re,** le **-e** de l'infinitif tombe.

prendre　je **prendrai**
suivre　　tu **suivras**

* **Remarques:**

  - Il y a toujours le son /ʀ/ au futur: /ʀe/, /ʀa/, /ʀɔ̃/.
  - Les verbes en **-ir** (2ème groupe et certains verbes irréguliers) ne posent pas de problèmes de prononciation.
  - Les verbes en **-er** (1er groupe) présentent des problèmes de prononciation. Par exemple: **don / ne / rai.** On écrit *trois* syllabes; on prononce *deux* syllabes /don-ʀe/; mais on écrit et on prononce trois syllabes dans les verbes comme **parlerai** et **montrerai.**[1]

3 Certains verbes ont des changements orthographiques au futur.

employer → j'**emploierai**	appeler → j'**appellerai**
acheter → j'**achèterai**	jeter → je **jetterai**

* **Remarques:**

  - **Payer** a deux formes: **paierai** ou **payerai.**
  - **Envoyer** est irrégulier: **enverrai.**
  - **Préférer:** l'accent ne change pas: je **préférerai.**

4 avoir / être

avoir		être	
j'**aurai**	nous **aurons**	je **serai**	nous **serons**
tu **auras**	vous **aurez**	tu **seras**	vous **serez**
il, elle **aura**	ils, elles **auront**	il, elle **sera**	ils, elles **seront**

5 Plusieurs verbes irréguliers ont un futur irrégulier.

aller	j'**irai**		
courir	je **courrai** /ʀʀ/	tenir	je **tiendrai**
mourir	je **mourrai** /ʀʀ/	venir	je **viendrai**
apercevoir	j'**apercevrai**	vouloir	je **voudrai**
recevoir	je **recevrai**	voir	je **verrai** /ʀ/
devoir	je **devrai**	savoir	je **saurai**
pouvoir	je **pourrai** /ʀ/		

(cont.)

---

[1] Ce problème de prononciation est expliqué dans le *Cahier,* au Chapitre 14, et est accompagné d'exercices.

s'asseoir	je **m'assiérai** *ou*		
	je **m'assoirai**		
faire	je **ferai**		
il faut	il **faudra**	ça vaut	ça **vaudra**
il pleut	il **pleuvra**		

✻ Remarque: Le double **r** est parfois prononcé /R/, parfois /RR/.

EXERCICES

A. Ecrivez les phrases suivantes en mettant les verbes au futur simple.

1. D'abord, Véronique et Jérôme (finir leurs études, ensuite se fiancer, et se marier).
2. Après notre mariage, nous (aller à la banque, demander un prêt, acheter un terrain, faire construire une maison).
3. Demain, Joseph (porter une étoile jaune; avoir le droit d'entrer au cinéma, pouvoir jouer aux billes avec ses copains?)
4. Le père dit à ses garçons: «Vous (partir ce soir, prendre le métro, aller à la gare d'Austerlitz, prendre le train pour Dax).»
5. Avant de pouvoir conduire, tu (étudier le code de la route, passer ton permis et, après, conduire ma voiture).
6. Gabrielle a reçu beaucoup de cadeaux pour son diplôme: elle (écrire des lettres de remerciements, mettre des timbres sur les enveloppes, poster ses lettres).

B. Continuez les phrases suivantes en répétant les verbes au futur simple.

1. Aujourd'hui, il fait beau, il ne pleut pas, j'ai envie de sortir. Mais demain aussi, …
2. En ce moment, vous êtes sûr de vous, vous savez votre leçon, vous pouvez répondre aux questions. Mais le jour de l'examen, est-ce que…
3. En général, des enfants ne se rendent pas seuls à la gare, ils ne s'embarquent pas dans le train tous seuls, ils ne doivent pas se débrouiller. Mais dans l'histoire, les deux garçons…
4. Le père de Joseph et de Maurice dit à ses fils: «Dans toutes les circonstances, vous devez oublier votre race, vous ne l'avouez à personne, vous ne le dites même pas à votre meilleur ami. Même si on vous torture…»
5. Tu es déprimé. Il faut te distraire. D'habitude, tu loues une vidéo, tu t'assieds dans un bon fauteuil, tu vois un bon film. Ce soir aussi, …

Emplois ⚞⚟⚞⚟

1 On emploie le futur pour indiquer qu'une action va arriver (*is going to happen*).

Un jour tu **verras**, on **se rencontrera**…

＊ Remarque: On emploie fréquemment **aller** + l'infinitif pour exprimer une action future proche (*in the immediate future*).

> Je **vais suivre** un cours pour apprendre à réparer ma voiture.

2 Expresssions adverbiales utiles pour le futur.

après	after, afterwards
bientôt	soon
dans une semaine, huit jours, un mois, un an	in a week, a month, a year
demain	tomorrow
ensuite	next, then
la semaine, le mois, l'année prochain(e)	next week, month, year
plus tard	later
tout à l'heure	later
un jour	someday

3 On emploie le futur en français après les conjonctions de temps si le verbe principal est au futur ou à l'impératif (avec une idée d'action future). Voici quelques conjonctions de temps:

quand ⎫ **lorsque** ⎬	when	**aussitôt que** ⎫ **dès que** ⎬	as soon as
tant que	as long as, since	**aussi longtemps que**	as long as

> **Dès qu'**il **arrivera**, nous nous **mettrons** à table.
>
> **Quand** vous **aurez** le temps, **téléphonez**-moi.

> *As soon as he arrives, we shall sit down to dinner.*
>
> *When you have time, give me a call.*

＊ Attention: En anglais on emploie le présent dans le groupe subordonné.

4 On emploie le futur après **si,** dans le sens de *whether,* quand on exprime une idée future (voir p. 420).

> Je me demande **si** elles **s'amuseront** à ce match.
> Savez-vous **si** vous **prendrez** des vacances d'hiver?

5 On emploie le *présent,* pas le futur, après **si** exprimant une condition.

> **S'il fait** beau, nous irons à la plage.

6 Traduction de *will*

a. Avant de traduire *will,* il faut déterminer si c'est l'auxiliaire du futur ou une conjugaison du verbe **vouloir.**

Will you stay long in Paris?	**Resterez-vous** longtemps à Paris? (*un futur*)
Will you please stay here?	**Voulez-vous** rester ici, s'il vous plaît? (*une prière, une requête*)
Yes, I will.	Oui, **je veux** bien.
No, I won't.	Non, **je ne veux pas.**

b. Quand *will* indique en anglais une action habituelle, il se traduit en français par un présent.

> *This man **will** often **go** several days without*   Cet homme **reste** souvent plusieurs jours
> *eating.*   sans manger.

EXERCICES

C. Répétez les phrases suivantes en mettant le verbe principal au futur. Attention au temps qui suit la conjonction!

1. Quand tu *veux* me voir, tu *viens*.   2. Si tu *vas* à Menton, tu *retrouves* tes grands frères.   3. S'il ne se *soigne* pas, il *meurt*.   4. Quand ils *entendent* la cloche, ils *courent*.   5. Il ne *faut* pas *avouer* quand on vous *interroge?*   6. Vous *rencontrez* mon frère ce soir?   7. Aussitôt qu'il se *réveille*, il *prend* son petit déjeuner.   8. Je me demande s'ils *bâtissent* une nouvelle maison.   9. Dès que la sonnerie *retentit*, nous *entrons* en classe.   10. Tant qu'il y *a* des restrictions de chauffage, nous *mangeons* dans la cuisine.

D. Traduisez les phrases suivantes.

1. When Joseph and Maurice meet their brothers in Menton, they will be happy.
2. If there is no wind, how will we be able to windsurf?
3. Will you please lend me your Céline Dion record? —Yes, I will.
4. Will Charles and his girlfriend get married?
5. Joseph's father will often talk about his childhood in Russia.
6. I wonder if we will be lucky in (à) the lottery.
7. Mother, will you please buy me this sweatshirt? —O.K., I shall.

Le futur antérieur

Formes

1 Le futur antérieur est le temps composé du futur. On prend l'auxiliaire **avoir** ou **être** au futur et on ajoute le participe passé.

verbes avec *avoir*		verbes avec *être*	
j'**aurai donné**	je **serai arrivé(e)**		je me **serai lavé(e)**
tu **auras pris**	tu **seras parti(e)**		tu te **seras réveillé(e)**
il, elle **aura vu**	il, elle **sera venu(e)**		il, elle se **sera dépêché(e)**
nous **aurons connu**	nous **serons allés(ées)**		nous nous **serons rencontrés(ées)**
			(cont.)

verbes avec *avoir*	verbes avec *être*	
vous **aurez choisi**	vous **serez descendu(e)(s)**	vous vous **serez vu(e)(s)**
ils, elles **auront parlé**	ils, elles **seront montés(ées)**	ils, elles se **seront aimés(ées)**

Elle **aura oublié.**   *She will have forgotten.*

2 On forme le futur antérieur interrogatif et le futur antérieur négatif comme les autres temps composés.

Auront-ils oublié leurs papiers?   Non, ils **n'auront pas fait** une chose aussi stupide.

3 On accorde le participe passé dans les mêmes conditions que le participe passé du passé composé (voir p. 54).

Mettez au frigidaire les fruits **que** vous n'aurez pas mang**és**.
Toute la famille se sera retrouv**ée**.
Les parents et leurs enfants **se** seront téléphon**é**.

EXERCICES

E. Conjuguez les verbes entre parenthèses au futur antérieur pour exprimer ce qu'on aura accompli en l'an 2015.

1. Beaucoup de personnes (faire) un voyage interplanétaire.
2. On (découvrir) d'autres planètes.
3. On (pouvoir) voyager facilement sur la lune.
4. Il (est) possible de communiquer avec d'autres galaxies.
5. Des extra-terrestres (atterrir) sur la Terre.

F. La maman de Joseph rêve. Dites, au futur antérieur, ce qui aura changé en 1944. «Nous sommes en 1942. En 1944, j'espère que la guerre (prendre fin), que les restrictions (disparaître), que mon mari (ne pas être obligé) d'aller dans un camp de concentration, qu'Henri et Albert (ne pas rejoindre le maquis), que les Allemands (rentrer) chez eux, que nous (se retrouver) à Menton et que la vie (reprendre) son cours normal.»

Emplois

1 Employé seul, le futur antérieur exprime l'idée qu'une action sera terminée dans le futur.

J'aurai fini mes exercices à quatre heures.   *I **shall have finished** my exercises at four o'clock.*

2 Le futur antérieur souligne la probabilité d'une action passée.

Jean-Paul n'est pas encore arrivé?   *Jean-Paul has not yet arrived?*
Il **aura manqué** son train.   *He **must have missed** his train.*
(Il **a probablement manqué** son train.)   *(He **probably missed** his train.)*

3 On trouve le futur antérieur avec le sens d'une action terminée, après **si** dans le sens de *whether* (mais jamais après **si** exprimant une condition).

Si (*whether*)
Je me demande **si** j'**aurai** fini à cinq heures.

Si (*if*)
Si j'**ai fini** à cinq heures, j'irai au cinéma.

4 L'emploi le plus fréquent du futur antérieur est après les conjonctions **quand, après que, lorsque, aussitôt que, dès que** pour indiquer qu'une action future sera terminée avant une autre action future. Le verbe principal est au futur simple.

Quand j'**aurai terminé** mon travail, je   *When I **finish** (**have finished**) my work,*
  sortirai.   *I **shall go** out.*
Une fois que vous **aurez compris** cette   *Once you **have understood** this difficulty,*
  difficulté, nous **continuerons**.   *we **shall continue**.*

Tableau-résumé *Constructions avec* **quand, après que, aussitôt que, dès que**	
Quand + *passé composé*	*présent*
Quand j'**ai gagné** de l'argent,	je le **mets** à la banque.
Quand + *plus-que-parfait*	*imparfait*
Quand j'**avais gagné** de l'argent,	je le **mettais** à la banque.
Quand + *futur antérieur*	*futur*
Quand j'**aurai gagné** de l'argent,	je le **mettrai** à la banque.

✳ Remarque: L'auxiliaire du verbe avec **quand** est conjugué au même temps que le verbe principal.

EXERCICES

G. Mettez les verbes entre parenthèses au futur antérieur et indiquez le sens de votre phrase: action terminée dans le futur ou probabilité.

1. L'oiseau s'est envolé: quelqu'un (oublier) de fermer sa cage.
2. Dans dix ans, nous ne serons plus des adolescents: nous (grandir); nous (devenir) des grandes personnes; nous (se marier) peut-être.
3. Vous n'avez pas reçu la lettre de votre mère? Elle (oublier) de la mettre à la poste.

4. Dans dix ans, l'Irlande (trouver) la paix; les groupes qui se battent (se réconcilier).

5. Je ne trouve plus mes clés: est-ce que je les (laisser) au supermarché?

6. Dépêchez-vous! Vous rêvez! Vous (ne pas finir) votre examen à l'heure.

H. Construisez des phrases en suivant le modèle.

> **Modèle:** Lorsque vous / prendre des vacances / vous / se sentir reposé.
> *Lorsque vous **aurez pris** des vacances, vous vous sentirez reposé.*

1. Quand l'enfant /avoir sa médaille/ il/ ne plus pleurera
2. Une fois que les deux enfants / prendre le train pour Dax / les parents / être plus tranquilles.
3. Quand le père / voir les genoux écorchés de ses fils / ne plus vouloir les envoyer à l'école.
4. Après que Joseph et Maurice / passer la ligne de démarcation / pouvoir respirer.
5. Aussitôt que les parents / s'occuper de leurs affaires / partir eux aussi.
6. Dès que Maman / trouver du fil noir / coudre mon étoile jaune sur mon veston.
7. Une fois que nous / manger dans la cuisine / aller jouer aux billes dehors.
8. Quand Papa / nous montrer où se trouve Menton/ nous savoir bien trouver cette ville.

I. Construisez deux phrases avec le vocabulaire indiqué en suivant le modèle.

> **Modèle:** (tu) m'obéir / je / être satisfait (si / quand)
> *Si tu m'**obéis**, je serai satisfait.*
> *Quand tu m'**auras obéi**, je serai satisfait.*

1. (tu) réussir à cet examen / tu / pouvoir se reposer (si / aussitôt que)
2. (elle) recevoir ma lettre / elle / envoyer une réponse rapide (si / dès que)
3. (vous) écouter mes instructions / vous ne les oublier pas (si / une fois que)
4. (les étudiants) répéter cette leçon vingt fois / la savoir peut-être (si / après que)

Suppléments de grammaire

1 donc / alors / aussi

Ces trois mots expriment la même idée de conséquence (*so, therefore*).

a. On place **donc** après le verbe ou l'auxiliaire.

> Les persécutions deviennent plus dures, **donc** il n'y a pas d'autre solution que d'envoyer les enfants en zone libre.

✳ Remarque: Dans la formule «Je pense, donc je suis», **donc** est placé devant le groupe verbal et il a une valeur de déduction mathématique.

b. **Alors** donne une idée de temps à la conséquence (*so, then*). On place **alors** au commencement de la phrase. C'est la formule la plus couramment employée.

Ces deux jeunes gens ont envie de partir à l'aventure; **alors** ils vont bâtir un voilier.

c. Après **aussi** (*thus, consequently*), placé au début de la phrase, le sujet est inversé; c'est une formule de la langue écrite.

Les lois raciales sont très strictes; **aussi la mère a-t-elle cousu** une étoile jaune sur les revers des manteaux de toute la famille.

d. **Aussi** dans le sens de *also* n'est jamais placé en première position; il est placé après le nom sujet, après le pronom disjoint ou après le verbe. Le sujet n'est pas inversé.

Tu fais tes devoirs sur un ordinateur? Mon frère **aussi** en a un.

Tu es fatigué? Moi **aussi**.

Ils ont visité l'Europe; ils ont **aussi** voyagé en Afrique.

On peut employer **et aussi** au début d'un groupe.

Ils ont visité l'Europe, **et aussi** l'Afrique.

EXERCICE

J. Dans les phrases suivantes, placez **donc, alors** ou **aussi**.

1. Tout le monde a un coucou à la boutonnière, _____ c'est comme le printemps en plein hiver.
2. Les Allemands faisaient des descentes dans les quartiers juifs, _____ les habitants vivaient-ils toujours dans la terreur.
3. Papa nous donne cinq mille francs chacun, _____ nous nous sentons richissimes.
4. Il nous dit: «Cinq mille francs, c'est une somme énorme, aussi faudra-t-il faire attention à ne pas les perdre.»
5. Les Russes ne m'ont pas eu à sept ans, _____ ce n'est pas les nazis qui vont m'épingler à cinquante.
6. Les Allemands avaient passé une loi raciale, _____ les Juifs étaient obligés de porter une étoile jaune.

2 en / dans + les expressions de temps

a. **En** exprime le temps, la durée qu'il faut ou qu'il a fallu pour accomplir une action.

Il a écrit sa rédaction **en** dix minutes.   *He wrote his essay in ten minutes.*

b. **Dans** exprime le début d'une action future.

Ils partiront **dans** dix minutes.   *They will leave ten minutes from now.*

EXERCICE

K. Mettez **en** ou **dans** dans les phrases suivantes.

1. Le docteur a dit à son malade de revenir le voir ~~dans~~ deux semaines.   2. En deux semaines, j'ai pris six kilos.   3. Ils visiteront toute l'Europe dans quinze jours?

idiomatique for weight

not when leaving but how much time

4. _Dans_ quatre jours nous partirons pour la Côte d'Azur.   5. Elle a appris tout le poème _en_ cinq minutes.   6. La cloche va sonner _dans_ cinq minutes.

3▶ Les citations (*Quotations*)

Si on rapporte un dialogue direct, la phrase qui présente la citation peut avoir deux formes.

a. Si la phrase précède la citation, l'ordre des mots est normal: sujet + verbe.

> **Prunelle demande:** «Qui a vu mes baskets?»

b. Si la phrase suit la citation ou est insérée dans la citation, l'ordre des mots est: verbe + sujet.

> «Qui a vu mes baskets?» **demande Prunelle.**
> «J'aimerais bien savoir, **dit-elle,** où sont mes baskets.»

EXERCICE

L. Refaites les phrases suivantes en commençant par la citation.

1. Le père dit à ses deux fils: «Vous allez partir ce soir.»   2. Les deux enfants demandent: «Où irons-nous?»   3. Ils ajoutent: «Maman et toi, vous viendrez nous rejoindre?»   4. Le père répond: «Bien sûr, dès que nous aurons réglé nos affaires.»   5. Il pense: «Hélas, est-ce que je reverrai mes enfants?»

4▶ Bien sûr que... Peut-être que...

Dans la conversation courante, on emploie souvent la tournure suivante:

un adverbe + **que,** ou **qu'**

pour exprimer une affirmation, une certitude, ou simplement une opinion:

> **Bien sûr que** je vais l'avoir, mon étoile.   **Heureusement qu'**ils ont quitté Paris.

Voici quelques locutions courantes:

Bien sûr que	Of course	**Heureusement que**	Fortunately
Peut-être que	Maybe	**Sans doute que**	Undoubtedly
Sûrement que	Surely	**Voilà que**	And then suddenly
Même que	And to prove it . . .	**Dommage que** (+ subjonctif)	Too bad

EXERCICE

M. Dans les phrases suivantes, placez la locution de la liste ci-dessus qui convient.

1. Les deux enfants juifs se sont battus à l'école. _____ l'un a l'œil enflé et l'autre le genou déchiré.
2. Ils pensaient qu'ils avaient passé la frontière sans ennuis, mais _____ on leur a demandé leurs papiers.

3. La maman se fait du souci et imagine mille dangers: _____ mes deux garçons vont se perdre.
4. Ils ont dû donner beaucoup d'argent à l'homme qui leur a fait passer la ligne. _____ leur père leur avait donné cinq mille francs chacun.
5. Les parents sont dans une grande incertitude: _____ ils ne reverront jamais leurs enfants.

Synthèse

APPLICATIONS

I. A chacun son tour.   Dans cette famille, chacun fait les corvées ménagères à son tour. Dites ce que chaque personne fera.

1. Jean-Paul dit: Cette semaine, c'est moi qui vide les poubelles, lave la voiture, donne à manger au chat, nettoie la cage du canari, passe l'aspirateur, mets le linge dans la machine à laver. La semaine prochaine c'est Monique qui videra…
2. Depuis des années, c'est ma mère qui fait les courses, prépare les repas, tond la pelouse (*mows the lawn*), paie les factures (*bills*), répare ce qui est cassé. A partir d'aujourd'hui, c'est toi qui…

II. Explications d'un retard.   Henri et Albert sont à Menton où ils attendent l'arrivée de leurs jeunes frères. Mais entre la zone occupée et la zone libre, les communications ne sont pas bonnes. Ils font des suppositions (au futur antérieur), pour expliquer le retard des deux enfants.

1. Papa a changé d'avis et les a gardés avec lui à Paris.
2. Ils se sont trompés de train.
3. On leur a volé leur argent.
4. Les Allemands les ont arrêtés.
5. Un bombardement a détruit le train.
6. Ils n'ont trouvé personne pour leur faire passer la ligne.

A votre tour, trouvez deux raisons possibles pour le retard des deux enfants.

III. L'avenir de nos enfants.   Des parents pessimistes se désolent du mariage de leurs enfants. Faites des phrases avec six verbes au futur, par exemple: **ne pas avoir assez d'argent, le mariage ne pas durer, rencontrer des difficultés, ne pas savoir,** etc.

Des parents optimistes se réjouissent du mariage de leurs enfants. Faites six phrases au futur avec des verbes comme **être heureux, avoir des petits enfants, construire une maison,** etc.

IV. Promesses électorales.   Imaginez les promesses que fait un candidat aux élections pour gagner des votes.

> **Modèle:** *«Si je suis élu, je donnerai de l'argent aux écoles. Quand je serai maire, etc. ...»*

Suggestions:

la ville devenir plus propre
ouvrir des crèches (*daycare centers*)
construire une maison de retraite
bâtir une piste pour «la glisse»
agrandir la bibliothèque
faire pousser des fleurs dans les squares

créer des abris (*shelters*) pour les sans-
 abri (*homeless*)
réduire les impôts
améliorer la circulation
(vous) voir une amélioration énorme,
 de la qualité de vie

A votre tour, imaginez des changements pour une amélioration du niveau de vie de votre ville.

ACTIVITÉS

1. **Sondage.**   Pour le Jour de l'An, il est coutume de faire des résolutions pour changer certaines mauvaises habitudes. Quelles résolutions faites-vous, et quelles résolutions font vos camarades? Posez des questions à cinq ou six camarades et faites une liste des choses que vous et vos amis veulent changer dans différents domaines: le travail à l'école, les distractions, la lecture, les rapports avec votre famille, le sport, la façon de manger, la résistance à certaines tentations. Présentez votre rapport à la classe.

2. **Jeu de rôle.**   Un(e) camarade joue le rôle d'un personnage célèbre de l'histoire du monde qui, encore jeune, désire connaître son avenir. Vous jouez le rôle d'une cartomancienne (*fortune teller*). La cartomancienne peut se tromper.

> **Modèle:**   Marie-Antoinette, à dix ans: Est-ce que je me marierai un jour?
> La cartomancienne: Oui, vous vous marierez avec un roi; vous serez reine.
> Marie-Antoinette: Est-ce que je serai une reine populaire? etc.

3. **Discussion.**   Discutez, avec trois ou quatre camarades, des situations dont vous avez connaissance, et qui rappellent celles que les enfants juifs du texte ont vécues: occupation, restrictions, persécutions, fuite, résistance, maquis. Si vous n'avez pas eu d'expériences personnelles de ce genre de dangers, qu'avez-vous lu, vu au cinéma ou à la télé? Comment peut-on réagir dans des situations semblables?

TRADUCTION

1. Thirty years later, Joseph is the father of two little boys.   2. One night, he watches them as they sleep.   3. "My dear boys, I hope you will not live the same life I lived.   4. "I hope the world will be a better place for you than (it was) for me.   5. You will not have to run away. 6. You will not hide your faith.   7. No one will give you away, will put you in a camp. 8. You will not go underground, you will not fight in a war.   9. You will not be taken

prisoners, escape, suffer from persecution or lack of everything.   10. I promise you: I will do all I can.   11. When you grow up, you will have a happy life in a free and peaceful world."

RÉDACTIONS

1. **Suite et fin.**   Que feront les deux frères quand ils prendront le train? Comment passeront-ils la ligne? Comment retrouveront-ils leurs frères aînés? Que feront et penseront les parents après leur départ?
2. **Visions d'avenir.**   Comment voyez-vous votre vie dans dix ans? dans vingt ans? Quels objectifs aurez-vous atteints? Quels progrès aurez-vous faits? Comment sera votre entourage, la société dans laquelle vous vivrez? Avez-vous une vue optimiste ou pessimiste de votre avenir?

$\mathcal{L}$e conditionnel

Vocabulaire des textes

à moins de unless
alentour all around
amarrer to moor
au point où considering the situation where
avenant(e) attractive
cabane (*f.*) shed
céder to part with
colonie (*f.*) de vacances summer camp
confort (*m.*) moderne modern conveniences
se contenter de to be satisfied with
creuser to dig
cyclone (*m.*) hurricane
dépendances (*f. pl.*) outbuildings
se développer to grow
diligent(e) speedy
distingué(e) refined
être d'une rentabilité to be of a certain profitability
grincement (*m.*) squeak
justement precisely, in fact

kiosque (*m.*) pavillion
mettre des sous de côté to save money
monter (here) to set up
nécessiter to require
nid (*m.*) nest
pivoine (*f.*) peony
plein air (*m.*) outdoor
profond(e) deep
remuer to move
rendre (+ *nom* + *adj.*) to make (*something, someone + adj.*)
rentrer dans son argent to get one's investment back
rouages (*m. pl.*) gearwheels
scier to saw
sonner bien to have a nice sound
supporter to bear
taudis (*m.*) slum house
tel qu'il est as it is
terrain (*m.*) plot
usine (*f.*) factory

Vocabulaire supplémentaire

Types de logements (*lodgings*) de vacances

auberge (*f.*) de jeunesse youth hostel
B&B (*m.*) bed and breakfast
cabanon (*m.*) cottage, cabin
camping (*m.*) à la ferme camping at a farm
caravane (*f.*) trailer
châlet (*m.*) mountain cabin

chambre (*f.*) d'hôte bed and breakfast
château (*m.*) castle
gîte (*m.*) rural self-catering cottage
logis (*m.*) de France elegant hotel
péniche (*f.*) barge
pension (*f.*) de famille boardinghouse
roulotte (*f.*) trailer (where gypsies live)
village (*m.*) de vacances (Club Méditerranée type) village

Jardins

allée (*f.*) path
arbre (*m.*) fruitier fruit tree
arroser to water
biner to hoe

binette (*f.*) hoe
cabane (*f.*) à outils toolshed
décorateur (*m.*), décoratrice (*f.*) decorator
désherber to weed

faire pousser to grow
jardin (*m.*) **potager** vegetable garden
massif (*m.*) clump of shrubbery
paysagiste (*m.* ou *f.*) landscaper
pelle (*f.*) shovel
plate-bande (*f.*) flower bed

râteau (*m.*) rake
tondeuse (*f.*) **à gazon** lawn mower
tonnelle (*f.*) gazebo, arbor
tuyau (*m.*) **d'arrosage** garden hose
verger (*m.*) orchard

Divers

attraper une maladie to develop a
  sickness
céder (à) to give in
céder quelque chose à quelqu'un to let
  someone have something
commencer à souffrir de to develop
commun(e) unrefined
construire to develop
devenir to develop into
entrepreneur (*m.*) contractor
faire vivre to support
je ne supporte pas le lait, la chaleur I
  can't stand heat, milk

peu profond shallow
poudrerie (*f.*) gunpowder factory; (*Can.*)
  snowstorm
poudreuse (*f.*) powder snow
poudrier (*m.*) compact
poudrière (*f.*) gunpowder storage
  building
promoteur (*m.*) developer
retaper (une maison) to fix up
scie (*f.*) saw
terrain (*m.*) ground
terrain vague vacant lot

Français en couleurs

Un mot courant pour une maison, c'est «une baraque». On dit souvent: «bouffer la baraque» (manger tout ce qu'on a) ou «casser la baraque», (avoir du succès—pour un spectacle). «Une cage à lapins» est une petite maison, pas très élégante.

On dit «un appart» plutôt qu'un appartement. «Une piaule» est une chambre d'étudiant. On se demande: «Où tu crèches?» pour «Où tu habites?» Au Canada une maison sale est «une bécosse» (de *backhouse*).

On dort dans «un pieu, un plumard» (un lit, à l'origine fait de plumes), au Canada, dans «un pleuma».

«Un clodo» est un clochard (*hobo, homeless person*), «un bome» au Canada (de *bum*). «Un S.D.F.» est une personne sans domicile fixe.

$\mathcal{S}$i j'étais à ta place...

Geneviève Dormann (1933–   ) est née à Paris. Elle commence à publier dès 1957. Elle devient journaliste pour gagner sa vie. Elle est l'auteur de dix romans, dont plusieurs ont reçu des prix littéraires. Elle a aussi écrit trois biographies (sur Colette, sur Sophie Trébuchet, la mère de Victor Hugo, et sur le poète Guillaume Apollinaire) et un essai. Elle se considère comme une conteuse, qui décrit des passions, des mœurs et des aventures singulières. Ses héroïnes sont des «battantes»,° tendres,   go-getters aimantes, passionnées, pas toujours heureuses dans leurs choix. La langue de G. Dormann est vivante, contient beaucoup d'images; elle est attentive, dit-elle, à ne pas ennuyer ses lecteurs et mélange le rire au sérieux.

Préparation à la lecture

Dans *Le bal du dodo,* prix du roman de l'Académie française en 1989, elle raconte les aventures contemporaines d'une jeune fille, Bénie (diminutif de Bénédicte), qui appartient à ce qui reste de la communauté franco-anglaise de l'île Maurice (*Mauritius*) située dans l'océan Indien, à l'ouest de Madagascar. Cette île, reconnue par les Portugais au début du seizième siècle, fut d'abord, et pour peu de temps, néerlandaise, puis française de 1715 à 1814 (elle s'appelle alors «Isle de France»), puis elle devient britannique jusqu'à son indépendance en 1968. Mais l'influence française y est demeurée très forte. Si la langue anglaise est encore officielle, le français est la langue pratiquée dans les échanges quotidiens par les différentes ethnies (Indiens, Chinois, métisses) de la population. Dans *Le bal du dodo*, Bénie et sa famille sont les descendants des pionniers (bretons, en majorité) envoyés par Louis XV au dix-huitième siècle, pour fonder dans cette île, alors déserte, une escale technique et maritime sur la route des Indes. Le dodo est un oiseau maintenant disparu, sorte de gros dindon,° décimé au seizième siècle par   turkey les Hollandais et devenu l'animal emblématique de l'île. Le bal du dodo, un événement très sélectif, se tient encore tous les 31 décembre et rassemble la jeunesse blanche de l'île, dont les parents appartiennent au «Dodo's club», très fermé. Dans le passage suivant, Bénie vient d'hériter de sa grand-mère, Françoise de Carnoët, une vieille maison, l'Hermione. Sa tante Thérèse, irritée et jalouse de cet héritage, aurait voulu habiter la maison et essaie de conseiller sa nièce sur ce qu'elle devrait faire de la propriété.

$\mathcal{S}$i j'étais à ta place, ma petite Bénie, voilà ce que je ferais: ou bien je vendrais la maison au gouvernement pour un bon prix avec ses dépendances; le bâtiment, même tel qu'il est, peut abriter une colonie de vacances, ou même, on pourrait y faire un hôpital, et je demanderais gentiment à

5   l'oncle Loïc de me céder un terrain de l'autre côté de la route pour m'y faire construire une belle, belle maison toute neuve, sous dalle,° qui résisterait aux cyclones, avec tout le confort moderne, four à micro-ondes dans la cuisine, grande réserve d'eau et générateur électrique. Ou alors, je transformerais *l'Hermione* en hôtel de luxe, puisque le tourisme se développe rapidement.

sous... under a slab

10   Cela nécessiterait des travaux, bien sûr, mais on pourrait t'aider. Un certain investissement même, car il faudrait faire creuser le lagon, trop peu profond pour y plonger ou amarrer des bateaux. A moins, bien sûr, de se contenter d'une belle piscine, qu'on pourrait creuser au bas de la pelouse, devant les filaos.° On pourrait installer un *boat-house* dans la vieille poudrerie

tropical trees

15   et un bar de plein air dans le kiosque des amoureux. Le terrain devant la mer serait parfait pour les barbecues; il y a tout le bois nécessaire alentour. Tu vois ce que je veux dire, un genre de club Méditerranée en plus petit, en plus distingué, avec un ponton pour la pêche au gros, des planches à voile, des pédalos, bref, un club-hôtel de loisir. Le *Club de l'Hermione*, ça

20   sonne bien, non? Je suis sûre qu'il serait très vite d'une rentabilité certaine. Tu rentrerais dans ton argent. Qu'est-ce que tu en penses?

    —Ce que j'en pense, dit Bénie. C'est que, justement, ma tante, vous n'êtes pas à ma place. ■

Questions sur la lecture

1. Qu'est-ce que, selon la tante, on pourrait faire de la maison, sans la transformer? Où est-ce que Bénie habiterait?
2. En quoi pourrait-on transformer l'Hermione, avec des travaux?
3. Pourquoi faudrait-il creuser le lagon?
4. Quels autres bâtiments est-ce que la tante suggère d'installer?
5. Quelles activités y a-t-il dans un club de loisir au bord de la mer?
6. Que pense Bénie des suggestions de sa tante?

Questions personnelles

1. Pourquoi, à votre avis, une réserve d'eau et un générateur électrique sont-ils nécessaires?
2. Si vous héritiez d'une somme d'argent importante, quels changements aimeriez-vous faire dans votre logement actuel?
3. Préféreriez-vous une vieille maison pittoresque à retaper ou une belle maison neuve avec tout le confort moderne? Justifiez votre choix.

Les rêves de ma mère

Georges Londeix (1932–   ) est né dans un petit village situé dans une haute vallée du Massif central. Ses parents étaient des gens

humbles. Le père, journalier,° partait chercher du travail loin de la maison. `day worker`
Il restait souvent plusieurs mois sans envoyer de nouvelles ni d'argent. La
mère, courageuse et industrieuse, travaillait comme couturière à la
journée dans les fermes. Lui-même, tout en allant à l'école du village, puis
comme pensionnaire (grâce à une bourse scolaire) gagnait un peu d'argent
comme vacher° ou chevrier.° Georges Londeix raconte son enfance dans `cowherd / goatherd`
Le pont Marida (1985), mais a écrit d'autres romans souvent inspirés de
séjours à l'étranger, *La camarade Madaka, Tonio Bicicleta,* et plus récemment
Un été 61 à l'ombre de la Maison Blanche.

Préparation à la lecture

Dans *Le pont Marida,* il rappelle les moments heureux de son enfance cam-
pagnarde, ses joies et aussi ses peurs d'enfant trop intelligent, un peu faible
et triste. Il décrit la campagne aride et pas toujours fraternelle, les gens pittoresques du village, sa famille, son frère qui mourut dans la résistance, et
surtout sa mère, travailleuse, courageuse, gaie, qu'il admire et adore.

    Dans ce passage, il parle d'un certain Serrat, un associé de son père, **bon...** good-for-
un «bon à rien»° qui possédait une scierie° au bord de la rivière. C'est une nothing / sawmill
misérable baraque de vieilles planches, et le moteur est souvent en panne.

     Ma mère évoquait le temps, pour moi mythique, où mon père
avait «roulé carrosse».° S'il avait su mettre quelques sous de **roulé...** lived in a high
côté, il aurait pu, lui qui aimait tant le bois, monter une véritable petite style
usine, au bord d'une petite rivière des pays bas.° Elle rêvait, ma mère mais **pays...** lowlands
5   pas trop. Au point où nous en étions, elle se serait contentée de la cabane
de Serrat. Elle aurait mis tant de roses autour et, aux fenêtres, de dahlias,
de pivoines, de géraniums, de roses encore, qu'elle aurait fait de ce taudis
un nid de bonheur. Gaie comme elle était—du moins en l'absence de mon
père, car il ne supportait pas de la voir rire—, et diligente, et industrieuse,
10   elle n'aurait peut-être pas remué les fûts de sapin,° mais je l'imagine sans **fûts...** logs of pine
peine en train de mettre de l'huile dans les rouages de la machine, ce qui trees
ne devait pas être «sorcier», puis la faisant tourner sans le moindre grincement; et elle aurait rendu la maison si avenante que chacun serait venu apporter son bois à scier ou acheter des planches. ■

Questions sur la lecture

    1. Où se passe l'histoire et quels sont les personnages?
    2. Comment savez-vous que le père n'a pas toujours été pauvre?
    3. Pourquoi la mère rêve-t-elle d'une usine à bois?
    4. Comment la mère aurait-elle transformé la cabane?
    5. Comment aurait-elle fait tourner la machine?
    6. Quel succès aurait-elle eu en rendant la maison si avenante?

Questions personnelles

1. Que pensez-vous de la personnalité du père? de la personnalité de la mère?
2. Quel détail montre que l'auteur pense que sa mère savait tout faire? Est-ce commun à son époque pour une femme de réparer une machine? A votre avis, y a-t-il des tâches réservées aux femmes et des tâches réservées aux hommes?
3. Si vous aviez une vieille cabane et un bout de terrain, qu'est-ce que vous en feriez?

Le conditionnel présent

Le conditionnel est la forme verbale qui correspond à l'anglais *would* + infinitif. Ce mode représente l'action comme la conséquence possible ou irréelle d'un fait supposé, d'une condition. Il est généralement employé dans la proposition principale d'une phrase avec la conjonction **si**. Il y a deux temps usuels au conditionnel, un présent et un passé.

> **Si** Bénie avait besoin de conseil, elle n'**irait** pas en demander à sa tante.
> *If Bénie needed advice, she **would** not **go** and ask her aunt.*
> **Si** j'avais su, j'**aurais** mieux **cultivé** mon jardin.
> *If I had known, I **would have taken** better care of my garden.*

Le conditionel présent ou passé qu'on trouve après **si** ou **que** sont souvent appelés «futur du passé» ou «futur antérieur du passé». Ils n'expriment pas la condition, ils n'ont qu'une valeur de temps.

> Je pensais **que** le cyclone ne **toucherait** pas l'île.
> *I thought the cyclone **would** not **touch** the island.*
> Elle se demandait **si** sa grand-mère **aurait pensé** à elle.
> *She wondered **if** her grandmother **would have thought** of her.*

* Remarque: Il existe aussi une 2ème forme du passé, qui est rare et employée seulement dans la langue littéraire archaïque, et un passé surcomposé conditionnel (l'Appendice B).

Formes

1 La majorité des verbes ont un conditionnel régulier. On prend l'infinitif et on ajoute les mêmes terminaisons que pour l'imparfait.

finir	-ais	je **finirais**
dormir	-ais	tu **dormirais**
chanter	-ait	il **chanterait**
choisir	-ions	nous **choisirions**
sortir	-iez	vous **sortiriez**
commencer	-aient	ils **commenceraient**

2 Pour les verbes en **-re,** le **-e** final de l'infinitif tombe.

prendre	je **prendrais**
suivre	je **suivrais**

✱ **Remarque:**   Les problèmes de prononciation sont les mêmes que pour le futur: On prononce deux syllabes /dɔn-ʀɛ/ dans **donnerais.** On prononce trois syllabes /paʀləʀɛ/, /mɔ̃tʀəʀɛ/ dans **parlerait, montrerait.**

3 Les verbes comme **employer, jeter,** etc., qui ont des changements orthographiques au futur, ont les mêmes changements au conditionnel (voir p. 301).

4 **avoir / être**

avoir		être	
j'**aurais**	nous **aurions**	je **serais**	nous **serions**
tu **aurais**	vous **auriez**	tu **serais**	vous **seriez**
il, elle **aurait**	ils, elles **auraient**	il, elle **serait**	ils, elles **seraient**

5 Les futurs irréguliers donnent des conditionnels irréguliers.

aller	j'**irais**	tenir	je **tiendrais**
courir	je **courrais** /ʀʀ/	venir	je **viendrais**
mourir	je **mourrais** /ʀʀ/	vouloir	je **voudrais**
apercevoir	j'**apercevrais**	voir	je **verrais** /ʀ/
recevoir	je **recevrais**	savoir	je **saurais**
devoir	je **devrais**		
pouvoir	je **pourrais** /ʀ/		
s'asseoir	je **m'assiérais** *ou*		
	je **m'assoirais**		
faire	je **ferais**		
il faut	il **faudrait**	ça vaut	ça **vaudrait**
il pleut	il **pleuvrait**		

✱ **Remarques:**

• Le double **r** est parfois prononcé /ʀ/, parfois /ʀʀ/.

• La différence de prononciation entre les futurs (j'**irai,** je **serai,** etc.) et les conditionnels (j'**irais,** je **serais,** etc.) n'est pas très grande. C'est l'emploi des deux temps qui permet de les distinguer.

> Demain j'**irai** au marché.
> Si j'avais de l'argent, j'**irais** à Hawaï.

EXERCICES

A. Dans les phrases suivantes, mettez les verbes entre parenthèses au conditionnel.

> **Modèle:** Si j'avais des vacances, je (pars) au Mexique.
> *Si j'avais des vacances, je **partirais** au Mexique.*

1. Si je faisais un héritage, je (paie mes dettes, monte une petite usine).
2. Si Marie-Claire avait le choix, elle (écoute de la musique, ne regarde pas la télé).
3. Si nous avions des examens, nous (étudions, ne sortons pas tous les soirs).
4. Si tu avais des vacances, tu (pars au Club Med, fais du pédalo).
5. Si vous étiez moins paresseux, vous (vous réveillez tôt le matin, vous précipitez vers votre bureau).
6. Si Christophe mangeait moins de bonbons, il (ne grossit pas, a un corps d'athlète).
7. Si mes parents savaient que je n'ai pas de bonnes notes, ils (me punissent, m'empêchent de sortir).
8. Si Nicolas n'était pas content de sa moto, il (la revend, en achète une autre).
9. Si tu gagnais à la loterie, qu'est-ce que (tu dis, fais)?
10. S'il pleuvait, nous (n'allons pas nous promener, rentrons directement chez nous).

B. On peut toujours rêver. Chacun peut rêver et exprimer ce qu'il ferait s'il était une autre personne ou vivait dans d'autres conditions.

> **Modèle:** J'aimerais vivre en France. **Je** (parler français tout le temps).
> *Je **parlerais** français tout le temps.*

1. Jean-Paul aimerait être acteur. Il (vivre à Hollywood, obtenir un grand rôle, devenir célèbre).
2. Claudine aimerait être décoratrice et paysagiste. Elle (retaper des vieilles maisons, mettre des fleurs partout, créer des jardins magnifiques).
3. Thomas et Gérard aimeraient suivre des cours de cuisine. Ils (ouvrir un restaurant, apprendre des recettes délicieuses, pouvoir se régaler).
4. Nous aimerions avoir un magasin de vêtements. Nous (vendre des jeans haute couture, faire des affaires, être toujours bien habillés).
5. Sylvie aimerait être un peu plus intelligente. Elle (ne pas avoir à répéter cent fois les mêmes leçons, comprendre tout tout de suite, savoir répondre à tout).
6. Vous aimeriez être un grand sportif. Vous (s'inscrire aux jeux Olympiques, courir dans des compétitions internationales, recevoir des médailles).
7. J'aimerais faire de la politique. Je (devoir faire des études spéciales, pouvoir être secrétaire général d'un grand parti, combattre les injustices du monde).
8. Tu aimerais devenir agriculteur. Tu (choisir un pays fertile, s'installer au bord d'une rivière, acquérir de bonnes machines.
9. Nous aimerions faire du volontariat. Nous (s'engager avec «Médecins sans frontières», aller dans des pays où il y a la guerre, s'occuper des blessés et des malades).
10. Mes grands-mères aimeraient prendre des pilules d'immortalité. Elles (pouvoir rester jeunes et belles, ne pas tomber malades, ne pas mourir).

Emplois

1 L'emploi le plus courant du conditionnel est dans un système avec **si**. On a généralement deux parties: la condition (le groupe avec **si**) et la conclusion (le verbe au conditionnel).

> **Si** tu voulais, tu **pourrais** voyager avec moi.   *If you wished, you **could** travel with me.*

Le temps du verbe qui suit **si** est *l'imparfait*. Le verbe principal est au conditionnel présent. Dans cette construction, on n'emploie jamais le conditionnel après **si**. Cette construction est souvent employée pour exprimer un rêve d'avenir, un projet réalisable dans le futur.

> **Si** un jour je devenais riche, je **ferais**   *If one day I became rich, I **would take** a*
> le tour du monde.   *trip around the world.*

Elle exprime aussi qu'une action est impossible, irréalisable au moment où on parle.

> **Si** nous étions à Paris, nous **irions** aux   *If we were in Paris, we **would go** to the*
> Champs-Elysées après le cours.   *Champs-Elysées after the class.*

2 Après la conjonction **que**, après **si** quand il a le sens de *whether*, on emploie le conditionnel présent avec un verbe principal au passé. Dans ce cas, la proposition qui commence par **que** ou **si** est toujours en 2ème position (voir discours indirect, p. 423). Le conditionnel a une valeur de «futur dans le passé».

> La tante de Bénie a cru **qu**'elle **pourrait** influencer sa nièce.
> Les enfants se demandaient **si** leurs parents **rentreraient** tard.

✱ Remarque: Contractez ~~si il~~ en **s'il**; ne contractez pas **si elle**.

3 Le conditionnel présent des verbes **pouvoir, vouloir, aimer** indique une volonté atténuée, ajoute une nuance de politesse.

> **Pourriez**-vous fermer la porte?   ***Could** you close the door?*
> **J'aimerais** bien avoir trois enfants.   *I **would like** to have three children.*

EXERCICES

C. Mettez les verbes entre parenthèses au temps qui convient, imparfait ou conditionnel.

Modèle: Si tu (venir), je (être) content.
       *Si tu **venais**, je **serais** content.*

1. Si tu (être) riche, que (faire)-tu de ton argent?
2. Si vous (aller) en Europe, quels pays (visiter)-vous?
3. Si nous (avoir) le choix, nous (préférer) vivre au bord de la mer.
4. Si Renée (recevoir) un héritage, elle (pouvoir faire vivre) toute la famille.
5. Si vos amis vous (déranger) toujours dans votre travail, est-ce que vous leur (pardonner)?
6. Si ta mère (pouvoir) installer des chambres d'hôtes dans votre grande maison, elle (devenir) l'esclave des touristes.

D. Faites des phrases de condition avec le vocabulaire suggéré, **si,** l'imparfait et le conditionnel.

1. Georges / ranger sa chambre / sa mère / le féliciter.
2. Les jeans / ne pas exister / comment s'habiller / les jeunes?
3. Vous / avoir envie de transformer votre maison / engager un décorateur?
4. Jacques / avoir un frère / il / ne pas se battre avec lui.
5. Je / voyager à l'île Maurice / faire attention d'éviter la saison des cyclones.
6. Nous / mettre des fleurs dans notre jardin / se sentir plus heureux.

E. Refaites les phrases suivantes en mettant le verbe principal à l'imparfait. Suivez le modèle.

Modèle: Je sais que tu réussiras.
*Je **savais** que tu **réussirais**.*

1. Les parents ne savent pas s'ils auront un garçon ou une fille.
2. L'enfant rêve qu'il voyagera jusqu'au bout du monde.
3. Bénie se demande s'il faut faire creuser une piscine.
4. La tante est sûre que le club-loisir sera d'une grande rentabilité.

F. Répétez au conditionnel ce que disent ces personnes quand elles veulent être polies.

1. Tu peux faire un effort.   2. Voulez-vous me prêter votre voiture?   3. Nous aimons écouter cette chanson encore une fois.   4. Pouvez-vous nous expliquer ces mots d'argot?

Le conditionnel passé

Formes

1 On conjugue l'auxiliaire **avoir** ou **être** au conditionnel présent et on ajoute le participe passé.

verbes avec *avoir*		verbes avec *être*	
j'**aurais donné**	je **serais arrivé(e)**	je **me serais promené(e)**
tu **aurais pris**	tu **serais parti(e)**	tu **te serais lavé(e)**
il, elle **aurait vu**	il, elle **serait venu(e)**	il, elle **se serait rasé(e)**
nous **aurions connu**	nous **serions allés(ées)**	nous **nous serions**
vous **auriez choisi**	vous **seriez descendu(e)(s)**	**rencontrés(ées)**
ils, elles **auraient**	ils, elles **seraient montés(ées)**	vous **vous seriez vu(e)(s)**
parlé		ils, elles **se seraient aimés(ées)**

2 On forme le conditionnel passé interrogatif et négatif comme les autres temps passés.

> Si tu avais eu le choix pour tes vacances, tu **aurais préféré** une caravane ou un village de vacances?
>
> Je ne sais pas. Une chose est certaine: je ne **serais** pas **allé** au Club Med.

EXERCICE

G. En mettant les verbes entre parenthèses au conditionnel passé, dites ce que chacun aurait fait.

1. Si j'avais été Cléopâtre, je (se faire refaire le nez, interdire les miroirs, abdiquer).
2. Si tu avais été Napoléon Bonaparte, tu (devenir empereur d'Europe, ne pas divorcer d'avec Joséphine, ne pas vendre la Louisiane).
3. Si vous aviez été Noé, vous (apprendre à nager, choisir une plus grande arche, emmener un vétérinaire).
4. Si les enfants avaient gouverné le pays, ils (abolir l'école, vouloir des parcs d'amusement, ne pas faire payer le cinéma).
5. Si les Allemands avaient occupé les Etats-Unis, beaucoup de gens (prendre le maquis, faire de la résistance, ne pas collaborer).
6. Si la mère de Georges avait réparé la machine, chacun (descendre jusqu'à la rivière, venir apporter son bois à scier, acheter des planches).

Emplois

«SI» EXPRIMANT UNE CONDITION

1 L'emploi le plus fréquent du conditionnel est dans une construction avec **si**.

> Si tu avais trop travaillé, tu **serais tombé** malade. | *If you had worked too hard, you **would have become** sick.*

Le temps du verbe qui suit **si** est le *plus-que-parfait* quand le verbe principal est au conditionnel passé. Dans ce cas, on n'emploie jamais le conditionnel passé après **si**. Cette construction exprime l'idée qu'une action, un souhait ou une situation n'ont pas été réalisés. Souvent elle indique un regret.

> **Si** j'avais su, je ne **serais** pas **venu**. | *If I had known, I **wouldn't have come**.*
>
> **Si** le père avait été intelligent, il **aurait apprécié** les talents de sa femme. | *If the father had been intelligent, he **would have appreciated** his wife's talents.*

* Remarque: On peut avoir des combinaisons entre la construction 3 et la construction 2. Dans ce cas, l'action principale (**pourrions, serais**) est un résultat présent de la condition passée.

> Si tu **avais fini** à quatre heures, nous **pourrions** sortir. | *If you **had finished** by four o'clock, we **could** go out.*
>
> Si j'**avais écouté** vos conseils, je **ne serais pas** malade. | *If I **had listened** to your advice, I **would not be** sick.*

Tableau-résumé
Constructions avec *si* de condition

Si +	verbe principal	signification
1. **Si** + *présent*	*présent* ou *futur* ou *impératif*	*certitude*
Si tu **veux** un ami,	je t'en **trouverai** un.	
2. **Si** + *imparfait*	*conditionnel présent*	*action future possible, action*
Si tu **voulais**,	tu **pourrais** essayer.	*présente impossible*
3. **Si** + *plus-que-parfait*	*conditionnel passé*	*action passée impossible*
Si j'**avais su**,	j'**aurais commencé** plus tôt.	

2 Après la conjonction **que** ou après **si** dans le sens de *whether*, le verbe est au conditionnel passé quand le verbe principal est lui-même au passé. Le conditionnel a une valeur de futur antérieur du passé.

Je croyais que vous **auriez terminé** plus tôt.	*I thought you **would have** **finished** sooner.*
Il se demandait s'il **aurait fini** avant minuit.	*He was wondering whether he **would** **have finished** before midnight.*

✳ Remarque: Dans ce cas, la proposition qui commence par **si** est toujours en 2ème position.

EXERCICES

H. Faites des phrases avec le vocabulaire suggéré, en suivant le modèle.

Modèle: Si je (avoir) de la chance, je (réussir) à mon examen.
   Si j'avais eu de la chance, j'aurais réussi à mon examen.

1. Si la tante (ne pas être) si jalouse, elle (se taire).
2. Si Bénie (transformer) la maison en club-loisir, ce (être) un bon investissement.
3. Si le lagon (être) plus profond, on (ne pas avoir besoin) de le creuser.
4. Si l'oncle Loïc lui (céder) un bout de terrain, elle (se faire) construire une belle maison neuve.
5. Si tu (mieux amarrer) ton bateau au ponton, le cyclone (ne pas l'emporter).
6. Si le père (mettre) de l'argent de côté, la mère (ne pas devoir) se contenter d'une cabane.

I. Refaites les phrases suivantes en commençant par un imparfait.

Modèle: Je me demande si vous **aurez fini** à l'heure.
   *Je **me demandais** si vous **auriez fini** à l'heure.*

1. Je pense qu'il aura mal compris mes indications.   2. Il ne sait pas si la conférence aura intéressé le public.   3. Tu penses qu'il se sera perdu?   4. Nous sommes sûrs que l'avion aura pris du retard.

EMPLOIS STYLISTIQUES DU CONDITIONNEL

Il existe des emplois moins courants du conditionnel présent et du conditionnel passé, qui ont une valeur stylistique.

1 Dans le style des journaux et de la radio, le conditionnel marque un fait douteux, annonce une nouvelle dont on n'est pas encore sûr.

> Une avalanche **aurait dévasté** un village de montagne.
>
> *An avalanche **may have devastated** a mountain village.*
>
> Il y **aurait** 250 morts.
>
> *There **could be** (as many as) 250 deaths.*

2 Les enfants qui jouent et imaginent une situation disent:

> Je **serais** le roi, tu **aurais** un cheval.
>
> *I **would be** the king, you **would have** a horse.*
>
> Il y **aurait eu** une guerre, on se **serait perdus** dans la forêt...
>
> *There **would have been** a war, we **would have been lost** in the forest . . .*

✽ Remarque: **Si** + imparfait ou plus-que-parfait s'emploie dans une phrase incomplète pour exprimer:

- *un souhait:* **Si** seulement il **faisait** moins de vent!
- *une suggestion:* **Si** nous **allions** à la disco?
- *un reproche, un regret:* **Si** seulement tu m'**avais écouté!**

Le souhait et la suggestion sont exprimés par *l'imparfait;* le reproche, le regret sont exprimés par le *plus-que-parfait.*

EXERCICES

J. Mettez les phrases suivantes au conditionnel présent ou au conditionnel passé.

1. Un cyclone a ravagé les Philippines. Il y a des milliers de disparus.   2. Le prince Rainier a annoncé le mariage prochain de son fils Albert avec une jeune fille de la haute société américaine.   3. Le chef d'état américain et le chef d'état russe ont signé un accord; le désarmement commence bientôt.

K. Mettez au conditionnel cette conversation entre deux enfants qui jouent.

1. —Moi, je suis la princesse. Toi, tu es mon serviteur.
2. —Non, je suis aussi un prince.
3. —Un méchant roi m'a enlevée et veut m'épouser.
4. —Je viens à ton secours, je te délivre et on se marie.

TRADUCTION DE *WOULD* ET *COULD*

1 *would* = action passée / action future

Action passée

a. Si l'action est habituelle et signifie *used to,* le verbe principal (en anglais le verbe qui suit *would*) se traduit en français par un imparfait.

> *Every day we **would** go to the beach.*   Tous les jours nous **allions** à la plage.

b. Si le verbe est une action achevée, on emploie le passé composé du verbe **vouloir.**

> *I asked her to sell her house, and she*   Je lui ai demandé de vendre sa maison
> ***would not*** *do it.*   et elle **n'a pas voulu** le faire.

c. Si le verbe est descriptif et indique un état mental, on emploie l'imparfait de **vouloir.**

> *He **wouldn't** do it [but finally I convinced*   Il ne **voulait** pas le faire [mais je l'ai
> *him].*   convaincu].

Action future

a. On emploie le conditionnel du verbe principal (en anglais, le verbe qui suit *would*) si une condition n'est pas exprimée, mais si on peut la rétablir mentalement.

> ***Would you go*** *to l'île Maurice [if you had the money]?*   **Iriez-vous** à l'île Maurice?

b. On emploie le conditionnel du verbe **vouloir** si *would* exprime une requête polie.

> ***Would you please*** *shut the door?*   **Voudriez-vous** fermer la porte?

2 *could* = **pouvoir** (action passée / action future)

Action passée

a. Quand *could* se réfère à un passé, on emploie le passé composé de **pouvoir** si l'action est unique, finale.

> *He **couldn't** do it.*   Il **n'a pas pu** le faire.

b. On emploie l'imparfait de **pouvoir** si l'action est descriptive et interrompue.

> *He **couldn't** do it, but I helped him.*   Il **ne pouvait pas** le faire, mais je l'ai aidé.

Action future

Quand *could* se réfère à un futur, on emploie le conditionnel du verbe **pouvoir.**

> ***Could*** *you come tomorrow?*   **Pourriez-vous** venir demain?

EXERCICES

L. Traduisez les phrases suivantes.

1. When I was young, my family and I (**nous**) would travel every year.   2. If you had the choice, would you go to London or Paris?   3. I asked my friend to come to the movies with us, but he would not.   4. When I lived in France, I would not go to the supermarket.   5. If I lived in France, I would buy French bread every day.   6. She would not jump into the water, so I pushed her.   7. Would you please make a reservation for me?   8. Would you go to Tahiti if you had enough money?

M Traduisez les phrases suivantes. *Pourriez-vous écrire votre nom ici?*   *Car il ne pourrait pas faire cet exercice, je l'ai*
1. Could you write your name here?   2. Since he could not do this exercise, I did it for *fait pour lui* him.   3. Several times, she tried to stand (**se tenir debout**) on skis, but she could not. *Plusieurs fois, elle se tenait debout sur des skis, mais elle n'a pas pu*
4. Couldn't you borrow some money from the bank, in order to buy a house?   5. We *Ne pourriez-vous pas emprunter de l'argent à la banque, afin d'acheter une maison*

Nous n'avons pas pu ~~Nous~~ rencontrer pendant notre voyage en Paris

could not meet (**se rencontrer**) in Paris during our trip.   6. The movie star could not

La vedette

L'étoile de ~~ne pouvait~~ pas

understand why she had to (**devoir**) be on time.

Comprendre pourquoi elle ~~devait~~ être à l'heure

Suppléments de grammaire

1 **aimer mieux** au conditionnel

a. Cette expression signifie *would rather, would rather have.*

> *Conditionnel présent*
> J'**aimerais mieux** vous voir demain.   *I'd rather see you tomorrow.*
> *Conditionnel passé*
> J'**aurais mieux aimé** prendre le train.   *I'd rather have taken the train.*

b. Si on veut exprimer sa préférence entre deux choix, on continue la deuxième partie de la phrase avec **que de, plutôt que de, au lieu de** et l'infinitif.

> J'aimerais mieux vous voir demain **que d'**attendre la semaine prochaine.
> J'aurais mieux aimé prendre le train **plutôt que d'**aller en voiture avec ce mauvais chauffeur.

EXERCICE

N. Faites des phrases avec **aimer mieux** au conditionnel présent ou au conditionnel passé et le vocabulaire suggéré.

1. Gisèle / aller à la piscine / rester à la bibliothèque.
2. Les deux frères / écrire des chansons / étudier les maths.
3. Est-ce que tu / recevoir des coups de matraque / obéir aux ordres de la police?

2 **faire mieux de** (au conditionnel) + infinitif

Le verbe **faire** au conditionnel présent ou au conditionnel passé suivi de **mieux de** signifie *I (you, she, we, etc.) had better.* Dans la deuxième partie de la phrase, on emploie **que de, plutôt que de, au lieu de.**

> **Vous feriez mieux de** travailler $\left\{ \begin{array}{l} \textbf{que de} \\ \textbf{plutôt que de} \\ \textbf{au lieu de} \end{array} \right\}$ regarder la télé.

> Tu as mal à la tête? Tu **aurais mieux fait de** rester à l'ombre **au lieu de** marcher au soleil.

EXERCICE

O. Faites des phrases qui expriment un conseil avec l'expression **faire mieux** au conditionnel présent ou au conditionnel passé et le vocabulaire suggéré.

1. Elle / étudier ses leçons / bavarder au téléphone.
2. Il / ne pas se marier / fonder une famille si jeune.
3. Nous / transformer la maison en hôpital / la vendre au gouvernement.
4. Ce jeune homme / passer la nuit chez ses amis / conduire sa voiture après avoir bu.

3 devoir

a. Le verbe **devoir** avec un nom objet direct signifie *to owe.*

Françoise **doit** mille dollars à la banque.	Françoise **owes** the bank one thousand dollars.

b. Le verbe **devoir** avec un infinitif est un auxiliaire et a plusieurs sens:

- un sens de **probabilité** (*must, probably*). C'est son emploi le plus courant.

Il **doit faire** froid au pôle Nord.	*It **must be** cold at the North Pole.*
Tu as travaillé jusqu'à minuit? Tu **devais avoir** sommeil.	*You worked until midnight? You **must have been** sleepy.*
Il fait plus frais; il **a dû** pleuvoir cette nuit.	*It's colder; it **probably** rained last night.*

- un sens de **nécessité, d'obligation,** de **devoir moral** (*must, should, have to, ought to*). On peut conjuguer **devoir** à tous les temps:

présent:

Ils **doivent** faire faire des réparations à leur maison.	*They **have to** have their house repaired.*

imparfait:

Ma mère **devait** s'abstenir de rire en présence de mon père.	*My mother **had to** refrain from laughing in the presence of my father.*

futur:

Vous **devrez** penser aux cyclones quand vous ferez bâtir votre nouvelle maison.	*You will **have to** think of the hurricanes when you have your new house built.*

passé composé:

Tous les hôtels étaient pleins; ils **ont dû** loger dans une chambre d'hôte.	*All the hotels were full; they **were obliged to** go to a B&B.*

conditionnel présent:

La tante dit: «Tu **devrais** transformer la maison en club-loisir.»	*The aunt says: "You **ought to** transform the house into a leisure club."*

conditionnel passé:

Papa **aurait dû** mettre de l'argent de côté.	*Papa **should have** saved money.*

- une **intention** ou une **action future** au présent; un projet manqué à l'imparfait.

Nos amis **doivent** arriver demain à San Francisco.	*Our friends **are supposed to** arrive tomorrow in San Francisco.*
Marie **devait** venir nous voir, mais elle n'a pas pu.	*Marie **was supposed to** come and visit us, but she couldn't.*

Tableau-résumé
Emplois du verbe *devoir*

	Probabilité	Obligation	Intention / Action future	Conseils	Reproches
Présent	Il **doit** faire beau. *The weather **must be** fine.*	Vous **devez** travailler davantage. *You **must** work harder.*	Je **dois** partir à huit heures. *I **am supposed** to leave at eight o'clock.*		
Passé composé	Vous **avez dû** avoir peur. *You **must have been** scared.*	Il **a dû** prendre un taxi. *He **had to** take a taxi.*			
Imparfait	Tu **devais** avoir faim. *You **were probably** hungry.*	Autrefois, les femmes **devaient** porter un chapeau dans la rue. *In the past, women **had to wear** a hat (while walking) in the street.*	Josette **devait** partir en vacances, mais elle a eu un accident (projet manqué). *Josette **was supposed** to leave for a vacation, but she had an accident.*		
Futur		Tu **devras** revoir le docteur. *You **will have to** see the doctor again.*			
Conditionnel présent				Tu **devrais** transformer ta maison. *You **should** (ought to) modify the house.*	
Conditionnel passé					Papa **aurait dû** mettre de l'argent de côté. *Daddy **should have** set money aside.*

✱ **Remarque:** Dans tous les cas où **devoir** a un sens de **probabilité, nécessité, obligation, devoir moral,** on peut remplacer **devoir** par **il faut,** conjugué au temps nécessaire, et suivi du subjonctif (voir p. 355):

Il faut qu'ils fassent…	**Il a fallu** qu'ils aillent…
Il fallait que ma mère s'abstienne…	**Il faudrait** que tu transformes…
Il faudra que vous pensiez…	**Il aurait fallu** que mon père…

EXERCICES

P. Modifiez les phrases suivantes en employant le verbe **devoir** avec l'infinitif des verbes en italique (attention, le verbe **devoir** est conjugué au temps du verbe en italique). Indiquez aussi le sens de votre phrase: probabilité, obligation, intention.

Modèle: Il *fait* froid au pôle Nord.
Il ***doit** faire* froid au pôle Nord.   (probabilité)

1. Les héritiers *respectent* les désirs de la grand-mère.
2. Le soleil a brillé toute la journée. Il *faisait* beau au bord de la rivière.
3. Après son opération, la mère ne *portera* pas d'objets lourds.
4. Chaque fois qu'on annonçait un cyclone, nous *nous préparions.*
5. Si la grand-mère de Bénie ne lui avait pas laissé un héritage, elle *se serait contentée* d'une petite maison.
6. La machine ne tourne pas? Quelqu'un *a oublié* de mettre de l'huile dans les rouages.
7. Vous êtes toute bronzée. Vous *êtes restée* longtemps au soleil.
8. Le soleil est dangereux. Si vous vouliez vous protéger, vous *mettriez* de l'écran total (*sun-block*).
9. La tante de Bénie rêvait d'hériter de la belle maison, mais la grand-mère *a changé* d'avis.
10. Nous *partions* en vacances dans l'île Maurice, mais il y a eu un cyclone.

Q. Refaites les phrases suivantes avec le verbe **devoir** pour exprimer un conseil, puis un reproche. Suivez le modèle.

Modèle: Allons au Club Med.
Nous **devrions aller** au Club Med.
Nous **aurions dû aller** au Club Med.

1. Transforme ta maison en logis de France.   2. Louons un pédalo.   3. Elle n'a pas remué les planches.   4. Ils rangent la tondeuse dans la cabane à outils.

Synthèse

I. Alternatives.   Avec le vocabulaire suggéré, dites ce que ces personnes feraient ou ne feraient pas dans certaines circonstances.

> **Modèle:** Il y a un incendie chez les Smith.   (je / appeler les pompiers, parler longuement au téléphone avec Mme Smith)
>
> *S'il y avait un incendie chez les Smith, j'***appellerais*** les pompiers, je ne ***parlerais*** pas longuement au téléphone avec Mme Smith.*

1. Jacqueline hérite la maison de sa grand-mère.   (elle / ne pas y habiter, en faire un gîte rural)
2. Patrice trouve un portefeuille (*wallet*) dans la rue.   (il / le rapporter à la police, le garder pour lui)
3. Tu vois un hold-up.   (tu / poursuivre le voleur, faire semblant de ne rien voir)
4. Un ami vous demande de l'argent.   (vous / lui en prêter, lui conseiller de trouver un job)

II. Certitudes ou ignorances.   Est-ce que ces personnes savaient ou ne savaient pas qu'elles feraient certaines choses?

> **Modèle:** Christophe Colomb / découvrir l'Amérique
>
> *Christophe Colomb ne savait pas qu'il ***découvrirait*** l'Amérique.*

1. Pasteur / inventer un vaccin si important
2. Les Alliés / gagner la guerre
3. Jeanne d'Arc / le roi lui donner une armée
4. Marilyn / devenir une actrice célèbre
5. Camus / obtenir le prix Nobel
6. Van Gogh / sa peinture se vendre si cher

A votre tour, dites ce que les personnes suivantes ne savaient pas: Picasso, Einstein, Amelia Earhart.

III. Mieux que toi.   Un ami vous dit plus tard ce qu'il aurait fait à votre place dans certaines circonstances. Qu'est-ce qu'il dit?

> **Modèle:** Votre avion a eu du retard.   (prendre un avion d'Air France)
>
> *Moi, à ta place, j'***aurais*** pris un avion d'Air France.*

1. Vous avez perdu votre argent en voyage.   (acheter des chèques de voyage)
2. Une de vos valises vous manque.   (voyager avec un seul bagage de cabine)
3. Vous avez eu le mal de l'air.   (prendre de la «dramamine»)
4. Vous avez attrapé la maladie des touristes au Mexique.   (boire seulement de l'eau minérale)

5. La voiture de marque étrangère que vous avez louée ne marchait pas bien.   (louer une voiture de marque américaine)
6. La pension de famille était trop chère.   (aller dans un camping à la ferme)

Donnez d'autres exemples.

IV. Conséquences heureuses ou malheureuses.   Une action passée peut avoir des conséquences présentes variées.

> **Modèle:** Si tu (ne pas avoir autant mangé), tu (ne pas avoir d'indigestion aujourd'hui).
> *Si tu n'**avais pas** autant mangé, tu n'**aurais** pas d'indigestion aujourd'hui.*

1. Si Richard (travailler dans sa jeunesse), il (être un retraité riche).
2. Si Josyane (ne pas avoir un accident de voiture), elle (ne pas être à l'hôpital le jour de son anniversaire).
3. Si tu (ne pas se marier si jeune), tu (profiter plus de la vie en ce moment) parce que tu (ne pas avoir tous ces enfants à élever).
4. Si elle (planter) un verger il y a dix ans, cet été elle (manger) un tas de fruits.

A votre tour, trouvez des conséquences présentes d'actions passées.

ACTIVITÉS

1. **Enquête.**   Faites une enquête auprès de plusieurs camarades pour savoir ce qu'ils feraient s'ils avaient des pouvoirs surnaturels.

sauver des personnes en danger   faire pleuvoir
arrêter les guerres   punir les méchants
arrêter les catastrophes naturelles   vivre comme un roi ou une reine, etc.
éteindre les incendies

2. **Travail à deux.**   Avec un ou une camarade préparez un rapport sur le développement du tourisme dans votre région. Quels seraient vos choix? Utilisez le plus de conditionnels possible.

Le lieu (décrivez-le: sa situation géographique, son climat, sa végétation, etc.)
L'hébergement (gîte rural, hôtel, village de vacances, chambre d'hôte, bateau aménagé, etc.)
Les circuits touristiques (les châteaux de la Loire, le Mont-Saint-Michel, la route des vins en Bourgogne, la Côte d'Azur)
Les événements saisonniers (carnaval, festival de musique, spectacles «son et lumière», fêtes religieuses, etc.)
Les sports (nautiques, alpinisme, randonnées, golf, voyage en ballon, etc.)
Les spécialités gastronomiques et les restaurants
Le tourisme de santé (thalassothérapie, cure thermale, relaxation, etc.)

3. **Discussion.**   On refait le monde, on change la réalité. Un étudiant pose une question à un camarade sur le modèle suivant:

Modèle: Faisons une supposition: Christophe Colomb n'a pas découvert l'Amérique. Quel est le résultat?
"Et si Christophe Colomb n'avait pas découvert l'Amérique, quel serait le résultat?"

Le camarade répond à cette question en imaginant les résultats, puis il pose à son tour une question à un autre camarade, et ainsi de suite.

Les Français n'ont pas perdu la Louisiane…

Tu es né à une autre époque…

Tu es un personnage célèbre, (lequel?)…

Tu dois encore vivre cent ans…

Un génie t'offre de réaliser trois de tes vœux…

TRADUCTION

1. After her conversation with her aunt, Bénie thinks: 2. "Maybe I should have listened to my aunt's advice.   3. Surely she could have turned the house into a very profitable business.   4. But I could not live next to a 'club-loisir.'   5. I cannot stand the crowd.   6. The tourists would invade my land and if I had to let them have the house, the beach, the lagoon, it would make me sick.   7. The idea of a summer camp would please me more but noise does not agree with me. I know.   8. If I were industrious, I would dig up the big lawn and turn it into an orchard and a vegetable garden.   9. I would grow fruit and vegetables and I could support all my family and my friends.   10. In fact, I see my uncle Loïc going by. Suppose I ask him to lend me his shovel . . ."

RÉDACTIONS

1. **Votre maison idéale.**   Où serait-elle située? Combien de pièces aurait-elle? Y aurait-il un jardin avec beaucoup de fleurs?
2. **Un autre pays, une autre époque.**   Dites ce que vous auriez fait si vous aviez vécu dans un autre pays, à une autre époque.

Le subjonctif

Vocabulaire du texte

accueillir to welcome
affiche (*f.*) poster
agacer to irritate
ancien (*m.*) war veteran
anomalie (*f.*) abnormality
balle (*f.*) bullet
ça m'a pris it hit me
casque (*m.*) **colonial** tropical helmet
se coiffer to put on a hat
conserver to save
coutumier (coutumière) customary
couverture (*f.*) cover
curieux (-euse) funny
écarter to exclude
émerveillé(e) in awe
en baver (*fam.*) to have a rough time
entraîner to pull
équipée (*f.*) joyride
évasion (*f.*) escape
exposition (*f.*) exhibition, fair
faire enrager to tease, to make furious

fauve (*m.*) wild animal
fossé (*m.*) ditch
infanterie (*f.*) **de marine** marine corps
insolation (*f.*) sun stroke
inversement vice versa
jaser to gossip
pavillon (*m.*) building
pieds (*m. pl.*) **nus** bare feet
se prolonger to continue
rencontrer to fall upon
retenir to remember
rouquin(e) (*péjoratif*) red-haired
royaume (*m.*) kingdom
se sentir une parenté avec to feel related to
singe (*m.*) monkey
singulier (singulière) strange
sinon except
témoigner to be a testimony
se tenir to take place
trompe (*f.*) trunk (of an animal)

Vocabulaire supplémentaire

Les mélanges de races

Cajun (de Acadien) French from Louisiana
créole person from European descent born in a former French colony (Antilles, Guyanas, Réunion)

mulâtre (*m.*), **femme mulâtre (mulâtresse)** (*f.*) mulatto (born of a black and of a white parent)
métis (*adj. ou nom, m.*), **métisse** (*adj. ou nom f.*) of mixed race

Les traits physiques

basané(e) swarthy
bridés (*adj.*) slit (for eyes)
bronzé(e) tanned
busqué(e) hooked (for nose)
carré(e) square
chauve bald
crêpu(e) frizzy
droit(e) straight
épaté(e) round and flat (for nose)

frisé(e) curly
joufflu(e) fat-cheeked
lisse smooth
peau (*f.*) skin
raide straight
taches (*f. pl.*) **de rousseur** freckles
teint (*m.*) coloring
visage (*m.*) face

Français en couleurs

Les Français sont très moqueurs pour décrire les traits physiques. On appelle «Poil de carotte» quelqu'un qui a les cheveux roux. On a des cheveux raides «comme des baguettes de tambour» (*drumsticks*) ou frisés «comme un mouton». On est plus gentil pour les blonds: quelqu'un est «blond comme les blés» (*wheat*). La couleur de la peau, la taille sont souvent comparées à des fruits, ou à des objets inattendus. On est «jaune comme un citron», rouge «comme une tomate» ou «comme un coq», noir «comme un pruneau», blanc «comme un linge» (*a rag*). On est «gras comme un moine» (*monk*) et «maigre comme un clou» (*nail*).

Les noms d'animaux sont abondants dans les descriptions. On est «fort comme un bœuf» (ou un Turc), bête «comme une oie» (*goose*), doux «comme un agneau» (*lamb*), laid, ou moche «comme un pou» (*louse*), vilain ou malin «comme un singe», malade «comme un chien», gai «comme un pinson» (*finch*) et heureux «comme un poisson dans l'eau».

On peut être haut «comme trois pommes», avoir «un cou de girafe», «une mémoire d'éléphant» et «des yeux de gazelle».

Une visite à l'exposition coloniale

Michel Ragon (1924–   )   est né en Vendée dans une famille pauvre. Autodidacte, ancien travailleur manuel, il a écrit de nombreux romans dont le plus célèbre est *Les mouchoirs rouges de Cholet* (1984), qui a reçu le prix Goncourt. A cinquante ans, il est devenu Docteur d'Etat à la Sorbonne et professeur d'enseignement supérieur.

Michel Ragon a aussi publié des critiques sur l'histoire de l'art, sur l'architecture et l'urbanisme, des chroniques sur l'histoire de la Vendée et une étude impressionnante sur l'Histoire de la littérature prolétarienne en France. Deux livres, *L'accent de ma mère* et *Ma sœur aux yeux d'Asie*, sont autobiographiques.

Préparation à la lecture

Ma sœur aux yeux d'Asie est l'histoire d'un paysan français, le père de Michel Ragon, qui quitte sa province natale, la Vendée, pour aller servir dans l'armée coloniale partie à la conquête de la Cochinchine. D'abord, comme beaucoup de soldats français de l'époque, il se conduit en vainqueur, et méprise les indigènes, puis petit à petit, est «vampirisé» par l'Asie. Il achète une «congaï» (une compagne cambodgienne) et l'abandonne en ramenant leur petite fille en France. L'enfant métisse est élevée par sa femme française, la mère de Michel, et la tante Victorine, la sœur du père, toutes deux strictes, qui pensent que l'enfant est adoptée. Les deux enfants grandissent en Vendée qui a de solides traditions catholiques et royalistes, et s'attachent l'un à l'autre. Un jour, ils retrouvent dans une vieille cantine° des lettres qui   trunk
leur permettent de reconstituer la vie et les expériences de leur père.

Dans le texte suivant, Odette, maintenant jeune fille, mais atteinte de tuberculose et exilée dans un sanatorium, écrit à son frère, pour évoquer la visite de la fabuleuse exposition coloniale de 1931 qu'elle a faite avec son père.

$\mathcal{M}$on petit frère chéri

… J'aurais tant aimé que tu sois près de moi…

As-tu conservé le catalogue de l'Exposition coloniale? Tu le regardais souvent. J'ai visité cette exposition avec notre père en 1931. Mes seules vacances avec papa. Courtes, certes, mais quelle singulière équipée, qui
5 ressemblait à une évasion…   *certain (h)*

Tu ne te souviens plus de ce voyage à Paris, de papa et moi, qui fit tellement enrager à la fois ta mère et la tante Victorine?…

Que notre père veuille visiter l'Exposition coloniale, rien de plus naturel pour un ancien de l'infanterie de marine. Mais qu'il choisisse de
10 seulement m'emmener moi, qu'il écarte à la fois ta mère et toi, voilà qui faisait jaser.

Je m'en souviens encore, de l'Expo, comme si c'était hier. Et des affiches: «La grande France exotique vous accueille.»
15 J'étais émerveillée. Notre père aussi…

Près de l'entrée de l'Expo, on passait devant le pavillon de Madagascar[1] puis, en allant vers l'Afrique occidentale française,[2] on rencontrait

---

[1] **Madagascar:** Grande île de l'océan Indien, séparée de l'Afrique par le canal du Mozambique, c'est une ancienne colonie française. Elle est devenue un territoire d'outre-mer en 1946, puis la République démocratique de Madagascar, en 1975.

[2] **Afrique occidentale française:** Cette fédération regroupa, de 1910 à 1958, les colonies du Sénégal, de la Mauritanie, du Soudan, de la Haute-Volta, du Niger, de la Guinée française, de la Côte d'Ivoire et du Dahomey.

l'Indochine… Mais le pavillon le plus extraordinaire, celui que l'on voyait partout, sur les couvertures des catalogues, sur les affiches, c'était le temple d'Angkor, avec ses si hautes tours. Au premier étage se tenait une exposition racontant l'histoire de l'Indochine elle-même.

Papa me promena longtemps dans ces expositions, m'expliquant, me faisant remarquer des détails. J'étais très contente, mais plus de me trouver avec lui, toute seule, que de regarder toutes ces choses trop nombreuses et trop compliquées.

Et puis, tout à coup, tout bascula. Devant une grande photo de paysannes cambodgiennes, pieds nus, avec leurs curieux cheveux en balai-brosse,° il me parla de ma mère.

°scrubbing brush

Il me dit qu'elle s'appelait Sinoun, qu'elle était restée *là-bas;*° qu'il avait voulu que je voie le Cambodge; qu'après tout c'était aussi mon pays.

°**là-bas…** = au **Cambodge**

Quelle stupéfaction! Je n'avais jamais pensé alors que je pouvais n'être pas aussi française que les autres. Même si on m'appelait Joséphine Baker,[3] à l'école, ça m'agaçait, bien sûr, mais de la même manière que les rouquines l'°étaient d'être appelées «Poil de carotte».[4] J'étais une Française avec une tête un peu différente, voilà tout. Et je m'identifiais vraiment mal à ces indigènes qu'on voyait sur les photos.

°**l'**… = agacées

Papa me parlait du Cambodge avec tant de détails que je n'en retenais rien. Sinon que c'était un bon peuple, qui avait été autrefois une grande nation (Angkor en témoignait); que tout comme le Nil fertilisait l'Egypte, le Mékong vivifiait° le Cambodge; qu'il faudrait que je me souvienne que je n'étais pas annamite,[5] mais cambodgienne; qu'en réalité les Cambodgiens s'appellent des Khmers et leur pays le royaume de Kampuchéa. Je ne comprenais pas pourquoi papa me disait tout cela, ni surtout la gravité qu'il prenait° pour me le raconter. Je prenais peur qu'il lui soit venu l'idée de me ramener au Cambodge et de m'abandonner parmi des indigènes avec lesquels je ne me sentais aucune parenté. Ma famille se trouvait en Vendée. J'étais vendéenne, moi aussi…

°gave life to

°**la**… the serious tone he used

L'Exposition se prolongeait par un parc zoologique, avec un grand rocher des singes et tous ces fauves qui semblaient en liberté derrière des fossés d'eau. Devant les éléphants, papa me dit qu'au Cambodge les éléphants vivaient en liberté, qu'il ne fallait pas voir ces animaux comme des anomalies, simplement ce qui nous paraissait anormal ici était normal *là-bas*, et inversement.

Comme les visiteurs plaisantaient lourdement sur les trompes et les oreilles de ces grosses bêtes, papa s'agaça,° m'entraîna par la main d'un

°became irritated

---

[3] **Joséphine Baker:** Très célèbre actrice de music-hall française d'origine américaine (Saint-Louis, 1910–Paris, 1975), elle fut chanteuse, danseuse, héroïne dans la Résistance, et mère adoptive de 12 enfants métis ou de couleur.

[4] **Poil de carotte:** héros d'une pièce de théâtre de Jules Renard, et nom qu'on donne aux enfants aux cheveux roux, pour se moquer.

[5] **Annamite:** de la province d'Annam en Indochine française (voir chapitre 3).

geste brusque et me dit: «Ils trouvent comique tout ce qui n'est pas coutumier. Moi aussi, j'étais comme eux, à mes débuts à la colonie. Et maintenant ce sont les Français que je trouve comiques. Tristement comiques!
Regarde tous ces imbéciles qui se sont coiffés d'un casque colonial pour
60   visiter l'Expo. Tu as vu tout à l'heure la queue devant le marchand de
casques, à la porte d'entrée. Des guignols[6]! Nous, on en bavait de devoir
toujours coiffer ce maudit° casque. Seulement, on mourait plus vite en   darn
Indochine d'une insolation que de la balle d'un pirate. J'aurais tellement
de choses à te dire! J'aurais cru qu'il ne fallait pas te parler du Cambodge,
65   que chez les sœurs° tu deviendrais une vraie petite Française. Et c'est vrai,   chez... at a Catholic
tu es devenue une vraie petite Française. Sans l'Expo, je n'aurais sans   school
doute pas pensé à te montrer ce qui est quand même, aussi, ton pays. Enfin, le pays de ta mère. Alors ça m'a pris tout d'un coup. Je me suis dit: il
faut que je l'emmène voir le Cambodge.» ■

Questions sur la lecture

1. A quelle occasion Odette a-t-elle passé ses seules vacances avec son père?
2. Quel était le pavillon le plus extraordinaire? Pourquoi?
3. De qui est-ce que le père parle à la petite fille, devant les photos de
   paysannes cambodgiennes? Comment s'appelait cette personne et que
   lui est-il arrivé? Pourquoi le père veut-il que la petite fille voie le Cambodge?
6. Comment réagit la jeune fille lorsque son père lui révèle ses origines
   cambodgiennes?
7. De quoi la petite fille a-t-elle peur?
8. Comment appelait-on la jeune fille à l'école? Pourquoi?
9. Que lui apprend son père sur le Cambodge?
10. Où la jeune fille a-t-elle été éduquée? Pourquoi le père l'a-t-il mise
    dans cette école?

Questions personnelles

1. L'attitude des visiteurs de l'Expo agace le père. Qu'en pensez-vous?
   Quels comportements des touristes peut parfois faire naître l'irritation
   parmi les habitants d'un pays? Faites la description d'un touriste
   parfait.
2. Que pensez-vous des parcs zoologiques? Quels avantages et quels inconvénients offrent-ils pour les visiteurs et les animaux? Les conditions de vie des animaux dans les parcs zoologiques vous semblent-
   elles inhumaines? Expliquez.

---

[6] **des guignols = des personnes ridicules:** Guignol est un personnage de marionnettes
lyonnaises.

pouffiasse=slut, tramp

3. Quels sentiments éprouve la petite métisse vis-à-vis de son père, de ses camarades d'école. A quoi et à qui est-ce qu'elle s'identifie? Qu'est-ce qu'elle ressent quand son père lui dit que le Cambodge est aussi son pays? Quels avantages et quelles difficultés peut-il y avoir à appartenir à deux cultures différentes?

Le présent du subjonctif

L'indicatif et le subjonctif sont des modes. L'indicatif est le mode des actions réelles. Il décrit les faits (*facts*). Le subjonctif est le mode des actions souhaitées, possibles, douteuses. En français, on emploie souvent le subjonctif: il est surtout utilisé dans les propositions subordonnées (*dependent clauses*). C'est le verbe principal ou la conjonction qui détermine si on a un subjonctif dans la proposition subordonnée.

Il faut qu'il **vienne**.	Je me prépare avant qu'il **vienne**.
Je veux qu'il **vienne**.	Il est possible qu'il **vienne**.
Je regrette qu'il **vienne**.	Je doute qu'il **vienne**.

En anglais, l'emploi du subjonctif est plus rare.

> *I wish I **were** in France.*
> *The students ask that the teacher **speak** slowly.*
> *It is essential that you **be** attentive.*

Il y a quatre temps au subjonctif. Dans la langue courante, on emploie le présent et le passé. Dans la langue littéraire, on emploie aussi l'imparfait et le plus-que-parfait (voir l'Appendice B). Il n'y a pas de futur au subjonctif. C'est le présent du subjonctif qui donne l'idée du futur.

Je doute qu'ils **reviennent** à l'Expo.   *I doubt that they **will come** back to the Fair.*

Formes

SUBJONCTIF RÉGULIER

La majorité des verbes ont un subjonctif régulier. On forme le subjonctif avec la 3ème personne du pluriel du présent. On enlève la terminaison **-ent** pour obtenir le «radical» (*root*) et on ajoute les terminaisons suivantes: **-e, -es, -e, -ions, -iez, -ent.**

1 Verbes réguliers

   a. Verbes du 1er groupe

regarder	ils regardent	**regard-**

   b. Verbes du 2ème groupe

finir	ils finissent	**finiss-**

   c. Verbes du 3ème groupe

entendre	ils entendent	**entend-**

regarder	finir	entendre
regard-	**finiss-**	**entend-**
que je regard**e**	finiss**e**	entend**e**
que tu regard**es**	finiss**es**	entend**es**
qu'il, elle regard**e**	finiss**e**	entend**e**
que nous regard**ions**	finiss**ions**	entend**ions**
que vous regard**iez**	finiss**iez**	entend**iez**
qu'ils, elles regard**ent**	finiss**ent**	entend**ent**

✳ **Remarques:**

- Pour les verbes du 1er groupe, les trois personnes du singulier et la 3ème personne du pluriel sont identiques à l'indicatif présent.
- Pour les verbes du 2ème et du 3ème groupes, la 3ème personne du pluriel est identique à l'indicatif présent.
- Pour les trois groupes de verbes, les formes **nous** et **vous** sont identiques à l'imparfait.
- Les verbes qui ont des changements orthographiques sont conjugués comme les verbes réguliers. Les formes pour **je, tu, il, ils** sont identiques à l'indicatif présent. Les formes pour **nous** et vous sont identiques à l'imparfait.

commencer	que je **commence**	que nous **commencions**
voyager	que je **voyage**	que nous **voyagions**
payer	que je **paie**	que nous **payions**
acheter	que j'**achète**	que nous **achetions**

préférer	que je **préfère**	que nous **préférions**
appeler	que j'**appelle**	que nous **appelions**
jeter	que je **jette**	que nous **jetions**

2 Verbes irréguliers

a. La majorité des verbes irréguliers ont un subjonctif régulier.

dormir	que je **dorme**	que nous **dormions**
partir	que je **parte**	que nous **partions**
dire	que je **dise**	que nous **disions**
mettre	que je **mette**	que nous **mettions**

b. Les verbes suivants en **-ir, -oir** et **-re** qui sont irréguliers à l'indicatif présent ont deux radicaux au subjonctif présent: on utilise le radical de la 3ème personne du pluriel du présent pour **je, tu, il, ils** et l'imparfait pour **nous** et **vous**.

mourir	que je **meure**	que nous **mourions**
tenir	que je **tienne**	que nous **tenions**
venir	que je **vienne**	que nous **venions**
apercevoir	que j'**aperçoive**	que nous **apercevions**
devoir	que je **doive**	que nous **devions**
recevoir	que je **reçoive**	que nous **recevions**
boire	que je **boive**	que nous **buvions**
prendre	que je **prenne**	que nous **prenions**

c. Les verbes **croire, rire** et **voir** ont **-yi-** ou deux **-i-** aux personnes **nous** et **vous**.

croire	que je **croie**	que nous **croyions**
voir	que je **voie**	que nous **voyions**
rire	que je **rie**	que nous **riions**

EXERCICES

A. Refaites les phrases suivantes. Remplacez **Je vois** par **Il faut,** et mettez le verbe au subjonctif.

Je vois…

1. que tu choisis un pavillon à visiter.
2. qu'elle emmène sa fille à l'Expo.
3. que les fauves habitent en liberté.
4. que nous trouvons le temps de regarder les girafes.
5. qu'ils attendent patiemment l'ouverture du zoo.
6. que j'étudie l'histoire de mon pays.
7. que vous jetez vos vieilles photos.
8. qu'elle réfléchit.
9. que vous vous parlez au téléphone.
10. que nous songeons à notre équipée.

B. Refaites les phrases suivantes. Remplacez **Je vois** par **Il faut** et mettez le verbe au subjonctif.

Je vois…

1. que tu te souviens de ce voyage.
2. que l'Expo reçoit beaucoup de visiteurs.

3. que vous comprenez les indigènes.
4. que vous apprenez la géographie de l'Indochine.
5. qu'il vient voir souvent les éléphants.
6. que vous reconnaissez l'œuvre du colonialisme.
7. que nous accueillons la petite métisse.
8. qu'Odette voit le pavillon de Madagascar.
9. que le bébé singe boit du lait.
10. que vous lisez la biographie de Michel Ragon.

SUBJONCTIF IRRÉGULIER

1 **avoir / être**

avoir		être	
que j'**aie**	que nous **ayons**	que je **sois**	que nous **soyons**
que tu **aies**	que vous **ayez**	que tu **sois**	que vous **soyez**
qu'il, elle **ait**	qu'ils, elles **aient**	qu'il, elle **soit**	qu'ils, elles **soient**

✳ Attention: **Ait** et **soit** sont les seuls subjonctifs qui ne sont pas terminés par un **-e.**

2 Les verbes du tableau suivant sont irréguliers au subjonctif. **Faire, pouvoir** et **savoir** ont un seul radical. **Aller** et **vouloir** ont deux radicaux.

faire	que je **fasse**	que nous **fassions**
pouvoir	que je **puisse**	que nous **puissions**
savoir	que je **sache**	que nous **sachions**
aller	que j'**aille**	que nous **allions**
vouloir	que je **veuille**	que nous **voulions**
	~vou~	que vous **vouliez**[7]

3 Verbes impersonnels

falloir	qu'il **faille**
plaire	qu'il **plaise**
pleuvoir	qu'il **pleuve**
valoir	qu'il **vaille**

---

[7] **Veuillez** est l'impératif.

EXERCICE

C. Refaites les phrases suivantes. Remplacez **Je vois** par **Il faut** et mettez le verbe au subjonctif.

Je vois…

1. que tu fais attention au soleil.
2. qu'il peut voyager en Afrique occidentale.
3. que vous n'allez pas souvent à des expositions coloniales.
4. qu'elle veut nous accompagner.
5. que nous avons du courage.
6. que vous êtes à l'heure pour la conférence sur le temple d'Angkor.
7. qu'il pleut beaucoup.
8. que tu es patient.
9. que je sais ma leçon parfaitement.
10. que nous allons plus vite.
11. que j'ai de la chance à la loterie.
12. qu'ils sont moins moqueurs.

Emplois

On rencontre quatre emplois courants du subjonctif:

- Le subjonctif après certains verbes de volonté, de nécessité, de sentiment, de doute
- Le subjonctif après certaines conjonctions
- Le subjonctif seul
- Le subjonctif après un pronom relatif (voir p. 390).

RÈGLES GÉNÉRALES

1 Les verbes qui expriment une volonté, une préférence, une nécessité, une émotion, un sentiment, un doute, une possibilité sont toujours suivis de **que** et du subjonctif, lorsque le verbe principal et le verbe subordonné ont des sujets différents.

<u>Odette</u> est triste **que** <u>son frère</u> ne **soit** pas près d'elle.
<u>Vous</u> désirez **que** <u>nous</u> **allions** visiter le pavillon d'Indochine?

2 Si le sujet du verbe principal est le même que le sujet du verbe subordonné, on a une construction avec l'infinitif.

<u>Odette</u> est triste d'**être** loin de son frère.
<u>Vous</u> désirez **visiter** le pavillon d'Indochine.

3 Si le verbe principal est un verbe impersonnel, il faut que le sujet du verbe subordonné représente un nom ou un pronom précis. Sinon on a une construction avec un infinitif.

<u>Il</u> faut qu'<u>Odette</u> écrive à son frère.
<u>Il</u> faut **visiter** tous les pavillons.

✻ Remarque: Pour l'emploi de **de** ou **à** devant l'infinitif, ou l'emploi de l'infinitif seul, voir p. 280.

LES VERBES DE VOLONTÉ ET DE PRÉFÉRENCE

1 Voici quelques verbes de volonté et de préférence (Pour une liste plus longue, voir l'Appendice A, p. 507):

aimer mieux	to prefer	**souhaiter**	to wish
demander	to ask	**vouloir**	to want
désirer	to desire	**vouloir bien**	to be willing, to accept
proposer	to suggest		

Michel **désire** que les singes **soient** en liberté.   *Michel **wants** the monkeys to be free.*
Le petit garçon **souhaite** que ses parents le **comprennent.**   *The little boy **wishes** that his parents **understood** him.*

2 Le verbe **vouloir**

La construction du verbe **vouloir** (*to want*) est différente dans les deux langues.

En anglais on a: *I want you to* + infinitif.

En français on dit: **Je veux que vous** + subjonctif.

*I want you **to listen** to me.*   Je veux que vous m'**écoutiez.**
*They want us **to go away.**￼*   Ils veulent que nous **partions.**

LES VERBES IMPERSONNELS DE NÉCESSITÉ ET D'OPINION

1 Voici quelques verbes impersonnels de nécessité et d'opinion (voir aussi l'Appendice A, p. 507):

il faut	**il est bon**	**il vaut mieux** (*it is better*)
il est nécessaire	**il est essentiel**	**il est juste** (*fair*)
il est indispensable[8] (*essential*)	**c'est inutile**	**c'est normal**

Il **vaut mieux** que vous **regardiez** dans le catalogue.

2 **Avoir besoin** (*to need*) est une expression courante qui n'est pas impersonnelle.

J'**ai besoin** que tu me **rendes** un service.

---

[8] Dans la langue parlée, on dit souvent **c'est** à la place de **il est.**

LES VERBES DE SENTIMENT ET D'ÉMOTION

Voici quelques-uns de ces verbes (voir aussi l'Appendice A, p. 507):

être content	to be happy	**être ravi**	to be delighted
être ennuyé	to be sorry	**être surpris**	to be surprised
être étonné	to be surprised	**être triste**	to be sad
être fâché	to be upset	**regretter**	to regret
être fier	to be proud	**avoir honte**	to be ashamed
être heureux	to be happy	**avoir peur**	to be afraid
être malheureux	to be unhappy	**c'est dommage**	it's too bad

Le père **est fâché** que les touristes **soient** si ridicules.
L'enfant **est désolé** que son père **aille** seul au cinéma.
La petite métisse **a peur** que son père la **renvoie** au Cambodge.

LES VERBES DE DOUTE ET DE POSSIBILITÉ

1 Voici une liste de ces verbes:

douter	**il se peut**
il est douteux	**il semble** (*it seems*)
il est impossible	
il est possible	**nier** (*to deny*)

Je **doute** que votre chien **guérisse**.

2 Le verbe **attendre**
Les verbes **attendre que** (*to wait*) et **s'attendre à ce que** (*to expect*), qui n'expriment pas un doute, sont cependant construits avec un subjonctif.
J'**attends** que les enfants **fassent** leur prière.
Vous **vous attendez** à ce qu'il **pleuve.**

3 Le verbe **faire** à l'impératif
Pour exprimer une prière, un souhait (*wish*), on emploie le verbe **faire** à l'impératif, suivi du subjonctif.
Mon Dieu, **faites que** je **réussisse** à mon examen.

SUBJONCTIF OU INDICATIF?

Les verbes qui expriment une opinion, une déclaration, une certitude, et le verbe **espérer** (*to hope*) sont suivis de l'indicatif quand ils sont à la forme affirmative.

Voici une liste de ces verbes:

penser	dire	être sûr, certain
croire	admettre	c'est évident
trouver	déclarer	il est probable

Je **pense qu'**il **va** pleuvoir.   Vous **êtes sûrs que** nous **avons** raison.

Il **dit que** ses enfants **sont** des génies.   On **espère que** la situation **changera.**

Mais si ces verbes sont à la forme négative ou interrogative, ils expriment un doute; alors, on peut avoir le subjonctif. Cependant l'indicatif est toujours possible. C'est une différence de qualité de la langue. Langue soignée, élégante, écrite? on a le *subjonctif.* Langue simple, parlée? on a l'*indicatif.*

Je **ne pense pas** qu'il **pleuve.**   (ou qu'il **va pleuvoir**)

Il **ne dit pas** que ses enfants **soient** des génies.   (ou **sont**)

Etes-vous sûrs que nous **ayons** raison?   (ou **avons**)

Tableau-résumé
Emploi de l'indicatif ou du subjonctif

Indicatif		Subjonctif	
opinion / certitude		*volonté*	
Je **crois**		Je **désire**	
Je **dis**	qu'il **vient.**	Je **veux**	qu'il **vienne.**
J'**affirme**	qu'il **viendra.**	Je **souhaite**	
J'**espère**	qu'il **vient.**		
	qu'il **viendra.**		
		nécessité	
		Il **faut**	qu'il **vienne.**
		sentiment / émotion	
		J'ai **peur**	
		Je suis **heureux**	qu'il **vienne.**
		Je suis **triste**	
		doute, incertitude	
		Je **doute**	qu'il **vienne.**
		Je **nie**	
opinion négative (langue courante)		*opinion négative (langue soignée)*	
Je ne **crois** pas	qu'il **viendra.**	Je ne **crois** pas	qu'il **vienne.**
Pensez-vous		**Pensez**-vous	
Espérez-vous	qu'il **viendra?**	**Espérez**-vous	qu'il **vienne?**

for elegane use subjonctive

✳ Remarque: Pour lui donner plus d'importance et créer un effet de style, on peut placer la proposition qui commence par **que** au début de la phrase. Dans ce cas le verbe est au subjonctif, même si le verbe principal demande un indicatif.

> Rien de plus naturel **que** notre père **veuille** visiter l'Expo coloniale.
> **Que** notre père **veuille** visiter l'Expo coloniale, rien de plus naturel.
> **Qu'il fasse** beau demain, j'en suis tout à fait sûr.
> Je suis tout à fait sûr **qu'il fera** beau demain.

EXERCICES

D. Faites des phrases avec les groupes donnés en suivant le modèle.

> **Modèle:** Il veut / nous **travaillons** avec lui.
> *Il veut que nous **travaillions** avec lui.*

1. Acceptez-vous / votre fille sort tous les soirs?
2. Il aime mieux / nous fumons dans le salon.
3. Ils défendent / tu bois du whisky.
4. Le président souhaite / le peuple français est d'accord.
5. La loi n'admet pas / on met des affiches sur ces murs.
6. Les jeunes mariés souhaitent / il fait beau pendant leur lune de miel. *honeymoon*
7. Certaines personnes suggèrent / on met les fauves en liberté.
8. Le professeur désire / les étudiants savent bien leurs conjugaisons.

E. Faites des phrases avec les groupes donnés en suivant le modèle.

> **Modèle:** Il est important / tu fais ton travail.
> *Il est important que tu fasses ton travail.*

1. Il faut / tu prends ton billet d'avion en avance.
2. Il est nécessaire / tu suis un cours d'informatique.
3. C'est essentiel / elle apprend à conduire.
4. Il est inutile / vous emportez des pulls pour aller à Madagascar.
5. C'est nécessaire / il pleut en cette saison.
6. Nous n'avons pas besoin / nos amis nous font des cadeaux.
7. Il est indispensable / tu lis *Ma sœur aux yeux d'Asie*.
8. Elle a toujours besoin / on lui fait des compliments.

F. Faites des phrases avec les groupes donnés en suivant le modèle.

> **Modèle:** J'ai de la peine / vous ne dites rien.
> *J'ai de la peine que vous ne disiez rien.*

1. Je me réjouis / vous réussissez dans votre carrière.
2. C'est dommage / tu ne comprends pas l'histoire du colonialisme.

3. Je suis content / nous allons au zoo ensemble.
4. Maryse a peur / son fils a un accident.
5. Ulysse est étonné / son chien le reconnaît.

G. Faites des phrases avec les groupes donnés en suivant le modèle.

> **Modèle:** Je doute / il vient.
> *Je doute qu'il vienne.*

1. Il est impossible / ils sont à Paris pour l'Exposition universelle.
2. Tu es sûr / c'est une bonne idée de donner des bonbons aux girafes?
3. Nous espérons / elle va retenir tous les détails.
4. Attendez / nous arrivons pour montrer la vidéo sur le Cambodge.
5. Il est certain / le frère et la sœur s'aiment.
6. Il est douteux / son père veut l'emmener faire un si long voyage.
7. Il est probable / sa mère cambodgienne vit encore.
8. Il se peut / nous revenons voir cette exposition.

LE SUBJONCTIF APRÈS CERTAINES CONJONCTIONS

1 Voici les principales conjonctions suivies du subjonctif (les autres conjonctions sont expliquées au chapitre 23):

à condition que	provided	**bien que**	although	**pour que**	in order that
à moins que	unless	**de peur que**	for fear that	**pourvu que**	provided
avant que	before	**jusqu'à ce que**	until	**sans que**	without

2 Pour certaines de ces conjonctions, le subjonctif est logique parce que l'action qui suit n'a pas encore eu lieu, n'est pas encore réalisée (**jusqu'à ce que, avant que, pourvu que, pour que, sans que**) ou contient une émotion (**de peur que**).

> Nous allons vous expliquer cette règle **jusqu'à ce que** vous la **compreniez.**
> Les enfants sont sortis du salon **sans que** je m'en **aperçoive.**
> Mets deux timbres sur ta lettre **de peur qu'**elle (ne) **soit** trop lourde.

3 On emploie le subjonctif avec les conjonctions **avant que, pour que, de peur que, sans que** quand on a deux sujets différents dans la proposition principale et dans la proposition subordonnée. Si les sujets des deux propositions représentent la même personne, on emploie une préposition et un infinitif.

avant que → **avant de**	**de peur que** → **de peur de**
pour que → **pour**	**sans que** → **sans**

Je me prépare **avant que** <u>nous</u> **sortions.**	*I get ready **before we go out.***
Je me prépare **avant de sortir.**	*I get ready **before going out.***

Je prends mon parapluie **de peur qu'il pleuve.**   *I take my umbrella **for fear it will rain.***
Je prends mon manteau **de peur d'avoir froid.**   *I take my coat **for fear of being cold.***

Il travaille **pour que** <u>sa famille</u> **puisse** vivre.   *He works **so that** his family **can live.***
Il travaille **pour faire vivre** sa famille.   *He works **to enable** his family **to live.***

Il est sorti **sans que** <u>je</u> le **voie.**   *He left **without my seeing** him.*
Il est sorti **sans faire** de bruit.   *He left **without making** any noise.*

EXERCICE

H. Combinez les phrases suivantes avec la conjonction suggérée.

Modèle: Nous allons faire un pique-nique demain / il ne pleut pas.   (pourvu que)
*Nous allons faire un pique-nique demain **pourvu qu'il ne pleuve** pas.*

1. L'étudiant quitte la salle de classe / le professeur le voit.   (sans que) ✗
2. Je téléphone à cette compagnie / j'ai une réponse.   (jusqu'à ce que)
3. Il l'a mise chez les sœurs / elle devient une vraie petite Française.   (pour que) ✗
4. La femme de ménage va nettoyer votre maison / vous la payez bien. (pourvu que)
5. Certains soldats attrapent une insolation / ils ont un casque sur la tête.   (bien que) ✗
6. Emportons des couvertures (*blankets*) à la plage / il fait froid.   (de peur que)
7. Le père d'Odette emmène sa petite fille à l'Expo à Paris / sa femme peut faire des objections.   (avant que) ✗
8. Nous allons faire une excursion / la voiture veut bien démarrer.   (à condition que)

LE SUBJONCTIF SEUL

1 Le subjonctif seul est rare. On le trouve dans des phrases toutes faites comme:

Vive le roi!   *Long **live** the King!*
Ainsi **soit**-il!   *So **be** it! or Amen!*

ou bien pour exprimer l'impératif à la 3ème personne du singulier et du pluriel.

Qu'elles **aillent** se promener!   *Let them **go** take a walk!*
Qu'il **fasse** ce qu'il veut!   *Let him **do** what he wants.*

2 Voici des expressions courantes contenant le subjonctif:

Que Dieu vous entende!	*May God hear you!*
Que Dieu vous bénisse!	*(May God) bless you!*
Soit![9]	*All right!*
Ainsi soit-il!	*Amen! or So be it!*
Advienne que pourra!	*Come [Happen] what may!*
Sauve qui peut!	*Run for your life!*
Coûte que coûte!	*At all costs!*
Grand bien vous fasse!	*A lot of good that will do you!*
Qu'il pleuve ou qu'il vente...	*Rain or shine . . .*

---

[9] Dans ce cas, le **t** de **soit** est prononcé.

EXERCICE

I. Employez une des formules ci-dessus comme réaction à la phrase donnée, pour compléter la phrase ou pour remplacer la partie de la phrase en italique.

> **Modèle:** Je fume, je bois et je ne suis pas de régime!
> *Grand bien vous fasse!*

1. La reine d'Angleterre arrive en Australie. Que crient les spectateurs du défilé?
2. Nous allons faire une promenade à la campagne, *même s'il pleut ou s'il fait du vent*.
3. Il y a un incendie dans un cinéma. Tout le monde essaie de *se sauver*.
4. Le lycéen pense: «*Mon Dieu*, j'espère que vous m'entendez, si seulement je pouvais *réussir* au bac».
5. Les parents de Jacques font des sacrifices pour qu'il fasse des études. Il *aura un diplôme*, …
6. C'est la fin d'une prière.
7. Le pape passe dans la foule et parle aux fidèles.
8. J'ai fait le maximum de révisions pour cet examen. Maintenant je suis fataliste. *On verra bien ce qui arrivera.*

Le passé du subjonctif

Formes

Le passé du subjonctif est régulier pour tous les verbes. On prend le passé composé de l'indicatif et on met l'auxiliaire **avoir** ou **être** au subjonctif.

verbes avec *avoir*	verbes avec *être*	
que j'**aie parlé**	que je **sois allé(e)**	que je **me sois lavé(e)**
que tu **aies vu**	que tu **sois venu(e)**	que tu **te sois réveillé(e)**
qu'il, elle **ait pris**	qu'il, elle **soit parti(e)**	qu'il, elle **se soit rasé(e)**
que nous **ayons fini**	que nous **soyons montés(ées)**	que nous **nous soyons vus(es)**
que vous **ayez entendu**	que vous **soyez descendu(e)(s)**	que vous **vous soyez regardé(e)(s)**
qu'ils, elles **aient ouvert**	qu'ils, elles **soient entrés(ées)**	qu'ils, elles **se soient reconnus(es)**

✱ Remarques:

- Le passé du subjonctif du verbe **avoir** est: **que j'aie eu, qu'il ait eu,** etc.
- Le passé du subjonctif du verbe **être** est: **que j'aie été, qu'il ait été,** etc.

EXERCICES

J. Refaites les phrases suivantes avec **Je suis content que.**

1. Vous n'avez pas abandonné votre fille chez les indigènes.   2. Nous sommes allés au rocher des singes, au zoo de Vincennes.   3. Elle est restée dîner avec nous hier soir.   4. Il a trouvé une bonne situation.   5. Ils n'ont pas oublié le catalogue.   6. Elles sont sorties.   7. Tu as eu une bonne note.   8. Elle ne s'est pas moquée du petit rouquin.   9. Vous êtes rentré tôt.   10. Ils n'ont pas donné à manger aux fauves.

K. Faites des phrases avec les groupes donnés en suivant le modèle. Employez le passé du subjonctif.

Modèle: Je suis surpris / vous ne voyez pas Maurice au concert.
*Je suis surpris que vous **n'ayez pas vu** Maurice au concert.*

1. Je regrette / vous n'aimez pas l'exotisme de Joséphine Baker.
2. Il attend / nous choisissons une affiche.
3. Elle n'est pas sûre / son mari s'amuse bien dans cette équipée.
4. C'est dommage / vous faites enrager vos camarades.
5. C'est bizarre/ elle se sent une parenté avec les indigènes.
6. Il est possible / il oublie de mettre son casque.
7. Je suis content / vous ne trouvez pas ces grosses bêtes comiques.
8. Elle doute / tu accueilles tes cousins avec enthousiasme.

Emplois

Le subjonctif passé indique qu'une action s'est passée *avant* l'action du verbe principal même si le verbe principal est au passé.

Tu es content: je t'**ai montré** le temple d'Angkor.	Tu es content que je t'**aie montré** le temple d'Angkor.
Elle avait peur: son ami **avait oublié** son pays natal.	Elle avait peur que son ami **ait oublié** son pays natal.

CONCORDANCE DES TEMPS

1 Dans la langue parlée et dans la langue écrite simple, on emploie le subjonctif présent et le subjonctif passé.

a. Le subjonctif présent s'emploie pour indiquer que l'action du verbe subordonné a lieu en même temps ou après l'action du verbe principal, même si le verbe principal est au passé.

Je **suis** content:
{ tu **prends** des vacances.
tu **vas prendre** des vacances.
tu **prendras** des vacances.

Je **suis** content que tu **prennes** des vacances.

Odette **était** contente: | lui **rendait** visite.   Odette **était** contente
    son frère | **allait** lui rendre visite.   que son frère lui **rende** visite.

b. Le subjonctif passé s'emploie pour indiquer que l'action s'est passée avant l'action du verbe principal.

2 Dans la langue écrite littéraire, on a deux autres temps: le subjonctif imparfait et le subjonctif plus-que-parfait (voir l'Appendice B).

EXERCICE

L. Combinez les phrases suivantes. Employez le subjonctif présent ou le subjonctif passé.

1. Je suis surpris / vous n'avez pas entendu la nouvelle.
2. La petite fille a eu peur / son père la renvoie dans son pays natal.
3. Le président n'est pas sûr / son discours a été très clair.
4. Il avait voulu / elle connaît le Cambodge.
5. Tu regrettes / les oiseaux sont partis?
6. Nos parents ont été contents / nous leur avons écrit pendant nos vacances.
7. C'est possible / Michel n'a pas été émerveillé.
8. Ils ont été étonnés / nous sommes arrivés à l'heure.
9. Ça vous a plu / vos amis se souviennent de votre anniversaire?
10. Il est agacé / les touristes plaisantent lourdement.

Suppléments de grammaire

1 il faut

a. il faut + infinitif

L'expression **il faut** + infinitif s'emploie pour exprimer l'obligation, sans spécifier le sujet: *it is necessary to, one must.*

> **Il faut** travailler pour vivre.   ***One must*** *work to make a living.*

Si on parle à une personne en particulier, cette expression signifie: *you must, you have to.*

> Si tu veux réussir, **il faut** travailler plus.   *If you want to succeed, **you must** work harder.*

A la forme négative, **il ne faut pas** signifie *one (you) should not, one (you) must not.*

> **Il ne faut pas vous** (ou **se**) décourager.   *You (or one) **must not** become discouraged.*

You don't have to se traduit: **Vous n'avez pas besoin de.**

> *You don't have to bring a present.*   **Vous n'avez pas besoin d'**apporter un cadeau.

Au passé, *you didn't have to* se traduit: **Vous n'auriez pas dû / Il ne fallait pas.**

> *You didn't have to come.*   **Vous n'auriez pas dû / Il ne fallait pas** venir.

b. Il faut + nom ou pronom.

Le nom qui suit **il faut** est précédé de l'article indéfini ou partitif. Le nom de la personne est *objet indirect* et précédé de **à.** La forme du pronom de la personne est *objet indirect.*

Il faut **du** temps, **de la** patience.

Il faut **un** grand parc naturel aux animaux sauvages.

Il **me (nous, lui, leur)** faut **de** l'argent.

c. L'expression **il me faut** + infinitif est archaïque et est souvent remplacée par **il faut que** + subjonctif.

Il me faut aller en ville.   **Il faut que j'aille** en ville.

EXERCICE

M. Traduisez les phrases suivantes avec **il faut.**

1. You must not cry.   2. They need a big ditch.   3. I have to read this book.   4. You need time.   5. We must not forget.   6. One must not lose one's identity.   7. It is necessary to be patient.   8. This family needs a new house.   9. You have to get up early.   10. One must do it.

2 Verbes à double construction

Les verbes **demander** (*to ask*), **empêcher** (*to prevent*), **permettre** (*to permit*), **défendre** (*to forbid*) et **interdire** (*to forbid*) peuvent être suivis de deux constructions différentes.

a. avec **que** + subjonctif

Je **demande** qu'on **fasse** moins de bruit.

Vous **permettez** que je **sorte** une minute?

Elle **défend** que les étudiants **se moquent** d'elle.

b. avec **de** + infinitif

Je **demande** aux étudiants **de faire** moins de bruit.

Elle **empêche** ses enfants **de sortir** tard le soir.

Tu **permets** à ton chien **de dormir** dans ton lit?

✴ Remarques:

• **Empêcher** est suivi d'un nom *objet direct.*

• **Demander, permettre, défendre, interdire** sont suivis d'un nom *objet indirect.*

EXERCICE

N. Refaites les phrases suivantes avec les deux constructions: le subjonctif et l'infinitif.

Modèles: Je défends / vous parlez anglais en classe.

*Je **défends** que vous **parliez** anglais en classe.*

*Je vous **défends** de parler anglais en classe.*

1. Elle permet / son perroquet vole dans la maison.
2. Tu empêches / tes enfants se battent.
3. L'acteur interdit / les reporters le photographient.
4. Nous demandons au singe / il fait des grimaces.
5. La mère ne permet pas à son mari / il va à Paris seul avec sa fille.

Synthèse

APPLICATIONS

I. Obligations. Que faut-il que ces personnes fassent? Suivez le modèle.

> **Modèle:** Le père célibataire / élever son enfant seul.
> *Il faut qu'il élève son enfant seul.*

1. Le père célibataire / faire manger le bébé / le changer / le conduire chez la nourrice / se lever la nuit quand le bébé pleure / se souvenir d'acheter du lait.
2. La grande sœur / aider ses petits frères / leur lire des histoires / les sortir au parc / leur faire un goûter.
3. La secrétaire parfaite / écrire des lettres pour le patron / connaître ses habitudes / répondre au téléphone / mettre ses dossiers en ordre / être aimable et sourire toujours.

II. Emotions appropriées. A certaines situations correspondent certaines réactions émotionnelles. Faites des phrases avec un verbe de la colonne de gauche et un groupe de la colonne de droite.

Les parents…

1. sont contents
2. sont désolés
3. sont furieux
4. sont fiers
5. sont surpris
6. regrettent
7. ont peur
8. sont émus

a. leur fils Marc a cassé leur stéréo.
b. Jean-Marie leur écrit.
c. Monique reçoit son diplôme d'avocate.
d. leurs enfants ne réussissent pas dans la vie.
e. leurs enfants font des bêtises.
f. leurs enfants ont oublié leur anniversaire de mariage.
g. Julie a eu un accident.
h. on leur fait des compliments.

Dites de quoi vos parents sont contents, sont surpris, sont furieux, ont peur, etc.

III. Croyances et doutes. Dites ce que certaines personnes croient et ce dont (*what*) les autres doutent. Suivez le modèle.

> **Modèle:** Les guerres / disparaître
> *Les uns **croient** que les guerres **vont disparaître**.*
> *Les autres **doutent** que les guerres **disparaissent**.*

1. La vie sur la terre / devenir facile pour tous.
2. Les hommes politiques / être honnêtes.

3. Personne / ne plus avoir faim.
4. La pollution / être contrôlée.
5. Chacun / avoir une chance de réussir.

A votre tour, que croyez-vous, de quoi doutez-vous?

IV. **Prières.** Exprimez les prières que vous faites (ou que d'autres personnes font) dans certaines circonstances. Commencez par: «Mon Dieu, faites que...»

1. Vous, avant un examen: les questions sont faciles / je comprends ce qu'on me demande / je n'oublie pas de relire / le professeur est de bonne humeur quand il corrigera / je réussis.
2. Une personne craintive va chez le dentiste: cela ne fait pas trop mal / le dentiste me fait une piqûre / je n'ai pas besoin de revenir / la séance finit vite.
3. Un jeune homme timide avant une interview: ce patron me reçoit bien / mon apparence lui plaît / j'ai toutes les qualités pour le job / je suis plein d'assurance.

Quelle prière faites-vous avant un événement spécial?

V. **Chez le docteur.** Votre cousin a des problèmes de santé. Le docteur lui fait certaines recommandations et lui défend certaines choses. Avec les verbes de la colonne de gauche et les groupes de droite, faites des phrases.

1. Il faut que   a. vous avez de l'asthme.
2. Il est évident   b. vous faites de l'exercice.
3. Je recommande   c. vous buvez du vin.
4. Il ne faut pas que   d. vous allez guérir.
5. Il est regrettable   e. vous mangez des légumes et des fruits.
6. Il est bon   f. vous avez toujours faim.
7. Je suggère aussi   g. vous vous couchez tôt.
8. Je suis certain   h. vous fumez.

Quelles recommandations vous fait le docteur? Que vous défend-il?

ACTIVITÉS

1. **Travail à deux.** Avec un camarade, faites une liste des animaux de compagnie, de leurs défauts et de leurs avantages. Connaissez-vous des animaux de compagnie exotiques? les soins quotidiens / les soins médicaux / l'alimentation / le vétérinaire / la SPA (société protectrice des animaux) / l'attachement
2. **Discussion.** Avec deux ou trois camarades, faites une liste des stéréotypes contenus dans ce texte. Certains ont-ils disparu ou existent-ils encore dans certaines sociétés?
3. **Travail en groupe.** Avec deux ou trois camarades, essayez de faire une liste des parties du monde où on parle français. Ces pays sont-ils d'anciennes colonies françaises? Sinon, d'où vient leur héritage français? Ensuite vérifiez vos connaissances sur la carte au début du livre.

TRADUCTION

1. My darling little sister,
2. I am so glad you wrote me.   3. I too remember well this joyride you and Daddy had (**faire**) in 1931.   4. I was very jealous that he chose to take you, and not me, to the Expo.   5. My mother and Aunt Victorine were very afraid that people would gossip.   6. I was furious that he did not want to show me the buildings of the French colonies, and the wild animals of the zoo.   7. Now I understand that it was important for him, a veteran of the colonial wars, to show you these exhibits.   8. And he also wanted his mixed-race daughter to be acquainted with her native country. I remember how scared you were that he would send you back there. 9. Even though I was very disappointed, I don't bear you a grudge.   10. I am glad we are still good friends.   11. Until we can see each other again, I send you affectionate thoughts. 12. Write again and tell me the date of your arrival, so that I can come and greet you at the station.   13. Your brother, Michel

RÉDACTIONS

1. **Une lettre.**   Imaginez que la petite fille de l'histoire part pour retrouver sa mère au Cambodge. Après des recherches, elle écrit à son frère pour lui raconter son voyage, ce qu'elle a trouvé, et décrire ses impressions du pays de sa mère.
2. **Conformité.**   Il y a dans la société moderne un besoin de conformité. Il faut être, s'habiller, vivre «comme les autres». Que pensez-vous de cette attitude? Préférez-vous l'originalité?

$\mathcal{L}$e possessif

Vocabulaire du texte

affectueux (affectueuse) affectionate
à grosses gouttes heavily
aimable friendly
amateur (*m.*) **d'art** art lover
antiquaire (*m.* ou *f.*) antique dealer
au fond de at the back of
avoir lieu to take place
bredouiller to stammer
cadeau (*m.*) gift
confus(e) embarrassed
corbeille (*f.*) basket
cuir (*m.*) leather
défiler to walk in file
désagréable unpleasant
entrebâillé(e) half open
époux (*m.*), **épouse** (*f.*) spouse
gâté(e) spoiled
goutte (*f.*) drop
marié (*m.*) groom
mariée (*f.*) bride
masse (*f.*) heap
mélanger to mix
merveille (*f.*) marvel
mouchoir (*m.*) handkerchief
murmurer to whisper

ne pas se sentir bien to feel faint
œuvre (*f.*) **d'art** work of art
oser to dare
parcourir to travel through
pareil(le) such (a), similar
parvenir to succeed
se payer la tête de quelqu'un to pull
  someone's leg
poli(e) polite
politesse (*f.*) courtesy
présenter to introduce
ravissant(e) extremely beautiful
reconnaissant(e) grateful
rejoindre to meet
remerciement (*m.*) thanks, thank-you
sacristie (*f.*) vestry
semblable similar
se sentir mal to feel ill
serrer to clench, to squeeze
service (*m.*) **à porto** set of Port wine
  glasses
suer to sweat
tel(le) such (a)
tour (*m.*) turn

Vocabulaire supplémentaire

Le mariage

alliance (*f.*) wedding ring
anniversaire (*m.*) **de mariage** (wedding)
  anniversary
autel (*m.*) altar
bague (*f.*) **de fiançailles** engagement ring
bénédiction (*f.*) **nuptiale** marriage
  ceremony
cérémonieux (cérémonieuse) formal,
  ceremonious (*speech, greeting, person, etc.*)
de cérémonie formal, ceremonial (*uniform,
  etc.*)

demoiselle (*f.*) **d'honneur** bridesmaid
se faire (se laisser) enlever pour se marier
  to elope
faire-part (*m.*) announcement
garçon (*m.*) **d'honneur** best man
jarretière (*f.*) garter
lune (*f.*) **de miel** honeymoon
noces (*f. pl.*) **d'argent (d'or, de diamant)**
  25th (50th, 60th) anniversary
sans cérémonie informal
voyage (*m.*) **de noces** honeymoon trip

Divers

emballer to wrap	**brocante** (*f.*) secondhand goods
bijoutier (*m.*) jeweler	**joaillier** (*m.*) jeweler
bric-à-brac (*m.*) junk shop	**marché** (*m.*) **aux puces** flea market

Français en couleurs

Les garçons aiment «draguer» (*chase*) et flirter. Si une fille est «un boudin» (*blood sausage*) ou «une mémère» (*old fashioned*), on ne s'intéresse pas à elle. Mais si elle est «canon» (*magnifique*), BCBG (=bon chic, bon genre; *high class*), on essaie d'«assurer cette nana» (*to seduce this girl*) et de «sortir avec» (*to go out with her*). Si elle accepte, on se sent «fortiche» (*strong*). Une jeune fille dit qu'elle a «un Jules» (un homme spécial dans sa vie).

Quand on sort ensemble, on se donne des noms comme «mon petit chou», «mon lapin», «mon biquet» (*kid*), «ma bichette», «ma cocotte» (*chickadee*). On «se fait des mamours» (*to bill and coo*), on «se bécote» (*to smooch*). On «délire» (*goes into a frenzy*).

Mais si on ne s'aime plus, «on se largue» (on se quitte). On «se fait jeter» («on se fait tej,» en verlan), c'est quand l'un des deux amoureux abandonne l'autre. Un vrai diamant, c'est «un caillou» (*a stone*). Mais les bijoux sans valeur, «c'est du toc» (*it's fake*).

Quand on s'évanouit, «on tombe dans les pommes». «Aux pommes!» veut dire c'est réussi, et on dit «ma pomme, ta pomme», pour: moi, toi.

$\mathcal{L}$e cadeau de mariage

Michelle Maurois (1924–) est la fille de l'académicien André Maurois (1885–1967). Elle écrit des livres qui reflètent les habitudes, la façon de vivre et de penser d'une certaine société «bourgeoise». Elle est en train de composer une saga familiale. Elle a reçu plusieurs prix littéraires, parmi lesquels un prix du roman de l'Académie française.

Préparation à la lecture

En France, avant que l'usage du téléphone et des répondeurs devienne si important, on se rendait visite sans prévenir. Si la personne qu'on désirait rencontrer était absente, on laissait sa carte de visite—une carte personnelle avec son nom et son adresse, souvent assez grande pour contenir un message. On utilise encore ces cartes pour accompagner un cadeau ou pour envoyer ses vœux de Nouvel An. Elles sont, petit à petit, remplacées par des cartes imprimées pour des occasions spéciales.

Il n'y a pas en France d'événement correspondant à une «*bridal shower*». On apporte son cadeau le jour du mariage ou on l'envoie avant la cérémonie. Les cadeaux sont exposés à la sacristie de l'église ou à l'endroit où a lieu le repas de mariage. La «corbeille» de la mariée est l'ensemble des cadeaux faits personnellement à la mariée et des cadeaux de grande valeur.

A Paris, beaucoup de mariages élégants, chez les familles riches, ont lieu dans certaines églises des quartiers «chic». La Madeleine, dans le quartier de l'Opéra, est l'une de ces églises.

François Boucher (1703–1770) est un grand artiste rococo et un décorateur spécialement connu pour ses miniatures et ses peintures délicates de scènes pastorales ou mythologiques.

M. et Mme Martin-Leduc sont invités au mariage de la fille de M. et Mme La Madière, un «grand» mariage. M. et Mme Martin-Leduc sont riches mais aussi un peu «radins»;° pour faire des économies, au lieu d'acheter un cadeau, ils cherchent dans un placard° et trouvent une petite boîte, une bonbonnière,° avec une jolie miniature peinte sur le dessus, qui appartenait à une vieille tante.

stingy
closet
candy box

𝔐 onsieur Martin-Leduc partit pour son bureau et quand il revint le soir, il trouva une lettre qui avait été déposée° dans l'après-midi:

delivered

«Cher ami,

Je veux ajouter mes remerciements à ceux de ma fille,° mais je suis confus que vous ayez fait à ces enfants un tel cadeau, et j'ai scrupule à le leur laisser accepter.° Soyez sûr que je me souviendrai d'une pareille générosité et avec encore toute ma reconnaissance, recevez, ainsi que Madame Martin-Leduc, nos très affectueux souvenirs.

à... *to my daughter's*

j'ai... *I hesitate to let them accept it*

Yves La Madière»

—Sapristi,° dit Monsieur Martin-Leduc, en passant° la main dans° ses cheveux, crois-tu qu'il se paye notre tête?
—Je ne pense pas qu'il oserait, dit sa femme. Ils sont peut-être simplement polis.
—C'est plus que de la politesse!

*Good grief / en...
running / through*

15 　　—Elle était gentille,° cette petite boîte, dit Madame Martin-Leduc, elle　　pretty
leur a peut-être fait plaisir…

　　—Non. Je pense, dit Monsieur Martin-Leduc, que La Madière veut
être aimable; il doit avoir besoin d'un service.

　　—J'ai une idée, dit sa femme, ils ont peut-être mélangé les cartes…
20 peut-être qu'on a mis notre carte avec quelque chose de très bien.°　　**quelque…** some high-priced item

　　—Oui, Rose, tu dois avoir raison; je n'y avais pas pensé. C'est parfait,
dit Monsieur Martin-Leduc.

　　La cérémonie eut lieu le samedi à la Madeleine. Ce fut magnifique: il
y avait la plus belle musique, les plus jolies fleurs. La mariée était ravis-
25 sante, bref, c'était un grand mariage.

　　Madame Martin-Leduc … attendait avec son mari pour défiler à la
sacristie. Il y avait des centaines de gens. Quand arriva le tour de Monsieur
et Madame Martin-Leduc, Madame La Madière ouvrit ses bras:

　　—Ah! chers amis, dit-elle, comment vous remercier d'avoir gâté ainsi
30 ces chers petits!

　　Et la jeune épouse présenta son mari:

　　—Chéri, ce sont Monsieur et Madame Martin-Leduc qui nous ont fait
ce si beau cadeau!

　　—Bien peu de chose°… Heureux que cela vous plaise… parvint à ar-　　**Bien…** Practically nothing
35 ticuler Monsieur Martin-Leduc.

　　Ils sortirent, les dents serrées: Monsieur Martin-Leduc suait à grosses
gouttes.

　　—Ils ont sûrement changé les cartes, dit-il, ils n'oseraient pas se moquer de nous comme cela…

40 　　—Nous allons admirer les cadeaux d'abord, dit Madame Martin-
Leduc.

　　—Je ne serais pas fâché° de voir le nôtre, dit son mari…　　**Je…** (*cond.*) I would not mind

　　Il y avait une masse de cadeaux: des lampes, des vases, des services à
porto, soigneusement rangés dans les boîtes entrebâillées et accompagnés
45 de cartes de visite.

　　—Nous ne retrouverons jamais notre bonbonnière là-dedans,° dit　　in there
Madame Martin-Leduc. Allons toujours° voir la corbeille de la mariée.　　at least

　　Sur une table, au fond de la pièce, étaient disposés les bijoux… Au milieu, à côté du collier de perles, il y avait la bonbonnière de Monsieur et
50 Madame Martin-Leduc, dans sa boîte de cuir rouge, avec leur carte de
visite.

　　—Qu'en penses-tu, Rose? demanda Monsieur Martin-Leduc…

　　Ils furent rejoints à ce moment-là par le frère de Monsieur La Madière,
grand amateur d'œuvres d'art.

55 　　—Ah mes amis! leur dit-il, comme vous avez gâté ma nièce: cette　　**qu'on…** set into
miniature de Boucher qu'on a montée° en bonbonnière est une des plus
belles qu'il m'ait été donné de voir.° On n'en connaît que deux ou trois au　　**qu'il…** I saw
monde. J'ai moi-même une collection de miniatures de cette époque, mais
aucune ne peut se comparer à celle-ci.° C'est une pièce unique. Je me

60 demande comment vous avez pu découvrir une semblable merveille. Je   this one
parcours depuis vingt ans les antiquaires d'Europe et n'ai rien vu de tel…

—Euh! C'est-à-dire… bredouilla Monsieur Martin-Leduc, je suis content que cela leur ait fait plaisir…

65 —Plaisir! reprit Monsieur La Madière, vous pouvez être sûr que cela leur a fait plaisir! Je donnerais toute ma collection pour ce trésor… Mais Madame, vous ne vous sentez pas bien…

Madame Martin-Leduc était tombée lourdement sur une chaise et portait son mouchoir à ses lèvres.

—C'est la chaleur, l'émotion, les fleurs. ■

Questions sur la lecture

1. Que trouve M. Martin-Leduc quand il revient de son bureau, le soir?
2. Quel genre de remerciements contient la lettre?
3. Comment était la petite boîte, selon Mme Martin-Leduc?
4. Comment M. Martin-Leduc explique-t-il l'amabilité de M. La Madière? Quelle raison donne Mme Martin-Leduc?
5. Quels sont les détails qui indiquent que c'était un grand mariage?
6. Qu'est-ce que M. et Mme Martin-Leduc vont faire à la sacristie? Qui les remercie avec exagération? Quelle est la réaction de M. et de Mme Martin-Leduc? Comment interprètent-ils l'exagération?
7. Qu'est-ce qu'ils vont voir ensuite et où a-t-on placé la petite boîte?
8. Que dit le frère de M. La Madière? Pourquoi la boîte a-t-elle de la valeur? Que représente-t-elle, aux yeux de l'antiquaire?
9. Quelle réaction a M. Martin-Leduc? Quelle réaction a sa femme?

Questions personnelles

1. A votre avis, quelle est la leçon à tirer de cette histoire?
2. Tout le monde aime recevoir des cadeaux. Quels cadeaux vous font plaisir? Quels cadeaux vous déçoivent?
3. A quelles personnes faites-vous des cadeaux, que leur offrez-vous?

L'adjectif possessif

Formes

L'adjectif possessif est un mot qui précède le nom comme un article. Voici les formes de l'adjectif possessif.

	masc.	fém.	pluriel	
je	mon	ma	mes	*my*
tu	ton	ta	tes	*your* (*fam.*)
il, elle	son	sa	ses	*his, her, its*
nous	notre	notre	nos	*our*
vous	votre	votre	vos	*your*
ils, elles	leur	leur	leurs	*their*

1 Les formes **mon, ton, son** correspondent à l'article défini **le** et à l'article élidé **l'** (*m.* ou *f.*). C'est ce qui explique l'emploi de **mon, ton, son** devant un nom féminin qui commence par une voyelle ou un *h* muet.

     mon cadeau   (**ton, son** cadeau)
     mon époux   (**ton, son** époux)
     mon amie   (**ton, son** amie)
     mon habitude   (**ton, son** habitude)

2 Les formes **ma, ta, sa** correspondent à l'article **la.**

     ma bonbonnière   **ta** femme   **sa** politesse

3 Les formes **mes, tes, ses** correspondent à l'article **les.**

     mes parents   **tes** papiers   **ses** photos

Emplois

1 On accorde **son, sa, ses** avec l'objet possédé (le nom qui suit). Le genre du possesseur n'est pas pris en compte.

     Dans **sa** chambre (**la** chambre), Bernard a **son** micro-ordinateur (**le** micro-ordinateur), **sa** calculette (**la** calculette), **ses** cassettes (**les** cassettes). Rosine aussi a **son** micro-ordinateur, **sa** calculette et **ses** cassettes dans **sa** chambre.

2 On emploie **notre, votre, leur** avec un nom singulier, masculin ou féminin, et **nos, vos, leurs** avec un nom pluriel, masculin ou féminin.

     notre cadeau   **notre** carte   **nos** frères et **nos** sœurs
     votre mariage   **votre** politesse   **vos** oncles et **vos** tantes
     leur appartement   **leur** maison   **leurs** pieds et **leurs** mains

✴ Attention: **Leur** (*adjectif possessif*) s'accorde en nombre; **leur** (*pronom personnel*) est invariable.

3 **Son, sa, ses, leur, leurs** peuvent avoir comme possesseurs des noms de choses; c'est la traduction de *its, their.*

     J'aime Paris, **ses** vieilles maisons, **son** atmosphère…
     Enlevez ces fleurs; **leur** parfum me donne mal à la tête.

4 On répète l'adjectif possessif devant chaque nom.

> **Mon** père et **mon** frère sont les témoins du marié.

✳ Exception: Dans la langue administrative, parfois on ne répète pas l'adjectif.

> Ecrivez **vos** noms, prénoms et adresse.

5 Quand il y a un doute sur le genre du possesseur à la 3ème personne du singulier ou du pluriel, pour clarifier on peut employer la préposition **à** + un pronom disjoint **(à lui, à elle, à eux, à elles)** après le nom.

> Félix serait heureux de revoir **Stéphanie** avant **son** départ.
> (Le départ de **Félix?** —**Son** départ **à lui.**)
> (Le départ de **Stéphanie?** —**Son** départ **à elle.**)

A la 1ère ou à la 2ème personne du singulier ou du pluriel **(je, tu, nous, vous)** cette construction sert à insister sur le possesseur **(à moi, à toi, à nous, à vous)**: en anglais on aurait des italiques, ou on insisterait avec la voix.

> Tu as **ton** téléphone **à toi?**   *You have **your** telephone?*

On peut aussi ajouter l'adjectif **propre** (*own*) entre le possessif et le nom; **propre** renvoie alors à la personne ou la chose qui fait l'action.

> Valérie a dit à son mari de s'occuper de **ses** affaires, de **ses propres** affaires (*his own*).
> Chaque fleur a **son** propre parfum.

6 L'adjectif **leur** s'emploie quand plusieurs personnes ou choses ont une possession en commun.

> Ces enfants adorent **leur** père.   Ces entreprises ont **leur** syndicat.

Leur indique aussi que chaque personne ou chose du groupe possède un objet.

> Dans cet autobus, tous les hommes fumaient **leur** pipe. (Chaque homme a **une** pipe.)
> Ils gagnent **leur** vie et préparent **leur** avenir. (Chacun a **une** vie, **un** avenir.)
> Tous les partis politiques ont **leur** secrétaire. (Chaque parti a **un[e]** secrétaire.)

7 Si le sujet est un mot indéfini comme **on, tout le monde, quelqu'un, chacun,** le possessif est **son, sa, ses.**

> **Tout le monde** doit gagner **sa** vie pour élever **ses** enfants.

EXERCICES

> **A.** Dans les phrases suivantes, remplacez l'article en italique par l'adjectif possessif qui correspond au sujet du verbe.
>
> **Modèle:** J'ai apporté *le* cadeau.
> *J'ai apporté **mon** cadeau.*
>
> 1. Les invités ont envoyé *les* cartes.   2. Elle parle à *la* mère.   3. Je mets toujours *les* lettres à cette poste.   4. M'as-tu donné *l'*adresse?   5. Yves a cassé *le* vase.   6. *Au* mariage, vous avez eu de la musique?   7. Les époux remercient *la* famille.   8. Nous

allons voir *les* cadeaux.   9. Vous avez apporté *les* photos?   10. Tu ne viens pas? *L'*auto est en panne? Prends *la* bicyclette.   11. Ces gens sont trop aimables. *La* politesse est excessive.

B. Refaites les phrases suivantes et employez le pronom tonique (**à moi, à toi, à lui, à elle, à nous, à vous, à eux, à elles**) après l'expression en italique.

> **Modèle:** J'ai *mon appartement.*
> J'ai *mon* appartement **à moi.**

1. C'est *ton livre?*   2. *Mes parents* sont généreux.   3. Vous avez *votre auto?*   4. *Leurs enfants* vivent à la maison.   5. Nathalie? *Son mariage* a eu lieu à la Madeleine.
6. François? *Son mariage* a eu lieu à Notre-Dame.   7. Dans *notre église,* la sacristie est trop petite pour une réception.   8. C'est *sa famille* (la famille de Gérard) qui a offert aux jeunes mariés leur voyage de noces.   9. *Mon mariage* n'a pas eu lieu à l'église.

C. Dans les phrases suivantes, mettez l'adjectif possessif qui convient.

1. Avez-vous visité Marseille? —Oui, je me rappelle _____ vieux port, _____ gare, _____ vieux quartiers pittoresques, _____ animation.   2. Je visite toujours les musées d'une ville. _____ œuvres d'art m'intéressent.   3. A ce mariage, tout le monde avait apporté _____ cadeaux à l'avance et envoyé _____ félicitations par la poste.   4. Chacun garde les photos de _____ mariage dans _____ album.
5. Quelqu'un vous a téléphoné pour vous envoyer _____ souvenir et exprimer _____ reconnaissance pour le service que vous lui avez rendu.—Qui est cette personne?—On n'a pas donné _____ nom.   6. Ma tante et _____ oncle ne viendront pas à notre mariage civil. _____ cousins et _____ cousines assisteront aux deux cérémonies.   7. Jacqueline a _____ compte en banque. _____ mari en a un aussi.
8. Tout le monde doit travailler pour gagner _____ vie.

EMPLOI DE L'ARTICLE POUR L'ADJECTIF POSSESSIF

1 On emploie l'article défini (**le, la, les**) à la place d'un adjectif possessif (**mon, ta, ses, notre,** etc.) avec certains verbes qui indiquent que l'action du possesseur est faite **sur son propre corps;** il n'y a pas de doute sur le possesseur. Ces verbes peuvent être **lever, baisser, ouvrir, fermer, hausser** (*shrug*), etc., ou des verbes pronominaux comme **se laver, se brosser, se maquiller, se raser, se casser,** etc.

> Levez **la** main! (*votre*)   Je me lave **les** pieds. (*mes*)
> Nous avons baissé **la** tête. (*notre*)   Tu te brosses **les** dents? (*tes*)
> Ils ont ouvert **les** yeux. (*leurs*)   Elle s'est cassé **la** jambe. (*sa*)
> Ferme **la** bouche! (*ta*)

Mais si l'objet possédé est accompagné d'un adjectif qualificatif, il faut employer l'adjectif possessif.

> Elle a baissé **ses grands** yeux.   Ferme **ta jolie** bouche!
> Tu as rasé **ta belle** barbe **rousse!**

Seuls les adjectifs **droit** et **gauche** font exception. On emploie l'article devant un nom accompagné de **droit** ou **gauche.**

> Levez **la** main **gauche.**   Elle s'est cassé **le** bras **droit.**

2 On emploie un article défini à la place de l'adjectif possessif quand l'action sur une partie du corps est faite par une autre personne, et on ajoute un pronom personnel objet indirect (**me, te, nous, vous, lui, leur**) devant le verbe.

> Gisèle est affreuse (*looks awful*); sa sœur **lui** a coupé **les** cheveux.
> Je me suis blessé; le docteur **m'**a bandé **la** main.

Dans ce cas aussi, si le nom est accompagné d'un adjectif (autre que **droit** ou **gauche**), on garde l'adjectif possessif.

> Sa sœur **lui** a coupé **ses** longs cheveux.   Le docteur **m'**a bandé **ma** main blessée.

3 On emploie l'article à la place de l'adjectif possessif devant le nom d'une partie du corps avec les expressions suivantes: **avoir mal à, avoir froid à, avoir chaud à, faire mal à, faire** ou **donner chaud** ou **froid à.**

✱ **Attention:**   La contraction **à + le = au; à + les = aux.**

> Il n'a pas froid **aux** pieds.   Cela me fait mal **au** cœur.   Tu as mal **à la** tête?

Mais si le nom est accompagné d'un adjectif (autre que **droit** ou **gauche**), on garde l'adjectif possessif. Comparez ces deux phrases:

> Tu as mal à **ton petit** cœur?
> J'ai chaud **au** pied **droit** et froid **au** pied **gauche.**

4 On emploie l'article défini à la place de l'adjectif possessif dans un complément descriptif formé d'un nom et d'un adjectif ou d'un nom et d'un complément de lieu, quand ce complément est placé après un nom ou un verbe, et est séparé de ce nom ou de ce verbe par une virgule (*comma*).

> Le professeur, **les** mains dans **les** poches, marchait dans la classe.
> Les élèves rêvaient, **les** yeux au plafond.
> Ils sortirent, **les** dents serrées.

Comparez les exemples ci-dessus avec les exemples suivants (ce n'est pas un complément descriptif et il n'y a pas de virgule).

> Le professeur a mis **ses** mains dans **ses** poches.
> Elle a ouvert **ses** yeux pleins de larmes.

Cette règle s'applique aussi aux vêtements.

> Il est entré, **le** chapeau sur **la** tête.
> MAIS:
> Il a mis **son** chapeau sur **sa** tête.

5 Dans beaucoup d'expressions idiomatiques, l'article a une valeur de possessif.

(se) donner la main	to hold hands	**perdre la mémoire**	to lose one's memory
perdre la tête	to lose one's head	**perdre la voix**	to lose one's voice
perdre la vie	to lose one's life	**(se) serrer la main**	to shake hands
perdre la vue	to lose one's eyesight		

Tableau-résumé
Emploi de l'article pour le possessif

L'article	L'adjectif possessif
verbes + partie du corps Levez **les** yeux!	*partie du corps + adjectif* Elle a levé **ses grands** yeux. MAIS: Levez **la** main droite, puis **la** gauche.
pronom object indirect + verbe + partie du corps Le docteur **lui** a bandé **la** main.	Sa sœur **lui** a coupé **ses** beaux cheveux. MAIS: Le docteur **lui** a bandé **la** main gauche.
avoir froid (chaud, mal) + à + *partie du corps* J'**ai mal à la** tête.	J'**ai froid à mes** petits pieds. MAIS: J'**ai froid au** pied gauche.
complément descriptif **les** mains dans **les** poches *expression idiomatique* donner **la** main	

✳ Remarque: Rappelez-vous! Avec le verbe **avoir** + une partie du corps et un adjectif descriptif, on emploie l'article défini en français, alors qu'il n'y a pas d'article en anglais.

Elle a **les** yeux bleus.   *She has blue eyes.*

EXERCICES

D. Dans les phrases suivantes, mettez l'article ou l'adjectif possessif qui convient.

1. En classe, levez __la__ main avant de répondre.   2. Jérôme s'est cassé __le__ bras droit pendant une partie de foot. Mais __le__ bras gauche est en bon état.   3. Tu as vu Sophie? __Sa__ mère lui a fait couper __les__ cheveux.   4. Sophie a pleuré quand elle a dû faire couper __ses__ beaux cheveux blonds.   5. Le docteur m'a ausculté. Il m'a dit: «Ouvrez __la__ bouche! Fermez __les__ yeux! Baissez __la__ tête!»   6. Jean-Paul n'a rien dit. Il a haussé __les__ épaules.   7. Il a __des__ épaules larges. Il porte son enfant sur __les__ épaules.

E. Dans les phrases suivantes, mettez l'article ou l'adjectif possessif qui convient.

1. A table un monsieur bien élevé ne doit pas garder __son__ chapeau sur __la__ tête.
2. Les beaux-parents se sont serré __le__ main.   3. Les invités sont allés voir les cadeaux, __ses__ dents serrées, __ses(le)__ cœur battant.   4. Tu as mal à __la__ main

(les)

droite. —Oui, je suis obligé d'écrire de _la_ main gauche.   5. L'acteur James Dean est mort très jeune. Il a perdu _la_ vie dans un accident de voiture.   6. L'encens dans les églises me donne mal à _la_ tête.   7. En France, la mariée coupe _son_ voile ([*m.*] *veil*) et en donne un morceau à tous les invités.   8. La jeune mariée, _le_ visage recouvert par un voile, s'est avancée vers l'autel.

Le pronom possessif

Formes

Le pronom possessif est un mot qui remplace un nom précédé d'un adjectif possessif. Il est formé de deux mots, l'article **le, la, les** et un autre mot, **mien, tienne, siens,** etc. Voici les formes du pronom possessif qui correspondent aux pronoms sujets et aux adjectifs possessifs.

Pronom sujet		Adjectif		Pronom		
	genre	*sing.*	*pluriel*	*sing.*	*pluriel*	
je	*masc.*	mon	mes	**le mien**	**les miens**	*mine*
	fém.	ma		**la mienne**	**les miennes**	
tu	*masc.*	ton	tes	**le tien**	**les tiens**	*yours*
	fém.	ta		**la tienne**	**les tiennes**	
il, elle	*masc.*	son	ses	**le sien**	**les siens**	*his, hers*
	fém.	sa		**la sienne**	**les siennes**	
nous	*masc.*	notre	nos	**le nôtre**	**les nôtres**	*ours*
	fém.	notre		**la nôtre**		
vous	*masc.*	votre	vos	**le vôtre**	**les vôtres**	*yours*
	fém.	votre		**la vôtre**		
ils, elles	*masc.*	leur	leurs	**le leur**	**les leurs**	*theirs*
	fém.	leur		**la leur**		

∗ Remarques:

- Il y a un accent circonflexe sur le **ô** de **le nôtre, la nôtre, les nôtres, le vôtre,** etc. Le **ô** est fermé /o/. L'adjectif **votre, notre,** n'a pas d'accent circonflexe; le **o** est ouvert /ɔ/.

  Notre prononciation est meilleure que **la vôtre.**
- Dans **la leur, leur** est invariable.

[handwritten note at top: bêtement = absurdly/stupidly]

Emplois

Les pronoms possessifs s'accordent avec les noms qu'ils remplacent.

1 **Le mien, le tien, le sien, le nôtre, le vôtre, le leur** remplacent un nom masculin singulier.

J'admire les cadeaux: **le vôtre** et **le nôtre** sont dans la corbeille. Jeannine a oublié **le sien.**

2 **La mienne, la tienne, la sienne, la nôtre, la vôtre, la leur** remplacent un nom féminin singulier.

J'ai fait ma communion; il n'a pas fait **la sienne.** Ils feront **la leur** ce printemps.

3 **Les miens, les tiens,** etc., remplacent un nom masculin pluriel.

Est-ce que vous préférez ses parents ou **les nôtres? Les leurs** sont plus libéraux que **les miens.**

4 **Les miennes, les tiennes,** etc., remplacent un nom féminin pluriel.

Vos vacances sont plus longues que **les miennes.**

5 **Le sien** (*his, hers*) représente un objet **masculin** possédé par un homme ou par une femme; **la sienne** (*his, hers*) représente un objet **féminin** possédé par un homme ou par une femme.

Annie a déménagé dans **mon appartement; le sien** n'avait pas de téléphone.

Daniel est jaloux de **mon auto; la sienne** est toujours en réparation.

6 Les articles **le, les** qui composent les pronoms possessifs se contractent avec les prépositions **à** et **de.** On obtient:

> **au mien, aux vôtres, au tien,** etc. **(à + le, à + les)**
> **du mien, du nôtre, des leurs,** etc. **(de + le, de + les)**

Je m'occupe de mes affaires et vous **des vôtres.**

Au féminin, **à la, de la** ne se contractent pas: **à la mienne, à la vôtre, de la sienne, de la leur.**

Tu penses à ta mère, et moi **à la mienne.**

Nous parlons de notre lune de miel, et eux **de la leur.**

EXERCICE

F. Remplacez les groupes entre parenthèses par un pronom possessif.

1. Ses enfants et (mes enfants) vont à la même école. 2. Il a perdu son chien l'année où j'ai perdu (mon chien). 3. Mes parents et (vos parents) vont faire un voyage ensemble. 4. Emballe mes cadeaux et (tes cadeaux). 5. Qui est le meilleur: votre docteur ou (leur docteur)? 6. Je pense à mon mari, pas (à votre mari). 7. Joséphine nous a donné des nouvelles de ses cousins et (de nos cousins). 8. Mon explication est plus logique que (ton explication). 9. Ton frère et (son frère) ont fait des études de médecine. 10. Serge et Suzanne se disputent: il veut inviter plus de membres de sa propre famille que (de sa famille à elle) à leur mariage. 11. Elle parle de ses maladies et ils parlent (de leurs maladies). 12. Il dit: «A votre santé!» et je réponds («A votre santé!»).

Suppléments de grammaire

1 Expressions idiomatiques avec le possessif

a. Les pronoms **les miens, les tiens, les vôtres,** etc. (au masculin pluriel) ont le sens spécial de **ma famille, mes parents, tes parents, vos parents.**

Il est rentré de voyage et il est revenu vivre près **des siens.**	*He returned from his trip and he came back to live near **his family.***
Mon bon souvenir **aux vôtres.**	*My regards **to your family.***

b. L'expression . . . *is mine* (*yours, his*) peut se traduire de deux façons.

est + à + moi (*pronom disjoint*): Dans ce cas on répond à la question *Whose . . . is . . . ?* Une personne identifie un objet et nomme son possesseur.
A qui est ce livre? —Il **est à moi.**

C'est + le mien (*pronom possessif*): Dans ce cas on répond à la question: *Is this yours?* On distingue deux ou plusieurs objets presque identiques, et on en reconnaît un.
Est-ce **le vôtre?** —Oui, c'est **le mien.**

✱ Remarque: *To belong to* se dit **appartenir à.**
Ce livre **m'appartient.**

c. *A friend of mine, a friend of yours.* Ces deux expressions se traduisent ainsi:

un **de mes amis**   un ami **à moi**   un **de vos amis**   un ami **à vous**

EXERCICE

G. Dans les phrases suivantes, traduisez les expressions en italique.

1. Cette Française aime retourner dans son pays et passer des vacances parmi *her family.*
2. Vous avez vu ce cadeau magnifique dans la corbeille de la mariée? —*It's not mine.*
3. La grande maison blanche sur la colline, *does it belong to you?* —*Yes, it is mine.*
4. *A friend of mine* a été le témoin de la princesse de Monaco à son mariage.
5. Cet acteur célèbre est *a friend of yours?*
6. A la fin d'une lettre polie, qu'est-ce que vous écrivez? —*My regards to your family.*

2 Les matières

a. En quoi est… ?

Quand on veut savoir en quelle matière un objet est fait, on utilise la formule suivante:

> **En + quoi + être** + le nom?

Dans la question **En quoi est…** et dans la réponse avec le verbe **être,** seule la préposition **en** est possible.

En quoi est votre pull? —Il est en laine.   *"What is your sweater **made of?*** *" It is*
                                        made of wool."

En quoi est le sac de Renée? —Il est   *"What is Renée's purse **made of?*** *" "It is*
    en plastique.   *made of plastic."*

b. En coton / de coton

Pour décrire la matière d'un objet sans verbe, comme complément descriptif, on peut utiliser deux formules:

> nom de l'objet + **en** + nom de matière
> nom de l'objet + **de** + nom de matière

Après le nom de l'objet, on a le choix entre **en** et **de**. La différence entre **en** et **de** n'est pas très importante.

Jacques achète un tee-shirt { **en coton.** / **de coton.** }   Marlyse porte un chemisier { **en soie.** / **de soie.** }

c. Noms de matières

Les tissus des vêtements (*clothing material*)

le coton	l'acrylique (*m.*)	le synthétique	la fourrure (*fur*)
la laine	la soie	le nylon	

Les bijoux

l'argent (*m.*) (*silver*)	l'or (*m.*) (*gold*)	le diamant
la perle	l'ivoire (*m.*)	le jade
le rubis		la turquoise

Les chaussures

le cuir	le caoutchouc (*rubber*)
la fourrure	le daim (*suede*)

Les maisons

la brique	le ciment (*cement*)	le plâtre
le bois (*wood*)	la pierre (*stone*)	la tuile (*tile*)
le béton (*concrete*)	le verre (*glass*)	le stuc

Les autres objets

l'acier (*m.*) (*steel*)	l'aluminium (*m.*)	le fer (*iron*)
le zinc	le plastique	

EXERCICE

H. Répondez aux questions suivantes.

1. Quels tissus préférez-vous pour les vêtements? En quoi sont les vêtements que vous portez en été? en hiver? En quoi sont les vêtements que vous portez aujourd'hui?
2. Avez-vous une montre? des bijoux? En quoi sont-ils?

3. Les maisons de différents pays sont faites de matériaux différents. Dans les villes, elles sont faites en béton, en brique; à la campagne, dans les pays nordiques, à la montagne, en bois. En quoi sont faites les maisons dans votre région? En quoi est faite votre maison, et les objets familiers qui vous entourent?

Synthèse

APPLICATIONS

I. Qu'est-ce que Marie-Josée a dans son sac? Employez l'adjectif possessif devant chaque nom.

un porte-monnaie	un chéquier
un carnet d'adresses	des clés
une trousse de maquillage (*makeup kit*)	une brosse à cheveux
un stylo	une calculette
des cartes de crédit	un paquet de Kleenex
des bonbons	

Qu'est-ce que vous avez dans votre sac, dans vos poches, dans votre banane (*waist bag*)?

II. Françoise et Christophe partent en vacances à Tahiti.

1. Qu'est-ce qu'ils emportent dans leurs valises? Répétez les mots avec un adjectif possessif.

un drap de bain (*beach towel*)	une rabane (*straw mat*)
les bikinis	un appareil photo
des lunettes de soleil	un équipement de plongée
la crème solaire	les chapeaux en toile

Qu'est-ce que vous mettez dans votre valise?

2. Qu'est-ce que Françoise laisse?

le chien à la belle-mère	le chat chez la voisine
les enfants chez les parents	la perruche à la concierge

3. Qu'est-ce que Christophe donne?

l'adresse aux amis	le numéro de téléphone de l'hôtel à l'associé
la voiture au garagiste	les vêtements à nettoyer

III. Toujours plus. Josette a toujours besoin de surpasser tout le monde. Employez des pronoms possessifs en suivant le modèle.

Modèle: MARION: Moi, j'ai des skis excellents.
JOSETTE: *Et moi, **les miens** sont encore meilleurs.*

1. MARION: J'aime beaucoup ma voiture.
JOSETTE: _____ va plus vite.

2. MARION: J'ai fait mes devoirs en deux heures.
   JOSETTE: Et moi, j'ai fait _____ en une demi-heure.

3. MARION: Je suis contente de ma composition.
   JOSETTE: J'ai toujours une meilleure note que toi à _____.

4. MARION: J'ai 100 francs d'économies dans mon compte en banque (*bank account*).
   JOSETTE: J'ai 200 francs dans _____.

5. MARION: Mes amis m'ont fait un cadeau pour mon anniversaire.
   JOSETTE: _____ m'ont fait plusieurs cadeaux.

6. MARION: J'ai réussi à mon examen la troisième fois.
   JOSETTE: Moi, j'ai réussi _____ la première fois.

IV. Affection ou réserve?   Dites ce que font ou ne font pas ces personnes. Suivez le modèle.

Modèle: Jeannette embrasse toujours ses enfants. Marcelle n'embrasse jamais _____.
   *Marcelle n'embrasse jamais **les siens.***

1. Pierre écrit à ses parents. Eric n'écrit pas aux siens
2. Guy pense à sa grand-mère. Nous ne sommes pas attentifs à la nôtre
3. Jacqueline téléphone à sa vieille cousine. Vous ne téléphonez pas à la vôtre
4. Alain parle de son enfance. Tu ne parles pas de la tienne
5. Je n'oublie pas mon père pour son anniversaire. Marie oublie le sien.
6. Tu achètes des cadeaux à tes parents pour Noël. Mes cousins n'achètent rien aux siens leurs

ACTIVITÉS

1. **Discussion.**   Parlez avec un ou deux camarades des différentes cérémonies qui ont lieu au cours de l'existence. Lesquelles avez-vous vécues? Auxquelles avez-vous participé? Où vous êtes-vous le plus amusés, le plus ennuyés?

   le baptême: le parrain (*godfather*), la marraine (*godmother*), le filleul (*godson*), la filleule (*goddaughter*), baptiser, la dragée[1]

   la première communion ou **la bar-mitsva**

   les fiançailles: le fiancé, la fiancée, la bague, le solitaire (*diamond ring*)

   le mariage civil ou religieux: le maire (en France), le juge (aux Etats-Unis), le témoin (*witness*), la bénédiction nuptiale, le pasteur, le curé

   l'anniversaire de mariage: les noces d'argent, d'or, de diamant, de papier (un an), de fer (six ans)

2. **Enquête.**   Faire un cadeau est un art. Conduisez une enquête auprès de vos camarades pour savoir quels sont les cadeaux qu'ils reçoivent ou qu'ils donnent: cadeaux traditionnels, originaux, fantaisistes, ennuyeux, cadeaux qu'on fabrique soi-même, cadeaux qui demandent de l'imagination, personnes qui ont tout. Rapportez vos résultats à la classe.

---

[1] This type of candy (sugar-coated almonds) is traditionally distributed at baptisms and weddings.

3. Jeu de rôle.   Vous êtes un antiquaire et vous vendez des objets d'art. Vous essayez de convaincre un client d'acheter un objet d'art. Définissez la signification, la beauté, les qualités esthétiques, la valeur, l'utilité d'un objet d'art de votre choix.

TRADUCTION

1. My friends Christelle and Julien are going to get married on Saturday.   2. Their wedding is taking place at Notre-Dame.   3. I am their bridesmaid.   4. I am going with my brother to the antique shop dealer to look for a personalized gift.   5. I am sure they have already received beautiful presents.   6. Mine must look different.   7. I see vases, lamps, dishes, glasses . . . Not my style.   8. My brother is unhappy: "I am getting a headache. Make up your mind. I am losing my mind (**tête**)."   9. Finally, in a secondhand store, I find the perfect object: an old book; its title is *How to Find the Perfect Gift for One's Friends.*   10. I am sure that mine are going to be grateful!   11. But on the wedding day, instead of thanking me, Julien says: "Hey, are you pulling my leg?"

RÉDACTIONS

1. **Mariage sans façons.**   Racontez un mariage simple, sans cérémonie, comme il y en a à notre époque. Quels cadeaux pratiques font les invités? Où a lieu le mariage? Comment sont habillés le marié et la mariée? Qu'est-ce qui se passe après la cérémonie? Où partent les jeunes mariés?
2. **Catastrophes.**   Racontez un mariage où tout se passe mal, et où les catastrophes s'accumulent.

18

Les pronoms relatifs

Vocabulaire du texte

à la veille de shortly before
à l'époque in those days
approcher to come in contact with
argenterie (*f.*) silverware
au lendemain de shortly after
avoir du goût to have taste
avoir le goût de to taste like; to have a
　taste for
avoir un amour fou pour to be madly in
　love with
avoir une mémoire de fer to have a
　fantastic memory
bibelot (*m.*) knickknack
côtelette (*f.*) **d'agneau** lamb chop
couturier (*m.*) head of a fashion house
couturière (*f.*) seamstress
cuisinière (*f.*) female cook
droit (*m.*) right; law
drôle de strange
dur(e) tough, hard
élever la voix to raise one's voice
s'endetter to go into debt
entreprise (*f.*) undertaking, business
établissement (*m.*) school
être à la charge de to be financially
　dependent on

extravagant(e) wild, crazy
faciliter to make easy
faire du droit to go to law school
faire médecine to go to medical school
femme (*f.*) **de chambre** maid
force (*f.*) strength
gagner to earn
gouvernante (*f.*) nanny
interne (*m.* ou *f.*) boarder (*in a school*)
jouer un rôle to play a part
maison (*f.*) **de couture** fashion house
mettre en pension to send to boarding
　school
moqueur(-euse) teasing
se nourrir de to eat (*specific foods*)
pension (*f.*) boarding school; tuition in a
　boarding school
poser des problèmes to cause problems
propriété (*f.*) ownership; estate
se résoudre à to bring oneself to (*do
　something*)
sténodactylo (*f.* ou *m.*) stenographer-
　typist
tomber malade to become sick
valeur (*f.*) worth
voilà pour so much for

Vocabulaire supplémentaire

Propriété / location

agence (*f.*) **immobilière** real estate agency
à louer for rent
à vendre for sale
hypothèque (*f.*) mortgage
locataire (*m.* ou *f.*) tenant; roomer

location (*f.*) rental
louer to rent
loyer (*m.*) rent
propriétaire (*m.* ou *f.*) landlord, landlady
sous-louer to sublet

Finances / argent

affaire (*f.*) bargain
avoir les moyens de (+ *inf.*) to afford
billetterie (*f.*) Automated Teller
　Machine

bourse (*f.*) stock market
caisse (*f.*) **d'épargne** savings bank
cyber-boursier (*m.*) online trader
d'occasion secondhand

économiser, épargner to save money
engager to hire
faire des affaires to be in business
faire faillite to go bankrupt
faire vivre to support (financially)

investir to invest
marchander to haggle over
salaire (*m.*) salary, wages
taux (*m.*) **d'intérêt** interest rate

Divers

demi-pension (*f.*) half board

pensionnaire (*m.* ou *f.*) boarder

Français en couleurs

En argot, il y a beaucoup de mots pour désigner l'argent: «le fric, le pognon, le pèze, le blé, la galette, l'oseille, le flouss (ce mot vient de l'arabe), des ronds, des pépètes». Au lieu de dire «francs», on dit «balles». «T'as pas cent balles à me prêter?» «Une brique» c'est dix mille francs.

Quand on n'a pas d'argent, on est «fauché», on est «sans un» (littéralement, sans un sou), on n'a «pas un rond», on est «dans la mouise».

Quand on doit se priver de quelque chose, on dit: «il faut se serrer la ceinture». Quand on n'a plus du tout d'argent «on est sur la paille».

Si on a de la chance, on peut recevoir «un max de flot», «un méga flot», c'est-à-dire beaucoup d'argent, et si on dépense sans compter, «on jette l'argent par les fenêtres», «on est un panier percé». Quelqu'un qui n'aime pas dépenser son argent est «radin».

Quelqu'un qui est riche «est bourré de fric», «est plein aux as». Au Canada on dit: «il est bien loadé».

Une enfance bizarre

Françoise Giroud (1920–   ) a débuté comme sténodactylo, script-girl, assistante de plusieurs réalisateurs de films. Auteur de talent, elle a écrit des chansons, des scénarios de films, des interviews avec des personnalités parisiennes et un essai sur la jeunesse: «La Nouvelle Vague». Devenue journaliste, elle a dirigé la rédaction de la revue *Elle* et en 1953 elle a contribué à la fondation de *L'Express*. Elle fait preuve de°   fait... shows
beaucoup de sens critique, de finesse, d'humour, et ses jugements

politiques sont équilibrés et humains. Elle a été Ministre à la Condition féminine[1] sous la présidence de Giscard d'Estaing (1974–1981), et a fait beaucoup pour aider les femmes à prendre conscience de leurs droits. *Si je mens* est une biographie présentée sous la forme d'une interview: Françoise Giroud répond aux questions que lui pose une journaliste sur ce qu'elle a vu, vécu. C'est l'histoire d'une femme et d'une carrière.

Préparation à la lecture

En France, très jeunes, les étudiants lisent des pièces de Corneille et récitent par cœur des scènes entières. *Le Cid* est la pièce la plus célèbre de cet écrivain du dix-septième siècle: elle est en vers et décrit les actions de jeunes gens remarquables par leur sens du devoir, de l'honneur, et par les qualités de leur «âme bien née».[2] Dans la famille de Françoise, on répétait des passages de cette pièce que l'on considérait comme un catéchisme (que les enfants répètent à l'église).

Parmi les choix qui se présentent aux étudiants qui veulent faire des études supérieures, il y a les Grandes Ecoles, qui ont été créées par Napoléon. On y entre par concours; la sélection est sévère. On y fait des études financées par l'Etat. Ces études sont spécialisées: en humanités et littérature (Ecole Normale Supérieure qui se trouve à Sèvres pour les femmes, rue d'Ulm à Paris pour les hommes), en politique et administration (Ecole Nationale d'Administration ou ENA), en mathématiques (Ecole Polytechnique appelée familièrement l'X), etc. Ces écoles préparent une élite intellectuelle, et la plupart des membres du gouvernement sortent d'une de ces écoles.

Cet extrait est tiré du début du livre, et Françoise Giroud parle de son enfance.

—Quel genre d'enfance avez-vous eu?

—Le genre bizarre.
—Bizarre? Pourquoi?
—Ce n'est pas facile à expliquer… Mon père a été essentiellement une absence, une légende. Une absence d'abord à cause de la guerre, puis d'une mission aux Etats-Unis dont il a été chargé par le gouvernement français, ensuite d'une maladie que l'on ne savait pas soigner à l'époque et dont il est mort. Cette maladie a duré des années pendant lesquelles je ne l'ai jamais vu. J'ai eu pour lui un amour fou. On parlait de lui, à la maison, comme

---

[1] Ministry responsible for improving the status and living conditions of women

[2] Le vers de Corneille dont il est question est le suivant: « **... mais aux âmes bien nées, / la valeur n'attend pas le nombre des années.**» (*Well-born people show their qualities early in life.*)

d'un héros qui avait tout sacrifié à la France, ce qui paraissait d'ailleurs la
moindre des choses qu'il y avait à faire pour une âme bien née… Une âme
bien née, où est-ce déjà?… Dans Corneille… C'est un vers de Corneille que
ma mère me récitait quand j'avais quatre, cinq ans… «Aux âmes bien nées
la valeur n'attend pas le nombre des années.» Drôle de catéchisme…

Ma mère a été… la mère comme tout le monde en voudrait une. Belle,
gaie, tendre, moqueuse. Avec une force intérieure irréductible.° Sou- — unyielding
veraine,° vraiment. Elle a joué un rôle considérable non seulement dans — Regal
ma vie, ce qui est normal, mais dans celle° de tous les gens qui l'ont — = **la vie**
approchée, et jusque dans° le grand âge… Quoi encore? J'ai eu une grand- — **jusque…** even until
mère arrogante et dure, qui ne se nourrissait que de côtelettes d'agneau,
jouait au bridge et mobilisait une personne pour lui brosser les cheveux
pendant une heure chaque après-midi. J'ai eu aussi une gouvernante
anglaise, jusqu'à cinq ou six ans, qui m'a enseigné qu'on ne doit jamais
élever la voix, parler de soi et aborder° des sujets personnels, ce qui ne va — touch
pas faciliter notre conversation.

Enfin, j'ai vu se désintégrer l'univers de mon enfance, après la mort de
mon père. Tout a été vendu, petit à petit. Les choses disparaissaient. Les
bibelots, les tapis, le piano. Un Bechstein[3] de concert, avec lequel j'avais
une relation très affectueuse. C'est peut-être pour cela que je n'ai aucun
goût de la propriété… Disparus aussi la gouvernante, bien sûr, la femme
de chambre, la cuisinière, un étage de l'appartement qui en avait deux, les
bijoux, l'argenterie…

Ma mère, qui savait tout faire, c'est-à-dire rien, a dilapidé les lam- — **dilapidé…** squandered
beaux° d'un héritage dans quelques-unes de ces entreprises extravagantes — what was left /
de «dame qui a eu des malheurs»…° — financial problems

La propriété transformée en hôtel, où l'on ne se résout pas à faire
payer les clients… La maison de couture où l'on commence par s'endetter — start-up costs / **j'en…**
pour l'installation°… Sur les dettes, j'en connais un bout.° — I know them well

Ma sœur et moi, nous avons été mises en pension. Une pension qui
était toujours payée avec retard naturellement. La situation de la petite
fille interne dans un établissement bien-pensant° dont la pension n'est pas — right thinking =
payée, cela vous en apprend. J'ai appris et pour toujours. — Catholic

Ma sœur en° est tombée malade. Moi, j'ai trouvé assez vite la seule — because of it
manière de supporter cela. C'était d'être première. Première en tout et
avec insolence. «Petite effrontée»,° disait la directrice. Mais j'avais une — insolent
mémoire de fer. Alors les études ne me posaient pas de problèmes. De ce
côté-là° les choses m'ont été faciles. Pour rien d'ailleurs… Je me racontais — **De…** As far as studies
que je ferais du droit… ou l'Ecole de Sèvres… Ou peut-être médecine… — were concerned
Mais sept ans d'études… Huit même, après le premier bac. A la charge de
qui? Alors, à la veille de mes quinze ans, un jour un peu plus sombre que
les autres, j'ai compris que tout cela était du domaine du rêve, que ma
mère s'enfonçait° chaque jour davantage et que je n'avais qu'une chose à — was getting into deeper
trouble

---

[3] **Bechstein:** a brand of piano

faire: travailler. Gagner ma vie. Apporter de l'argent à la maison au lieu d'en coûter. Je l'ai fait. Voilà pour l'enfance. ■

Questions sur la lecture

1. Expliquez pourquoi le père de Françoise Giroud a été absent pendant son enfance. Où était-il? De quoi est-il mort?
2. Pourquoi le considérait-on comme un héros? Quelle valeur est devenue importante pour Françoise Giroud?
3. Décrivez la mère de Françoise. Comment a-t-elle joué un rôle important? Selon vous, que veut dire la phrase: «Ma mère, qui savait tout faire, c'est-à-dire rien.»?
4. Est-ce que Françoise a admiré sa grand-mère? Comment pouvez-vous définir sa personnalité?
5. Que lui a appris la gouvernante anglaise?
6. Quels sont les détails (objets, style de l'appartement, style de vie) qui indiquent que la famille avait été riche et est devenue pauvre?
7. Quels sont les différents moyens par lesquels la mère a essayé de gagner de l'argent? Comment savez-vous qu'elle n'a pas réussi?
8. A quel genre d'école sont allées Françoise et sa sœur? Pourquoi est-ce que la pension était payée avec retard?
9. A quelles études est-ce que Françoise rêvait? Pourquoi est-ce qu'elle a dû y renoncer? A quel âge est-ce qu'elle a décidé de gagner de l'argent et pourquoi?

Questions personnelles

1. Que pensez-vous de la mère de Françoise Giroud? Comment savez-vous qu'elle n'avait pas le sens des affaires? Qu'aurait-elle dû faire pour éviter de s'endetter?
2. A votre avis, qui Françoise a-t-elle voulu remplacer dans sa famille? Quelle influence est-ce que son enfance a eue sur la direction qu'elle a prise dans sa vie?
3. Etes-vous à la charge de vos parents? Sinon qui paie vos études? Travaillez-vous et quel travail faites-vous?
4. Que pensez-vous de la vie de pension? Quels avantages et quels inconvénients la pension présente-t-elle?

Les pronoms relatifs

Un pronom relatif est un mot de liaison placé entre deux groupes de mots pour faire une phrase plus longue, sans répéter un nom.

      Donnez-moi **le livre. Le livre** est sur la table.
      Donnez-moi **le livre qui** est sur la table.

Le mot **livre** dans la 2ᵉᵐᵉ phrase s'appelle *l'antécédent.*

Les principaux pronoms relatifs sont: **qui, que, dont, lequel.**

Le pronom relatif est généralement placé immédiatement après son antécédent.

En français, le pronom relatif est toujours exprimé; il ne disparaît pas comme parfois en anglais: *the book* [*that*] *I bought.*

Formes

Le pronom relatif est le même pour les personnes et pour les choses, sauf pour l'objet de la préposition.

	personnes	choses
sujet	**qui**	**qui**
objet direct	**que, qu'**	**que, qu'**
objet de **de**	**dont**	**dont**
objet de prép.	[avec] **qui**	[avec] **lequel, laquelle,**
	[avec] **lequel, laquelle,**	**lesquels, lesquelles**
	lesquels, lesquelles	

Emplois

Le pronom relatif, comme le nom qu'il remplace, a différentes fonctions: il est sujet, objet direct, objet de la préposition **de,** objet d'une autre préposition.

1 **Qui** (*sujet*): *who, which, that*
Qui est le pronom relatif sujet. Il remplace un nom de personne ou un nom de chose.
Qui ne s'élide jamais.
>   Françoise adorait son père, **qui** fut absent pendant son enfance.
>   Il avait fait des voyages **qui** l'avaient enrichi.

2 **Que, qu'** (*objet direct*): *whom, which, that*
Que est le pronom relatif objet direct. Il remplace un nom de personne ou un nom de chose.
Que s'élide en **qu'** devant une voyelle ou un **h** muet.
>   La jeune fille parlait de sa grand-mère, **qu'**elle n'aimait pas beaucoup.
>   Ils ont vendu les bibelots **que** nous préférions.

✶ Remarque: Avec **que,** le participe passé du verbe qui suit s'accorde avec l'antécédent.
>   Je connais bien **la sténodactylo que** le directeur a engagé**e.**

3 Souvent, les deux groupes (la proposition [*clause*] principale et la proposition subordonnée relative) s'ajoutent l'un à l'autre. La proposition relative suit immédiatement l'antécédent.

Gisèle a fait <u>un voyage</u> **qui** l'a intéressée.

Le Monde est <u>un journal</u> **que** les intellectuels lisent.

Quelquefois, la proposition relative est insérée (*inserted*) dans la principale.

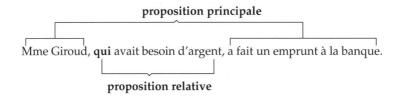

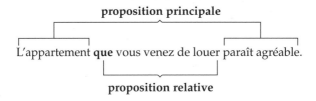

4 **Dont** (*objet de* **de**): *whose, of whom, of which*

a. **Dont** remplace **de** + un nom. **Dont** est placé immédiatement après l'antécédent. L'ordre des mots est toujours:

> **dont** + sujet + verbe + complément du verbe ou adjectif

J'ai plusieurs amis **dont** les enfants s'intéressent aux ordinateurs.   (**dont = de mes amis**)

Ils vont envoyer leur fille à l'école **dont** je leur ai parlé.   (**dont = de l'école**)

b. **Dont** exprime une relation de possession

Françoise, **dont** le piano a été vendu, étudie maintenant la guitare.   (**dont = de Françoise**)

ou une relation de parenté.

J'ai un cousin **dont** le fils veut être matelot sur un voilier!   (**dont = de mon cousin**)

c. **Dont** est employé avec un verbe construit avec **de (avoir besoin de, se servir de, avoir peur de, avoir envie de, manquer de,** etc.).

On achète souvent des choses **dont** on a envie et **dont** on n'a pas vraiment besoin.   (**dont = des choses**)

d. **Dont** est employé avec un adjectif construit avec **de (être content de, fier de, amoureux de, dégoûté de,** etc.).

Les étudiants écrivent des rédactions **dont** ils sont fiers et **dont** le professeur n'est pas toujours satisfait.   (**dont = des rédactions**)

e. La proposition relative qui commence par **dont** peut s'ajouter à la proposition principale ou s'insérer dans la proposition principale.

>Nous avons un micro-ordinateur **dont** nous nous servons tous les jours.
>
>Daniel, **dont** le père était sportif, faisait du ski avec lui.

EXERCICES

A. Combinez les phrases suivantes. Mettez le pronom relatif qui convient: **qui** ou **que** (**qu'**).

Modèles: J'écris souvent à **mon grand-père. Mon grand-père** habite à la campagne.
*J'écris souvent à mon grand-père, **qui** habite à la campagne.*

Elle téléphone à **son ami.** Elle ne voit pas souvent **son ami.**
*Elle téléphone à son ami, **qu'**elle ne voit pas souvent.*

1. Tout le monde aimait sa mère. Sa mère était tendre et moqueuse.
2. Son père est mort d'une maladie. Personne ne savait soigner cette maladie, à l'époque.
3. Elle regrette le piano. On a vendu le piano.
4. On a renvoyé la gouvernante. La gouvernante n'enseignait rien aux enfants.
5. Ses parents n'ont pas d'argent pour la pension. Il faut payer la pension.
6. C'est Paul qui a fait cuire la côtelette d'agneau. J'ai mangé la côtelette.
7. Elle a mis l'argent à la caisse d'épargne. Elle a économisé l'argent.
8. Le monsieur est un agent d'assurances. Le monsieur vous a téléphoné.

B. Combinez les phrases suivantes avec **dont.**

Modèle: Vous avez fait **un travail.** Vous pouvez être fier **de ce travail.**
*Vous avez fait un travail **dont** vous pouvez être fier.*

1. Françoise ne voyait pas souvent son père. On parlait de son père comme d'un héros.
2. Il était parti pour une mission. Le gouvernement l'avait chargé de cette mission.
3. Ces personnes ont eu des malheurs. Elles ne veulent pas se souvenir de ces malheurs.
4. Françoise n'a pas fait les études. Elle rêvait de ces études.
5. Les côtelettes ne la rendaient pas malade. La grand-mère se nourrissait de côtelettes.
6. La brosse est très dure. Elle se sert de la brosse pour se brosser les cheveux.
7. Vous avez de la chance; vous réussissez toutes les choses. Vous vous occupez de ces choses.
8. J'aimerais bien acheter les bibelots. J'ai envie de ces bibelots.

5 Lequel (*objet de préposition*)

a. Lequel s'emploie après une préposition; il remplace un nom de personne ou un nom de chose. Il a les mêmes formes que le pronom interrogatif de choix.

	masc.	**fém.**
sing.	lequel	laquelle
pl.	lesquels	lesquelles

Mes amis ont une fille **pour laquelle** ils ont tout sacrifié.

Suzanne a un piano **sur lequel** elle fait des gammes (*scales*) tous les jours.

Voici des prépositions courantes qui précèdent ces pronoms:

dans	pour	parmi (*among*)
avec	entre	selon (*according to*)
chez	par (*by, through*)	d'après (*according to*)

✻ Remarque: Si l'antécédent est un nom de personne, on peut avoir **qui: avec qui, chez qui, sans qui.** (*Exception:* la préposition **parmi;** il faut dire **parmi lesquels.**)

> Elle a épousé un jeune homme **avec qui (lequel)** elle avait suivi des cours de biologie.
>
> A l'université, j'avais des amis **parmi lesquels** il y avait beaucoup d'étrangers.

b. Auquel, auxquels: contractions avec à

Si la préposition est **à,** on a les contractions suivantes: **auquel, auxquels, auxquelles.** Au féminin singulier, il n'y a pas de contraction: **à laquelle.**

> Elle a des parents **auxquels** elle n'écrit jamais.
>
> Voilà une solution **à laquelle** je n'avais pas pensé.

c. Duquel, desquels: contractions avec de

Si la préposition est longue et composée avec **de** (**au sujet de, à propos de,** etc.), on a les contractions suivantes: **duquel, desquels, desquelles.** Au féminin singulier, il n'y a pas de contraction: **de laquelle.**

> C'est une question **à propos de laquelle** nous ne sommes pas d'accord.

Si l'antécédent est un nom de personne, on peut employer **de qui** à la place de **duquel,** etc.

> Gabrielle avait un parrain, **à la charge de qui** ses parents l'ont laissée.

✻ Attention: Avec les prépositions longues, il ne faut jamais employer **dont.**

> C'est agréable d'avoir des enfants **au sujet desquels** on ne se fait pas de soucis.
>
> L'Elysée est une grande propriété **à l'intérieur de laquelle** il y a des jardins magnifiques.

Voici des prépositions longues suivies de **de:**

au-dessus de	above	**en face de**	opposite
au-dessous de	below	**au sujet de**	about
au milieu de	in the middle of	**à l'intérieur de**	inside
à propos de	about	**à l'extérieur de**	outside
autour de	around	**à la charge de**	in the care of

   d. Lequel comme sujet.
   On emploie **lequel, laquelle,** etc. comme sujets, dans un style littéraire, dans une phrase où il y a un doute sur l'antécédent, ou quand il y a plusieurs autres **qui.**
   Le propriétaire a renvoyé le chèque au locataire, **lequel** a dû payer un loyer plus élevé.
   Françoise a présenté sa mère à la directrice, **laquelle** n'a pas été très polie.

6 **Où** (*adverbe*): *where, in which, on which, etc.*

   a. Où remplace **dans lequel, sur laquelle,** etc.
   Je ne trouve pas le magasin **où** elle a acheté cet objet d'art.

   b. D'où (*from where, from which*) remplace **duquel, de laquelle,** etc.
   Connaissez-vous la ville **d'où** il vient?

   c. Par où (*through which*) remplace **par lequel, par laquelle,** etc.
   Il a des photos des pays **par où** il est passé pendant son voyage.

   d. Où signifie *when* dans les expressions suivantes:
   le jour **où,** l'année **où,** etc.   *the day **when,** the year **when,** etc.*

✱ Remarque: Souvent, après un pronom relatif, on a l'inversion simple du nom sujet. L'ordre est: pronom relatif + verbe + nom sujet.
   Elle a vendu le bijou **que** lui **avait donné son ami.**
   Voilà la pension de famille **où vivaient les étudiants.**

EXERCICES

   C. Mettez dans l'espace indiqué le pronom relatif qui convient: **qui,** ou **lequel, laquelle, lesquels, lesquelles.**

   Modèle: Françoise rêvait de son père pour _____ elle avait de l'admiration.
   *Françoise rêvait de son père pour **lequel** (ou **qui**) elle avait de l'admiration.*

   1. Les arbres sous _____ nous avons pique-niqué sont remplis d'oiseaux.
   2. Mon cousin a une propriété derrière _____ il fait pousser des kiwis.
   3. Tu as un professeur devant _____ tu es paralysé de peur?

4. A la pension, j'avais des camarades parmi _____ je me suis fait des amis pour la vie.

5. Céline a travaillé dans une maison de couture toute une année, pendant _____ elle a beaucoup appris.

6. Stéphanie avait plusieurs cousines avec _____ elle passait ses vacances.

D. Mettez **à qui**, ou **auquel, auxquels, auxquelles, à laquelle** dans l'espace indiqué.

> **Modèle:** La maison de couture _____ j'ai envoyé une demande d'emploi ne m'a pas répondu.
> *La maison de couture **à laquelle** j'ai envoyé une demande d'emploi ne m'a pas répondu.*

1. Sa mère avait des difficultés _____ elle ne savait pas faire face.
2. Le bureau _____ je me suis adressé était fermé.
3. Les amis _____ vous écrivez tous les jours ont de la chance.
4. Ce jeune homme s'est rebellé contre son père, _____ il refusait d'obéir.
5. Ma sœur a beaucoup de bibelots _____ elle tient énormément.
6. La jeune fille _____ Gérard a donné une bague n'a pas envie de se marier.

E. Combinez les phrases suivantes avec la préposition en italique + **qui** ou la forme de **lequel** qui convient.

> **Modèle:** Le locataire a parlé au propriétaire de son loyer. Il n'est pas d'accord *au sujet de* son loyer.
> *Le locataire a parlé au propriétaire de son loyer **au sujet duquel** il n'est pas d'accord.*

1. Suzanne a quitté ses parents. Elle ne voulait plus être *à la charge de* ses parents.
2. Ils ont loué un appartement. L'autoroute passait *à côté de* l'appartement.
3. Ma mère a ouvert une agence immobilière. *En face de* cette agence, il y a un marchand de glaces.
4. Josée et Michel sont partis pour faire le tour du monde. *En vue de* ce tour du monde ils avaient fait des préparatifs pendant des mois.
5. Dans cet ancien cratère il y a un lac. *Au milieu du* lac, on peut voir une île.
6. Cet acteur s'est fait construire un château. *A l'extérieur du* château, il y a une réserve d'animaux sauvages (*game preserve*).

F. Combinez les phrases suivantes. Utilisez **où, par où, d'où**.

> **Modèle:** Elle a porté ses dessins à la maison de couture. Elle les a laissés **à la maison de couture** pendant deux semaines.
> *Elle a porté ses dessins à la maison de couture **où** elle les a laissés pendant deux semaines.*

1. Elle n'aimait pas la pension. Elle a été interne dans cette pension.
2. J'ai vu beaucoup d'hôtels dans cette rue. Je suis passée par la rue.
3. On a revendu le piano au magasin. Il venait de ce magasin.
4. Je vais placer mon argent dans cette banque. Le taux d'intérêt est plus élevé dans cette banque.
5. Nous n'allons pas nous arrêter dans les pays. Vous êtes passés par ces pays.
6. Tu n'as jamais visité la province? Je viens de cette province.
7. Les amoureux célèbrent toujours le jour. Ils se sont rencontrés ce jour.

Le pronom relatif sans antécédent

Quand le pronom relatif n'a pas de nom antécédent, on a les formes suivantes:

sujet	**ce qui**	what, that which
objet direct	**ce que**	what, that which
objet de **de**	**ce dont**	what, that of which, about which
objet de prép.	**ce à quoi,**	what, that to which, with which, without which
	avec quoi,	
	sans quoi	

1 **Ce qui** est sujet; il représente une phrase entière qui précède ou annonce une idée exprimée plus loin et qui est parfois introduite par **c'est** ou **ce sont.**

Ma mère m'a influencée, **ce qui** est normal.   *My mother influenced me, **which** is normal.*
Ce qui me plaît, c'est son accent.   *What I like is her accent.*

2 **Ce que** est objet direct; il signifie **la chose que, les choses que** (*what, that which*).

Je ne comprends pas **ce que** vous dites.   *I do not understand **what** you say.*
Ce que je voudrais faire, c'est voyager.   *What I would like to do is to travel.*

3 **Ce dont** est objet de **de** et signifie **la chose dont, les choses dont** (*what, that of which*).

Je lui ai donné **ce dont** elle avait envie.   *I gave her **what (that of which)** she wanted.*
Ce dont j'ai besoin, c'est de dormir.   *What (that of which) I need is to sleep.*

4 **(Ce) à quoi, avec quoi, sans quoi** sont objets de préposition; ils signifient **la chose à laquelle, avec laquelle, sans laquelle,** etc. Il faut ajouter **ce** au début d'une phrase.

Je ne sais pas **avec quoi** elle vit.   *I don't know **what** she lives on.*
Ce à quoi je rêve en hiver, c'est une île   *What I dream of in winter is an island in*
du Pacifique.   *the Pacific.*

5 **tout ce qui, tout ce que, tout ce dont** = *everything*

Je ne comprends pas **tout ce qu'**elle dit.   Il m'a donné **tout ce dont** j'avais besoin.

6 **de quoi**

Le relatif **de quoi** se trouve dans les expressions suivantes: **avoir de quoi payer, vivre, manger** (*to have enough to pay, live, eat*), **donner de quoi manger** (*to give something to eat*).

Dans certains pays, les gens n'ont pas **de quoi manger.**
Quelques étudiants n'ont pas **de quoi payer** leur loyer.

✱ **Remarque:**   On entend souvent, en réponse à «Merci», l'expression «Il n'y a pas de quoi». Cela n'est pas recommandé. Il vaut mieux dire «De rien» ou «Je vous en prie».

EXERCICES

G. Complétez les phrases suivantes avec le pronom qui convient: **ce qui, ce que, ce dont.**

1. La mère de Françoise a joué un rôle important dans la vie de sa fille, _____ est normal.
2. Cet étudiant est très arrogant, _____ je ne supporte pas.
3. Françoise savait très bien _____ elle voulait.
4. Elle n'a pas compris _____ il est question.
5. _____ me plaît dans notre appartement, ce sont les deux étages.
6. On n'a pas dit à la grand-mère _____ était arrivé.
7. La femme de chambre ne fait pas _____ je lui dis.
8. _____ vous avez besoin, c'est de gagner votre vie.
9. Elle a eu une gouvernante anglaise, _____ est un signe de richesse.
10. _____ m'inquiète, c'est l'avenir de ma fille.

H. Dans les phrases suivantes, mettez le pronom qui convient: **à quoi, sans quoi, avec quoi,** etc.

1. Il a acheté trop de vêtements; il n'a plus _____ payer son loyer!
2. Je me demande _____ elle fait vivre sa famille.
3. Son mari ne lui dit jamais _____ il pense.
4. Envoyez-moi des cartes postales de votre voyage; _____ , nous ne serons plus amis.

Le subjonctif après un pronom relatif

1 On trouve parfois le subjonctif après un relatif (voir p. 345). Il faut que la proposition principale contienne:

a. le seul, le premier, le dernier, le plus, le moins, le meilleur (une expression qui indique la singularité, la supériorité).

Pierre est **le seul** étudiant **que** je **voie** tous les jours à la bibliothèque.

b. je cherche... (quelque chose qui n'existe peut-être pas).

Je cherche une personne **qui sache** parfaitement la grammaire française.

c. une expression négative de doute ou une expression interrogative.

Il n'y a pas une personne au monde **à qui** il **puisse** se confier.
Y a-t-il quelqu'un ici **qui connaisse** le fonctionnement de cette machine?

2 Quelquefois on a le choix entre le subjonctif et l'indicatif.

a. Le subjonctif indique une émotion, un doute, le sentiment que la chose qu'on cherche n'existe pas.

Elle **cherche** une bonne **qui puisse** vivre à la maison.

b. L'indicatif indique un fait réel; la chose qu'on cherche existe.

La police **cherche** un enfant **qui a disparu** depuis six mois.

EXERCICES

I. Faites des phrases avec un pronom relatif et le vocabulaire suggéré.

> **Modèle:** Gagarine / le premier homme / voler dans une fusée (*rocket*) autour de la terre.
> *Gagarine est le premier homme **qui ait volé** dans une fusée autour de la terre.*

1. Christophe Colomb / premier navigateur / découvrir / l'Amérique.
2. Le 15 avril / le dernier jour / on / pouvoir payer ses impôts.
3. Madame Curie / la première savante / on / donner deux prix Nobel.
4. Est-ce que Marilyn / la seule actrice / se suicider?
5. La Suisse / le seul pays / ne pas faire la guerre?
6. Est-ce que ce champagne / le vin le moins cher / tu / trouver dans ce magasin?

J. Faites des phrases avec un pronom relatif. Commencez chaque phrase par (1) **Je connais;** (2) **Je cherche.** Mettez le verbe qui suit au mode qui convient, indicatif ou subjonctif.

> **Modèle:** une femme de ménage / faire la cuisine.
> *Je connais une femme de ménage **qui fait** la cuisine.*
> *Je cherche une femme de ménage **qui fasse** la cuisine.*

1. un chanteur / vouloir donner un gala de charité.
2. des enfants / obéir à leurs parents.
3. un banquier / avoir de l'argent à nous prêter.
4. un mécanicien / être consciencieux.
5. une psychologue / pouvoir te conseiller.
6. une amie / prendre le temps de m'écouter.

Suppléments de grammaire

1 pendant / pour

Les prépositions **pendant** et **pour** signifient *for* devant une expression de durée.

a. Pendant signifie *for, during* et s'emploie quand l'action est passée et achevée,

> Le docteur a attendu ses honoraires (*payment*) **pendant** six mois.

ou quand l'action est au présent,

> Sa grand-mère se brosse les cheveux **pendant** une heure tous les jours.

ou quand l'action est au futur.

> Elle restera en pension **pendant** trois ans.

✱ **Remarque:** On peut omettre **pendant** devant une expression de durée qui contient un nombre, ou les expressions «**toute la journée, toute la nuit**», etc.

> Il a dormi une heure.   Ils voyageront deux semaines.

b. Pour signifie *for* (*a period of time to come* or *in the future*) et s'emploie généralement après les verbes **partir, s'en aller, sortir, venir,** etc.

Tvaduction

Tu pars **pour** trois jours.

Ils s'en vont **pour** deux semaines.

ou quand au verbe s'ajoute une idée d'intention, de but, de possibilité.

Son père est parti **pour** deux ans en mission aux Etats-Unis.

Nos locataires s'en vont à Tahiti **pour** trois mois et désirent sous-louer leur appartement.

✱ **Remarque:**   **Pour** ne peut pas être omis.

EXERCICE

K. Mettez la préposition, **pendant** ou **pour,** ou mettez X dans l'espace vide.

1. Après son accident, Paul est resté à l'hôpital *pendant* trente-quatre jours.   2. Elle va avoir une opération. Elle entre à la clinique *pour* deux jours seulement.   3. L'année prochaine je resterai dans une pension de famille *pour* trois semaines.   4. Le couturier est parti *pour* deux semaines en Chine pour montrer sa collection.   5. Tous les jours j'attends l'autobus *pendant* un quart d'heure au moins.   6. *Pendant* mon absence, mon propriétaire a repeint mon appartement.   7. Avez-vous fait des provisions de champagne *pour* la soirée du 31 décembre?   8. Josyane a écouté la radio *pendant* toute la nuit.   9. Sa gouvernante lui lisait des vers de Corneille *pendant* une heure tous les jours.   10. Mes cousins viendront nous voir *pour* le week-end dans notre location au bord de la mer.

quelque, quelques, quelqu'un, quelques-uns, quelques-unes

a. **Quelque, quelques** sont adjectifs: ils accompagnent un nom.
Le singulier **quelque** signifie **un certain.** On le trouve dans des expressions courantes: **quelque chose, quelquefois, quelque part, quelque temps.**

Le pluriel **quelques** signifie **un petit nombre, plusieurs.**
Nous avons **quelques** minutes pour écouter vos malheurs.

b. **Quelqu'un** est un pronom. Il signifie une personne indéterminée; la forme du féminin est rare et peu employée. L'adjectif qui suit **quelqu'un** est au masculin et accompagné de **de.**
Ils ont rencontré **quelqu'un d'important** [= **une personne importante**].

c. **Quelques-uns** et **quelques-unes** sont des pronoms; ils signifient un petit nombre de personnes (hommes ou femmes) ou d'objets.
Je vais vous présenter mes amis. **Quelques-uns** parlent français.
Beaucoup d'Américaines sont sportives. **Quelques-unes** pratiquent plusieurs sports.

EXERCICE

L. Complétez les phrases avec les mots suivants: **quelque chose, quelque temps, quelque part, quelqu'un, quelques-uns, quelques-unes.**

1. Hier, ils ont lu pendant *quelque temps* 2. Où ai-je mis mon stylo? Je l'ai perdu *qq part* .
3. Ils ne comprennent rien à ce film. Et toi, tu comprends *qqc* ?   4. Elle a rencontré
qqun de fascinant à la soirée.   5. Tous mes amis sont bilingues. *Qquns* parlent
même trois langues.   6. J'ai beaucoup de fleurs dans mon jardin. Cueillez-en *qqunes* .
7. Pour faire vivre sa famille, ce monsieur a fait beaucoup d'emprunts. Il en a
remboursé *qquns* .   8. Beaucoup de bonnes en France sont portugaises. *Qqunes* ont
du mal à s'adapter.   9. Pour *quelque temps* , nous allons nous passer de lave-vaisselle.
10. As-tu vu mes clés *qq part* ? —Non.

3. chaque, chacun, chacune

a. **Chaque** est adjectif, féminin ou masculin. Il n'y a pas de pluriel.

     chaque enfant   **chaque** après-midi   **chaque** fleur

b. **Chacun** est un pronom masculin singulier (*each one*). **Chacune** est un pronom féminin
singulier. Il n'y a pas de pluriel. Avec **chacun, chacune,** on doit employer le possessif **son,
sa, ses** et le pronom **soi** (voir p. 232).

     Chacun pour **soi** et Dieu pour tous.
     Les petites filles jouaient. **Chacune** avait **sa** poupée.

EXERCICE

M. Complétez les phrases suivantes avec **chaque, chacun, chacune.**

1. *Chaque* soir, ils font une promenade dans le parc.   2. Tous leurs enfants sont
mariés. *Chacun* a sa propre maison.   3. Mes filles ont eu *chacune* bébé cette année.
4. Pour Noël, *chaque* enfant reçoit des cadeaux.   5. Les petites filles jouaient dans la
neige. *Chacune* avait sa luge (*sled*).   6. *Chacun* doit se préoccuper de son avenir.
  7. *Chaque* employé dans cette usine reçoit un bon salaire.   8. *Chacun* paie une
cotisation (*contribution*) pour la retraite.   9. *Chaque* année, il faut penser à payer ses
impôts.   10. Cette grand-mère est généreuse. Elle fait un cadeau à *chacun* de ses
petits-enfants.

Synthèse

APPLICATIONS

I. **Votre appartement.**   Décrivez votre appartement à l'aide de pronoms relatifs.

     Modèle: C'est un appartement…
              Il nous plaît beaucoup.
              *C'est un appartement **qui** nous plaît beaucoup.*
              C'est un appartement…

1. Nous l'avons cherché pendant longtemps.
2. Il est situé dans une rue calme.
3. Nous sommes très contents de cet appartement.
4. Le balcon de cet appartement donne sur un jardin charmant.
5. Dans cet appartement il y a des tapis et même des bibelots.
6. Le loyer de cet appartement est raisonnable.
7. Nous espérons vivre longtemps dans cet appartement.

II. Une famille intéressante.   Stéphanie vous parle des différentes personnes de sa famille. Reliez les phrases avec des pronoms relatifs.

Modèle: Stéphanie parle de son enfance. Son enfance a été bizarre. Elle se souvient bien de son enfance.
Stéphanie parle de son enfance qui a été bizarre, dont elle se souvient bien.

1. Elle nous parle de son père. Il a beaucoup voyagé. Elle ne le voyait pas souvent. Elle l'imaginait comme un héros. Elle rêvait de lui.
2. Elle nous parle de sa mère. Sa mère avait beaucoup de talents. Stéphanie l'admirait beaucoup. Elle sortait le dimanche avec sa mère, au théâtre, dans les musées.
3. Elle nous parle de son frère. Il ne faisait rien. Il racontait des histoires. A cause de ces histoires il était puni.
4. Elle nous parle de son cousin Marius. Il est parti sur un voilier pour faire le tour du monde. Marius était plutôt délicat. Toute la famille s'inquiétait à propos de la santé de Marius.
5. Elle nous parle de sa grand-mère. Sa grand-mère avait une maison de couture. Elle a perdu cette maison de couture parce qu'elle n'avait pas le sens des affaires.
6. Elle nous parle de sa tante. Sa tante a gagné le gros lot à la loterie; grâce à ce gros lot, elle est partie à l'étranger; elle vit encore à l'étranger.

A votre tour, parlez d'un membre intéressant de votre famille, en employant beaucoup de pronoms relatifs.

III. Votre pays de rêve.   Décrivez-le à l'aide de pronoms relatifs.

Modèle: C'est un pays…
Il est situé dans un climat chaud.
C'est un pays **qui** *est situé dans un climat chaud.*

C'est un pays…

1. Je rêve de ce pays tous les jours.
2. Dans ce pays, le soleil brille toute l'année.
3. Ce pays est rempli de fleurs et d'oiseaux.
4. Les habitants de ce pays sont amicaux.
5. Le gouvernement de ce pays est pacifiste.
6. Dans ce pays, on n'a pas besoin de travailler.
7. Je cherche ce pays sur la carte du monde.
8. Ce pays n'existe pas.

IV. Définitions.   Définissez les lieux, les personnes ou les expressions suivants.

> **Modèle:** La tour Eiffel. C'est un monument qui … que … dont …
> *La tour Eiffel, c'est un monument qui se trouve à Paris, que je n'ai pas encore visité, dont tout le monde parle.*

1. La Californie, c'est une région qui … où … dont …   2. Gérard Depardieu, c'est un acteur qui … avec qui … dont …   3. Paris, c'est une ville qui … que … où …   4. Les expériences nucléaires, c'est un sujet dont … sur lequel … que   5. Les Grandes Ecoles, ce sont des institutions que … dont … grâce auxquelles …   6. Une agence immobilière, c'est un bureau où … qui … dont …   7. Une caisse d'épargne, c'est un endroit que … dont … qui …   8. Une hypothèque, c'est un document qui … que … par lequel …

ACTIVITÉS

1. **Débat.**   Formez deux groupes: l'un pense que les salaires que reçoivent les personnes «riches et célèbres» sont justifiés, l'autre juge que ces salaires sont exagérés en fonction de la quantité de travail fourni.

   les acteurs de cinéma ou de télévision / les vedettes de sport
   certains écrivains / les best-sellers
   domestiques, voyages, propriétés, bateaux, avions personnels, impôts

2. **Sondage.**   Posez des questions à plusieurs camarades: Quelles sont, à leurs avis, les causes de la pauvreté? Comment survivent les pauvres? Par quels moyens peuvent-ils sortir de leur condition? Faites un rapport sur vos résultats.

   le chômage (*unemployment*) / la paresse (*laziness*) / la malchance (*bad luck*) /
   la faillite (*bankruptcy*) / l'allocation (*f.*) chômage (*unemployment compensation*) /
   l'allocation (*f.*) familiale (*government subsidy to large families*) /
   les mauvais placements (*bad investments*) / la bourse (*stock market*)

3. **Jeu de rôle.**   Vous imaginez que vous avez fait un petit héritage et vous allez consulter un conseiller financier pour placer cet argent et le faire profiter. Un camarade joue le rôle du conseiller financier.

   acheter du terrain   faire construire   retaper une maison
   acheter des actions (*stocks*)   créer une entreprise

TRADUCTION

1. Gilbert, are you happy with the apartment you live in?
2. Not really. There are lots of problems that bother me. The apartment I rent is small, noisy, and located near a train station and a factory that pollute the air I breathe.
3. I am looking for a room that is larger, quieter, and in an area where I would not have allergies. Do you know of a place that you could recommend? It is important for my

studies that I find a place where I ~~puisse~~ can move soon. I cannot concentrate on my work, which annoys my teachers.

4. As a matter of fact, I have a friend whose parents own a large house for students. They are looking for tenants. The rooms I have seen are large and light (**clair**). The house is located near a park where there are lots of trees. Everything you want and need.
5. But will I be able to afford the rent?
6. The amount (**la somme**) they are asking is reasonable. I will talk to them about you.
7. You are a real friend. Thank you for your help, which I will always remember.

RÉDACTIONS

1. **Mon enfance.**   Racontez votre enfance. Décrivez les membres de votre famille qui ont joué un rôle important dans votre vie. Ajoutez des détails—vrais ou inventés—sur la situation financière de vos parents et des membres de votre famille. Employez beaucoup de pronoms relatifs.
2. **Proverbe.**   On dit que l'argent ne fait pas le bonheur. Discutez cet adage.

Les démonstratifs

ocabulaire du texte

accueil (*m.*) welcome
accueillir to welcome
aggraver to make worse
asile (*m.*) shelter
s'attendre à to expect
atterrir to land
bénéfique beneficial
billet (*m.*) **de banque** banknote
blesser to wound
bonheur (*m.*) good luck; happiness
chance (*f.*) (good) luck
commettre une erreur to make a mistake
conjurer to ward off, avert
couper le chemin à quelqu'un to cross
  someone's path
croisement (*m.*) crossroad, crossing
croiser to cross
demeure (*f.*) residence
destin (*m.*) destiny
de suite in a row
en cours current, up-to-date
faire l'affaire to do (the job)
faire sauter to flip (a pancake)
fêter to celebrate
fortune (*f.*) luck
frapper to strike
gratter to scratch
inoffensif (inoffensive) harmless

lancer to throw
maladresse (*f.*) clumsiness
malchance (*f.*) bad luck
maléfice (*m.*) evil spell
maléfique foreboding, ominous
malheur (*m.*) bad luck
manche (*m.*) handle
manœuvre (*f.*) action
mauvais sort (*m.*) evil spell
néfaste harmful; deadly
par hasard by chance
percé(e) pierced
pièce (*f.*) coin
pierre (*f.*) stone
poêle (*f.*) frying pan
porter malheur to bring bad luck
pouvoir (*m.*) power
présage (*m.*) omen
propriétaire (*m.* ou *f.*) owner
rattraper to catch
réclamer to ask for
repousser to repel, push away
sort (*m.*) fate
sous la main handy
tache (*f.*) spot
tordu(e) twisted
tout de suite right away
valable valid

ocabulaire supplémentaire

La chance

cartomancien (*m.*), **cartomancienne** (*f.*)
  fortune-teller (card reader)
casser un miroir to break a mirror
être treize à table to have thirteen guests
  at dinner
fer (*m.*) **à cheval** horseshoe
médaille (*f.*) medal
muguet (*m.*) lily of the valley

numéro (*m.*) **treize** number thirteen
passer sous une échelle to walk under a
  ladder
patte (*f.*) **de lapin** rabbit's foot
porte-bonheur (*m.*) good luck charm
renverser la salière to tip over the salt
  shaker
toucher du bois to knock on wood

trèfle (*m.*) **à quatre feuilles** four-leaf clover

voyance (*f.*) clairvoyance
voyant (*m.*), **voyante** (*f.*) clairvoyant

Divers

doué(e) talented
manche (*f.*) sleeve

poêle (*m.*) stove

Français en couleurs

Quand on a de la chance, on a «la baraka» (mot arabe) ou «du pot», «du bol». La malchance, c'est «la poisse», «la scoumoune» (mot nord-africain sans doute d'origine arabe). On est «dans la panade» (*bread soup*) ou «la purée» (*mashed potatoes*). Quand on triche à un jeu, on dit qu'on «truande» et on peut «se faire pincer» (*to get caught*).

Quelque chose qui est «occulté» est rendu obscur.

Quand on est fatigué d'une chose, on «en a marre», on «en a plein le dos», on «en a ras l'bol».

Si on n'obtient pas une chose qu'on désire, on «fait tintin». Si on ne voit pas bien, on est «bigleux», on «n'a pas les yeux en face des trous». Si on n'entend pas bien, on est «sourdingue». Ces trois expressions sont très péjoratives, car même les mots aveugles et sourds sont remplacés dans la langue officielle (plus généreuse) par «malvoyants et malentendants».

Quelques conseils pour avoir de la chance

Jean-Luc Caradeau et Cécile Donner sont tous deux journalistes. Jean-Luc Caradeau a pratiqué l'hypnose dès l'âge de seize ans, ainsi que la magie, la parapsychologie et la télépathie. Cécile Donner est passionnée depuis son enfance par les sciences occultes, la médecine naturelle° et la voyance.

holistic

Préparation à la lecture

Dans leur ouvrage, *Guide pratique de la chance*, les auteurs donnent une liste, classée par ordre alphabétique, des présages qui sont présents dans la vie quotidienne. La façon de faire sauter une crêpe ou la rencontre avec un chat noir peuvent avoir une influence néfaste ou heureuse. Ce livre explique les signes et donne les façons d'annuler les mauvais présages et de conjurer le sort. Ceux qui suivront ces conseils pourront forcer la chance et devenir maîtres de leur destin.

La Chandeleur° est à l'origine une fête chrétienne: la fête de la présentation de l'Enfant Jésus au Temple et de la purification de la Vierge. Cette fête est ainsi nommée parce que les personnes présentes portent des chandelles,° des bougies.°

Candlemas

candles

Dans toute la France, on célèbre la Chandeleur en faisant des crêpes; c'était, autrefois, un dessert très économique pour les pauvres, car il se compose de farine, d'œufs, de lait ou d'eau et d'un peu d'huile. On garnit ensuite les crêpes de beurre et de sucre, de confiture et parfois de rhum. On fait sauter les crêpes en famille ou avec des amis et tout le monde rit si quelqu'un manque la crêpe et si elle atterrit sur le sol. La coutume de tenir la poêle avec de l'argent dans la main, pour être sûr d'être riche toute l'année, est encore courante.

La chance joue aussi un rôle dans deux autres fêtes: le 6 janvier on célèbre l'Epiphanie ou «fête des rois» (*Twelth Night*). Ce jour-là on commémore la visite des «Rois mages» à l'Enfant Jésus. A cette occasion, on mange un gâteau, la galette des rois, où on cache une «fève».[1] La personne qui trouve la fève en mangeant sa part de gâteau est couronnée roi (ou reine) avec une couronne en papier doré.

Le 1ᵉʳ mai: On offre un brin de muguet comme porte-bonheur aux personnes qu'on aime. C'est aussi la fête du travail.

Chandeleur: Il faut la fêter

Fêtez-la tous les ans pour avoir de la chance.
La crêpe faite le jour de la Chandeleur (le 2 février), et seulement ce jour-là, est douée de pouvoirs particuliers.

Pour favoriser votre fortune, faites sauter une crêpe en tenant, en même temps que le manche de la poêle et dans la même main, une pièce d'or. Si vous n'avez pas de pièce d'or, un gros billet ou un gros chèque à votre nom feront l'affaire.

Si vous n'avez sous la main ni gros chèque, ni billet, ni pièce d'or, rassurez-vous. Faites sauter sept crêpes de suite. L'effet pour l'année en cours sera le même.

Des incidents possibles
1. Vous manquez la crêpe: vous la lancez bien en l'air, mais vous ne la rattrapez pas avec la poêle et elle atterrit sur le sol de la cuisine. Cette

_____

[1] porcelain charm hidden in the cake

maladresse vous promet de graves problèmes financiers durant° l'année à venir.

= **pendant**

2. Vous avez lancé la crêpe trop fort et au lieu de retomber dans la poêle, elle atterrit sur un meuble (buffet ou élément de cuisine). Cela vous promet non de l'argent, mais du bonheur toute l'année.

Notre conseil

Ceux qui n'auront pas réussi à retourner correctement une crêpe le jour de la Chandeleur doivent conjurer le sort en portant sur eux une pièce tordue et une pièce percée.

Chat noir

Une rencontre désagréable: Un croisement dangereux

Croiser un chat noir porte malheur. Plusieurs cas sont possibles, avec des degrés de gravité différents:

Premier cas: Le chat noir se dirige vers vous et vous croise sans couper votre chemin. Ce n'est pas un bon présage, mais le chat noir ne vous porte pas vraiment malheur. Vous n'aurez seulement pas ou peu de chance aujourd'hui.

Deuxième cas: Le chat noir coupe votre chemin en marchant de votre gauche vers votre droite. C'est un mauvais présage. Vous aurez de la malchance.

Troisième cas: Le chat noir coupe votre chemin en allant de votre droite vers votre gauche. C'est un très mauvais présage. Il peut, dans la journée, vous arriver des choses graves.

Quatrième cas: Si vous blessez ou tuez un chat noir en conduisant votre voiture, attendez-vous aux pires catastrophes.

Une erreur à ne pas commettre

Ne jetez pas de pierre au chat noir. Cette manœuvre ne ferait qu'aggraver le maléfice.

Il est dangereux: adoptez-le!

Tout ceci, bien sûr, s'applique aux chats noirs que vous croisez hors de votre maison car, si vous êtes l'heureux propriétaire d'un chat noir, vous possédez un puissant protecteur. Le chat noir, en raison de° sa couleur, absorbe les maléfices qui frappent la demeure où il vit, et les restitue° à l'extérieur, ce qui explique qu'il porte malheur à ceux dont il croise le chemin par hasard. Si un chat noir vient miauler ou gratter à votre porte ou à votre fenêtre pour vous réclamer asile ou nourriture, accueillez-le avec joie. Il vient vous signifier la fin d'une période de malchance, ou un regain de chance.° Si vous le repoussez, cela vous portera malheur. Et là, on ne peut conjurer le maléfice. Ces présages et ces conseils sont valables uniquement pour les chats entièrement noirs. La moindre tache blanche sur le pelage° de l'animal le rend inoffensif. ■

en... because of
returns

un... more luck

fur

Questions sur la lecture

1. Quel jour célèbre-t-on la Chandeleur? Que représente cette fête, à l'origine? Quelle action, ce jour-là, est douée de pouvoirs particuliers?
2. Que faut-il faire pour favoriser la fortune en faisant des crêpes?
3. Qu'est-ce qui peut remplacer une pièce d'or?
4. Si on n'a ni pièce d'or, ni billet, ni gros chèque, que faut-il faire pour avoir de la chance?
5. Qu'est-ce qui arrive si la crêpe atterrit sur le sol, sur un meuble?
6. Comment conjurer le sort, si on n'arrive pas à retourner la crêpe correctement?
7. En général, croiser un chat noir amène quelle conséquence?
8. Dans quel cas est-ce que croiser un chat noir peut procurer les pires catastrophes?
9. Que faire d'un chat noir s'il gratte à votre porte?
10. Quelle sorte de chats sont inoffensifs?

Questions personnelles

1. Aimez-vous les crêpes? En faites-vous quelquefois? A quelle occasion?
2. Que pensez-vous de la coutume de célébrer la Chandeleur et de tenir une pièce dans la main pendant qu'on fait sauter une crêpe?
3. Dans votre région, connaissez-vous d'autres coutumes qui, selon les croyances populaires, apportent de la chance ou de la malchance?

L'adjectif démonstratif

Il se place devant le nom comme un article. Il sert à montrer.

Formes

Voici les formes de l'adjectif démonstratif.

	masc.	fém.	
sing.	ce, cet	cette	*this, that*
pl.	ces	ces	*these, those*

Emplois

1 **Ce.** On emploie **ce** au masculin singulier devant un nom à consonne initiale ou **h** aspiré initial.

   ce paquet   **ce** Hongrois

2 **Cet.** On emploie **cet** au masculin singulier devant un nom à voyelle initiale ou **h** muet initial. Le **t** est prononcé.

cet‿enfant   cet‿homme

3 **Cette.** On emploie **cette** devant tous les noms féminins singuliers.

cette dame   **cette** idée   **cette** halte   **cette** horreur

4 **Ces.** On emploie **ces** devant tous les noms pluriels, masculins ou féminins.[2]

ces paquets	**ces** Hongrois	**ces**‿horreurs
ces‿hommes	**ces** dames	**ces**‿enfants
ces haltes	**ces**‿idées	

5 Pour opposer deux personnes ou deux choses—l'une proche, l'autre éloignée—on ajoute **-ci** ou **-là** après le nom.

ce livre-**ci** = *this book* (**here**)

ce livre-**là** = *that book* (**there**)

Souvent, **-ci** ou **-là** n'indiquent pas la proximité ou l'éloignement mais opposent simplement deux noms distincts.

Qu'est-ce que vous préférez: **ce** tableau-**ci** ou **ce** tableau-**là**?

✴ **Remarques:**

- Le français est moins précis que l'anglais et on dit indifféremment **ce livre** pour ***this*** book ou ***that*** book.

- Voici des expressions courantes où l'adjectif démonstratif **ce** (sans **-ci** ou **-là**) a un sens bien précis:

ce matin = *this morning*
ce soir = *tonight*
cette année = *this year*

- Comparez avec:

ce matin-là = *that morning* (a very specific morning)
ce soir-là = *that evening*
cette année-là = *that year*

EXERCICE

A. Refaites les phrases suivantes en remplaçant l'article en italique par un adjectif démonstratif.

1. *Le* croisement est dangereux.   2. *L'*action est bénéfique.   3. *Les* billets de banque sont faux.   4. Prenez *la* pièce dans votre main gauche.   5. *Les* chats noirs portent malheur. 6. *Le* poêle nous donne une bonne chaleur.   7. Le manche de *la* poêle est lourd.   8. *Le* présage est néfaste.   9. Je préfère *l'*élément de cuisine.   10. Ne repoussez pas *l'*animal.

---

[2] Le **-s** de **ces** est prononcé /z/ devant une voyelle ou un **h** muet. Il n'est pas prononcé devant une consonne ou un **h** aspiré.

Le pronom démonstratif

Le pronom démonstratif remplace un nom accompagné d'un adjectif démonstratif. Il s'accorde en genre et en nombre avec le nom qu'il remplace.

Formes

Il y a une forme simple et une forme composée.

	Forme simple		Forme composée	
	masc.	*fém.*	*masc.*	*fém.*
sing.	celui	celle	celui-ci	celle-ci
			celui-là	celle-là
pl.	ceux	celles	ceux-ci	celles-ci
			ceux-là	celles-là

✱ Remarques:

- Les formes du pronom démonstratif sont comparables aux formes des pronoms disjoints.
  celui / lui   celle / elle   ceux / eux   celles / elles
- L'*adjectif* a une seule forme au pluriel: **ces.** Le *pronom* a deux formes au pluriel: **ceux** (*m.*) et **celles** (*f.*).

Emplois

1 La forme composée **celui-ci, celle-ci / celui-là, celle-là**

    a. On emploie la forme composée du masculin et du féminin pour opposer deux objets distincts quand on doit faire un choix,

        Quelle robe vais-je mettre ce soir? | Cette robe-ci ou cette robe-là?
                                     | **Celle-ci** ou **celle-là?**

ou pour décrire les qualités respectives de deux personnes, de deux objets différents.

        Ces deux livres ont des qualités, mais **celui-ci** est plus intéressant que **celui-là.**

    b. Cette forme traduit aussi *the latter* (**celui-ci, celle-ci**) et *the former* (**celui-là, celle-là**).

        Pierre et son père se ressemblent beaucoup, mais **celui-ci** a les cheveux blancs,
           tandis que **celui-là** est blond.

2 La forme simple **celui, celle, ceux, celles**
On emploie la forme simple du pronom démonstratif principalement dans deux cas.

a. Avec un pronom relatif

celui qui	*the one who (that)*
celle que	*the one who (that)*
ceux dont	*those of whom (of which)*
celles à qui	*those to whom (to which)*
celles avec lesquelles	*those with whom (with which)*

Un chat noir porte-t-il malheur à tous **ceux qu**'il rencontre?

b. Avec la préposition **de**

celui de	} *the one of, that of*	**ceux de**	} *the ones of, those of*
celle de		**celles de**	

J'ai mes livres et **ceux de** Bernard.　　　*I have my books and **Bernard's.***

Ma grand-mère et **celle de** Jeanne ont le　　*My grandmother and **Jeanne's** are the*
même âge.　　　　　　　　　　　　　　　　*same age.*

C'est la traduction du cas possessif anglais: *Bernard's, Jeanne's.*

EXERCICES

B. Refaites les phrases suivantes en remplaçant les expressions en italique par des pronoms démonstratifs.

　　Modèle: Ce chat-là est plus caressant que *ce chat-ci.*　　－ege －
　　　　　　　*Ce chat-là est plus caressant que **celui-ci.***

1. Ces crêpes-ci sont parfumées à l'orange. *Ces crêpes-là sont parfumées au rhum.*
2. J'aime mieux ce buffet-ci que *ce buffet-là.*　　3. Ces présages-là sont bénéfiques. *Ces présages-ci* sont maléfiques.　　4. Ces appartements-ci sont plus vastes que *ces appartements-là.*　　5. Ces boîtes-là sont moins pleines que *ces boîtes-ci.*　　6. Cet enfant-ci est aussi maladroit que *cet enfant-là.*　　7. Cette fête-ci et *cette fête-là* sont très populaires.
8. Il faut accueillir ces animaux-ci et *ces animaux-là.*

C. Complétez les phrases suivantes avec la forme simple du pronom démonstratif: **celui, celle, ceux, celles.**

1. Mes cousins ne savaient pas s'ils prendraient leur voiture ou _celle_ de leurs parents.
2. Nous comparons les avantages de la vie à Paris à ~~ceux~~ _ceux_ de la vie à la campagne.
3. Ce chat n'est pas _celui_ qui a croisé mon chemin.
4. Cette crêpe est minuscule. _Celle_ que tu as mangée était énorme.
5. Cet ouvrage parle de chance. _Celui_ qui le lira y trouvera une liste de signes bénéfiques et maléfiques.
6. J'ai perdu les clés de ma maison et _celles_ de ma voiture.
7. Je tenais beaucoup à ce miroir. C'est _celui_ que ma grand-tante m'a laissé en héritage.
8. Les conseils que je vous donne sont _ceux_ que m'a donnés la voyante.

LA FORME NEUTRE DU PRONOM: «CE, CECI, CELA» (*THIS, THAT*)

Il existe une forme de pronom démonstratif qui n'est ni masculin, ni féminin. C'est la forme neutre **ce**. **Ce** est la forme simple: combiné avec **-ci** et **-là** ce pronom devient **ceci, cela.** Dans la langue familière, **cela** est contracté en **ça.**

✻ **Remarque:**   Il n'y a pas d'accent sur **cela** ni sur **ça.**

1 **Ce.** La forme **ce** apparaît dans **c'est, ce qui, ce dont,** etc.

2 **Ceci** désigne un objet proche et **cela** un objet éloigné que l'on montre du doigt.

> Aide-moi à laver la vaisselle: je laverai **ceci,** et tu laveras **cela.**

3 **Ceci** annonce une phrase qui suit. **Cela (ça)** rappelle une phrase qui précède.

> Ecoutez bien **ceci:** je commence à m'énerver!
> Venez à minuit: **cela** ne me dérangera pas.

4 Avec **cela** on emploie un verbe autre qu'**être.** Si le verbe est **être,** on a **ce** ou **c'.**

> Venez à minuit: **c'est** important.   **Ce** n'est pas grave.

✻ **Exceptions:**   Dans les expressions **cela m'est égal, cela m'est indifférent,** on emploie <u>cela</u> avec le verbe **être.**

EXERCICE

D. Complétez les phrases suivantes avec la forme correcte du pronom neutre: **ce, cela, ça, ceci.**

1. La réussite, ~~cela~~ **c'**est une question de chance.   2. Une rencontre désagréable, **ça** peut changer votre humeur.   3. Les chats ont **ceci** de bien: ils se lavent eux-mêmes.   4. Faire sauter une crêpe pour qu'elle retombe dans la poêle, **cela** demande de l'adresse.   5. Est-ce que tout **ça** va encore recommencer?
6. **Ce** qui m'inquiète, ~~cela~~ **c'**est mon absence d'énergie.   7. ~~Cela~~ **Ça** vous fatigue de lire le journal tous les jours?   8. Notre quartier a **ceci** d'agréable: il a beaucoup de jardins.   9. Si vous repoussez un chat noir, **cela** vous portera malheur.   10. Ne faites pas de crêpes pour la Chandeleur: **cela** m'est égal.

«C'EST / IL EST, ELLE EST» (*IT IS*)

1 Si on peut poser la question **Qu'est-ce que c'est?**, la réponse est **c'est un (une, le, la),** ou **c'est des (ce sont des).**

> On montre un livre: —Qu'est-ce que c'est?
> —C'est un livre.
> On montre des livres: —Qu'est-ce que c'est?
> —C'est des livres. Ce sont des livres.

2 Si on peut poser les questions **Où est-il?, Où est-elle?, Comment est-il?, Comment est-elle?,** la réponse est **il est, elle est.**

On cherche un livre: **—Où est-il?**

—Il est sur la table.

❋ **Remarque:** On reprend dans la réponse les deux derniers mots de la question.

Qu'est-ce que **c'est?** —**C'est un...** Où **est-il?** —**Il est...**

Comment **est-elle?** —**Elle est...**

3 Avec un adjectif, **c'est** est plus courant que **il est.** L'adjectif qui suit est toujours masculin singulier. **C'est** rappelle ce qui précède. **Il est** annonce un groupe qui suit.

Il est évident que vous avez raison. (**C'est** *est possible.*)

Vous avez raison: **c'est** évident. (**Il est** *est impossible.*)

❋ **Remarques:**

- Si le véritable sujet du verbe **être** est un infinitif, on a **il est** ou **c'est** quand l'infinitif suit.
  Il est dangereux de **faire du ski** seul.
  C'est dangereux de **faire du ski** seul.

- On a **c'est** (jamais **il est**) quand l'infinitif précède.
  Vous aimez **faire du ski?** —Oui, **c'est** amusant, mais **c'est** dangereux.

- Il y a une attraction de l'adjectif démonstratif qui suit.

  C'est triste et beau, **cette** histoire.

- Cette construction-ci est plus courante que la construction suivante:
  Elle est triste et belle, **cette** histoire.

4 On emploie **c'est** ou **il est** avec les expressions de temps.
Comparez les phrases suivantes:

Il est	*C'est*
Il est l'heure.	**C'est** l'heure.
Quelle heure **est-il?**	Quel jour **est-ce?**
Il est midi.	**C'est** aujourd'hui mardi.
Il est tôt.	**C'est** tôt.
Il est tard. (*remarque dans l'absolu*)	Deux heures du matin, **c'est** tard pour aller
Il est temps de partir.	se coucher.

5 Pour l'emploi de **c'est** ou **il est, elle est** avec des noms de profession, de religion et de nationalité, voir p. 154.

EXERCICE

E. Mettez la forme qui convient dans les phrases suivantes: **ce, cela** ou **il.**

1. _____ est toujours difficile de choisir _____ qu'on veut faire dans la vie.

2. _____ est indispensable d'avoir une pièce d'or dans la main quand on fait sauter une crêpe.   3. Notre appartement est assez grand, mais _____ n'est pas confortable.

4. _____ est mercredi aujourd'hui. —Quelle chance! Pour moi, _____ est le meilleur jour de la semaine.   5. On dîne à dix heures du soir dans cette famille: _____ est tard pour les enfants qui vont à l'école le lendemain.   6. Quelle heure est-il? — Onze heures. _____ est tard, je vais me coucher.   7. _____ est temps que vous vous aperceviez de vos erreurs.   8. _____ est complètement idiot, cette politique du président.   9. Passer sous une échelle, _____ est toujours un risque.   10. Pierre est malchanceux. _____ est dommage!

Suppléments de grammaire

1 manquer (*to miss, to lack*)

Le verbe **manquer** a plusieurs constructions et des sens différents.

a. Manquer + objet direct signifie *to miss* (*a train, a bus, a plane, a class, an event*).
  Philippe **manque** toujours les cours de chimie.
  Hier, j'**ai manqué** un excellent programme sur la Russie.

b. Manquer + **de** + nom sans article signifie *to lack.*
  Vos parents **manquent-ils** d'intérêt pour les sports?
  Cet enfant terrible **manquait** de discipline.
  Ton gâteau **ne manque pas** de sucre?

✳ Remarque: **ne manquer de rien** = *to have everything*

c. Manquer + **à** + nom a plusieurs sens: *to fail; to break one's word; to miss* (*someone*).

Ce jeune homme **a manqué** à sa promesse de travailler mieux.	*This young man **failed** to keep his promise to work better.*
Il **a manqué** à sa parole de ne plus tricher.	*He **broke** his word not to cheat any more.*
Vous me **manquez.** Elle **manque** à ses parents.	*I **miss** you. Her parents **miss** her.*

✳ Remarques:

• Vous **me manquez** = *I miss you.* L'ordre en français est inverse de l'ordre en anglais.

• *I missed you* peut se traduire par **Je t'ai manqué** ou **Je vous ai manqué** seulement dans les circonstances suivantes: Vous quittez une fête juste avant qu'un de vos amis arrive. Il peut vous dire: «Je suis arrivé cinq minutes après ton départ. Je t'ai manqué».

d. Il manque (*verbe impersonnel*) + objet indirect signifie *to be missing, to be short.*

La caissière était inquiète: **il lui manquait** trente francs.	*The cashier was worried: **she was missing** thirty francs.*
Je ne peux pas acheter cette chaîne, parce qu'il **me manque** cent dollars.	*I can't buy this stereo because **I'm short** one hundred dollars.*

EXERCICE

F. Traduisez les groupes en italique.

1. Claire *missed her French class* hier.   2. Quand j'ai lavé la vaisselle, *I lack energy* pour laver le sol de la cuisine.   3. Le père de Marie *lacked ambition*.   4. Cette bonne élève *did not fail to keep her promises*.   5. Quand elle est allée vivre aux États-Unis, *she missed her parents*.   6. Qu'est-ce qu'on achète pour Noël à *somebody who has everything*?   7. *She broke her promise to stop smoking*.   8. *I miss my friends*.   9. Le directeur de la banque a dit à l'employé: "*We are short $5,000.*"   10. *I am always short one hundred francs* à la fin du mois.   11. Le frère de Rosette *was always missing* les cours de maths.   12. J'ai essayé le jean, *but there were two buttons missing*.   13. Quand Juliette était à Paris, elle écrivait à René: *I miss you*.   14. Hier, *I missed the bus*, et je suis arrivé en retard.   15. Quand le père de Laurent est arrivé à la caisse, *he was short fifty francs* pour payer les commissions.

▶ 2 Verbes de mouvement

Plusieurs verbes de mouvement en anglais ont une traduction française différente s'ils sont employés avec un complément de destination indiquant l'endroit où on va, un adverbe, un complément de lieu descriptif ou seuls.

		Vers une destination	*Adverbe, complément descriptif, ou verbe seul*
to fly		**aller en avion**	**voler**
		Je **vais** à Paris **en avion**.	L'avion **vole** à 6 000 mètres.
to sail		**aller en bateau**	**naviguer**
		Vous **allez** en Europe **en bateau?**	Le voilier **navigue** sur la mer.
to ride a bike		**aller à bicyclette (à vélo)**	**rouler, faire du vélo**
		Je **vais** en ville **à bicyclette**.	Ne **roule** pas trop vite.
			Le dimanche, j'aime **faire du vélo**.
a horse		**aller à cheval**	**faire du cheval**
		Le cow-boy **est allé** au rodéo **à cheval**.	Ils **font du cheval** au Bois de Boulogne.
to ski		**aller à skis**	**skier, faire du ski**
		Autrefois, les petits Canadiens **allaient** à l'école **à skis**.	Ce champion **skie** vite. Elle **fait du ski** dans les Alpes.
to swim		**traverser à la nage**	**nager**
		Il **a traversé** la Seine **à la nage**.	Vous **nagez** bien.

EXERCICE

G. Traduisez les phrases suivantes.

1. In the Alps, some children ski to school.   2. They do not ski fast, but they like skiing.   3. Did you fly to Europe?   4. No, we went by boat.   5. This young athlete swam across the river.   6. In the country, one can ride a horse.   7. If you ride your bike to school, ride carefully.   8. This new plane flies fast.

Synthèse

APPLICATIONS

I. Esprit de contradiction.   Stéphanie et son fiancé vont faire des courses pour meubler leur futur appartement. Chaque fois que Vincent choisit quelque chose, Stéphanie n'est pas d'accord. Imaginez leur conversation à propos des objets suivants.

> **Modèle:** VINCENT: Moi, j'aime bien cette chambre à coucher.
> STÉPHANIE: *Moi, je préfère **celle-là**.*

1. le réfrigérateur *celui*
2. les chaises *celles*
3. la machine à laver *celle-là*
4. le buffet *celui-là*
5. les éléments de cuisine *celles-là*
6. la table de salle à manger
7. le divan *celui-là*
8. les fauteuils
9. la commode
10. l'aspirateur
11. les lampes
12. l'ouvre-boîtes

II. Indécision.   Josyane va acheter des vêtements. La vendeuse lui montre ce qu'elle a. Josyane lui fait tout sortir.

> **Modèle:** Voulez-vous essayer…
> ce manteau / qui est sur le mannequin
> *Oui, je veux essayer **celui-ci**, **celui-là**, et aussi **celui** qui est sur le mannequin.*

Voulez-vous essayer…

1. les chaussures / qui sont dans cette boîte
2. la robe / qui est dans la vitrine
3. les pulls / qui sont sur les étagères
4. le pantalon / que je vois sur cette dame
5. la chemise de nuit / que j'ai vue dans le journal
6. la jupe / que vous portez
7. le jean / que cette jeune fille est en train d'acheter

III. Jalousie.   Votre cousin est jaloux de tout. Il a envie de tout ce qu'il n'a pas.

> **Modèle:** Je n'aime pas … ma voiture / la voiture de Patrice
> *Je n'aime pas ma voiture. Je préfère **celle** de Patrice.*

Je n'aime pas…

1. mon vélo / le vélo de Marguerite
2. mes parents / les parents de Josée
3. ma chaîne stéréo / la chaîne de Victoire
4. mes skis / les skis de Robert
5. mes cassettes / les cassettes d'Alain
6. mon appartement / l'appartement de Jacqueline
7. ma vie / la vie de n'importe quelle autre personne

IV. Produits publicitaires.   Suivez le modèle. Faites des phrases avec un nom de la colonne de gauche et un groupe de la colonne de droite. Utilisez des pronoms relatifs.

Modèle: Achetez … le cadeau / vous aimez quelqu'un
*Achetez **ce** cadeau pour **celui** (ou **celle**) **que** vous aimez.*

Achetez…

1. le produit amaigrissant
2. la voiture
3. les boules quiès (*earplugs*)
4. les chocolats
5. le parfum Dior
6. les livres

a. la femme adore la vitesse
b. l'homme aime la lecture
c. des gens sont gourmands
d. les enfants de cette femme font du bruit
e. vous trouvez cet homme gros
f. les goûts de ces femmes sont raffinés

ACTIVITÉS

1. **Sondage.** Demandez à deux ou trois camarades s'ils ont eu des expériences de seconde vue, de prémonitions, de rêves, de prophétie, ou s'ils connaissent quelqu'un qui en a eu. Sinon, dans quelles lectures, dans quels films ont-ils rencontré des exemples de ces situations? Faites un rapport à la classe.

avoir le don de seconde vue
lire dans les cartes
lire dans les lignes de la main (*palm reading*)
lire dans la boule de cristal
lire le marc de café (*coffee grounds*) ou les feuilles de thé

le vaudou
l'exorcisme
jeter un sort
prédire l'avenir

2. **Jeu de rôle.** Avec un ou une camarade, jouez au jeu de la cartomancienne. L'un de vous lit dans les lignes de la main de l'autre, étudie son caractère, prédit sa journée, sa vie future en fonction de son signe du zodiaque. Changez de partenaire.

le Capricorne
le Bélier (*Aries*)
le Cancer
la Balance (*Libra*)

le Verseau (*Aquarius*)
le Taureau (*Taurus*)
le Lion (*Leo*)
le Scorpion

les Poissons (*Pisces*)
les Gémeaux (*Gemini*)
la Vierge
le Sagittaire

3. **Discussion.** Etudiez, avec deux ou trois camarades, les différents jeux de hasard. Où sont-ils pratiqués? Lesquels connaissent-ils, lesquels préfèrent-ils? Discutez les points positifs et négatifs des jeux de société, des jeux de hasard.

le casino
la roulette
le croupier
les machines (*f. pl.*) à
  sous (*slot machines*)
le tapis vert

jouer (*to gamble*)
gagner
les jeux télévisés
loto (*bingo*)
la loterie

les jeux de cartes:
  la belote
  le bridge
  le roi de cœur (*hearts*)
  le poker

TRADUCTION

1. Cécile had a premonition yesterday.   2. First, she woke up and got up on her (**du**) left foot, which brings bad luck.   3. When she ate breakfast, she spilled the salt. That is another ominous

action.   4. She looked at her calendar and saw it was Friday the thirteenth.   5. She immediately realized those were bad omens.   6. Then she left the house and a black cat crossed her path from left to right, but then she noticed this cat had a white spot.   7. All day, she was expecting other signs of bad luck.   8. She was very careful and did not walk under a ladder. That, she will never do.   9. Finally, she walked through the park and found a four-leaf clover.   10. She understood she was lucky, after all, since this had never happened to her.

RÉDACTIONS

1. **Superstitions.**   Croyez-vous à l'influence de certaines actions sur votre chance? Etes-vous superstitieux (superstitieuse)? un peu? pas trop? beaucoup? pas du tout? Donnez des exemples de croyances populaires dans votre entourage (*among your friends*), de pratiques pour conjurer le sort dans certaines sociétés (*cultures*).

2. **Signes de chance.**   Racontez la journée d'une personne qui ne peut rien faire sans consulter les cartes, interpréter les différents signes qui existent autour d'elle, et qui croit fermement à toutes les prédictions possibles et imaginables.

$\mathcal{L}$e discours indirect

Vocabulaire du texte

à cause de because of
allée (*f.*) path
A table! Dinner is ready!
avancer to go forward
boule (*f.*) bowling ball
carrefour (*m.*) crossroads, intersection
comptable (*m. ou f.*) accountant
crier après to shout at, scold
cru(e) raw
cuit(e) cooked
du tout at all
embouteillage (*m.*) traffic jam
en vitesse in a hurry; in a jiffy
éviter to avoid
faire les gros yeux to glare
indications (*f. pl.*) directions
inscrire to write down
maison (*f.*) **de campagne** country house,
　　weekend house
se mettre en colère to get angry
mûr(e) ripe
pancarte (*f.*) sign

pelouse (*f.*) lawn
potager (*m.*) vegetable garden
rater to miss; to fail
rattraper son chemin to find one's way
　　again
recevoir to greet
rentrer to go back home
rigoler (*fam.*) to laugh; to joke
rigolo(te) (*fam.*) funny
rôti (*m.*) **(de bœuf)** roast (beef)
route (*f.*) **en terre** dirt road
sage good; wise
station-service (*f.*) gas station
tablier (*m.*) apron
tarder to delay
tôt early
tourner to make a turn
tout droit straight ahead
travaux (*m. pl.*) road repairs, roadwork
un, des tas de tons of
vert(e) green; unripe

Vocabulaire supplémentaire

les panneaux de signalisation

aire (*f.*) **de repos** rest area
autoroute (*f.*) freeway
cédez le passage yield
centre-ville (*m.*) downtown
chaussée (*f.*) **déformée** rough road
déviation (*f.*) detour
interdiction (*f.*) **de stationner** no parking
　　(sign)

passage (*m.*) **piétons** pedestrian crossing
péage (*m.*) toll
rond-point (*m.*) rotary
sens (*m.*) **interdit** do not enter
verglas (*m.*) ice
virage (*m.*) turn
voie (*f.*) **sans issue** dead end
voie (*f.*) **unique** one-way street

Français en couleurs

En langue populaire, la campagne, c'est «la cambrousse» ou «le bled» (mot arabe). Quand on échange son adresse et son numéro de téléphone avec quelqu'un, on «se donne ses coordonnées». Si on se trompe, on «se gourre», et pour dire il faut faire attention, on dit «il faut faire gaffe» (Attention, «une gaffe» est *a faux pas!*).

Si on est en retard, on «est à la bourre», et alors il faut «se grouiller», se dépêcher, «faire fissa» (expression arabe). Une chose difficile, c'est «un casse-tête», une personne ennuyeuse, c'est «un casse-pieds», et si vous en avez assez d'elle, vous dites «Tu me casses les pieds!» Une situation dangereuse est un «casse-gueule».

Dans une discussion, si on veut dire à quelqu'un de se taire, on dit «Ferme-la!», ou «La ferme!». Une personne qui ne proteste pas «s'écrase» (*to pipe down*).

«C'est pas d'la tarte» veut dire c'est une chose très difficile, et «c'est du gâteau» c'est une chose très facile (*piece of cake*).

Quand on annonce son départ, on dit souvent «Faut qu'j'y aille» (*time to go*) en deux syllabes.

«C'est cuit» veut dire c'est fini. «C'est du tout cuit» (*it's a cinch*), «il est cuit» (*he's done for*).

Un beau dimanche à la campagne

René Goscinny (1926–1977) est né à Paris et a vécu plusieurs années en Argentine. Il a fait divers métiers avant d'être journaliste. Il est le père du célèbre Astérix (personnage de bande dessinée) et a collaboré à un journal de jeunes: *Pilote.* Les aventures du Petit Nicolas, illustrées par son ami Sempé, le dessinateur de bandes humoristiques, amusent les enfants et les grandes personnes depuis 1954.

Préparation à la lecture

Dans l'extrait suivant, le narrateur, le petit Nicolas, est âgé de huit ou dix ans. Il utilise des expressions de la langue populaire enfantine, ou de la langue familière courante dont voici des exemples: à la question «Que fait ton père?», un enfant répond: «Il fait le comptable» au lieu de «Il est comptable». Dans la langue populaire on dit aussi plus couramment «rigolo» qu'«amusant» et «en vitesse» que «vite».

Nicolas et ses parents sont invités à un déjeuner, un dimanche, chez des amis qui ont une maison à la campagne. Dans un repas français, le hors-d'œuvre est le premier plat; un *hors d'œuvre* se traduit aux Etats-Unis par *appetizer* (on dit «amuse-bouche» ou «amuse-gueule»°).   mouth teaser

Après le déjeuner, les deux jeunes garçons vont dans le jardin jouer à la pétanque. Ce jeu, à l'origine, vient du sud de la France, mais il est maintenant populaire dans tout le pays. C'est un jeu de boules semblable aux *bocci balls.* M. Bongrain recommande aux deux enfants de ne pas jouer sur l'herbe. Dans les jardins publics, en France, on voit souvent un panneau°   sign
qui dit: «Interdit de marcher sur la pelouse».

      ℕous sommes invités à passer le dimanche dans la nouvelle maison de campagne de M. Bongrain. M. Bongrain fait le comptable dans le bureau où travaille Papa, et il paraît qu'il a un petit garçon qui a mon âge, qui est très gentil et qui s'appelle Corentin.

5   Moi, j'étais bien content, parce que j'aime beaucoup aller à la campagne et Papa nous a expliqué que ça ne faisait pas longtemps[1] que M. Bongrain avait acheté sa maison, et qu'il lui avait dit que ce n'était pas loin de la ville. M. Bongrain avait donné tous les détails à Papa par téléphone, et Papa a inscrit sur un papier et il paraît que c'est très facile d'y aller. C'est
10 tout droit, on tourne à gauche au premier feu rouge, on passe sous le pont de chemin de fer, ensuite c'est encore tout droit jusqu'au carrefour, où il faut prendre à gauche, et puis encore à gauche, jusqu'à une grande ferme blanche, et puis on tourne à droite par une petite route en terre, et là c'est tout droit et à gauche après la station-service.

15   On est partis, Papa, Maman et moi, assez tôt le matin dans la voiture, et Papa chantait, et puis il s'est arrêté de chanter à cause de toutes les autres voitures qu'il y avait sur la route. On ne pouvait plus avancer. Et puis Papa a raté le feu rouge où il devait tourner, mais il a dit que ce n'était pas grave, qu'il rattraperait son chemin au carrefour suivant. Au
20 carrefour suivant, ils faisaient des tas de travaux et ils avaient mis une pancarte où c'était écrit: «Détour»; et nous nous sommes perdus; et Papa a crié après Maman en lui disant qu'elle lui lisait mal les indications qu'il y avait sur le papier; et Papa a demandé son chemin à des tas de gens qui ne savaient pas; et nous sommes arrivés chez M. Bongrain presque à
25 l'heure du déjeuner, et nous avons cessé de nous disputer.

    M. Bongrain est venu nous recevoir à la porte de son jardin.

    … Papa lui a dit que nous nous étions perdus, et M. Bongrain a eu l'air tout étonné.

---

[1] ça... longtemps = il n'y avait pas longtemps

—Comment as-tu fait ton compte?° il a demandé.² C'est tout droit…   **fait…** did you manage
30   Et puis Mme Bongrain est arrivée, elle a enlevé son tablier et elle a dit:

—A table!

M. Bongrain était tout fier pour le hors-d'œuvre, parce qu'il nous a expliqué que les tomates venaient de son potager, et Papa a rigolé et il a dit qu'elles étaient venues un peu plus tôt, les tomates,³ parce qu'elles étaient
35   encore toutes vertes. M. Bongrain a répondu que peut-être, en effet, elles n'étaient pas encore tout à fait mûres, mais qu'elles avaient un autre goût que celles que l'on trouve sur le marché. Moi, ce que j'ai bien aimé, c'est les sardines.

Et puis Mme Bongrain a apporté le rôti, qui était rigolo, parce que dehors
40   il était tout noir, mais dedans c'était comme s'il n'était pas cuit du tout.

—Moi je n'en veux pas, a dit Corentin. Je n'aime pas la viande crue!

M. Bongrain lui a fait les gros yeux et lui a dit de finir ses tomates en vitesse et de manger sa viande comme tout le monde, s'il ne voulait pas être puni…
45   Après le déjeuner, on s'est assis dans le salon… Moi, j'ai demandé à Corentin si on ne pouvait pas aller jouer dehors où il y avait plein de soleil. Corentin a regardé son Papa, et M. Bongrain a dit:

—Mais bien sûr les enfants. Ce que je vous demande, c'est de ne pas jouer sur les pelouses, mais sur les allées. Amusez-vous bien, et soyez sages.
50   Corentin et moi, nous sommes sortis, et Corentin m'a dit qu'on allait jouer à la pétanque. On a joué dans l'allée; il y en avait une seule et pas très large. (*Mais une boule va dans la pelouse et M. Bongrain se met en colère; il punit Corentin et l'envoie dans sa chambre jusqu'au soir.*)

Nous ne sommes pas restés très longtemps, parce que Papa a dit qu'il
55   préférait partir de bonne heure pour éviter les embouteillages. M. Bongrain a dit que c'était sage, en effet, qu'ils n'allaient pas tarder à rentrer eux-mêmes…

M. et Mme Bongrain nous ont accompagnés jusqu'à la voiture; Papa et Maman leur ont dit qu'ils avaient passé une journée qu'ils n'oublieraient
60   pas. ■

Questions sur la lecture

1. Où est-ce que Nicolas et ses parents sont invités à passer le dimanche?
2. Qui est M. Bongrain?

---

² **il a demandé:** In spoken language there is no inversion; in written language one would say **a-t-il demandé.**

³ **elles… tomates:** In conversational French, one frequently starts a sentence with a pronoun subject representing a noun that is repeated at the end of the sentence: «**Elles sont toutes vertes, vos tomates.**»

3. Pourquoi Nicolas est-il content?
4. Où est située la maison de M. Bongrain? Comment y arrive-t-on?
5. Pourquoi la famille de Nicolas s'est-elle perdue? Pourquoi y a-t-il beaucoup de voitures? Pourquoi le père a-t-il crié? Après qui crie-t-il? Pourquoi?
6. Qu'est-ce qu'ils ont mangé comme hors-d'œuvre? De quoi M. Bongrain est-il fier? Pourquoi? Quelle remarque a fait le papa de Nicolas à propos des tomates?
7. Qu'est-ce que Nicolas a préféré?
8. Mme Bongrain a fait cuire son rôti dans un four à bois (*wood stove*). Comment est le rôti? Pourquoi est-ce que Corentin n'en veut pas?
9. Pourquoi le père de Nicolas veut-il rentrer tôt?

Questions personnelles

1. M. Bongrain fait «les gros yeux» à Corentin. Il le menace de punition. Il l'envoie dans sa chambre pour le reste de la journée. Que pensez-vous de cette sévérité? Quelle attitude parentale est plus courante dans la société moderne?

   [handwritten: C'est traditionnel pour le personnage du père]   *[handwritten: L'indifférence]*

2. La journée que les parents de Nicolas passent à la campagne est pleine d'incidents. Pensez-vous qu'ils disent vraiment ce qu'ils pensent? Pourquoi ou pourquoi pas? Donnez des exemples de «mensonges par politesse».
3. Avez-vous préparé un repas où tout était raté, mauvais? Avez-vous assisté à un repas raté? Racontez cette catastrophe. Qu'est-ce que vous dites, ou faites, quand on vous offre quelque chose à manger qui n'est pas cuit ou que vous n'aimez pas?

Le discours indirect

Dans un discours direct, on dit quelque chose ou on pose une question directement.

> Corentin dit: «Je n'aime pas la viande crue!»
>
> Le professeur a demandé: «Est-ce que vous comprenez?»

Dans un discours indirect, on rapporte indirectement les paroles d'une ou de plusieurs personnes ou on pose indirectement une question. Il n'y a pas de guillemets (*quotation marks*), pas de point d'interrogation. Pour marquer l'intonation la voix descend à la fin de la phrase.

> Corentin dit qu'il n'aime pas la viande crue.
>
> Le professeur a demandé si vous compreniez.

On peut avoir des phrases avec **que** et des phrases avec des mots interrogatifs. Certains changements se produisent quand on passe du discours direct au discours indirect.

Phrases avec *que* ▰▰▰▰

1 La majorité des verbes qui rapportent le discours sont suivis de **que** + l'indicatif.

affirmer	to affirm	**expliquer**	to explain
ajouter	to add	**ignorer**	not to know
annoncer	to announce	**observer**	to observe
assurer	to guarantee	**promettre**	to promise
avouer	to confess	**remarquer**	to remark, note
constater	to observe	**se rendre compte**	to realize
crier	to shout	**répondre**	to answer
déclarer	to declare	**savoir**	to know
dire	to say		

Papa **dit que ce n'est pas** grave.
Je lui **explique que je ne suis jamais allé** à la campagne.
Papa **crie que Maman lit mal** les explications.

✶ Remarques:

- Si le verbe principal est au présent, le verbe subordonné reste au même temps que dans le discours direct.

- Les réponses «**oui**» et «**non**» deviennent … **que oui, … que non** dans le discours indirect.

  Je dis **que oui.**   *I say yes.*
  Je réponds **que non.**   *My answer is no.*

2 Quelques verbes sont suivis de **que** + le subjonctif (voir p. 355).

proposer ⎱	to suggest	**dire** to tell ⎱	*(expressing an order)*
suggérer ⎰		**demander** to ask ⎰	

Ils **proposent** que nous **allions** à leur maison de campagne.
Je **dis** aux enfants qu'ils **fassent** moins de bruit.
Le professeur **demande** que les étudiants **sachent** leurs leçons.

EXERCICE

A. Faites des phrases en employant le discours indirect avec le vocabulaire suggéré. Mettez le premier verbe au présent.

Modèle: Le commissaire / déclarer / il / aller faire une enquête.
  *Le commissaire déclare **qu'il va** faire une enquête.*

1. Les baigneurs / crier / l'eau / être froide.

2. Le professeur / constater / Julien / dormir.
3. Je / savoir / ce chemin / conduire à votre maison de campagne.
4. Nous / leur expliquer / ils / avoir tort.
5. Mme Bongrain / annoncer / le dîner / être prêt.
6. Le papa de Corentin / suggérer / les enfants / aller jouer dehors.
7. Le président de l'université / demander / ce professeur / faire des recherches.
8. Les voyageurs / admettre / ils / être fatigués.
9. Je / proposer / nous / jouer à la pétanque.
10. La marchande / nous assurer / ses tomates / être mûres.

Phrases avec un mot interrogatif

Après certains verbes, on a un mot interrogatif, mais il y a des changements dans la forme de certains mots et dans l'ordre des mots (inversion du sujet). Il n'y a jamais de subjonctif après un mot interrogatif.

1 Questions portant sur le verbe
Quand la question porte sur le verbe (avec la voix, l'inversion du verbe ou **est-ce que**), on emploie **si** (*whether*) dans le discours indirect. Voici des verbes qui sont suivis de **si**.

demander	dire	savoir / ne pas savoir	être sûr
se demander	ignorer	décider	remarquer

Dis-moi. Ton père chante?
Ton père chante-t-il? } Dis-moi **si** ton père chante.
Est-ce que ton père chante?

✷ Remarque: Il est possible d'avoir un futur après **si** dans le sens de *whether*. Un futur est impossible après **si** de condition (voir p. 303).

J'aurai du travail?
Aurai-je du travail? } Je ne sais pas **si** j'aurai du travail.
Est-ce que j'aurai du travail?

2 Pronoms interrogatifs d'identité

a. Pour les *personnes*, on emploie **qui** dans tous les cas.
Je me demande **qui** a téléphoné.   (*sujet*)
Tu ne sais pas **qui** tu aimes.   (*objet direct*)
Nous ignorons **avec qui** elle sort.   (*objet de prép.*)

✷ Remarque: Dans la langue courante on peut avoir la forme longue, mais ce n'est pas recommandé.
Je voudrais savoir **qui est-ce qui** a téléphoné.
Tu lui dis **qui est-ce que** tu aimes.
Vous cherchez à savoir **avec qui est-ce qu'**elle sort.

b. Pour les *choses,* on emploie le pronom sujet **ce qui** ou le pronom objet direct **ce que.** Le pronom objet de préposition est **quoi.**

> Je ne comprends pas **ce qui** se passe.   (*sujet*)
> Dites-nous **ce que** vous faites.   (*objet direct*)
> Je me demande **avec quoi** elle se coiffe.   (*objet de prép.*)

✱ Remarques:

- **Ce qui, ce que** sont les deux derniers mots de la forme longue: **qu'est-ce qui, qu'est-ce que.**

- Dans la langue courante on peut avoir la forme longue, mais ce n'est pas recommandé.

> J'ignore **qu'est-ce qui** se passe.
> Elle sait **qu'est-ce que** vous faites.
> Je me demande **avec quoi est-ce qu'**elle se coiffe.

3 Les autres mots interrogatifs

Les pronoms de choix (**lequel, laquelle**), les adjectifs (**quel, quels**) et les adverbes (**où, quand, comment, pourquoi, combien**) ne changent pas.

> J'ignore **laquelle** de ses deux voitures elle va prendre.
> Je sais **quelle** heure il est.
> Je me demande **pourquoi** vous pleurez.

EXERCICES

B. Faites des phrases au style indirect en suivant le modèle.

Modèle: Je te demande: «Est-ce que tu viens?»
*Je te demande **si** tu viens.*

1. L'enfant demande à son père: «Est-ce que je peux jouer dehors?»
2. Le chanteur se demande: «Est-ce que ma voix est assez forte?»
3. Les élèves ignorent. Le professeur a-t-il corrigé les examens?
4. Dites-nous. Avez-vous assez d'argent pour vos vacances?
5. Ils ne savent pas. Retourneront-ils en France bientôt?
6. Demandez-lui. A-t-il trouvé facilement le chemin?
7. Avez-vous décidé? Allez-vous vous marier?
8. Nous ne sommes pas sûrs. Est-ce que nous devons tourner à droite ou à gauche?

C. Refaites les phrases suivantes en employant le discours indirect avec le verbe ou le groupe de mots entre parenthèses.

Modèle: Qu'est-ce qui fait ce bruit?   (Il se demande)
*Il se demande **ce qui** fait ce bruit.*

1. Qu'est-ce qui est arrivé?   (Nous ignorons)
2. Qu'est-ce que vous faites ce soir?   (Dites-nous)
3. A qui avez-vous écrit?   (Sait-il?)
4. Avec quoi est-ce que vous faites ce plat?   (Expliquez-moi)

5. Qui est-ce qui a tout compris?   (Je voudrais savoir)
6. Que mangent les moustiques?   (Le professeur de sciences demande)
7. Quelle marque de sardines achetez-vous?   (Dites-moi)
8. De tous les travaux ménagers, lequel est-ce qu'elle déteste le plus?   (Demandez à votre mère)
9. Pourquoi les Bongrain sont-ils partis si tôt?   (Je ne sais pas)
10. Quand vos tomates seront-elles mûres?   (Savez-vous?)

4 Place du sujet dans le discours indirect

a. Le pronom sujet n'est jamais placé après le verbe.

Discours direct	Discours indirect
verbe + pronom sujet Quand **viendrez-vous?**	*pronom sujet + verbe* Dites-moi quand **vous viendrez.**

b. Le nom sujet peut être placé après le verbe (ou avant le verbe), si le verbe n'a pas d'objet direct.

Discours direct	Discours indirect
verbe + nom sujet ou *nom sujet + verbe + pronom sujet*	*verbe + nom sujet* ou *nom sujet + verbe*
Combien { **gagne** ta mère? ta mère **gagne-t-elle?**	Dis-moi { combien **gagne ta mère.** combien **ta mère gagne.**

c. Le nom sujet ne peut jamais être placé après le verbe dans les conditions suivantes:

Si le verbe a un objet direct.

       sujet   O.D.
Où ton **père** a-t-il acheté sa **voiture?**

               sujet   O.D.
Je voudrais savoir où ton **père** a acheté sa **voiture.**

Avec les mots interrogatifs suivants: **qui** (*O.D.*) et **pourquoi.**

Qui Marie va-t-elle épouser?   Je sais **qui** Marie va épouser.
Pourquoi Jacques pleure-t-il?   Je sais **pourquoi** Jacques pleure.

EXERCICE

D. Refaites chaque phrase en employant le discours indirect avec le verbe ou le groupe de mots entre parenthèses. Donnez les deux constructions possibles si la place du sujet peut varier.

> **Modèle:** Où habitent les Bongrain?   (Je ne sais pas)
> *Je ne sais pas où **habitent les Bongrain**.*
> *Je ne sais pas où **les Bongrain habitent**.*

1. Quand tes parents arriveront-ils?   (Tu vas nous dire)
2. A quoi jouent les enfants?   (Je me demande)
3. Où le président ira-t-il en vacances?   (Le reporter cherche à savoir)
4. Comment les électeurs voteront-ils?   (Les ministres ignorent)
5. Pourquoi ce magasin est-il fermé?   (Je ne comprends pas)
6. Combien Claire a-t-elle payé ces chaussures?   (Sais-tu)
7. Lequel de ces deux desserts va-t-elle prendre?   (Son mari lui demande)
8. A quelle heure le cours commence-t-il?   (Nous voudrions savoir)

Changements

1 Quand on passe du discours direct au discours indirect, souvent les pronoms personnels et les adjectifs possessifs changent, comme en anglais.

> Renée déclare: «**Je** vais au concert avec **mon** amie.»
>
> Renée déclare **qu'elle** va au concert avec **son** amie.

2 Quand on passe du discours direct au discours indirect, il se produit des changements dans les temps des verbes et dans les adverbes,[4] comme en anglais.

a. Si le verbe principal est au passé, les temps changent de la façon suivante:

Discours direct	Discours indirect
L'*imparfait*	reste *imparfait*.
Il **faisait** beau.	Il a dit qu'il **faisait** beau.
Le *présent*	devient *imparfait*.
Il **fait** beau.	Il a dit qu'il **faisait** beau.
Le *passé composé*	devient *plus-que-parfait*.
Il **a fait** beau.	Elle a dit qu'il **avait fait** beau.
Le *futur*	devient *conditionnel présent*.
Il **fera** beau.	Elle a dit qu'il **ferait** beau.
Le *futur antérieur*	devient *conditionnel passé*.
Il **aura fini** à deux heures.	Elle a dit qu'il **aurait fini** à deux heures.

(annotation manuscrite: Futur dans le passé / Conditionnel)

---

[4] Voir l'Appendice C.

b. A l'impératif, il y a les changements suivants:

Discours direct	**Discours indirect**
L'*impératif* (tu ou vous)	devient *infinitif*.
Arrête la voiture.	Elle lui a demandé d'**arrêter** la voiture.
L'*impératif* (nous)	devient *subjonctif présent*.
Allons au cinéma.	Elle a suggéré qu'ils **aillent** au cinéma.

c. Le subjonctif reste subjonctif.

Il m'a dit: «Je veux que tu **viennes**.»   Il m'a dit qu'il voulait que je **vienne**.

EXERCICE

E. Faites des phrases en employant le discours indirect. Suivez le modèle.

Modèle: J'ai demandé: «Il pleut?»
*J'ai demandé **s'il pleuvait**.*

1. J'ai demandé à Corentin: «Tu viens dans le jardin?»
2. M. Bongrain nous a dit: «Ne jouez pas sur la pelouse.»
3. Le petit garçon a demandé à son papa: «Est-ce qu'on peut se servir de tes boules?»
4. Le père a répondu: «Oui, mais il faut que vous fassiez attention.»
5. Corentin a suggéré: «Allons derrière le garage, et jouons dans l'allée.»
6. L'enfant a promis à son père: «Nous serons sages, nous ferons bien attention.»
7. Il m'a demandé: «Tu as déjà joué à la pétanque?»
8. J'ai voulu savoir: «Qu'est-ce que tu dis? Tu te moques de moi?»   *ce que*
9. Je lui ai affirmé: «J'ai gagné plusieurs concours.»
10. Après la partie, j'ai dû admettre: «Corentin a gagné.»

Suppléments de grammaire

1 avoir l'air / sembler / paraître

Ces trois verbes ont le même sens: *to look, seem, appear*. Ils se construisent avec un adjectif

Elle **a l'air** triste.   Elle **semble** triste.   Elle **paraît** triste.

ou avec un infinitif.

Vous **avez l'air** de dormir.   Vous **semblez** dormir.   Vous **paraissez** dormir.

Remarques:

- Quand **avoir l'air** est suivi d'un infinitif, il faut ajouter **de**.
- **Il paraît que** est suivi de l'indicatif. Cette expression signifie: *It seems = The rumor is, I heard.*

   Il paraît qu'ils **vont** se marier.

accord w/ masc/fém.

- **Il semble que** (*It seems, but it's doubtful*) est suivi du subjonctif.

    Il semble que le président **ait regagné** des voix.

- **Il me semble, il lui semble, il vous semble** sont suivis de l'indicatif et signifient **je crois, il** ou **elle croit, vous croyez.**

    Il me semble que vous **avez maigri.**

EXERCICE

F. Traduisez les phrases suivantes en français.

1. It seems the socialists lost the elections.   2. They do not seem very happy. (*Faites cette phrase de trois façons.*)   3. It seems to me they have a chance to win.   4. I heard they will try again in four years.   5. Are you listening? You look as though you are sleeping. 6. I heard that you bought a new car.   7. It seems you did not understand this problem.

2 faire semblant / prétendre

Faire semblant signifie *to pretend* et se construit avec **de** + l'infinitif.

   Vous **faites semblant de travailler,** mais vous rêvez.

Prétendre signifie *to claim* et se construit avec **que** + le verbe conjugué.

   Elle **prétend qu'**elle ne l'**oubliera** jamais.

EXERCICE

G. Traduisez les phrases suivantes en français.

1. She is pretending to listen, but she is sleeping.   2. They claim they visited all of Europe in a week.   3. Do not pretend you are crying. *pleurer*   4. You claim you do not have any money!

3 Prépositions et adverbes communs (*suite*)

Voici d'autres prépositions courantes et des adverbes qui correspondent.

prépositions		*adverbes*
en haut de	on top of	**en haut**
en bas de	at the bottom of	**en bas**
à côté de, près de	beside, near	**à côté, près**
loin de	far	**loin**
autour de	around	**autour**
au milieu de	in the middle of	**au milieu**
au-delà de	beyond	**au-delà**
en face de	facing, in front of	**en face**

EXERCICE

H. Dans les phrases suivantes, mettez la préposition ou l'adverbe qui convient: **en haut de, en haut, en bas de, en bas,** etc.

1. Il y a un grand mur _____ des jardins de l'Elysée. Nous avons un petit jardin; _____, il n'y a pas de clôture (*fence*).
2. _____ l'arbre, il y avait des pommes; j'ai grimpé _____ pour les ramasser et je suis tombée.
3. Maurice est assis _____ un étudiant qui dort pendant la classe. Bien sûr, _____, il y a un radiateur.
4. _____ la rivière il y a un courant très fort. Il est préférable de nager sur les bords, pas _____.
5. Nous avons rendez-vous _____ l'église. Vous trouverez facilement. La gare se trouve de l'autre côté de la rue, juste _____.
6. Si vous voulez voyager _____ Zagora, il faut prendre une jeep ou un chameau (*camel*), parce qu' _____, c'est le désert.
7. Cette jeune fille n'aime pas vivre _____ ses parents. Elle n'est pas indépendante. Moi, quand je suis _____, je me débrouille.
8. _____ l'escalier il y a une porte. La cave est _____.

Synthèse

APPLICATIONS

I. Une enquête.   Des cambrioleurs ont été arrêtés alors qu'ils étaient en train de vider le coffre (*safe*) d'une banque. L'inspecteur de police les interroge. Il leur pose plusieurs questions. Mettez ces questions au discours indirect.

Il leur demande…

1. Comment avez-vous préparé votre vol?
2. Aviez-vous un plan de la banque?
3. De quoi vous êtes-vous servis pour percer le mur (*drill a hole into a wall*)?
4. Est-ce que vous aviez des complices (*accomplices*)?
5. Combien de temps avez-vous mis pour arriver jusqu'au coffre?
6. Qu'est-ce qu'il y avait dans le coffre?
7. Qui est-ce qui a sonné l'alarme?
8. Que pensez-vous de l'idée de passer dix ans en prison?

II. Répète, s'il te plaît!   Vous rendez visite à votre grand-oncle qui est un peu dur d'oreille (*hard of hearing*); vous lui racontez votre dernier voyage de vacances et il vous fait tout répéter. Suivez le modèle.

Modèle: aller à Tahiti
Qu'est-ce que tu dis?
Je te dis que je suis allé(e) à Tahiti.

1. rester au Club Med
2. faire de la plongée
3. apprendre à faire de la planche à voile
4. manger du poisson tous les jours
5. visiter le musée Gauguin
6. s'amuser énormément
7. te rapporter ce beau coquillage

III. Conseils du docteur.   Votre vieille tante a des ennuis de santé. Elle est allée voir le médecin et raconte sa visite à votre mère.

> **Modèle:**   Le docteur m'a demandé: «Est-ce que vous mangez beaucoup de pâtisseries?»
> *Le docteur m'a demandé **si je mangeais** beaucoup de pâtisseries.*

1. Le docteur m'a dit: «Vous devez manger moins de viande.»
2. Le docteur m'a demandé: «Est-ce que vous êtes sédentaire?»
3. Le docteur a suggéré: «Faites un peu de marche tous les jours.»
4. Le docteur a voulu savoir: «Combien de médicaments avez-vous pris la semaine dernière?»
5. Le docteur m'a assuré: «Vous n'avez pas besoin de dormir tant.»
6. Le docteur a déclaré: «Je crois que vous allez vivre cent ans.»
7. Le docteur m'a conseillé: «Faites un petit voyage.»
8. Le docteur m'a affirmé: «Cela vous fera du bien.»

IV. Où déjeuner?   M. et Mme Mallet font un voyage en voiture. Ils cherchent un restaurant pour déjeuner. Récrivez leur conversation au discours direct, sous forme de dialogue.

1. Mme Mallet a dit qu'elle avait faim.   2. Elle a demandé à son mari de chercher un restaurant.   3. M. Mallet lui a dit de regarder elle-même sur la carte; il lui a demandé s'il y avait un village bientôt.   4. Elle a répondu qu'elle croyait que oui, mais qu'elle n'en était pas sûre.   5. Elle a ajouté qu'elle avait vu un grand panneau publicitaire.   6. M. Mallet lui a demandé ce qu'il y avait sur ce panneau.   7. Elle a répondu qu'elle avait vu La Bonne Auberge à 12 kilomètres.   8. Alors M. Mallet a suggéré qu'ils s'arrêtent à cette Bonne Auberge.   9. Mme Mallet a dit qu'elle voulait bien qu'on y prenne un repas, pourvu que ce soit bon.   10. M. Mallet a répondu qu'elle était trop difficile et que, dans ces conditions, on se passerait de déjeuner.

ACTIVITÉS

1. Débat.   Formez deux groupes et discutez les avantages et les inconvénients de la vie à la ville et de la vie à la campagne.

La ville:

- **Les avantages:**   les distractions, le théâtre, le musée, l'exposition, les magasins, la vie culturelle et artistique, les soins médicaux
- **Les désavantages:**   la nuisance, le bruit, la circulation, la pollution par la fumée des usines ou les produits chimiques, le crime, les mauvais quartiers, les transports en commun, la drogue, la promiscuité

La campagne

- **Les avantages:**   le grand air (*fresh air*), le silence, le calme, l'espace, la verdure, les produits frais, les légumes, les animaux qu'on élève: la poule, le lapin
- **Les désavantages:**   l'absence de vie culturelle, l'isolement, la solitude, l'ennui

2. **Jeu de rôle.**   Vous êtes dans une voiture avec un copain (ou une copine) qui conduit et
   vous allez faire une excursion. Vous n'êtes pas d'accord avec la route qu'il (elle) prend et
   sa façon de conduire, et vous vous disputez.

3. **Sondage.**   Posez des questions à plusieurs camarades pour savoir s'ils lisent des BD
   (bandes dessinées) et lesquelles. Pourquoi et pourquoi pas?

album (*m.*) *album*	gag (*m.*) *gag*
bulle (*f.*) *balloon*	illustré (*m.*) *comic*
dessinateur (*m.*) dessinatrice (*f.*) *cartoonist*	scénariste (*m.* ou *f.*) *scriptwriter*

Astérix, Gaston la Gaffe, Lucky Luke, Spirou, Tintin

TRADUCTION

1. Last Sunday, Dad, Mom, and I went to spend the day at M. Bongrain's new weekend house.
2. Dad had called M. Bongrain to ask him how to get to his house.   3. M. Bongrain told Dad
that it was really easy; he told him to take the first street to the right, then to turn left at the
first light.   4. Then he told him that at the crossroad there was some roadwork but that after
that it was straight ahead.   5. Of course, we got lost, because Dad missed the turn at the
stoplight.   6. Dad screamed at Mom and told her she was reading poorly the directions he
had written on the paper.   7. We stopped and asked a man if he knew where M. Bongrain's
weekend house was.   8. Finally, we arrived after lunch at M. Bongrain's.   9. They had eaten
everything, but Mme Bongrain said she had sardines.

RÉDACTIONS

1. Racontez une visite à la campagne ou des vacances de camping où vous avez eu
   conscience de la beauté, de la grandeur de la nature.
2. Dans la voiture, en rentrant de leur visite chez les Bongrain à la campagne, les parents du
   petit Nicolas font des commentaires sur les bons et les mauvais moments de cette journée.
   Ecrivez cette conversation comme si vous étiez le petit Nicolas.

$\mathcal{L}$e passif

Vocabulaire du texte

à même la terre next to the ground
s'apitoyer sur to pity, to feel compassion for
arc (*m.*) bow
arriver à ses fins to succeed
atteindre to reach
aveugle blind
se blottir to huddle, to curl up
brèche (*f.*) breach, gap
brousse (*f.*) bush
carquois (*m.*) quiver
case (*f.*) hut
commerçant (*m.*) **de traite** slave trader
cordelette (*f.*) thin cord
couverture (*f.*) blanket
déposer to put down
destituer (d'une fonction) to dismiss, to remove (from office)
dévisager to stare at, to look hard at
disperser to scatter
dissimuler to hide
douillet(te) cosy; easy, soft
s'éloigner to move away
endormir to put to sleep

enfer (*m.*) hell
envelopper to wrap
épaule (*f.*) shoulder
estrade (*f.*) platform
flèche (*f.*) arrow
foule (*f.*) crowd
il fait jour it is becoming light
lien (*m.*) rope
ligoter to tie up
livrer (à) to hand over (to)
mépriser to despise
négrier (*m.*) slave trader
obturer to close
prêter attention to pay attention
prise (*f.*) capture
reprendre conscience to regain consciousness
reprendre son souffle to catch one's breath
sourd(e) deaf
supplier to beg
tenter to attempt
tronc (*m.*) log
vaincu(e) defeated

Vocabulaire supplémentaire

braconnier (*m.*) poacher
cartouche (*f.*) cartridge
chasse à courre fox or deer hunting
chasse gardée private hunting ground
chasseur (*m.*) hunter
chevreuil (*m.*) deer
chien (*m.*) **de chasse** hound

fusil (*m.*) rifle
gibier (*m.*) game
lapin (*m.*) rabbit
meute (*f.*) pack of hounds
renard (*m.*) fox
safari (*m.*) safari

Français en couleurs

Les gangsters français ont des «flingues» (*guns*), des «pétards» (*revolvers*). Ils «se zigouillent» (*kill each other*), «se font la peau». Ils font des «hold-ups», et, dans les mauvais quartiers, «on se fait racketer, on se fait braquer» (*one gets attacked*), et quelquefois «on se fait buter» (tuer). C'est «le baroud» (la guerre, mot arabe). On peut «avoir le trac» (avoir peur, notamment avant un examen), mais plus souvent on «a la trouille», on «a les boules». Si «on se fait piquer» (*one gets caught*), on finit «en taule, en cabane, au bloc» (en prison).

Si on a du courage, on «a du cœur au ventre», on «frime» (*to put on an act, to show off*). Quand on manque de courage, on «se dégonfle» (*to chicken out*), on est «une lavette» (*a wimp*). «Se cailler» veut dire avoir froid.

$\mathscr{E}$sclaves d'Afrique

Maryse Condé (1945–) est née à Pointe-à-Pitre, à la Guade-loupe. Elle a vécu en Afrique, au Mali, où sont ses racines. Son attachement à son pays l'a inspirée à écrire son livre *Ségou*. Titulaire d'un doctorat de littérature comparée de l'université de Paris III (Sorbonne) en 1975, elle a enseigné la littérature négro-africaine, la littérature des diasporas noires [dispersation] dans des universités françaises et américaines (Berkeley, Virginie, Mary-land, Harvard). Elle est actuellement professeur à Columbia University (New York) et directrice du nouveau Centre d'études françaises et franco-phones de cette université. En plus de *Ségou,* son best-seller, d'où est ex-trait le texte de ce chapitre, elle a écrit des romans et des essais sur la civi-lisation africaine. *Moi, Tituba, sorcière* a reçu le grand prix littéraire de la femme en 1986. En 1993, elle a été la première femme à recevoir pour l'ensemble de son œuvre le prix Puterbaugh décerné à un écrivain de langue française. En 1999, elle a reçu pour son livre *Le cœur à rire et à pleurer* le prix Marguerite Yourcenar,[1] destiné à récompenser une œuvre de fic-tion récente, publiée en français par un auteur résidant aux Etats-Unis.

---

[1] Marguerite Yourcenar (1903–1987), née à Bruxelles, morte à Mount-Desert, Maine, EU, femme de lettres de nationalités française et américaine, auteur de poèmes, d'essais, de pièces de théâtre, de romans historiques ou autobiographiques. La première femme élue à l'Académie française (1980).

Préparation à la lecture

Le roman *Ségou* est l'histoire d'un royaume, situé entre Bamako et Tombouctou, autrefois florissant. Maryse Condé raconte la conquête de ce pays animiste[2] par l'islam, et les malheurs causés par ce choc historique dans la famille de Dousika Traoré, un noble de la tribu bambara. Traoré est le «diamou», qui veut dire nom de famille. Leur «totem» est la «grue couronnée».°

  crowned crane

  Naba est un des fils de Dousika. Un jour, au cours d'une chasse au lion, armé d'un arc et de flèches placées dans un carquois, le jeune homme s'éloigne de son groupe; il est capturé par des «chiens fous dans la brousse»;° c'est ainsi qu'on appelle, en langage bambara, les kidnappeurs d'enfants.

  chiens... wild dogs in the bush

  Romana est une ancienne princesse de la tribu Yoruba. Elle raconte à un autre esclave l'histoire de son enlèvement et de sa rencontre avec Naba.

L'histoire de Naba

Naba n'était pas loin. A peine à quelques heures de marche. Une dizaine de «chiens fous dans la brousse» l'avaient capturé alors qu'il s'était éloigné de ses compagnons. Ces «chiens fous... » préféraient s'attaquer aux enfants, aisément effrayés, faciles à dissimuler dans un grand sac, puis à transporter jusqu'aux marchés d'esclaves où ils étaient échangés contre une petite fortune. Naba était déjà trop fort puisqu'il avait près de seize ans.

  Mais il était là, désarmé, car il avait déposé assez loin de lui son arc et son carquois. Il atteignait l'âge où les prises étaient fort appréciées des commerçants de traite. Il était visiblement soigné, bien nourri. La tentation avait été trop forte... Ils avaient endormi Naba, lui avaient solidement ligoté les membres avec des cordelettes... et l'ayant enveloppé d'une couverture, l'avaient jeté en travers de leurs montures.°

  l'avaient... had thrown him across the backs of their horses

  Quand Naba reprit conscience, il se trouva donc dans une case dont la porte était obturée par des troncs d'arbre. A la couleur de l'air qui filtrait, il réalisa qu'il allait bientôt faire jour. A côté de lui, endormis à même la terre, trois enfants de six ou huit ans, ligotés de la même manière que lui.

  Jusqu'à une époque récente, la concession[3] de Dousika avait été pour lui et les autres enfants un univers douillet, sourd à tous les bruits du monde: guerre, captivité, commerce de traite. ... La première brèche dans

---

[2] Les animistes croient que chaque chose a une âme (*soul*) semblable à l'âme humaine.

[3] **concession:** dans un village africain, un groupe de cases entouré d'un mur avec une porte qu'on peut verrouiller (*lock*)

ce mur de bonheur avait été causée par la conversion à l'islam de Tiékoro[4] et le départ du grand frère bien-aimé. A présent, brusquement, Naba dé- couvrait la peur, l'horreur, le mal aveugle. Il avait souvent vu des captifs dans les cours de la concession paternelle… , mais il ne leur avait jamais
25 prêté attention. Il ne s'était jamais apitoyé sur eux, puisqu'ils apparte- naient à un peuple de vaincus qui n'était pas le sien. Allait-il connaître le même sort? Dépouillé° de son identité, livré à un maître, cultivant ses ter- res, méprisé de tous? Il tenta de s'asseoir. Ses liens l'en empêchèrent. Alors il se mit à pleurer comme l'enfant qu'il était encore.

      Stripped

30 *[Plus tard, Naba est devenu esclave au fort de Gorée, une ville fortifiée d'Afrique Centrale. Il est jardinier dans une grande plantation. Comme il est baptisé et pro- fite d'une certaine liberté, il visite souvent la prison des négriers dans laquelle les nouveaux captifs sont enfermés, en attendant d'être achetés ou expédiés ailleurs. Il leur donne des oranges.]*

L'histoire de Romana

35 Je suis née à Oyo, dans le plus puissant des royaumes yorubas. Mon père avait d'importantes fonctions à la cour puisqu'il était un arokin,[5] chargé des récitations des généalogies royales. Nous habitions dans l'enceinte° du palais. Puis un jour, victime des querelles, des intrigues d'ennemis, mon père a été destitué de ses fonctions. Notre famille a été dispersée. Je ne sais
40 pas ce que sont devenus mes frères, mes sœurs. Moi, j'ai été vendue à des négriers et emmenée au fort de Gorée. Peux-tu imaginer la douleur d'être séparée de ses parents, arrachée à une vie de luxe et de bien-être? J'avais alors treize ans à peine, j'étais une enfant. Alors dans ce fort abominable, parmi ces créatures promises comme moi à l'enfer, je ne cessais de pleurer.

dans… within the walls

At most

45 Je souhaitais mourir et je serais certainement arrivée à mes fins quand un homme est apparu. Il était grand, fort. Il portait à l'épaule un sac d'oranges. Il m'en a offert une et c'était comme si le soleil qui, depuis des semaines, refusait pour moi de se lever, réapparaissait dans le ciel.
      Pour moi, pour me protéger, cet homme a fait l'effroyable traversée. …[6]
      Puis nous sommes arrivés dans une grande ville sur la côte du Brésil.
50 Peux-tu imaginer ce que c'est que d'être vendue? La foule qui vous dévi- sage autour de l'estrade, les groupes de nègres blottis les uns contre les autres, l'examen des muscles, des dents, des parties sexuelles, le marteau du commissaire-priseur!° Hélas! Naba et moi, nous avons été séparés… ■

le marteau… the auctioneer's hammer

---

[4] Tiékoro est le frère aîné de Naba.
[5] **arokin:** un sorcier africain
[6] la traversée (*crossing*) de l'océan Atlantique, pour aller d'Afrique au Brésil

Questions sur la lecture

1. Que faisaient les «chiens fous» quand ils avaient capturé un enfant, et que devenait cet enfant?
2. Pourquoi est-ce que Naba était une prise exceptionnelle?
3. Quel type de vie a eu Naba avant sa capture? Comment ce bonheur a-t-il cessé?
4. Pourquoi ne s'est-il jamais apitoyé sur le sort des captifs qu'il voyait chez son père?
5. Quel type de vie a eu Romana?
6. Pour quelles raisons est-ce que son père a été destitué?
7. Qui est l'homme qui l'a accompagnée au Brésil pour la protéger? Comment les deux jeunes gens se sont-ils rencontrés?
8. Qu'est-ce qui est arrivé à Naba et à Romana après leur arrivée au Brésil?

Questions personnelles

1. Est-ce normal qu'un enfant soit insensible à la vue de certains malheurs qui lui sont étrangers? Pouvez-vous trouver des exemples de situations semblables autour de vous?
2. Pouvez-vous déceler dans votre personnalité des traits de caractère, des goûts, des tendances positives et dignes d'admiration qui viennent de votre héritage ethnique? *[annotation manuscrite: = Trouver]*
3. Pouvez-vous vous rappeler un événement de votre vie qui a marqué le moment où vous êtes sorti du narcissisme de l'enfance, de l'univers douillet familial, pour prendre conscience de la misère du monde et éprouver de la compassion?

Le passif

Le passif est une forme verbale utilisée quand on veut montrer que le sujet est en train de subir l'action (*receive the action*) plutôt que de faire l'action. Quand on passe d'une construction active à une construction passive, l'ordre des mots, la forme du verbe changent de la façon suivante: le sujet de la phrase active devient l'agent de la phrase passive; l'objet direct de la phrase active devient le sujet de la phrase passive; le verbe devient composé et est conjugué avec le verbe **être**.

Comparez les phrases suivantes:

| Un chien **mord** un enfant. | *A dog **bites** a child.* |
| Un enfant **est mordu** par un chien. | *A child **is bitten** by a dog.* |

1 Le sujet **chien** est devenu l'agent **par un chien**. *[annotation: agent]*

2 L'objet direct **enfant** est devenu le sujet.

3 Le verbe **mord** est devenu **est mordu** (forme composée, auxiliaire **être**).

[annotations manuscrites en bas de page:]
Only verb to use = être
keep same tense, but modify the conjugation

Formes

On conjugue l'auxiliaire **être** au temps désiré et on ajoute le participe passé.

1 Voici le présent et le passé composé passifs du verbe **obliger.**

je **suis obligé(e)** (*I am obliged*)	j'**ai été obligé(e)** (*I have been, was obliged*)
tu **es obligé(e)**	tu **as été obligé(e)**
il, elle **est obligé(e)**	il, elle **a été obligé(e)**
nous **sommes obligés(ées)**	nous **avons été obligés(ées)**
vous **êtes obligé(e)(s)**	vous **avez été obligé(e)(s)**
ils, elles **sont obligés(ées)**	ils, elles **ont été obligés(ées)**

2 Voici les autres temps.

infinitif prés.:	**être obligé**	*infinitif passé:*	**avoir été obligé**
imparfait:	j'**étais obligé**	*plus-que-parfait:*	j'**avais été obligé**
futur:	je **serai obligé**	*futur antérieur:*	j'**aurai été obligé**
cond. prés.:	je **serais obligé**	*cond. passé:*	j'**aurais été obligé**
subj. prés.:	que je **sois obligé**	*subj. passé:*	que j'**aie été obligé**
passé simple:	je **fus obligé**		

* Remarques:

- Aux temps composés du passif, il y a toujours trois mots pour le verbe.
- Le participe passé s'accorde avec le sujet; **été** reste invariable.

3 A la forme négative, la négation entoure l'auxiliaire du verbe **être.** A la forme interrogative, l'ordre des mots est le même que pour la forme interrogative des verbes actifs aux temps composés.

> Son père **a-t-il été blessé?** Non, il **n'a pas** été blessé.

EXERCICE

A. Mettez les phrases suivantes à la forme passive, en suivant le modèle.

Modèle: On découvre l'Amérique.
L'Amérique est découverte.

1. On a chassé les envahisseurs (*invaders*). Les envahisseurs ont été chassés.
2. On a ligoté le cambrioleur. Le cambrioleur a été ligoté.
3. On nous appelait au téléphone. Nous étions appelés au téléphone
4. On te menacera de perdre ton permis.
5. On me met à la porte.

6. On les a séparés de leur famille.
7. On la vendra comme esclave.
8. Naba dit: «On m'a capturé pendant la chasse au lion.»
9. On les avait frappés pendant le voyage.
10. Les précautions? On les prenait soigneusement.
11. On détruisit la tribu. *Il est..... que je ne sais pas surpris.*
12. Il est important qu'on ne me surprenne pas. *Je ne soi*
13. On a fait des projets d'évasion. *Les projets d'évasion ont été fait.*
14. On destituera le père de ses fonctions. *Le père sera destitué.*
15. On poursuivait les enfants dans la jungle. *Les enfants étaient pour suivi dans la jungle*
16. Sur l'estrade, on vous dévisage. *Vous êtes dévisage sur l'estrade*
17. On sauvait les animaux de l'incendie. *Les animaux -*
18. On nous appréciait pour nos qualités. *Nous étions apprécié*
19. On bat le lion pour qu'il entre dans la cage. *Le lion est battu.*
20. On avait vaincu l'ennemi.
    L'ennemi n'avait été vaincu

Emplois

La forme passive du verbe s'emploie dans certaines conditions décrites ci-dessous. On préfère souvent employer une construction active pour éviter le passif.

1 Seul un verbe transitif (suivi d'un objet direct) peut être mis au passif. L'objet direct devient le sujet du verbe passif.

O.D.   sujet
On fabrique une **voiture**.   Une **voiture** est fabriquée.

2 Un verbe intransitif (qui n'a pas d'objet direct) ne peut pas être mis au passif.

Tu **réponds** *à Marc*.   Vous n'**obéissez** pas *à vos parents*.

La forme passive est impossible: **Marc, vos parents** sont des *objets indirects* et un objet indirect ne peut pas devenir sujet d'un verbe passif.

3 Les verbes **dire, demander, promettre, défendre, interdire,** qui sont à la fois transitifs et intransitifs, suivent la règle suivante:

Ils peuvent être mis au passif quand ils ont un objet direct à la forme active.

On **dit** un **poème**.   Un **poème est dit**.
Elle **promet** une **récompense**.   Une **récompense est promise**.
Le docteur **interdit** la **cigarette** à son malade.   La **cigarette** lui **est interdite**.

Ils ne peuvent pas être mis au passif avec un sujet qui représente un nom de personne (comme cela est possible en anglais). Dans ce cas on emploie une tournure avec «on».

… dire à Paul de venir (*Paul was told*)   ***On** a dit à **Paul** de venir.*
… promettre aux enfants une surprise   ***On** a promis une surprise **aux enfants**.*
    (*The children were promised*)
… interdire aux immigrants de voter   ***On** interdit **aux immigrants** de voter.*
    (*The immigrants were forbidden*)

4 Le complément d'agent avec **par** ou **de**

On peut trouver les prépositions **par** ou **de** devant le complément d'agent.

> L'enfant a été mordu **par** un chien.   Ce professeur est aimé **de** ses élèves.

Par est toujours possible devant l'agent du verbe passif; **de** n'est pas toujours possible.

> *On peut dire:*
> Ce professeur est aimé **de** ses élèves ou **par** ses élèves.
> *Il faut dire:*
> Pierre a été mordu **par** un chien.

Voici les nuances de sens entre **par** et **de**.

par

- **par** s'emploie avec des verbes qui indiquent une action physique:

  > La voiture est tirée **par** un cheval.

- **par** s'emploie avec des verbes pris au sens propre, concret:

  > L'explorateur a été dévoré **par** un lion.

- **par** s'emploie avec un nom déterminé:

  > La place est encombrée **par** les habitants du village.

de

- **de** s'emploie avec des verbes qui indiquent un sentiment, une émotion:

  > Ce professeur est aimé **de** ses étudiants.

- **de** s'emploie avec des verbes pris au sens figuré, souvent sans article:

  > Il est dévoré **de** chagrin.

- **de** s'emploie avec un nom seul, sans article:

  > La place est encombrée **d'**habitants.

- **de** est la construction habituelle de certains verbes qui indiquent une quantité: **être rempli de, être entouré de, être couvert de, être orné de, être décoré de**

5 Faux passif / vrai passif

a. Souvent le passif est utilisé pour exprimer le résultat d'une action passée. C'est le verbe **être** (conjugué au temps désiré) et un participe passé qui a une valeur d'adjectif. L'agent n'est pas exprimé. C'est le faux passif. *[handwritten: something that has already happened, completely finished]*

> ★ Je **suis** fatigué.   La porte **était** fermée.

b. Le vrai passif exprime *une action en train de se produire.* Il y a généralement un agent exprimé ou sous-entendu.

Comparez les phrases suivantes:

Faux passif (résultat)	*Vrai passif* (action)
La porte **est fermée**.	Tous les soirs la porte de la banque **est fermée par un gardien**.
Ma voiture **est réparée**.	Ma voiture **a été réparée par le meilleur mécanicien**.
Le dîner **est servi**.	Tous les jours le dîner **est servi par la bonne**.
L'ennemi **est battu**.	Cette pauvre femme **est battue par son mari**.

c. Souvent, même si le verbe exprime un vrai passif, l'agent n'est pas exprimé; l'identité de cet agent est évidente ou imprécise. Cet emploi est fréquent au passé composé, au plus-que-parfait ou au futur.

> Le président **a été élu.**   (*L'identité est évidente: par les électeurs.*)
> Les routes **seront construites.**   (*L'identité est imprécise.*)

6 Comment éviter le passif?

A part le faux passif, qui est très courant, le vrai passif est plus rare en français qu'en anglais.

a. On préfère souvent en français une phrase à la voix active, quand un passif est possible en anglais.

> Ses amis l'**admirent** beaucoup.   *He **is** much **admired** by his friends.*

b. Le pronom indéfini **on** est utilisé souvent comme sujet d'un verbe actif. Dans ce cas, **on** représente une ou des personnes indéfinies.

> Au Québec **on parle** français.   *In Quebec, French **is spoken.***
> **On n'a pas encore trouvé** de remède   *A cure for the common cold **has not yet***
> contre le rhume banal.   ***been found.***

c. On peut employer un verbe pronominal de sens passif (voir p. 263).

> Ça **ne se fait pas;** ça **ne se dit pas.**   *This **is not done;** that **is not said.***

EXERCICES

B. Mettez les phrases suivantes au passif. Employez **de** ou **par** devant l'agent.

1. Un kidnappeur a volé l'enfant.   2. Autrefois, de nombreux poissons remplissaient la mer.   3. L'inquiétude dévorait cette mère anxieuse.   4. Des jardins superbes entourent la maison.   5. Un gangster armé avait attaqué la banque. 6. L'extinction menace plusieurs espèces d'animaux et de plantes.   7. Des passants encombraient la rue.   8. Les lions ont dévoré quelques moutons.   9. En hiver une neige épaisse couvrira les montagnes.   10. Pendant cette nuit de camping, les moustiques nous ont piqués.   11. Des marchands envoyèrent des Africains comme esclaves en Amérique.   12. Les bombardements détruisirent beaucoup de villes en France.

C. Transformez les phrases suivantes avec un verbe pronominal ou avec on.

1. Il a été opéré hier.   2. Il a été trouvé assassiné.   3. Les timbres sont aussi vendus dans des bureaux de tabac.   4. Le dîner est servi à huit heures.   5. Ce poisson est mangé froid.   6. La question a été posée à Paul.   7. Ils ont été aperçus dans un bar. 8. Notre-Dame est à Paris.   9. Une piqûre lui a été faite.   10. Cette chose n'est jamais dite.   11. Au passé composé, les verbes pronominaux sont conjugués avec l'auxiliaire *être*.   12. Au Sénégal, les habitants parlent français.

Suppléments de grammaire

1 entendre dire que / entendre parler de / avoir des nouvelles de

a. Ces trois expressions sont la traduction de *to hear*. On utilise **entendre dire que** pour traduire *to hear that.*

I heard that Elisabeth is going to have a baby.	J'ai **entendu dire** qu'Elisabeth va avoir un bébé.

b. On utilise **entendre parler de** pour traduire *to hear about, to hear of.*

I never heard of this company.	Je n'ai jamais **entendu parler de** cette compagnie.

c. *To hear from someone* se dit **avoir des nouvelles de quelqu'un.**

Did you hear from Jerome?	Avez-vous eu **des nouvelles** de Jérôme?
Did you hear from him after his trip to Japan?	Avez-vous eu **de ses nouvelles** après son voyage au Japon?

EXERCICE

D. Mettez la forme correcte du verbe—**entendre dire que, entendre parler de, avoir des nouvelles de**—dans les phrases suivantes.

1. Tu (**passé composé**) as entendu l'esclavage des Brésiliens noirs?
2. Nous (**passé composé négatif**) n'avons pas eu des nouvelles de nos amis du Mali depuis longtemps.
3. On (**présent**) entend la princesse Caroline toutes les semaines dans les revues françaises.
4. Je (**présent**) elle s'occupe beaucoup d'œuvres de charité.
5. Vous (**passé composé négatif**) n'avez pas ce roman de Maryse Condé?
6. Ils (**futur**) du directeur de l'école, quand il aura examiné leur dossier.

2 c'est pourquoi

C'est pourquoi signifie *That's why, that's the reason.* On peut dire aussi **c'est la raison pour laquelle, c'est pour cette raison que.**

> Les recherches de ce savant sont importantes pour le monde entier; **c'est pourquoi** (ou **c'est la raison pour laquelle**, ou **c'est pour cette raison qu'**) il a reçu le prix Nobel.

✱ Attention: On ne dit jamais c'est la raison pourquoi.

EXERCICE

E. Combinez chaque phrase de la colonne de gauche avec celle de la colonne de droite qui correspond en utilisant la formule **c'est pourquoi** ou **c'est la raison pour laquelle.**

1. Naba a donné une orange à la jeune captive.
2. Naba a été baptisé.
3. Naba a l'air bien soigné et bien nourri.
4. Naba est encore un enfant.

a. Il pleure d'avoir été kidnappé.
b. Il a le droit de visiter les prisons d'esclaves.
c. Les voleurs d'enfants pensent qu'ils le vendront cher.
d. Le soleil est réapparu dans la vie de Romana.

➌ il reste / il me reste

Le verbe impersonnel **il reste** signifie *there is . . . left.* **Il me reste** signifie *I have . . . left.* Dans cette dernière expression, **me** est objet indirect: Il **lui** reste = *he or she has left.* **Il ne reste plus de...** signifie *there is no more . . . left.*

A cause de la pollution, **il reste** peu de poissons dans certains océans.
Il me reste du travail à faire.
Il ne vous **reste plus d**'argent.

EXERCICE

F. Répétez les phrases suivantes avec **il reste** ou **il** + **me, te, lui, nous** + **reste.**

Modèle: Il n'y a plus de lait dans le frigidaire.
          Il ne reste plus de lait.

1. Les lions n'existent presque plus dans cette région de brousse.
2. J'ai cinq cents dollars à la banque.
3. Nous avons seulement une semaine de cours avant les vacances.
4. Nicolas Hulot ne trouve plus de terres à explorer.
5. Il y a encore des tigres blancs dans certaines régions de l'Inde.

Synthèse

APPLICATIONS

I. Comment fonctionne la République française? Faites des phrases avec le vocabulaire suivant en mettant les verbes au passif.

1. La constitution / préparer (**passé composé**) / une commission spéciale.
2. Le président / élire / les citoyens au suffrage universel.
3. Les candidats / présenter / les différents partis.
4. L'Assemblée législative / former / des élections tous les quatre ans.
5. Chaque cabinet / diriger / un ministre.
6. Les ministres / nommer / le Président.
7. Les lois / préparer / les membres du Sénat.
8. Les lois / discuter et voter ou rejeter / la Chambre des députés.

Sur le même modèle, dites comment fonctionne le gouvernement de votre pays.

II. **Un camping désastreux.**   Récrivez le texte suivant et mettez les phrases entre parenthèses au passif.

1. Nous sommes partis pour camper. (D'abord, la circulation nous a retardés.) Nous sommes arrivés tard. (Les gens remplissaient le terrain de camping. On avait attribué [*given*] notre place à un autre groupe.)
2. Nous avons dû camper dans un endroit près des poubelles. (Les odeurs nous ont dérangés.)
3. (Pendant la nuit, les moustiques nous ont dévorés.)
4. (Puis la pluie nous a inondés.)
5. (Un grand coup de vent a renversé notre tente.)
6. Le matin, nous n'avons pas pu nous laver. (Les gens encombraient les toilettes. Quelqu'un avait cassé les robinets.)
7. Nous n'avons pas pu manger. (Les ours [*bears*] avaient mangé nos provisions.)
8. Nous sommes rentrés, très déçus. (Tous ces incidents nous ont découragés.)

Ajoutez trois autres désastres, en employant la forme passive.

III. **Un monde utopique.**   Les phrases suivantes sont au passif. Mettez-les à la forme active pour dire ce qui se passera dans l'avenir.

1. Des voyages dans l'espace seront organisés.
2. Les gens seront guéris du cancer et du sida par un vaccin.
3. Toutes les espèces animales et végétales qui sont en voie de disparition seront protégées.
4. La misère des peuples sous-développés sera diminuée.
5. Les conflits entre les peuples seront contrôlés par une armée internationale.
6. Des routes où il n'y aura plus d'accidents seront construites.
7. L'arrivée de toutes les catastrophes naturelles sera prédite par une machine spéciale.
8. Dans les maisons, la cuisine et le ménage seront faits par des robots.
9. Les impôts des pauvres seront payés par les riches.
10. La faim dans le monde sera éliminée.

ACTIVITÉS

1. **Discussion.**   Formez un groupe de trois ou quatre camarades et discutez ensemble des vols d'enfants. Quelles sont les circonstances, les motifs des kidnappeurs, ce qu'ils souhaitent obtenir? Connaissez-vous des cas historiques célèbres?

   une rançon   des recherches   un indice (*clue*)

2. **Sondage.**   Demandez à trois ou quatre camarades quelles sont les différentes sortes d'esclavage moderne. Faites un rapport à la classe.

   enfants forcés à travailler / dans quels pays? / femmes esclaves des travaux ménagers / course contre la montre

3. **Débat.**   Organisez un débat entre un groupe qui est pour la chasse et un autre qui est contre.

la chasse considérée comme un sport / nécessité pour se nourrir / la chasse pour l'ivoire / la fourrure / les instincts de cruauté

TRADUCTION

[handwritten: Il y a un jour tandis qu'il chassait, le jeune prince était prise par les kidnappeurs d'une autre tribu]

1. One day while he was hunting, the young prince was captured by thieves from another tribe. *[handwritten: Il était a ligoté et transporté au marché de traites. Là, il a été]* 2. He was tied up and transported to a slave market. 3. There he was sold for a small fortune because he appeared well cared for and fed. 4. Later he was sent to a plantation where he was promoted (**promouvoir**) to gardener. 5. He had been baptized and given (*use* **on**) the name of Jean-Christophe. 6. One day, while he was visiting the prison of black slaves, he met a young princess who, too, had been kidnapped and sold. 7. Together they were sent to Brazil where they were shown at a slave market, separated, and sold to different farmers. 8. Eventually, they found each other again and were given their freedom.

RÉDACTIONS

1. **L'esclavage aux Etats-Unis.**   Que savez-vous de l'esclavage aux Etats-Unis? D'où sont venus les esclaves? Dans quelles conditions ont-ils voyagé? Comment vivaient les esclaves avant la guerre de Sécession? Et après?
2. **Cent ans après.**   Naba et Romana se rencontrent dans une plantation dans le sud des Etats-Unis. Imaginez et racontez comment un de leurs descendants s'insère dans la société américaine moderne avec succès.

$\mathcal{L}$es participes

Vocabulaire du texte

s'accroupir to crouch
appel (*m.*) call
arête (*f.*) ridge
atterrissage (*m.*) landing
bordé(e) lined
bruissement (*m.*) rustle
cabri (*m.*) kid (goat's baby)
cabriole (*f.*) caper
chaloupe (*f.*) launch
creux (*m.*) hollow
empreinte (*f.*) print, mark
ému(e) moved
environner to surround
éprouver un besoin to have a need
éprouver une impression to have a feeling
gambade (*f.*) frolic
grisé(e) intoxicated
guetter to look for (as for a prey)
hublot (*m.*) porthole (round window in a ship or a plane)

humecter to dampen
humer to smell
marmonner to mutter
mouette (*f.*) seagull
pépier to chirp
perruche (*f.*) parakeet
pesanteur (*f.*) gravity
piquer une tête to dive
planer to glide
pousser une exclamation to exclaim
rayonner to radiate
rectiligne straight
règne (*m.*) kingdom
rétrofusée (*f.*) retrorocket
scaphandre (*m.*) space suit
survoler to fly over
tourmenté(e) tortured
vaisseau (*m.*) **(spatial)** (space)ship
vautour (*m.*) vulture

Vocabulaire supplémentaire

Science fiction

androïde (*m.*) android
anthropomorphe anthropomorphous
darwinisme (*m.*) Darwinism
extraterrestre (*m.*) extraterrestrial
fantastique (*adj.* ou *nom, m.*) fantastic
galaxie (*f.*) galaxy
interstellaire interstellar
lunaire lunar

machine (*f.*) **à explorer le temps** time machine
mutant (*m.*) mutant
Martien (*m.*) Martian
merveilleux (*m.*) marvelous
roman (*m.*) **d'anticipation** science fiction (events dealing only with the future)
satellite (*m.*) satellite
télépathie (*f.*) telepathy

Termes géographiques

aride dry
baie (*f.*) bay
campagnard(e) countrylike
chaîne (*f.*) **de montagnes** mountain range
clairière (*f.*) clearing

col (*m.*) pass
colline (*f.*) hill
contrée (*f.*) region
désert (*m.*) desert
désolé(e) desolate

fertile fertile	**presqu'île** (*f.*) peninsula
fleuve (*m.*) river (that flows into the sea)	**rive** (*f.*) riverbank
glacier (*m.*) glacier	**rivière** (*f.*) river (that goes to a larger
golfe (*m.*) gulf	river)
habité(e) inhabited	**urbain(e)** urban
lac (*m.*) lake	**vallée** (*f.*) valley
littoral (*m.*) coastline	**volcan** (*m.*) volcano

Français en couleurs

Dans la langue familière, quelqu'un qui «débarque» est quelqu'un qui n'est pas au courant d'une situation. Quelqu'un qui est «performant» est efficace, qui réussit bien. On entend de plus en plus souvent «pébé» (problème) à la place de difficulté ou d'ennui: «pas d'PB». D'une personne qui se sauve on dit «qu'elle fiche le camp» («foutre le camp», qui est plus grossier et vulgaire, est pourtant très utilisé). Dans un endroit où il y a peu de monde on dit «qu'il n'y a pas un chat». Pour demander à quelqu'un d'attendre on dit «Minute, papillon!». S'il fait froid, on dit qu'il fait «un froid de canard», et dans ce cas on a «la chair de poule» (*goosebumps*). Dans un grand étonnement, on «ouvre les yeux comme des soucoupes» (*saucers*).

Beaucoup d'expressions familières utilisent des nombres: «en moins de deux» (rapidement), «faire les cent pas» (*to pace the floor*), «ne faire ni une ni deux» (ne pas hésiter).

On entend beaucoup, à la télé, ces deux expressions: «A la limite», qui signifie *stretching things further,* et «dans la foulée», *at the same time.*

Et bien sûr, on chante «cocorico» (le chant du coq) pour n'importe quelle victoire nationale dont on est fier.

Une planète-sœur

Pierre Boulle (1912–) est né en 1912 à Avignon où il a passé sa jeunesse. Il a fait des études scientifiques à Paris et a reçu un diplôme d'ingénieur.

Infatigable voyageur, il est devenu planteur en Malaisie puis a mené en Extrême-Orient une vie d'aventure qui forme la matière de son œuvre de romancier. Pendant la Seconde Guerre mondiale, il s'est battu en Indochine et en Birmanie après l'invasion japonaise. Ses expériences de guerre lui ont inspiré plusieurs de ses romans, en particulier *Le Pont de la rivière Kwaï* (1959) dont le film a connu un grand succès. Presque tous les romans de l'auteur sont empreints° de romantisme héroïque.

tinged with

Après le roman d'aventure, Boulle s'est lancé dans la science-fiction avec la publication de *La Planète des singes* (1963), récit qui est vite devenu célèbre à travers le monde, grâce à son interprétation au cinéma. Ce roman a les caractéristiques d'un conte philosophique et moralisateur et exprime l'angoisse et les tensions créées par la guerre froide. Son pessimisme à l'égard de l'humanité est évident.

Préparation à la lecture

Sur la planète Soror, en l'an 2500 de notre ère, les humains ont dégénéré et perdu leur rôle de maîtres du monde au profit d'une race de singes qui, sans avoir fait de grands progrès scientifiques depuis le déclin de la race humaine, règne pacifiquement sur Soror et la gère° avec sagesse.

manages

Le passage suivant est situé au début du roman. Avant la découverte surprenante d'une race de singes avancée, trois Terriens arrivent en vue de Soror dans le système de Bételgeuse: Ulysse Mérou, jeune journaliste brillant; le professeur Antelle, savant renommé et chef de l'expédition; son jeune assistant Arthur Levain et Hector leur chimpanzé, survolent la planète pour la première fois.

L'atterrissage

L a planète était habitée. Nous survolions une ville; une ville assez grande, d'où rayonnaient des routes bordées d'arbres, sur lesquelles circulaient des véhicules. J'eus le temps d'en distinguer l'architecture générale: de larges rues; des maisons blanches, avec de longues arêtes <u>rectilignes</u>. Mais nous devions atterrir bien loin de là. Notre course nous entraîna d'abord au-dessus de champs cultivés, puis d'une forêt épaisse, de teinte rousse, qui rappelait notre jungle équatoriale. Nous étions maintenant à très basse altitude. Nous aperçûmes une clairière d'assez grandes dimensions, qui occupait le sommet d'un plateau, alors que le relief environnant était assez tourmenté. Notre chef décida de <u>tenter</u> l'aventure et donna ses derniers ordres aux robots. Un système de rétrofusées entra en action. Nous fûmes immobilisés quelques instants au-dessus de la clairière, comme une mouette guettant un poisson.

Ensuite, deux ans après avoir quitté notre Terre, nous descendîmes très doucement et nous nous posâmes sans heurt° au centre du plateau, sur une herbe verte qui rappelait celle de nos prairies normandes.

sans... smoothly

Premier contact avec la planète

Nous restâmes un assez long moment immobiles et silencieux, après avoir pris contact avec le sol. Peut-être cette attitude paraîtra-t-elle surprenante, mais nous éprouvions le besoin de nous recueillir et de concentrer notre énergie. Nous étions plongés dans une aventure mille fois plus extraordinaire que celle des premiers navigateurs terrestres… Nous sortîmes enfin de notre rêve.

Ayant revêtu nos scaphandres, nous ouvrîmes avec précaution un hublot de la chaloupe… Nous sortîmes de la chaloupe, accompagnés d'Hector. Le professeur Antelle tint d'abord à analyser l'atmosphère d'une manière précise. Le résultat fut encourageant: l'air avait la même composition que celui de la Terre, malgré quelques différences dans la proportion des gaz rares. Il devait être parfaitement respirable. Cependant, par excès de prudence, nous tentâmes d'abord l'épreuve sur notre chimpanzé. Débarrassé de son costume, le singe parut fort heureux et nullement° incommodé. Il était comme grisé de se retrouver libre, sur le sol. Après quelques gambades, il se mit à courir vers la forêt, sauta sur un arbre et continua ses cabrioles dans les branches. Il s'éloigna bientôt et disparut, malgré nos gestes et nos appels.

Alors, ôtant nous-mêmes nos scaphandres, nous pûmes nous parler librement. Nous fûmes impressionnés par le son de notre voix, et c'est avec timidité que nous nous hasardâmes à faire quelques pas, sans nous éloigner de la chaloupe.

Il n'est pas douteux que nous étions sur une sœur jumelle de notre Terre. La vie existait. Le règne végétal était même particulièrement vigoureux. Certains de ces arbres devaient dépasser quarante mètres de hauteur. Le règne animal ne tarda pas à nous apparaître° sous la forme de gros oiseaux noirs, planant dans le ciel comme des vautours, et d'autres plus petits, assez semblables à des perruches qui se poursuivaient en pépiant. D'après ce que nous avions vu avant l'atterrissage, nous savions qu'une civilisation existait aussi. Des êtres raisonnables—nous n'osions pas encore dire des hommes—avaient modelé la face de la planète. Autour de nous, pourtant, la forêt paraissait inhabitée. Cela n'avait rien de surprenant: tombant au hasard dans quelque coin de la jungle asiatique, nous eussions éprouvé° la même impression de solitude.

Avant toute initiative, il nous parut urgent de donner un nom à la planète. Nous la baptisâmes Soror, en raison de° sa ressemblance avec notre Terre.

Une découverte surprenante

Décidant de faire sans plus tarder° une première reconnaissance, nous nous engageâmes dans la forêt, suivant une sorte de piste naturelle. Arthur Levain et moi-même étions munis° de carabines… Nous nous sentions légers et marchions allègrement, non que° la pesanteur fût° plus

---

not at all

capers

ne tarda… soon appeared to us

(*cond. passé*) = **nous aurions éprouvé**

en… = **à cause de**

sans… without further delay

étions munis = avions

not that / (*subj. imparf.* de être)

faible que sur la Terre—là aussi il y avait analogie totale—mais le contraste avec la forte gravité du vaisseau nous incitait à sauter comme des cabris.

60   Nous progressions en file indienne, appelant parfois Hector, toujours sans succès, quand le jeune Levain, qui marchait en tête, s'arrêta et nous fit signe d'écouter. Un bruissement, comme de l'eau qui coule, s'entendait à quelque distance. Nous avançâmes dans cette direction et le bruit se précisa.

65   C'était une cascade. En la découvrant, nous fûmes tous trois émus par la beauté du site que nous offrait Soror...

La vue de cette eau était si tentante que la même envie nous saisit, Levain et moi. La chaleur était maintenant très forte. Nous quittâmes nos vêtements, prêts à piquer une tête dans le lac. Mais le professeur Antelle 70 nous fit comprendre que l'on doit agir avec un peu plus de prudence quand on vient seulement d'aborder le système de Bételgeuse. Ce liquide n'était peut-être pas de l'eau et pouvait fort bien être pernicieux. Il s'approcha du bord, s'accroupit, l'examina, puis le toucha du doigt avec précaution. Finalement, il en prit un peu dans le creux de sa main, le huma et 75 en humecta le bout de sa langue.

«Cela ne peut être que de l'eau», marmonna-t-il.   *murmured*

Il se penchait de nouveau pour plonger la main dans le lac, quand nous le vîmes s'immobiliser. Il poussa une exclamation et tendit le doigt vers la trace qu'il venait de découvrir sur le sable. J'éprouvai, je crois, la 80 plus violente émotion de mon existence. Là, sous les rayons ardents de Bételgeuse qui envahissait le ciel au-dessus de nos têtes comme un énorme ballon rouge, bien visible, admirablement dessinée sur une petite bande de sable humide, apparaissait l'empreinte d'un pied humain. ■

Questions sur la lecture

1. Comment les astronautes savent-ils que la planète est habitée? Décrivez ce qu'ils voient.
2. Pourquoi doivent-ils atterrir loin de la ville?
3. Quels sont les éléments du paysage qui leur rappellent la Terre?
4. Par quels moyens la chaloupe fait-elle son atterrissage? Que pensez vous de ce procédé?
5. Pourquoi les astronautes restent-ils «un long moment immobiles et silencieux»? En quoi leur aventure est-elle plus extraordinaire que celle des premiers navigateurs terrestres?
6. Quelles précautions prennent-ils avant de faire leurs premiers pas sur la planète? Quel détail prouve que l'air est respirable?
7. Quels sont les signes qui indiquent qu'une civilisation existe sur la planète? Quelle première impression éprouvent-ils? Est-ce surprenant?
8. Que veut dire le nom de la planète?
9. Comment se manifestent: a. la prudence des explorateurs, b. leur enthousiasme?

10. Quelle première découverte font-ils et quelle est leur réaction?
11. Pourquoi la découverte de l'empreinte du pied humain est-elle si émouvante?

Questions personnelles

1. Décrivez le relief de la région où vous habitez. Votre ville est-elle sur un plateau, dans une plaine, à la montagne? Y a-t-il des forêts, une rivière, des champs, etc.? Quels aspects de ce relief vous paraissent spectaculaires, attachants, grandioses, menaçants, déplaisants?
2. Quand on pourra voyager facilement sur d'autres planètes, aimerez-vous faire un voyage interplanétaire? Pourquoi ou pourquoi pas?
3. Quels sont les navigateurs terrestres et interplanétaires que vous admirez le plus? Pouvez-vous les nommer et raconter brièvement leurs exploits?

Les participes

On groupe sous le nom de participes des formes verbales variées: certaines ont une valeur d'adjectifs, d'autres ont une valeur de verbes avec un présent, un passé, un actif et un passif.

Formes

	présent	passé	parfait
actif	parlant	parlé	ayant parlé
			étant arrivé
passif	étant fini	fini	ayant été fini

1 Le participe présent

Le participe présent actif se forme à partir de la première personne du pluriel du présent du verbe (nous **parl** / **ons**). On enlève la terminaison **-ons** et on ajoute la terminaison **-ant.**

donner:	nous **donn** / ons	**donnant**
finir:	nous **finiss** / ons	**finissant**
sortir:	nous **sort** / ons	**sortant**
prendre:	nous **pren** / ons	**prenant**

a. Seuls les verbes en **-cer** et **-ger** ont des changements orthographiques.

-cer → çant		**-ger → -geant**	
commencer	**commençant**	manger	**mangeant**

b. Pour les verbes pronominaux, on utilise le pronom réfléchi correspondant au sujet.

sing.	(je) **me** promenant	(tu) **te** promenant	(il/elle) **se** promenant
pl.	(nous) **nous** promenant	(vous) **vous** promenant	(ils/elles) **se** promenant

c. Il y a trois verbes qui ont un participe présent irrégulier.

être	**étant**	MAIS:	nous **sommes**
avoir	**ayant**	MAIS:	nous **avons**
savoir	**sachant**	MAIS:	nous **savons**

2 Le participe passé

Les formes du participe passé sont présentées dans le Chapitre 2 (voir p. 50).

3 Le participe parfait

Le participe parfait actif est le «passé composé» du participe.
Il est formé avec le participe présent de l'auxiliaire **avoir** ou **être** + un participe passé.

a. ayant + le participe passé pour les verbes qui se conjuguent avec **avoir**

ayant vu	*having seen*
ayant appris	*having learned*
ayant dormi	*having slept*

b. étant + le participe passé pour les verbes qui se conjuguent avec **être**

No Accord

étant allé	*having gone*
étant venu	*having come*
étant sorti	*having gone out*
s'étant levé	*having gotten up*
nous étant rencontrés	*having met*

4 Le participe passif

Le participe passif a une forme simple: le participe passé, et deux formes composées—le présent et le parfait—formées avec l'auxiliaire **être,** comme tous les passifs.

présent:	étant fini, étant perdu, étant compris
	being finished, being lost, being understood
passé:	fini, perdu, compris
	finished, lost, understood
parfait:	ayant été fini, ayant été perdu, ayant été compris
	having been finished, having been lost, having been understood

✳ Remarques:

- Le participe passé s'accorde dans les mêmes conditions que le verbe passif (voir p. 434).
- Les verbes pronominaux n'ont pas de passif.

5 La formation négative du participe

Au présent, **ne** et **pas** entourent le participe. Aux temps passés et au passif, **ne** et **pas** entourent l'auxiliaire.

ne donnant **pas**	**ne** se souvenant **pas**	
n'ayant **pas** vu	**n**'étant **pas** allé	**ne** s'étant **pas** promené
n'étant **pas** fini	**n**'ayant **pas** été perdu	

EXERCICES

A. Dans les groupes suivants, mettez les verbes au participe présent.

Les explorateurs…   1. survoler la ville   2. atterrir sur la planète   3. courir dans la forêt   4. dormir près de la cascade   5. apercevoir une clairière   6. ne pas comprendre la langue des animaux   7. se mettre à chanter   8. connaître l'astrologie   9. avancer dans la jungle   10. nager dans la rivière   11. ne pas savoir où ils sont   12. se sentir légers   13. appeler Hector   14. découvrir l'Amérique   15. vivre sur la Terre   16. vouloir sortir de la chaloupe   17. baptiser la planète   18. être très émus   19. ne pas perdre le nord   20. s'accroupir près de l'eau

B. Dans les groupes suivants, mettez les verbes au participe parfait.

Les femmes astronautes…   1. voir les étoiles   2. savoir calculer l'altitude   3. ne pas finir de s'étonner   4. devenir impatientes   5. appeler le singe   6. aller chercher cet animal   7. commencer à s'inquiéter   8. faire les premiers pas sur la planète   9. ne pas pouvoir respirer   10. sortir de la chaloupe   11. revêtir leur scaphandre   12. recevoir un message   13. boire un peu d'eau   14. se rendre compte de leur chance   15. voyager sur Mars   16. ne pas vivre à la ville   17. se poser sans heurt   18. tenir à sortir les premières   19. se recueillir un moment   20. apercevoir des maisons

C. Dans les groupes suivants, mettez les verbes au participe passif, présent et parfait.

Modèle: la clé (perdre)
   *la clé **étant perdue** / la clé **ayant été perdue***

1. la planète (habiter)   2. un terrain d'atterrissage (apercevoir)   3. la leçon (ne pas comprendre)   4. le hublot (ouvrir)   5. la conviction (acquérir)   6. le journal (lire)   7. la lettre (ne pas écrire)   8. l'exploration (permettre)   9. le singe (ne pas incommoder)   10. les astronautes (entourer)

Emplois ▰▰▰▰

Dans la langue courante, parlée ou écrite, on emploie le participe présent sous la forme du *gérondif*. On emploie aussi le participe présent et le participe passé sous la forme de l'*adjectif verbal*.
  Dans la langue écrite, mais jamais dans la conversation, on emploie les autres participes.

EMPLOIS DANS LA LANGUE COURANTE

1 Le gérondif = **en ——ant**

> **en** pleurant   **en** riant

✱ **Attention:** En anglais, la préposition varie: *in, by, with, while*; en français, c'est toujours **en.**

Le gérondif représente une action faite par le sujet du verbe principal, mais la terminaison **-ant** ne s'accorde pas. Le gérondif peut être suivi d'un complément.

> Françoise est une petite fille bien élevée: elle   *Françoise is a well-behaved little girl:*
>   ne parle pas **en mangeant.**   *she doesn't speak **while eating.***
> Je l'ai rencontré **en traversant** la rue.   *I met him **while crossing** the street.*

a. Le gérondif exprime l'idée que deux actions sont faites en même temps par la même personne.

> Il parle **en mangeant** (il parle et il mange).   *He talks **while eating.***

b. Il décrit la manière ou le moyen de faire une chose.

> Il a ouvert la porte **en donnant** des coups de pied.   *He opened the door **by kicking** (it).*

c. Il implique une condition nécessaire avant l'action principale.

> **En travaillant** plus, tu pourrais avoir de   ***By studying** more, you could*
>   bonnes notes.   *get good grades.*
> (**Si tu travaillais** plus...)   (***If you studied** more . . .)*

d. Souvent le gérondif est précédé de **tout. Tout** renforce l'idée que deux actions ont lieu en même temps, et quelquefois s'opposent.

> **Tout en sautant** comme des cabris, les explorateurs avançaient.

EXERCICE

D. Refaites les phrases suivantes avec un gérondif.

1. Les explorateurs marchent et observent le relief en même temps.   2. Est-ce que vous fumez quand vous mangez?   3. Nous voyons des vautours et des perruches quand nous nous promenons dans la forêt.   4. On découvre des choses merveilleuses quand on voyage d'une planète à l'autre.   5. Ils ont pu s'offrir un voyage dans la lune; ils ont fait des économies pendant dix ans.   6. Tu réussirais plus facilement dans tes études si

tu te concentrais un peu plus.   7. L'actrice a répondu aux questions indiscrètes; elle a souri en même temps.   8. Hector a manifesté son bonheur: il a fait des cabrioles. 9. Est-ce que ces enfants deviendront plus sages quand ils grandiront?   10. Quand nous découvrîmes la cascade, nous fûmes très émus.

2 L'adjectif verbal

Il peut avoir la forme du participe présent ou celle du participe passé. Il s'accorde avec le nom qu'il accompagne, comme un adjectif.

> Régine est une femme **charmante.**
> Le singe, **débarrassé** de son costume, faisait des pirouettes.

EMPLOIS DANS LA LANGUE ÉCRITE

1 Le participe présent

Le participe présent s'emploie uniquement (*only*) dans la langue écrite. Il ne s'accorde pas. Il a plusieurs sens.

a. Il correspond à une proposition relative.

> Ma mère, **croyant** que j'allais m'évanouir, m'a donné un verre d'eau.
> (Ma mère, **qui croyait...**)

> *My mother, **thinking I** was going to faint, gave me a glass of water.*
> (*My mother, **who thought** . . .*)

b. Il indique un sens de causalité.

> **Etant** très riche, ce monsieur n'avait pas besoin de travailler.
> (**Comme il était...**)

> *Being very rich, this gentleman did not need to work.*
> (*Since he was . . .*)

c. Il indique que deux actions sont successives.

> **Prenant** son chapeau, il sortit.
> (Il **prit** son chapeau et il **sortit.**)

> *Taking his hat, he left.*
> (*He **took** his hat and he **left.***)

Tableau-résumé
Différences entre le participe présent et l'adjectif verbal

Le participe présent	L'adjectif verbal
C'est un verbe.	*C'est un adjectif.*
• il indique une action	• il exprime une qualité, un état durable
• il ne s'accorde pas	• il s'accorde
• il peut avoir un objet direct	• il n'a pas d'objet direct
• à la forme négative on dit:	• à la forme négative on dit:
ne croyant pas	**pas charmant(e)** ou **peu charmant(e)**

(cont.)

Le participe présent	L'adjectif verbal

• l'adverbe suit:
  croyant **toujours**
	• l'adverbe précède:
	  elle est **toujours** charmante

• l'orthographe des mots suivants varie:
  négligeant
  fatiguant
  différant
  convainquant
	négligent
	fatigant
	différent
	convaincant

Convainquant sa mère de lui donner de l'argent, elle a pu aller au cinéma.	Votre histoire n'est pas **convaincante**.

EXERCICE

E. Dans les phrases suivantes, mettez le verbe entre parenthèses à la forme qui convient: participe présent, gérondif ou adjectif verbal.

1. (Sortir) sa carabine de la chaloupe, le professeur prit la tête de l'expédition.
2. (Sortir) de la fusée, les astronautes ont pu respirer un air frais.   3. (Trembler) d'émotion, le Terrien s'est approché du Martien.   4. Le vieux chien se tenait à peine sur ses jambes (trembler).   5. Nous avons lu (trembler) le message trouvé dans la bouteille.   6. Les chevaux font le tour du corral (courir).   7. Dans la langue canadienne (courir) il y a beaucoup de mots anglais.   8. Je ne croyais pas vous déranger (frapper) à la porte.   9. Il y a entre ces planètes une ressemblance (frapper). 10. (Frapper) dans ses mains, le professeur Levain a essayé de faire revenir le singe. 11. Denis a remis le lait au réfrigérateur, (négliger) de fermer la porte.   12. Cette femme de ménage est très (négliger).

[handwritten annotation: adjective]

2 Le participe parfait
Le participe parfait s'emploie dans les mêmes conditions que le participe présent, mais il ajoute l'idée que l'action a été achevée avant l'action du verbe principal.

Cette pauvre femme, **ayant eu** beaucoup d'ennuis, était devenue très sombre.	*This poor woman, **having had** many problems, had become very gloomy.* (*. . . **because she had had** . . .*)
S'étant levée, elle sortit.	***Having gotten up,** she left.* (*After she got up . . .*)

3 Le participe passé
Souvent, dans des phrases elliptiques, le participe parfait est réduit au participe passé, après un nom ou après une expression comme **sitôt, une fois.**

Sitôt levée, elle va faire une promenade.	*As soon as she is up, she'll go for a walk.*
Une fois arrivés, nous nous reposerons.	*Once there (**Once arrived**), we will rest.*

∗ Remarque: Dans ce cas, le participe passé s'accorde avec le nom ou le pronom qu'il accompagne.

4 La proposition participe

C'est une construction de langue écrite et littéraire, qui remplace couramment une proposition subordonnée avec une conjonction. Elle est formée d'un nom sujet accompagné d'un participe (présent, parfait, passé ou passif). Le nom ne doit pas avoir d'autre fonction dans le reste de la phrase.

Ses enfants partant le lendemain en vacances, M. Dupont décida de les accompagner.	*His children leaving the next day for a vacation,* Mr. Dupont decided to go along.
(**Comme ses enfants partaient...**)	(*Since his children were leaving . . .*)
Un soir, **une panne l'ayant surpris sur la route,** il dut dormir dans sa voiture.	*One evening, **a breakdown having surprised him on the road,** he was forced to sleep in his car.*
(Un soir, **comme une panne l'avait surpris...**)	(*One evening, **since a breakdown had surprised him . . .***)
La tempête terminée, nous sortirons faire une promenade.	*The storm **(being) over,** we shall go out for a walk.*
(**Quand la tempête sera terminée...**)	(*When the storm is over . . .*)

EXERCICE

F. Refaites les phrases suivantes avec des propositions participes.

1. Comme ma porte d'entrée était fermée, je suis passé par la fenêtre. 2. Quand son examen a été terminé, le médecin a fait son diagnostic. 3. Comme les enfants sont très bruyants, on les envoie dans leur chambre. 4. Une fois que les fêtes de Noël seront passées, je me mettrai au régime. 5. Les jeunes gens ôtèrent leur scaphandre, et la petite troupe commença sa reconnaissance des lieux. 6. La pesanteur leur paraissait plus faible que sur la Terre, ils s'amusaient à sauter comme des cabris. 7. Quand leur exploration fut terminée, ils piquèrent une tête dans le lac. 8. Après que plusieurs heures furent passées, ils se sentirent fatigués.

PROBLÈMES DE TRADUCTION

1 *-ing* = le présent ou l'imparfait d'un verbe ou de l'expression **être en train de** + infinitif

I *am reading.*	He *was reading.*
Je **lis.**	Il **lisait.**
Je **suis en train de lire.**	Il **était en train de lire.**

2 *-ing* = un infinitif

La forme *-ing* du verbe anglais qui suit un autre verbe ou une préposition doit se traduire en français par l'infinitif (voir p. 284).

*I like **reading.***	J'aime **lire.**
*You enjoy **sleeping.***	Tu as du plaisir à **dormir.**
*Instead of **playing** . . .*	Au lieu de **jouer...**

3 -ing = un nom

Un grand nombre de mots anglais en -ing se traduisent par des noms quand ils sont employés après les verbes **aimer, faire, préférer,** etc., ou quand ils sont sujets.

hiking **la marche** [la randonnée]   Il fait de la **marche.**

swimming **la natation**   J'aime la **natation.**

skiing **le ski**   Vous préférez le **ski** ou la **luge?**

sledding **la luge**

cross-country skiing **le ski de fond**   **Le ski de fond** redevient populaire.

4 Certains participes exprimant une position (*sitting, leaning, bending, kneeling, rising*) se traduisent par un participe passé si la position est déjà prise: **assis, appuyé, penché, age-nouillé, levé.** Ils se traduisent par un participe présent ou un gérondif si le mouvement est en train de s'effectuer: **s'asseyant, s'appuyant, se penchant, s'agenouillant, se levant.**

Seated on a small chair, the little girl ate   **Assise** sur une petite chaise, la petite
her soup.   fille mangeait sa soupe.

Sitting down on a chair, he started   **S'asseyant** sur une chaise, il commença à
to cough.   tousser.

Standing se dit **debout** (invariable) si on décrit une position déjà prise et **se levant** si on décrit le mouvement.

Standing up, he started talking.   **Se levant,** il commença à parler.
Standing on a chair, she tries to open   **Debout** sur une chaise, elle essaie
the cupboard.   d'ouvrir le placard.

EXERCICE

G Traduisez les phrases suivantes.
1. I like skiing.   2. The astronauts enjoy walking.   3. Instead of trying, let's relax.
4. We dream while sleeping.   5. Without writing anything, she remembers everything.   6. Swimming is fun.   7. By working, you will succeed.   8. You prefer waiting?   9. Sitting on the grass, the little girl was crying.   10. Leaning against the window of the spaceship, the explorer observes the galaxy.   11. The musicians are not standing; they are sitting on chairs.   12. Kneeling in front of the queen, the knight **(le chevalier)** bent his head.   13. Hiking is becoming a popular exercise.   14. Standing up suddenly, I knocked over the chair.   15. Leaning over the balcony of our apartment, we see a beautiful view of Paris.

Suppléments de grammaire

1 se mettre

Avec le verbe **se mettre,** on forme plusieurs expressions idiomatiques. En voici quelques-unes.

se mettre…

à l'eau	to jump in the water	**au régime**	to start a diet
à genoux	to kneel	**en colère**	to get mad
au lit	to go to bed	**en route**	to start walking
à table	to sit at the table	**en marche**	to start walking *or* working (*car*)
au travail	to start working		
s'y mettre	to get started		

EXERCICE

H. Mettez **se mettre** avec la formule qui convient dans les phrases suivantes.

1. A l'église, avant de faire une prière, on _se mett_. _à genoux_
2. Nous faisons une randonnée: nous prenons un pique-nique, de l'eau et nous _nous mettons en route_
3. Tu te fâches souvent? Tu _____?
4. Il est paresseux. Il n'arrive pas à _se mettre au trav._
5. Le dîner est prêt! Les enfants, lavez-vous les mains et _Mettez-vous_ _____! ✱
6. Je ne veux pas me baigner. Il fait trop froid pour _____.
7. Robert est trop gros. Il devrait _____.
8. Il faut vraiment que vous commenciez ce projet. Il faut que vous _____.
9. Je suis très fatiguée. J'ai mal à la tête et au cœur. Je vais _me mettre au lit_ et appeler le docteur.

2 n'importe lequel, n'importe quel / n'importe qui, quoi, où, comment, quand

Ces expressions sont formées de mots indéfinis; elles s'emploient de la façon suivante:

a. **N'importe lequel** (*any one*) est un pronom; il désigne une personne ou une chose que l'on ne veut pas choisir. _agreement!_

> Quel journal voulez-vous? —**N'importe lequel.**

b. **N'importe quel** (*any*) est un adjectif, il accompagne un nom.

> Elle a acheté **n'importe quel** journal.

c. **N'importe qui** (*just anybody, anyone at all*) désigne une personne; ce pronom peut être sujet, objet direct ou objet de préposition.

N'importe qui vous le dira.	*Anybody will tell you that.*
Ce chien aime **n'importe qui.**	*This dog loves just anybody.*
Je n'obéis pas à **n'importe qui.**	*I don't obey just anyone.*
Il sort avec **n'importe qui.**	*He goes out with just anybody.*

d. **N'importe quoi** (*just anything, anything at all*) désigne une chose. Ce pronom peut être sujet, objet direct ou objet de préposition.

N'importe quoi lui fera plaisir.   *Anything at all will please her.*
Tu bois **n'importe quoi.**   *You drink **anything at all.***
Nous parlons de **n'importe quoi.**   *We talk of **anything.***

e. N'importe où, comment, quand sont des expressions adverbiales; elles signifient *no matter where, how, when.* On ne peut pas commencer une phrase avec une de ces expressions. (Pour la traduction de *No matter who, which, where,* etc., au début de la phrase complexe, voir p. 480.)

Je dors bien **n'importe où, n'importe comment, n'importe quand.**

✻ Attention: On ne peut pas combiner **n'importe** avec **pourquoi** ou **combien.**

EXERCICE

I. Mettez la forme qui convient dans les phrases suivantes: **n'importe qui, quoi, lequel,** etc.

1. Les enfants mangent *n'importe quoi*; ils ne choisissent pas leur nourriture.   2. Dans quelle chambre préférez-vous dormir? —Dans *n'importe laquelle*, Je n'ai pas de préférence.   3. Je lirai *quel* livre si vous le choisissez.   4. Elle s'habille *comment*; elle n'a pas de goût.   5. *Qui* peut faire ce travail. —Oui, *quelle* idiot peut le faire.   6. J'ai tellement envie de faire un voyage sur une autre planète que je partirais *quand*, *où*.   7. Mon chat dort sur la table, sur le tapis, sur mon lit; il dort *où*.   8. Elle est trop sensible; *quoi* lui fait de la peine.

Synthèse

APPLICATIONS

I. Circonstances.   Dans quelles circonstances ces actions ont-elles été accomplies? Utilisez des gérondifs.

Modèle: Pierre s'est cassé la jambe. / Il **est tombé** dans l'escalier.
    *Pierre s'est cassé la jambe **en tombant** dans l'escalier.*

1. Marguerite a eu un accident. / Elle conduisait trop vite.
2. Patrice a perdu ses clés. / Il revenait du lycée.
3. Jacqueline a beaucoup maigri. / Elle a fait de l'exercice tous les jours.
4. Robert a gagné au loto. / Il a pris un billet chaque semaine.
5. Vous vous êtes rencontrés. / Vous alliez à l'opéra?
6. Nous avons trouvé cette maison. / Nous avons regardé les petites annonces dans le journal.
7. Ils ont pris cette décision. / Ils ont hésité.
8. Tu as appris le français. / Tu as écouté des cassettes?

9. Les robots ont commencé l'atterrissage. / Ils ont fait fonctionner un système de rétrofusées.
10. Ils sont sortis. / Ils ont ouvert le hublot.

II. Vacances idéales. Décrivez les qualités de l'endroit où vous désirez passer vos vacances en remplaçant les groupes en italique par des adjectifs verbaux.

> **Modèle:** Je veux trouver un endroit *où je puisse me reposer.*
> *Je veux trouver un endroit* **reposant.**

1. Je suis fatigué par une vie *qui me déprime.*   2. J'aimerais trouver un décor *qui me charme* avec des personnes *qui ne fassent pas de bruit.*   3. S'il y a des enfants à cet hôtel, j'aimerais *qu'ils obéissent* (qu'ils soient _____).   4. J'aimerais aussi participer à des excursions *qui m'intéressent*, et avoir des activités *qui me distraient.*   5. Je ne cherche pas une atmosphère *qui m'enivre*, ni *qui me passionne*, simplement une situation *qui me calme et me relaxe.*

III. Une chose à la fois. Ecrivez, avec des propositions participes, ce que vous ferez ou ce que feront d'autres personnes une fois que vous aurez ou qu'elles auront terminé une première action.

> **Modèle:** Une fois que j'**aurai terminé** mes études, je chercherai du travail.
> *Une fois* **mes études terminées,** *je chercherai du travail.*

1. Une fois qu'on aura voté le budget, le gouvernement distribuera l'argent.
2. Dès que l'automne arrive, les oiseaux migrateurs s'envolent vers les pays chauds.
3. Sitôt que le morceau a été joué, les musiciens rangent leurs instruments dans leurs étuis.
4. Sitôt que le film a commencé, les enfants réclament du popcorn.
5. Une fois que les examens étaient passés, nous prenions des vacances.
6. Dès que l'air de la planète a été analysé, les explorateurs peuvent sortir de la fusée.
7. Une fois que vous aurez exploré la forêt, vous n'aurez plus ce sentiment de solitude.
8. Aussitôt qu'ils furent tombés d'accord sur la ressemblance de la planète avec la Terre, ils la baptisèrent Soror.

IV. Difficultés d'argent. Gérard a des difficultés d'argent. Décrivez ce qui cause ses ennuis. Utilisez des participes.

> **Modèle:** Il a acheté trop de vêtements / il n'a plus d'argent.
> ***Ayant acheté*** *trop de vêtements, il n'a plus d'argent.*

1. Il ne sait pas établir un budget / il n'a jamais assez d'argent.
2. Il est désorganisé / il ne pense pas aux dépenses importantes.
3. Il n'a pas prévu certaines dépenses / il doit emprunter de l'argent.
4. Il a perdu son chéquier / il ne peut pas écrire de chèques.
5. Il ne sait pas bien compter / il n'arrive pas à payer ses factures.
6. Il ne s'est pas soucié de noter ses dépenses / il ne peut pas remplir sa déclaration d'impôts.

7. Il est trop généreux avec ses amis / il ne garde rien pour lui.
8. Il n'a pas une profession très lucrative / il ne gagne pas assez.

ACTIVITÉS

1. **Jeu de devinettes.**   L'un de vous décrit par des «circonlocutions» les objets suivants; l'autre devine de quel objet il s'agit.

un ordinateur	une voiture	une fusée	la télévision
un réfrigérateur	le métro	un fax	un robot
un aspirateur	un avion	le courrier électronique	

   Utilisez les expressions suivantes:

   Pour remplacer le mot: un truc, un machin, une chose.

   Pour indiquer son emploi: Ça sert à... , c'est fait pour... , on s'en sert pour... ,

   Pour indiquer les circonstances de son usage: On s'en sert en...

   Pour indiquer en quelle matière l'objet est fait: Il est en...

   Pour le comparer à un autre objet: Ça ressemble à…, c'est une espèce de…, c'est comme une sorte de…

   Exemple: le téléphone: C'est un truc de forme oblongue, qu'on tient à la main: on parle à un bout, on écoute à l'autre bout; ça sert à communiquer à distance; on entend la voix d'une personne qu'on ne voit pas.

2. **Débat.**   Formez deux groupes et discutez le genre «science-fiction». Un groupe aime ce genre, l'autre ne l'aime pas. Trouvez des titres de livres, des films, des programmes de télé qui ont enthousiasmé les uns, ennuyé les autres.

   thèmes fréquents / public favori / bandes dessinées

3. **Sondage.**   Interrogez cinq camarades pour savoir ce qu'ils pensent de la recherche spatiale. Est-ce un domaine de recherche important, ou bien pensent-ils que c'est de l'argent gaspillé (*wasted*), quand il y a tant de misère dans le monde.

Ôter - to take off

TRADUCTION

Utilisez le passé simple.
1. After discovering the human footprint, the astronauts were very impressed and moved.
2. They got rid of their space suits, and they started exploring the surroundings.   3. They entered the forest, and at the same time they were calling the chimp, who had escaped.
4. Looking for signs of human life, they were walking one behind the other.   5. They saw birds, gliding like vultures, trees rising higher than forty meters.   6. But little by little, they discovered discouraging things: empty bottles on the ground, dirty papers, and milk cartons.
7. This planet indeed was resembling the Earth.   8. They returned to the spaceship, cussing

(**jurer**) and muttering.   9. After conferring with one another, they decided to leave and look for another, more civilized planet.

1. **Suite.**   Imaginez une suite à l'histoire ou, si vous avez vu le film *La planète des singes*, racontez les aventures de ses héros.

2. **La Terre en l'an 2500.**   Imaginez ce que sera la Terre dans 500 ans, en l'an 2500.

23 La phrase complexe

La phrase complexe

Définitions

Une phrase est un groupe de mots autour d'un verbe conjugué (c'est-à-dire un verbe qui n'est ni un infinitif ni un participe). *Une phrase simple* se compose d'un seul verbe conjugué, ou de plusieurs verbes, reliés entre eux par une virgule ou par une conjonction de coordination: **et, mais, donc.** Généralement, il n'y a pas de subjonctif dans une phrase simple.

> Il **a bu** son café **et** il **a allumé** une cigarette, **mais** il ne m'**a** pas **parlé.**

Une phrase complexe se compose d'au moins deux verbes conjugués. Les deux verbes sont reliés par un mot de subordination. Le verbe qui est seul s'appelle le verbe principal. Le verbe qui est introduit par un mot de subordination s'appelle le verbe subordonné. Le verbe principal peut être à l'indicatif ou au conditionnel—jamais au subjonctif. Le verbe subordonné peut être à l'indicatif, au conditionnel ou au subjonctif.

Le mot de subordination peut être:

1 Un pronom relatif: **qui, que.** Le subjonctif est rare dans les propositions relatives (voir p. 390).

2 Un mot interrogatif: **qui, ce que, comment, pourquoi** (voir p. 420). Les verbes qui suivent les mots interrogatifs ne sont jamais au subjonctif.

3 Une conjonction.

   a. La conjonction **que** introduit un verbe subordonné qui complète l'idée du verbe principal. Le verbe subordonné se met à l'indicatif après certains verbes tels que **penser que, croire que.** Il est au subjonctif après les verbes principaux tels que **vouloir que, douter que** (voir p. 346).

   b. D'autres conjonctions de subordination expriment une circonstance:

   le temps: Quand l'action principale se produit-elle?

   la cause: Pourquoi l'action principale se produit-elle?

   la conséquence: Quel est le résultat de l'action principale?

   la condition: Dans quelles conditions l'action principale se produit-elle?

   le but: Dans quel but l'action principale se produit-elle?

   l'opposition: Malgré quelles circonstances l'action principale se produit-elle?

   La liste complète de ces conjonctions est: **comme, quand, si,** ou une expression formée avec **que (avant que, pour que, bien que,** etc. excepté **est-ce que** ou **ne ... que).**

   Plusieurs conjonctions ont déjà été étudiées dans les chapitres précédents. Ce chapitre complète l'étude de la phrase complexe en groupant les conjonctions d'après leur sens et en spécifiant l'emploi du subjonctif ou de l'indicatif. Pour les conjonctions suivies du subjonctif, ce chapitre présente à la fin de chaque section l'alternative de constructions simples qui ne nécessitent pas l'emploi du subjonctif: soit des prépositions suivies d'un nom ou d'un infinitif, soit des conjonctions suivies de l'indicatif, soit, dans la langue écrite, l'emploi d'une proposition participe.

✻ **Remarque:**   Il y a une règle générale importante en ce qui concerne les conjonctions (**que** et certaines conjonctions de subordination) suivies du subjonctif: Il faut avoir un sujet différent pour le verbe principal et le verbe subordonné. Si le sujet des deux verbes est le même, on emploie une construction simple avec un infinitif.

Conjonctions de temps

Les conjonctions de temps sont très nombreuses. Pour les classer, il faut considérer si l'action principale a lieu *avant, pendant* ou *après* l'action subordonnée.

Si elle a lieu *avant*, l'action subordonnée est au subjonctif. Si elle a lieu *pendant* ou *après*, l'action subordonnée est à l'indicatif, mais il y a des problèmes de temps.

Avant *Subjonctif*	Pendant *Indicatif*	Après *Indicatif*
avant que	pendant que	après que
en attendant que	alors que	quand
jusqu'à ce que	tandis que	lorsque
	lorsque	aussitôt que
	quand	dès que
	tant que	une fois que
	aussi longtemps que	à peine ... que
	comme	
	à mesure que	
	en même temps que	
	chaque fois que	
	depuis que	

[handwritten margin notes: remember the "que" ; While waiting for ; Jusqu'à ce que until the point or degree that ; For time things use après que avantque]

CONJONCTIONS SUIVIES DU SUBJONCTIF

A. *L'action principale a lieu avant l'action subordonnée.*

1 **avant que** (*before*)

Les profs et les élèves nettoient la classe **avant que** l'inspecteur vienne faire sa visite.

Gisèle lit tout un livre **avant de s'endormir.**

✻ **Remarque:**   Après **avant que,** on peut avoir **ne** explétif devant le verbe. L'emploi de **ne** n'est pas obligatoire (voir l'Appendice B).

Faites vacciner votre chien contre la rage **avant qu'**il *ne* soit trop tard.

2 **en attendant que** (*while waiting for, to*)

> Jacques lit le journal **en attendant que** le café **soit** prêt.
>
> Philippe lit le journal **en attendant d'entrer** dans le cabinet du dentiste.

3 **jusqu'à ce que** (*until*)

Avec cette conjonction on peut avoir le même sujet pour le verbe principal et le verbe subordonné.

> Nicolas répète son poème **jusqu'à ce qu'**il le **sache.**

Quand l'action principale et l'action subordonnée sont faites par la même personne, on peut employer la préposition **jusqu'à** + l'infinitif. Cette construction n'est pas très fréquente.

> Jacques a travaillé **jusqu'à tomber** de fatigue.

Jusqu'au moment où a la même signification que **jusqu'à ce que,** mais se construit avec l'indicatif.

> Prunelle restera au soleil **jusqu'au moment où** elle **sera** complètement déshydratée.

✴ Remarque: *Not until* se traduit **pas avant que.**

> Ne partez **pas avant que** je sois prête!

CONJONCTIONS SUIVIES DE L'INDICATIF

B. *L'action principale et l'action subordonnée ont lieu en même temps.*

1 **pendant que** / **alors que** / **tandis que** (*while*)

Alors que et **tandis que** (prononcé /tãdikə/) ont parfois un sens d'opposition dans le temps (*whereas*).

> Il mange de la viande **tandis que** nous nous **nourrissons** de légumes.

2 **lorsque** / **quand** (*when*)

Lorsque a le même sens que **quand. Quand** est plus employé dans la conversation.

> **Lorsque** (**Quand**) Sylvie et Jérôme **sont rentrés** de province, ils ont donné leur rapport au directeur.

3 **tant que** / **aussi longtemps que** (*as long as*)

Ces conjonctions s'emploient de la même facon, souvent avec un futur.

> **Tant que**
> **Aussi longtemps que** } je **vivrai,** je me rappellerai ce voyage extraordinaire.

4 **comme** (*as, just as*)

Avec le sens de *as, just as,* **comme** est toujours suivi de l'imparfait. Le verbe principal est à l'imparfait, au passé composé ou au passé simple.

> **Comme** je **sortais** de chez moi, le facteur est arrivé avec un paquet.

5 **à mesure que** (*as*)

C'est une conjonction courante. Elle signifie que deux actions progressent ou changent en même temps dans la même proportion ou en sens inverse.

> **A mesure que** Daniel **grandissait,** il devenait plus indépendant.

6 **en même temps que** (*at the same time*) / **chaque fois que** (*each time*)

> **En même temps que** le chat noir **croisait** son chemin, Jean-Louis est passé sous une échelle.

> **Chaque fois que** Leila **quitte** l'Algérie, elle pleure.

7 **depuis que** (*since*)

> **Depuis que** Maryse **a** un diplôme de la Sorbonne, ses camarades ne se moquent plus d'elle.

✳ Remarque: Quand *since* a un sens de cause, on le traduit par **puisque** ou par **comme** (voir p. 469).

C. *L'action principale a lieu après l'action subordonnée.*

1 **après que, quand, lorsque** (*after*) / **aussitôt que, dès que** (*as soon as*) / **une fois que** (*once*)
Avec ces conjonctions, l'emploi des temps suit la règle de concordance suivante: le verbe principal est à un temps simple qui correspond au temps composé du verbe subordonné. Cette concordance est très stricte. L'auxiliaire du verbe subordonné et le verbe principal sont au même temps.

> **Après que** le chat **est parti,** les souris **dansent.**
>   **sera parti,**   **danseront.**
>   **était parti,**   **dansaient.**

✳ Remarques:

- Si le verbe principal est au passé composé, le verbe subordonné est au passé surcomposé (voir l'Appendice B).

> **Après que** le chat **a été parti,** les souris **ont dansé.**

- Si le verbe principal est au passé simple, le verbe subordonné est au passé antérieur (voir l'Appendice B).

> **Après que** le chat **fut parti,** les souris **dansèrent.**

2 **à peine … que** (*hardly . . . when*)

a. Avec **à peine,** il y a deux constructions possibles.

> **A peine** est le premier mot de la proposition subordonnée et on a l'inversion du verbe; **que** commence la proposition principale.
> > **A peine** étions-nous sortis **qu'il** a commencé à pleuvoir.

✳ Remarque: On a l'inversion simple du sujet si le sujet est un pronom. On a l'inversion double si le sujet est un nom.

> **A peine** les enfants étaient-ils sortis **qu'il** a commencé à pleuvoir.

On peut aussi placer **à peine** après l'auxiliaire du verbe subordonné. Dans ce cas on ne fait pas l'inversion du sujet.

> Nous étions **à peine** sortis **qu'il** a commencé à pleuvoir.

b. Avec cette conjonction, on n'a pas la concordance des temps employée avec **après que, aussitôt que,** etc.

> **à peine** + plus-que-parfait   **que** + { passé composé
> passé simple
> imparfait

A peine **étions-nous sortis** *qu'*il { **a commencé**
commença
commençait } à pleuvoir.

c. La proposition subordonnée précède toujours la proposition principale.

CONSTRUCTIONS SIMPLES DE TEMPS

1 La préposition **à** avec un nom peut remplacer une proposition avec **quand.**
> **quand** il arriva → à son arrivée
> **quand** il partit → à son départ

2 Les prépositions **avant, après, depuis, jusqu'à** + nom peuvent remplacer les conjonctions et verbes subordonnés quand le sujet des deux verbes est le même.
> Après mon retour, je suis allé faire une promenade.
> **Jusqu'à** sa mort, il a travaillé dur.

3 Les prépositions **avant de, après, en attendant de** + l'infinitif peuvent remplacer les conjonctions et verbes subordonnés quand le sujet des deux verbes est le même.
> **Avant de** regarder, il mit ses lunettes.
> **Après** avoir enlevé son chapeau, il nous tendit la main.

4 La proposition participe est aussi une construction simple, mais elle appartient à la langue écrite (voir p. 455).
> **Une fois les informations terminées,** nous passons à table.

EXERCICES

A. Combinez les phrases suivantes en utilisant une de ces conjonctions: **jusqu'à ce que, en attendant que, avant que.**

1. Il faut profiter de la vie. Il est trop tard.
2. Nous mangeons des biscuits salés. La soupe refroidit.
3. Je vais répéter ce poème. Je le sais.
4. Les ouvriers protesteront et feront la grève. On se met d'accord sur un nouveau contrat.
5. Vous ne pouvez pas écrire. Le professeur vous le dit.
6. Elle rêve de plage, de soleil. L'hiver finit.

B. Faites des phrases avec le vocabulaire suggéré et les conjonctions suivantes: **alors que, chaque fois que, tant que, à mesure que, comme.**

1. Pendant mon enfance, nous (rester) tout l'été en ville / les autres enfants (aller) à la mer.
2. Le jeune époux a dit à sa femme: / «Je (vivre), je (t'aimer).»
3. Nous (aller) partir en voyage / nous (recevoir) une mauvaise nouvelle.
4. Les troupes allemandes (reculer) en Normandie / les Alliés (avancer).
5. Tu (avoir envie) de sortir / ta mère (ne pas être) contente.
6. Agnès (aller) se coucher / son mari (arriver) avec des invités.
7. Le cancre (faire le pitre)/ les autres élèves (rire).
8. Odette (visiter) l'Expo coloniale/ elle (s'intéresser) à ses racines.

C. Refaites les phrases suivantes en changeant les temps des verbes. Mettez le verbe auxiliaire au présent, à l'imparfait, au futur; et le verbe subordonné au temps qui convient.

Modèle: Quand le chat (partir), les souris (danser).
*Quand le chat **est parti**, les souris **dansent**.*
*Quand le chat **était parti**, les souris **dansaient**.*
*Quand le chat **sera parti**, les souris **danseront**.*

1. Aussitôt que le député (finir) son discours, tout le monde (applaudir).
2. Une fois que les élections (avoir) lieu, un nouveau président (diriger) le pays.
3. Dès que Gabrielle et sa mère (entrer) dans la pharmacie, une cliente (arriver) pour consulter le médecin.
4. Après que la chaloupe (atterrir), les explorateurs (mettre) leur scaphandre.
5. Dès que Daniel (revenir) de voyage, il (s'acheter) des chaussures.

D. Transformez les groupes en italique en constructions simples.

1. Nous avons tous applaudi *quand il est arrivé.*   2. *Avant que vous partiez,* je veux vous voir.   3. *Une fois que cette loi sera votée,* le salaire des femmes sera égal à celui des hommes.   4. *Quand il dit ces mots,* je ne pus m'empêcher de rire.   5. *Comme nous avions terminé notre conversation,* nous sommes allés boire un verre.   6. *Une fois que tu auras écrit ta composition,* tu pourras regarder la télé.   7. Les mariés bavardent, *en attendant qu'ils ouvrent leurs cadeaux.*   8. *Quand son bébé sera né,* elle prendra une gouvernante. (**la naissance** = *birth*)

E. Faites des phrases avec le vocabulaire suggéré et la conjonction **à peine … que.** Variez la place de **à peine:** au début de la phrase ou après l'auxiliaire du verbe. Utilisez le passé composé et le plus que parfait.

1. Joseph et Maurice (approcher) de la zone libre / (il y a) un contrôle de police.
2. Gabrielle et sa mère (arriver) à la pharmacie / M. Nault (sortir).
3. Nicolas (perdre) son boulot de moniteur de voile/ il (trouver) un job de plagiste.
4. L'accident (avoir lieu) / le gendarme (arriver).

Conjonctions de cause   ~~III~~

La cause et la conséquence sont inséparables. Comparez les phrases suivantes:

Vous avez mauvaise mine. / Vous fumez trop.

Vous avez mauvaise mine est le résultat, la conséquence. **Vous fumez trop** est la raison, la cause. On peut exprimer la cause ou la conséquence par une conjonction de subordination.

Cause: Vous avez mauvaise mine **parce que** vous fumez trop.

Conséquence: Vous fumez **tellement que** vous avez mauvaise mine.

Pour exprimer une *cause* on a plusieurs conjonctions. La plupart sont suivies de l'indicatif. Deux sont suivies du subjonctif.

indicatif	subjonctif
parce que	soit que … soit que
puisque	ce n'est pas que … mais
comme	
du moment que	
étant donné que	
sous prétexte que	
maintenant que	
si … c'est que	

CONJONCTIONS SUIVIES DE L'INDICATIF

1 **parce que** (*because*)

Cette conjonction exprime la cause simple. Attention à la différence entre la construction de **parce que** + verbe et la construction de **à cause de** + nom.

Daniel s'est rasé la tête { **parce que** c'est la mode.
{ **à cause de** la mode.

2 **puisque / comme** (*since*)   *starts sentence*

Ces conjonctions expriment des causes qui sont évidentes pour la personne qui parle. On les place généralement au début de la phrase.

Puisque nous passons par Montréal, allons rendre visite au cousin Jules!

Comme Prunelle n'avait pas consulté son cahier de textes, elle avait oublié un livre important.

✳ **Remarques:**

- *Since* qui indique le temps se dit **depuis que** (voir p. 466).

  Depuis que Claire ne fume plus, elle court plus vite et plus longtemps.

- **Comme** qui indique le temps s'emploie seulement avec l'imparfait (voir p. 465).

3 **du moment que** (*since*) ~~/because~~ ←—only meaning

Cette conjonction a le même sens que **puisque**.

> **Du moment que** votre mère vous a donné la permission de conduire sa voiture,
> je ne peux rien dire.

✳ Attention: **Du moment que** n'exprime pas le temps.

4 **étant donné que** (*since*)

Cette conjonction s'emploie dans une langue oratoire ou mathématique.

> **Etant donné que** A + B = C, C est plus grand que A ou B.

5 **sous prétexte que** (*under the pretext that*)

Cette conjonction indique un prétexte, une cause prétendue.

> M. Bongrain conduit sa voiture à 120 kilomètres à l'heure, **sous prétexte qu'**il ne
> veut pas arriver en retard. (En réalité, il aime conduire vite.)

Sous prétexte de est la préposition qui correspond à cette conjonction. Elle est suivie d'un infinitif.

> **Sous prétexte de** travailler, il s'enferme dans sa chambre.

6 **maintenant que** (*since . . . now*)

Cette conjonction combine une idée de cause et une idée de temps.

> **Maintenant que** vous avez dix-huit ans, vous pouvez voter.

7 **si ... c'est que** (*if . . . it is because*)

Cette expression met la conséquence en évidence, avec **si** au commencement de la phrase.

> **Si** Azouz se sent seul, **c'est qu'**il n'a pas de frère.

CONJONCTIONS SUIVIES DU SUBJONCTIF

1 **soit que ... soit que** (*whether . . . or / because . . . because*)

Cette conjonction est suivie du subjonctif.

> Les nappes de ce restaurant ne sont jamais bien blanches, **soit que** la
> blanchisserie **se serve** d'une lessive de mauvaise qualité, **soit que** leur machine
> **ne marche pas** bien.

Dans la langue courante on peut remplacer **soit que ... soit que** par **soit parce que ... soit parce que** avec l'indicatif.

> Les nappes de ce restaurant ne sont jamais bien blanches, **soit parce que** la
> blanchisserie **se sert** d'une lessive de mauvaise qualité, **soit parce que** leur
> machine **ne marche pas** bien.

2 **ce n'est pas que ... mais** (*it is not . . . but*)

Cette conjonction est constituée de deux parties. On emploie le subjonctif après **ce n'est pas que** et l'indicatif après **mais.**

> **Ce n'est pas que** ce restaurant **soit** mauvais, **mais** il y **a** vraiment trop de bruit.

CONSTRUCTIONS SIMPLES DE CAUSE

1 **à cause de** + nom est la construction la plus courante.

2 **sous prétexte de** + l'infinitif

3 **grâce à** (*thanks to*), **de** (*of, from*), **à force de** (*by dint of, owing to*) + nom

Frédéric a pu faire des études **grâce à** ses parents.

Tu vas mourir **de** froid si tu voyages à plat ventre sur un wagon en hiver.

A force d'obstination, Bénédicte a obtenu son diplôme d'avocate.

✳ Remarque: Il n'y a pas d'article devant le nom qui suit **à force de** et **de**.

4 **à force de** + l'infinitif

A force de supplier son père, Climbié est allé faire des études en France.

5 **tant / tellement** (*because . . . so much*)

Ces adverbes signifient **parce que … beaucoup**. On les place devant le deuxième verbe, après une virgule.

Vous allez grossir, **tellement** vous mangez de bonbons.

(… **parce que** vous mangez **beaucoup** de bonbons.)

EXERCICES

F. Dans les phrases suivantes, mettez la conjonction de cause qui vous paraît la plus logique: **parce que, puisque, comme, maintenant que, si … c'est que**.

1. Vous êtes tellement impatient, partez avant nous. 2. Elle est mariée, elle n'a plus le temps de sortir avec ses amies. 3. Les astronautes hésitent à piquer une tête dans le lac, ils ne savent pas si c'est de l'eau ou un liquide pernicieux. 4. Nous avions quelques économies, nous avons acheté une télé en couleurs. 5. Tu hésites à répondre, tu as quelque chose à cacher. 6. (Le docteur a dit à Catherine): vous êtes en vacances, il faut vous reposer. 7. Tout le monde se moque de cette dame, elle porte des chapeaux ridicules. 8. Cette jeune fille adore les pulls avec des perles, c'est la mode.

G. Faites des phrases avec **soit que … soit que** ou **ce n'est pas que … mais** et le vocabulaire suggéré.

soit que … soit que

1. Jean-Pierre a échoué à son examen: il n'a pas assez travaillé; il ne peut pas se concentrer.
2. Prunelle va recevoir une colle: elle ne fait pas ses devoirs; elle a oublié ses livres.

ce n'est pas que … mais

3. Nous manquons d'enthousiasme; il fait vraiment trop chaud pour sortir.
4. Cette pièce est mauvaise; les acteurs sont des amateurs.

H. Faites des phrases avec **à cause de, grâce à, à force de, de, sous prétexte de**.

1. Les Français ont perdu leurs colonies. (une mauvaise politique)
2. Cette actrice a reçu l'oscar. (l'influence de son producteur)
3. Ils sont morts. (la faim)
4. Il a terminé ses études. (la volonté)

5. Les enfants ont quitté la table.   ([ils ont dit qu']ils allaient jouer au jardin [mais c'était pour fumer])
6. Cet écrivain pourra écrire son livre.   (son nouveau micro-ordinateur)
7. Vous tremblez?   (le froid ou l'appréhension)
8. Jérôme a mal à la gorge.   (crier)

I. Faites des phrases avec **tant** ou **tellement** et le vocabulaire suggéré.

> **Modèle:** Elle me fatigue. Elle parle.
> *Elle me fatigue, **tellement** elle parle.*

1. Tous les poissons meurent. La rivière est (très) polluée.
2. Cette chanteuse a l'air vulgaire. Elle se maquille (trop).
3. Vous vous détruisez la santé. Vous aimez (trop) manger.
4. Nous ne vous comprenons pas. Vous parlez (trop) bas.
5. Je ne l'ai pas reconnue. Elle a grandi (vite).
6. Rachid a raccroché le téléphone. La maman de Véronique pleurait (beaucoup).

Conjonctions de conséquence

La majorité des conjonctions de conséquence sont suivies de l'indicatif. Deux sont suivies du subjonctif.

indicatif	subjonctif
tant … que	assez … pour que
si … que	trop … pour que
tellement … que	
tel … que	
de sorte que	
de manière que	
de façon que	
si bien que	
au point que	

CONJONCTIONS SUIVIES DE L'INDICATIF

1 **tant … que / si … que / tellement … que** (*so . . . that, so much . . . that*)
Ces conjonctions expriment un degré dans la conséquence.

a. On emploie **tant** avec un verbe ou un nom précédé de **de.**
> Ce jeune homme a **tant** bu **qu'**il refuse de conduire sa voiture.
> Fanny a **tant de** chagrin **qu'**elle ne peut plus lire la lettre de Marius.

b. On emploie **si** avec un adjectif ou un adverbe.

> Il faisait **si** chaud cet été **que** nous n'avions plus d'énergie pour travailler.
> Vous conduisez **si** vite **que** vous aurez un accident un de ces jours.

c. On peut employer **tellement** à la place de **tant** ou de **si** dans tous ces cas, mais on évite la rencontre de **tellement** avec un autre adverbe en **-ment** pour des raisons d'euphonie (par exemple: **tellement rapidement**).

> Ce jeune homme a **tellement** bu **qu'**il refuse de conduire sa voiture.
> Fanny a **tellement de** chagrin **qu'**elle ne peut plus lire la lettre de Marius.
> Il faisait **tellement** chaud cet été **que** nous n'avions plus d'énergie pour travailler.
> Vous conduisez **tellement** vite **que** vous aurez un accident un de ces jours.

d. On emploie **tellement** devant une expression qui contient une préposition et un nom.

> J'étais **tellement** en colère **que** je tremblais.

2 **un tel ... que / une telle ... que** (*such a . . . that*); **de tels ... que / de telles ... que** (*such . . . that*)
Ces conjonctions s'emploient avec un nom. Elles signifient **un si grand, une si grande, de si grands, de si grandes.**

> Le président a **une telle** résistance **qu'**il n'est jamais fatigué.
> Ils ont fait **de telles** dépenses pendant leur voyage **qu'**ils n'ont plus d'argent.

3 **de sorte que / de manière que / de façon que** (*so that*)
Ces trois conjonctions ont la même signification; elles s'emploient surtout dans la langue écrite; elles ont deux constructions.

a. Suivies de l'indicatif, elles expriment la conséquence.

> Le professeur parle $\begin{cases} \textbf{de sorte qu'} \\ \textbf{de manière qu'} \\ \textbf{de façon qu'} \end{cases}$ on l'**entend** bien.

b. Suivies du subjonctif, elles indiquent un but (voir p. 478).

> Parlez fort **de sorte qu'**on vous **entende.**

4 **faire en sorte que** (*to manage so that*)
Cette expression contient toujours le verbe **faire** et est toujours suivie du subjonctif.

> **Faites en sorte que** tous les invités **soient présentés** aux mariés.

5 **si bien ... que / au point ... que** (*so that*)
Si bien ... que et **au point ... que** signifient *so that* et sont suivis de l'indicatif.

> Il a plu tout l'été **si bien que** nous **n'avons pas pu** nous baigner.
> Josée s'est sentie malade **au point (à tel point) qu'**elle **a dû** rentrer chez elle.

CONJONCTIONS SUIVIES DU SUBJONCTIF

assez ... pour que / trop ... pour que (*enough to; too much, too many to*)
Ces deux conjonctions doivent s'employer avec deux sujets différents.

> *Vous* avez **assez** d'argent **pour que** *nous* allions tous au cinéma.
> *Il* y a **trop** de moustiques dehors **pour que** *nous* dînions au jardin.

Si le verbe principal et le verbe subordonné ont le même sujet, on emploie les prépositions **assez … pour** et **trop … pour** avec l'infinitif.

> Vous avez **assez** d'argent **pour** faire un voyage.
>
> Daniel a **trop** peur des moustiques **pour** dîner dehors.

CONSTRUCTIONS SIMPLES DE CONSÉQUENCE

1 **faire en sorte de** + l'infinitif

> Ils **ont fait en sorte de** se rencontrer à Paris.

2 **assez … pour** et **trop … pour** + l'infinitif

3 **alors, donc** et **aussi** (*so, therefore*) + l'indicatif

Le sens et l'emploi de ces expressions sont étudiés à la page 307.

* Remarque: On emploie **alors** au début de la proposition et **donc** après le verbe.

> François se couche tard, **alors** il ne peut pas se lever le matin.
>
> Ces gens n'ont pas d'enfants; ils peuvent **donc** voyager quand ils veulent.

4 **par conséquent** (*consequently, therefore*), **c'est pourquoi, c'est la raison pour laquelle** (*that's why*) + l'indicatif

a. **Par conséquent** s'emploie dans un raisonnement mathématique, logique.

> San Francisco se trouve sur une faille (*fault*), **par conséquent on peut** s'attendre à un tremblement de terre.

b. **C'est pourquoi** et **c'est la raison pour laquelle** sont employés plus couramment.

> Cet écrivain a appris à se servir d'un micro-ordinateur, **c'est pourquoi il a terminé** son livre si vite.

EXERCICES

J. Faites des phrases avec **tant … que, si … que, tellement … que** et le vocabulaire suggéré.

1. Les parents de Françoise sont pauvres. Ils ne peuvent pas payer sa pension.
2. Mme Martin se trompe souvent de chemin quand elle vient me voir; je lui ai acheté une carte.
3. Les tomates de M. Bongrain étaient vertes. Elles n'avaient pas de goût.
4. Je me suis ennuyé à cette soirée; je me suis endormi dans un fauteuil.
5. La chambre de Prunelle est en désordre; le chien refuse d'y entrer.
6. Il y a des provisions dans le frigidaire; on ne peut plus fermer la porte.
7. Vous êtes effrayé de rencontrer un chat noir; vous ne sortez pas?
8. Nous avons mangé des crêpes; nous n'avons plus faim.

K. Faites des phrases avec **assez … pour que** et **trop … pour que** et le vocabulaire suggéré.

1. Ces gens sont ennuyeux. Nous les invitons de nouveau.
2. Je vous écris souvent. Vous me répondez au moins une fois.

   3. Cette amie t'a rendu des services. Tu lui fais plaisir, cette fois.
   4. Agnès est fatiguée. La visite de ses amis la réjouit.
   5. Jérôme et Sylvie posent des questions. Leur enquête est intéressante.
   6. Gabrielle donne des renseignements sur son enfance. Son cousin se souvient d'elle.
   7. La mère de Françoise a fait des dettes. Ses filles peuvent aller dans une pension chic.

Conjonctions de condition

La conjonction de condition la plus courante est **si.** Il y a d'autres conjonctions qui expriment des nuances de sens variées (en anglais *under the condition, on condition, supposing that, provided*, etc.).

En français, la majorité des conjonctions de condition sont suivies du subjonctif, mais il y en a une qui demande le conditionnel.

indicatif	subjonctif		conditionnel
si	à condition que	à moins que	au cas où
	à supposer que	soit que … soit que	
	pourvu que	que … que	

CONJONCTION SUIVIE DE L'INDICATIF

si

Cette conjonction a été étudiée en détail au Chapitre 15. **Si** est suivi de l'indicatif. Le verbe principal est au conditionnel.

> **Si** tu te **trouvais** dans un embouteillage, est-ce que tu t'**énerverais?**

CONJONCTIONS SUIVIES DU SUBJONCTIF

1 **à condition que** (*on condition that*)

> Je ferai le ménage **à condition que** tu **fasses** le dîner.

Si le verbe principal et le verbe subordonné ont le même sujet, on peut avoir **à condition de** + l'infinitif.

> J'irai voir ce musée **à condition d'avoir** le temps.

2 **à supposer que** (*supposing that*)

Cette conjonction a une autre forme: **en supposant que.**

> Nos cousins achèteront une maison, **à supposer que** (**en supposant que**) la banque leur **fasse** un prêt.

3 **pourvu que** (*provided that*)

> J'aime Noël **pourvu qu'**il y **ait** de la neige.

Pourvu que + le subjonctif, sans verbe principal, s'emploie dans une exclamation (*If only … !*).

> **Pourvu qu'**il **fasse** beau dimanche!

4 **à moins que** (*unless*)

Elle fait son marché le samedi **à moins que** le frigidaire **soit** vide avant.

Avec cette conjonction, dans la langue littéraire, on emploie **ne** explétif (voir l'Appendice B).

Ils sortent tous les dimanches **à moins qu'**il **ne** pleuve.

A moins de + un infinitif s'emploie si le verbe principal et le verbe subordonné ont le même sujet.

Elle aura toujours des problèmes, **à moins de se faire soigner.**

5 **(soit) que … (soit) que …** (*whether . . . or*)

Elle court deux kilomètres par jour, **(soit) qu'**il **pleuve** ou **(soit) qu'**il **fasse** froid.

On évite d'employer **soit qu'il soit** pour des raisons d'euphonie.

✳ Remarque: Cette conjonction peut aussi avoir le sens de la cause (voir p. 470).

CONJONCTIONS SUIVIES DU CONDITIONNEL

1 **au cas où** (*in case* [*that*])

Cette conjonction s'emploie avec le conditionnel.

Vous allez en Europe en automne? Emportez des vêtements chauds **au cas où** il **ferait** froid.

2 **des fois que** (*in case* [*that*])

Dans la conversation, **des fois que** (avec un conditionnel) remplace souvent **au cas où.**

Prenez un maillot de bain **des fois qu'**il y **aurait** une piscine à ce motel.

CONSTRUCTIONS SIMPLES DE CONDITION

1 **à condition de** et **à moins de** + l'infinitif

Tu sortiras ce soir **à condition de rentrer** tôt.

2 **en cas de** + nom

En cas d'interruption de courant, on recommande d'avoir une lampe de poche et des piles.

3 On peut avoir deux verbes au conditionnel qui se suivent.

J'aurais de l'argent, je ne **travaillerais** plus.

(Si j'**avais** de l'argent, je ne **travaillerais** plus.)

EXERCICES

L. Faites des phrases avec les groupes indiqués et une des conjonctions suivantes: **à condition que, à supposer que, pourvu que, à moins que, au cas où.**

1. Nous achèterons cette voiture. Le prix n'est pas trop élevé.

2. J'emporterai des tas de livres pour mon week-end. Je m'ennuie avec les gens qui m'invitent.

3. Cette jeune femme veut bien faire la cuisine. Son mari fait le marché.
4. Bernard n'aura pas de colle. Il va à l'école tous les jours.
5. Vous avez croisé un chat noir. Pensez-vous que votre avenir va changer?
6. Le capitaine des pompiers vient chez les Smith. Un incendie s'est déclaré.
7. Daniel va bientôt rentrer de son voyage en Mauritanie. Il est resté plus longtemps en Afrique pour visiter le Sénégal.
8. Nicolas ne peut jamais s'endormir. Sa grand-mère vient lui chanter une chanson.
9. La maman de Gabrielle se réjouit de revoir son cousin. Il ne l'a pas oubliée.
10. Nos invités arriveront à l'heure. Ils se sont perdus.

M. Combinez les phrases suivantes avec une des expressions suivantes: **si, à condition de, à moins de,** ou deux conditionnels.

1. Vous avez de l'argent. Vous le placez à la banque?
2. Ils changeront de métier. Ils auront une occasion.
3. Nous ne sortons pas. Nous sommes invités.
4. J'avais quelque chose à vendre. J'ai mis une annonce dans le journal.
5. Le docteur Nault restera dans sa pharmacie. Il a une cliente pour son cabinet de médecin.
6. Les médecins ne peuvent pas obliger l'équipage à rester en quarantaine. Les médecins prouvent qu'il y a la peste sur le bateau.

Conjonctions de but

Le but est un résultat qu'on souhaite obtenir ou éviter. Toutes les conjonctions de but sont suivies du subjonctif.

afin que	de sorte que	de peur que
pour que	de manière que	de crainte que
	de façon que	

CONJONCTIONS SUIVIES DU SUBJONCTIF

1 **afin que / pour que** (*in order that*)
Ces deux conjonctions ont le même sens. **Afin que** appartient à la langue littéraire. **Pour que** est plus courant.

> Napoléon institua le blocus continental **afin que** l'Angleterre **soit** isolée de l'Europe.

Si le verbe principal et le verbe subordonné ont le même sujet, on a les prépositions **afin de** et **pour** + l'infinitif.

> Elle prend des somnifères **afin de** mieux **dormir.**
> Elle prend des somnifères **pour** mieux **dormir.**

2 **de sorte que** (*so that*)

De sorte que avec le subjonctif exprime le but à atteindre.

> Parlez plus fort **de sorte qu'**on **puisse** vous   *Speak louder **so that** one **can** hear you at the back*
> entendre du fond de la salle.   *of the hall.*

La préposition qui correspond à **de sorte que** est **en sorte de,** que l'on emploie exclusivement avec le verbe **faire.** Elle est suivie d'un infinitif.

> **Faites en sorte d'**arriver à l'heure.   ***Try** to arrive on time.*

3 **de manière que, de façon que** (*so that*)

Ces conjonctions ont le même sens que **de sorte que.** Elles s'emploient surtout dans la langue écrite.

> Elle a travaillé toute la nuit **de manière que** (**de façon que**) sa rédaction **soit** parfaite.

Si le verbe principal et le verbe subordonné ont le même sujet, on emploie les prépositions **de manière à, de façon à** + l'infinitif.

> Elle a travaillé toute la nuit **de manière à finir** sa rédaction.

✳ Remarque: **De sorte que, de manière que, de façon que** + l'indicatif ont un sens de conséquence (voir p. 473).

4 **de peur que, de crainte que** (*for fear that*)

On peut employer **ne** explétif après ces deux conjonctions. Dans le cas où le verbe principal et le verbe subordonné ont le même sujet, on emploie les prépositions **de peur de** et **de crainte de** + l'infinitif.

> Elle ne veut plus vivre dans ce quartier, **de peur que** (**de crainte que**) son
> appartement **ne** soit cambriolé par des voleurs.
> Nous nous sommes fait vacciner **de peur d'attraper** la grippe.

CONSTRUCTIONS SIMPLES DE BUT

1 **pour, afin de** + l'infinitif

2 **faire en sorte de** + l'infinitif

3 **de manière à, de façon à** + l'infinitif

4 **de peur de, de crainte de** + l'infinitif

5 Deux prépositions de but qui n'ont pas de conjonctions correspondantes: **dans l'intention de** (*with the intention of*) + l'infinitif et **en vue de** (*for the purpose of*) + nom.

> Ils font des économies **dans l'intention de faire** un voyage.
> … **en vue d'une expédition** au pôle Sud.

EXERCICES

N. Faites des phrases avec les conjonctions suivantes: **afin que, pour que, de sorte que, de peur que, de crainte que.**

   1. Les rois ont beaucoup d'enfants. La dynastie ne s'éteint pas.

2. Ces parents gagnent de l'argent. Leurs enfants pourront le dépenser.
3. Ils ont engagé un détective. Leur fils est kidnappé.
4. Je vais rentrer mes géraniums. Le froid les fait mourir.
5. Allumez l'électricité. Je vous verrai mieux.
6. Je vais te donner des indications. Tu pourras trouver ma maison plus facilement.
7. Mme Martin va examiner la corbeille de la mariée. On a oublié d'exposer son cadeau.
8. Je vais repeindre ma maison. Le bois ne pourrit (*rot*) pas après le mauvais temps.
9. Faites les choses nécessaires! Tout sera prêt avant la cérémonie.
10. Ils ont mis des rideaux épais dans leur chambre. La lumière du jour ne peut pas les réveiller.

O. Refaites les phrases suivantes en employant une préposition de but + l'infinitif.

1. Elle suit un régime. Elle maigrira.
2. Jean et son frère ont acheté un terrain. Ils feront construire.
3. Marius prépare son bateau. Il va faire une course autour du monde.
4. Vous faites du jogging. Vous participez au marathon de Boston.
5. Nous ferons beaucoup de crêpes. Nous aurons de la chance toute l'année prochaine.
6. Arrivez de bonne heure. Profitez d'une bonne journée à la campagne.
7. Andrée emporte des médicaments en Afrique. Elle a peur d'être malade.
8. Ce jeune homme va à la bibliothèque tous les jours. Il va rencontrer la jeune fille qu'il aime.
9. Vous allez porter une ceinture spéciale. Vous craignez de perdre votre argent.

Conjonctions d'opposition

L'opposition est une conséquence illogique, en contradiction avec la cause.
Si on dit:

> Je suis malade; je reste au lit.

on exprime un rapport de *cause-conséquence*. Mais, si on dit:

> Je suis malade; je viens en classe.

on exprime une *opposition*.

La plupart des conjonctions d'opposition sont suivies du subjonctif. Trois sont suivies du conditionnel et une de l'indicatif. Attention: toutes ces conjonctions ont un sens proche (*although, even though, however, whatever*, etc.).

indicatif	subjonctif		conditionnel
même si	quoique	tout … que	quand même
	bien que	si … que	quand bien même
	quoi que	encore que	alors même que
	où que	quel que	
	pour … que	quelque … que	

CONJONCTION SUIVIE DE L'INDICATIF

1 **même si** (*even though, even if*)
Même si s'emploie comme **si.**

> **Même s'**il ne **fait** pas beau, nous ferons une randonnée.

CONJONCTIONS SUIVIES DU SUBJONCTIF

1 **quoique / bien que** (*although*)
Ces deux conjonctions ont le même sens et le même emploi.

> **Quoique** je **sois** malade, je viens à l'université.
> **Bien que** je **sois** malade…

* Remarques:

- **Quoique** est un seul mot, **bien** et **que** sont séparés. Le sujet des deux verbes peut représenter la même personne.

- Souvent après **quoique** et **bien que** le verbe **être** et son sujet sont éliminés et on a la construction:

> **quoique** + adjectif
> **bien que** + adjectif

> **Quoique malade,** elle vient à l'école.

- Dans la langue courante, on emploie **quoique** avec l'indicatif ou le conditionnel.
  > M. et Mme Bongrain sont contents de leur nouvelle maison, **quoiqu'**il leur **faudra** du temps pour s'installer.

2 **quoi que** en *deux* mots (*whatever*)
Il ne faut pas le confondre avec **quoique** (*although*).

> **Quoi que** tu **fasses, quoi que** tu **dises,** j'irai   *Whatever you do, whatever you say . . .*
>   où je veux aller.

3 **où que** (*wherever*)

> **Où que** vous **alliez,** j'irai avec vous.   *Wherever you go . . .*

4 **pour … que / tout … que / si … que** (*however* + adj.)
Ces trois expressions entourent un adjectif.

> **Pour grands que** soient les rois, ils ne sont que des hommes.
> **Toute riche qu'**elle soit, elle est restée simple.
> **Si vieux que** soit mon père, il fait son jardin.

Si … que a une construction spéciale. On peut supprimer **que** et faire l'inversion du pronom sujet.

> **Si** vieux **soit-il,** il fait son jardin.

* Remarques:

- Avec **tout … que,** l'indicatif est possible.
  > **Tout** fatigué **que** vous **êtes,** vous continuez à travailler comme un fou.

- A la place de **si ... que,** on a quelquefois **aussi ... que.**

   Aussi riche **qu'**on **soit,** on a souvent des problèmes.

5 **encore que** (*even though, although*)

Encore que s'emploie avec le subjonctif ou l'indicatif.

   Ma grand-mère est en excellente santé **encore qu'**elle ne **soit** plus très jeune.

   ... **encore qu'**elle n'**est** plus très jeune.

6 **quel que soit** (*however, whatever*)

Cette conjonction appartient à la langue littéraire. **Quel** est un adjectif; il s'accorde avec le nom. Le verbe est toujours **être.** Le dernier mot est un nom.

> **quel** (adjectif) + **que** + **être** + nom

   Quel que soit mon état de santé, je   ***Whatever*** *my state of health may be* . . .
   viens à l'université.

   Quelles que soient les difficultés, il fera ce travail.

7 **quelque ... que** (*however* + adj.)

Cette conjonction est construite comme **pour ... que, tout ... que, si ... que** avec un adjectif.

   Quelque fragile que soit cette statue, elle ne se cassera pas.

Dans une langue littéraire, **quelque** s'emploie avec un nom. Dans ce cas, il s'accorde.

   Quelques difficultés que vous rencontriez, vous les surmonterez.

CONJONCTIONS SUIVIES DU CONDITIONNEL

1 **quand même, quand bien même, alors même que** (*even though*)

Ces conjonctions sont suivies du conditionnel.

   Quand bien même vous **essaieriez** de partir plus tôt, vous serez en retard.

CONSTRUCTIONS SIMPLES D'OPPOSITION

1 **quoique** ou **bien que** + adjectif

2 **malgré** + nom

   Malgré de mauvaises critiques, cette romancière a reçu le prix Goncourt.

3 **avoir beau** + l'infinitif

   Cette romancière **a eu beau recevoir** de mauvaises critiques, elle a reçu le prix
   Goncourt.

4 Des conjonctions de coordination: **et, mais**

On peut renforcer **et** ou **mais** avec **quand même,** placé immédiatement après le verbe.

   Je suis malade, **et** (**mais**) je viens **quand**   *I'm sick,* ***but*** *I'm coming to do my work*
   même faire mon travail.   ***anyway.***

5 Des adverbes d'opposition: **pourtant, cependant**

   Il pourrait se permettre de prendre des vacances, **pourtant** il ne manque pas une
   journée de travail.

EXERCICES

P. Faites des phrases au subjonctif ou au conditionnel avec le vocabulaire suggéré et les conjonctions **quoique, tout ... que, si ... que, quel que, quand bien même, alors même que.**

1. Romana est une princesse, elle a été vendue comme esclave.   2. Leurs opinions / ces gens sont très tolérants.   3. Tes devoirs sont importants, tu devrais aussi te distraire.   4. Le film est long, je resterai jusqu'à la fin.   5. Ma sœur me supplie de venir, je n'irai pas la voir.   6. On annonce une tempête, cela est incertain.   7. Vincent est millionnaire, Paulette ne veut pas se marier avec lui.   8. La décision du président / les députés voteront en faveur de cette loi.

Q. Récrivez chaque groupe suivant avec **bien que, malgré, avoir beau, et ... quand même.**

1. Suzanne a envie de chocolats, elle n'en mangera pas.   2. Gérard fait des efforts, il ne réussit pas à courir plus vite.   3. Vous êtes fatigué, vous vous couchez tard.

Répétition d'une conjonction ≋≋≋

Dans une phrase complexe longue, au lieu de répéter la conjonction, on emploie **que.** Si la conjonction prend le subjonctif, on a le subjonctif après **que.**

> Elles ont mangé **jusqu'à ce que** les provisions **soient** épuisées et **que** le frigidaire **soit** vide.

Si la conjonction prend l'indicatif, on emploie l'indicatif après **que.**

> **Quand** le soleil **se couche** et **que** la lumière **change,** ce paysage devient magnifique.

Pour répéter la conjonction **si,** on emploie **que** suivi du subjonctif.

> **Si** vous me téléphonez et **que** vous n'**ayez** pas de réponse, essayez encore.

Tableau-résumé
Emploi des conjonctions et constructions simples

	temps	cause	conséquence	condition	but	opposition
subjonctif	°avant que °en attendant que jusqu'à ce que	soit que ... soit que ce n'est pas que ... mais	°assez ... pour que °trop ... pour que	°à condition que °à moins que pourvu que soit que ... soit que etc.	°afin que °pour que °de sorte que °de peur que etc.	quoique bien que pour ... que tout ... que si ... que etc.
indicatif	°après que pendant que etc.	parce que puisque comme etc.	tant ... que si ... que tellement ... que de sorte ... que etc.	si		même si etc.
conditionnel				au cas où		quand bien quand bien même alors même que
constructions simples	à + nom avant + nom avant de + inf. après + nom après + inf. passé jusqu'à + nom etc.	à cause de tant tellement etc.	assez ... pour + inf. trop ... pour + inf. alors donc etc.	à condition de à moins de etc.	pour afin de de peur de + inf. dans l'intention de en vue de etc.	quoique + adj. malgré + nom avoir beau et mais pourtant etc.

°Attention aux deux sujets.

Appendice A

La conjugaison du verbe

Infinitif et Participes	Indicatif		

1. verbes en -er
parler
(*to speak*)
  parlant
  parlé

	présent	*imparfait*	*passé simple*
	je parle	je parlais	je parlai
	tu parles	tu parlais	tu parlas
	il/elle/on parle	il/elle/on parlait	il/elle/on parla
	nous parlons	nous parlions	nous parlâmes
	vous parlez	vous parliez	vous parlâtes
	ils/elles parlent	ils/elles parlaient	ils/elles parlèrent

passé composé	*plus-que-parfait*
j'ai parlé	j'avais parlé

2. verbes en -ir
finir
(*to finish*)
  finissant
  fini

	présent	*imparfait*	*passé simple*
	je finis	je finissais	je finis
	tu finis	tu finissais	tu finis
	il/elle/on finit	il/elle/on finissait	il/elle/on finit
	nous finissons	nous finissions	nous finîmes
	vous finissez	vous finissiez	vous finîtes
	ils/elles finissent	ils/elles finissaient	ils/elles finirent

passé composé	*plus-que-parfait*
j'ai fini	j'avais fini

3. verbes en -re
perdre
(*to lose*)
  perdant
  perdu

	présent	*imparfait*	*passé simple*
	je perds	je perdais	je perdis
	tu perds	tu perdais	tu perdis
	il/elle/on perd	il/elle/on perdait	il/elle/on perdit
	nous perdons	nous perdions	nous perdîmes
	vous perdez	vous perdiez	vous perdîtes
	ils/elles perdent	ils/elles perdaient	ils/elles perdirent

passé composé	*plus-que-parfait*
j'ai perdu	j'avais perdu

	Conditionnel	Impératif	Subjonctif
futur	*présent*		*présent*
je parlerai	je parlerais		que je parle
tu parleras	tu parlerais	parle	que tu parles
il/elle/on parlera	il/elle/on parlerait		qu'il/elle/on parle
nous parlerons	nous parlerions	parlons	que nous parlions
vous parlerez	vous parleriez	parlez	que vous parliez
ils/elles parleront	ils/elles parleraient		qu'ils/elles parlent
futur antérieur	*passé*		*passé*
j'aurai parlé	j'aurais parlé		que j'aie parlé
futur	*présent*		*présent*
je finirai	je finirais		que je finisse
tu finiras	tu finirais	finis	que tu finisses
il/elle/on finira	il/elle/on finirait		qu'il/elle/on finisse
nous finirons	nous finirions	finissons	que nous finissions
vous finirez	vous finiriez	finissez	que vous finissiez
ils/elles finiront	ils/elles finiraient		qu'ils/elles finissent
futur antérieur	*passé*		*passé*
j'aurai fini	j'aurais fini		que j'aie fini
futur	*présent*		*présent*
je perdrai	je perdrais		que je perde
tu perdras	tu perdrais	perds	que tu perdes
il/elle/on perdra	il/elle/on perdrait		qu'il/elle/on perde
nous perdrons	nous perdrions	perdons	que nous perdions
vous perdrez	vous perdriez	perdez	que vous perdiez
ils/elles perdront	ils/elles perdraient		qu'ils/elles perdent
futur antérieur	*passé*		*passé*
j'aurai perdu	j'aurais perdu		que j'aie perdu

Infinitif et Participes	*Indicatif*		
	présent	*imparfait*	*passé simple*
4. verbe pronominal **se laver** (*to wash oneself*) se lavant lavé	je me lave tu te laves il/elle/on se lave nous nous lavons vous vous lavez ils/elles se lavent	je me lavais tu te lavais il/elle/on se lavait nous nous lavions vous vous laviez ils/elles se lavaient	je me lavai tu te lavas il/elle/on se lava nous nous lavâmes vous vous lavâtes ils/elles se lavèrent
	passé composé je me suis lavé(e)	*plus-que-parfait* je m'étais lavé(e)	
	présent	*imparfait*	*passé simple*
5. verbe passif **être aimé** (*to be loved*) étant aimé ayant été aimé	je suis aimé(e)	j'étais aimé(e)	je fus aimé(e)
	passé composé j'ai été aimé(e)	*plus-que-parfait* j'avais été aimé(e)	
	présent	*imparfait*	*passé simple*
6. **avoir** (*to have*) ayant eu	j'ai tu as il/elle/on a nous avons vous avez ils/elles ont	j'avais tu avais il/elle/on avait nous avions vous aviez ils/elles avaient	j'eus tu eus il/elle/on eut nous eûmes vous eûtes ils/elles eurent
	passé composé j'ai eu	*plus-que-parfait* j'avais eu	
	présent	*imparfait*	*passé simple*
7. **être** (*to be*) étant été	je suis tu es il/elle/on est nous sommes vous êtes ils/elles sont	j'étais tu étais il/elle/on était nous étions vous étiez ils/elles étaient	je fus tu fus il/elle/on fut nous fûmes vous fûtes ils/elles furent
	passé composé j'ai été	*plus-que-parfait* j'avais été	

	Conditionnel	*Impératif*	*Subjonctif*
futur	*présent*		*présent*
je me laverai	je me laverais		que je me lave
tu te laveras	tu te laverais	lave-toi	que tu te laves
il/elle/on se lavera	il/elle/on se laverait		qu'il/elle/on se lave
nous nous laverons	nous nous laverions	lavons-nous	que nous nous lavions
vous vous laverez	vous vous laveriez	lavez-vous	que vous vous laviez
ils/elles se laveront	ils/elles se laveraient		qu'ils/elles se lavent
futur antérieur	*passé*		*passé*
je me serai lavé(e)	je me serais lavé(e)		que je me sois lavé(e)
futur	*présent*		*présent*
je serai aimé(e)	je serais aimé(e)		que je sois aimé(e)
		sois aimé(e)	
		soyons aimé(es)	
		soyez aimé(e)(s)	
futur antérieur	*passé*		*passé*
j'aurai été aimé(e)	j'aurais été aimé(e)		que j'aie été aimé(e)
futur	*présent*		*présent*
j'aurai	j'aurais		que j'aie
tu auras	tu aurais	aie	que tu aies
il/elle/on aura	il/elle/on aurait		qu'il/elle/on ait
nous aurons	nous aurions	ayons	que nous ayons
vous aurez	vous auriez	ayez	que vous ayez
ils/elles auront	ils/elles auraient		qu'ils/elles aient
futur antérieur	*passé*		*passé*
j'aurai eu	j'aurais eu		que j'aie eu
futur	*présent*		*présent*
je serai	je serais		que je sois
tu seras	tu serais	sois	que tu sois
il/elle/on sera	il/elle/on serait		qu'il/elle/on soit
nous serons	nous serions	soyons	que nous soyons
vous serez	vous seriez	soyez	que vous soyez
ils/elles seront	ils/elles seraient		qu'ils/elles soient
futur antérieur	*passé*		*passé*
j'aurai été	j'aurais été		que j'aie été
tu auras été	tu aurais été		que tu aies été
il/elle/on aura été	il/elle/on aurait été		qu'il/elle/on ait été
nous aurons été	nous aurions été		que nous ayons été
vous aurez été	vous auriez été		que vous ayez été
ils/elles auront été	ils/elles auraient été		qu'ils/elles aient été

Conjugaisons irrégulières

Infinitif et Participes	*Indicatif*		
	présent	*imparfait*	*passé simple*
1. **aller**	je vais	j'allais	j'allai
(*to go*)	tu vas	tu allais	tu allas
allant	il/elle/on va	il/elle/on allait	il/elle/on alla
allé	nous allons	nous allions	nous allâmes
	vous allez	vous alliez	vous allâtes
	ils/elles vont	ils/elles allaient	ils/elles allèrent
2a. **s'asseoir**	je m'assieds	je m'asseyais	je m'assis
(*to sit*)	tu t'assieds	tu t'asseyais	tu t'assis
asseyant	il/elle/on s'assied	il/elle/on s'asseyait	il/elle/on s'assit
assis	nous nous asseyons	nous nous asseyions	nous nous assîmes
	vous vous asseyez	vous vous asseyiez	vous vous assîtes
	ils/elles s'asseyent	ils/elles s'asseyaient	ils/elles s'assirent
2b. **s'assoir**	je m'assois	je m'assoyais	
	tu t'assois	tu t'assoyais	
assoyant	il/elle/on s'assoit	il/elle/on s'assoyait	
	nous nous assoyons	nous nous assoyions	
	vous vous assoyez	vous vous assoyiez	
	ils/elles s'assoient	ils/elles s'assoyaient	
3. **battre**	je bats	je battais	je battis
(*to beat*)	tu bats	tu battais	tu battis
battant	il/elle/on bat	il/elle/on battait	il/elle/on battit
battu	nous battons	nous battions	nous battîmes
	vous battez	vous battiez	vous battîtes
	ils/elles battent	ils/elles battaient	ils/elles battirent
4. **boire**	je bois	je buvais	je bus
(*to drink*)	tu bois	tu buvais	tu bus
buvant	il/elle/on boit	il/elle/on buvait	il/elle/on but
bu	nous buvons	nous buvions	nous bûmes
	vous buvez	vous buviez	vous bûtes
	ils/elles boivent	ils/elles buvaient	ils/elles burent
5. **conduire**	je conduis	je conduisais	je conduisis
(*to lead*)	tu conduis	tu conduisais	tu conduisis
conduisant	il/elle/on conduit	il/elle/on conduisait	il/elle/on conduisit
conduit	nous conduisons	nous conduisions	nous conduisîmes
	vous conduisez	vous conduisiez	vous conduisîtes
et composés	ils/elles conduisent	ils/elles conduisaient	ils/elles conduisirent

		Conditionnel	Impératif	Subjonctif
passé composé	*futur*	*présent*		*présent*
je suis allé(e)	j'irai	j'irais		que j'aille
	tu iras	tu irais	va	que tu ailles
	il/elle/on ira	il/elle/on irait		qu'il/elle/on aille
	nous irons	nous irions	allons	que nous allions
	vous irez	vous iriez	allez	que vous alliez
	ils/elles iront	ils/elles iraient		qu'ils/elles aillent
je me suis	je m'assiérai	je m'assiérais		que je m'asseye
assis(e)	tu t'assiéras	tu t'assiérais	assieds-toi	que tu t'asseyes
	il/elle/on s'assiéra	il/elle/on s'assiérait		qu'il/elle/on s'asseye
	nous nous assiérons	nous nous assiérions	asseyons-nous	que nous nous asseyions
	vous vous assiérez	vous vous assiériez	asseyez-vous	que vous vous asseyiez
	ils/elles s'assiéront	ils/elles s'assiéraient		qu'ils/elles s'asseyent
	je m'assoirai	je m'assoirais		que je m'assoie
	tu t'assoiras	tu t'assoirais	assois-toi	que tu t'assoies
	il/elle/on s'assoira	il/elle/on s'assoirait		qu'il/elle/on s'assoie
	nous nous assoirons	nous nous assoirions	assoyons-nous	que nous nous assoyions
	vous vous assoirez	vous vous assoiriez	assoyez-vous	que vous vous assoyiez
	ils s'assoiront	ils/elles s'assoiraient		qu'ils/elles s'assoient
j'ai battu	je battrai	je battrais		que je batte
	tu battras	tu battrais	bats	que tu battes
	il/elle/on battra	il/elle/on battrait		qu'il/elle/on batte
	nous battrons	nous battrions	battons	que nous battions
	vous battrez	vous battriez	battez	que vous battiez
	ils/elles battront	ils/elles battraient		qu'ils/elles battent
j'ai bu	je boirai	je boirais		que je boive
	tu boiras	tu boirais	bois	que tu boives
	il/elle/on boira	il/elle/on boirait		qu'il/elle/on boive
	nous boirons	nous boirions	buvons	que nous buvions
	vous boirez	vous boiriez	buvez	que vous buviez
	ils/elles boiront	ils/elles boiraient		qu'ils/elles boivent
j'ai conduit	je conduirai	je conduirais		que je conduise
	tu conduiras	tu conduirais	conduis	que tu conduises
	il/elle/on conduira	il/elle/on conduirait		qu'il/elle/on conduise
	nous conduirons	nous conduirions	conduisons	que nous conduisions
	vous conduirez	vous conduiriez	conduisez	que vous conduisiez
	ils/elles conduiront	ils/elles conduiraient		qu'ils/elles conduisent

Infinitif et Participes	*Indicatif*		
	présent	*imparfait*	*passé simple*
6. **connaître**	je connais	je connaissais	je connus
(*to be acquainted*)	tu connais	tu connaissais	tu connus
connaissant	il/elle/on connaît	il/elle/on connaissait	il/elle/on connut
connu	nous connaissons	nous connaissions	nous connûmes
	vous connaissez	vous connaissiez	vous connûtes
et composés	ils/elles connaissent	ils/elles connaissaient	il/elles connurent
7. **courir**	je cours	je courais	je courus
(*to run*)	tu cours	tu courais	tu courus
courant	il/elle/on court	il/elle/on courait	il/elle/on courut
couru	nous courons	nous courions	nous courûmes
	vous courez	vous couriez	vous courûtes
	ils/elles courent	ils/elles couraient	ils/elles coururent
8. **craindre**	je crains	je craignais	je craignis
(*to fear*)	tu crains	tu craignais	tu craignis
craignant	il/elle/on craint	il/elle/on craignait	il/elle/on craignit
craint	nous craignons	nous craignions	nous craignîmes
joindre	vous craignez	vous craigniez	vous craignîtes
	ils/elles craignent	ils/elles craignaient	ils/elles craignirent
9. **croire**	je crois	je croyais	je crus
(*to believe*)	tu crois	tu croyais	tu crus
croyant	il/elle/on croit	il/elle/on croyait	il/elle/on crut
cru	nous croyons	nous croyions	nous crûmes
	vous croyez	vous croyiez	vous crûtes
	ils/elles croient	ils/elles croyaient	ils/elles crurent
10. **cueillir**	je cueille	je cueillais	je cueillis
(*to pick*)	tu cueilles	tu cueillais	tu cueillis
cueillant	il/elle/on cueille	il/elle/on cueillait	il/elle/on cueillit
cueilli	nous cueillons	nous cueillions	nous cueillîmes
	vous cueillez	vous cueilliez	vous cueillîtes
et composés	ils/elles cueillent	ils/elles cueillaient	ils/elles cueillirent
11. **devoir**	je dois	je devais	je dus
(*to owe,*	tu dois	tu devais	tu dus
to have to)	il/elle/on doit	il/elle/on devait	il/elle/on dut
devant	nous devons	nous devions	nous dûmes
dû, due	vous devez	vous deviez	vous dûtes
	ils/elles doivent	ils/elles devaient	ils/elles durent

		Conditionnel	*Impératif*	*Subjonctif*
passé composé	*futur*	*présent*		*présent*
j'ai connu	je connaîtrai	je connaîtrais		que je connaisse
	tu connaîtras	tu connaîtrais	connais	que tu connaisses
	il/elle/on connaîtra	il/elle/on connaitrait		qu'il/elle/on connaisse
	nous connaîtrons	nous connaîtrions	connaissons	que nous connaissions
	vous connaîtrez	vous connaîtriez	connaissez	que vous connaissiez
	ils/elles connaîtront	ils/elles connaitraient		qu'ils/elles connaissent
j'ai couru	je courrai	je courrais		que je coure
	tu courras	tu courrais	cours	que tu coures
	il/elle/on courra	il/elle/on courrait		qu'il/elle/on coure
	nous courrons	nous courrions	courons	que nous courions
	vous courrez	vous courriez	courez	que vous couriez
	ils/elles courront	ils/elles courraient		qu'ils/elles courent
j'ai craint	je craindrai	je craindrais		que je craigne
	tu craindras	tu craindrais	crains	que tu craignes
	ils/elle/on craindra	ils/elle/on craindrait		qu'il/elle/on craigne
	nous craindrons	nous craindrions	craignons	que nous craignions
	vous craindrez	vous craindriez	craignez	que vous craigniez
	ils/elles craindront	ils/elles craindraient		qu'ils/elles craignent
j'ai cru	je croirai	je croirais		que je croie
	tu croiras	tu croirais	crois	que tu croies
	il/elle/on croira	il/elle/on croirait		qu'il/elle/on croie
	nous croirons	nous croirions	croyons	que nous croyions
	vous croirez	vous croiriez	croyez	que vous croyiez
	ils/elles croiront	ils/elles croiraient		qu'ils/elles croient
j'ai cueilli	je cueillerai	je cueillerais		que je cueille
	tu cueilleras	tu cueillerais	cueille	que tu cueilles
	il/elle/on cueillera	il/elle/on cueillerait		qu'il/elle/on cueille
	nous cueillerons	nous cueillerions	cueillons	que nous cueillions
	vous cueillerez	vous cueilleriez	cueillez	que vous cueilliez
	ils/elles cueilleront	ils/elles cueilleraient		qu'ils/elles cueillent
j'ai dû	je devrai	je devrais		que je doive
	tu devras	tu devrais		que tu doives
	il/elle/on devra	il/elle/on devrait		qu'il/elle/on doive
	nous devrons	nous devrions		que nous devions
	vous devrez	vous devriez		que vous deviez
	ils/elles devront	ils/elles devraient		qu'ils/elles doivent

Infinitif et Participes	Indicatif		
	présent	*imparfait*	*passé simple*
12. **dire**	je dis	je disais	je dis
(*to say, to tell*)	tu dis	tu disais	tu dis
disant	il/elle/on dit	il/elle/on disait	il/elle/on dit
dit	nous disons	nous disions	nous dîmes
	vous dites	vous disiez	vous dîtes
et composés	ils/elles disent	ils/elles disaient	ils/elles dirent
13. **dormir**	je dors	je dormais	je dormis
(*to sleep*)	tu dors	tu dormais	tu dormis
dormant	il/elle/on dort	il/elle/on dormait	il/elle/on dormit
dormi	nous dormons	nous dormions	nous dormîmes
	vous dormez	vous dormiez	vous dormîtes
s'endormir	ils/elles dorment	ils/elles dormaient	ils/elles dormirent
14. **écrire**	j'écris	j'écrivais	j'écrivis
(*to write*)	tu écris	tu écrivais	tu écrivis
écrivant	il/elle/on écrit	il/elle/on écrivait	il/elle/on écrivit
écrit	nous écrivons	nous écrivions	nous écrivîmes
	vous écrivez	vous écriviez	vous écrivîtes
et composés	ils/elles écrivent	ils/elles écrivaient	ils/elles écrivirent
15. **faire**	je fais	je faisais	je fis
(*to do, to make*)	tu fais	tu faisais	tu fis
faisant	il/elle/on fait	il/elle/on faisait	il/elle/on fit
fait	nous faisons	nous faisions	nous fîmes
	vous faites	vous faisiez	vous fîtes
et composés	ils/elles font	ils/elles faisaient	ils/elles firent
16. **falloir**	il faut	il fallait	il fallut
(*to be necessary*)			
fallu			
17. **fuir**	je fuis	je fuyais	je fuis
(*to flee*)	tu fuis	tu fuyais	tu fuis
fuyant	il/elle/on fuit	il/elle/on fuyait	il/elle/on fuit
fui	nous fuyons	nous fuyions	nous fuîmes
	vous fuyez	vous fuyiez	vous fuîtes
s'enfuir	ils/elles fuient	ils/elles fuyaient	ils/elles fuirent
18. **lire**	je lis	je lisais	je lus
(*to read*)	tu lis	tu lisais	tu lus
lisant	il/elle/on lit	il/elle/on lisait	il/elle/on lut
lu	nous lisons	nous lisions	nous lûmes
	vous lisez	vous lisiez	vous lûtes
élire	ils/elles lisent	ils/elles lisaient	ils/elles lurent

		Conditionnel	*Impératif*	*Subjonctif*
passé composé	*futur*	*présent*		*présent*
j'ai dit	je dirai	je dirais		que je dise
	tu diras	tu dirais	dis	que tu dises
	il/elle/on dira	il/elle/on dirait		qu'il/elle/on dise
	nous dirons	nous dirions	disons	que nous disions
	vous direz	vous diriez	dites	que vous disiez
	ils/elles diront	ils/elles diraient		qu'ils/elles disent
j'ai dormi	je dormirai	je dormirais		que je dorme
	tu dormiras	tu dormirais	dors	que tu dormes
	il/elle/on dormira	il/elle/on dormirait		qu'il/elle/on dorme
	nous dormirons	nous dormirions	dormons	que nous dormions
	vous dormirez	vous dormiriez	dormez	que vous dormiez
	ils/elles dormiront	ils/elles dormiraient		qu'ils/elles dorment
j'ai écrit	j'écrirai	j'écrirais		que j'écrive
	tu écriras	tu écrirais	écris	que tu écrives
	il/elle/on écrira	il/elle/on écrirait		qu'il/elle/on écrive
	nous écrirons	nous écririons	écrivons	que nous écrivions
	vous écrirez	vous écririez	écrivez	que vous écriviez
	ils/elles écriront	ils/elles écriraient		qu'ils/elles écrivent
j'ai fait	je ferai	je ferais		que je fasse
	tu feras	tu ferais	fais	que tu fasses
	il/elle/on fera	il/elle/on ferait		qu'il/elle/on fasse
	nous ferons	nous ferions	faisons	que nous fassions
	vous ferez	vous feriez	faites	que vous fassiez
	ils/elles feront	ils/elles feraient		qu'ils/elles fassent
il a fallu	il faudra	il faudrait		qu'il faille
j'ai fui	je fuirai	je fuirais		que je fuie
	tu fuiras	tu fuirais	fuis	que tu fuies
	il/elle/on fuira	il/elle/on fuirait		qu'il/elle/on fuie
	nous fuirons	nous fuirions	fuyons	que nous fuyions
	vous fuirez	vous fuiriez	fuyez	que vous fuyiez
	ils/elles fuiront	ils/elles fuiraient		qu'ils/elles fuient
j'ai lu	je lirai	je lirais		que je lise
	tu liras	tu lirais	lis	que tu lises
	il/elle/on lira	il/elle/on lirait		qu'il/elle/on lise
	nous lirons	nous lirions	lisons	que nous lisions
	vous lirez	vous liriez	lisez	que vous lisiez
	ils/elles liront	ils/elles liraient		qu'ils/elles lisent

Infinitif et Participes	*Indicatif*		
	présent	*imparfait*	*passé simple*
19. **mentir**	je mens	je mentais	je mentis
(*to lie*)	tu mens	tu mentais	tu mentis
mentant	il/elle/on ment	il/elle/on mentait	il/elle/on mentit
menti	nous mentons	nous mentions	nous mentîmes
	vous mentez	vous mentiez	vous mentîtes
sentir	ils/elles mentent	ils/elles mentaient	ils/elles mentirent
20. **mettre**	je mets	je mettais	je mis
(*to put*)	tu mets	tu mettais	tu mis
mettant	il/elle/on met	il/elle/on mettait	il/elle/on mit
mis	nous mettons	nous mettions	nous mîmes
	vous mettez	vous mettiez	vous mîtes
et composés	ils/elles mettent	ils/elles mettaient	ils/elles mirent
21. **mourir**	je meurs	je mourais	je mourus
(*to die*)	tu meurs	tu mourais	tu mourus
mourant	ils/elle/on meurt	il/elle/on mourait	il/elle/on mourut
mort	nous mourons	nous mourions	nous mourûmes
	vous mourez	vous mouriez	vous mourûtes
	ils/elles meurent	ils/elles mouraient	il/elles moururent
22. **naître**	je nais	je naissais	je naquis
(*to be born*)	tu nais	tu naissais	tu naquis
naissant	il/elle/on naît	il/elle/on naissait	il/elle/on naquit
né	nous naissons	nous naissions	nous naquîmes
	vous naissez	vous naissiez	vous naquîtes
	ils/elles naissent	ils/elles naissaient	ils/elles naquirent
23. **ouvrir**	j'ouvre	j'ouvrais	j'ouvris
(*to open*)	tu ouvres	tu ouvrais	tu ouvris
ouvrant	il/elle/on ouvre	il/elle/on ouvrait	il/elle/on ouvrit
ouvert	nous ouvrons	nous ouvrions	nous ouvrîmes
offrir, couvrir,	vous ouvrez	vous ouvriez	vous ouvrîtes
souffrir	ils/elles ouvrent	ils/elles ouvraient	ils/elles ouvrirent
24. **partir**	je pars	je partais	je partis
(*to leave*)	tu pars	tu partais	tu partis
partant	il/elle/on part	il/elle/on partait	il/elle/on partit
parti	nous partons	nous partions	nous partîmes
	vous partez	vous partiez	vous partîtes
et composés	ils/elles partent	ils/elles partaient	ils/elles partirent

		Conditionnel	*Impératif*	*Subjonctif*
passé composé	*futur*	*présent*		*présent*
j'ai menti	je mentirai	je mentirais		que je mente
	tu mentiras	tu mentirais	mens	que tu mentes
	il/elle/on mentira	il/elle/on mentirait		qu'il/elle/on mente
	nous mentirons	nous mentirions	mentons	que nous mentions
	vous mentirez	vous mentiriez	mentez	que vous mentiez
	ils/elles mentiront	ils/elles/mentiraient		qu'ils/elles mentent
j'ai mis	je mettrai	je mettrais		que je mette
	tu mettras	tu mettrais	mets	que tu mettes
	il/elle/on mettra	il/elle/on mettrait		qu'il/elle/on mette
	nous mettrons	nous mettrions	mettons	que nous mettions
	vous mettrez	vous mettriez	mettez	que vous mettiez
	ils/elles mettront	ils/elles mettraient		qu'ils/elles mettent
je suis mort(e)	je mourrai	je mourrais		que je meure
	tu mourras	tu mourrais	meurs	que tu meures
	il/elle/on mourra	il/elle/on mourrait		qu'il/elle/on meure
	nous mourrons	nous mourrions	mourons	que nous mourions
	vous mourrez	vous mourriez	mourez	que vous mouriez
	ils/elles mourront	ils/elles mourraient		qu'ils/elles meurent
je suis né(e)	je naîtrai	je naîtrais		que je naisse
	tu naîtras	tu naîtras	nais	que tu naisses
	il/elle/on naîtra	il/elle/on naîtrait		qu'il/elle/on naisse
	nous naîtrons	nous naîtrions	naissons	que nous naissions
	vous naîtrez	vous naîtriez	naissez	que vous naissiez
	ils/elles naîtront	ils/elles naîtraient		qu'ils/elles naissent
j'ai ouvert	j'ouvrirai	j'ouvrirais		que j'ouvre
	tu ouvriras	tu ouvrirais	ouvre	que tu ouvres
	il/elle/on ouvrira	il/elle/on ouvrirait		qu'il/elle/on ouvre
	nous ouvrirons	nous ouvririons	ouvrons	que nous ouvrions
	vous ouvrirez	vous ouvririez	ouvrez	que vous ouvriez
	ils/elles ouvriront	ils/elles ouvriraient		qu'ils/elles ouvrent
je suis parti(e)	je partirai	je partirais		que je parte
	tu partiras	tu partirais	pars	que tu partes
	il/elle/on partira	il/elle/on partirait		qu'il/elle/on parte
	nous partirons	nous partirions	partons	que nous partions
	vous partirez	vous partiriez	partez	que vous partiez
	ils/elles partiront	ils/elles partiraient		qu'ils/elles partent

Infinitif et Participes	*Indicatif*		
	présent	*imparfait*	*passé simple*
25. **peindre** (*to paint*) peignant peint	je peins tu peins il/elle/on peint nous peignons vous peignez ils/elles peignent	je peignais tu peignais il/elle/on peignait nous peignions vous peigniez ils/elles peignaient	je peignis tu peignis il/elle/on peignit nous peignîmes vous peignîtes ils/elles peignirent
26. **plaire** (*to please*) plaisant plu et composés	je plais tu plais il/elle/on plaît nous plaisons vous plaisez ils/elles plaisent	je plaisais tu plaisais il/elle/on plaisait nous plaisions vous plaisiez ils/elles plaisaient	je plus tu plus il/elle/on plut nous plûmes vous plûtes ils/elles plurent
27. **pleuvoir** (*to rain*) pleuvant plu	il pleut	il pleuvait	il plut
28. **pouvoir** (*to be able*) pouvant pu	je peux, puis tu peux il/elle/on peut nous pouvons vous pouvez ils/elles peuvent	je pouvais tu pouvais il/elle/on pouvait nous pouvions vous pouviez ils/elles pouvaient	je pus tu pus il/elle/on put nous pûmes vous pûtes ils/elles purent
29. **prendre** (*to take*) prenant pris et composés	je prends tu prends il/elle/on prend nous prenons vous prenez ils/elles prennent	je prenais tu prenais il/elle/on prenait nous prenions vous preniez ils/elles prenaient	je pris tu pris il/elle/on prit nous prîmes vous prîtes ils/elles prirent
30. **recevoir** (*to receive*) recevant reçu et composés	je reçois tu reçois il/elle/on reçoit nous recevons vous recevez ils/elles reçoivent	je recevais tu recevais il/elle/on recevait nous recevions vous receviez ils/elles recevaient	je reçus tu reçus il/elle/on reçut nous reçûmes vous reçûtes ils/elles reçurent

		Conditionnel	*Impératif*	*Subjonctif*
passé composé	*futur*	*présent*		*présent*
j'ai peint	je peindrai	je peindrais		que je peigne
	tu peindras	tu peindrais	peins	que tu peignes
	il/elle/on peindra	il/elle/on peindrait		qu'il/elle/on peigne
	nous peindrons	nous peindrions	peignons	que nous peignions
	vous peindrez	vous peindriez	peignez	que vous peigniez
	ils/elles peindront	ils/elles peindraient		qu'ils/elles peignent
j'ai plu	je plairai	je plairais		que je plaise
	tu plairas	tu plairais	plais	que tu plaises
	il/elle/on plaira	il/elle/on plairait		qu'il/elle/on plaise
	nous plairons	nous plairions	plaisons	que nous plaisions
	vous plairez	vous plairiez	plaisez	que vous plaisiez
	ils/elles plairont	ils/elles plairaient		qu'ils/elles plaisent
il a plu	il pleuvra	il pleuvrait		qu'il pleuve
j'ai pu	je pourrai	je pourrais		que je puisse
	tu pourras	tu pourrais		que tu puisses
	il/elle/on pourra	il/elle/on pourrait		qu'il/elle/on puisse
	nous pourrons	nous pourrions		que nous puissions
	vous pourrez	vous pourriez		que vous puissiez
	ils/elles pourront	ils/elles pourraient		qu'ils/elles puissent
j'ai pris	je prendrai	je prendrais		que je prenne
	tu prendras	tu prendrais	prends	que tu prennes
	il/elle/on prendra	il/elle/on prendrait		qu'il/elle/on prenne
	nous prendrons	nous prendrions	prenons	que nous prenions
	vous prendrez	vous prendriez	prenez	que vous preniez
	ils/elles prendront	ils/elles prendraient		qu'ils/elles prennent
j'ai reçu	je recevrai	je recevrais		que je reçoive
	tu recevras	tu recevrais	reçois	que tu reçoives
	il/elle/on recevra	il/elle/on recevrait		qu'il/elle/on reçoive
	nous recevrons	nous recevrions	recevons	que nous recevions
	vous recevrez	vous recevriez	recevez	que vous receviez
	ils/elles recevront	ils/elles recevraient		qu'ils/elles reçoivent

Infinitif et Participes	*Indicatif*		
	présent	*imparfait*	*passé simple*
31. **rire**	je ris	je riais	je ris
(*to laugh*)	tu ris	tu riais	tu ris
riant	il/elle/on rit	il/elle/on riait	il/elle/on rit
ri	nous rions	nous riions	nous rîmes
	vous riez	vous riiez	vous rîtes
sourire	ils/elles rient	ils/elles riaient	ils/elles rirent
32. **savoir**	je sais	je savais	je sus
(*to know*)	tu sais	tu savais	tu sus
sachant	il/elle/on sait	il/elle/on savait	il/elle/on sut
su	nous savons	nous savions	nous sûmes
	vous savez	vous saviez	vous sûtes
	ils/elles savent	ils/elles savaient	ils/elles surent
33. **suivre**	je suis	je suivais	je suivis
(*to follow*)	tu suis	tu suivais	tu suivis
suivant	il/elle/on suit	il/elle/on suivait	il/elle/on suivit
suivi	nous suivons	nous suivions	nous suivîmes
	vous suivez	vous suiviez	vous suivîtes
et composés	ils/elles suivent	ils/elles suivaient	ils/elles suivirent
34. **tenir**	je tiens	je tenais	je tins
(*to hold, to keep*)	tu tiens	tu tenais	tu tins
tenant	il/elle/on tient	il/elle/on tenait	il/elle/on tint
tenu	nous tenons	nous tenions	nous tînmes
	vous tenez	vous teniez	vous tîntes
	ils/elles tiennent	ils/elles tenaient	ils/elles tinrent
35. **vaincre**	je vaincs	je vainquais	je vainquis
(*to conquer*)	tu vaincs	tu vainquais	tu vainquis
vainquant	il/elle/on vainc	il/elle/on vainquait	il/elle/on vainquit
vaincu	nous vainquons	nous vainquions	nous vainquîmes
	vous vainquez	vous vainquiez	vous vainquîtes
et composés	ils/elles vainquent	ils/elles vainquaient	ils/elles vainquirent
36. **valoir**	je vaux	je valais	je valus
(*to be worth*)	tu vaux	tu valais	tu valus
valant	il/elle/on vaut	il/elle/on valait	il/elle/on valut
valu	nous valons	nous valions	nous valûmes
	vous valez	vous valiez	vous valûtes
	ils/elles valent	ils/elles valaient	ils/elles valurent

			Conditionnel	**Impératif**	**Subjonctif**
passé composé		*futur*	*présent*		*présent*
j'ai ri	je rirai		je rirais		que je rie
	tu riras		tu rirais	ris	que tu ries
	il/elle/on rira		il/elle/on rirait		qu'il/elle/on rie
	nous rirons		nous ririons	rions	que nous riions
	vous rirez		vous ririez	riez	que vous riiez
	ils/elles riront		ils/elles riraient		qu'ils/elles rient
j'ai su	je saurai		je saurais		que je sache
	tu sauras		tu saurais	sache	que tu saches
	il/elle/on saura		il/elle/on saurait		qu'il/elle/on sache
	nous saurons		nous saurions	sachons	que nous sachions
	vous saurez		vous sauriez	sachez	que vous sachiez
	ils/elles sauront		ils/elles sauraient		qu'ils/elles sachent
j'ai suivi	je suivrai		je suivrais		que je suive
	tu suivras		tu suivrais	suis	que tu suives
	il/elle/on suivra		il/elle/on suivrait		qu'il/elle/on suive
	nous suivrons		nous suivrions	suivons	que nous suivions
	vous suivrez		vous suivriez	suivez	que vous suiviez
	ils/elles suivront		ils/elles suivraient		qu'ils/elles suivent
j'ai tenu	je tiendrai		je tiendrais		que je tienne
	tu tiendras		tu tiendrais	tiens	que tu tiennes
	il/elle/on tiendra		il/elle/on tiendrait		qu'il/elle/on tienne
	nous tiendrons		nous tiendrions	tenons	que nous tenions
	vous tiendrez		vous tiendriez	tenez	que vous teniez
	ils/elles tiendront		ils/elles tiendraient		qu'ils/elles tiennent
j'ai vaincu	je vaincrai		je vaincrais		que je vainque
	tu vaincras		tu vaincrais	vaincs	que tu vainques
	il/elle/on vaincra		il/elle/on vaincrait		qu'il/elle/on vainque
	nous vaincrons		nous vaincrions	vainquons	que nous vainquions
	vous vaincrez		vous vaincriez	vainquez	que vous vainquiez
	ils/elles vaincront		ils/elles vaincraient		qu'ils/elles vainquent
il a valu	il vaudra		il vaudrait		qu'il vaille

Infinitif et Participes	Indicatif		
	présent	*imparfait*	*passé simple*
37. **venir**	je viens	je venais	je vins
(*to come*)	tu viens	tu venais	tu vins
venant	il/elle/on vient	il/elle/on venait	il/elle/on vint
venu	nous venons	nous venions	nous vînmes
	vous venez	vous veniez	vous vîntes
et composés	ils/elles viennent	ils/elles venaient	ils/elles vinrent
38. **vivre**	je vis	je vivais	je vécus
(*to live*)	tu vis	tu vivais	tu vécus
vivant	il/elle/on vit	il/elle/on vivait	il/elle/on vécut
vécu	nous vivons	nous vivions	nous vécûmes
	vous vivez	vous viviez	vous vécûtes
survivre	ils/elles vivent	ils/elles vivaient	ils/elles vécurent
39. **voir**	je vois	je voyais	je vis
(*to see*)	tu vois	tu voyais	tu vis
voyant	il/elle/on voit	il/elle/on voyait	il/elle/on vit
vu	nous voyons	nous voyions	nous vîmes
	vous voyez	vous voyiez	vous vîtes
revoir, prévoir	ils/elles voient	ils/elles voyaient	ils/elles virent
40. **vouloir**	je veux	je voulais	je voulus
(*to wish, to want*)	tu veux	tu voulais	tu voulus
voulant	il/elle/on veut	il/elle/on voulait	il/elle/on voulut
voulu	nous voulons	nous voulions	nous voulûmes
	vous voulez	vous vouliez	vous voulûtes
	ils/elles veulent	ils/elles voulaient	ils/elles voulurent

passé composé	futur	Conditionnel présent	Impératif	Subjonctif présent
je suis venu(e)	je viendrai	je viendrais		que je vienne
	tu viendras	tu viendrais	viens	que tu viennes
	il/elle/on viendra	il/elle/on viendrait		qu'il/elle/on vienne
	nous viendrons	nous viendrions	venons	que nous venions
	vous viendrez	vous viendriez	venez	que vous veniez
	ils/elles viendront	ils/elles viendraient		qu'ils/elles viennent
j'ai vécu	je vivrai	je vivrais		que je vive
	tu vivras	tu vivrais	vis	que tu vives
	il/elle/on vivra	il/elle/on vivrait		qu'il/elle/on vive
	nous vivrons	vous vivrions	vivons	que nous vivions
	vous vivrez	vous vivriez	vivez	que vous viviez
	ils/elles vivront	ils/elles vivraient		qu'ils/elles vivent
j'ai vu	je verrai	je verrais		que je voie
	tu verras	tu verrais	vois	que tu voies
	il/elle/on verra	il/elle/on verrait		qu'il/elle/on voie
	nous verrons	nous verrions	voyons	que nous voyions
	vous verrez	vous verriez	voyez	que vous voyiez
	ils/elles verront	ils/elles verraient		qu'ils/elles voient
j'ai voulu	je voudrai	je voudrais		que je veuille
	tu voudras	tu voudrais	veuille	que tu veuilles
	il/elle/on voudra	il/elle/on voudrait		qu'il/elle/on veuille
	nous voudrons	nous voudrions		que nous voulions
	vous voudrez	vous voudriez	veuillez	que vous vouliez
	ils/elles voudront	ils/elles voudraient		qu'ils/elles veuillent

Changements orthographiques dans certains verbes

1 Verbes en **-cer.** Type: **commencer**

Le **c** se change en **ç** devant **a** et **o.**

présent	*imparfait*	*passé simple*
je commence	je commençais	je commençai
tu commences	tu commençais	tu commenças
il commence	il commençait	il commença
nous commençons	nous commencions	nous commençâmes
vous commencez	vous commenciez	vous commençâtes
ils commencent	ils commençaient	ils commencèrent

impératif: commence, commençons, commencez
participe présent: commençant
participe passé: commencé

Autres verbes qui suivent ce modèle:

déplacer	*to move*	menacer	*to threaten*
effacer	*to erase*	placer	*to place*
forcer	*to force*	remplacer	*to replace*
lancer	*to throw*	renoncer	*to give up*

2 Verbes en **-ger.** Type: **changer**

On ajoute un **e** après le **g** devant **a** et **o.**

présent	*imparfait*	*passé simple*
je change	je changeais	je changeai
tu changes	tu changeais	tu changeas
il change	il changeait	il changea
nous changeons	nous changions	nous changeâmes
vous changez	vous changiez	vous changeâtes
ils changent	ils changeaient	ils changèrent

impératif: change, changeons, changez
participe présent: changeant
participe passé: changé

Autres verbes qui suivent ce modèle:

arranger	*to arrange*	mélanger	*to mix*
décourager	*to discourage*	négliger	*to neglect*
déménager	*to move out*	obliger	*to oblige*
diriger	*to direct*	partager	*to share*
encourager	*to encourage*	plonger	*to dive*
longer	*to go along*	protéger	*to protect*
manger	*to eat*	voyager	*to travel*

3 Verbes en **e** + consonne + **er.** Type: **lever**

Ces verbes ont un accent grave sur le **e** qui précède la consonne quand la dernière syllabe est un **e** muet:

indicatif présent   *subjonctif présent*

je lève[1]   nous levons   que je lève   que nous levions
tu lèves   vous levez   que tu lèves   que vous leviez
il lève   ils lèvent   qu'il lève   qu'ils lèvent

futur: je lèverai ...
conditionnel présent: je lèverais ...
impératif: lève, levons, levez
participe présent: levant
participe passé: levé

Autres verbes qui suivent ce modèle:

acheter   *to buy*   mener[2]   *to lead*
achever   *to finish*   peser   *to weigh*
geler   *to freeze*

4 Verbes en **é** + consonne + **er** dont le **é** devient **è** à l'occasion. Type: **préférer**

Le **é** qui précède la consonne devient **è** quand la dernière syllabe est un **e** muet (mais on garde l'accent aigu (**é**) au futur et au conditionnel).

indicatif présent   *subjonctif présent*

je préfère (tu, il ...)   que je préfère (tu, il ...)
nous préférons (vous ...)   que nous préférions (vous ...)
ils préfèrent   qu'ils préfèrent

futur: je préférerai ...
conditionnel présent: je préférerais ...
impératif: préfère, préférons, préférez

Autres verbes qui suivent ce modèle:

céder   *to yield*   interpréter   to interpret
compléter   *to complete*   libérer   to liberate
espérer   *to hope*   répéter   to repeat
exagérer   *to exaggerate*   révéler   to reveal
gérer   *to manage*   suggérer   to suggest

5 Verbes en **e** + **l** + **er** qui ont deux **l** à l'occasion. Type: **appeler**

indicatif présent   *subjonctif présent*

j'appelle   nous appelons   que j'appelle   que nous appelions
tu appelles   vous appelez   que tu appelles   que vous appeliez
il appelle   ils appellent   qu'il appelle   qu'ils appellent

---

[1] les composés de **lever: enlever, élever, relever,** etc.
[2] les composés de **mener: amener, emmener, promener,** etc.

> *futur:* j'appellerai ... (deux **l** partout)
> *conditionnel présent:* j'appellerais ...
> *impératif:* appelle, appelons, appelez
> *participe présent:* appelant
> *participe passé:* appelé

Autres verbes qui suivent ce modèle:

chanceler	*to stagger*	ficeler	*to tie up*
épeler	*to spell*	renouveler	*to renew*

6 Verbes en **e** + **t** + **er** qui ont deux t à l'occasion. Type: **jeter**

On a **e** + **tt** + **e** quand la syllabe qui suit est un **e** muet.

indicatif présent | | *subjonctif présent* |
|---|---|---|---|
| je jette[3] | nous jetons | que je jette | que nous jetions |
| tu jettes | vous jetez | que tu jettes | que vous jetiez |
| il jette | ils jettent | qu'il jette | qu'ils jettent |

> *futur:* je jetterai ... (deux **t** partout)
> *conditionnel présent:* je jetterais ...
> *impératif:* jette, jetons, jetez
> *participe présent:* jetant
> *participe passé:* jeté

Autres verbes qui suivent ce modèle:

empaqueter	*to wrap up*	feuilleter	*to leaf through*

7 Verbes en **-yer.** Type: **employer**

Les verbes en **-yer** changent le **y** en **i** quand la syllabe qui suit est un **e** muet. Le verbe **payer** a les deux formes: **payerai, paierai.**

indicatif présent | | *subjonctif présent* |
|---|---|---|---|
| j'emploie | nous employons | que j'emploie | que nous employions |
| tu emploies | vous employez | que tu emploies | que vous employiez |
| il emploie | ils emploient | qu'il emploie | qu'ils emploient |

> *futur:* j'emploierai ... (avec **i** partout)
> *conditionnel présent:* j'emploierais ...
> *impératif:* emploie, employons, employez
> *participe présent:* employant
> *participe passé:* employé

Autres verbes qui suivent ce modèle:

balayer	*to sweep*	essuyer	*to wipe*
bégayer	*to stutter*	nettoyer	*to clean*
envoyer[4]	*to send*	tutoyer	*to say* **tu** *to*
essayer	*to try*	vouvoyer	*to say* **vous** *to*

---

[3] les composés de jeter: rejeter, projeter, etc.
[4] Le futur est irrégulier: **enverrai.**

Constructions des verbes suivis d'un infinitif

Verbes suivis de **à** + *infinitif*

aimer à	*to like to*	inviter à	*to invite*
s'amuser à	*to have fun*	se mettre à	*to begin*
apprendre à	*to learn, to teach*	obliger à	*to oblige*
avoir à	*to have to*	s'occuper à	*to busy oneself in*
avoir du plaisir à	*to enjoy*	parvenir à	*to succeed in*
chercher à	*to seek to*	se plaire à	*to take pleasure in*
commencer à	*to begin*	se préparer à	*to prepare*
consentir à	*to consent*	provoquer à	*to provoke*
consister à	*to consist of*	recommencer à	*to begin again*
continuer à	*to continue*	renoncer à	*to give up*
se décider à	*to decide*	se résigner à	*to resign oneself*
employer à	*to use*	se résoudre à	*to resolve*
enseigner à	*to teach*	réussir à	*to succeed*
s'exercer à	*to practice*	servir à	*to serve*
se fatiguer à	*to wear oneself out*	songer à	*to think about*
forcer à	*to force*	tarder à	*to delay in*
s'habituer à	*to become accustomed*	tenir à	*to be anxious*
hésiter à	*to hesitate*	travailler à	*to work to*

Verbes suivis de **de** + *infinitif*

achever de	*to finish*	s'excuser de	*to apologize*
s'arrêter de	*to stop*	finir de	*to finish*
avertir de	*to warn*	forcer de	*to force*
cesser de	*to cease, stop*	interdire de	*to forbid*
choisir de	*to choose*	jurer de	*to swear*
commander de	*to order*	manquer de	*to fail*
conseiller de	*to advise*	menacer de	*to threaten*
se contenter de	*to be happy with*	mériter de	*to deserve*
convaincre de	*to convince*	négliger de	*to neglect*
craindre de	*to fear*	obtenir de	*to obtain*
crier de	*to shout*	offrir de	*to offer*
décider de	*to decide*	ordonner de	*to command*
défendre de	*to forbid*	oublier de	*to forget*
demander de	*to ask*	pardonner de	*to pardon for*
se dépêcher de	*to hurry*	parler de	*to talk about*
dire de	*to tell*	permettre de	*to permit*
écrire de	*to write*	persuader de	*to persuade*
efforcer de	*to make an effort*	prendre garde de	*to be careful not to*
empêcher de	*to prevent from*	prendre soin de	*to take care*
essayer de	*to try to*	se presser de	*to hurry*
éviter de	*to avoid*	prier de	*to ask*

promettre de	*to promise*	reprocher de	*to reproach*
proposer de	*to suggest*	risquer de	*to run the risk of*
refuser de	*to refuse*	soupçonner de	*to suspect*
regretter de	*to regret*	se souvenir de	*to remember*
remercier de	*to thank for*	tâcher de	*to try to*

Verbes suivis de l'infinitif sans préposition

aimer	*to like*	paraître	*to appear*
aimer mieux	*to prefer*	penser	*to think*
aller	*to be going to*	pouvoir	*to be able*
compter	*to expect*	préférer	*to prefer*
croire	*to believe*	prétendre	*to claim*
descendre	*to go downstairs*	regarder	*to watch*
désirer	*to want*	rentrer	*to return home*
détester	*to hate*	retourner	*to go back*
devoir	*to be obliged*	revenir	*to come back*
écouter	*to listen*	savoir	*to know how to*
entendre	*to hear*	sembler	*to seem*
envoyer	*to send*	sentir	*to feel*
espérer	*to hope*	souhaiter	*to wish*
faire	*to cause*	il vaut mieux	*it is preferable*
il faut	*it is necessary*	venir	*to come in order to*
laisser	*to allow*	voir	*to see*
oser	*to dare*	vouloir	*to want*

Verbes et expressions suivis de l'indicatif ou du subjonctif

INDICATIF

Verbes personnels

admettre	*to admit*	espérer	*to hope*
affirmer	*to assert*	estimer	*to consider*
s'apercevoir	*to realize*	être d'avis	*to be of the opinion*
apprendre	*to learn*	imaginer	*to imagine*
assurer	*to assure*	s'imaginer	*to fancy*
avouer	*to confess*	juger	*to judge*
comprendre	*to understand*	jurer	*to swear*
convenir	*to agree*	nier	*to deny*
crier	*to shout*	parier	*to bet*
croire	*to believe*	présumer	*to presume*
déclarer	*to declare*	prétendre	*to claim*
écrire	*to write*	promettre	*to promise*
entendre dire	*to hear*	reconnaître	*to recognize*

remarquer	*to notice*	soutenir	*to maintain*
se rendre compte	*to realize*	se souvenir	*to remember*
savoir	*to know*	supposer	*to suppose*
sentir	*to feel*	téléphoner	*to phone*
songer	*to dream, think*	voir	*to see*

Verbes impersonnels

il est certain	*it is sure*	il est vrai	*it is true*
il est clair	*it is clear*	il est vraisemblable	*it is likely*
il est évident	*it is obvious*	il me semble	*it seems to me*
il est probable	*it is probable*	il paraît	*it appears*
il est sûr	*it is sure*	il résulte	*it follows*

Expressions

bien sûr que	*of course*	probablement que	*probably*
heureusement que	*fortunately*	sans doute que	*maybe*
peut-être que	*perhaps*	sûrement que	*surely*

SUBJONCTIF

Verbes personnels

aimer mieux	*to prefer (would rather)*	être fâché	*to be mad*
attendre	*to wait*	être heureux	*to be happy*
s'attendre à ce que	*to expect*	être ravi	*to be delighted*
avoir honte	*to be ashamed*	être triste	*to be sad*
avoir peur	*to be afraid*	éviter	*to avoid*
commander	*to order*	exiger	*to demand*
craindre	*to fear*	ordonner	*to order*
défendre	*to forbid*	permettre	*to allow*
demander	*to ask*	préférer	*to prefer*
désirer	*to desire*	proposer	*to suggest*
empêcher	*to prevent*	regretter	*to regret*
s'étonner	*to be surprised*	souhaiter	*to wish*
être content	*to be happy*	suggérer	*to suggest*
être désolé	*to be sorry*	supplier	*to beg*
être étonné	*to be surprised*	vouloir	*to want*

Verbes impersonnels

c'est dommage	*it is too bad*	il n'est pas douteux	*it is not doubtful*
il est bon	*it is good*	il est essentiel	*it is essential*
il est curieux	*it is curious*	il est honteux	*it is shameful*
il est désirable	*it is desirable*	il est important	*it is important*
il est douteux	*it is doubtful*	il est impossible	*it is impossible*

il est invraisemblable	*it is unlikely*	il est surprenant	*it is surprising*
il est juste	*it is fair*	il est temps	*it is time*
il est naturel	*it is natural*	il est triste	*it is sad*
il est nécessaire	*it is necessary*	il faut	*it is necessary*
il est normal	*it is normal*	il semble	*it seems*
il est possible	*it is possible*	il se peut	*it is possible*
il est souhaitable	*it is to be hoped*	il vaut mieux	*it is better*

$\mathcal{A}$ppendice B

Temps et constructions rares

LES TEMPS SURCOMPOSÉS

Ces temps sont formés à l'aide de l'auxiliaire au temps composé.

passé composé	*passé surcomposé*
j'ai aimé	j'ai eu aimé
il est arrivé	il a été arrivé

On ajoute **eu** ou **été** entre l'auxiliaire et le participe passé.

temps simple		*temps composé*	*temps surcomposé*
présent	j'aime	j'ai aimé	j'ai eu aimé
imparfait	tu regardais	tu avais regardé	tu avais eu regardé
futur	il dira	il aura dit	il aura eu dit
cond.	nous ferions	nous aurions fait	nous aurions eu fait
subj.	que je finisse	que j'aie fini	que j'aie eu fini
infinitif	planter	avoir planté	avoir eu planté
participe	dormant	ayant dormi	ayant eu dormi

Comparez les temps suivants au passif:

présent	*passé composé*	*passé surcomposé*
je suis nommé	j'ai été nommé	j'ai eu été nommé

On rencontre rarement un temps surcomposé pour un verbe pronominal.

La forme surcomposée la plus employée est le passé surcomposé. Les verbes avec l'auxiliaire **avoir** sont les plus courants. Le passé surcomposé appartient surtout à la langue parlée. On le trouve après les conjonctions **après que, aussitôt que, dès que, quand, lorsque** si le verbe principal est lui-même au passé composé.

> Quand il **a eu payé** ses dettes, il **est sorti** de prison.

LE PASSÉ ANTÉRIEUR

C'est le temps composé qui correspond au passé simple. L'auxiliaire est au passé simple; on ajoute le participe passé.

verbe avec **avoir**		*verbe avec* **être**	
j'**eus fini**	nous **eûmes fini**	je **fus allé(e)**	nous **fûmes allés(es)**
tu **eus fini**	vous **eûtes fini**	tu **fus allé(e)**	vous **fûtes allé(e)(s)**
il **eut fini**	ils **eurent fini**	il **fut allé**	ils **furent allés**

On emploie le passé antérieur après les conjonctions **après que, aussitôt que, dès que, quand, lorsque** si le verbe principal est au passé simple. C'est un temps de la langue écrite, très littéraire.

> **Quand** il **eut fini** son travail, il sortit.
> **Aussitôt qu'**elles **furent rentrées,** elles se couchèrent.

LES TEMPS LITTÉRAIRES DU SUBJONCTIF: LE SUBJONCTIF IMPARFAIT ET LE SUBJONCTIF PLUS-QUE-PARFAIT

Le subjonctif imparfait

Le subjonctif imparfait se forme sur le passé simple. On prend la 3ème personne du singulier du passé simple et on ajoute les terminaisons du subjonctif imparfait.

	donner		il **donna**
-sse	-ssions	que je **donnasse**	que nous **donnassions**
-sses	-ssiez	que tu **donnasses**	que vous **donnassiez**
-^(t)	-ssent	qu'il/elle/on **donnât**	qu'ils/elles **donnassent**

✶ **Remarque:**   La 3ème personne du singulier (**qu'il donnât**) est la plus fréquemment employée.

Voici le subjonctif imparfait d'**avoir** et d'**être**.

avoir		**être**	
que j'**eusse**	que nous **eussions**	que je **fusse**	que nous **fussions**
que tu **eusses**	que vous **eussiez**	que tu **fusses**	que vous **fussiez**
qu'il/elle/on **eût**	qu'ils/elles **eussent**	qu'il/elle/on **fût**	qu'ils/elles **fussent**

Le subjonctif plus-que-parfait

Le plus-que-parfait du subjonctif se forme ainsi:

> **avoir** ou **être** à l'imparfait du subjonctif + participe passé

verbe avec **avoir**	*verbe avec* **être**
que j'**eusse donné**	que je **fusse venu(e)**
que tu **eusses donné**	que tu **fusses venu(e)**
qu'il/elle/on **eût donné**	qu'il/elle/on **fût venu(e)**
que nous **eussions donné**	que nous **fussions venu(e)(s)**
que vous **eussiez donné**	que vous **fussiez venu(e)(s)**
qu'ils, elles **eussent donné**	qu'ils, elles **fussent venus(es)**

Dans une langue littéraire et soucieuse d'élégance, l'imparfait du subjonctif remplace le présent du subjonctif et le plus-que-parfait du subjonctif remplace le passé du subjonctif.

Langue parlée et langue écrite:
J'aurais bien aimé qu'il **vienne** ce soir.   J'aurais bien aimé qu'il **soit venu** ce soir.

Langue écrite, style élégant:
J'aurais bien aimé qu'il **vînt** ce soir.   J'aurais bien aimé qu'il **fût venu** ce soir.

NE EXPLÉTIF (PLÉONASTIQUE)

Ne pléonastique est un mot sans valeur; on ne le traduit pas et il n'est jamais obligatoire. Il s'emploie dans la langue soignée élégante avec des verbes au subjonctif:

1 après un verbe de crainte, employé affirmativement.

> Je crains qu'il **ne** vienne.   *I am afraid he **will come.***

Comparez avec:

> Je crains qu'il **ne** vienne **pas.**   *I am afraid he **will not come.***

2 après les verbes d'empêchement (**empêcher que, éviter que**).

> Evitez qu'il **ne** tombe.   *Make sure he does not fall.*

3 après les verbes **douter, nier, désespérer,** etc., à la forme négative.

> Je ne doute pas qu'il **ne** vienne.   *I don't doubt that he **will come.***
>
> MAIS:
>
> Je doute qu'il vienne.   *I doubt he **will come.***

4 avec les conjonctions suivantes: **à moins que, avant que, de peur que, de crainte que.**

> Nous sortirons, **à moins qu'**il **ne** pleuve.   *We will go out unless it rains.*
> **avant qu'**il **ne** pleuve.   *before it rains.*
> Prenez votre imperméable **de peur qu'**il **ne** pleuve.   *Take your raincoat lest it rain.*

Ne pléonastique s'emploie avec des verbes à l'indicatif, dans des comparaisons où le deuxième verbe est exprimé.

> Il est plus grand que je **ne** croyais.   *He is taller than I thought.*
> Elle est moins intelligente que je **n'**aurais cru.   *She is less intelligent than I would have thought.*

Appendice C

Les nombres

LES NOMBRES CARDINAUX

1 à 100

1 un/une	16 seize	52 cinquante-deux, etc.
2 deux	17 dix-sept	60 soixante
3 trois	18 dix-huit	61 soixante et un
4 quatre	19 dix-neuf	62 soixante-deux, etc.
5 cinq	20 vingt	70 soixante-dix
6 six	21 vingt et un	71 soixante et onze
7 sept	22 vingt-deux, etc.	72 soixante-douze, etc.
8 huit	30 trente	80 quatre-vingts
9 neuf	31 trente et un	81 quatre-vingt-un
10 dix	32 trente-deux, etc.	82 quatre-vingt-deux, etc.
11 onze	40 quarante	90 quatre-vingt-dix
12 douze	41 quarante et un	91 quatre-vingt-onze
13 treize	42 quarante-deux, etc.	92 quatre-vingt-douze, etc.
14 quatorze	50 cinquante	100 cent
15 quinze	51 cinquante et un	

100 à 1.000.000.000.000

100 cent	1600 seize cents
101 cent un, etc.	mille six cents
200 deux cents	1700 dix-sept cents,
201 deux cent un, etc.	mille sept cents
1000 mille	1800 dix-huit cents
1001 mille un, etc.	mille huit cents
1100 onze cents,	1900 dix-neuf cents,
mille cent	mille neuf cents
1200 douze cents,	2000 deux mille (invariable)
mille deux cents	2100 deux mille cent, etc.
1300 treize cents,	10.000 dix mille
mille trois cents	100.000 cent mille
1400 quatorze cents,	1.000.000 un million de
mille quatre cents	1.000.000.000 un milliard de
1500 quinze cents,	1.000.000.000.000 un billion de
mille cinq cents	

✴ Remarques:

• Si **un mille** signifie *mile*, c'est un nom, et on a un **-s** au pluriel: **deux milles.**

• On a un point en français (10.000) là où on a une virgule en anglais pour indiquer le millésime: 10,000.

Les nombres ordinaux

1er (ère)	premier (ère)	12ème	douzième
2ème	deuxième ou second(e)	13ème	treizième
3ème	troisième	14ème	quatorzième
4ème	quatrième	15ème	quinzième
5ème	cinquième	16ème	seizième
6ème	sixième	17ème	dix-septième
7ème	septième	18ème	dix-huitième
8ème	huitième	19ème	dix-neuvième
9ème	neuvième	20ème	vingtième
10ème	dixième	21ème	vingt et unième
11ème	onzième	22ème	vingt-deuxième, etc.

Les fractions

1/2	un demi, une demie		3/4	trois quarts
1/3	un tiers		4/5	quatre cinquièmes, etc.
1/4	un quart		0	zéro
1/5	un cinquième		0,1	un dixième
1/6	un sixième, etc.		0,2	deux dixièmes
2/3	deux tiers			

✴ Remarques:

• On a une virgule en français (0,15) là où en anglais on a un point (0.15).

• *Half* se traduit de différentes façons:

>*half of this cake*   la moitié de ce gâteau
>*half-dead*   à moitié mort
>*half-way*   à mi-chemin
>*half an hour*   une demi-heure
>*an hour and a half*   une heure et demie

Les états américains et les provinces et territoires canadiens

Voici les prépositions qui précèdent les noms d'états américains.

en Alabama	en Georgie	au Minnesota	en Pennsylvanie
en Alaska	à Hawaï[2]	au Mississippi	au Rhode Island
en Arizona	en Idaho	au Missouri	au Tennessee
en Arkansas	en Illinois	au Montana	au Texas
en Californie	en Indiana	au Nebraska	en Utah
en Caroline du Nord	en Iowa	au Nevada	au Vermont
en Caroline du Sud	au Kansas	au New Hampshire	en Virginie
au Colorado[1]	au Kentucky	au New Jersey	en Virginie
au Connecticut	en Louisiane	dans l'état de New York	Occidentale
au Dakota du Nord	au Maine	au Nouveau-Mexique	dans l'état de
au Dakota du Sud	au Maryland	en Ohio	Washington
au Delaware	au Massachusetts	en Oklahoma	au Wisconsin
en Floride	au Michigan	en Orégon	au Wyoming

Les provinces et les territoires canadiens suivent les mêmes règles que les états américains.

en Alberta	au Nouveau-Brunswick	dans l'Ile du Prince-Edouard[6]
en Colombie Britannique	en Nouvelle-Ecosse	en Saskatchewan
au Labrador[3]	en Ontario	dans les Territoires du Nord-Ouest
au Manitoba	au Québec[5]	au Yukon[7]
à Terre-Neuve[4]		

Changements des expressions de temps dans le discours indirect

Discours direct	*Discours indirect*	
aujourd'hui	**ce jour-là**	*that same day*
demain	**le lendemain, le jour suivant**	*the day after*
hier	**la veille, le jour précédent**	*the day before*
avant-hier	**l'avant-veille**	*two days before*
ce matin, ce soir	**ce matin-là, ce soir-là**	*that same morning, evening*
cette semaine, cette année	**cette semaine-là, cette année-là**	*that same week, year*
ce mois-ci	**ce mois-là**	*that same month*
l'année prochaine	**l'année suivante**	*the following year*
la semaine dernière	**la semaine précédente**	*the previous week*
le mois dernier	**le mois précédent**	*the previous month*

Il dit: «La lettre est arrivée **hier.**»   Il a dit que la lettre était arrivée **la veille.**

Marc a assuré: «J'aurai fini **ce soir.**»   Marc a assuré qu'il aurait fini **ce soir-là.**

---

[1] For states that are masculine in French, one can also use **dans le.** Example: **dans le Colorado.**[2] Because Hawaii is an island, it is preceded by **à.**
[3] Labrador is a region of Newfoundland. [4] Because Terre-Neuve is an island, it is preceded by **à.** [5] Reference here is to the province. When referring to the city, one says: **à Québec.** [6] One can also say: **à l'Ile du Prince-Edouard.** [7] One can also say: **dans le Territoire** du Yukon.

Vocabulaire

Cette liste contient tous les mots qui apparaissent dans le Vocabulaire et le Vocabulaire supplémentaire de chaque chapitre. Le genre est indiqué par *m.* ou *f.* Quand un mot a plusieurs sens, seul le sens qu'il a dans le texte est indiqué.

à to; for
~ bord on board
~ cause de because of
~ cinq (dix) ans at five (ten) years of age
~ demi; ~ moitié halfway
~ droite to the right
~ épisodes serial
~ gauche to the left
~ grosses gouttes heavily
~ l'époque in those days
~ l'étranger abroad
~ la fin finally
~ la main in one's hand
~ la veille de shortly before
~ louer for rent
~ même la terre next to the ground
~ mesure que as
~ moins de unless
~ mon avis in my opinion
~ mon tour for my part
~ plat ventre lying on one's stomach
~ présent now
~ table! Dinner is ready!
~ ton tour your turn
~ toute allure (at) full speed
~ vendre for sale
~ voix basse softly
~ voix haute aloud
abattre to fall upon
abonnement (*m.*) subscription
abrité(e) sheltered
accélérateur (*m.*) accelerator
accélérer to accelerate
accrocher to hang
s'accroupir to crouch
accueil (*m.*) welcome
accueillir to welcome
actualités (*f. pl.*) news

addition (*f.*) bill
administrer un questionnaire to conduct a survey
affaire (*f.*) bargain
s'affairer to fuss
affaires (*f. pl.*) things, business
affectueux (affectueuse) affectionate
affiche (*f.*) poster
agacer to irritate
agence (*f.*) agency
~ immobilière real estate agency
~ publicitaire advertising agency
aggraver to make worse
ail (*m.*) garlic
aimable friendly
aîné (*m.*), **aînée** (*f.*) the oldest, older child
ainsi que as well as
aire (*f.*) **de repos** rest area
A l'aide! Help!
alcoolisé(e) alcoholic (drink)
alentour all-around
allée (*f.*) path
aller chez le médecin to go to the doctor
allez-y! shoot!
alliance (*f.*) wedding ring
allongé(e) stretched out
allonger to become (or make) longer
allons-y let's go
allumer to light
allumette (*f.*) match
amarrer to moor
amateur (*m.*) **d'art** art lover
amplificateur (*m.*) amplifier
ancien (*m.*) war veteran
androïde (*m.*) android

âne (*m.*) donkey
animal (*m.*) **en captivité** animal in a zoo
anniversaire (*m.*) **de mariage** (wedding) anniversary
anomalie (*f.*) abnormality
anthropomorphe anthropomorphous
antiquaire (*m. ou f.*) antique dealer
s'apercevoir to realize
s'apitoyer sur to pity, to feel compassion for
aplomb (*m.*) nerve
appel (*m.*) call
appeler to call
s'appliquer to apply oneself
apprendre par cœur to memorize
s'approcher de to come in contact with
après-midi (*m. ou f.*) afternoon
arbre (*m.*) tree
~ fruitier fruit tree
arc (*m.*) bow
arête (*f.*) ridge
argent (*m.*) **de poche** allowance
argenterie (*f.*) silverware
aride dry
arracher to pull from, to grab
arriver à ses fins to succeed
arroser to water
asile (*m.*) shelter
aspirateur (*m.*) vacuum cleaner
associé (*m.*), **associée** (*f.*) business partner
s'assombrir to turn darker
assurance (*f.*) self-confidence
assurer to insure

assureur (*m.*)   insurance agent
atteindre   to reach
s'attendre à   to expect
atterrir   to land
atterrissage (*m.*)   landing
attraper   to catch
   ~ une maladie   to develop a
   sickness
au   at, in
   ~ beau milieu   right in the
   middle
   ~ bout de   at the end of
   ~ coin   at the corner
   ~ dehors   outside
   ~ fait   by the way
   ~ feu!   fire!
   ~ fond de   at the back of, at
   the bottom of
   ~ hasard   at random
   ~ lendemain de   shortly
   after
   ~ moment où   at the time
   when
   ~ point où   at the point
   where
   ~ secours!   help!
aubaine (*f.*)   godsend,
   opportunity
aube (*f.*)   dawn
auberge (*f.*)   **de jeunesse**
   youth hostel
autel (*m.*)   altar
autocollant (*m.*)   sticker
autoroute (*f.*)   freeway
autour de   around
aux bons soins de   care of (c/o)
avaler   to swallow
s'avancer   to go forward
avenant(e)   attractive
avertir   to warn, notify
aveugle   blind
avis (*m.*)   notice, opinion
avoir   to have
   ~ de la chance   to be lucky
   ~ de la fièvre   to have a
   fever
   ~ de la peine à faire une
   chose   to have a hard time
   doing something

   ~ de la peine   to be sad
   ~ des frissons   to shiver
   ~ du chagrin   to be grieved,
   distressed
   ~ du goût   to have taste
   ~ du mal à   to have a hard
   time
   ~ du succès   to be
   successful
   ~ envie   to desire, to feel
   like
   ~ l'allure de   to look like
   ~ l'esprit clair   to have a
   clear mind
   ~ le cafard   to feel gloomy,
   to have the blues
   ~ le cœur gros   to be very
   sad
   ~ le goût de   to taste like; to
   have a taste for
   ~ les moyens de (+ inf.)   to
   afford
   ~ lieu   to take place
   ~ mal à la gorge   to have a
   sore throat
   ~ mal à la tête   to have a
   headache
   ~ mal au cœur   to feel
   nauseated
   ~ mal au dos   to have a
   backache
   ~ mal au ventre   to have a
   stomachache
   ~ un amour fou pour   to be
   madly in love with
   ~ une mémoire de fer   to
   have a fantastic memory
avouer   to confess

B&B (*m.*)   bed and breakfast
bac (*m.*) **à glaçons**   ice-cube
   tray
bague (*f.*)   ring
   ~ de fiançailles
   engagement ring
baie (*f.*)   bay
baignoire (*f.*)   bathtub
se baisser   to bend down
baladeur (*m.*)   walkman

balayer   to sweep
balle (*f.*)   bullet
banc (*m.*)   bench
bande (*f.*)   gang
banlieue (*f.*)   suburb
barrière (*f.*)   fence
bas(se)   low
basané(e)   swarthy
baskets (*f. ou m. pl.*)   high tops
bataille (*f.*)   battle
bâton (*m.*) **d'encens**   incense
   stick
bavard(e) talkative
bénédiction (*f.*) **nuptiale**
   marriage ceremony
bénéfique   beneficial
berceau (*m.*)   cradle
bête (*f.*)   animal
bibelot (*m.*)   knickknack
bien entendu   of cours
bien-aimé(e)   beloved
bijoutier (*m.*)   jeweler
bilan (*m.*) **de santé**   checkup
billes (*f. pl.*)   marbles
billet (*m.*) **de banque**
   banknote
billetterie (*f.*)   Automated
   Teller Machine
biner   to hoe
binette (*f.*)   hoe
blessé(e)   wounded
blesser   to wound
   se~   to injure oneself
blessure (*f.*)   wound
bloc (*m.*)   note pad
se blottir   to huddle, to curl up
blouse (*f.*)   hairdresser coat
bocal (*m.*)   jar
bœuf (*m.*)   ox
boisson (*f.*)   drink, beverage
boîte (*f.*) **postale**   P.O. box
bombe (*f.*) **lacrymogène**   tear
   gas
bonheur (*m.*)   good luck;
   happiness
bonhomme (*m.*)   old fellow
bordé(e)   lined
bouche (*f.*) **d'incendie**   fire
   hydrant

boucher to block
se~ les oreilles to put one's fingers in one's ears
bouclier (*m.*) shield
bouger to move
bougie (*f.*) candle
boule (*f.*) bowling ball
bouleversé(e) upset
bourse (*f.*) stock market
bout (*m.*) bit
~ de papier scrap of paper
bouteille (*f.*) bottle
boutonnière (*f.*) button hole of the lapel
braconnier (*m.*) poacher
brèche (*f.*) breach, gap
bredouiller to stammer
bric-à-brac (*m.*) junk shop
bricole (*f.*) trifle, small matter
bricoler to do odd jobs
bricoleur (*m.*), **bricoleuse** (*f.*) handy man, woman
bridés (adj.) slit (for eyes)
brigade (*f.*) **des stupéfiants** drug squad
brillantine (*f.*) brilliantine
briller to shine
briquet (*m.*) cigarette lighter
brocante (*f.*) secondhand goods
brochure (*f.*) pamphlet
bronzé(e) tanned
brousse (*f.*) bush
bruissement (*m.*) rustle
brûler to burn
brûlure (*f.*) burn
bruyant(e) noisy
bûche (*f.*) **de Noël** yule log (dessert)
buffle (*m.*) buffalo
bureau (*m.*) desk, office
~ de poste post office
busqué(e) hooked (for nose)

ça it, this, that
~ m'a pris it hit me
~ ne marche pas it does not work

~ ne suffit plus it's no longer enough
~ ne vous regarde pas it's none of your business
~ y est that's it
cabane (*f.*) shed
~ à outils tool shed
cabanon (*m.*) cottage, cabin
cabine (*f.*) booth
cabri (*m.*) kid (goat's baby)
cabriole (*f.*) caper
(se) cacher to hide
cachet (*m.*) pill
cadeau (*m.*) gift, present
cadre (*m.*) executive
cahier (*m.*) **de textes** assignment notebook
caisse (*f.*) **d'épargne** savings bank
Cajun (de **Acadien**) French from Louisiana
calcul (*m.*) simple math
~ mental sums
calculette (*f.*) calculator
cale (*f.*) ship's hold
cambrioler to burglarize
caméscope (*m.*) video camera
campagnard(e) countrylike
campagne (*f.*) campaign
~ anti-tabac anti-smoking campaign
~ publicitaire advertising campaign
camping (*m.*) **à la ferme** camping at a farm
canard (*m.*) duck
cancre (*m.*) bad student, dunc
cantine (*f.*) cafeteria
caravane (*f.*) trailer
carquois (*m.*) quiver
carré(e) square
carrefour (*m.*) crossroads, intersection
cartable (*m.*) school bag
carte (*f.*) map
~ des vins wine list
~ postale postcard
cartomancien (*m.*),

cartomancienne (*f.*) fortune-teller (card reader)
cartouche (*f.*) cartridge
case (*f.*) hut
casque (*m.*) helmet
~ colonial tropical helmet
casser to break
casserole (*f.*) pan
catalogue (*m.*) catalogue
cauchemar (*m.*) nightmare
cave (*f.*) cellar
céder to part with
~ à to give in
~ quelque chose à quelqu'un to let someone have something
~ le passage to yield (in traffic)
centre-ville (*m.*) downtown
cérémonieusement formally
cérémonieux (cérémonieuse) formal, ceremonious (speech, greeting, person, etc.)
chacun (e) everyone
~ son tour each one in his turn
chahut (*m.*) rumpus
chahuter to create a rumpus
chaîne (*f.*) channel
~ de montagnes mountain range
chaîne (*f.*) **(hi-fi)** stereo
châle (*m.*) shawl
chalet (*m.*) mountain cabin
chaleur (*f.*) heat
chaloupe (*f.*) launch
chambre (*f.*) bedroom
~ d'hôte bed and breakfast
chance (*f.*) (good) luck
chanson (*f.*) song
chapeau (*m.*) hat
chaque (adj.) every
charger to load
chasse (*f.*) hunt, hunting
~ à courre fox or deer hunting
~ gardée private hunting ground
chasseur (*m.*) hunter

château (*m.*) castle

chaussée (*f.*) **déformée** rough road

chaussette (*f.*) sock

chauve bald

cheminée (*f.*) fireplace

chercher to look for

chevreuil (*m.*) deer

chez at the house of

chien (*m.*) **de chasse** hound

chuchoter to whisper

chute (*f.*) fall

ciel (*m.*) sky

ci-joint herewith, enclosed

clairière (*f.*) clearing

clé (*f.*) key

client (*m.*), **cliente** (*f.*) customer

clignotant (*m.*) blinker

clignotement (*m.*) flickering

clignoter to flicker

clochette (*f.*) small bell

cloison (*f.*) partition

cocon (*m.*) cocoon

cocotte (*f.*) **minute** pressure cooker

code (*m.*) **postal** zip code

cœur (*m.*) heart

se coiffer to comb one's hair

~ **de** to put on a hat

coiffure (*f.*) hair dressing

col (*m.*) pass

colis (*m.*) parcel

colle (*f.*) punishment; glue

collectionner to collect

coller to stick

colline (*f.*) hill

colonie (*f.*) **de vacances** summer camp

comblé(e) gratified, fulfilled

commencer à souffrir de to develop

commerçant (*m.*) **de traite** slave trader

commettre une erreur to make a mistake

commode (*f.*) chest of drawers

commun(e) unrefined

compotier (*m.*) fruit-salad bowl

comprimé (*m.*) pill

comptable (*m. ou f.*) accountant

comptoir (*m.*) counter

conduire to drive

~ **en prison** to lead to prison

confondre une chose avec une autre to take something for something else

confort (*m.*) **moderne** modern conveniences

confus(e) embarrassed (person); muddled, confused (story); not knowing what's going on

congélateur (*m.*) freezer

conjurer to ward off, avert

connaissance (*f.*) acquaintance

conserver to save

conserves (*f. pl.*) canned goods

consister à to consist of

constater to observe

construire to build (to start); to develop

se contenter de to be satisfied with

contenu (*m.*) contents

contravention (*f.*) ticket

contrée (*f.*) region

convenir to suit

convive (*m. ou f.*) guest (at a meal)

convivial(e) user friendly

convivialité (*f.*) social interaction

copier to crib

corbeille (*f.*) basket

cordelette (*f.*) thin cord

se corriger to rectify one's errors

cortège (*m.*) parade

côté (*m.*) side

côtelette (*f.*) **d'agneau** lamb chop

couche (*f.*) diaper

couché(e) lying down

se coucher to set (sun); to go to bed (person)

coudre to sew

coup (*m.*) **de foudre** love at first sight

coupable guilty

couper to cut

~ **le chemin à quelqu'un** to cross someone's path

~ **les cheveux** (*m. pl.*) to cut hair

couplet (*m.*) **publicitaire** jingle

cour (*f.*) school yard, court yard

courriel (*m.*) e-mail

courrier (*m.*) mail

court métrage (*m.*) short movie, one-reeler

coussin (*m.*) pillow

cousu(e) sewn

couteau (*m.*) knife

coutume (*f.*) tradition

coutumier (coutumière) customary

couturier (*m.*) head of a fashion house

couturière (*f.*) seamstress

couverture (*f.*) blanket, cover

craie (*f.*) chalk

craquer to give up, to crack up

crèche (*f.*) manger

crépu(e) frizzy

cresson (*m.*) watercress

creuser to dig

creux (*m.*) hollow

crier to shout

~ **après** to shout at, to scold

croisement (*m.*) crossroad, crossing

croiser to cross

cru(e) raw

cuiller, cuillère (*f.*) spoon

~ **en bois** wooden spoon

cuir (*m.*)   leather
cuisinière (*f.*)   female cook
cuit(e)   cooked
curieux (-euse)   funny
cyber-boursier (*m.*)   on-line trader
cyclone (*m.*)   hurricane

darwinisme (*m.*)   darwinism
d'autant plus   all the more
de   of
   ~ cérémonie   formal, ceremonial (uniform, etc.)
   ~ fait   in fact
   ~ nouveau   again
   ~ quoi s'agit-il?   what is it about?
   ~ suite   in a row
dé (*m.*)   thimble
déballer   to unwrap
débarrasser   to rid
   se ~ de   to get rid of
   ~ la table   to clear the table
débris (*m. pl.*)   rubbish
débrouillard(e)   resourceful
se débrouiller   to manage, to muddle through
décapsuleur (*m.*)   bottle opener
décédé(e)   deceased
déchiré(e)   torn
déchirer   to tear
déclarer la guerre   to declare war
décorateur (*m.*), **décoratrice** (*f.*)   decorator
découpé(e)   cut in pieces
découper   to cut out
découverte (*f.*)   discovery
défilé (*m.*)   parade
défiler   to walk in file
défunt (*m.*), **défunte** (*f.*)   deceased
dégoûter   to make (someone) tired of, to disgust
délicieux (délicieuse)   delightful, charming

démentir une rumeur   to deny a rumor
demeure (*f.*)   residence
demi-pension (*f.*)   half board
demoiselle (*f.*) **d'honneur**   bridesmaid
dénoncer   to give away
dénonciateur (*m.*), **dénonciatrice** (*f.*)   informer
dentifrice (*m.*)   tooth paste
dépendance (*f.*)   addiction
dépendances (*f. pl.*)   outbuildings
dépliant (*m.*)   leaflet
déposer   to put down
déprimé(e)   depressed
déraper   to skid
des fois   sometimes
désagréable   unpleasant
descendre   to come down, to go down
descentes (*f. pl.*)   raids
désert (*m.*)   desert
se désespérer   to despair
désespoir (*m.*)   despair
désherber   to weed
désolé(e)   sorry; desolate
désordre (*m.*)   mess
dessin (*m.*)   drawing
   ~ animé   cartoon
destin (*m.*)   destiny
destinataire (*m. ou f.*)   addressee
destituer (d'une fonction)   to dismiss, to remove (from office)
détecteur (*m.*) **de fumée**   smoke detector
détendu(e)   relaxed
deuil (*m.*)   mourning
dévaster   to ravage
se développer   to grow
devenir   to develop into
déviation (*f.*)   detour
dévisager   to stare at, to look hard at
devoirs (*m. pl.*)   homework
diapo (*f.*)   slide

diligent(e)   speedy
dinde (*f.*) **farcie aux marrons**   turkey stuffed with chestnuts
dînette (*f.*)   doll's dish set
directeur (*m.*), **directrice** (*f.*)   principal
se disperser   to scatter
disposé(e)   arranged
dispute (*f.*)   fight
se disputer   to argue; to have a fight
disque compact (*m.*)   compact disc
se dissimuler   to hide
distingué(e)   refined
d'occasion   secondhand
documentaire (*m.*)   documentary
doigt (*m.*)   finger
don (*m.*)   gift
donner   to give
   ~ congé   to fire
   ~ sur   to lead to
doré(e)   golden
dormir à la belle étoile   to sleep outside
doubler   to dub; to pass
doué(e)   talented
douillet(te)   cosy; easy, soft
dramatique (*f.*)   television play
dressé(e)   erected
dresser le couvert   to set the table
se droguer   to take drugs
droit (*m.*)   right; law
droit(e)   straight
drôle de   strange
du reste   besides
du tout   at all
dur(e)   tough, hard

eau (*f.*)   water
écarter   to exclude; to push away
échantillon (*m.*)   sample
échelle (*f.*)   ladder
s'éclairer   to brighten

éclater   to explode
s'~   to break out
école (*f.*) **communale**   public school
écolo, écologiste (*m. ou f.*)   ecologist
économies (*f. pl.*)   savings
économiser   to save money
écouteur (*m.*)   earphone
écran (*m.*)   screen
s'écrouler   to collapse
éducatif (-tive)   educational
effectivement   in effect, in fact
effrayé(e)   frightened
égrener son chapelet   to say the rosary
électrophone (*m.*)   record player
élégante (*f.*)   stylish woman
élève (*m. ou f.*)   student
élever   to raise
~ la voix   to raise one's voice
élire   to elect, to choose
éloge (*m.*)   praise
s'éloigner   to move away
emballer   to wrap
embouteillage (*m.*)   traffic jam
emboutir   to crash into
embrassade (*f.*)   hugging and kissing
émerveillé(e)   in awe
émission (*f.*)   program
empêcher   to prevent
emploi (*m.*) **du temps**   schedule
empreinte (*f.*)   print, mark
ému(e)   moved
en   in; made of
s'~ aller   to leave
~ baver (*fam.*)   to have a rough time
~ boîte(s)   canned
~ cours   current
~ direct   live
~ gros plan   close-up
~ liberté   free
~ ligne   on line

~ noir   dressed in black
~ sachet(s)   powdered
~ somme   in brief
~ surimpression   superimposed
s'~ tirer   to get out of a difficult situation
~ vitesse   in a hurry; in a jiffy
s'endetter   to go into debt
endormir   to put to sleep
s'~   to fall asleep
s'énerver   to get excited
enfer (*m.*)   hell
enflé(e)   swollen
enfumer   to fill with smoke
engager   to hire
s'~   to enter; to enlist
engrais (*m.*)   fertilizer
enlever   to take off
enregistrer   to record
ensemble   together
entasser   to stuff
entendre   to hear
entraîner   to pull
entrebâillé(e)   half open
entrée (*f.*)   dish between first course and main dish
entrepreneur (*m.*)   contractor
entreprise (*f.*)   undertaking, business
envahir   to invade
enveloppe (*f.*)   envelope
envelopper   to wrap
environner   to surround
épargner   to save money
épaté(e)   round and flat (for nose)
épaule (*f.*)   shoulder
épée (*f.*)   sword
épingler   to nick, (*litt.*) to pin
éplucher   to peel
époux (*m.*), **épouse** (*f.*)   spouse
éprouver   to feel
~ un besoin   to have a need
~ une impression   to have a feeling
équipage (*m.*)   crew
équipée (*f.*)   joyride

espérer   to hope
espoir (*m.*)   hope
esprit (*m.*)   mind
essai (*m.*)   attempt
estrade (*f.*)   platform
étable (*f.*)   stable
établissement (*m.*)   school
étagère (*f.*)   shelf
éteindre   to extinguish, to put out
étonnamment   surprisingly
étonnement (*m.*)   surprise
étrange   odd
étranger (*m.*), **étrangère** (*f.*)   foreigner
être (*m.*)   human being
être   to be
~ à fond de cale   to hit bottom
~ à la charge de   to be financially dependent on
~ amoureux (-euse) de quelqu'un   to be in love with someone
~ au septième ciel   to be in seventh heaven
~ aux anges   to be ecstatic
~ avec   to be in a relationship with
~ d'une rentabilité   to be of a certain profitability
~ distrait(e), ~ dans la lune   to be distracted
~ en vue   to appear
~ matinal(e)   to be an early riser
~ pressé(e)   to be in a hurry
~ treize à table   to have thirteen guests at dinner
étroit(e)   narrow (limited)
s'évader   to escape
évasion (*f.*)   escape
évidemment   of course
évier (*m.*)   kitchen sink
éviter   to avoid
évoquer   to recall
exaucer   to answer (a prayer)
exécuter   to make up, to perform

s'exercer   to practice
exode (*m.*)   exodus
expéditeur (*m.*), **expéditrice**
  (*f.*)   sender
exposition (*f.*)   exhibition,
  fair
exprès   specially; on purpose
-express (suffixe)   quick
extincteur (*m.*)   extinguisher
extraterrestre (*m.*)
  extraterrestrial
extravagant(e)   wild, crazy

fâché(e)   angry
se fâcher   to get mad
faciliter   to make easy
facteur (*m.*), **factrice** (*f.*) mail
  carrier
faire   to do, to make
  ~ **confiance à**   to trust
  ~ **de l'auto-stop**   to
    hitchhike
  ~ **de la peine (à**
    quelqu'un)   to hurt
    (someone's feelings)
  ~ **des affaires**   to be in
    business
  ~ **des analyses**   to run tests
  ~ **des cérémonies**   to act
    formally
  ~ **des compliments**   to
    congratulate
  ~ **des courses**   to run
    errands
  ~ **des économies**   to save
    money
  ~ **des sciences économiques**
    to study economics
  ~ **du droit**   to go to law
    school
  ~ **du mauvais sang**   to
    worry
  se ~ (se laisser) enlever pour
    se marier   to elope
  ~ **enrager**   to tease, to make
    furious
  ~ **épingler**   to be caught
  ~ **exprès**   to do on purpose
  ~ **faillite**   to go bankrupt

  ~ **l'affaire**   to do (the job)
  ~ **la cour à quelqu'un**   to
    court, to woo someone
  ~ **le pitre**   to act as a clown,
    to fool around
  ~ **le plein**   to fill up
  ~ **les gros yeux**   to glare
  ~ **médecine**   to go to
    medical school
  ~ **plaisir à**   to please
  ~ **pousser**   to grow
  ~ **sauter**   to flip (a pancake)
  ~ **semblant**   to pretend
  ~ **signe (à)**   to signal (to), to
    wave
  ~ **suivre**   forward
  ~ **tenir (les cheveux)**   to
    hold a set, the curl (of one's
    hair)
  ~ **un stage**   to go on a
    training course
  ~ **une cure**   to have a
    treatment, to take the
    waters at a spa
  ~ **vivre**   to support
    (financially)
faire-part (*m.*)   announcement
falaise (*f.*)   cliff
fantastique (*adj. ou nom*
  m.)   fantastic
fantôme (*m.*)   ghost
fauteuil (*m.*)   armchair
fauve (*m.*)   wild animal
femme (*f.*) **de chambre**   maid
  ~ **de ménage**   cleaning lady,
    housekeeper
fer (*m.*)   iron
  ~ **à cheval**   horseshoe
  ~ **à repasser**   iron
fertile   fertile
fêter   to celebrate
feu (*m.*)   fire
  ~ **d'artifice**   fireworks
feuilleton (*m.*)   serial, soap
  opera
feux (*m. pl.*)   traffic lights
fiançailles (*f. pl.*)   engagement
fiancé, fiancée   fiancé,
  betrothed

ficelle (*f.*)   string
fier (fière)   proud
fierté (*f.*)   pride
fiévreux (-euse)   feverish
figurant (*m.*)   (movie) extra
fil (*m.*)   thread
file (*f.*)   line
film (*m.*)   movie
  ~ **d'épouvante**   horror movie
  ~ **de science-fiction**   sci-fi
    movie
  ~ **policier**   mystery, thriller
fines herbes (*f. pl*)   herbs
finir en   to end up as
fixer dans les yeux   to stare at
flamme (*f.*)   flame
flèche (*f.*)   arrow
fleuve (*m.*)   river (that flows
  into the sea)
floraison (*f.*)   flowering
foi (*f.*)   faith
foie (*m.*)   liver
  ~ **gras**   goose liver pâté
folie (*f.*)   craziness
force (*f.*)   strength
fortune (*f.*)   luck
fossé (*m.*)   ditch
fou (folle)   crazy
foule (*f.*)   crowd
four (*m.*) **à micro-ondes**
  microwave oven
foyer (*m.*)   home
frapper   to hit; to strike
frein (*m.*)   brake
freiner   to put on the brakes
frisé(e)   curly
fuir   to run away
fumée (*f.*)   smoke
fumiste (*m. ou f.*)   phoney
fusée (*f.*)   rocket
fusil (*m.*)   rifle
fusiller   to shoot (execution)

gagner   to earn
galaxie (*f.*)   galaxy
galet (*m.*)   pebble
gambade (*f.*)   frolick
garçon (*m.*) **d'honneur**   best
  man

garder   to keep
gâté(e)   spoiled
gens (*m. pl.*)   people, crowd
gentiment   nicely
geste (*m.*)   gesture
gibier (*m.*)   game
gîte (*m.*) **rural**   self-catering cottage
glace (*f.*)   ice or ice cream
glacier (*m.*)   glacier
glaçon (*m.*)   ice cube
glisser   to slip
golfe (*m.*)   gulf
goût (*m.*)   taste
goutte (*f.*)   drop
gouvernante (*f.*)   nanny
gratter   to scratch
grave   serious
grenier (*m.*)   attic
grincement (*m.*)   squeak
grippe (*f.*)   flu
grisé(e)   intoxicated
guetter   to watch out for; to look for (as for a prey)
guichet (*m.*)   ticket office
guidon (*m.*)   handle bar

habité(e)   inhabited
haut(e)   high
hautement   highly
hebdomadaire   weekly
herbes (*f. pl.*)   weeds, grass
hériter   to inherit
hindou(e)   Hindu
hocher la tête   to nod
honnêteté (*f.*)   honesty
honteux (-euse)   shameful
hors-d'œuvre (*m.*)   first course
hublot (*m.*)   porthole (round window in a ship or a plane)
huile (*f.*)   oil
huître (*f.*)   oyster
humecter   to dampen
humer   to smell
hurler   to scream
hypothèque (*f.*)   mortgage

île (*f.*)   island
il était une fois   once upon a time

il fait jour   it is becoming light
illisible   unreadable
ils m'ont eu   I have been had
ils ne m'ont pas eu   they did not catch me
imbécile (*m. ou f.*)   dummy (stupid person)
imper, imperméable (*m.*)   raincoat
incendie (*m.*)   fire, blaze
incroyablement   incredibly
indications (*f. pl.*)   directions
indien, indienne   Indian
infanterie (*f.*) **de marine**   marine corps
ingénument   naively
injustice (*f.*)   injustice
inoffensif (inoffensive)   harmless
inondation (*f.*)   flood
(s')inquiéter   to worry
inscrire   to write down
  s'~   to register
insolation (*f.*)   sun stroke
inspecteur (*m.*)   supervisor
instituteur (*m.*), **institutrice** (*f.*)   elementary school teacher
interdiction (*f.*) **de stationner**   no parking (sign)
interdire   to forbid
internaute (*m. ou f.*)   Web surfer
interne (*m. ou f.*)   boarder (in a school)
interstellaire   interstellar
intervenir   to intervene
intoxiqué(e)   drug addicted
inversement   vice versa
investir   to invest
invité (*m.*), **invitée** (*f.*)   guest
ivre   intoxicated
ivresse (*f.*)   drunkenness, intoxication

j'ai été eu   I have been had
jardin (*m.*) **potager**   vegetable garden
jardinage (*m.*)   gardening
jarretière (*f.*)   garter

jaser   to gossip
jeu (*m.*) **télévisé**   television game
joaillier (*m.*)   jeweler
se joindre à un groupe   to join a group
jouer   to play
  ~ à   to play (a game)
  ~ de   to play (an instrument)
  ~ un rôle   to play a part
joufflu(e)   fatcheeked
journal (*m.*) **télévisé**   television news
joyeux (joyeuse)   happy
jubiler   to gloat
juge (*m. ou f.*)   judge
jugement (*m.*)   sentence, verdict
jupe (*f.*)   skirt
jurer   to swear
justement   precisely, in fact

kiosque (*m.*)   pavillion
klaxon (*m.*)   honk

là   there
lac (*m.*)   lake
lacet (*m.*)   shoelace
laisser   to leave, to let, to allow
  ~ tout en plan   to drop everything
lait (*m.*)   milk
lancer   to throw
  ~ un produit   to launch a product
lapin (*m.*)   rabbit
laque (*f.*)   hair spray
lave-vaisselle (*m.*)   dish washer
lecteur (*m.*) **de cassettes (de CD)**   cassette (CD) player
léger (légère)   light
les deux premiers   the first two
lessive (*f.*)   laundry, wash; detergent
lever   to raise
  se ~   to get up; to rise (sun)
lèvre (*f.*)   lip

liane (*f.*)   creeper (plant)
lien (*m.*)   rope
ligoter   to tie up
limoger   to fire
linge (*m.*)   clothes; linens; laundry
lisse   smooth
lit (*m.*) **d'enfant**   crib
littoral (*m.*)   coast line
livrer (à)   to hand over (to)
locataire (*m. ou f.*)   tenant; roomer
location (*f.*)   rental
logiciel (*m.*)   software
logis (*m.*) **de France**   elegant hotel
loi (*f.*) **raciale**   racial law
loisir (*m.*)   leisure time, activity
long métrage (*m.*)   long movie
lorsque   when
louer   to rent
lourd(e)   heavy
loyer (*m.*)   rent
luge (*f.*)   sled
lunaire   lunar
lune (*f.*) **de miel**   honeymoon
lunettes (*f. pl.*)   (eye)glasses

mâcher   to chew
machine (*f.*)   machine
  ~ à explorer le temps   time machine
  ~ à laver   washing machine
magnétophone (*m.*)   audiotape recorder
maison (*f.*)   house
  ~ de campagne   country house, weekend house
  ~ de couture   fashion house
  ~ de repos, ~ de santé   convalescent home
maladresse (*f.*)   clumsiness
malchance (*f.*)   bad luck
maléfice (*m.*)   evil spell
maléfique   foreboding, ominous
malgré   in spite of
malheur (*m.*)   bad luck

malheureux (-euse)   unhappy
malhonnête   dishonest
manche (*f.*)   sleeve
  ~ (*m.*)   handle
mandat (*m.*)   money order
manie (*f.*)   queer habit
manif, manifestation (*f.*)   demonstration
manifester   to demonstrate; to show
manœuvre (*f.*)   action
maquillage (*m.*)   makeup
maquilleur (*m.*), **maquilleuse** (*f.*)   makeup artist
maquis (*m.*) (*litt.*)   bush underground
maquisard (*m.*), **maquisarde** (*f.*)   member of the underground
marchander   to haggle over
marché (*m.*) **aux puces**   flea market
marié (*m.*)   groom
mariée (*f.*)   bride
marier quelqu'un   to give someone in marriage
se marier avec   to marry
marin (*m.*)   sailor
marmonner   to mutter
marrant(e)   funny
Martien (*m.*)   Martian
masse (*f.*)   heap
massif (*m.*)   clump of shrubbery
matelas (*m.*)   mattress, beach mat
matelot (*m.*)   sailor
matière (*f.*)   subject
mauvais sort (*m.*)   evil spell
mécano (*m.*)   mechanic
méconnu(e)   not well known
médaille (*f.*)   medal
médicament (*m.*)   medicine
mélanger   to mix
mêlé(e) à   mingled, mixed with
mêler   to mix
  se ~ de   to get involved in
menacer   to threaten
mener une vie   to lead a life

mensonge (*m.*)   lie
menteur (-euse)   liar
mentir   to lie
méprise (*f.*)   error
méprisé(e)   scorned
mépriser   to despise
mériter   to deserve
merveille (*f.*)   marvel
merveilleux (*m.*)   marvelous
mésaventure (*f.*)   misfortune
météo (*f.*)   weather report
métier (*m.*)   job
métis (*adj. ou nom m.*), **métisse** (*adj. ou nom f.*)   of mixed race
metteur (*m.*) **en scène**   director
mettre   to put
  se ~ à   to begin
  ~ à la porte   to fire
  ~ de l'argent (des sous) de côté   to save money
  ~ (deux personnes) d'accord   to get (two people) to agree
  ~ en colère   to get angry
  ~ en garde   to take one's guard
  ~ en pension   to send to boarding school
  ~ en quarantaine   to (put in) quarantine
meute (*f.*)   pack of hounds
mieux   better
mince   thin (slim)
-minute (*suffixe*)   quick
minutieusement   meticulously
mob, mobylette (*f.*)   moped
mode (*f.*)   fashion
monde (*m.*)   world, group, crowd
moniteur (*m.*), **monitrice** (*f.*)   instructor
monter   to climb; to set up
se moquer de   to make fun of
moqueur (-euse)   teasing
morceau (*m.*)   piece
mordre   to bite
  se ~ les lèvres   to bite one's lip

mort (*f.*)   death

mort (*m.*), **morte** (*f.*)   dead man, dead woman

motard (*m.*)   motocycle driver or cop

mouchoir (*m.*)   handkerchief

mouette (*f.*)   seagull

mousse (*f.*)   foam, mousse

mousser   to foam

moutarde (*f.*)   mustard

muet (muette)   silent

muguet (*m.*)   lily of the valley

mulâtre (*m.*), **mulâtresse** (*f.*)   mulatto (born of a black and of a white parent)

munir   to provide

mur (*m.*)   wall

mûr(e)   ripe

murmurer   to whisper

musclé(e)   muscled

musette (*f.*)   army bag

mutant (*m.*)   mutant

n'importe quoi   just anything

naître   to be born

natal(e)   native

naviguer   to surf (the Web)

nécessiter   to require

néfaste   harmful; deadly

négligent(e)   casual

négrier (*m.*)   slave trader

nettoyer   to clean

nez (*m.*)   nose

nid (*m.*)   nest

noces (*f. pl.*)   wedding ceremony

　　~ d'argent (d'or, de diamant)   25th (50th, 60th) anniversary

note (*f.*) **bonne ou mauvaise**   grade, good or bad

nourrir   to feed

　　se ~ de   to eat (specific foods)

nouveau (*m.*)   newcomer

numéro (*m.*) **treize**   number thirteen

objet (*m.*) **perfectionné**   gadget

obliger   to force

obturer   to close

occupant (*m.*)   occupying forces

océan (*m.*)   ocean

œuvre (*f.*) **d'art**   work of art

oiseau (*m.*)   bird

ombrelle (*f.*)   parasol

onctueux (onctueuse)   oily and smooth

ongles (*m. pl.*)   nails (of fingers, toes)

ordinateur (*m.*)   computer

ordonnance (*f.*)   prescription

oser   to dare

osseux (-euse)   bony

oubli (*m.*)   omission

ouvre-boîte (*m.*)   can opener

paille (*f.*)   straw

paix (*f.*)   peace

pancarte (*f.*)   sign

panier (*m.*) **à linge**   clothes hamper

panne (*f.*)   breakdown

panneau (*m.*)   billboard

papeterie (*f.*)   stationery, stationery store

paquet (*m.*)   package

par hasard   by chance

par terre   on the ground

parasol (*m.*)   beach umbrella

parcourir   to run through; to travel through

pardonner   to forgive

pare-brise (*m.*)   windshield

pareil(le)   such (a), similar

paresseux (-euse)   lazy

parfum (*m.*)   perfume; flavor

parole (*f.*)   word

parvenir   to succeed

passage (*m.*) **piétons**   pedestrian crossing

passer   to pass, to go by

　　~ à portée de quelqu'un   to come near somebody

　　~ la ligne   to go over the line

　　~ quelqu'un (au téléphone) à quelqu'un   to pass the phone to someone

　　se ~ de   to do without

　　~ son permis   to obtain one's driver's license

　　~ sous une échelle   to walk under a ladder

　　~ un moment   to spend some time

　　~ un bon moment   to have a good time

　　~ une radio   to have an X-ray

pastilles (*f. pl.*)   cough drops

pâtes (*f. pl.*)   noodles; pasta

patte (*f.*)   paw

　　~ de lapin   rabbit's foot

paume (*f.*)   palm of the hand

pavillon (*m.*)   building

　　~ de banlieue   suburban house

se payer la tête de quelqu'un   to pull someone's leg

paysagiste (*m. ou f.*)   landscaper

péage (*m.*)   toll

peau (*f.*)   skin

peine (*f.*)   penalty; sorrow, grief

pêle-mêle   helter-skelter

pelle (*f.*)   shovel

pelouse (*f.*)   lawn

pencher la tête   to bend one's head

péniche (*f.*)   house boat

penser   to think

pension (*f.*)   boarding school; tuition in a boarding school

　　~ de famille   boarding house

pensionnaire (*m. ou f.*)   boarder

pépier   to chirp

percé(e)   pierced

période (*f.*)   length of time

perruche (*f.*)   parakeet

persil (*m.*)   parsley

pesanteur (*f.*)   gravity
peser   to weigh
peste (*f.*)   plague
pester   to curse
pétard (*m.*)   firecracker
petit(e)   small
  ~ écran (*m.*)   television screen
  ~ malin (*m.*)   a crafty one
petites annonces (*f. pl.*)   classified ads
peu importe   never mind, it does not matter
peu profond   shallow
phare (*m.*)   headlight
pièce (*f.*)   coin
pieds (*m. pl.*) **nus**   barefeet
pierre (*f.*)   stone
piété (*f.*)   devotion
piéton (*m.*), **piétonne** (*f.*)   pedestrian
piquer une tête   to dive
pivoine (*f.*)   peony
place (*f.*)   village square
plage (*f.*)   beach
plagier   to plagiarize
plagiste (*m. ou f.*)   beach attendant
planche (*f.*)   sail board
  ~ à repasser   ironing board
planer   to glide
plat (*m.*)   dish
  ~ principal   main course; platter
  ~ du jour   today's special
plateau (*m.*)   tray
plate-bande (*f.*)   flower bed
plein air   outdoor
pleurer   to cry
pleuvoir   to rain
plier   to fold
plonger   to submerge, to dive
plus   more
  ~ loin   further
  ~ tard   later
  ~ tôt   sooner
pneus (*m. pl.*)   tires
poche (*f.*)   pocket

poêle (*f.*)   frying pan
poêle (*m.*)   stove
point (*m.*)   stitch
poisson (*m.*)   fish
poivrier (*m.*)   pepper shaker
poli(e)   polite
police (*f.*) **d'assurance**   insurance policy
politesse (*f.*)   courtesy
pompier (*m.*)   firefighter
pont (*m.*)   bridge, deck of a ship
portable (*m.*)   cell phone
porte-bonheur (*m.*)   good luck charm
portefeuille (*m.*)   wallet
portemanteau (*m.*)   coat hanger
porte-monnaie (*m.*)   coin purse
porter   to carry
  ~ bonheur   to bring good luck
  ~ les yeux sur   to glance at
  ~ malheur   to bring bad luck
  ~ une mention   to have something inscribed
porteur (*m.*)   carrier
poser des problèmes (*m. pl.*)   to cause problems
poste (*f.*)   post office
  ~ restante   general delivery
poste (*m.*)   station, position
poster   to post, to mail
postier (*m.*), **postière** (*f.*)   post office worker
pot (*m.*) **d'échappement**   exhaust pipe
potager (*m.*)   vegetable garden
poudre (*f.*)   powder
poudrerie   gun powder factory; (*Can.*) snow storm
poudreuse (*f.*)   powder snow
poudrier (*m.*)   compact
poudrière (*f.*)   gun powder storage building
pouffer de rire   to giggle

poule (*f.*)   hen
poulet (*m.*)   chicken
poupée (*f.*)   doll
pour rire   for a joke
poursuivre en justice   to sue
pourtant   yet
pousser une exclamation   to exclaim
poussette (*f.*)   stroller
poussière (*f.*)   dust
pouvoir (*m.*)   power
prairie (*f.*)   meadow
se précipiter vers   to run to
préjugé (*m.*)   prejudice
prendre   to take
  ~ garde   to be aware of (to watch out)
  ~ le maquis   to go underground
  ~ un ton de voix   to speak in a certain way
présage (*m.*)   omen
prescrire   to prescribe
présentateur (*m.*), **présentatrice** (*f.*)   presenter, newscaster
présenter   to introduce
  se ~   to come forward
préserver   to protect
presqu'île (*f.*)   peninsula
presque   almost
pressé(e)   in a hurry
prêt(e)   ready
prétendre   to claim
prêter   to lend
  ~ attention   to pay attention
prévenir   to anticipate; to warn
prière (*f.*)   prayer
prise (*f.*)   capture
procès (*m.*)   lawsuit
producteur (*m.*), **productrice** (*f.*)   producer
produit (*m.*) **bio**   organic produce
professeur (*m.*)   high school, university teacher; professor
profond(e)   deep
se prolonger   to continue
promoteur (*m.*)   developer

promotion (*f.*)   special offer
propre   clean; own
propriétaire (*m. ou f.*)
   landlord, landlady; owner
propriété (*f.*)   ownership;
   estate
prospectus (*m.*)   handout
   leaflet
provenir   to come from
psycho-pédiatre (*m. ou f.*)
   child psychologist
publicitaire, publiciste (*m.*)
   adperson
puisque   since
pull (*m.*)   sweater
purée (de pommes de terre) (*f.*)
   mashed potatoes
pyromane (*m. ou f.*)
   pyromaniac

quarante   forty
quarantième   fortieth
quartier (*m.*)   neighborhood
quasi   nearly
quitter   to leave
quotidiennement   daily

radieux (-euse)   radiant,
   beaming
rafle (*f.*)   police roundup
raide   straight
ralentir   to slow down
ramasser   to pick up
rappeler   to remind (to call to
   mind)
   se ~   to remember
rapporter   to be profitable
raser   to shave off
(se) rassembler   to gather
râteau (*m.*)   rake
rater   to miss; to fail
ratisser   to rake
rattraper son chemin   to find
   one's way again
rattraper   to catch
ravi(e)   delighted
ravissant(e)   extremely
   beautiful
ravitaillement (*m.*)   fresh
   supplies

rayon (*m.*)   shelf
rayonner   to radiate
récepteur (*m.*)   (television) set
recevoir   to greet, to welcome
réclamation (*f.*)   complaint
réclame (*f.*)   special offer
réclamer   to ask for, to call for
récolte (*f.*)   crop, harvest
récompense (*f.*)   reward
réconcilier   to reconcile
   se ~   to make up
reconnaissant(e)   grateful
reconnaître   to recognize
reconstruire   to rebuild
recouvrir   to cover totally
rectiligne   straight
recueillement (*m.*)   respectful
   meditation
recueillir   to collect
   se ~   to collect one's thoughts
récupérer   to recover
redevenir   to turn back into
réengager   to rehire
refuser   to refuse
   se ~ à   to refuse absolutely
regarder   to look at; to be
   somebody's business
régler ses affaires   to settle
   one's business
règne (*m.*)   kingdom
rejoindre   to meet
   se ~   to come forward
réjouissances (*f. pl.*)   festivities
réjouissant(e)   entertaining
remerciement (*m.*)   thanks,
   thank-you
(se) remuer   to move, to shake
renard (*m.*)   fox
rencontrer   to fall upon
   se ~   to meet
rendre   to give, to hand out;
   (+ nom + adj.) to make
   (something, someone + adj.)
   se ~   to go
   se ~ compte de   to realize
   ~ service   to do a favor
renseignements (*m. pl.*)
   information
renseigner   to give
   information

rentrer   to go back home
   ~ chez soi   to return home
   ~ dans son argent   to get
      one's investment back
   ~ (quelque chose)   to put
      something back in
renverser la salière   to tip over
   the salt shaker
renvoyer   to fire
repassage (*m.*)   ironing
repasser   to iron
reportage (*m.*)   report,
   coverage
se reporter   to refer
reposer   to put down
   se ~   to rest
repousser   to repel, push away
reprendre   to take back, to
   take over
   ~ conscience   to regain
      consciousness
   ~ son souffle   to catch one's
      breath
réseau (*m.*)   network
réserver   to have in store
réservoir (*m.*) à essence   gas
   tank
résidence (*f.*)   apartment
   building
résistance (*f.*)   resistance
résoudre   to solve
   se ~ à   to bring oneself to
      (do something)
respirer   to breathe
ressembler à   to look like, to
   sound like
restes (*m. pl.*)   leftovers
restrictions (*f. pl.*)   rationing
résultats (*m. pl.*) **sportifs**
   sportscast
retaper (une maison)   to fix up
retenir   to remember
retentir   to ring
retenue (*f.*)   detention
retourner   to go back
retraite (*f.*)   retirement
rétrofusée (*f.*)   retrorocket
se retrouver   to find oneself
réunir   to unite
   se ~   to get together

réussir to succeed

réveiller quelqu'un to wake somebody up

réveillon (*m.*) Christmas Eve (New Year's Eve) dinner

revendeur (*m.*), **revendeuse** (*f.*) peddler, pusher

rêver to dream

rhume (*m.*) cold

rideau (*m.*) drape, curtain

rigoler (*fam.*) to laugh; to joke

rigolo(te) (*fam.*) funny

rive (*f.*) river bank

rivière (*f.*) river (that goes to a larger river)

roman (*m.*) **d'anticipation, de science fiction** (events dealing only with the future)

rompre to break off

rond-point (*m.*) rotary

rôti (*m.*) **(de bœuf)** roast (beef)

rouages (*m. pl.*) gearwheels

roue (*f.*) **de secours** spare tire

roulotte (*f.*) trailer (where gypsies live)

rouquin(e) redhair

rouspéter to grouch, to grumble

rouspéteur (-euse) grumpy

route (*f.*) **en terre** dirt road

royaume (*m.*) kingdom

rupture (*f.*) breaking off (of an engagement)

sable (*m.*) sand

saboter to sabotage

sacristie (*f.*) vestry

safari (*m.*) safari

sage good; wise

salade (*f.*) salad

~ **composée** mixed vegetable salad

~ **verte** green salad

saladier (*m.*) salad bowl

salaire (*m.*) salary, wages

saletés (*f. pl.*) junk, rubbish

salière (*f.*) salt shaker

salir to make dirty

salle (*f.*) **d'attente** waiting room

sans cérémonie informal; informally

santon (*m.*) ornamental figure

sapin (*m.*) **de Noël** Christmas tree

satellite (*m.*) satellite

saucisse (*f.*) sausage

sauver to save

savoir to know

scaphandre (*m.*) space suit

scénariste (*m. ou f.*) scriptwriter

scie (*f.*) saw

scier to saw

scripte (*f.*) continuity girl

séance (*f.*) show

séché(e) dried

sèche-cheveux (*m.*) hair dryer

sèche-linge (*m.*) clothes dryer

sécher to dry

séchoir (*m.*) dryer

~ **à cheveux** hair dryer

~ **à linge** clothes dryer

secouer to shake

se ~ to shake oneself

seigneur (*m.*) lord

selle (*f.*) seat

selon according to

semblable similar

sens (*m.*) **interdit** do not enter

sentir le roussi (le brûlé) to smell something burning

se sentir to feel

~ **fiévreux** to feel feverish

~ **mal** to feel bad, to feel ill

~ **une parenté avec** to feel related with

série (*f.*) serial

serrer to hold tight; to clench, to squeeze

serveur (*m.*) server

service (*m.*) favor

~ **à porto** set of Port wine glasses

~ **en ligne** online service

servir de to act as, to be used as

se ~ de to use

sida (*m.*) AIDS

siège (*m.*) seat

singe (*m.*) monkey

singulier (singulière) strange

sinon except

sirène (*f.*) alarm

sirop (*m.*) syrup

site (*m.*) **web** Web site

slogan (*m.*) slogan

soir (*m.*) evening

soldat (*m.*) soldier

son (*m.*) sound

sonner bien to have a nice sound

sonnerie (*f.*) bell

sort (*m.*) fate

sortie (*f.*) time when school finishes

se soucier de to worry about

soucieux (-euse) worried

soupçon (*m.*) suspicion

soupçonneux (-euse) suspicious

soupière (*f.*) soup tureen

sourd(e) deaf

sourire to smile

sous (*m. pl.*) (*fam.*) money

sous la main handy

sous-louer to sublet

sous-titres (*m. pl.*) subtitles

sous-vêtements (*m. pl.*) underwear

spécimen (*m.*) complimentary copy or item

spectacle (*m.*) show

spot (*m.*) **publicitaire** short advertising message

squelette (*m.*) skeleton

station-service (*f.*) gas station

sténodactylo (*f. ou m.*) stenographer-typist

stupéfiant (*m.*) drug, narcotic

stupéfiant(e) astounding

subir le charme to fall under the spell

subitement suddenly

sucrier (*m.*) sugar bowl

suer to sweat

suivi(e) de followed by

sujet (*m.*) topic

supplier to beg
supporter to bear, to stand, to tolerate
sûrement surely
sursauter to jump
survenir to occur, to happen
survoler to fly over
suspendre to hang
suspense (*m.*) suspense

table (*f.*) **roulante** tea cart
tableau (*m.*) **de bord** dashboard
tablier (*m.*) pinafore, apron
tache (*f.*) spot
taches (*f. pl.*) **de rousseur** freckles
se taire to keep quiet
tant que as long as; while
taquiner to tease
tarder to delay
tas (*m.*) heap, pile
  un ~ de piles of
tasse (*f.*) cup
taudis slum house
taux (*m.*) **d'intérêt** interest rate
teindre to dye
teint (*m.*) coloring
tel qu'il est as it is
tel(le) such (a)
téléfilm (*m.*) television movie
télépathie (*f.*) telepathy
téléspectateur (*m.*), **téléspectatrice** (*f.*) TV viewer
témoigner to be a testimony
température (*f.*) temperature
tendre to hand out
se tenir to take place
tension (*f.*) high blood pressure
tenter to attemp, to try
terrain (*m.*) ground, plot
  ~ vague vacant lot
terrine (*f.*) pâté
tête (*f.*) head
thermomètre (*m.*) thermometer

tinter to jingle
tire-bouchon (*m.*) corkscrew
tiroir (*m.*) drawer
tomber to fall
  ~ amoureux (-euse) de quelqu'un to fall in love with someone
  ~ malade to become sick
tondeuse (*f.*) **à gazon** lawn mower
tonnelle (*f.*) gazebo, arbor
tordu(e) twisted
torrentueux (-euse) torrential
tôt early
toucher du bois to knock on wood
tour (*m.*) turn
tourmenté(e) tortured
tourne-disque (*m.*) record player
tourner to turn, to toss, to stir, to make a turn
  se ~ vers to turn to
tous les deux both
tous les jours every day
tousser to cough
tout all
  ~ de suite just now, right away
  ~ droit straight ahead
  ~ va bien everything is fine
tout(e) fait(e) instant, ready-to-use
tout(e) habillé(e) fully clothed
toute la journée all day long
toux (*f.*) cough
toxicomane (*m. ou f.*) drug addict
trafiquant (*m.*), **trafiquante** (*f.*) runner (drug)
traîneau (*m.*) sled
traîner to lie about, to be left about
tramway (*m.*) street car
tranche (*f.*) slice
trancher to cut
tranquille quiet
tranquillement quietly

transports (*m. pl.*) **en commun** public transportation
travaux (*m. pl.*) road repairs, roadwork
travelling (*m.*) tracking
trèfle (*m.*) **à quatre feuilles** four-leaf clover
tribu (*f.*) tribe
tricher to cheat
tristesse (*f.*) sadness
trompe (*f.*) trunk (of an animal)
tronc (*m.*) log
se trouver to be
tuer to kill
tuyau (*m.*) hose
  ~ d'arrosage garden hose

urbain(e) urban
usage (*m.*) **de la drogue** drug taking
usine (*f.*) factory

vacancier (*m.*), **vacancière** (*f.*) vacationist
vacarme (*m.*) loud noise
vaillamment valiantly
vaincre to vanquish
vaincu(e) defeated
vaisseau (*m.*) **(spatial)** (space)ship
valable valid
valeur (*f.*) worth
vallée (*f.*) valley
valorisant(e) prestigious
vanter un produit to praise, to speak highly of a product
vautour (*m.*) vulture
veille (*f.*) **au soir** the evening before
vélo (*m.*) **de santé** exercise bike
venir to come
ventre (*m.*) stomach
verger (*m.*) orchard
verglas (*m.*) ice
vert(e) green; unripe
vestiaire (*m.*) coatroom, locker room

vêtu(e) de dressed in

veuf (*m.*), **veuve** (*f.*) widower, widow

victuailles (*f. pl.*) food

vieux (*m. pl.*) old people

village (*m.*) **de vacances** (Club Méditerranée type) village

vinaigre (*m.*) vinegar

vinaigrette (*f.*) salad dressing

virage (*m.*) turn

visage (*m.*) face

vitesse (*f.*) speed

  ~ limitée speed limit

  ~ (s) gears

vitre (*f.*) window

vivre to live

  ~ d'amour et d'eau fraîche to live on love alone

voie (*f.*) way, track

  ~ sans issue dead end

  ~ unique one-way street

voilà pour so much for

voile (*f.*) sailboarding

voilier (*m.*) sailing ship; sailboat

voir to see

voiture (*f.*) car

  ~ d'enfant baby buggy

  ~ de pompiers fire engine

voix (*f.*) voice

vol (*m.*) robbery

  ~ à l'arraché snatching

  ~ à l'étalage shoplifting

  ~ à la tire pickpocketing

volcan (*m.*) volcano

voler to rob, to fly

voleur (*m.*), **voleuse** (*f.*) thief

voyage (*m.*) trip

  ~ de noces honeymoon trip

voyance (*f.*) clairvoyance

voyant (*m.*), **voyante** (*f.*) clairvoyant

VTT (vélo tout terrain) mountain bike

wagon (*m.*) train car

web (*m.*), **toile** (*f.*) Web

western (*m.*) western

yeux (*m. pl.*) eyes

zélé(e) zealous

Index

à: avec l'article défini, 146; + noms géographiques, 154–159 + l'infinitif, 282–284

à cause de, 474

accent, verbes et changement d', 24

accord: de l'article, 2; des adjectifs, 131–132; du participe passé, 53–55; dans les verbes pronominaux, 266

à condition: de, que, 475, 476

adjectif. *Voir aussi* comparatif; superlatif; accord de l', 131–132; démonstratif, 3, 402–403; féminin de l', 128–129; interrogatif, 3, 213; place de l', 132–134; pluriel de l', 130; possessif, 3, 364–365; qualificatif, 3; verbal, 453

adverbe, 6, 291. *Voir aussi* comparatif; interrogatif; superlatif; en -ment, 135; place de l', 56

afin que, 477

à force de, 471

aimer mieux, 179

aller, 23; en avion, 409; présent d', 7; **s'en,** 51; *vs.* **conduire,** 180

alors, 308; **même que,** 481; **alors que,** 465

à mesure que, 465

à moins de/que, 466

à peine ... que, 432–433

appeler, type du verbe, conjugaison, 24, 503

approximation, 222–223

après: + infinitif passé, 262; **que,** 464

article, 2; absence d', 150–151; comme adjectif possessif, 366–369; défini, 2, 147, 137–138; emplois spéciaux de l'article défini, 149; indéfini, 2, 148; avec noms de nationalité, de religion et de profession, 154–155; partitif, 2, 148; transformation en **de,** 151–153

assez: ... **pour,** 290; ... **pour que,** 475

à supposer que, 475

au, aux. *Voir* article

au cas où, 476

aucun ... ne, 194

au point ... que, 473

auquel: interrogatif, 217; relatif, 386

aussi, 308; **longtemps que,** 465; **que,** 169, 481

aussitôt que, 467

avant: de, 284; **que,** 464

avoir: accord du participe passé après, 54; auxiliaire, 52; **beau,** 481; **besoin de, envie de,** 156; expressions avec, 91–92; **n'avoir qu'à,** 200; + partie du corps et adjectif, 366–369; **avoir** *vs.* **être,** 52; **que/qu'est-ce que** +, 218

bien du, de le, des, 153

bien que, 480; + adjectif, 481

but, 477–479

ça, 404–405

cause, 469

ce: adjectif démonstratif, 402–403; **c'est** *vs.* **ça,** 406; pronom neutre, 406

cela: *voir aussi* **ça;** *vs.* **ceci,** 406

celui/celle, 402

ce n'est pas que ... mais, 470

-cer, verbes en, 24, 502

c'est, *vs.* **il est, elle est,** 154, 406–407

c'est pourquoi, 439

chaque/chacun/chacune, 393

chaque fois que, 466

combien de temps: + passé composé, 57

comme, conjonction de subordination, 11; de cause, 469; de comparaison, 177; de temps, 465; préposition, 150–151; comparatif, 169–172

complexe, phrase, 463–464

concordance des temps, 354

conditionnel: après certaines conjonctions, 476; emplois du, 322; emplois stylistiques du, 325–326; passé, 323; présent, 319–320

conduire, *vs.* **aller en voiture,** 180

conjonctions: de but, 477; de cause, 469; de condition, 475; de conséquence, 472; de coordination, 10; d'opposition, 479; de subordination, 10–11; de temps, 464; répétition de, 482; *vs.* préposition, 11

connaître, *vs.* **savoir,** 110

conséquence, 472–474

contraction, de l'article, 2

could: traduction de, 326–327

coup, expressions avec, 268

dans: + expressions de temps, 308–309; + noms géographiques, 159

de: article indéfini, 146–147; + expressions de quantité, 147; + noms géographiques, 159–160; suivi de l'infinitif, 282–284; *vs.* **en** + nom de matière, 372–373; *vs.* **par,** 437

de crainte que, 478

de façon que, 477–478

défendre/interdire, 355

demander, 355

de manière que, 478

démonstratif: adjectif, 402–403; pronom, 404–405

de peur que, 478

depuis, 36; **quand** +imparfait, 76; **que,** 466

de sorte que, 478

dès que, 466

devenir: que/qu'est-ce que +, 218

devoir, 330–331

différence, 178

dimensions, 220

discours indirect, 418–424; *vs.* discours direct, 418; expressions de temps dans le, 514

distance, 221

donc, 308

dont, 384–385

douter, 347

du. *Voir* article

du moment que, 470

duquel: interrogatif, 213; pronom relatif, 386

égalité, 169–170

-eindre, verbes en, 29

élision, 2

emmener/emporter, 108

empêcher, 355

en: + expressions de temps, 308; expressions idiomatiques avec, 264; + noms géographiques, 157–159; pronom, 240–242

en attendant que, 465

en cas de, 476

encore, ne pas encore 194

encore du, de la, des, 151

encore que, 481

en même temps que, 466

en quoi est, 372–373

en vue de, 423

entendre dire/entendre parler de, 439

est-ce que, 10; interrogation avec, 211

étant donné que, 470

états américains, emploi de la préposition avec les, 514

être. *Voir aussi* **c'est; il est,** 406–407; accord du participe passé après, 54; **+ à** ou **de** + infinitif, 282–284; comme auxiliaire, 52–53; **en train de** + infinitif, 32, 455

faillir, + infinitif, 247

faire: en sorte de + infinitif, 478; **en sorte que,** 477; + infinitif, 286–287; au conditionnel + **mieux de** + infinitif, 328; **semblant** *vs.* **prétendre,** 425

fly, 409

for, 391–392

futur antérieur: emplois du, 305–306; formes du, 304–305

futur simple: emplois du, 303; formes du, 300

genre: des adjectifs, 128–129; des noms, 119–121

-ger, verbes en, 24, 502

gérondif, 8, 452

grâce à, 471

guère, ne, 195

hear, 439

how long, 76

identité, 177; pronoms interrogatifs d', 213

if. Voir conditionnel; **si**

il est, 406–407

il faut, 354

il n'y a qu'à, 200

il reste, il me reste, 440

il s'agit de, 200

imparfait: **depuis quand** +, 76; du subjonctif, 510; emploi de l', 71–72; formes de l', 68–69; passé composé et, 73–74; *vs.* passé simple, 107

impératif, 33–35; emplois de l', 34; formes de l', 33; ordre des pronoms à l', 244–245

impersonnels, verbes, + indicatif ou subjonctif, 506–507

n'importe lequel/quel/qui/quoi/où/comment, 457

indéfini. *Voir* article

identité, 177

indicatif, *vs.* subjonctif, 347–348, 506, 507

indirect: discours, 10, 418–424; pronoms objets, 234–236

infinitif: emploi de l', 280–281; formes de l', 278; négatif, 279; ordre des pronoms objets avec, 245; précédé de **à** ou **de,** 282–284, 505–506; prépositions et, 284–285

interrogatifs: adjectifs, 213; adverbes, 219; mots, 10; pronoms, 213

interrogation, 9, 210–211; avec **est-ce que,** 10; indirecte, 420; par mot interrogatif, 213, 420; sur le verbe, 211

inversion: **à peine** +, 466; après un pronom relatif, 391; **aussi** +, 308; dans une citation, 309; interrogation et, 212

jamais, ne, 193

jeter, verbes du type, conjugaison, 57, 504

jusqu'à ce que, 465

laisser, + infinitif, 288–289; *vs.* **quitter,** 58–59

la plupart des, 153

le, la, les. *Voir* article, ou pronom personnel

lequel, relatif, 385–386; interrogatif, 216–217, 421

lettres, formules de, 247–248

lever, verbes du type, conjugaison 24, 503

leur: adjectif possessif, 365; pronom objet indirect, 234–236

lorsque, 465

maintenant que, 470

make. Voir **faire**

malgré, 481

manquer, 408

marcher, *vs.* **aller à pied,** 180

matières, 372–373

meilleur, 172

même si, 480

mener, 108

mesures, 221–222

se mettre, 456–457

mieux, 172; **faire,** 328

mode, 9, 347

moindre, 172

moins/plus, 171

mon, ma. *Voir* possessif

must. Voir **devoir; il faut**

nationalité, **être** + nom de, 154–155

ne, pléonastique, 510

négation, 9, 191; combinée, 196–197; des verbes pronominaux, 30; du verbe au présent, 30; emploi de la, 191–195; formes de la, 191; impératif et, 33

ne...ni...ni, 195

ne...pas, ne...point, 191

ne ... que, *vs.* **seulement,** 198–199

n'est-ce pas, 212

nombres et fractions, 512–513

noms, 2; de chose, 122–124; de personne, 119–120; genre des, 119–121; géographiques, 157–159; pluriel des, 125–126

notre. *Voir* possessif

nul/nulle, 194

objet. *Voir* pronoms

-oindre, verbes en, 29

on, 38, 438

only. Voir **ne ... que, seulement, seul**

opposition, 479–480

où, 387; **que,** 480

par, *vs.* **de,** 437

paraître, *vs.* **avoir l'air/sembler,** 424

parce que, 11, 469

par conséquent, 474

participe, 449–451; parfait, 450; passif, 450; présent, 449–450; proposition, 450

participe passé, 50–51, 449–451; accord du, 53–55; des verbes irréguliers, 50–51; des verbes pronominaux, 266

partir, *vs.* **quitter, laisser, sortir,** 57

partitif. *Voir* article

passé antérieur, 509

passé composé: **combien de temps** +, 58; emplois du, 55; formes du, 49; *vs.* passé simple, 107

passé simple: emplois du, 106–107; formes du, 101–107

passé surcomposé, 509

passif, 8–9; emplois du, 436–438; formes du, 434–435

pendant: que, 11, 465; *vs.* **pour,** 391–392

penser à/de, 220

permettre, 355

phrase complexe, 463–464
pluriel. *Voir* adjectif; article; noms
plus: de plus en plus, 179; **plus . . .
plus,** 179; **plus . . . que,** 169
plus-que-parfait: emplois du, 88;
formes du, 86
plutôt, 179
porter, 108
possessif: adjectif: emploi de
l'article pour l', 367–369; emplois,
365–366; formes, 364–365;
pronom, 370–371; expressions
idiomatiques avec l', 372
pour: que, 11, 477; *vs.* **pendant,**
391–392
pourvu que, 475
préférence, verbes de, 379
préférer, verbes du type,
conjugaison, 24, 503
permettre, 355
personne: ne . . . personne, 192;
personne de, 192
prépositions, 5–6; + infinitif,
282–284, 505; + noms
géographiques, 157–159; *vs.*
conjonction, 11
présent, 23–32; des verbes du
deuxième groupe, 25–26; des
verbes du premier groupe, 25–26;
des verbes du troisième groupe,
23–25; des verbes irréguliers,
26–26; des verbes pronominaux,
31; emplois du, 31; formes du, 23;
après **depuis,** 36
prétendre, *vs.* **faire semblant,** 425
professions: **être** + nom de, 154–155
pronominal, verbe, 27, 259; sens du,
262–264
pronoms: combinaisons de,
242–243; démonstratifs, 5,
404–405; disjoints, 5, 237–239;
indéfinis, 5; interrogatifs, 5; objets
directs, 4, 233–234; objets
indirects, 4, 234–236; personnels,
3–4, 232; place des, aux temps
simples, 260, aux temps
composés, 261, 262; possessifs, 5,
370–371; relatifs, 5, 382–391, sans
antécédent, 389; sujet, 4, 232–233
prononciation, 12
proportion, 178
provinces et territoires canadiens,
emploi de la préposision avec les,
514
puisque, 469

quand, 467; **bien même,** 481;
conjonction de subordination, 11;
+ futur, 303; **même,** 481
que: conjonction de subordination,
11; + discours indirect, 418–424;
ne, 198–199; pronom interrogatif,
213; pronom relatif, 383
quel: adjectif interrogatif, 213; **que
soit,** 481
quelque/quelques, 392; **que,** 481
quelque chose, 198
quelqu'un, + adjectif 198; **quelques-
uns/quelques-unes,** 392
qu'est-ce que, 214; + **avoir,** 218
qu'est-ce qui, 214
qui, pronom interrogatif, 214;
pronom relatif, 383
qui est-ce qui, 214
quitter, *vs.* **laisser, partir, sortir,**
58–59
quoi: en, 372–373; pronom
interrogatif, 216; relatif, 389
quoique, 480; + adjectif, 482

ramener, *vs.* **rapporter,** 108
rappeler, se rappeler, se souvenir, 75
récit, temps du passé dans un, 89
réfléchi, *vs.* réciproque, 262
relatifs. *Voir* pronoms
religion: **être** + nom de, 154–155
reste (il), 440
revenir, retourner, rentrer, 92
ride a bike, a horse, 409
rien, 192; expressions avec, 200

sans, 58, 151
savoir, *vs.* **connaître,** 110
sembler, *vs.* **avoir l'air/paraître,** 424
sentiment, verbes de, 347
servir/se servir, 109; **se servir de,** 156
seul, 198–199
seulement, 198–199
should: traduction de, 330–331
si: ... c'est que, 470; + conditionnel,
423; conjonction de
subordination, 11; + futur
antérieur, 305–306; + futur
simple, 303; + imparfait, 75,
324–325; + indicatif, 475; **que,** 480
si bien ... que, 473
since, 36, 466
soit que ... soit que, 470
sorte, de sorte que, 473
sortir, *vs.* **laisser, partir, quitter,** 58
sous prétexte de, 471

sous prétexte que, 47
subjonctif: après certaines
conjonctions, 350–351; après
conjonction de subordination, 11;
après pronoms relatifs, 390; après
un superlatif, 390; emplois du,
345–353; expressions au, 351;
imparfait, 510; irrégulier, 344; passé,
352; plus-que-parfait, 510; présent
du, 341–343; *vs.* indicatif, 347–349
superlatif, 175–176
supériorité, 170–172
supposition. *Voir* conditionnel

ta, ton, tes, *vs.* possessif, 364–365
tandis que, 465
tant ... que, 472–473
tant que, 465
tant/tellement, 473
tel, telle, tels, telles, que, 473
temps. *Voir aussi* concordance des;
conjonctions; futur; imparfait;
passé composé; passé simple;
plus-que-parfait; présent
this, that: démonstratifs, 402–403;
that: relatif, 382
tout: adjectif, 267; adverbe, 268;
pronom, 267; **que,** 480
tout ce qui/tout ce que, 389
trop ... pour, 290
trop ... pour que, 474

un, une. *Voir* article
une fois que, 466

venir: au présent + **de** +infinitif, 57;
à l'imparfait + **de** + infinitif, 90
verbes, 6–7; *voir* auxiliaires, du
deuxième groupe, impersonnels,
irréguliers, mode des, de
mouvement, de perception, du
premier groupe, pronominaux,
du troisième groupe.
volonté, verbes de, 346
votre, vos, *vs.* possessif, 364–465
vouloir, 346

what: traduction de, 218
which: traduction de, 218
whose: relatif, 384–385; interrogatif, 214
would: traduction de, 326–327
will: traduction de, 300

y, 234; expressions idiomatiques
avec, 246
-yer, verbes en, 24, 504

Acknowledgments

TEXT CREDITS

pp. 19-20: From *Climbié* by Bernard Dadié. Copyright © 1956, **pp. 75-81.** Reprinted by permission of the publisher. **pp. 21-22:** *Page d'écriture*, by Jacques Prévert from *Paroles*. Copyright © Éditions Gallimard. Reprinted with permission. **p.44:** *Déjeuner du matin*, by Jacques Prévert from *Paroles*. Copyright © Éditions Gallimard. Reprinted with permission. *p. 46:* Reprinted by permission from *Une si longue lettre* by Mariama Bâ. Copyright © 1979. **p.48:** *Shérazade, 17 ans, brune, frisée et les yeux verts*, by Leïla Sebbar, © 1982 Éditions Stock. Reprinted with permission. **pp. 66-67:** *La petite Tonkinoise*, by Suzanne Prou. Copyright © 1986 Calmann-Lévy. **pp. 83-85:** *Le Gône du Chaâba*, Azouz Begag. Copyright © Éditions du Seuil, 1986. **pp. 100-101:** *La maison de papier*, de Françoise Mallet-Joris. © Françoise Mallet-Joris. Reproduit avec la permission des Éditions Bernard Grasset. **pp. 117-118:** Extrait de Gabrielle Roy, *Rue Deschambault*, reproduit avec la permission de Librairie E. Flammarion. **pp. 143-145:** Extrait de Françoise Dorin, *Va voir Papa, Maman travaille*. Reproduit avec la permission des Éditions Robert Laffont. **pp. 167-168:** From *Les chemins de traverse*, by Nicolas Hulot. Copyright © Éditions Jean-Claude Lattès, 1989. **pp.188-190:** Eugène Ionesco, *La cantatrice chauve*. Copyright © Éditions Gallimard. Reprinted with permission. **pp. 209-210:** Extrait de Georges Pérec, *Les choses*. Reproduit avec la permission des Éditions Julliard. **pp. 229-231:** Extrait de Marcel Pagnol, *Fanny*. Reproduit avec la permission de Jacqueline Pagnol. **pp. 255-256:** *La goutte d'or*, by Michel Tournier. Copyright © 1986 Éditions Gallimard. Reprinted with permission. **pp. 257-258:** *Le premier homme* by Albert Camus. Copyright © 1994 Éditions Gallimard. Reprinted with permission. **pp. 276-277:** Extrait de Nicole de Buron, *Dix jours de rêve*, reproduit avec la permission de Librairie E. Flammarion. **pp. 298-299:** From *Un sac de billes*, by Joseph Joffo. Copyright © Éditions Jean-Claude Lattès, 1973. **pp. 316-317:** From *Le bal du dodo* by Geneviève Dormann. Copyright © 1989 by Éditions Albin Michel. Reprinted with permission. **pp. 318:** From *Le pont Marida* by Georges Londeix. Reprinted by permission of the author. **pp. 338-340:** From *Ma sœur aux yeux d'Asie* by Michel Ragon. Copyright © 1982 Éditions Albin Michel. Reprinted with permission. **pp. 362-364:** Extrait de Michelle Maurois, *La table des matières*, reproduit avec la permission de Librairie E. Flammarion. **pp. 380-38:** Extrait de Françoise Giroud, *Si je mens*, reproduit avec la permission des Éditions Stock. **pp. 400-401:** Extrait de Cécile Donner et Jean-Luc Caradeau, *Guide pratique de la chance*. Copyright © 1984 International Book Promotion, Paris. Reproduit avec permission. **pp. 416-417:** Sempé et Gosciny, *Le petit Nicolas et les copains*. © Éditions Denoël. Reproduit avec la permission des Éditions Denoël. **pp. 432-433:** Extrait de Maryse Condé, *Ségou*. Reproduit avec la permission des Éditions Robert Laffont. **pp. 446-448:** Extrait de Pierre Boulle, *La planète des singes*. © Presses-Pocket, 1963. Reproduit avec la permission des Éditions Julliard.

PHOTO CREDITS

p. 15: Ullstein Bilderdienst; **p. 41:** Ermakoff/The Image Works; **p. 62:** Chad Ehlers/International Stock; **p. 80:** N. Zebar/Liaison International; **p. 96:** The Image Works; **p. 114:** Mike Mazzaschi/Stock Boston; **p. 140:** Ron Chapple/FPG International; **p. 163:** David Frazier Photolibrary; **p. 184:** Freidman Abeles Collection, Billy Rose Theater Collection, New York Public Library, Astor Lenox Tilden Foundation; **p. 205:** David Simson/Stock Boston; **p. 226:** Photofest; **p. 252:** Owen Franken/Stock Boston; **p. 272:** Ulrike Welsch; **p. 295:** Bettmann/Corbis; **p. 313:** William J. Herbert/Stone; **p. 335:** Noble Stock/International Stock; **p. 359:** Vince Streano/Stone; **p. 377:** PhotoDisc; **p. 397:** Lawrence Burr; **p. 413:** Lionel Delevinge/Stock Boston; **p. 429:** Ribieras/Explorer/Photo Researchers; **p. 443:** Archive Photos; **p. 462:** Ermakoff/The Image Works.

MAP CREDITS

Inside front cover map: Michael Oates and Jacques Dubois, *Personnages*, Second Edition. Copyright © 1999 by Houghton Mifflin Company. Reprinted with permission. **Inside back cover map:** Rebecca Valette and Jean-Paul Valette, *Contacts*, Sixth Edition. Copyright © 1997 by Houghton Mifflin Company. Reprinted with permission.

80°N

GROENLAND
(DANEMARK)

ISLANDE

GRANDE-
BRETAGNE
IRLANDE

60°N

ALASKA
(É-U)

CANADA

Québec

ST-PIERRE-ET-MIQUELON

ESPAGNE

PORTUGAL

40°N

Nouvelle-Angleterre

ÉTATS-UNIS

Açores

Louisiane

Bermudes

OCÉAN ATLANTIQUE

MAROC

LES ANTILLES

HAÏTI

PORTO RICO

RÉPUBLIQUE
DOMINICAINE

Mer des Antilles

0   125   250 milles

0   125   250 kilomètres

PETITES ANTILLES

GUADELOUPE

DOMINIQUE

MARTINIQUE

◊ BARBADE

TRINITÉ
ET TOBAGO

BAHAMAS

RÉPUBLIQUE DOMINICAINE

Îles Vierges

20°N

MEXIQUE

CUBA

JAMAÏQUE   HAÏTI

BÉLIZE

HONDURAS

Porto Rico

GUADELOUPE

DOMINIQUE

MARTINIQUE

STE-LUCIE

GRENADE

MAURITANIE   MALI

CAP
VERT   SÉNÉGAL

GAMBIE

GUINÉE-BISSAU   GUINÉE

BURKINA
FASO

OCÉAN PACIFIQUE

GUATÉMALA

EL SALVADOR

NICARAGUA

COSTA RICA

PANAMA

VENEZUELA

TRINITÉ ET TOBAGO

GUYANA

GUYANE

SIERRA
LEONE

LIBERIA

CÔTE
D'IVOIRE

GHANA

GUINÉE ÉQU.

POLYNÉSIE
FRANÇAISE

Équateur

Îles Galapagos

ÉQUATEUR

COLOMBIE

SURINAM

0°

SÃO TOMÉ ET

PÉROU

BRÉSIL

SAMOA
OCCIDENTALES

TONGA

BOLIVIE

20°S

PARAGUAY

CHILI

POLYNÉSIE FRANÇAISE

MARQUISES

SOCIÉTÉ

Papeete   Tahiti

TU'AMOTU

GAMBIER

AUSTRALES

0   500   1000 milles

0   500   1000 kilomètres

URUGUAY

ARGENTINE

40°S

Îles Falkland

160°O

100°O

80°O

60°O

40°O

20°O

60°S

80°S